EX LIBRIS
PREMOREL HIGGONS

# DICTIONNAIRE UNIVERSEL

## DE

## LA NOBLESSE DE FRANCE.

# DICTIONNAIRE UNIVERSEL

## DE

## LA NOBLESSE DE FRANCE.

Cet Ouvrage contient un article analysé sur toutes les Familles nobles du Royaume, mentionnées dans le P. Anselme, l'Armorial-Général de MM. d'Hozier; le Dictionnaire de la Noblesse, publié, avec privilége du Roi, par M. de la Chesnaye-des-Bois; le Tableau historique de la Noblesse, par M. de Waroquier; les Généalogies des Mazures de l'Ile-Barbe, par le Laboureur; les Généalogies d'André du Chesne ; les Nobiliaires de Chorier, de l'abbé Robert de Briançon, de Pithon-Curt, Meynier, dom Pelletier, Guichenon, Artefeuil, Louvet, le marquis d'Aubais, Blanchard, Palliot, Wlson de la Colombière , et dans les recherches officielles de Bretagne, Champagne, Normandie, Bourgogne, Picardie, Limosin, Guienne, etc., enfin de toutes les provinces de France.

## PAR M. DE COURCELLES,

Ancien magistrat, chevalier et historiographe de plusieurs ordres, éditeur de *la continuation de l'Art de vérifier les Dates*, et auteur de *l'Histoire généalogique et héraldique des Pairs de France*, *des grands dignitaires de la couronne*, etc., etc., et du *Dictionnaire historique et biographique des généraux français*, *depuis le onzième siècle*, *jusqu'en* 1821.

## TOME TROISIÈME.
### A — M.

## A PARIS,

AU BUREAU GÉNÉRAL DE LA NOBLESSE DE FRANCE, RUE S.-HONORÉ, N°. 290, PRÈS L'ÉGLISE S.-ROCH,

1821.

MOREAU, IMPRIMEUR DE S. A. R. MADAME,

RUE COQUILLIÈRE, N°. 27.

# DICTIONNAIRE UNIVERSEL

## DE

## LA NOBLESSE DE FRANCE.

---

## A.

ABADIE, seigneurs de la Motte et de Château-Regnaud, en Angoumois et Aunis, famille originaire du Béarn, qui, d'après les preuves faites par-devant M. d'Aguesseau, intendant du Limousin, le 24 novembre 1667, remonte à Jean d'Abadie de Lussan, vivant en 1513.

Il y a une infinité de familles de ce nom, qui n'ont aucune affinité entre elles, et qui portent même des armes différentes; celle-ci porte : *D'argent, à un lion de gueules accompagné de deux mouchetures d'hermine de sable ; au chef d'azur, chargé de trois colombes d'argent.*

L'ABADIE, seigneurs de Bois-Robinet et d'Aumais, en Angoumois, famille originaire du Béarn, qui remonte sa filiation à Guilhem de l'Abadie, seigneur d'Aumais, en Béarn, mort avant 1497. *D'azur, à une croix patriarcale accompagnée de deux étoiles en chef, et d'un croissant en pointe, le tout d'argent.*

D'ABANCOURT, seigneurs de Puiseux, de Courcelles, etc., en Beauvaisis. Cette famille ancienne a pour auteur Adrien d'Abancourt, qualifié monseigneur et chevalier dans un acte du 20 novembre 1455. *D'argent, à l'aigle de gueules, becquée et membrée d'or.*

III.

L'ABBÉ, seigneurs et patrons des Autieux, etc., en Normandie. Cette famille remonte sa filiation à Guillaume l'Abbé, seigneur de la Rosière, qualifié du titre de noble l'an 1525 ; lequel eut pour femme Nicole Droulin, morte en l'an 1522, et pour fils Richard l'Abbé, seigneur de Saint-Léonard et des Autieux. *D'argent, au chevron d'azur, accompagné en chef de deux molettes d'éperon de sable, et en pointe d'une rose de gueules.*

D'ABEILLE, seigneurs de Roquette, de Peyrolle et de Roubion. Cette famille descend de Louis d'Abeille, résidant à Tarascon, compris parmi les nobles de cette ville, dont il était juge en 1427. Elle a produit, le 13 novembre 1555, un viguier royal de Marseille (cette charge illustrait beaucoup un gentilhomme, en ce qu'un viguier représentait le souverain, et avait la justice distributive ; en 1535, François Ier. ayant réformé les justices de Provence, les viguiers n'eurent plus de juridiction, et furent chargés seulement de la police). Cette famille a fait plusieurs alliances honorables. *D'azur, à une ruche d'or, accompagnée de trois abeilles du même.*

D'ABILLON, seigneurs de Savignac, du Sudre, etc., en Guienne. Cette famille établit sa filiation depuis Joachim d'Abillon, Ier. du nom, élu maire de Saint-Jean d'Angély, le 27 mars 1547. Il eut pour fils Jean d'Abillon, Ier. du nom, écuyer, sieur de Beaufief, échevin l'an 1581, puis maire et capitaine de la même ville en 1582, marié, le 13 juin 1547, avec Marie du Bois. Leurs descendants ont donné un conseiller-maître d'hôtel ordinaire du roi. *De gueules, à cinq billettes d'argent, couchées et posées l'une au-dessus de l'autre.*

D'ABON, seigneurs d'Autraix, de Reinier et de Montfort, famille ancienne originaire de Gap, en Dauphiné, où, dès l'an 1414, elle jouissait des priviléges accordés aux gentilshommes. Elle descend de Pierre d'Abon (*Abonis*), notaire à Gap, l'an 1412, époque où cet art, loin de déroger à la noblesse, était même un exercice noble. Jean d'Abon, son fils, fut compris comme noble dans la révision des feux de Freynouse de l'an 1457. *Parti, émanché d'or et d'azur de six pièces, les pointes arrondies.*

D'ABONDE, seigneurs de Vulaine, famille originaire d'Italie, établie en Bourgogne, qui fut naturalisée par lettres du roi Louis XIII, au mois d'août 1620. Elle a pour auteur Jean Abondi, noble citoyen de la ville de Mantoue, lequel avait épousé, en 1511, noble Paule Aldegati. Ils eurent pour fils Frédéric Abondi, qualifié gouverneur de la citadelle de Pomas, dans le Montferrat, et marié avec Marguerite Sivelli le 19 avril 1558. On trouve au nombre de leurs descendants un lieutenant-colonel décoré de l'ordre royal et militaire de Saint-Louis, un capitaine et plusieurs autres officiers. *Parti, au 1 d'azur, à trois étoiles d'or; au 2 échiqueté d'or et d'azur; au chef d'argent, chargé d'une aigle de sable.*

D'ABOT, seigneurs de Champs, de Hautpoix, etc., au pays du Perche et en Normandie, famille qui a formé plusieurs branches, et dont la filiation remonte à Jean Abot, écuyer, seigneur de Mellay, vivant, avec Jeanne, sa femme, le 30 juillet 1399. Ils eurent pour fils Guillaume Abot, Ier. du nom, écuyer, vivant le 16 juin 1400. Leurs descendants ont donné un chevalier de l'ordre de sa majesté, créé le 31 mai 1636, des conseillers au parlement de Paris, et des gentilshommes servants de nos rois. *Ecartelé, aux 1 et 4 d'azur, à la coquille d'argent; aux 2 et 3 d'argent, à la branche de fougère de sinople.*

ABRAM, seigneurs de Zincourt et de Fauconcourt, en Lorraine, famille anoblie par lettres-patentes du 5 mai 1710, entérinées le 11 juin suivant, dans la personne d'Etienne-Charles Abram, célèbre avocat à la cour souveraine de Nancy. Elle a donné deux officiers au service, l'un au régiment de Colloredo, et l'autre au régiment de Royal Roussillon. *Bandé d'argent et de gueules de six pièces; au chef d'azur, chargé de trois abeilles d'or.*

D'ACCOLANS, en Franche-Comté, noblesse chevaleresque éteinte depuis deux siècles. *De gueules, au chevron d'or.*

D'ACHÉ, seigneurs de Marbeuf, de Saint-Aubin, de Serquigny, etc., en Normandie. Cette famille, d'origine chevaleresque, prouve sa filiation depuis Eudes d'Aché, chevalier, seigneur de Beuzeval, qui eut pour femme Jeanne Mauvoisin, devenue veuve de lui au mois de juillet 1423. On compte parmi leurs descendants un panetier du roi François Ier.; un écuyer ordinaire de l'écurie de sa majesté, en 1567, puis capitaine du château de Tancarville en 1590; un gentilhomme ordinaire de la chambre du roi, et gouverneur du mont Saint-Michel; un lieutenant de sa majesté des ville et château de Caen, plusieurs officiers et un lieutenant-général des armées du roi, gouverneur en Corse. *Chevronné d'or et de gueules.*

D'ACHEY, en Franche-Comté, noblesse chevaleresque, éteinte au dix-septième siècle. *De gueules, à deux haches d'armes adossées d'or.*

ACLOCQUE DE SAINT-ANDRÉ ET D'HOCQUINCOURT. Cette famille a obtenu en récompense de ses services et de son dévouement à la famille royale, des lettres de noblesse de S. M. Louis XVIII, le 11 novembre 1814.

### ARMES.

La branche de Saint-André, établie à Paris, porte : *Tiercé en fasces, au premier de gueules ; au lys au naturel, adextré d'un bouclier d'or ; au deuxième d'azur, au chevron d'or, accompagné de trois cloches du même ; au troisième d'argent, au palmier de sinople.*

La branche d'Hocquincourt, établie en Picardie, porte : *Tiercé en fasces, au premier de gueules, au lys au naturel, senestré d'un chien couché d'argent, moucheté de sable, au deuxième d'azur, au chevron d'or, accompagné de trois cloches du même ; au troisième d'or, à deux épées de sable, passées en sautoir.*

ACQUET D'HAUTEPORTE ET DE FEROLLES, en Poitou. Cette famille descend de Pierre Acquet, sieur du Mont et de la Vergne, résidant en la généralité de Poitiers, anobli au mois de mai 1645, avec son fils Réné Acquet de Richemont, gendarme de la garde du roi. Cette famille a fourni plusieurs officiers, et des chevaliers de l'ordre royal et militaire de Saint-Louis. *De sable, à trois paniers d'or.*

D'ADAOUST, en Provence, famille anoblie par les charges du parlement d'Aix. Elle remonte à Laurent

d'Adaoust, lequel acheta un office d'audiencier et secrétaire en la chancellerie de Provence, le 16 juin 1654.
*D'azur, au chevron d'or, chargé d'un lion du même ; au
chef d'argent, chargé de trois étoiles de gueules.*

D'ADHÉMAR, illustre, ancienne et puissante maison
de chevalerie du Languedoc. Guy Alard, dans son Nobiliaire du Dauphiné, remonte l'origine de la maison
d'Adhémar jusqu'au septième siècle. Honoré Bouche,
dans sa Chorographie de Provence, a la même opinion,
et donne une filiation des seigneurs souverains de Monteil, qui ont donné les premiers ducs de Gênes, au t. I,
pag. 900, de l'édition de 1664.

Jacques de Bergame, dans ses Chroniques imprimées
à Venise en 1522, avance qu'un Giraud Adhémar fut
créé duc de Gênes par l'empereur Charlemagne, l'an
814, attendu qu'il était son parent, et qu'il avait chassé
les Sarrasins de l'île de Corse.

Tout ce qui peut caractériser la grandeur, l'illustration et l'antiquité se trouve réuni dans la maison
d'Adhémar. La plupart des historiens ont avancé qu'elle
était éteinte, et ce sentiment n'a pas été contesté pendant plus de deux siècles. Il est vrai que la branche
aînée, dite des barons de Grignan, co-seigneurs de Monteil, s'est fondue, en 1559, dans la maison de Castellane. Mais il existe plusieurs familles du nom d'Adhémar et d'Azémar en Languedoc, qui prétendent avoir
une souche commune, et descendre des anciens seigneurs de Monteil, ce que le tems pourra peut-être
vérifier. Ces branches sont les comtes de Montfalcon,
éteints de nos jours, les comtes de Panat, les seigneurs
de Cransac, les seigneurs de Lantagnac, et les seigneurs
de Saint-Maurice de Cazevieille, de Colombiers, barons
de Suëlhes, existants. Ces diverses branches se sont constamment distingueés par les personnages recommandables
qu'elles ont produits, par de belles alliances et par de
nombreux services militaires. Les armes des anciens seigneurs de Monteil et de Grignan étaient : *D'azur, à trois
bandes d'or.*

D'ADOUVILLE, seigneurs de Prâville, au pays Chartrain. Cette famille a pour auteur Gilles d'Adouville,
écuyer, vivant avant l'an 1471, et fut maintenue dans
sa noblesse remontée à cette époque, par ordonnance de

M. Jubert de Bouville, commissaire départi dans la généralité d'Orléans, du 26 août 1709. *D'azur, à six annelets d'or.*

ADVIS, famille noble de Lorraine. Nicolas Advis fut confirmé dans la noblesse par le duc Antoine, le 4 septembre 1536. *D'azur, à une aigle d'or, percée d'une flèche en barre de même, armée et empennée d'argent.*

AGDE.

*Liste des Gentilshommes du diocèse d'Agde, qui, en 1789, ont signé le mémoire sur le droit qu'a la noblesse de nommer ses députés aux États-Généraux du royaume, dans les assemblées convoquées par bailliages et sénéchaussées.*

Messieurs

Le vicomte de Nattes.
Le chevalier d'Alphonse.
Le marquis de Montalet.
De Strozzi-Plantavit.
Le comte Joseph de Lort-Serignan.
Le chevalier de Mirmand.
Le marquis d'Alphonse.
Le comte de Montalet.
Le comte de la Serre-d'Aroux.
De Grave.
De Grave.
Le marquis de Grave.
Le vicomte d'Arennes.
Le marquis de Vissec la Tude.
De Vissec.
Le marquis de Vissec – Fontés.

D'AGIER, sieur des Mares, en Normandie, famille issue de Pierre d'Agier, garde-du-corps du roi, anobli en 1652, confirmé par certificat du 24 novembre 1665, et par lettres de confirmation du mois de janvier 1667. *Écartelé, aux 1 et 4 d'azur, au lion d'argent; aux 2 et 3 d'azur, à l'aigle d'argent.*

AGIER. Pierre d'Agier fut anobli le 30 novembre 1437.

D'AGUESSEAU, famille illustrée par des magistrats célèbres, et un chancelier de France. Elle a pour auteur François d'Aguesseau, échevin d'Amiens, anobli l'an 1597, en récompense des services qu'il rendit lors de la réduction de cette ville à l'obéissance du roi. Le marquis d'Aguesseau a été créé pair de France en 1814. *D'azur, à deux fasces d'or, accompagnées de six coquilles d'argent, trois, deux et une.*

D'AGUT, originaire de Martigues. Cette famille remonte à Barthelemi d'Agut, conseiller en la cour des comptes en 1569. Elle a produit plusieurs conseillers au parlement d'Aix. *D'azur, à trois flèches d'or, une en pal et deux en sautoir, les pointes en bas.* Cimier, un bras armé, tenant trois flèches semblables. Devise : *Sagittæ potentis acutæ.*

D'AIGREMONT, en Franche-Comté, noblesse chevaleresque, éteinte en 1688, dans la maison de la Rochelle. *D'azur, à trois croissants d'argent.*

D'AIGUIÈRES, seigneurs d'Aiguières, famille originaire de la Provence, l'une des plus anciennes et des plus distinguées de ce pays. Elle a pour auteur Guillaume d'Aiguières, qui vivait en l'an 1150. Il existait sur la porte de Saint-Honoré d'Arles une épitaphe, qui annonce que Ponce d'Aiguières est décédée le 8 octobre 1164. Bertrand d'Aiguières assista aux états tenus à Aix l'an 1390, etc. Cette maison, d'ancienne chevalerie, a donné des gouverneurs de villes, des officiers supérieurs, un archevêque, etc., etc. Ses armes sont les mêmes que celles mises sur le tombeau de demoiselle Ponce d'Aiguières. *De gueules, à six besants d'argent, posés cinq en sautoir, et le sixième en pointe.*

AILHAUD DE MÉOUILLE, DU CASTELLET, en Provence. Cette famille remonte à noble Pierre Ailhaud, damoiseau, vivant le 4 avril 1334. La seconde branche, issue de noble Laurent Ailhaud, ayant omis, pendant trois générations, de prendre la qualité de noble, s'est pourvue de l'office de secrétaire du roi, maison et couronne de France, en 1745 et 1757.

Jean Ailhaud, seigneur de Vitrolles, du Castellet et de Monjustin, inventa une poudre qui le rendit tellement célèbre, qu'on l'appelait de son tems le nouveau Salomon ; sauveur des hommes, le premier des médecins. De nos jours, ces éloges ont été appréciés à leur juste valeur, et cette poudre, en perdant tout son crédit, n'a laissé à son inventeur que la réputation d'un adroit spéculateur. Il mourut secrétaire du roi, le

30 août 1756. *De gueules, à trois têtes de lion, arrachées d'or; au chef d'azur, chargé d'un soleil du second émail.*

ALBA, en Lorraine. Louis-Pierre Alba, lieutenant particulier au bailliage des Vosges, séant à Mirecourt, fut anobli par lettres expédiées à Lunéville, le 12 juillet 1719, entérinées le 19 du même mois. *D'or, au chevron de gueules; au chef d'azur, chargé d'une levrette issante d'argent, colletée de gueules et bouclée d'or, accompagnée de deux étoiles d'argent.*

D'ALBAN. *Voyez* VERGNETTE.

D'ALBERT, ducs de Luynes, de Chaulnes et de Chevreuse, pairs de France, illustre et ancienne maison du Languedoc, dont l'historien des Grands Officiers de la couronne donne la filiation depuis l'an 1414. Ses alliances, ses possessions, ses emplois importants, l'ont placée au rang des maisons les plus considérables du royaume. Charles d'Albert fut duc de Luynes, pair, grand fauconnier, garde-des-sceaux et connétable de France. Il parvint à cette dernière dignité en 1621. Honoré d'Albert, son frère, épousa, l'an 1619, Charlotte d'Ailly, comtesse de Chaulnes. Il fut fait maréchal de France en 1620, et duc et pair l'année suivante. Une condition de son contrat, fut qu'il porterait le nom et les armes de la famille de sa femme. Après la mort du duc de Luynes, il se soutint dans ses biens et sa faveur par l'intérêt que lui portait le cardinal de Richelieu. Il décéda le 30 octobre 1649. Léon d'Albert, troisième et dernier fils d'Honoré, devint chevalier des ordres du roi, gouverneur de Blaye, duc de Luxembourg, prince de Tingri, par le mariage qu'il contracta, en 1620, avec Marguerite-Charlotte de Montmorency, héritière de ces duché et principauté. Branches de Luynes et de Chevreuse : *Écartelé, aux 1 et 4 d'or, au lion couronné de gueules*, qui est D'ALBERT; *aux 2 et 3 contre-écartelés; le 1 et 4* DE BOURBON-SOISSONS; *les 2 et 3* DE MONTMORENCY-LUXEMBOURG; *et sur le tout de ce dernier écartelé, de gueules, au pal d'argent, chargé de trois chevrons de sable*, qui est DE NEUCHATEL.

Branches d'Ailly et de Chaulnes : *De gueules, à deux branches d'alisier d'argent, les extrémités passées en sautoir; chargées à la partie supérieure d'un écusson d'or, au tion couronné de gueules ; au chef échiqueté d'argent et d'azur de trois tires.*

ALBERT, marquis de Fos, en Provence, par lettres de juin 1729, famille ancienne, issue de Pierre Alberti, fils de noble Jean Alberti, de la ville de Nice, qui vint s'établir en Provence sous le règne du roi René, dont il fut d'abord le secrétaire et qui fut ensuite chargé par ce prince de diverses commissions importantes. Ses descendants ont presque tous exercé des charges dans le parlement et la chambre des comptes de Provence, soit d'auditeurs, de conseillers, d'archivaires, et enfin de présidents. Elle a formé les branches de Sainte-Croix et de Saint-Martin. *De gueules, à trois croissants d'or.*

D'ALBERT DE LAVAL, en Agénois, maison d'origine chevaleresque de Guienne, dont l'ancienneté est constatée par divers monuments et fondations pieuses depuis le 13e. siècle, et dont la filiation est établie depuis le milieu du 15e. Elle est également recommandable par ses services militaires et les belles alliances qu'elle a contractées, avec les maisons les plus illustres et les plus considérables. Wilhem d'Albert est mentionné dans un acte du mois d'avril 1250, par lequel Bernard de Guiscart ou Giscard donna une pièce de terre à fief, dans la paroisse de Fargues, à Guillaume d'Ornabon. Il est de tradition dans cette maison, qu'elle a fourni une partie du terrain sur lequel fut bâtie la ville de Villeneuve d'Agen, au treizième siècle, et cette partie relevait de la maison d'Albert, à titre de menu-cens. Une rue, dépendante de ce terrain, porte encore le nom d'Albert ; et les armoiries de cette famille sont incrustées à la voûte d'une chapelle, dont elle a joui jusqu'à l'époque de la révolution, dans l'église de Sainte-Catherine, dont la fondation est aussi ancienne que la ville. Les guerres désastreuses que les Anglais firent en Guienne, où ils enlevèrent tous les titres, ont occasioné des pertes irréparables pour la plupart des familles de cette province. Celle d'Albert de Laval se trouve du nombre de ces dernières : sa filiation n'a pu être remontée qu'à l'année 1430 ; mais depuis cette époque, elle est littéralement prouvée par titres jusqu'à nos jours.

I. Bernard D'ALBERT, donzel, seigneur de Laval, de

III.                                                      2

Saint-Agnan, de Saint-Chinia et de plusieurs autres terres près de Villeneuve d'Agen, vivait vers 1430. Il passa un bail à fief à Bernard Folquar, en 1459; fit un échange, le 23 novembre 1469, avec noble François de Valens, seigneur de Casseneuil, qui lui céda la terre et seigneurie de Laval, et vivait encore le 10 août 1470. Il eut pour fils :

II. Pierre d'ALBERT, Ier. du nom, écuyer, seigneur de Laval, de Saint-Chinia et de Saint-Agnan. Il épousa Alpazie *de Durfort*, fille de Bertrand de Durfort, seigneur de Bajaumont, et de Jeanne d'Estramel. Ils donnèrent conjointement quittance à noble et puissant homme Etienne de Durfort, baron de Bajaumont, leur neveu, le 15 juillet 1515 (1). Pierre d'Albert avait rendu foi et hommage au roi, le 17 mars 1477 et en 1488, pour ses terres de Laval et et de Saint-Chinia. Il eut pour fils :

III. François d'ALBERT, écuyer, seigneur de Laval, de Saint-Chinia, Saint-Agnan, Couyssel et Cessac. Il épousa, par contrat du 17 octobre 1527, Françoise *de Monteilh*, dame de Couyssel, fille de Louis de Monteilh, seigneur de Couyssel. Il est mentionné dans un arrêt du parlement de Bordeaux, du 17 mars 1536. Il eut quatorze enfants, entr'autres :

    1°. Louis d'Albert, seigneur de Laval de Saint-Agnan, de Couyssel, baron de Gusorn, etc. Il vendit les deux premières terres à Charles d'Albert, son frère, en 1563 et 1572, et mourut sans postérité;

    2°. Charles d'Albert de Laval, seigneur de Madaillan et de Saint-Romain, chevalier de l'ordre du roi, lequel, étant capitaine d'une compagnie de cinquante hommes d'armes, commandée par M. de Montluc, chevalier de l'ordre du roi, et son lieutenant-général en Guienne, en reçut ordre, en 1569, d'aller commander, conjointe-

(1) Voyez le tome V de l'Histoire des Grands Officiers de la Couronne, par le P. Anselme, page 729, où l'on a mis par erreur le 13 juillet 1415.

ment avec le vicomte de Lauzun, les troupes des-
tinées contre les rebelles de Rouergue et de
Quercy. Il fut aussi chargé par ce général, la
même année, de se rendre dans la ville de Bourg,
près de Bordeaux, pour s'opposer à la descente des
Anglais. Il fut marié deux fois; 1°. avec Catherine *de Pelagrue*, dame de Saint-Romain, qui
testa le 6 août 1567; 2°. avec Philippe *d'Aydie*,
fille de haut et puissant François d'Aydie, chevalier, seigneur de Riberac, et de Françoise de
Salignac. N'ayant pas eu d'enfants de ces deux
mariages, il testa en 1572 en faveur de Jean
d'Albert, son frère, auquel il substitua Mariol,
son autre frère;

3°. Jean d'Albert de Laval, seigneur de Saint-
Bauzel et de Madaillan, chevalier de l'ordre du
roi, héritier des biens de son frère. Il épousa
Marguerite *de Cours*, sans doute veuve de Mariol
d'Albert, et en eut .

> Hercule de Laval, chevalier, seigneur de
> Laval, de Madaillan et de Saint-Bauzel,
> co-seigneur avec le roi des seigneuries d'Ys-
> sac et de Saint-Pardoux, lequel, étant sur
> le point de se rendre à l'armée du roi, à la
> tête d'une compagnie de chevau-légers, fit
> un testament le 28 juin 1590, par lequel il
> laissa les terres de Laval et de Madaillan à
> Jacques de Laval, son cousin-germain, au-
> quel il substitua son plus proche parent por-
> tant ses nom et armes. Il mourut sans enfants
> de Marie de Gironde, qu'il avait épousée en
> 1586, fille de Jean de Gironde de Mont-
> clera, seigneur de Castelsagrat et de Lopiac,
> chevalier de l'ordre du roi, gentilhomme
> de sa majesté, capitaine de cinquante hom-
> mes d'armes de ses ordonnances, et de
> Françoise de Beauville;

4°. Mariol, dont l'article suit;
5°. Autre Jean, qui fonda la branche des seigneurs
de la Barthe, rapportée ci-après.

IV. Mariol D'ALBERT, écuyer, seigneur de Sévignac

et de Launoy, épousa Marguerite *de Cours*, dame de Sévignac et de la Morelle , dont il eut :

V. Jean-Jacques D'ALBERT DE LAVAL, chevalier ,
seigneur de Sévignac, de Laval et de la Morelle, baron
de Madaillan , marié, par contrat du 19 février 1589 ,
avec Béatrix *d'Aymar*, fille de Léonard d'Aymar, écuyer,
seigneur de la Guoispérie et de Thophan , capitaine de
deux cents hommes de pied de vieilles bandes françaises.
Il eut de ce mariage :

VI. Léon D'ALBERT DE LAVAL , chevalier, seigneur
et baron de Madaillan et de Laval, institué héritier
universel de son père , par son testament de 1591 ; et
son codicille de 1607. Il épousa, par contrat du 16 juillet 1616, Marthe *de Montalembert*, fille de Charles de
Montalembert, chevalier, seigneur de Roger, gentilhomme ordinaire de la chambre du roi , en 1614, et
capitaine au régiment de Picardie et de Françoise de
Ferrand de Mauvesin. De ce mariage sont issus :

1°. Pierre II , dont l'article suit ;
2°. Jeanne-Madelaine d'Albert de Laval , mariée ,
   1°. le 31 octobre 1673, avec Jean de Fontaines,
   écuyer, seigneur d'Esturgues ; 2°. avec Benja-
   min-Alexandre-César *de Montmorency*, comte de
   Bours, baron d'Esquencourt, capitaine de che-
   vau légers au régiment de Clérambaut, fils de
   Daniel de Montmorency, chevalier, seigneur
   d'Esquencourt, de Bours, Gaschard, Villeroye,
   Olizy, Artonvillier, Crecy, lieutenant-général
   des armées du roi, et de Marthe le Fournier de
   Neuville, sa première femme. Il mourut en
   1702, et Jeanne Madelaine de Laval, sa veuve,
   fit son testament, le 17 janvier 1703, en faveur
   de Jean-Joseph de Laval d'Albert, son neveu.

VII. Pierre D'ALBERT DE LAVAL, IIe. du nom, chevalier, baron de Madaillan, fut institué héritier universel de son père par son testament du 1er. mai 1630.
Il fut fait mestre-de-camp de cavalerie par commission
du 20 octobre 1651. Le prince de Condé, qui lui expédia cette commission , dit qu'il lui confie la levée de
cette compagnie *pour sa naissance, son mérite et sa valeur*.

Il avait épousé, par contrat du 12 août 1646, Henriette *de Sentours de la Bourlie*, fille de François de Sentours, chevalier, seigneur de la Bourlie. Ses enfants furent :

    1°. Pierre III, baron de Madaillan, maintenu dans sa noblesse, en 1667, par le subdélégué de M. Pellot, intendant en Guienne;

    2°. Jean-Gaston d'Albert de Laval, chevalier, dont la postérité paraît éteinte;

    3°. Jean-Joseph, qui suit;

    4°. Jean-Denis de Laval d'Albert.

VIII. Jean-Joseph D'ALBERT DE LAVAL, chevalier, baron de Madaillan et d'Olizy, en Champagne, héritier de Jeanne-Madelaine d'Albert de Laval, sa tante, comtesse de Montmorency-Bours, par son testament du 17 janvier 1703, épousa Catherine de Fay de Vis, dont il eut :

IX. Jean-Louis D'ALBERT DE LAVAL, chevalier, baron de Madaillan et d'Olizy, maintenu dans sa noblesse par arrêt du grand conseil de l'an 1717, contre le commissaire aux saisies réelles d'Agen dans la possession de la seigneurie de Madaillan, et des droits seigneuriaux des paroisses de Saint-Pardoux, d'Yssac, Agnuc, Saint-Germain, Boisset, la Sauvetat, Monstier, Roumagne et de Puy Charampion. On ne connaît pas sa postérité.

## Seigneurs de la Barthe.

IV. Jean D'ALBERT DE LAVAL, Ier. du nom, écuyer, seigneur de Ginesta, est nommé dans le testament de François d'Albert, son père, du 28 mars 1546, et dans celui de Françoise de Monteilh, sa mère, du 18 février suivant même année 1546 ( v. s.). Il donna quittance de ses droits à Louis d'Albert de Laval, son frère aîné, le 19 février 1557; épousa, par contrat du 5 mars 1570, *Sybille de Montagne*, avec laquelle il fit un testament mystique, le 21 janvier 1590. Il eut pour fils :

V. Pierre D'ALBERT DE LAVAL, IIe. du nom, écuyer, seigneur de la Barthe, qui épousa, par contrat du 6 décembre 1606, Catherine *de Giscard*, dame de la Barthe, avec laquelle il testa le 12 décembre 1649. Leurs enfants furent :

1°. Jean II. dont l'article suit ;

2°. Anne de Laval, mariée avant le 6 juin 1659 avec François *de Ferrières*.

VI. Jean D'ALBERT DE LAVAL, II<sup>e</sup>. du nom, écuyer, seigneur de la Barthe et du Pech, épousa, par contrat du 12 décembre 1659, Bernarde *de Monlau*, et ne vivait plus le 4 juillet 1666, époque à laquelle sa veuve et leur fils, qui suit, furent maintenus dans leur noblesse.

VII. Guillaume D'ALBERT DE LAVAL, écuyer, seigneur de la Barthe, épousa, par contrat du 27 décembre 1685, Jeanne *d'Astruc*. Il reçut une reconnaissance féodale le 25 février 1696. Il fut père de :

1°. Pierre, qui suit ;

2°. Françoise d'Albert, mariée avec Jean *Baldez*.

VIII. Pierre D'ALBERT DE LAVAL, III<sup>e</sup>. du nom, écuyer, seigneur de la Barthe, plaidait au mois de mars 1737 avec Jean Baldez, son beau-frère. On a de lui deux retraits féodaux, comme seigneur de la Barthe, des 14 mars 1737 et 20 octobre 1740. Il avait épousé, par contrat du 25 mai 1721, Clémence-Gabrielle *de Paloque*, dont il eut :

IX. Louis D'ALBERT DE LAVAL, chevalier, seigneur de la Barthe, marié, par contrat du 1<sup>er</sup>. mai 1757, avec Françoise *de la Borie*. Il donna quittance de sa dot le 24 décembre 1775. Ses enfants furent :

1°. Pierre IV, qui suit ;

2°. Louis d'Albert de Laval, chevalier, né le 8 février 1758. Il fut garde du roi, a eu sa retraite à la rentrée de S. M. XVIII, avec le brevet de de capitaine de cavalerie et la croix de Saint-Louis.

X. Pierre D'ALBERT DE LAVAL, IV<sup>e</sup>. du nom, chevalier, seigneur de la Barthe, épousa Marguerite *de Poulain de Belestat*. De ce mariage est issu :

XI. François D'ALBERT DE LAVAL, chevalier, marié, le 10 mars 1814 avec Elisabeth *de Bonal*, petite-nièce de feu M. de Bonal, ancien évêque de Clermont en Auvergne.

Armes : *Ecartelé, aux 1 et 4 échiquetés d'or et d'azur*, qui est d'ALBERT DE LAVAL ; *aux 2 et 3 d'or, à la croix de gueules, cantonnée de 16 alérions d'azur, et chargée de cinq coquilles d'argent*, qui est de MONTMORENCY LAVAL. Couronne de marquis.

D'ALBERTAS, marquis de Bouc, barons de Dauphin, très-ancienne famille, originaire d'Italie, établie en France depuis l'an 1360. Elle a donné un grand nombre d'officiers de terre et de mer, des capitaines de cinquante et de cent hommes de guerre, des capitaines de vaisseau, des conseillers et présidents en la cour des comptes de Provence, des gentilshommes de la chambre du roi, etc., etc. Le marquis d'Albertas a été créé pair de France en 1815. *De gueules, au loup ravissant d'or.*

D'ALBIS, seigneur de Gissac et de Boussac, famille ancienne de Rouergue, qui prouve une filiation suivie depuis Laurent d'Albis, docteur ès droits, et avocat en la ville de Saint-Affrique, vivant en 1639. Elle a produit des capitaines, des officiers supérieurs distingués, des chevaliers de Saint-Louis, etc. *D'azur, au cygne d'argent, accompagné en chef d'un croissant, accosté de deux étoiles, le tout du même.*

D'ALDART (anciennement ELDER), seigneurs de Meignières, de la Bernadière, etc., famille originaire d'Ecosse, établie en Gatinais. Elle justifie sa filiation depuis Jean Elder, gentilhomme écossais, archer de la Manche dans la compagnie de la garde écossaise du roi Henri IV, l'an 1591, marié avec Jeanne de Voyer, le 22 septembre 1599. Elle a donné un aide-major du régiment des gardes françaises, décoré de l'ordre royal et militaire de Saint-Louis. *D'argent, à la fasce cablée de gueules et de sinople, accompagnée en chef de deux étoiles de gueules, et en pointe d'un croissant du même ; et sur le tout un écusson d'argent, chargé d'une main senestre de gueules.*

## ALENÇON.

*Liste des Gentilshommes convoqués à l'assemblée de la Noblesse du bailliage d'Alençon, pour l'élection des Députés aux États-Généraux de 1789.*

Messieurs

De Vauquelin, marquis de Vrigny, grand-bailli, président.
Le Carpentier de Chailloué, secrétaire.
Le marquis de Courto-mer,
Le marquis de Ray,
Le marquis de Sainte-Croix,
Le vicomte de Chambray,
Le Grand de la Pittière,
De Chandebois,
De Ségrie,
L'abbé de Bazoche,
De Beaurepaire de Louva-gny,
De Lescalle,
Le chevalier de la Roque,
De la Servière,
De Marescot,
Mallard de Menneville, commissaires-rédacteurs du cahier.
De Courteilles.
De Bursard.
Château-Thierry.
Du Perche du Mesnil-Haton.
Brossin du Mesnil de Saint-Denis.
De Saint-Didier.
Moloré.
Raffetot.
Le marquis de Bonvoust.

Brullemail.
De Coulonge.
De Bois-Gauthier.
Fromont.
Yver de Saint-Aubin.
Le vicomte le Veneur.
Le Rouillé des Loges.
La Foumière de la Ferrière.
Le Roi du Cercueuil.
La Moudière.
L'Abbé de Vaugnimont.
Cohardon.
La Haye de Barre.
Morel d'Aché.
Morel d'Escures.
Moloré de Fresnaux.
Mésange de Martel.
De Morey.
Le vicomte d'Oilliamson.
Saint-Agnan de la Bourdonnière.
Thibout de Touvoye.
Villiers de Halou.
Valois de Saint-Léonard.
Saint-Agnan de Beaufay.
De Glatigny.
Bonvoust, seigneur du Plessis.
De Tilly, sénéchal d'épée.
Jambon de Saint-Cyr.
De Récalde.
De Brossin de Fontenay.
Mouton de Bois Deffre.
Du Cassel.

De la Martinière.

Du Mesnil Haton, fils.

Le chevalier de Villiers.

De Nolant.

Neveu de Champrel.

De Boulmaire.

Du Bourgueuil.

Le chevalier du Hays.

De Mésange du Gas.

Château-Thierry du Breuil.

Regnier, fils.

Du Fresne de la Guerre.

Davoust.

Quillet de la Martinière.

La Fournerie de Boisgency.

De Barville.

La Haye de Courdevesque.

Des Moutils de la Morandière.

Tessier de Launay.

Gueroult de Bois-Gervais.

Pottier du Fougeray.

René du Mellanger.

François de Pont-Châlons.

Le chevalier de Bois Deffre.

Regnier, officier de Viennois.

Drouard.

Bordin.

Du Pont du Quesnay.

Le Roi du Bourg.

Le chevalier de Fontaine.

La Boussardière.

Marsillac.

Quigny.

Chavalier de Château - Thierry.

Launay du Jardin.

Launay Cochet.

Château-Thierry de la Dépenserie.

Le chevalier du Plessis.

Brunet de la Gibaudière.

Fromont de Mainxé.

Frotté.

Brossard.

Le chevalier Sévin.

Jupille.

Bordin.

De Belle-Isle.

Pont-Châlons, l'aîné.

Regnier, père.

Le baron du Mesnil Durand.

La Pallu Gollandou.

Du Chemin , seigneur de Davernes.

Paulmier de la Livardière.

De Rioult.

Desmontés, colonel de cavalerie.

Bertin.

Regnouard.

De Mannoury d'Aubry d'Ectot.

De la Brunnetière.

Vaumel d'Enneval.

Le Prévost de la Porte.

Bras de Fer de Maudeville.

De Margeot.

Le vicomte du Mesnil-Durand.

D'Orville de Villiers.

Marchausi de Leuvagny.

Duburre.

Guyon de Corday.

Le marquis d'Avernes.

De Corday.

Darmont.

Le chevalier Frère de Maisons.

Le chevalier de Saint - Front.

Du Bayeul.

Héhard des Hautesnoes.

Douénel.

Le Baux Landais.

Carpentier Sainte-Hono-
rine.

Gilbert , seigneur d'Ha-
leine.

Le chevalier de l'Espinasse.

De Monchauvel.

Le comte de la Pallu.

Des Rotours.

Le Fèvre de Graffard.

Gentier de Meuilvalle.

Dantignac.

Lambert d'Herbigny.

De Guerpel.

Fontaine de Court de Hard.

La Houssaye.

Gautier de Saint-Bazile.

De Frotté.

La Houssaye du Plessis.

Varrin.

De Grissonnière.

Petit de Serau.

Brossard de la Chenaye.

Du Hays Duménil.

Gaston de Brossard.

De Chambois.

Gouier.

De Guerpel , fils.

Du Moulin de Tercé.

Le chevalier des Diguerres.

Des Douyts.

Brétinière de Courteille.

Le Cornu de Corboyer.

D'Epinai Saint-Luc.

Gouier de Petite-Ville.

Saint-Agnan de Châlvri-
gny.

La Roque de Monteille.

Le Grand du Souchet.

Le chevalier de Foulque.

Du Moucheron de la Bré-
tinière.

Agis de Saint-Denis.

De la Chapelle.

Le Bellier de Villiers.

Le chevalier de Catay.

De Sévin.

—————

**D'ALENÇON**, comtes d'Alençon, barons de Bauffremont, seigneurs de Bauffremont, de la Croix-sur-
Meuse, de Ville-sur-Saulx, etc., en Lorraine, famille
anoblie par le duc Charles III, le 10 décembre 1565,
dans la personne de Nicolas d'Alençon, natif de Vavin-
court. *D'azur, à la fasce d'or, accompagnée en chef d'un
lévrier d'argent, colleté de gueules.*

**ALÈS DE CORBET**, maison aussi recommandable
par son ancienneté que par ses grandes alliances. D'après
les auteurs les plus accrédités, elle est issue de celle du
même nom, en Irlande, et sa filiation remonte aux
siècles les plus reculés. Elle a une origine commune
avec les O-Brien, les O-Neille, les O-Donnel, les
Maccarthi-More, etc. La tradition de la maison d'Alès,
en France, est conforme, en ce point, avec celle des
O-d'Alès ou O-d'Ali, d'Irlande. Les auteurs qui ont

écrit sur les généalogies des familles de Touraine et de Picardie, rendent témoignage à cette tradition, qui a été examinée et adoptée, dans le dix-septième siècle, par les commissaires de l'ordre de Malte, pour les preuves d'Octave de Brisay, comte de Denonville, dont la mère était Louise d'Alès de Corbet. Les armes des d'Alès de France, et celles des d'Alès d'Irlande, sont les mêmes (1).

La maison d'Alès a possédé successivement les terres de Corbet, en Touraine, et de Corbet, en Dunois, et a donné un grand nombre d'officiers de tous grades et chevaliers de divers ordres.

Hugues d'Alès, qui vivait en 978, et qu'on croit frère d'Arnould, évêque d'Orléans, dont Glaber, historien du tems, exalte beaucoup la naissance, illustre et la puissance, a eu pour arrières-petits-fils Jean et Hugues, qui se trouvèrent, en 1115, à la bataille de Scès ou de Cé, où ils accompagnaient le comte d'Anjou.

Hugues, IVe. du nom, fils de Jean, et que les historiens annoncent comme un des premiers barons du royaume, passa en Angleterre avec des troupes que Louis VII y envoyait au secours des fils de Henri II, contre leur père, rival redoutable de Louis VII. Roger de Hoveden dit que cette armée fut défaite en 1173, que Hugues d'Alès fut fait prisonnier avec plusieurs autres seigneurs français, et qu'ayant ensuite été délivré, moyennant rançon, il se croisa pour la Terre-Sainte.

Une tante de ce même Hugues IV, Adélaïde d'Alès, avait épousé, vers l'an 1100, un seigneur de Montlhéry, et ce fut elle qui donna son nom à la ville de la Ferté-Alais ou Alès, près Etampes, qu'on nommait auparavant *Feritas* ou *Firmitas Balduini* (2).

René d'Alès, Ier. du nom, seigneur de Corbet, fut tué, en 1590, en combattant pour Henri IV, contre la ligue, à la tête de sa compagnie de cent hommes d'armes.

Louis XIII accorda, le 3 août 1620, à René d'Alès, IIe. du nom, seigneur de Corbet, du Boisnetet, de

(1) Dictionnaire de Moréri, tome Ier., au mot Alès de Corbet.

(2) Retraite sauvage, ou forteresse de Baudouin.

Thiville, de Chesnay, de Villechèvre, de Baugency-le-Cuit et de la Cigognolle, capitaine et gouverneur du château de Chambord, et gentilhomme ordinaire de la chambre de sa majesté, un brevet d'aide des maréchaux de camp et armées, *en considération des longs et fidèles services qu'il avait rendus au père de sa majesté, et à elle, depuis son avénement à la couronne* : et le 11 juin 1621, il fut nommé gouverneur de la ville et du château de Châteaudun, et du pays de Dunois.

Enfin, Pierre d'Alès, 1er. du nom, fils de René, IIe. du nom, fut nommé, le 17 avril 1652, maréchal de camp, en récompense des services éminents qu'il avait rendus à la couronne pendant les troubles de la minorité de Louis XIV.

La maison d'Alès est aujourd'hui représentée par Pierre-Louis-Hugues, vicomte d'Alès, seigneur de Corbet, chevalier de l'ordre de Saint-Lazare et de celui de Saint-Louis, ancien officier de dragons, issu du mariage de Pierre-Alexandre d'Alès, chevalier, seigneur de Corbet, d'abord mousquetaire de la garde du roi, ensuite officier au régiment de la marine, et de Marie-Anne d'Aguet, fille d'Etienne d'Aguet, seigneur de Beauvoir, et de Marie-Anne de Courtarvel de Pézé.

Pierre-Louis-Hugues d'Alès, a de son mariage avec Marie-Pauline-Justine-Fortunée Tassin de Charsonville :

1°. Jules, comte d'Alès, marié à N...... Huet de Froberville, issue d'une famille noble de l'Orléanais ;

2°. Charles-Hugues, chevalier d'Alès, chevalier de l'ordre de Saint-Jean de Jérusalem, et sous-préfet à Cognac, qui, de son mariage avec Catherine-Madeleine-Pauline Jullien, fille de Jean-Baptiste-Pierre Jullien de Courcelles, ( *voyez* JULLIEN, en la première Série), a eu Pierre-Hugues-Palamède d'Alès, né le 10 décembre 1806 ;

3°. Palamède, vicomte d'Alès, chef de bataillon à la légion de la Loire, et chevalier de l'ordre royal de la Légion-d'Honneur.

*Armes* : De gueules, à la fasce d'argent, chargée de trois merlettes de même.

ALETH.

*Liste des Gentilshommes du diocèse d'Aleth, qui, en 1789, ont signé le Mémoire sur le droit qu'a la Noblesse, de nommer ses députés aux Etats-Généraux du royaume, dans les assemblées convoquées par bailliages et sénéchaussées.*

### Messieurs

De Niort.

Du Vivier-Sarraute.

Léon du Vivier-Sarraute.

De Thurin de Couderc.

De Negré-Duclat.

Le chevalier de Negré.

D'Arsses de la Peyre.

D'Arsses-Despezel.

D'Hautpoul-Rennes.

ALEXANDRE, comtes de Hanache, en Beauvaisis, maison issue d'ancienne chevalerie, originaire d'Angleterre, et qui descend par les femmes des maisons de Salisbury, de Tirconnel, de Lescestre et de Marbury. La branche aînée subsistait encore en 1720 en Angleterre, dans la personne de milord Alexandre. Deux frères cadets, nommés Joseph et Alexandre, passèrent en France en 1218. Le premier s'établit en basse Normandie, en 1224, où il épousa Françoise de Tesson ; et son frère Alexandre, abbé du monastère de Haler, fut un des premiers docteurs de l'université de Paris, où il mourut le 18 août 1245. Il fut inhumé dans l'église des grands cordeliers de Paris. Cette famille est demeurée en basse Normandie, jusqu'en 1317, époque à laquelle Antoine Alexandre passa dans le Beauvaisis. Il y épousa demoiselle Jeanne Hennequin, d'une famille noble qui subsiste encore de nos jours. Ses descendants ont possédé les terres d'Hanache et de Sully, depuis 1401 ; du Vivier, 1431 ; de Mourieux, 1500 ; de Saint-Sauplie, 1502 ; de Gueneslianville, 1526 ; de Pommereux, 1533 ; de Moutier, 1535 ; d'Espinay, 1543 ; de Bastay, 1565 ; de Molognie, 1577 ; de Saint-Germer d'Hanache, 1587 ; de Follemèle et du Tertre, depuis 1669. Cette famille a donné des chevaliers, des hommes d'armes, des officiers supérieurs, des gouverneurs de places, des gentilshommes de nos rois, etc. *D'argent, à l'aigle éployée de gueules, becquée et armée d'or.*

D'ALEZ D'ANDUSE. La maison d'Aléz, en Lan-

guedoc, des anciens comtes d'Alèz et marquis d'Anduse, dont le nom patronimique et primitif a été alternativement *Bermond* et *Bernard*, d'après les historiens anciens et modernes du midi de la France, descend incontestablement en ligne masculine, de la race
de saint Guillaume, duc d'Aquitaine, dont l'origine,
remontée jusqu'à Pépin d'Héristal, se confond avec
celle de la monarchie française.

Détachée de ce trône aussi ancien qu'illustre, elle
offre encore assez d'illustration en elle-même, pour
dispenser de tout examen antérieur, et l'histoire a pré-
venu tout désir à cet égard.

Depuis le commencement du *onzième siècle*, date primitive de l'imposition des noms héréditaires et de l'ina-
movibilité des grands fiefs, à ne dater que de Bernard,
Ier. du nom, qualifié de marquis d'Anduse, prince et
satrape de Sauve, comte d'Alèz et de Sommières, vers
l'an 1000, jusqu'à Roger d'Anduse, seigneur de la
Voûte et d'Alèz, avant 1280, dont Amédée, son fils
puîné, fut souche de la branche d'Alèz, cette maison
présente tous les avantages de la plus haute et de la plus
illustre noblesse : indépendance absolue, puissantes
possessions, grandes dignités, fondations importantes,
alliances glorieuses, faits mémorables aux croisades,
exploits militaires postérieurs et services continus, elle
a tout réuni, et fourni une suite de chevaliers qui,
jusqu'à nos jours, ont donné des preuves éclatantes de
leur dévouement et de leur fidélité au roi, et ont fait
toutes les campagnes des princes à l'armée de Condé,
tels que le baron et le vicomte d'Alèz, qui y ont été pro-
mus à des grades supérieurs, et mérité l'honneur de
recevoir, sur le champ de bataille, la croix de Saint-
Louis de la main du roi Louis XVIII.

Elle a donné un archevêque à Narbonne, plusieurs
évêques à différents sièges de l'ancienne Septimanie, et
produit deux maréchaux de France sous les noms de
Thoiras et d'Espondeilhan.

Bernard Ier., possédant en souveraineté Alèz, Anduse, Uzès, Sauve, Sommières, etc., etc., fut le principal bienfaiteur de l'abbaye de Bonneval, en Rouergue :
la comtesse Garcinde de Toulouse, son épouse, et ses
enfants, fondèrent, en 1020, l'abbaye de Sauve, dans
les Cévennes ; et, en 1029, le monastère des dames de
Conques, au diocèse de Lodève. Cette alliance de la

comtesse Garcinde avec Bernard d'Anduse, mit tous
ses descendants en rapport de consanguinité avec les
comtes d'Anjou, tiges des *Plantagenets*, avec les comtes
d'Angoulême et de Périgord, avec les sires de Lusignan, de Grignols-Talleyrand, de Vintimille, princes du
Luc, des seigneurs de Montpellier, et des comtes de
Valentinois-Poitiers.

Par le mariage d'une Narbonne avec Bermond d'Anduze, fils de Bernard Ier., ont résulté une mère aux
vicomtes de Turenne, et divers degrés de parenté directe avec les maisons de Savoie, de Rhodès, d'Albret
et de Bourbon.

Pierre-Bermond d'Anduse, petit-fils de Bernard Ier.
d'Anduse, oncle d'Amédée, qui fut aïeul immédiat et
souche de la maison d'Alèz, épousa Constance de Toulouse, fille du comte Raymond, dépouillé de ses états
par l'église, petite-fille d'Etienne, roi d'Angleterre,
arrière-petite-fille de Louis le Gros et d'Adélaïde de
Savoie, qui, veuve, et remariée au connétable Matthieu Ier. de Montmorenci, donne à la maison d'Alèz
d'Anduse des rapports directs de consanguinité avec
celle *de Montmorenci* et toute l'illustre postérité issue
de ce mariage. Constance de Toulouse était tante de
Jeanne de Toulouse, épouse d'Alphonse, comte de
Poitiers, frère de saint Louis; et toutes les différentes
branches de la maison de Narbonne-Lara descendent de
celle d'Anduse, Amalric II de Lara, vicomte de Narbonne, ayant épousé Philippine d'Anduse, fille dudit
Pierre de Bermond d'Anduse et de Constance de Toulouse.

La filiation de la branche des seigneurs de Boisse, qui
fait l'objet de cet article, et dont sont sortis les rameaux
de la Tour et de Boscaut, établie sur les titres produits
en 1788 par Jean-Joseph-Henri-Augustin d'Alez d'Anduse, pour être reçu chanoine-comte du chapitre noble
et royal de Saint-Pierre et de Saint-Chef de Vienne,
en Dauphiné, est littéralement prouvée depuis Roger
d'Anduse, seigneur de la Voute et de Rochemore, en
Vivarais, fils du premier lit de Pierre-Bermond d'Anduse,
qui avait épousé 1º. Josserande de Poitiers, des comtes
de Valentinois et de Diois, dont il eut une nombreuse
postérité; 2º. Constance de Toulouse, auparavant
reine de Navarre. Cette branche, distinguée par ses
alliances, ses emplois et ses services militaires, a fait,
en 1787, les preuves pour les honneurs de la cour,

par-devant M. Berthier, premier commis du cabinet des ordres du roi.

Philippe de Fay, aïeule maternelle de Roger d'Anduse, veuve d'Aimar II de Poitiers, comte de Valentinois et de Diois, dame de Fay, Bretagne, Ganant, Carrière, Corances, la Forcade, la Voûte, etc., en Vivarais, testa, le 30 mai 1246, en faveur d'Aimar III de Poitiers, comte de Valentinois et de Diois, son petit-fils, et par cet acte, donna au susdit Roger, aussi son petit-fils, par ladite Josserande, son château de la Voûte et quatre autres de ses terres du Vivarais, et fit d'autres legs aux frères et sœurs du même Roger, à qui elle donna encore, le 29 septembre 1250, ce qu'elle avait aux seigneuries de Clérieu et de la Roche d'Eiglan.

La nécessité où l'on est, de réduire infiniment cette note, ne permettant pas de présenter avec détail toutes les alliances anciennes et modernes de cette maison, on se borne à observer que Simonne d'Uzès, qui porta ce grand fief dans la maison de Crussol, était fille de Jean d'Anduse, vicomte d'Uzès; que Roger d'Anduse, seigneur de la Voute et en partie d'Alèz, avait épousé Endie de Crussol, et en avait eu entr'autres enfants, 1°. Bermond, marié, le 29 janvier 1281, à Raibaude de Simiane, dont la mère était Mabille de Sabran, comtesse de Forcalquier, et dont la branche aînée s'éteignit dans la maison de Lévis-Ventadour, à qui passa la terre de la Voute, et par cette maison, dans celle de Rohan, dont le dernier prince de Rohan-Soubise était possesseur; 2°. Amédée, seigneur d'Alèz, tige de la maison de ce nom, marié à Adèle de Mirabel, des comtes de Castres d'Albigeois; 3°. Mabile, qui épousa Raymond III de Baux, prince d'Orange.

Par le contrat de mariage du 29 janvier 1281, dont l'original est en la possession de M. l'abbé comte d'Alèz, Amédée est dit frère puîné dudit Bermond futur.

Guillaume de la Voute, fils aîné dudit Bermond d'Anduse, seigneur de Saint-Martin de Castillon, épousa Matheline de Blacas.

Bermond, seigneur de la Voûte, épousa Fleurie de Blacas.

L'abbé comte d'Alèz d'Anduse a encore l'avantage de se trouver dans un degré de parenté très-rapproché avec les maisons de Noailles-Mouchi et de Duras, par sa grand'mère Antoinette de Loubens-Verdalle, fille du

marquis de Verdalle, qui, lui-même, était fils de
Jacques de Loubens, marquis de Verdalle, chevalier
des ordres du roi, et de dame Louise d'Arpajon, dont
la maison s'est fondue dans celle de Noailles-Mouchi, par
la dernière maréchale, duchesse de Mouchi, héritière
du nom et des biens d'Arpajon, mère de M. le
prince de Poix, capitaine des gardes-du-corps du roi,
et de madame la duchesse de Duras, douairière.

*Armes* : *Ecartelé*, *aux* 1 *et* 4 *d'or* ; *à deux demi-vols*
*de gueules* ; *au chef d'azur*, *chargé d'un soleil d'or* ; *à la*
*bordure de gueules*, *chargée de sept besants d'or en orle*,
qui est D'ALEZ ; *aux* 2 *et* 3 *de gueules*, *à trois étoiles*
*d'or*, qui est D'ANDUSE.

D'ALICHAMP, seigneurs d'Epaigne, etc., en
Champagne. Cette famille justifie sa noblesse par titres
depuis Jean d'Alichamp, écuyer, seigneur de Brielle,
de Flamicourt et de Saint-Aubin, vivant en l'an 1501.
*D'azur*, *au chevron d'or*, *accompagné de trois roses du*
*même*.

D'ALIGRE, et quelquefois *Haligre* dans les anciens
titres, famille des plus illustres et des plus recommandables du royaume, anoblie par de grandes charges et
par des hommes célèbres. Elle a donné deux chanceliers de France, des lieutenants-généraux, des conseillers d'état, des présidents au parlement de Paris, des
commandeurs de Saint-Louis, etc., etc. Le marquis
d'Aligre, chef actuel de cette maison, a été créé pair
de France en 1814. *Burelé d'or et d'azur* : *au chef d'azur*,
*chargé de trois soleils d'or*.

D'ALLAMANON, famille d'origine chevaleresque,
qui tire son nom de la terre et seigneurie d'Allamanon,
en Provence, qu'elle possédait de tems immémorial.
Jean et Albert d'Allamanon suivaient le parti de Raimond
Berenger, comte de Provence, dans la guerre de 1150.
Le même Albert lui rendit hommage à Tarascon, en
1146. Bertrand d'Allamanon suivit Charles d'Anjou à
la conquête du royaume de Naples, en 1264. Pierre
d'Allamanon fit hommage de ses terres l'an 1330. Cette
maison était très-multipliée en ce tems-là, les deux

branches qui existent descendent de Rican d'Allamanon, qui fit son testament le 20 septembre 1441. Honoré-Joseph rendit son nom très-célèbre dans l'histoire, lors des guerres civiles de la ligue, où il eut une part active. Ses descendants ont produit de grands capitaines et des magistrats distingués. *Tranché d'argent et de sable, diapré de l'un en l'autre.*

D'ALLARD, en Vivarais et dans l'Ile de France, famille ancienne, originaire du Dauphiné, qui a pour auteur noble Gabriel Allard, écuyer, vivant en 1516. *D'or, au chevron de sable, accompagné en chef de trois étoiles d'azur, et en pointe d'un croissant de gueules.*

ALLEMAND, noblesse consacrée par la charte, avec le titre de comte, dans la personne du vice-amiral Allemand, chevalier de Saint-Louis, et grand officier de la Légion-d'Honneur, fils d'un chevalier de Saint-Louis, lieutenant de vaisseau, et commandant de Port-Louis. *D'azur, à trois vaisseaux voguants d'or, voilés d'argent, posés 1 et 2.*

D'ALLEMANS. *Voyez* DU LAU.

D'ALLIBERT, en Normandie, famille anoblie en décembre 1638, dans la personne de Jacques-François d'Allibert. Les lettres furent registrées en la chambre des comptes en 1639. *D'azur, à trois têtes de loup d'or.*

D'ALMERAN, en Provence, ancienne famille éteinte, qui prouvait une filiation suivie depuis Durand d'Almeran, qui vivait en 1450. François d'Almeran, seigneur de Rognac, dernier de cette famille, épousa, l'an 1652, Catherine de Sancierges, et mourut sans postérité. Elle a produit des gouverneurs et des lieutenants particuliers de villes. *Écartelé, aux 1 et 4 d'argent, à la comète à seize rais de gueules,* qui est D'AL-MERAN ; *aux 2 et 3 échiquetés d'or et de gueules,* qui est DE ROGNAC.

D'ALMERAS, seigneurs de Mirevaux, de Goute et de Bossage, en Languedoc. Antoine d'Almeras, seigneur de Mirevaux, fut institué héritier universel de Guillaume d'Almeras, son oncle, seigneur de Mirevaux, lieutenant-général des armées navales, par testament du 11 janvier 1676. Antoine était petit-fils de

Guillaume d'Almeras, viguier de Bagnols. *D'azur, au lion d'or, lampassé et armé de gueules ; au chef d'or, chargé de trois palmes de sinople, rangées en bande.*

ALORGE, sieurs de Havars, en Normandie. Cette famille justifie la possession de sa noblesse depuis Robert Alorge, écuyer, seigneur de Seineville et du Castelier sur Longueville, l'an 1486. Il était issu de Guillaume Alorge, de libre condition, anobli en 1394. *De gueules, à trois gerbes de blé d'or, liées du même, accompagnées de sept molettes d'éperon aussi d'or, posées trois en chef, une au cœur, et trois en pointe, deux et une.*

D'ALOUE, seigneurs des Ajots, en Poitou. Cette famille prouve sa filiation depuis André d'Aloue, seigneur des Ajots, vivant avant l'an 1478, dont le fils, Clément d'Aloue, écuyer, seigneur du même lieu des Ajots, fut marié, le 11 octobre 1498, avec Marie de Saint-Gelais. *D'argent, à deux chevrons de gueules, accompagnés en chef de deux macles de sable.*

D'ALUYE. Les anciens seigneurs et barons de Châteaux et de Saint-Christophe, du nom d'Aluye, éteints au milieu du treizième siècle, dans les maisons de Montfort et de l'archevêque de Parthenay, étaient d'ancienne chevalerie d'Anjou et de Touraine, et sont connus par titres depuis l'an 978, époque à laquelle vivait Hugues d'Aluye, vassal de Leudgarde de Vermandois, veuve de Thibaut de Tricheur, comte de Blois, de Chartres et de Tours. Les armoiries de cette ancienne maison varient dans les différents sceaux qu'on en a conservés; celles qu'on y voit plus communément sont un *écu chargé de trois fasces ondées.*

ALVISET DE BESANÇON, famille qui a fourni, depuis l'an 1712, deux présidents et un conseiller au parlement de Franche-Comté, charges qui donnaient la noblesse transmissible. Elle a été reçue dans la chambre de la noblesse aux états de 1788.

D'AMANGES, en Franche-Comté, famille chevaleresque, éteinte dans la maison de Mont-Richard. *D'argent, fretté de sable ; au chef de gueules.*

AMAT, seigneurs du Poet et de Montauquier, en Dauphiné. Cette famille a pour auteur Jacques Amat, écuyer, sieur du Poet, qui fut maître-d'hôtel du roi par lettres du 14 octobre 1646, et conseiller d'état ordinaire le 6 octobre 1647. Il avait été reçu dans l'office de conseiller-secrétaire du roi, maison et couronne de France et de ses finances, le 15 septembre 1650. Cette famille, dont la Chenaye des Bois donne la filiation depuis l'an 1280, a donné un capitaine de dragons dans le régiment du roi. *De gueules, au dextrochere armé de toutes pièces, mouvant d'un nuage du flanc dextre, le tout d'argent, et tenant une épée du même, garnie d'or.*

AMAT, lettres de noblesse accordées par le roi Jean le Bon à Pierre Amat de Saint-Affricain et sa postérité, en mai 1355, expédiées le 7 juin, moyennant une finance de 600 livres.

D'AMBLARD, seigneurs de Las-Martres et de Maleras, en Agenois, famille qui a pour auteur Pierre d'Amblard, seigneur de Maleras, dont le fils Robert d'Amblard, écuyer, acquit la terre de Las-Martres, le 29 septembre 1481. *D'azur, à la martre d'argent, rampante sur une palme de sinople en pal, le tout mouvant d'une terrasse du même; au chef de sable, chargé de trois étoiles d'or.*

D'AMBOIX, seigneurs de Larbout et de Camarade, au comté de Foix, famille ancienne et distinguée, maintenue dans sa noblesse par M. Pelletier de la Houssaye, intendant de Montauban, le 5 août 1698. En 1781, Jean-Paul d'Amboix, ancien capitaine au régiment du roi, voulant placer ses enfants au service militaire, fut obligé, d'après l'ordonnance de 1781, de prouver quatre degrés devant M. Chérin, généalogiste de la couronne. Deux de ses enfants, Pierre-Jean-Baptiste-Charles, lieutenant au régiment de Bearn, et Jean-Jacques-Charles-Marguerite, lieutenant au régiment royal de la marine, périrent parmi les infortunées victimes de Quiberon. En mars 1815, Jean-Baptiste-Jacob-Marguerite, son fils aîné, fut nommé commandant des volontaires royaux à pied du département de l'Arriège; et Edmond d'Amboix, le dernier de ses fils, servit dans les volontaires à cheval. *D'or, à l'olivier de sinople.*

D'ANCEL, seigneurs et patrons de Quineville, etc., en Normandie. La filiation de cette famille est prouvée depuis Gilles d'Ancel, écuyer, seigneur de Quineville et d'Audeville, anobli pour mille écus de finance, au mois d'avril de l'an 1574. *D'or, à la fasce d'azur, accompagnée en chef d'un lion issant de gueules, et en pointe de trois treffles de sinople.*

ANDERNACH, en Lorraine, famille anoblie dans la personne de Jacques Andernach, prevôt gruyer, receveur de Dompaire et de Valfroicourt, par lettres expédiées à Nancy, le 18 juillet 1594, vérifiées le 24 du même mois, et enregistrées le 16 juillet de la même année. *D'azur, à une montagne d'or. surmontée d'une tour d'argent, et accompagnée en chef de trois roses d'or, boutonnées de gueules.*

D'ANDRÉ DE MONTFORT, seigneurs du Viala, de Béluge, en Gévaudan, famille qui remonte à noble Gabriel d'André, seigneur de Lauzières, qui testa le 7 décembre 1586. Elle a fourni plusieurs officiers d'infanterie et de cavalerie. *Parti, au 1 coupé, le chef tranché de gugules et d'or, la pointe taillée de gueules et d'or, ce qui forme quatre girons appointés au centre de l'écu ; au 2 de sable, au lion d'argent, lampassé de gueules ; à la bordure denchée d'argent.*

ANDRESSOT, de Dôle, en Franche-Comté, famille éteinte. Elle avait été anoblie le 8 janvier 1656. *D'azur, au chevron d'or, accompagné de trois glands du même.*

ANDREY DE FONTENAY, en Normandie. Jacques Andrey, Ier. du nom, écuyer, sieur de Seillery, auteur de cette famille, eut pour fils Jacques Andrey, IIe. du nom, écuyer, sieur de Seillery, vivant en 1609. Elle a donné un général d'artillerie, et plusieurs officiers supérieurs décorés de l'ordre royal et militaire de Saint-Louis. *De sable, au sautoir d'argent, cantonné aux 1 et 4 d'un croissant ; aux 2 et 3 d'une molette d'éperon, le tout du même.*

D'ANDRON, seigneurs de Marguerite, en Languedoc, famille qui vint se fixer à Tarascon, en Provence,

Elle prouve son origine depuis Louis d'Andron, qui fit son testament en 1570. Elle a produit un gentilhomme ordinaire du roi, et un chancelier de Nismes. *D'or, à l'aigle éployée de sable, accompagnée de deux palmes de sinople, une au canton dextre du chef, et l'autre au canton senestre de la pointe de l'écu, et posée en bande.*

D'ANJOU DE BOIS-NANTIER, seigneurs de Briqueville, de Montfiquet, en Normandie, maison d'origine chevaleresque, qui a fait ses preuves par devant MM. d'Hozier et Chérin, et qui, antérieurement, a été maintenue dans son ancienne extraction par M. Foucault de Magny, intendant de Caen, le 1er. juin 1702, sur preuves filiatives remontées à Nicolas d'Anjou, frère de Macé d'Anjou, écuyer, qui vivait en 1409. Cette famille a contracté des alliances directes avec les maisons les plus anciennes et les plus distinguées de Normandie. Elle est représentée de nos jours par :

1º. Nicolas-Anne d'Anjou de Bois-Nantier, prêtre, ex-prieur-curé de Marolles, en Champagne, aujourd'hui curé dans le diocèse de Troyes, et chevalier de l'ordre du Saint-Sépulcre de Jérusalem ;

2º. Philibert-François d'Anjou de Bois-Nantier, ex-vicaire-général de Coutances et chevalier du même ordre du Saint-Sépulcre (1) ;

3º. Jeanne-Charlotte d'Anjou de Bois-Nantier, leur sœur, mariée avec Etienne-Louis Denier d'Aprigny, fils de Louis-René Denier des Fresnes, conseiller du roi, échevin de la ville et communauté de Saint-Lô, et d'Anne-Marie-Catherine Miette. De ce mariage sont issus :

*A.* Nicolas-Etienne Denier d'Aprigny, ancien lieutenant de la garde nationale de Saint-

---

(1) Il a été envoyé par le roi Louis XVI (en 1791), à Saint-Denis, comme commissaire, et autorisé de monseigneur l'archevêque de Paris, pour faire ouvrir la châsse de la Sainte-Couronne d'Epines, qui y avait été transférée de la Sainte Chapelle du palais, et qu'il a contribué à faire reconnaître et honorer. Elle est maintenant dans le Trésor de la Basilique de Paris.

Lô, électeur et maire de la commune d'A-
gruaux, marié, avec Léonore - Charlotte
Denis des·Riviers, dont

> *a.* Eugène-Léonard, âgé de neuf ans;
> *b.* Edmond, âgé de sept ans.

*B.* Rosalie·Denier d'Aprigny, mariée à Léonard–Armand-Denis de Silly, ancien magistrat, propriétaire et maire de Saint-Ebre-
mont de Bonfossé, dont un fils, âgé de
deux ans.

*Armes*·: D'argent, à deux chevrons brisés de gueules,
accompagnés de trois grappes de raisin au naturel. Couronne de comte. Supports : à dextre un lion, à senestre
une aigle essorante, tenant dans son bec un rameau
d'olivier.

ANJOU, *Pajus Andegavensis*, province située entre
le Maine, la Bretagne, le Poitou et la Touraine, qui
avait pour capitale la ville d'Angers, appelée, sous les
Romains *Juliomagus.* L'Anjou fut subjugué par Jules-
César, et resta sous la domination des Romains jusqu'à
l'époque de l'irruption des Barbares, sous le règne
d'Honorius. Les Visigoths envahirent une partie de
l'Anjou ; les Francs, qui vinrent ensuite, voulurent
s'emparer de l'autre. Ægidius, maître de la milice des
Romains, fit venir Odoacre, roi des Saxons, pour l'aider
à défendre l'Anjou. Tandis que ce renfort arrive, Ægi-
gidius meurt, et Paul, son successeur, cède au roi des
Saxons la ville d'Angers, avec les îles de la Loire, où il
se cantonne. Mais l'an 464, Chilpéric, roi des Francs,
enlève aux Saxons la ville d'Angers, après avoir tué le
comte Paul de sa main. Par cette double victoire, le
vainqueur incorpore l'Anjou à ses autres conquêtes. Sous
la seconde race de nos rois, cette province fut divisée
en deux comtés, l'un au–delà de la rivière de Mayenne,
dont Châteauneuf était la capitale, l'autre en-deçà de la
même rivière, ayant pour capitale Angers. Selon quelques modernes, ce dernier comté fut donné par Charles-
le-Chauve, avec le Gâtinais, à Tertulle, fils de Tor-
quat, citoyen de Rennes. Mais, suivant l'auteur du
*Gesta consulum Andegavensium*, Tertulle, fils d'un paysan
qui vivait de fruits sauvages et de la chasse, *rusticanus*....

*de copiâ silvestri et venatico excercitio victitans*, ne fut que
sénéchal du Gâtinais, et n'eut aucune part à l'Anjou.
C'est à son fils, Ingelger, qu'on doit faire remonter
l'origine des comtes d'Anjou. Ces princes sont titrés
dans les anciennes chartes, tantôt *marquis*, tantôt
*consuls*, et plus ordinairement *comtes*.

### GÉNÉALOGIE DES COMTES D'ANJOU.

#### Première race.

*Ingelger*, comte d'Anjou vers l'an 878, mourut
en 888.

*Foulques I le Roux*, son fils, réunit les deux comtés
d'Anjou, et mourut en 938. Il fut père de :

*Foulques II le Bon*, qui mourut en 958. Son fils :

*Geoffroi I Grisegonelle*, mort en 987, fut père de :

*Foulques III Nerra*, ou *le Noir*, qui décéda le 21 juin
1040. Ses enfants furent, entr'autres :

| | |
|---|---|
| *Geoffroi II Martel*, comte de Vendôme, puis d'Anjou en 1040, mort sans postérité en 1060. | *Ermengarde d'Anjou*, épouse de Geoffroi Ferréol comte de Château-Landon, ou de Gâtinais. |

#### Seconde race.

*Foulques IV le Rechin*, et *Geoffroi III le Barbu*, son
frère, fils de Geoffroi Ferréol et d'Ermengarde d'Anjou,
succédèrent l'an 1060, à Geoffroi Martel, leur oncle
maternel : Geoffroi III, l'aîné, outre le Gâtinais, qu'il
tenait de son père, eut la Touraine, et Foulques l'Anjou et la Saintonge. Ce dernier mourut en 1109, laissant :

*Foulques V, le Jeune*, comte d'Anjou, en 1109, roi
de Jérusalem le 14 septembre 1131, mort le 13 novembre 1142. Son fils

*Geoffroi V, Plantagenet*, comte d'Anjou en 1129,
épousa cette année Mathilde d'Angleterre, fille du roi
Henri I er., et devint duc de Normandie l'an 1144.

*Henri II*, son fils, duc de Normandie en 1150, lui succéda au comté d'Anjou en 1151, et fut couronné roi d'Angleterre le 19 décembre 1154. Il eut pour fils :

| | | |
|---|---|---|
| *Richard Cœur-de-Lyon*, comté d'Anjou et roi d'Angleterre ; mort en 1199. | *Jean-Sans-Terre*, roi d'Angleterre et duc de Normandie en 1199. | *Artur*, comte d'Anjou, assassiné par le roi Jean, son frère, en 1202. |

Le roi Philippe Auguste ne pouvait laisser impuni le crime du roi Jean ; en qualité de suzerain, il saisit toutes les terres que ce prince tenait à hommage de la couronne. Le roi saint Louis en investit Charles I<sup>er</sup>, comte de Provence, le 27 mai 1246. Charles II, le Boiteux, fils de ce dernier, en donna l'investiture à Charles de Valois, son gendre, en 1290, et mourut en 1309. Le comté d'Anjou érigé en duché, l'an 1360, en faveur de Louis I, arrière-petit-fils de Charles III, fut réuni à la couronne au mois d'octobre 1481.

Armes de la seconde race : *De gueules, à deux lions léopardés d'or.*

D'ANSTRUDE, barons d'Anstrude en Bourgogne, par érection du mois d'août 1737, illustre et ancienne maison de chevalerie, originaire d'Écosse, où elle florissait dès l'an 1150. Elle a pris son nom de la terre et baronnie d'Anstruther, dans la paroisse de Fiffe, que la branche aînée possède encore de nos jours. La branche des barons d'Anstrude, en France, a pour auteur David d'Anstrude, écuyer, archer de la garde écossaise du corps du roi, l'an 1537, sous la charge du maréchal d'Aubigny, Robert Stuart. Il épousa Claude de Mussy, fille de Nicolas du Mussy, écuyer, et de Jopherine Collo. Cette branche a constamment suivi le parti des armes dans les gentilshommes écossais. *Coupé, émanché de trois pièces de sable, sur deux et deux demies d'argent.*

D'ANTIGNAC, famille de Lorraine, originaire de Brive, dans le Limosin, qui fut anoblie le 4 mars 1721, dans la personne de Philbert d'Antignac, chevalier de l'ordre royal et militaire de Saint-Louis, ca-

III. 5.

pitaine au régiment Royal Etranger, en considération de sa valeur et de sa bonne conduite. *De gueules, à deux étendards d'argent, mis en sautoir, chacun chargé d'une tête de léopard de gueules.*

D'ANTONELLE, en Provence. Il y a deux familles de ce nom dans cette province. L'une descend de Louis Antonelle, qui fut anobli par lettres du roi Charles IX, de 1565. Guillaume d'Antonelle, son fils, s'allia dans la maison de Cays, dont est issu Charles d'Antonelle, père de Louis d'Antonelle; l'autre a commencé par deux frères, Gonin et Antoine d'Antonelle, qui furent anoblis par lettres du roi Henri III, en 1578; d'Antoine d'Antonelle, descend la branche d'Antonelle-Monrepos, et Gonin d'Antonelle, son frère, a laissé trois fils; savoir, François, Honoré et Robert d'Antonelle qui ont tous trois donné commencement à trois autres branches. *D'azur, à cinq étoiles d'or.*

D'AOUST DE COLUS, en Champagne. Cette famille est d'ancienne bourgeoisie de la ville de Châlons. Elle y est connue depuis l'an 1455, et a été maintenue par M. de Caumartin, en 1668, sur titres remontés à Jacques d'Aoust, qui, le 7 septembre 1535, obtint des lettres de réhabilitation, en vertu desquelles il fut ordonné, par sentence de l'élection de Châlons, du 9 novembre 1536, qu'il jouirait des priviléges de la noblesse, nonobstant sa dérogeance et son exercice d'avocat postulant. Ce jugement de maintenue a été depuis rapporté, à cause de nouvelles dérogeances commises par la famille. *De gueules, à la tourterelle d'argent, tenant en son bec un rameau d'olivier d'or.*

D'ARANCE DE NAVARRO, famille noble et très-ancienne, originaire de la province de Béarn, qui a fourni plusieurs officiers distingués, des commandants de place, et des chevaliers de l'ordre royal et militaire de Saint-Louis. *D'azur, à trois chevrons d'or;* l'écu timbré d'une couronne de comte. Supports : deux lions.

D'ARBAUD, seigneurs du Barou, en Provence, originaires de la ville d'Arles; famille ancienne et distinguée, dont Barthélemi d'Arbaud est l'auteur. Il vivait en 1470. De Pionne de Bouic, sa femme, il eut Jean d'Arbaud, marié avec Béatrix de Roux, dont vint Louis d'Arbaud Ier., qui testa en 1527, et qui laissa de Jeanne d'Orcières, sa femme, Vincent, marié avec Anne de la Tour; de ce mariage vint Louis d'Arbaud, IIe. du nom, gentilhomme ordinaire servant du roi Henri IV, qui fit son testament en 1597. Tristan d'Arbaud, son fils, membre de l'académie d'Arles, fut son héritier. Cette famille a contracté des alliances illustres, et a donné des officiers de divers grades, etc. *D'or, au griffon de sable, la pate dextre d'aigle, et la jambe sénestre de lion, vêtues ou écorchées de gueules.*

D'ARBONNAY, en Franche-Comté, noblesse d'ancienne chevalerie, éteinte. *D'argent, à la fasce de sable.*

D'ARBOUSSIER DE MONTAGUT, en Languedoc, famille connue par filiation, depuis Gaspard d'Arboussier, qui testa le 29 juin 1556. *D'argent, au palmier terrassé de sinople, accosté de deux lionceaux affrontés de gueules.*

D'ARISPÉ, en Bretagne. Jean d'Arispé, sieur de Poulfantan, a été déclaré usurpateur de la qualité de noble, et condamné en 400 livres d'amende par arrêt rendu en la chambre de la réformation, le 5 novembre 1670. *D'argent, au lion de sable.*

D'ARJAC, maison d'ancienne chevalerie, qui a pris son nom d'une terre située en Quercy, au diocèse de Cahors, intendance de Montauban. Elle établit sa filiation depuis Begon d'Arjac, qualifié damoiseau dans un titre du mois de juillet 1260, et chevalier dans un autre du mois de mars 1273. Son petit-fils, Begon d'Arjac, IIe. du nom, seigneur du Cailar, ayant épousé, l'an 1382, Judith de Solages, ses descendants quittèrent le nom d'Arjac, et prirent celui de Solages, qu'ils ont perpétué jusqu'à nos jours. *Voyez* SOLAGES, dans la première série.

D'ARMES, famille noble du Nivernais. *De......, à deux épées appointées en chevron renversé, accompagnées en chef d'une rose.*

D'ARNAUD, seigneurs de Serouville, de Cajeu, et

de la vicomté de Beauvoir, en Picardie, famille ancienne, originaire du Languedoc, qui établit sa filiation depuis Henri Arnaud, écuyer, de la ville d'Uzès, qui fit son testament le 30 août 1521. *Ecartelé, aux 1 et 4 de gueules, au chevron d'argent, chargé de deux palmes de sinople, et accompagné de trois besants d'or; aux 2 et 3 d'argent, à l'aigle au vol abaissé de sable, becquée et armée de gueules.*

D'ARNOUVILLE. *Voyez* CHOPIN.

ARNOULT, en Lorraine, famille anoblie dans la personne de Bernard Arnoult, capitaine du château de Charmes, par le grand duc Charles, le 25 février 1563. Bernard Arnoul, son fils, fut pourvu de la charge qu'exerçait son père en 1569. *D'or, au pal d'azur, chargé de trois croix fleuronnées d'argent.*

D'AROUX DE LA SERRE, en Quercy et en Languedoc, maison ancienne et distinguée, originaire du Bordelais, qui établit sa filiation depuis Sance d'Aroux, damoiseau, seigneur de Bressols et de la Bastide-Saint-Pierre, vivant le 13 août 1411. Cette maison a donné plusieurs officiers supérieurs, des gouverneurs de places, deux gentilshommes, l'un de la chambre du roi, l'autre de la Manche. *Ecartelé, aux 1 et 4 d'azur, au besant d'or; aux 2 et 3 d'or, à l'aigle éployée de sable.*

D'ARRAC DE VIGNES, barons de Sault de Navailles, en Guienne. Cette famille a pour auteur Jean d'Arrac, seigneur de Brostau et de Vignes, homme d'armes de la compagnie du seigneur de Poyanne, anobli pour services militaires, par lettres du mois de mai 1596, confirmées par autres du 27 décembre 1608. *Ecartelé, aux 1 et 4 d'argent, au sanglier de sable; aux 2 et 3 d'azur, à l'aigle éployée d'or.*

ARTHUYS, seigneurs de Vaux, barons de Charnisay, en Berry. La Thaumassière fait mention de cette famille depuis maître Jean Arthuys, lieutenant du sénéchal du maître des fiefs, et des Mortailles, en 1338, et maître Yves Arthuys, pourvu du même office en 1370. L'Armorial général en donne la filiation depuis François Arthuys, Ier. du nom, qualifié écuyer dans un hommage qu'il fit, en 1519, à Marguerite de Valois, sœur du roi François I<sup>er</sup>. Il fut le troisième aïeul de Jacques Arthuys, sieur de Vaux, conseiller au bailliage d'Issoudun, en 1676, dont il se démit en 1689. Peu de tems après cette démission, la qualité d'écuyer lui ayant été contestée, il obtint des lettres du roi en date du 10 décembre 1689, qui l'y maintiennent et font défense de l'y troubler. Les mémoires domestiques de cette famille portent qu'elle est originaire d'Angleterre, et qu'elle vint s'établir en Berry l'an 1195. Ils en donnent la filiation depuis Perronnet Arthuys, père d'Yves Arthuys, vivant en 1297. *D'argent, au chevron brisé de sinople, accompagné de trois feuilles de chêne du même.* Devise : *Franc au roy suis.*

D'AUBE ou D'ALBE, en latin d'*Alba*, seigneurs de Roquemartine, en Provence, originaires d'Arles ; Hugues, archevêque d'Arles, l'an 1225, inféoda à Aubète Aube un bois, appelé le bois Comtal, ainsi que la terre de Roquemartine qui est dans la maison d'Aube, d'une ancienneté immémoriale ; cette inféodation se justifie par un acte de l'an 1237, par lequel il paraît que les commissaires que Raimond Berenger avait députés pour régler les droits qui lui appartenaient, rapportèrent que le château de Roquemartine ne devait rien (*castrum de Rocamartina nihil, quia dicitur fore liberum ex privilegio concesso Albæ*) ; d'où l'on doit inférer que la famille d'Albe ou d'Aube, possédait la terre de Roquemartine franche, même avant le règne de Raimond-Berenger. Dans le même tems, vivait un autre Aube d'Aube, qui se disait Aube de Tarascon, pendant que ceux ci-dessus s'appelaient Aube de Roquemartine. C'était assez la coutume en ce tems-là, de prendre pour nom de baptême le même nom de famille. On en a des exemples dans les maisons de Blacas, d'Agout ; d'Amalric de Requistons, et autres, dont le nom de baptême était le même que les noms patronimiques ; ainsi, on trouve Blacas de Blacas, Agou d'Agout, Amalric d'Amalric, et Requistons de Requistons ; et même dans la maison d'Aups, on trouve deux cousins appelés tous deux Blacas de Blacas, lesquels, pour se différencier, se nommaient l'un Blacas d'Aups, et l'autre Blacas de Baudinar, du nom des terres qu'ils possédaient ; c'est ainsi que, dans la maison d'Aube, deux s'appelaient de même nom, Aube d'Aube. Et pour faire une différence entre eux, l'un s'appelait Aube de Roquemartine, parce que cette terre lui appartenait; et l'autre s'appelait Aube de Tarascon, parce qu'il y faisait sa demeure, Il y fonda une branche, laquelle s'éteignit en 1450, et dont les biens furent recueillis par les sieurs de Roquemartine; cette dernière branche, dans la suite, a formé deux autres branches; savoir: celle des seigneurs de Pierrerue, et celle des seigneurs de Saint-Andiol, lesquelles branches se sont également éteintes de 1450 à 1465. Cette famille a contracté des alliances assez considérables, et a donné des officiers très-distingués. *D'or, à l'ours en pied de gueules.*

**AUBÉ DE BRACQUEMONT**, noblesse ancienne et distinguée, originaire de Picardie, province où elle réside encore de nos jours. Elle a pour auteur Quentin Aubé, écuyer, seigneur de Bracquemont et d'Estalon, marié, en 1440, avec Clémence de Lecourt, dame de Damery. Elle a été maintenue dans sa noblesse par arrêt du conseil du 27 juillet 1667, et elle a fait des preuves au cabinet des ordres du roi, pour le service militaire, le 16 octobre 1783. Cette famille a donné un contre-amiral, plusieurs capitaines et officiers supérieurs, décorés de l'ordre royal et militaire de Saint-Louis, et des gouverneurs de Montdidier. *De gueules, à huit losanges d'or en croix.*

**AUBER DE PEYRELONGUE**, en Agénois, famille ancienne, originaire de Normandie, qui remonte par filiation à Jeannot, ou Jean d'Auber, seigneur de Peyrelongue, demeurant à Marmande en 1478, époque où il fit un hommage, le 26 mars, à Alain, seigneur d'Albret. Elle a produit des capitaines, des officiers, et des chevaliers de l'ordre royal et militaire de Saint-Louis. *D'azur, au pal d'argent, accosté de quatre étoiles d'or; au chef cousu de gueules, chargé d'une fasce ondée d'argent.*

**AUBERTIN**, seigneur de Givrecourt, de Raville, etc., en Lorraine; famille qui remonte à Jean Aubertin, maître des fourrières de l'hôtel du duc Antoine, anobli par ce prince le 5 septembre 1529. Elle a donné des gouverneurs de places, des conseillers d'état, un évêque de Metz, et plusieurs officiers, dont un fut tué à la bataille de Lens, en 1648. *D'azur, à une fasce d'or, accompagnée de trois besants d'argent.*

D'AUDIBERT, seigneurs de Ramatuelle, en Provence, originaires de la ville d'Aix, famille ancienne qui prouve sa filiation depuis Raimond Audibert, qualifié noble et écuyer dans le testament qu'il fit devant Claude Gautier, notaire à Aix, le 20 avril 1529. Charles Audibert, son fils, écuyer, se maria avec Claire de Monier, par contrat du 20 juillet 1550. Nicolas, issu de ce mariage, eut de V.... de Châteauneuf, sa femme, trois fils, Jean – Baptiste, Gaspard et François. Tous les trois se marièrent, et continuèrent la postérité. Cette famille a contracté quelques belles alliances, et a donné des conseillers-secrétaires du roi, et des chevaliers de l'ordre royal et militaire de Saint – Louis. *D'argent, au chêne de sinople, les branches passées en sautoir, accompagné d'un gland aux extrémités; à la bordure denchée de gueules; au chef du même, chargé d'un cœur accosté de deux étoiles du même, le tout d'or.*

AULBOT, en Lorraine. Pierre Aulbot, natif de Brioude, en Auvergne, fut anobli par les ducs de Lorraine, le 12 janvier 1528. *De sable, au chevron d'argent, accompagné d'un triangle de même en pointe, au chef d'or.*

D'AUMALE, illustre et ancienne maison de chevalerie de Picardie, que La Morlière et Carpentier disent issue des anciens comtes d'Aumale. L'Armorial général, qui n'admet ni ne rejette cette prétention, fait connaître cette maison depuis Guillaume d'Aumale, chevalier, vivant en 1320, et en donne la filiation depuis Mari ou Emeri d'Aumale, seigneur d'Hergelines, de Hondrechies et d'Hocquincourt, mort l'an 1425. Elle a formé les branches, 1°. des vicomtes du Mont-Notre-Dame; 2°. des seigneurs de Quesnoy; 3°. des seigneurs de Mareuil et de Murtin; 4°. des seigneurs du Charmel; 5°. des seigneurs de Brange et des Boulaux; 6°. des seigneurs d'Ivrencheux; 7°. des marquis de Haucourt; 8°. des seigneurs de la Horgne; 9°. des seigneurs de Gondreville; 10°. des seigneurs de Nampsel. *D'argent, à la bande de gueules, chargée de trois besants d'or.*

D'AUMONT, sieur du Couldray, en Normandie ; famille anoblie en 1653. *D'argent, à la croix de gueules, cantonnée de quatre merlettes du même.*

D'AUTRIC, seigneurs de Beaumettes, Bauduen, Ramatuelle, Lileville, Aramon et autres lieux, en Provence, originaires de la ville d'Apt, maison d'origine chevaleresque, des plus anciennes et des plus distinguées de Provence. Elle remonte à Raimond d'Autric, chevalier, vivant en 1239. Dans un accord qui se fit, en 1246, entre Bertrand-Rambaud de Simiane, et l'évêque d'Apt, Raimond d'Autric servit de caution pour Bertrand. Elzear d'Autric, l'un de ses descendants, rendit de grands services à Raimond d'Agout, et seigneur de Sault, qui, pour l'en récompenser, lui fit don de la terre de Beaumettes, située dans la viguerie d'Apt, en 1392. Il fut aïeul de Sébastien d'Autric, duquel naquit Colin, père de Guillaume d'Autric, marié, le 28 mai 1499, avec Françoise de Saporta, de laquelle il eut Elzéar, IIe. du nom, chargé par M. le comte de Tende, gouverneur de Provence, de faire une levée d'hommes pour le service de sa majesté, en 1548. Gaspard d'Autric, son fils, fut chevalier de l'ordre du roi, et gentilhomme de la chambre ; ses descendants continuèrent la postérité. Cette maison a contracté des alliances très-distinguées, et a donné des officiers de la plus haute distinction, des premiers consuls d'Aix, et un viguier royal de Marseille, etc. *De gueules, à cinq éperviers d'or, posés 2, 2 et 1, longés de sable et grilletés d'or.* Depuis l'alliance avec la maison de Vintimille, elle écartèle de Vintimille Bauduen, qui est *coupé d'or et de sable, à quatre épis de millet, trois en chef et un en pointe de l'un en l'autre.*

AUTUN, *voyez* BOURGOGNE.

AUVERGNE.

*Liste des Gentilshommes convoqués à l'Assemblée de la noblesse de la Sénéchaussée de Riom, pour l'élection des députés aux États-Généraux en 1789.*

**Messieurs**

Langheac, grand-sénéchal,  
La Queuille,  
La Fayette,  

Mascon,  
Chabrol,  
Cheminade de Lormet,

La Rochette d'Auger,
Begon de la Rozière,
Du Peyroux de Salmagne,
La Roche-Lambert la Valette,
D'Espinchal,
Montagu de Beaune,
De Bosredon de Saint-Avit, commissaires.
Molen de Saint-Poncy, secrétaire.
Montboissier.
Montagu de Bouzols.
Merle.
Montagu.
Chabannes de la Palisse.
Montagnac.
Gauthier de Lamblauët de La Boulaye.
Jouvenceau d'Allagnac.
La Roche-Lambert.
Peydière de Boissière.
Molette de Morangiès Dumas.
Duclaux de l'Estoille.
Bouillé.
Sédades de Vacheresses.
Navette de Chassignoles.
Navette, chevalier, de Chassignoles.
Provenchères.
Du Crozet de Liat.
Molette de Morangiès du Bessac.
Vergesac d'Aurat.
La Roche du Rouzet.
Cassaignes de Lots.
Benoît de Barante.
De Saulzet.
Le chevalier de Saulzet.
Gouzel de Lauriac.
Cheminade.
Laizer de Brion.

Laizer de Montaigu.
La Grange.
Teillard.
Rochette de Malauzat.
Ferrand de Fontorte.
De Bar.
De Bar de Murat.
Grangier.
De la Mothe.
Laval de Muratel.
Laval Dulac du Cluzel.
Chardon de Nohannent.
Du Croc, chevalier de Brassac.
Reynaud de Monlozier.
De Goy.
De Falvard de Bonparant.
De Maumont.
Challier de Pérignat.
Beaufranchet de la Chapelle.
De Prades.
Bonnevie de Poigniat.
Montroignon de Salvert.
Bosredon de Ligny.
Bosredon de Vatange.
Soubrany de Bonnebaud.
Barbat du Closel du Cayre.
De Pons de la Grange.
De Champs de Blot.
Peydière de Veze.
Peydière.
Labro de Montagnac.
De Vaulx l'Espinasse.
Rochefort de Pommort.
Pelacost de Pelettes.
De Varennes de Boisrigaud.
De Baylle.
La Roche — Lambert de Chadieu.
Le chevalier de Pons de La Grange.

III.

Courtèlhe de Giat.

Le Court de Saint-Aignes.

Le comte de Tallobre.

Montboissier-Beaufort-Ca-
nillac.

Lauzanne.

Du Vallier.

Montroignon de Salvert.

Du Crozet.

Boissieux du Bois-Noir.

Véalle du Blau.

Vallon du Boucheron
d'Ambrugeac.

Champflour de la Roche.

Sampigny d'Effiat.

La Bastide.

Cathol du Deffand.

Luchapt de Baylle.

Riberolles du Moulin.

Henrion de Bussy.

Moré de Pont-Gibaud.

Des Aix de la Rochegude.

Loménie du Château.

Dienne de Saint-Eustache.

Dauphin de Leyval.

Chardon de Rochedagoux.

Mayet de la Vilatelle.

Le Normand du Flageat.

Du Tour de Salvert.

Beaufranchet de Relibost.

Sampigny de Bussière.

Peghoux de Mardogne.

Froment.

Androdias de Murol.

Boinville.

Saint-Giron.

Lastic.

Ribevrol de Beaucesne.

Du Montal.

Le chevalier de Sampigny.

La Colombe de la Cha-
pelle.

Méalet de Fargues.

Grangier de Cordès.

Bonneval.

Verdalle.

Dechuy d'Arminières.

d'Aurelle d'Esornais.

Varesnes de Bois-Rigaud.

Servières.

Des Escures.

Barbat du Closel de Quai-
re.

Montmorin de Saint-Hé-
rem.

Tailhandier de Lamberty.

Le chevalier de Tremenge.

Micolon de Guérines.

La Chassignole de Com-
baliboeuf.

L'Etang de Chalandrat.

Verdalle de Taury.

D'Estaing.

De la Roche-Lambert.

D'Alexandre, *alias* de Rou-
zat-Froment de Champ-
Du Mont.

Reboul du Sauzet.

Teyras de Granval.

Bouchard d'Aubeterre.

Talhandier.

Villelume.

Meyras de la Grange.

De Combes de Morelles,
père.

Du Crozet de Cumignat.

Rodde de Vernières.

Matharel du Chéry.

Mourgue de la Fage.

De Fretat.

Aragonnès de Laval.

Aragonnès d'Orcet.

Du Croc.

Le chevalier du Croc.

Cordeboeuf de Montgon.

Aldebert de Seveyrac.

De Molen de la Vernède du Mas.

La Salle.

Combarel de Gibanel.

Mallet de la Vedrine.

Vissac.

Douhet.

Bourdeille.

Reinaud de Beauregard.

Rollet d'Avaux.

Chabrol.

Chabrol.

D'Aurelle de Champetières.

La Rochette de Rochegonde.

Vauchaussade de Chaumont.

La Velle de Maurissac.

Servières du Telliol.

Bourdeille.

Autier de Chazeron de Barmontel.

Mallet de Vendègre.

Bosredon Vilvoisin.

Guérin de Valbeleix.

Durand de Pérignat.

Rigaud de Chapdes-Beaufont.

De Bonnevie de Poignat.

De Combes des Morelles.

Rochette.

Des Aix de Veygoux.

De Panneveyre de Ternant.

De Panneveyre de la Jugie.

Forget.

De la Rochette de Sianne.

Sablon du Corail.

Du Saunier de Bansat.

De Vissaguet.

Pradel de Tremenge des Chareyres.

Auzerand de Bénistant de Pomerols.

De Matharel du Chéry.

De Benoît de Fontenilles.

Chassaignes du Bort de Montvianeix.

Riberolles.

Chassaignes de Franc-Séjour.

Torrent.

Riberolles des Horts.

De Grillon du Plessis.

Du Félix de Laizer.

Barentin de Montchal.

Du Fraisse de Vernines.

De Vény d'Arbouze.

Le Groing.

Velx, *aliàs* de la Roche.

De Ponthe.

D'Oradour.

Du Peyrou de Bonnefou.

Du Crozet de Liat.

De Ligondès-Château Bodeau.

Le Normand de Montpertuy.

De Vertamy.

De Pons de Frugières.

( *Voyez aussi* CLERMONT-FERRAND.)

AUXERRE ET AUXOIS, *voyez* BOURGOGNE.

D'AVERHOULT, seigneurs de Montaine, en Normandie, maison d'origine chevaleresque, de la province d'Artois, où elle florissait dès le quatorzième siècle. Testard d'Averhoult fut l'un des cent vingt-un gentilshommes présents aux états d'Artois, en 1414. *D'azur, à trois fasces de sable ; au franc canton d'hermine.*

D'AVIGNON, seigneurs de Malijai, en Provence, originaires de la ville d'Arles, famille distinguée par ses services et ses alliances, qui a pour auteur François Avignon, docteur ès-droits en l'université de Paris. Il obtint des lettres de noblesse au mois d'août de l'année 1587. Ces lettres furent enregistrées dans les archives du roi, en Provence, le 22 octobre 1668. François II et Guillaume, ses enfants, firent deux branches. Joseph-François, l'un de leurs descendants, contracta alliance, en 1750, avec Marie-Salomé de Broglie, sœur de Joseph-Amédée de Broglie, évêque d'Angoulême ; Jacques-Ambroise d'Avignon, son frère, fut lieutenant des maréchaux de France. Il épousa, en 1756, Marie-Fleurie de Saxi, marquise d'Anduze, héritière de cette famille. Guillaume, fils cadet de François, se maria avec Melchione de Varadier, dame de Gaubert, de laquelle il eut Guillaume, II<sup>e</sup>. du nom, qui continua la postérité. Cette famille a contracté les alliances les plus considérables, et a donné un lieutenant-général des armées du roi, des gouverneurs de villes fortes, un major des gardes du corps, cordon rouge, un sénéchal de Provence, etc. *D'azur, à trois aiglettes d'or.*

D'AYMINI, seigneurs en partie de Saint-Jeurs, famille originaire de Provence. Geraud d'Aymini, qui en est l'auteur, reçut des lettres d'anoblissement du roi Réné, l'an 1470. Il était fils de Pierre Aymini, qui fit hommage au même prince le 18 octobre 1445. Bertrand d'Aymini, archevêque d'Avignon, vivait antérieurement à cette époque. Elle a formé cinq branches : l'aînée habite Manosque, et les quatre autres Tarascon. Elles portent toutes : *Echiqueté d'or et de sable, les carreaux de sable, marqués d'autant de besants d'argent.*

# B.

DE BAAS DE SIVORD, en Béarn. Jean-Henri-Josué de Baas de Sivord, ancien mousquetaire du roi, fut maintenu dans la noblesse de ses ancêtres, et anobli en tant que de besoin en considération des services militaires distingués qu'il avait rendus en diverses circonstances, par lettres, en forme de charte, du mois de mai 1734. *D'argent, a deux bisses au naturel affrontées et posées en pal.*

DE BACHELIER, seigneurs d'Outreville, en Picardie et à Paris. Cette famille prouve sa filiation depuis Jacques de Bachelier, qui eut pour fils noble seigneur Méri de Bachelier, dit des Faux, chevalier, seigneur du Menillet, gouverneur et lieutenant de roi d'Abbeville et de Ponthieu, marié, le 27 novembre 1569, avec Marie de la Haulle : ce dernier donna un dénombrement à Claude de Boulainvilliers, écuyer, seigneur de Frouville, le 2 du mois d'août 1554. *D'argent, à la fasce de gueules, chargée de trois flanchis d'or.*

LE BACHELLÉ, en Lorraine. Jacques le Bachellé, chevalier de l'ordre royal et militaire de Saint-Louis, ancien lieutenant-colonel du régiment de Bressey, fut confirmé dans la possession de sa noblesse et anobli de nouveau, en tant que de besoin, par lettres-patentes, données Versailles au mois d'avril 1732, en considération des services militaires distingués, rendus depuis l'an 1675 jusqu'en 1714. *D'azur, à la fasce d'argent chevronnée de deux pièces, et surmontée de deux étoiles d'or.*

DE BADONCOURT, village de Franche-comté, qui a donné son nom à une maison éteinte. *D'argent, à la bande de gueules, accompagnée de 12 billettes du même.*

DU BAHUNO, en Bretagne, maison d'ancienne chevalerie, dont une généalogie manuscrite, dressée par M. du Pré de Kerdaniel, remonte l'origine jusqu'à Tristan du Bahuno, chevalier, seigneur de la Demiville, vivant vers l'an 1200. *De sable, au loup d'argent, lampassé et armé de gueules, surmonté d'un croissant d'argent.*

DU BAILLEUL, seigneurs du Bailleul, d'Hercé, de Coesme et de Lucé, barons de Goron, au Maine. Cette famille établit filiativement la possession de sa noblesse, depuis Alain du Bailleul, écuyer, seigneur du Bailleul, marié, le 7 avril 1407, avec Jeanne de Bernehart. *D'argent, à trois têtes de loup de sable, lampassées de gueules.*

BAILLON, seigneurs des Forges de la Bretonnière, famille qui a pour auteur Michel Baillon, vicomte (c'est-à-dire bailli) de Caudebec, vivant vers 1400. Ses descendants ont exercé des charges de secrétaires du roi. *De gueules, à la tête de léopard d'or, baillonnée de trois annelets du même.*

BAILLY, seigneurs de Saint-Mars la Bruyère, et de Saint-Denis du Tertre, en Blaisois. Cette famille a prouvé sa noblesse, pour la réception aux pages, depuis Guillaume Bailly, sieur de la Motte, comte de la Ferté-Aleps, conseiller du roi, président en la chambre des comptes de Paris, pourvu par lettres du 2 février 1549, conseiller du conseil de guerre et surintendant-général des finances de deçà les Monts, créé chevalier par le maréchal de Brissac au camp sous Vulpian, et confirmé dans ce titre par lettres-patentes du roi Charles IX, du 26 août 1571. *D'or, à la fasce d'azur, chargée d'une croisette ancrée du champ, et accompagnée en chef de deux glands appointés, et d'un arbre terrassé en pointe, le tout de sinople.*

DU BAN DE LA FEUILLÉE. Cette famille noble du duché de Bourgogne, que nous croyons éteinte depuis peu, avait la prétention de se dire issue des anciens sires de la Tour du Ban, en Nivernais, frontière de Bourgogne, et de reporter son ascendance paternelle jusqu'à Hardy du Ban, cadet de ces sires du Ban ; mais cette généalogie est suspecte, par ce qu'elle donne à croire que le fief de la Feuillée, situé près les portes de Châtillon-sur-Seine, est venu à ce Hardy du Ban, par son mariage avec Alphonsine de la Feuillée, contracté en 1276, tandis que la véritable généalogie de cette famille offre la preuve que ce fief ne lui est venu que par Colette des Mazilles, femme de Jean du Ban, qui en fit hommage au roi, en sa chambre des comptes de Dijon, le 17 mars 1518. Cette famille a donné un lieutenant-général des armées, sous Louis XIV. *D'azur, à trois feuilles de chêne d'or.*

BAPTEFORT, en Fanche-Comté, famille éteinte dans celle de Mochet, qui en a relevé le nom. Elle a été enrichie par Léonel Baptefort, trésorier-général en 1531, qualifié honorable homme dans quelques actes et noble dans quelques autres. *De gueules, à l'épée d'argent ; au chef cousu d'azur, chargé des deux roues d'or.*

DE BARBANÇOIS, marquis de Sarzay, en Berry, maison d'ancienne chevalerie connue dès le onzième siècle : elle a pris son nom d'une terre située dans la Marche, et sa filiation remonte à Mathieu de Barbançois, lequel est dit seigneur de Sarzay, dans un titre latin de l'an 1300 et dans un autre de l'an 1338, où il est qualifié damoiseau. Il eut pour fils Guillaume de Barbançois, damoiseau, seigneur de Sarzay, qui porta les armes pour le roi Jean, et fit, en 1360, plusieurs prisonniers sur les Anglais. Cette maison s'est alliée en ligne collatérale à celle du roi de Pologne, Jean Sobieski, vers la fin du 15e siècle ; et à celles du grand Condé et du cardinal de Richelieu, au commencement du 16e. Elle a donné des chevaliers des ordres du roi, des gentilshommes ordinaires de sa chambre, des maréchaux de ses camps et armées, un lieutenant-général de ses troupes, gouverneur de la ville d'Issoudun, des officiers supérieurs, et plusieurs capitaines de cavalerie et d'infanterie. Les honneurs de la cour lui ont été accordés en 1765, 1770 et 1780, sur les preuves faites au cabinet des ordres de sa majesté. Un des membres de cette famille, aussi distinguée par ses alliances que par ses services militaires, Hélion de Barbançois, IIe du nom, se rendit célèbre par le combat, en champ-clos, qu'il soutint à Moulins, en 1537, à l'âge de soixante-dix ans, contre messire François de Saint-Julien, chevalier dans la fleur de son âge, qu'il tua en présence du roi François Ier. *De sable, à trois têtes de léopards d'or.*

BARBAUX, seigneurs de Florimont, en Franche-Comté. Gaspard Barbaux, d'Héricourt, près de Montbéliard, fut anobli par lettres données à Versailles, au mois d'août 1685. *Coupé, au 1 d'argent, à 3 roses mal ordonnées de gueules ; au 2 de gueules, à deux barbeaux d'or posés en chevron.*

BARBAUX, à Pontarlier, en Franche-Comté, famille anoblie par un office de secrétaire du roi, en 1748.

LE BARBIER, seigneurs en partie de Saint-Iliersla-Ville, en Beauce et au pays Chartrain. Cette famille remonte sa noblesse, par titres, jusqu'à Roger le Barbier, seigneur d'Aigleville, vivant, avec Anne de Moustiers, sa femme, l'an 1481. *D'argent, à trois mains de sable.*

DE BARCILLON, seigneurs de Mauvans, originaires de Provence, et non pas de Barcelonne, famille très-ancienne connue depuis Thomas Barcillon qui vivait en 1330. Elle a formé les branches de Quebris et de Mauvans. Scipion-Joseph de Barcillon, sieur de Mauvans, est auteur d'une critique manuscrite du Nobiliaire de Provence, de l'abbé Robert de Briançon, déposée à la bibliothèque de l'Arsenal. L'article personnel de Barcillon est traité avec une impartialité qui fait d'autant plus d'honneur à ce critique, qu'il ne se nomme nulle part dans son ouvrage. Il termine le jugement qu'il porte de sa famille, en reprochant à l'abbé Robert de s'être étendu avec trop de complaisance sur les alliances, filiations et emplois des Barcillon. Cette famille a contracté des alliances distinguées et a donné deux conseillers à la cour des comptes et un évêque de Vence en 1337. *D'azur, à trois flanchis rangés d'or, accompagnés en chef d'une étoile du même.*

DE BARDEL, en Dauphiné, maison issue d'ancienne chevalerie, originaire de Provence, distinguée par une longue série de services militaires. Elle est connue depuis Honoré de Bardel, chevalier, vivant en 1110, dans le mandement de Mison. Ses descendants s'établirent en Dauphiné au quinzième siècle, et y fondèrent plusieurs branches, dont deux se sont éteintes en 1768 et 1774, et les autres y existent encore de nos jours. Depuis le quinzième siècle jusqu'au dix-septième, cette famille a donné trente-deux officiers tués ou morts au service de nos rois. Elle compte, aujourd'hui, un capitaine de vaisseau et un capitaine de frégate, décorés de l'ordre royal et militaire de Saint-Louis. *D'azur, à la bisse d'argent en spirale ; au chef cousu de gueules ; chargé de trois étoiles d'or.*

BARDET DE BURC, maison d'origine chevaleresque de la province d'Auvergne, qui établit sa filiation depuis Guillaume de Bardet, né en 1230, mort en 1290.

Il eut pour fils Pierre Bardet, damoiseau, né en 1260. Il épousa Esclarmonde d'Albars, mentionnée dans le testament de Béatrix, sa mère, en 1326. Guillaume Bardet, II<sup>e</sup>. du nom, issu de ce mariage, ayant quitté jeune son château de Bardetie, pour le service du roi, épousa en Champagne, Jeanne de Beaufort, fille de Roger de Beaufort, vicomte de Châlus, qui lui fit une donation, en 1357, d'une pension de quarante-trois setiers et émines de seigle, de cinquante setiers d'avoine, etc., etc. Cette maison s'est alliée aux plus illustres et aux plus distinguées de l'Auvergne et du Limosin, entr'autres avec celles d'Escorailles, de Roussille et de Montespan. Bardet de Burc, chef actuel de cette famille, a émigré et n'est rentré en France qu'en 1801. Il a épousé, en 1810, Reine-Geneviève le Roy de Cuy, d'une des plus anciennes familles nobles du Nivernais. Comme garde du corps du roi, il a accompagné sa majesté à Gand en 1815. *D'azur, au chevron d'or, sommé d'un lion du même, et accompagné de trois étoiles d'argent. Tenants : deux sauvages. Couronne de marquis. Devise : At avis et armis.*

DE BARDON, barons de Ségonzac, par érection du mois de février 1623; maison d'origine chevaleresque que l'on croit sortie de l'Angoumois, et qui vint s'établir en Périgord sur la fin du quatorzième siècle. Son ancienneté remonte au onzième, et sa filiation est établie littéralement depuis Guillaume de Bardon, vivant en 1326. On compte, parmi ses descendants, des généraux et des officiers supérieurs de terre et de mer, ainsi que des chevaliers de l'ordre royal et militaire de Saint-Louis. *D'or, à l'aigle de profil de sable, becquée et armée de gueules, empiétant un poisson du second émail loré du troisième; posé en fasce, lui becquetant la tête, et adextrée en chef d'une croisette ancrée de gueules; une rivière d'azur, mouvante du bas de l'écu.*

DE BARENTIN, en Picardie, famille originaire de Blois, illustrée par les hautes places qu'elle a remplies dans la magistrature. Charles-Louis-François de Paule de Barentin, l'un des membres de cette famille a été successivement premier président de la cour des aides de Paris, garde-des-sceaux de France et chancelier de l'ordre du Saint-Esprit. En 1788, madame de Barentin a pris le tabouret chez la reine. *D'azur, à trois fasces, la première d'or, les deux autres ondées d'argent, accompagnées en chef de trois étoiles en second émail.*

BARESOL, barons de Baresol, famille de Vesoul, en Franche-Comté, éteinte. Jean Baresol, greffier du bailliage d'Amont en 1472, lieutenant-local en 1501, fut père de Huguenin Baresol, aussi lieutenant-local, lequel ayant acquis des portions de seigneuries à Molans Genevreuille et Montjustin, commença, en 1510, à prendre la qualité de noble, qui a été passée à son fils et à son petit-fils. *D'azur, à trois besants d'or en fasce, entre deux bâtons du même, et un soleil du même émail en chef.*

DE BARRAS, maison d'origine chevaleresque de Provence, qui tire son nom de la terre de Barras, dans la viguerie de Digne : elle florissait dès le milieu du onzième siècle. Elle a produit des généraux de terre et de mer. *Fascé d'or et d'azur.*

DE LA BABRE DU TEILLEUL, famille ancienne de l'Anjou. *De gueules, au léopard d'argent.*

LE BAS, seigneurs de Girangy, du Plessis, de Clévant, de Clouange, de Bouclans, etc., à Paris et Besançon. Cette famille remonte à François le Bas, seigneur de Lescheneau, originaire du Berri, secrétaire de la chambre du roi en 1639, mort revêtu de la charge de conseiller, secrétaire du roi, maison et couronne de France et de ses finances au mois de mars 1666. Elle a produit des officiers distingués, des conseillers d'état, des chevaliers de Saint-Louis, etc. *D'or, au lion de gueules, accompagné de trois arbres arrachés de sinople.*

BASAN, famille éteinte de Dôle, en Franche-Comté. Elle se qualifiait noble aux seizième et dix-septième siècles. *De gueules, au chevron d'argent, accompagné de trois besants d'or.*

BASCHI, comte de Saint-Estève, marquis d'Aubais et de Pignan, en Provence, originaire d'Italie ; maison d'origine chevaleresque, connue depuis l'an

1080. Le château de Saint-Estève, uni aux seigneuries de Barras, Tournefort, etc., furent érigés en comté par lettres du mois de novembre 1715, en faveur de Daniel Baschi ; la seigneurie de Pignan, au diocèse de Montpellier, fut érigée en marquisat avec union de celle de Sauvan, par lettres du mois d'août 1721. Le château et baronnie d'Aubais, au diocèse de Nismes, fut érigé en marquisat par lettres du mois de mai 1724, avec union des seigneuries de Junas, Gaverne, Saint-Nazaire, Murissargue, Christin et Corbières, en faveur de Charles de Baschi, baron du Cayla. Cette maison, en vertu de preuves faites au cabinet des ordres du roi, obtint les honneurs de la cour de 1751 à 1786, et la dignité de pair de France a été conférée au comte du Cayla en 1815. Elle a produit des maréchaux de camp, un chevalier des ordres du roi, conseiller d'état d'épée, des ambassadeurs en Portugal et à Venise, des officiers supérieurs très-distingués, et un évêque de Sinigaglia, sacré en 1682. *D'argent, à la fasce de sable.*

DE BASIN, à Vesoul, en Franche-Comté, famille éteinte le 3 juillet 1516. Claude de Pontarlier, seigneur de Pusey, en Franche-Comté, donna le fief de la Montoillotte, territoire de Pusey, à Guillaume Basin, licencié ès-lois, son conseil ; dès-lors cet avocat prit la qualité de noble. Ses descendants ont ajouté la particule *de* avant leur nom ; ils se sont alliés à des maisons de noblesse très-ancienne, et se sont éteints au commencement du dix-septième siècle. *D....., au dauphin couronné d....., au chef d......, chargé de trois mouchetures d'hermine.*

BAUDRY DES LOZIÈRES, famille noble, originaire d'Allemagne, transplantée en Italie, puis en France, et représentée de nos jours par :

Louis-Narcisse *Baudry des Lozières*, chevalier, ancien surnuméraire dans les chevau-légers de la garde du roi, depuis colonel-inspecteur des dragons, officier-général, et actuellement en retraite, chevalier de justice de l'ordre de Saint-Jean de Jérusalem, dit de Malte, en 1774, de l'ordre du Saint-Sépulcre en 1775, et de l'ordre royal et militaire de St.-Louis en 1789 ; il a épousé, le 16 août 1777, Catherine, fille de M. Jean Milhet, vivant, commandant de milices, à la Nouvelle-Orléans, et remarquable, dans l'histoire des colonies, par sa valeur et les grands biens qu'il a perdus. Messire Louis-Narcisse Baudry des Lozières, est fils de Pierre Baudry, capitaine au régiment de Nassau de Saarbruck, et de Guillemette Guyot d'Écourbens, famille noble de Champagne. Il a eu entr'autres enfants : Louise-Amélie-Éléonore Baudry des Lozières. *Écartelé, aux 1 et 4 d'or, à sept billettes d'azur, posées 2, 3 et 2; aux 2 et 3 d'azur, à la main de carnation, coupée de gueules;* et entourée de cette devise : *Læsus sed invictus.* Couronne de comte. Support : *une aigle couronnée.*

DE LA BAUME-MONT-SAINT-LÉGER, ancienne noblesse du comté de Bourgogne, éteinte au dix-septième siècle. *De sable, au chevron d'argent.*

DE LA BAUME, comtes de Saint-Amour, marquis d'Yenne, en Franche-Comté, originaires du Bugey. Cette famille est connue depuis Hugues, seigneur de la Baume, en 1096. Elle s'est éteinte au milieu du dernier siècle, après avoir fourni plusieurs commandants, gouverneurs et autres officiers. *D'or, à la bande d'azur.*

DE LA BAUME-MONTREVEL, illustre maison chevaleresque, originaire de Bresse, établie en Franche-Comté, éteinte à la fin du siècle dernier. Elle a produit deux cardinaux, deux archevêques de Besançon, deux maréchaux de France, un maréchal de Savoie, un vice-roi de Naples, deux chevaliers du Saint-Esprit, quatre chevaliers de la Toison-d'Or, quatre de l'Annonciade, et un chevalier du Porc-Épic. *D'or, à la bande vivrée d'azur.*

DE BAUSSET, famille ancienne de Provence. Le Dictionnaire in-4°. de la Noblesse, par la Chenaye des Bois, tome II, page 112; cite plusieurs personnages de ce nom avec les qualifications chevaleresques, sous les années 1150, 1174 et 1255, et il donne la filiation suivie de cette famille depuis noble Geoffroi de Bausset, fils de Bertrand, qualifié chevalier dans un titre de 1310. Cette maison a donné des officiers supérieurs, des commandants de vaisseaux, des conseillers d'état et des ambassadeurs; entr'autres prélats distingués, elle compte un cardinal, duc-pair de France, en 1815, ancien évêque d'Alais, président du conseil royal de l'instruction publique ; un évêque de Béziers, deux de Fréjus, et un évêque de Vannes, de nos jours archevêque d'Aix. *D'azur, au chevron d'or, accompagné en chef de deux étoiles d'argent, et en pointe d'un mont de six coupeaux du même.*

BAVOUX, famille éteinte, originaire de Champlitte, en Franche-Comté. Cette famille jouit du titre de noble depuis l'an 1588, pris par un de ses membres qui exerçait l'art de la médecine : elle fut maintenue dans sa noblesse par arrêt du 19 juin 1722. *D'azur, au pélican d'argent ensanglanté de gueules.*

DU BAY DU CROS, noblesse ancienne et militaire du Vivarais, où elle réside encore de nos jours. Elle est connue depuis Gilles du Bay, vivant en 1337, et prouve sa filiation depuis Jacques du Bay, écuyer, rappelé dans le contrat de mariage d'Antoine du Bay, seigneur du Cros, son fils, du 7 septembre 1541. *D'argent, au pin de sinople, accompagné en chef de deux trèfles du même, et accosté à dextre d'un cerf et à senestre d'un lion, le tout de gueules.*

BAZELAIRE, en Lorraine. Florent-Joseph Bazelaire, lieutenant-général et chef de police au siége, bailliager de Saint-Diez, et Charles Bazelaire, son frère, avocat en la cour souveraine de Lorraine et Barrois, furent anoblis, par lettres données à Lunéville, le 8 janvier 1705. Ledit Charles Bazelaire fut aussi pourvu de la charge de maître particulier des eaux et forêts. *D'argent, à trois flèches de gueules, posées deux en sautoir, et une en pal, liées d'un lacs de sable; au chef d'azur, chargé de trois étoiles d'argent.*

DE BEAUDÉAN, maison d'ancienne chevalerie de Bigorre, qui a pris son nom d'une vallée située dans les Pyrénées. Une tradition porte qu'elle était issue des anciens rois de Navarre. Elle s'est éteinte en mâle vers l'an 1400. Simonne de Beaudéan, héritière de cette ancienne maison, épousa, l'an 1414, Pierre de Momas, d'une illustre et ancienne maison de chevalerie de Béarn, avec lequel elle a fondé la seconde race des sei-

gneurs et barons de Beaudéan, et la branche des comtes
de Parabère et de Pardaïllan. *D'or, au pin arraché de
sinople.*

DE BEAUFORT, seigneurs de Pulligny, de Gellenoncourt de Darnieulle, etc., en Lorraine. Cette famille remonte ses preuves filiatives à Jean, Nicolas,
René, François et Jacques de Beaufort, tous frères,
anoblis par lettres du 1er. juin 1539 ; ils portaient pour
armes : *De sable, à la fasce vivrée ou émanchée de trois
pièces d'or, accompagnée de deux léopards du même, armés
de gueules, celui de la pointe contre-passant.*

François de Beaufort, seigneur de Gellenoncourt et
autres lieux, fils de Jean de Beaufort, aîné des cinq
frères anoblis en 1539, échangea avec le duc de Lorraine, suivant contrat et lettres-patentes du 9 octobre
1587, tout ce qui lui appartenait aux villages, bans et
finages de Jévaincourt et Puxieux, contre la terre et seigneurie de Gellenoncourt, et le 9 octobre 1588, il obtint
des lettres qui lui permirent de prendre la qualité d'é-
cuyer, de quitter les nom et armes de Beaufort et d'y
substituer ceux de Gellenoncourt, dont il était seigneur.
Cette maison a donné des chambellans de son altesse le
duc de Lorraine, des gentilshommes ordinaires de la
chambre du prince de Vaudemont, des gouverneurs de
provinces et de places, deux grands veneurs de Lorraine,
et plusieurs officiers supérieurs. *D'or, au léopard de
gueules.*

BEAUJEU, village de Franche-Comté, érigé en
comté pour Jean-Claude Danczey, au commencement
du 18e. siècle. Il a donné son nom à une maison très-
distinguée, éteinte il y a quarante ans. *Burelé d'argent
et de gueules.*

## BEAUMONT-SUR-OISE.

*Liste des Gentilshommes du bailliage de Beaumont-sur-Oise,
convoqués, en 1789, pour l'élection des députés aux
Etats-Généraux du royaume.*

MONSIEUR, frère du roi, comme seigneur de Beaumont, représenté par M. le grand-bailli.
M. le duc de Montmorency, premier baron de France,

comme seigneur de Précy-sur-Oise, etc., représenté par M. de Chevreuse, fondé de sa procuration.

Madame Louise-Félicité de Fresnay, veuve de M. de Perthuis, seigneur de Perthuis, etc., représentée par M. de Mollière, chevalier de Saint-Louis.

M. Remi de Perthuis, chevalier, seigneur de Margicourt, etc., représenté par M. de Guillerville.

M. le comte de Parabère, chevalier de Saint-Louis, seigneur de Boran, etc., représenté par M. de Saint-Germain.

M. Jean-Baptiste Michel, écuyer, seigneur d'Anserville, etc., représenté par M. le marquis de Picot de la Motte.

M. Antoine-Marie-Pierre Hamelin, seigneur du fief de Phœnix, etc, en son nom et comme fondé de la procuration de M. Desmeloizes, chevalier, seigneur de Frenoy, etc.

M. Jean-Bernard Bruant, chevalier, conseiller au parlement, seigneur de Puisieux, représenté par M. de Verneuil.

M. Jacques-Louis le Boullanger, seigneur des terre et baronnie de Fosseuse, etc., en son nom et comme fondé de la procuration de M. le comte de Pimodan.

M. Antoine-Nicolas Perrot, seigneur de la Motte-Domillié, près Beaumont.

M. le marquis de Persan, seigneur de Persan, etc.

M. Nicolas-Emélie de Perthuis, chevalier, seigneur de Vaux, etc., représenté par M. de Florans, l'aîné, fondé de sa procuration.

M. Angélique-Pierre Perrot, chevalier, propriétaire du domaine de Courcelles, etc.

DE BEAUVILLIERS, ducs de Saint-Aignan, pairs de France, comtes de Busançais, etc., etc., illustre et ancienne maison de chevalerie du pays Chartrain, qui a pris son nom d'une terre située entre les villes de Chartres et d'Orléans. Herbert, seigneur de Beauvilliers vers l'an 1110, est le premier auteur connu de cette maison. Elle a donné des chevaliers bannerets et bacheliers dans les douzième, treizième et quatorzième siècles, des capitaines d'hommes d'armes, des gouverneurs de places de guerre, des sénéchaux et des lieutenants-généraux de provinces, des chambellans et échansons de

nos rois, des gentilshommes ordinaires et des premiers
gentilshommes de la chambre; des conseillers d'état,
un panetier de sa majesté, des lieutenants-généraux,
des maréchaux de camp, des brigadiers des armées du
roi, et nombre d'officiers supérieurs; des chevaliers de
l'ordre du roi et du Saint-Esprit, un chevalier de l'ordre
du Camail, des ambassadeurs et des ministres plénipo-
tentiaires en diverses cours; un vice-amiral, etc., etc.
L'aîné de cette maison est en possession de la gran-
desse d'Espagne de première classe depuis l'an 1701. Le
duc de Saint-Aignan a été nommé pair de France le 4
juin 1814. *Fascé d'argent et de sinople; les fasces d'argent
chargées de six merlettes de gueules, 3, 2 et 1.*

DE BEAUVOIR, seigneurs de Beauvoir, de la Palud, de Villeneuve Saint-Marc, de Varassieu, illustre
et ancienne maison de chevalerie de Dauphiné, dont les
biens sont passés par substitution, l'an 1477, dans la
maison de Virieu, qui en a porté le nom et les armes,
par suite du mariage contracté, en 1460, entre Sibuet
de Virieu, IIIe. du nom, seigneur de Faverges, avec
Antoinette de Beauvoir, nièce d'Humbert de Beauvoir, chevalier de l'ordre de Saint-Jean de Jérusalem,
commandeur de Courteserre et de Bellecombe, et de
Claude de Beauvoir, première dame d'honneur de la
reine; et fille de François de Beauvoir, chevalier, seigneur de la Palud et de Varassieu, et d'Amédée de Ta-
laru. Cette alliance était la seconde contractée entre ces
deux maisons. Au mois d'avril 1259, Guillaume, seigneur de Beauvoir, cousin d'Humbert de la Tour, depuis dauphin de Viennois, épousa Alix de Virieu, fille
de Martin de Virieu, chevalier, seigneur de Faverges.
*Écartelé d'or et de gueules.*

DE BEAUX DE PLOVIER, en Dauphiné, au diocèse de Valence, famille ancienne qui a prouvé par
titres authentiques une filiation suivie depuis noble
Jean de Beaux de Plovier, seigneur de Plovier et autres
lieux, conseiller du roi, professeur en droit en l'université de Valence, par provisions du 10 juillet 1666,
lequel rendit hommage à l'évêque de Valence, le 17
septembre 1698, de sa terre de Plovier, possédée aujourd'hui par noble Jean-Fleury de Beaux de Plovier,

ancien aspirant au corps royal de la marine, chef actuel de cette famille. Elle est de plus en possession d'un document que nous avons sous les yeux, lequel remonte sa filiation jusqu'à Pierre de Beaux vivant en 1471 ; dans lequel est mentionné le contrat de mariage d'Antoine de Beaux de Plovier, son petit-fils, avec Jeanne de Formond, reçu de Cluvet, notaire en 1521. Auguste de Beaux de Plovier de Villeneuve, capitaine de cavalerie, chevalier de Saint-Louis, a servi avant la révolution dans le régiment d'Agénois et pendant l'émigration dans l'infanterie et dans la cavalerie nobles de l'armée de Condé, où il a fait les campagnes et a obtenu, pour blessure et action d'éclat, six ans d'exemption pour la croix de Saint-Louis.

Marie-Maurice de Beaux de Plovier, chevalier de l'ordre royal de la légion d'honneur, capitaine dans la légion de la Drôme, a fait les campagnes d'Allemagne et d'Espagne, où il a eu un bras fracassé au siége de Burgos. *D'azur, à deux fasces d'or, au chef de gueules, chargé de trois étoiles d'or.*

DE BEGET, ancienne famille noble du Velay, qui avait pour armes : *D'azur, au dauphin d'argent, accompagné de trois étoiles du même*, et qui s'est éteinte dans la maison de Charbonnel par le mariage contracté en 1745 au château du Flachat, près Monistrol en Velay, par Marie-Louise de Beget, fille d'Armand de Beget, chevalier, et dame Françoise de Leyris d'Esponchés, avec François, comte de Charbonnel, seigneur du Betz et autres places. Marguerite de Beget, sœur de la précédente, épousa, le 29 janvier 1749, Claude-Marcellin de Jullien, écuyer, seigneur de Villeneuve.

DE BELIN DE LAREAL, en Vivarais, famille établie dans ce pays depuis la fin du 16e. siècle, et qui paraît originaire de l'Ile de France. Elle a donné des gouverneurs de places. *De gueules, à trois fasces haussées d'or, accompagnées en pointe d'un bélier saillant d'argent.* Couronne de marquis. Supports : Deux poussins.

BELLET. Hector et Philippe de Bellet, vivants en 1582, furent les premiers nobles de leurs nom et armes, dit Guichenon, en son Histoire de Bresse. Ce nom paraît éteint. *D'azur, à deux cotices engrêlées d'argent, la*

III.                                                    8

*senestre chargée d'une belette d'or, accollée de gueules et clarinée d'argent.*

**BELOT**, famille originaire de Beaume, en Franche-Comté, anoblie par Charles-Quint, en ..... : elle est éteinte. *De gueules, à deux besants d'argent en chef, et une étoile du même en pointe.*

**BELOT DE VILETTE**, d'Ollans et de Chévigney, en Franche-Comté, famille anoblie en 1553, et reçue à Saint-Georges depuis 1672. *D'azur, à trois losanges d'argent ; au lambel d'or.*

**BENOIT DE LA CHARME**, en Franche-Comté, famille reçue à Malte en 1668, comme noble depuis le quatorzième siècle, à présent éteinte. *D'or, fretté de sable.*

**DE BERARD**, seigneurs des Coutouras, et en partie d'Aiglun, en Provence, originaires de Vaudemont, en Lorraine, famille ancienne qui vint s'établir en Provence à l'occasion du combat qu'il y eut entre Charles I, comte d'Anjou, et le roi d'Aragon. Elle fixa d'abord sa demeure à Aix ; mais Louis Bérard, de qui elle prouve sa descendance, ayant reçu dans la suite, de Fouquet d'Agoult, la seigneurie des Coutouras, se retira à Cucuron avec Marguerite Testoris, qu'il avait épousée le 16 octobre 1497. Ses descendants ont continué la postérité. Cette famille a contracté de belles alliances et a donné un colonel d'infanterie, plusieurs capitaines et un commandant d'une compagnie de cent cadets-gentilshommes, à Bayonne, etc. *De gueules, à la bande d'argent, accompagnée d'une étoile et d'une rose du même.*

**DE BERAUD DU PÉROU**, famille noble originaire de Guienne, qui a donné un brigadier des armées et plusieurs officiers décorés de l'ordre royal et militaire de Saint-Louis. Elle a pour auteur Nicolas de Beraud, écuyer, conseiller du roi, lieutenant particulier au présidial de Saintes, et garde des sceaux en la cour des aides de Guienne, marié, le 15 avril 1655, avec Marguerite Aymard, dame du Pérou. *D'azur, à trois chevrons d'or, accompagnés de trois étoiles d'argent.*

**BERBIS**, en Bourgogne. Pierre Berbis, seigneur de Marliens, conseiller de Philippe le Bon, duc de Bourgogne, maître des requêtes de son hôtel, et lieutenant de son chancelier, fut anobli par lettres de ce prince données à Arras, le 7 octobre 1435. Il est l'auteur de tous les Berbis du parlement de Dijon, seigneurs de Dracy, de Longecourt, de Cromey, de Chanvan, etc. *D'azur, au chevron d'or, accompagné en pointe d'une brebis paissante d'argent.*

DE BERENGER, seigneurs de Fontaines, Grand-mesnil, Fougueran, Cerqueux, Canon, Herenguer-ville, Montaigu, Trelly, maison d'origine chevaleresque de la province de Normandie, où elle est connue dès le douzième siècle. Elle paraît originaire d'Italie, fixée depuis dans le midi de la France. Elle a fourni des officiers supérieurs très-distingués, deux chevaliers de l'ordre du roi, gentilshommes ordinaires de la chambre et plusieurs chevaliers de l'ordre royal et militaire de Saint-Louis, et a donné des chevaliers à l'ordre souverain de Saint-Jean de Jérusalem, dit de Malte. Henri IV fit don de la baronnie de Grandmesnil à Jean de Bérenger, VIIe. du nom, gentilhomme ordinaire de la chambre du roi, chevalier de son ordre, son lieutenant dans les provinces du Maine et de l'Anjou, commandant pour sa majesté dans l'étendue du bailliage d'Alençon, gouverneur d'Argentan et capitaine d'une compagnie d'arquebusiers. Cette maison a les titres de comtes de Fontaines et comtes de Bérenger dans les actes, brevets et commissions dès 1691. *De gueules, à deux aigles rangées au vol abaissé d'argent, becquées, membrées et couronnées d'or.*

Voir sur cette maison, entr'autres ouvrages, les recherches de Marle, Chamillard, Roissy et la Galissonnière, le Mercure de France du mois d'avril 1691, et la Roque, traité des bans et arrière-bans.

Elle n'est pas comprise dans la recherche de Montfaut, en 1463, parcequ'elle était établie à cette époque dans le duché d'Alençon, et que l'on ne faisait pas alors de recherches de noblesse dans les terres des ducs d'Alençon, comme il s'en faisait de tems en tems dans les autres parties de la Normandie.

BEREUR, famille originaire de Chancey, en Franche-Comté, anoblie dans la personne d'Antoine Bereur,

le 3 janvier 1602. Elle a donné plusieurs officiers supérieurs et plusieurs conseillers au parlement. *D'azur, au
chevron d'or, accompagné de deux roses d'argent en chef et
trois croissants de même en pointe.*

DE BEREY, en Champagne, famille noble et ancienne, originaire d'Ecosse, et fixée en France depuis
l'an 1522. Elle a établi littéralement sa filiation depuis
cette époque devant M. de Caumartin, intendant en Champagne, qui l'a maintenue dans son ancienne extraction
au mois de février 1668. Cette famille a donné des officiers décorés de l'ordre de Saint-Louis. *D'azur, au
chevron brisé d'argent, accompagné de trois molettes d'éperon du même.*

BERGÈRES, famille éteinte, sortant de Robert de
Bergères, conseiller au parlement de Dôle en 1530.
*De gueules, à une branche de peuplier d'or; au chef cousu
d'azur, chargé d'une étoile d'or.*

DE BERGHES, en Provence, maison très-illustre,
descendue (selon Artefeuil et l'abbé Robert, que nous
ne garantissons pas), des chatelains de Berghes et de
S. Vinox. Jean de Berghes, seigneur de Cohen, était
grand veneur de France en 1418. Ses descendants ont fait
plusieurs branches : celle des princes de Rache, dans le
comté de Namur, des seigneurs d'Ostein et de Cohen,
en Artois, s'est surtout distinguée par les officiers
qu'elle a donnés aux armées de nos rois. De l'une de ces
dernières branches, est issu N..... de Berghes, marié à
Toulon avec demoiselle de Chabert, fille du sieur de
Chabert, de laquelle il y a eu des enfants mâles. *D'or,
au lion de gueules, lampassé et armé d'azur.*

DE BERMOND, seigneurs de Vachères, en Provence,
famille ancienne, originaire de la ville d'Apt. Elle a
pour auteur Antoine de Bermont, qui fit hommage
de ses terres en 1532. Il eut pour fils Baudet et Vincent
de Bermond, qui ont tous deux fait tiges et continué la
postérité. Elle a donné des officiers supérieurs de terre
et de mer. *Écartelé, aux 1 et 4 d'or, à la vache
de gueules, accornée, acolée et clarinée d'argent, qui est de
VACHÈREBES; aux 2 et 3 d'azur, à trois montagnes jointes
ensemble et posées en fasce d'argent, soutenues de sinople,*

à cause d'une succession qui les a obligés à porter ces armes, et *sur le tout d'or, au cœur de gueules,* qui est de BERMOND.

BERMONT, en Franche-Comté. Gabriel de Bermont, écuyer, fils de Claude de Bermont, écuyer, épousa, en 1606, une demoiselle du Tartre. On n'est pas d'accord sur l'origine de cette famille, dont la noblesse a été reçue à Saint-Georges dans la ligne maternelle de M. Sonnet d'Auxon.

DE BERMONT, seigneurs de Menerbe, en Provence, famille ancienne originaire de la ville de Marseille, qui descend de Jean Bermond, gouverneur d'Oppède en 1506. Jean Bermont et Marc-Antoine, ses descendants, mariés en 1609 et en 1623, ont formé deux branches à Marseille. Cette famille a contracté des alliances considérables, et a donné un maître des requêtes et des conseillers au parlement. *D'argent, au lion de gueules.*

BERNARD, seigneurs d'Autume, en Franche-Comté, famille éteinte qui avait été anoblie en 1531. *De gueules, au croissant d'argent.*

BERNARD DE VOLVENT, en Dauphiné, famille ancienne et distinguée qui remonte à Raymond de Bernard, qualifié noble par lettres-patentes de Marie, reine de Sicile et de Jérusalem, comtesse de Provence, données à Avignon, le 18 novembre 1331. On compte, parmi ses descendants, plusieurs officiers décorés de l'ordre royal et militaire de Saint-Louis. *De gueules, à la bande d'argent, chargé de trois mouchetures de sable; au chef d'or, chargé de trois roses de gueules.*

DE BERNAY, famille très-ancienne de Bretagne. Morice de Bernay est compris au rôle des gens d'armes destinés à accompagner Richard de Bretagne, en France, en 1419. *D'azur, au chevron d'or, accompagné en chef de deux étoiles d'argent, et en pointe d'un arbre de sinople.*

BERNIER, en Lorraine. Simon Bernier, prévôt des maréchaux de Lorraine, et Barrois, fut anobli par Charles III, le 12 août 1574. *D'azur, à une pate de lion mise en chevron renversé d'or; au chef d'argent, chargé d'un croissant d'azur.*

## BERRY.

*Liste des Gentilshommes de la province de Berry, convo-*
*qués, en 1789, pour l'élection des députés aux États-*
*Généraux du royaume.*

### BAILLIAGE DE BOURGES.

Monseigneur le comte d'Artois, représenté par M. le
    duc de Charost.

#### Messieurs

Le comte de la Châtre.
Le marquis de Bouthillier.
Le marquis de Laage.
Pommereau.
Catherinot de Barmont.
De Chenu de Mangou.
De la Lande.
D'Orsanne de Sarragósse.
De Bengy de Puy-Vallée.
Dubreuil Dubost de Gargilesse.
De Senneville.
Le marquis de Maupas.
Le chevalier de Bengy.
Boursault du Tronçay.
D'Anjoran.
De Bonneau de Méry.
De Beauvoir.
D'Orsanne de Montlery.
De Bengy, lieutenant-général.
De Préville.
De la Roche de Chipoux.
De Bigny.
Cardinet de Poinville.
De Biet.
Goyer de Boisbrioux.
Dubreuil de Salleroy.
Labbe de Saint-Georges.
De Francières.
De Hérouard de Luçon.
Le comte de Gamaches.
Le chevalier de la Porte.
D'Aubigny.

De Tuillier.
De Culon de Troisbrioux.
De Billy.
Triboudet.
Soumard de Crosses.
Dumont.
Godard de la Verdine.
De Tristan.
Archambault des Charmes.
Brisson de Plagny.
Le marquis de Rochefort.
Montsaulin, baron de Fontenay.
Le chevalier de Durbois.
De Francières, fils.
De Chabenat.
De Gibieuf.
Triboudet de Marcy.
De Corvol.
Le chevalier de Suffren.
De Culon de Chambon.
Gayault de Bois-Bertrand.
Godard de Verteuil.
De Culon.
Ruellé de la Pagerie.
De Doullé.
Le chevalier de Tristan.
Gayault de Celon.
Soumard de Villeneuve.
Dalmais.
De Bonnault de Saudre.
Le vicomte de Rochefort.
Le comte de Villeneuve-Tourettes.
De Bonnault de Villemenard.
Moreau de Chassy.
Boursault du Tronçay.
Martin de Marolle.
Le Blanc de Logny.
De Montagu, officier au régiment de Montmorency.
De Montagu, officier au régiment de l'Isle-Bourbon.
De Montagu, ancien officier d'infanterie.
Le chevalier de Saint-Georges.
Gay de Lazenay.
Gassot de Défend.

Gassot de Rochefort.

Gassot de Boisfort.

Gassot de Fussy.

De Margat de Crécy.

Archambault de Montpensier.

De Bonnault.

Brisson.

### *Procurations.*

Les seigneurs de Villequier ; M. le duc de Sully.

M<sup>me</sup>. le Vasseur de Marmay ; M<sup>me</sup> la comtesse d'Adhémar.

M<sup>me</sup>. la comtesse de Saint-Julien.

M<sup>me</sup>. Pommereau, mère.

M. Catherinot, père ; M<sup>me</sup>. de Brethon.

M. Duteuil de Noriou.

M. Gentil de la Prune-au-Pot; M. Gentil de Villarnove.

M. d'Orsanne de la Fontaine; M<sup>me</sup>. d'Orsanne, mère.

M. de Bridiers; M. de Lombeault.

M. de la Châtre de Varnault ; M. de Senneville., son frère.

M<sup>lle</sup>. de Rifardeau; M<sup>lle</sup>. de Rivière.

M<sup>me</sup>. de la Ferté ; M. de Cougny de la Presle..

M. le marquis de Folleville ; M. le marquis de Saint-Sauveur.

M. de Bonneau, père ; M. le comte de Boizé.

M. Arthuys de Chouday; M<sup>me</sup>. Girard de Volray.

M<sup>lle</sup>. de Poix de Marécreux ; M<sup>me</sup>. la comtesse Louise de Pierre-Buffière.

M. de la Barre ; M. Boismarmin.

M<sup>me</sup>. de Bigny, son épouse.

M<sup>me</sup>. de la Bourdine ; M. de Bonestat.

M<sup>me</sup>. Goyer, sa mère.

M. de Beauregard; M<sup>me</sup>. de Lauraguais.

M<sup>me</sup>. Brisson de Saint-Bruëze et son fils.

M. le chevalier de Verdier.

M<sup>me</sup>. de Prépéan.

M. Ducarteron.

Le seigneur de Pessellières; M. le marquis de Langeron.

M. de Pauzay, père ; M. Arthuis de la Perrière.

M. de Barbançon ; M<sup>me</sup>. Champ-Grand.

M<sup>me</sup>. Duberceau ; M. de Foucault d'Iusèche.

M<sup>me</sup>. de Francières, sa belle mère.

M. de Chabenat, père ; M<sup>me</sup>. de Richemont.

M. le vicomte du Buat.

Mme. de Suffren de la Chaumelle ; M. de Bonnefond.

Mme. de Culon, sa mère.

Mme. de Cru.

M. le baron de Doye ; M. Fournier de Bois-Roland.

M. le marquis de la Porte.

Mme. de Fontillay.

M. Girard de Vasson ; M. du Ligondès du Plessis.

M. le comte de Jaucour ; M. Séguier de Saint-Brisson.

Mme. de Faugnes ; Mme. de Menou.

M. le marquis de Longaulnay.

Mme. de la Briffe ; M. de Guillon.

Mme. de Barbançois ; Mme. Leblan de Coing.

Mme. de Montagu, sa belle-sœur.

M. de Mellony et Mme. de Saint-Georges, sa mère.

M. de Fournier.

M. Leborgne du Lac ; Mme. de Bussy.

M. Gassot de Champigny.

Mme. Gassot de Férole, sa mère ; Mlles. de Férole, ses sœurs.

M. Gassot de la Vienne ; M. Gassot de Galifare, son père.

Mme. de Rère ; M. Montmoran.

### BAILLIAGE D'ISSOUDUN.

Messieurs

Le duc de Charost.

Le Rahier.

Girard de Ville-Saison.

Jouslin de la Salle.

Jouslin de Noray.

Le chevalier de Paccarony.

D'Orsanne de Coulon.

De Durbois de la Garenne.

De Ribeyreys, fils.

Heurtaud de Villaine.

De Sauzay de Champroy.

Bigu de Chéry.

Le marquis de Chateaubrun.

Le comte le Groin de la Romagère.

De Maussabré de Chaluteau.

Piarron de Serenne.
De Rochefort, fils.
De l'Etang des Fins.

### Procurations.

M. le duc de Croy.
M. Vallois ; M<sup>lle</sup>. Girard de Montgivray.
M. Taillandier.
M<sup>me</sup>. de Pierre-Buffière.
M. de Besson.
M. de Maussabré de la Motte-Guillard.
M. de Ribeyreys, père ; M. de Brade ; M. de la Borrey.
M<sup>lle</sup>. Heurtault ; M. Heurtault de Saint-Christophe.
M. Baucheron de Paraçay ; M. de Rivière de Riffardeau.
M. de Senneville de Mérou ; M. de Vélard de Pionnin.
M. de Carbonnière ; M. de la Chapelle.
M. d'Aguirande.

### BAILLIAGE DE CHATEAUROUX.

#### Messieurs

De Fricon de la Dapaire.
Du Ligondès de Conives.
De Buchepot de Fromenteau.
Le marquis de Roche-Dragon.
Le marquis de Barbançois.
Le chevalier du Bec des Près.
Godeau d'Abloux.
De Boislinard du Chezeau.
De Boislinard de la Romagère.
De Maussabré de Chamousseau.
Le comte de Busançois.
Le comte de Poix.
Des Marquets de Seré.
De Rachepelle.
Dumont du Breuil.
Le Coigneux, marquis de Belabre.
Leroy, baron de Buissières d'Aillac.
Jouslin de Pisseloup.
Le chevalier d'Orsanne de Montlery.
Baucheron de Boissoudy.
De Villaine de Briante.

De Culon de Clerfond.
Le chevalier du Ligondès.
De Fassardy.
De Boislinard des Combes.
De Goyon.

## Procurations.

M. de la Ferre et M. son frère.
M^me. de Boizé.
M. le comte de Barbançois ; M. de la Rochetulon.
M. le comte de Melfort ; M. de Mons.
M. de Montagnac ; M. de Boislinard de Bourbon.
M. de Boislinard du Lys-Saint-Georges ; M^lle. de Nieuil.
M. du Peyroux-Bois-d'Arçay ; M. du Peyroux du Plaix.
M. de la Motte-Tilloux ; M. de la Marvallière.
M. l'abbé le Coigneux ; M. le chevalier de Belabre.
M. et M^me. de Lanet.
M. Elvien ; M. Bigot de la Canté.
M. le comte de Chabrillant ; M. le comte de Lusignan.
M^me. de la Celette ; M. de la Porte de Saint-Denis ; M^me. Dupin, dame du Blanc.
M. du Verdier ; M. Leblois.
M^me. de Bertrand de Pouligny.
M. Baucheron de l'Echerolle ; M^me. veuve Baucheron.
M. de Limange.
M^lle. d'Orsanne ; M. de Maussabré, de la Motte-Feuillet.
M. Mengin de Doins ; M. du Ligondès de la Boissière.
M. et M^me. Boucher.
M^me. veuve Boislinard du Breuil.
M^me. de la Ferre ; M^me. de Goyon, sa mère.

## BAILLIAGE DE DUN LE ROI.

### Messieurs

De Rolland de Lavineux.
François de Boisgisson.
Heurtaut, vicomte de la Merville.
De Boislinard de Sonparnac.
L'abbé de Rolland de Nizerolle.
De Bonnault d'Houet.

Busson de la Vêvre.
De Busson de Villeneuve.
De Langlois du Bouchet.

### Procurations.

M^lles. de Barbançon , et M. de Brezet.
M. le marquis de Dampierre.
M^me. de Biet; M. de Champ-Grand.
M. le comte de Montchenu ; M. Busson de Villeneuve,
    son père.
M^me. la marquise de Bonneval; M^lle. de Bonneval.

### BAILLIAGE DE MEHUN.

#### Messieurs

De Bonnault des Grand-Champ.
Le Jeune d'Allouis.

### BAILLIAGE DE CONCRESSAULT.

#### Messieurs

Dupré de Saint-Maur.
Leroy de Valmont.
Du Ranty.
Du Buc de Lauroy.
De Guilbert.

### Procurations.

M. Gayault de Cru.
M^lle. de Conflans.
M^me. Barbarin de Crésancy.

### BAILLIAGE DE VIERZON.

M. de Romanet de Beaune.

### BAILLIAGE D'HENRICHEMONT.

M. Chenu de la Motte.

BERSACLE, famille ancienne de Picardie, éteinte depuis plusieurs siècles. Antoine de Saint-Suplix, écuyer, seigneur de Wateblairie, épousa Marguerite de Bersacle, avec laquelle il est rappelé dans le contrat de mariage de leur fils, Jean de Saint-Suplix, du 10 septembre 1493. *D'azur, à trois étoiles d'argent.*

BERTHOD, en Franche-Comté, famille éteinte, qui avait été anoblie en 1527. *D'azur, à la croix d'or, cantonnée de quatre lionceaux du même.*

BERTIGNON, seigneur de Trixe-les-Coussey, en Lorraine. Jacques Bertignon, gruïer et receveur des ville et prévôté de Stenay; Jean, prévôt de la ville de Dun; Claude, clerc-juré et contrôleur de Dun, tous trois frères-germains, obtinrent des lettres de Charles, duc de Lorraine, expédiées à Nancy, le 6 janvier 1569, portant permission de suivre la noblesse et de prendre les armes de leur mère; lesdites lettres entérinées à la chambre des comptes de Bar et au bailliage de Saint-Mihiel. *D'argent, à trois chardons fleuris au naturel.*

BERTIN. Jean Bertin, de Lons-le-Saulnier, en Franche-Comté, fut anobli en 1501. *D'azur, à trois pommes de grenade d'argent, posées en fasce entre deux bâtons d'or.*

BERTRAND, seigneur de Hadonvillier, de Valvebing, de Marimont, et, en partie, de Brin, etc., en Lorraine. Cette famille a pour auteur, Didier Bertrand, seigneur de Brin, en partie, trésorier général de Lorraine, et secrétaire du duc Antoine, anobli par ce prince, le 14 décembre 1510. On compte parmi ses descendants, un chambellan de l'empereur, deux gentilshommes de LL. AA. RR. les ducs de Lorraine, un page du duc Henri, des gouverneurs de villes et de places, nombre d'officiers supérieurs et de tous grades, dont un fut tué à la bataille de Malplaquet, en 1709. Un des descendants de cette famille, Didier Bertrand, gouverneur des salines de Dieuze, obtint la permission, par lettres de Henri, duc de Lorraine, données à Nancy, le 28 août 1609, de quitter le nom de Bertrand et d'y substituer celui de Marimont. *Écartelé en sautoir , le chef et la pointe d'or . les flancs d'argent ; à la croix patée de sable , brochante sur le tout.*

**BÉSANCENOT.** Jean et Antoine Bésancenot, de Vesoul , furent anoblis le 10 mai 1601. Antoine Bésancenot , conseiller au parlement en 1788 , descend de François Bésancenot , oncle des deux anoblis, qui n'ont plus de postérité. *D'or , au palmier arraché de sinople.*

DE BEYNAC (qu'on trouve aussi écrit Baynac, ou Bainac ), ancienne et illustre maison du Périgord, qui tire son nom et son origine du château de Beynac, situé au sommet d'un rocher escarpé, au pied duquel coule la rivière de Dordogne. Le seigneur de Beynac prenait le titre de premier baron du Périgord, concurremment avec les barons de Bourdeille , de Biron et de Mareuil, chacun d'eux se disputant la préséance et se disant le premier.

Cette maison a été illustre et puissante dès les tems les plus reculés ; elle prouve une filiation non interrompue, depuis Mainard de Beynac , qui fit , avec Alpaïs , sa femme , fille de Pons , seigneur de Gourdon , plusieurs donations, l'an 1115 , à Robert d'Arbrissel, fondateur de la célèbre abbaye de Fontevrault ; et en 1116, à Géraud de Sales , fondateur de celle de Cadoin. Le nombre et l'importance des objets donnés , donnent une haute idée de l'opulence et de la puissance du donateur. Mainard de Beynac eut de son mariage trois fils :

1°. Adémar de Beynac, chevalier, se croisa pour la Terre-Sainte l'an 1147 ; pour fournir aux frais de ce voyage , il vendit à l'abbé de Cadoin, les terres qu'il avait à Auriole , pour le prix de douze cents sols, monnaie de Cahors , et cent sols, monnaie de Périgord. Il rendit , avant de partir, une ordonnance , de l'avis de ses chevaliers, par laquelle il condamna à être pendu quiconque ferait quelque invasion sur les propriétés de l'abbaye de Cadoin. Il déclara de plus , que si un de ses chevaliers, ou leurs fils, demeurants en la châtellenie de Bigaroque , exerçaient sur les chemins, des violences contre les religieux de cette abbaye, ils lui paieraient une amende de cinq sols pour quatre écus, et de double à l'abbaye , sous peine d'avoir une oreille coupée. Il vivait encore en 1189, et mourut avant l'an 1194, sans laisser d'enfants de Marsebilie, sa femme, sœur de Rudel , comte de Périgord ;

2°. Pons , qui suit ;

3°. Guillaume de Beynac.

Pons de Beynac, Ier. du nom , baron de Beynac, chevalier , accompagna aussi le roi Louis le Jeune , à la croisade de 1147, et fit, avant son départ, et après son retour, diverses donations à l'abbaye de Cadoin. il eut de Gaillarde, sa femme, entr'autres enfants :

Pons, IIe. du nom , et Gaillard de Beynac firent une donation à l'abbaye de Cadoin, en 1209. Ce fut sur l'un de ces deux frères, que le château de Beynac fut assiégé et pris en 1214, par Simon, comte de Montfort, général de l'armée du roi, contre les Albigeois. Le seigneur de Beynac, fit une belle défense; il pria le comte de Montfort, de ne pas détruire son château, sous prétexte que c'était la seule place du pays, qui fût dans le parti du roi de France, contre le roi d'Angleterre. Montfort ne jugea pas à propos de lui accorder sa demande, et lui ayant fixé un terme pour réparer les maux qu'il lui avait causés ; comme il vit qu'il ne se pressait pas d'exécuter ses promesses, il fit abattre, malgré lui, les tours et les murailles de son château, et fit mettre le feu à la fameuse tour, appelée *des Sarrasins.*

Vers le milieu du treizième siècle, la maison de Beynac subsistait en plusieurs seigneurs, qui étaient tous décorés de la chevalerie.

Dans le siècle suivant, Jean, évêque de Beauvais, lieutenant du roi, en Languedoc, accorda, par des lettres du 18 décembre 1342, à Adémar, seigneur de Beynac, chevalier, en considération des longs services qu'il avait rendus au roi, avec ses gens d'armes, à ses dépens, dans la guerre de Gascogne et ailleurs, la somme de vingt sols par jour de gages, à prendre sur le trésorier de Querci, tant que durera la guerre.

Pons de Beynac, damoiseau, fut pris par les ennemis du roi, dans un combat donné à Bergerac, après avoir été blessé grièvement, et que plusieurs de ses gens d'armes eurent été tués à ses côtés. Il y perdit ses

gens, ses chevaux, ses bagages, etc., et fut obligé de
compter de grandes sommes aux ennemis, pour payer
sa rançon et celle de plusieurs de ses compagnons; c'est
par ces considérations, que Pierre, duc de Bourbon,
lieutenant du roi, en Gascogne, lui permit, par ses
lettres du 12 octobre 1345, de faire conduire mille
tonneaux de vin, et autant de sel, sans péage, partout
où il voudrait.

Bos, ou Boson de Beynac, damoiseau, fils de Pons
de Beynac, chevalier, fut fait prisonnier par Raimond-
Bernard de Pestilhac, rebelle au roi, et resta en prison,
tant que la ville de Bergerac fut entre les mains des
ennemis. Mais Pestilhac, ayant été, à son tour, fait
prisonnier par le sénéchal de Périgord, le duc de
Bourbon donna à Bos, la confiscation de ses biens,
par lettres du 8 janvier 1345 (v. st.).

Peu de tems après, il eut, ainsi que les seigneurs de
Comarque et de Thémines, des démêlés avec le seigneur de Castelnau; ils se firent, entre eux, une guerre
sanglante, dans laquelle il engagèrent leurs parents et
leurs amis. Après s'être fait réciproquement tout le
mal qu'entraînaient ces guerres particulières, Jean de
Galard, seigneur de Limeuil, et Hélie de Pommiers,
seigneur d'Arbenas, se rendirent médiateurs entre les
parties; et le 22 novembre 1354, ils conclurent à
Limeuil une Trève, qui devait durer depuis ce jour,
jusqu'à la nativité de saint Jean-Baptiste de l'an 1356.
Ces deux chefs jurèrent, tant pour eux, que pour leurs
compagnons et partisans, de ne point s'attaquer, et
d'observer fidèlement cette trève, sous peine de dix
mille écus d'or, moitié pour la partie offensée, et
l'autre applicable à l'ordre des frères Prêcheurs.

Gaillard de Beynac, chevalier, seigneur de Floressas, commanda une compagnie de cinquante hommes
d'armes, dans les guerres de Gascogne, en 1368,
comme il paraît par plusieurs quittances de ses gages
militaires, scellées du sceau de ses armes.

Pons de Beynac, chevalier, seigneur de Comarque,
ayant été fait prisonnier avec ses enfants, par Archambaud d'Abzac, capitaine de Carlus, pour les Anglais,
s'engagea, par acte du 29 octobre 1406, à payer cinq
mille deux cents francs d'or pour sa rançon, et donna,
pour cautions, Raimond de Salanhac (Salignac), Boson

de Beynac, Gerald de Peyrat, Arnaud de Solminhac, Raimond de Comarque et Jean de Beynac.

Pons, seigneur de Beynac et de Comarque, fut nommé chambellan du duc d'Orléans, par provisions du 3 octobre 1414; ensuite chambellan du roi, et son sénéchal de Périgord. Ce fut en cette dernière qualité, qu'il adressa aux consuls de Sarlat, le 26 octobre 1433, des lettres, où il leur dit qu'il avait chassé les Anglais du lieu de Campagne; et leur ordonne de porter des munitions de guerre dans son lieu de Tayac. Le roi Charles VII lui fit don, le 19 septembre 1435, de la somme de mille livres, pour la défense du pays et de la ville de Périgueux; et lui adressa, le 18 avril 1437, des lettres par lesquelles il lui assigna trois cents livres par an, pour le dédommager de ce qu'il n'avait pu jouir de ses gages depuis douze ans, qu'il était sénéchal de Périgord, à cause de la misère où le pays était réduit par l'oppression des Anglais, et pour le récompenser des services par lui rendus en diverses courses, en faisant lever plusieurs siéges, et en prenant, sur les Anglais, les places de Saint-Chamarand, la Fontade, Campagne, etc.; enfin, il fit un traité d'alliance, le 13 décembre 1450, avec Jean de Bretagne, comte de Penthièvre et de Périgord, vicomte de Limoges et seigneur d'Avesnes, qui le traite de *son chier et bien amé cousin*; ils se promettent réciproquement de s'aider et de se secourir en guerre, contre tous, *exceptés monseigneur le roi et monseigneur le daulphin*. Ce prince lui donna une somme de cinq cents écus d'or, une fois payée.

Geoffroi, baron de Beynac et de Comarque, fut nommé, le 29 juillet 1576, l'un des conseillers au conseil, et gentilhomme ordinaire de la chambre du roi de Navarre; et le 22 octobre 1590, le même prince, devenu roi de France, lui donna commission pour mettre sur pied une compagnie de trente lances des ordonnances.

Guy de Beynac, seigneur de Comarque, fut nommé gentilhomme ordinaire de la chambre du roi Henri IV, le 28 septembre 1593, etc.

La maison de Beynac a formé plusieurs branches: l'aînée de toutes a été continuée dès le treizième siècle, par:

Gaillard, I<sup>er</sup>. du nom, baron de Beynac, chevalier,

III.                                          10

qui rendit hommage, en 1238, à Raimond, comte de Toulouse, pour ses ville et château de Beynac; il est qualifié *noble baron*, dans un acte de l'an 1255; et fit son testament, le 13 des calendes de septembre de cette année, en faveur des enfants qu'il avait eus de Marguerite de Vals, sa femme. Il avait pour frère, Mainard de Beynac, chevalier, seigneur du château de Comarque, qui fit hommage au comte de Toulouse, en 1240: et mourut après l'an 1269, sans laisser d'enfants de N.... de Satanhac (Salignac), sa femme. Ceux de Gaillard, son frère, sont : 1°. Pons, qui suit; 2°. Boson de Beynac, archidiacre de Blaye et doyen de l'église de Bordeaux ; 3°. Adémar, chanoine de Saintes, qui testa en 1288; 4°. Hugues, prieur de Saint-Cyprien-sur-Dordogne ; et 5°. Gaillard, auteur de la branche de Comarque.

Pons III, baron de Beynac, chevalier, est connu par divers actes, depuis l'an 1251, jusqu'en 1300, qu'il fit son testament. Il avait épousé une dame nommée Esquive, ou Esquine, dont provinrent : 1°. Adémar, qui suit; 2°. Gaillard, chanoine de Bordeaux; 3°. Gaillarde, mariée, en 1276, à Garin, seigneur de Castelnau.

Adémar II, baron de Beynac, paraît déjà dans un acte de 1269, et testa en 1348. Il avait été marié deux fois : 1°. à Hélis de Balenx, ou Valenx, fille d'Almustang, seigneur de Cavaudun, en Agénois; 2°. à Aremburge, ou Ramboure d'Estissac. Il laissa plusieurs enfants; au nombre desquels étaient quatre filles, qui entrèrent dans les maisons de Talleyrand, de Mayrac-Théobon, de Castelnau-de-Berbiguières et de Maignac. Cette branche s'éteignit avant la fin du quatorzième siècle, dans la personne de Pons IV, baron de Beynac, qui mourut en Espagne, ne laissant de son mariage avec Reine, ou Régine de Pommiers-d'Arbenas, sa femme, qu'une fille, nommée Philippe, qui fut mariée, en 1379, à Pons de Beynac, seigneur de Comarque, son cousin.

La deuxième branche, par ordre d'ancienneté, est celle de Comarque, formée en 1272, par Gaillard II, fils puîné de Gaillard I, baron de Beynac, et de Marguerite de Vals ; elle a succédé à la branche aînée, en 1379, et a subsisté jusqu'à nos jours, qu'elle s'est éteinte dans la maison de Beaumont-du-Repaire.

Les autres branches, qui sont aussi éteintes, sont connues sous les noms de la Roque-des-Péager, Tayac et les Ayzies, de Vilhac et la Valade, de Floressas, etc.

Armes : *burellé d'or et de gueules, de dix pièces, ou d'or à cinq fasces de gueules.* Casque, couronné d'un cercle de baron.

BIDAL D'ASFELD. Cette famille, illustrée par un maréchal de France, plusieurs officiers généraux et des ambassadeurs, est originaire de Paris, et d'ancienne bourgeoisie de cette ville. Elle a pour premier auteur, Benoît Bidal, bourgeois de Paris, mort avant l'an 1681, laissant quatre fils, entr'autres Pierre Bidal, qui fit le voyage de Suède, pour recouvrer le paiement de grosses avances qu'il avait faites à la reine Christine, soit en argent, soit en dentelles, dont il faisait le négoce. Cette princesse non-seulement lui fit payer ses créances, mais encore elle lui donna, par lettres du 12 octobre 1653, la terre de Willembruck, en Poméranie, et la baronnie d'Asfeld, au duché de Brême, et le nomma son agent général dans les cours de France, d'Italie et d'Allemagne. Cette maison est éteinte. *Ecartelé, aux 1 et 4 de gueules, à la bande cousue d'azur, chargée de trois couronnes d'or; aux 2 et 3 d'azur, au lion naissant et couronné d'argent; sur le tout d'argent, à l'ancre d'azur, surmontée de deux flèches du même passées en sautoir.*

DE BILLY, à Dôle, en Franche-Comté. Cette famille, qui est éteinte, se qualifiait noble depuis Hubert François de Billy, en 1600. Hubert fut père de Philippe-Antoine de Billy, conseiller maître à la chambre des comptes, en 1629. *D'argent, à trois merlettes de sable;* sur la tombe de François de *Billy*, à Dôle; *et de gueules à six billettes d'or,* sur celle de Jean de *Billy.*

DE BIONNEAU, barons d'Airargues, en Provence, famille ancienne originaire de la province du Poitou. Selon la Critique du Nobiliaire de Provence ( in-fol., tome Ier., à la Bibliothèque de l'Arsenal), cette famille tient sa noblesse de la charge de secrétaire du roi à la chancellerie de ce pays, dont fut pourvu Jean de Bionneau, l'an 1590. Elle a donné des capitaines de terre et de mer, des chevaliers de Saint-Louis, etc.

*D'azur, à la fasce d'or, chargée de deux croissants de gueules, et accompagnée en chef de trois étoiles d'or, et en pointe d'un vol d'argent.*

DE BIORD, en Provence, famille ancienne, originaire d'Arexo, en Italie, qui s'étant établie à Florence, vers l'an 1390, forma depuis une branche, à Arles, en 1470. Cette famille a tenu un rang distingué en Provence. Jean Biordi prit le degré de docteur ès-droits à Paris, en 1491, et fut reçu lieutenant et juge des premières appellations au ressort d'Arles. Pierre de Biord, vivant en 1594, fut pourvu de l'office de son père ; il eut beaucoup de part aux affaires de la ligue, dans Arles, où il se rendit chef de parti, et exerça son autorité avec une violence qui lui coûta bientôt la vie, ayant été assassiné et traîné dans les rues, par le peuple. Un de ses descendants, François de Biord fut gentilhomme ordinaire de la chambre du roi, en 1655. Cette famille a formé quelques alliances distinguées, et a donné des officiers de terre et de mer. *D'azur, à trois pals d'or; et la fasce de gueules, brochante sur le tout, chargée de trois molettes d'or.*

DE BLACAS, comtes d'Aulps et pairs de France; maison d'origine chevaleresque de Provence, où elle florissait dès le commencement du douzième siècle. Blacas de Blacas, dit le Grand Guerrier, était compté parmi les sept preux chevaliers de Provence; il mourut en 1235. La branche d'Aulps, aînée de la maison, possédait la ville et seigneurie d'Aulps, dès avant l'an 1178. Celle de Blacas-Carros a été formée en 1180, par Guigues de Blacas, frère de Blacas de Blacas, dont on a parlé ci-dessus. Elle a produit des chevaliers de l'ordre du roi, un ministre d'état, grand-maître de la garde-robe de sa majesté, ambassadeur en diverses cours, etc. *D'argent, à la comète à seize rais de gueules.*

DE BLANQUET DE ROUVILLE ET DU CHAYLA, maison ancienne et distinguée, connue en Gévaudan, avant l'an 1400. Elle a contracté des alliances avec les maisons les plus anciennes du Languedoc; elle a donné des officiers distingués, décorés de l'ordre royal et militaire de Saint-Louis, et compte, de nos jours, un vice-amiral en retraite, dans la personne du comte du

Chayla, officier de la Légion-d'Honneur, et chevalier de Saint-Louis. *D'argent, à la bande de gueules, chargée de trois roses du champ, et accompagnée de deux croissants du second émail, celui en chef versé.*

LE BLANC, famille éteinte, de Franche-Comté, reçue à Saint-Georges, en 1537. *De gueules, au chef d'or; au lion d'azur, brochant sur le tout.*

DE BLICTERSWICK, en Franche-Comté, originaire de Flandre, maison, d'ancienne chevalerie éteinte dans celle de Vaudrey; elle a été reçue à Saint-Georges, en 1482; elle a produit un archevêque de Besançon, et plusieurs officiers supérieurs. *D'or, émanché de gueules de trois pièces.*

BOCQUET, barons de Courbouson, en 1740; famille anoblie le 17 mai 1607, et éteinte en 1813. Elle a donné trois présidents au parlement. *D'azur, à quatre roses d'or.*

BOCQUILLON, en Picardie. Pierre Bocquillon, seigneur de Mainnelay, conseiller du roi, et lieutenant en la prévôté de Clermont, épousa Jeanne Boullet, veuve de lui avant le 8 novembre 1695, date du contrat de mariage de Jeanne Bocquillon, leur fille, avec Joseph de Mons, écuyer, seigneur d'Omermont et de Saint-Martin. *D'azur, à trois haches d'argent.*

LE BŒUF DE VALDAHON, en Franche-Comté, famille anoblie au commencement du dernier siècle, par une charge de secrétaire du roi. Elle a donné un président à la chambre des comptes de Dôle, un colonel et un capitaine de cavalerie.

DE BOFFLES, en Picardie. Barbe de Boffles, épousa Louis de la Houssaye, écuyer, seigneur de Mesicourt, fils de Jean, seigneur du même lieu, et de dame de Boubers. Il vivait en 1562. *D'argent, à deux bandes de sable.*

DU BOIS. Jean du Bois fut échevin de Paris, en 1555. *D'argent, à trois arbres terrassés de sinople; au chef d'azur, chargé de trois étoiles d'or.*

DE BOISSET, en Franche-Comté, famille éteinte,

anoblie par une charge de conseiller au parlement, en 1516. *De sable, à deux trèfles d'argent en chef, une lozange du même en pointe.*

BOITOUZET, marquis d'Ormenans, en 1718, à Besançon, famille anoblie dans la personne de Claude Boitouzet, conseiller au parlement de Dôle, en 1597. Elle a donné plusieurs officiers. *D'azur, à la fasce d'argent, à deux losanges d'or en chef et une rose du même en pointe.*

DE BONAL, en Agénois, maison d'ancienne chevalerie, distinguée par ses services militaires et ses alliances, au nombre desquelles on compte les maisons d'Albert de Laval, de Bonnefoux, de Bosredon, Castillon, Ebrard de Saint-Sulpice, Escayrac, Gimel, Méalet de Fargues, Montalembert de la Roque Senezergues, etc. Dans l'épée, elle compte une longue série d'officiers supérieurs et de tous grades ; dans le clergé, elle a donné un évêque de Sarlat, vivant en 1437, et un évêque de Clermont, sacré le 6 octobre 1776. *D'azur, à trois étoiles d'or.*

DE BONALD. *Ecartelé, aux 1 et 4 d'azur, à l'aigle éployée d'or ; aux 2 et 3 d'or, au griffon de gueules.*

DE BONARDI, famille noble, originaire du Piémont, établie en France, qui prouve, par titres originaux, une filiation noble et non interrompue depuis 1385. Elle a fourni un chevalier de Malte, en 1625 ; a donné un lieutenant général des armées du roi, commandant de la Légion-d'Honneur, chevalier de Saint-Louis, et grand'croix de l'ordre du Mérite de Bavière ; des magistrats distingués et plusieurs capitaines décorés de l'ordre royal et militaire de Saint-Louis. Elle subsiste en deux branches ; celle des barons du Menil, par érection de la terre du Ménil-Lieubray, en Normandie, au mois de mai 1779; et celle des barons de Saint-Sulpice. Cette famille s'est alliée aux maisons de Maulsang, de Vintimille, de Barras, et de Ruffo. *De gueules, à trois bandes d'or, remplies de sable.*

DE BONMARCHÉ, en Picardie. Françoise de Bonmarché fut la seconde femme de Jasmes du Plessier, écuyer, seigneur de Certemont, vivant en 1525. *De sable, au chevron d'or, accompagné en pointe d'une aigle du même, membrée de gueules.*

DE BONNAL, seigneur de Fesquet et de la Baume, en Auvergne, et de Vias, en Languedoc, au diocèse de Lodève, maison ancienne et bien alliée, qui a été maintenue dans sa noblesse, par M. de Fortia, intendant d'Auvergne, en 1666, et par M. de Bezons, intendant de Languedoc, le 13 décembre 1668, sur preuves remontées à Barthélemi de Bonnal, seigneur de Fesquet et de la Baume, marié, avant le 20 juin 1494, avec Denise de Roquesel, et déchargé du droit de franc-fief, le 5 décembre 1516. *D'azur, à la bande d'or, accostée de deux biches du même.* Dans la branche de Vias, ce sont *deux levriers.*

DE BONNEGUISE, en Périgord. Cette maison, qui est issue d'ancienne chevalerie, et qui a toujours tenu un rang distingué dans l'ordre de la noblesse, est aujourd'hui éteinte. Quelques généalogistes lui donnent la même origine, qu'à l'ancienne maison de Malaguise, ou Maleguise, en Limousin, dont il est souvent fait mention dans les chartes de cette province, dans la Chronique de Geoffroi du Vigeois, et dans les Collections de Baluze. Il paraît, par le Cartulaire de Chancelade, qu'une branche de cette maison était établie dans le Périgord, dès le milieu du douzième siècle : on y voit que Pierre de Malaguise, chevalier, assista, comme témoin, à plusieurs donations faites à cette abbaye ; entr'autres à celle que fit, en 1161, Emes, ou Émenon de Périgueux, à laquelle fut aussi présent Foucaud de Jaufre, chevalier.

La maison de Bonneguise était partagée, dans le quatorzième siècle, en deux branches principales : l'aînée, qui possédait la terre de Badefol-d'Ans, située sur les confins du Périgord et du Limousin, et qui en a pris quelquefois le nom, avait pour chef, dans le même siècle, Guillaume-Arramond de Bonneguise, connu par des actes de 1377, 1395 et 1399, lequel avait pour épouse Marie de Bruzac, fille de Hugues et de Marie de la Cropte, dont on présume qu'il eut, entr'autres enfants, Bertrand de Bonneguise damoiseau, qui vivait en 1428, etc. Cette branche, après avoir subsisté encore avec distinction, pendant près de deux siècles, et avoir pris ses alliances dans les maisons de Pompadour, de Flamenc, de Pierrebuffière, et de Saint-Chamans, s'éteignit dans la personne de Marguerite de Bonneguise, mariée, en 1608, à Philibert de Royère, à qui elle apporta les terres de Badefol et de Peyraux.

La branche puînée, qui possédait le fief du Soulier, situé dans le bourg de Badefol, et celui du Breuilh, dans la paroisse d'Aturs, se divisa elle-même en deux branches : la première, qui était celle des seigneurs du Breuilh, s'éteignit, dans la suite, dans une branche de la maison de la Rocheaymon, par le mariage, en 1676, d'Isabeau de Bonneguise, fille de Sicaire de Bonneguise, seigneur du Breuilh, et de Sylvie de la Rocheaymon, avec Jacques de la Rocheaymon, seigneur d'Exandiéras, du Plantier, et du Verdier-Prémilhac ; et la seconde, connue sous le nom de seigneurs du Soulier et d'Artigeas, a subsisté jusqu'à nos jours. Elle acquit la même terre de Badefol, qu'elle avait possédée anciennement, laquelle fut érigée en marquisat, sous le nom de Bonneguise, en 1750, en faveur de François de Bonneguise, premier écuyer de S. A. S. monseigneur le comte d'Eu, qui était frère aîné de Jean de Bonneguise, evêque d'Arras, premier aumonier de madame la dauphine, mort dans son diocèse, en 1769, et du chevalier de Bonneguise, tué à l'affaire de l'Assiète.

Charles-Gratien de Bonneguise, devenu marquis de Badefol-d'Ans, ou Bonneguise, par la mort de son cousin François de Bonneguise, fut nommé, en 1763, colonel du régiment d'Eu, infanterie, appelé ensuite régiment du maréchal de Turenne ; il a été fait brigadier des armées du roi, en 1780, et est mort, sans laisser d'enfants de dame Marie le Maire-des-Sources, sa femme, fille de N.... le Maire, conseiller au conseil souverain de l'île de Saint-Domingue.

Armes : *d'azur, à la croix alaisée d'or, cantonnée aux 1 et 4, d'un bésant d'argent ; aux 2 et 3 ; à une fasce d'argent, alaisée de même.*

BONVALOT, ancienne famille noble de Besançon, finie dans celles de Perrenot-de-Grandvelle et de Saint-Maurice-Montbarrey. *D'argent, à trois jumelles de gueules.*

BORDEY, en Franche-Comté, famille éteinte, anoblie en 1503. *De gueules, à deux bourdons d'or à pal ; à trois étoiles du même.*

LA BORIE-DE-CAMPAGNE, famille noble, originaire de la ville de Sarlat, en Périgord, où elle est connue dès le commencement du quinzième siècle. Sa filiation suivie, commence à Adémar, ou Aimar de la Borie, licencié ès-lois, nommé conseiller et avocat à la cour des grands-jours de Charles, duc de Guienne. Il acquit, vers l'an 1460, conjointement avec Jean de Bonald, habitant de Montignac, la terre de Campagne-sur-Vezère, que ses descendants ont possédée jusqu'à présent, et qui lui fut vendue par Brandelis de Caumont, seigneur de Castelnau et de Berbiguières. Il était fils de Bernard de la Borie, et avait un frère, nommé Aimeric, conseiller au parlement de Bordeaux, qui épousa Jeanne de Saint-Astier, fille de noble Forton de Saint-Astier, seigneur des Bories. On ignore la date de la mort d'Adémar de la Borie ; mais il est certain qu'il vivait encore le 2 juillet 1472, et qu'il eut du mariage qu'il avait contracté avec Jeanne de Bonald : 1°. Pierre de la Borie, prêtre et archidiacre auprès de Jean de Bonald, son oncle, évêque de Bazas ; 2°. Bernard, qui suit ; 3°. Jean, lieutenant de Gabriel d'Albret, grand sénéchal de Guienne, auteur d'une branche éteinte.

Bernard de la Borie, seigneur de Campagne, Langlade, etc., conseiller au parlement de Bordeaux, épousa, avant l'an 1505, Jeanne de Ricard. Sa postérité, qui subsiste encore, a fourni plusieurs officiers de tous grades, un commandant du fort de Sainte-Croix de Bordeaux, un autre commandant de la ville de Domme, etc., et a pris ses alliances dans les maisons de Prouhet, de Saunhac, de Cosnac, de Roux-de-Campagnac, de Calvimont, de Beynac, de Charon-de-Sensenac et de Ségur ; elle s'est divisée en plusieurs branches, dont les plus connues sont celle de Campagne, qui est l'aînée, et celles de Labatut, du Pourteil, de Prats, etc.

Armes : *de gueules, à trois fers de cheval d'argent, cloutés de sable, posés 2 et 1, et en chef un croissant d'argent.*

III.                                    11

DU BOSCAGE. Il paraît que des cadets de l'ancienne maison *des Dauphins d'Auvergne*, ont porté ce nom, lequel provient de la terre *du Boscage* (écrit dans quelques titres, *du Bouscage*), située à un quart de lieue du château *de Vodable*, (près Issoire), chef lieu du Dauphiné d'Auvergne. Le nom et la terre du Boscage ont ensuite passé des Dauphins d'Auvergne, dans l'ancienne maison *d'Auger* (qui s'écrit quelquefois *d'Augier*). La terre d'Auger est située près la ville de Souxillanges. On trouve André du Boscage, chanoine noble du chapitre de Saint-Julien de Brioude, en 1345. On trouve encore, en 1595, un chanoine noble du même chapitre, portant le nom *du Boscage*, mais il est de la maison *des Guillaumanches*. (Chronologie de ce chapitre, pp. 16 et 38.) Les Mémoires pour servir à l'histoire de la province de Rouergue, par L. C. P. Bosse, tom. I, pag. 224, nous apprennent que lors du démembrement du comté de Rhodès, par le roi Louis XI, régnant de 1483 à 1491, il fut donné, par ce prince, une partie de ce comté, au seigneur du Boscage.

La maison *des Guillaumanches*, dont nous venons de parler, a successivement ajouté trois noms à celui *des Guillaumanches*, sans cependant avoir jamais quitté le nom des Guillaumanches dans aucun acte. 1°. *Guillaume VII*, seigneur *des Guillaumanches*, épousa, l'an 1345, *Eléonore de Vialatelle*, avec clause de substitution des nom et armes *de Vialatelle*; ce qui fut cause que ses descendants, pendant trois générations, ajoutèrent le nom de Vialatelle, à celui des Guillaumanches; ensuite ils portèrent ce dernier nom, en continuant la descendance. Le quatrième fils du susdit Guillaume VII, forma même une branche cadette et collatérale, qui prit plus particulièrement le nom *de Vialatelle*; mais cette branche s'éteignit entre 1487 et 1493. 2°. *Blanche d'Auger*, dame *du Boscage*, a apporté le nom et la terre *du Boscage*, dans la maison *des Guillaumanches*, par son mariage du 7 juin 1543, avec François des Guillaumanches, *seigneur des Guillaumanches*. Depuis, leurs descendants ont constamment possédé la terre *du Boscage* jusqu'à la révolution. 3°. *Gilbert de Saint-Quentin d'Oriouse*, baron *de Cusse*, substitua, le 17 novembre 1610, la terre de Saint-Quentin et la baronnie de Cusse, avec clause également de substitution des nom et armes de *Saint-Quentin*, qui sont : *d'or, à la fleur de lis de gueules*, en faveur des enfants de sa fille aînée, Françoise de Saint-Quentin d'Oriouse, épouse d Antoine des Guillaumanches, seigneur du Boscage, dans le cas où le fils dudit Gilbert n'aurait pas d'enfants mâles. Ce dernier n'ayant eu qu'une fille, qui épousa Gaspard de Canillac-Montboissier, il s'éleva des contestations entre les maisons de Canillac et des Guillaumanches, au sujet de la substitution. Ces différents furent terminés par deux transactions, passées, l'une, le 13 septembre 1685, entre Gabriel des Guillaumanches, seigneur du Boscage, et de N.... de Canillac ; et l'autre, le 7 mars 1695, par les mêmes. En raison de cette dernière, la maison des Guillaumanches a cessé d'ajouter à son nom, celui *de Saint-Quentin*, et abandonna à la maison de Canillac-Montboissier, les terres de Saint-Quentin et baronnie de Cusse, au moyen de deux sommes, que lui et son père avaient reçues ; mais il est constant qu'il n'avait pas le droit de remersina, pour ses descendants, *aux armes de Saint-Quentin*, dont la maison des Guillaumanches du Boscage doit écarteler ; c'est ainsi que, d'après les deux traités cités ci-dessus, cette maison a continué à n'ajouter à son nom, que celui *du Boscage*, dont elle possédait, comme on l'a vu, la terre, depuis le mariage de 1543. Par l'effet des guerres civiles des règnes d'Henri III et d'Henri IV, les seigneurs *des Guillaumanches* furent ruinés ; ils furent obligés de vendre toutes leurs terres, notamment celle *du Pouget* et celle *des Guillaumanches*, dont ils portaient le nom ; en sorte que de toutes leurs propriétés, après ces guerres, ils ne conservèrent que la seule terre *du Boscage*, dont encore le château avait été pris, pillé et ravagé par *les ligueurs*, qui précédemment avaient aussi pris d'assaut, incendié et démoli le château *des Guillaumanches*. Enfin, cette maison a été une seconde fois ruinée pendant les tems orageux de la révolution de 1793, époque où la terre du Boscage a été vendue nationalement, ainsi que toutes les terres et propriétés, *sans exception*, du marquis des Guillaumanches du Boscage (Gabriel-Pierre-Isidore), lieutenant-général des armées du roi, le 6 octobre 1819, grand officier de l'ordre de la Légion-d'Honneur, nommé pour faire partie de la première promotion de grands officiers, par décision du roi, du 7 septembre 1819, chevalier de l'ordre de Saint-Louis et chevalier de l'ordre de Malte, *seul et dernier descendant de la maison des Guillaumanches du Boscage*. lequel, de son mariage avec Elisabeth-Victoire-Armande, *comtesse de Lostanges*, n'a eu qu'une seule fille, Ernestine-Pauline-Sophie des Guillaumanches du Boscage, mariée, le 6 novembre 1817, à Gabriel Noël-Auguste, *comte de Cosnac*, officier de cavalerie, dont il y a postérité. (*Voyez* l'article *Guillaumanches*, tom. I, pag. 336; nous avons omis de rapporter dans cet article, que la maison des Guillaumanches du Boscage avait fait les preuves de la cour, et qu'elle en avait obtenu les honneurs, le 2 mars 1786 et le 18 février 1787). Le caractère distinctif de cette maison, est la possession *constante et immémoriale* de la terre de son nom *des Guillaumanches*, jusqu'à la fin du seizième siècle, et de celle *du Boscage*, depuis le commencement du même siècle, jusqu'à la révolution. Ces deux terres n'étant sorties de cette famille, que par l'effet des guerres civiles, dans lesquelles cette maison, deux fois ruinée, tint toujours le parti de nos rois. On remarque encore que, depuis la fondation des ordres de chevalerie, cette maison leur a constamment fourni des membres *dans chaque siècle, jusqu'à nos jours.*

*Armes* : d'Auger, seigneurs du Boscage; écartelé, aux 1 et 4 d'argent, à la croix de sinople, cantonnée aux 1 et 4 d'une tête de léopard de gueules, aux 2 et 3 d'une fleur de lys du même.

*Armes* : des Guillaumanches, seigneurs du Boscage; d'argent, au taureau de gueules; au lambel d'azur. ( On a quelquefois blasonné le lambel de sable. ) Couronne de comte. Devises : elles ont ainsi varié : 1°. *Nunquam jugatus* ; 2°. *Indocilis jugum pati* ; 3° *Indomitus ferit.*

DU BOT, noblesse d'ancienne chevalerie de la province de Bretagne, qui florissait dès le douzième siècle, et s'est illustrée par ses services militaires, et les belles alliances qu'elle a contractées. Elle est connue depuis Hamon du Bot, qui souscrivit une charte de l'an 1183, et elle prouve sa filiation depuis Jean du Bot, écuyer, qui rendit hommage à la dame de Retz, le 7 janvier 1382.

Elle a donné plusieurs officiers d'infanterie et de cavalerie, et plusieurs chevaliers de l'ordre royal et militaire de Saint-Louis. *D'azur, à trois quintefeuilles d'argent.*

**BOUCHER DE RICHEBOURG ET D'AVANÇON**, famille ancienne et distinguée de Champagne, établie de nos jours, en Lorraine, qui a été maintenue, en 1668, par M. de Caumartin, sur preuves filiatives, remontées à Jacques de Boucher, écuyer, seigneur de Richebourg, près de Rethel, vivant en 1559 ; ses descendants ont constamment suivi le parti des armes, et la plupart ont été décorés de l'ordre royal et militaire de Saint-Louis. *D'azur, à trois étoiles d'or, et un croissant d'argent en abîme.*

**BOUDART**, marquis de Couturelle, en Artois. Cette famille a pour auteur Charles-Vincent Boudart, colonel d'infanterie, tué à la bataille de Saint-Quentin, en 1557 ; ses descendants ont donné plusieurs colonels et mestres de camp. *D'azur, au croissant d'or, accompagné de trois coquilles du même.*

**BOUDART.** Il a existé, en Normandie, une très-ancienne maison de ce nom, éteinte depuis long-tems, dont étaient Jean Boudart, écuyer, panetier du duc de Normandie, en 1349, et du roi de France, en 1391 ; Mahut ou Mathieu Boudart, écuyer du Dauphin de Viennois, en 1355, puis premier panetier du roi, en 1380, charge équivalente à celle de grand panetier de France. Son fils Mathieu Boudart était huissier d'armes du roi, qui l'envoya en Angleterre, en 1391. *D'or, à la croix ancrée d'azur, cantonnée de quatre annelets de gueules.*

**BOUDOT**, originaire de Mortemar, en Franche-Comté, famille éteinte, qui avait été anoblie en 1627. *D'azur, à une potence d'or, surmontée de trois étoiles posées en fasce, et accompagnée de deux cors de chasse.*

**BOUILLET**, en Bourgogne. Guillaume Bouillet, auteur de ceux de ce nom, acquit la noblesse par la charge de maître des comptes à Dijon, qu'il exerça depuis le 17 novembre 1617, époque de sa réception jusqu'au 2 août 1649, époque de sa mort. *D'azur, au chevron d'or, surmonté d'une divise et accompagné de trois besants, le tout du même ; au chef cousu de gueules, chargé d'un croissant d'argent, accosté de deux étoiles du même.*

DE LA BOULAYE, maison d'ancienne chevalerie, de Normandie, qui paraît tirer son nom d'un fief situé dans la paroisse de Croisilles, près de Gacé. Elle florissait dès le onzième siècle, et prouve sa filiation depuis Foulques de la Boulaye, chevalier, vivant vers l'an 1286, marié avec une fille de Guy de Gonnor, comte de Beaumont et de Leycester, en Angleterre. Les services militaires, les belles alliances et les nombreuses possessions de cette famille, la mettent au rang des plus distinguées de la Normandie. Elle a formé les branches : 1°. des seigneurs de Serans et du Perreux ; 2°. des seigneurs du Bosroger et de Thevray, existants ; 3°. des seigneurs d'Emanville, existants ; 4°. des seigneurs de Saint-Aubin des Hayes et du Bosc de Romilly, éteints en 1795 ; 5°. des seigneurs du Genetay, existants ; 6°. des seigneurs du Lieu, éteints. *D'argent, à la bande de gueules, accompagnée en chef d'une merlette de sable, et en pointe de trois croisettes du même en orle.*

BOURBEVELLE, village de Franche-Comté, qui a donné son nom à une maison éteinte. *D'azur, à la bande dentelée d'or accostée de six croisettes dentelées du même.*

DU BOURG-MIROUDOT, famille ancienne, originaire de Lorraine, qui a pour auteur Jacquot du Bourg, conseiller du roi René, duc de Lorraine, père d'Adam du Bourg, sieur de Duzemain, lequel fut anobli par lettres-patentes du duc Antoine de Lorraine, du dernier février 1512. Cette famille a donné des gouverneurs de places et plusieurs officiers. Elle a été maintenue dans sa noblesse par lettres-patentes de S. M. Louis XVI, du mois de novembre 1777. *Parti, au 1 d'argent, au cerf au naturel, en repos sur une terrasse de sinople, chargé à l'épaule d'une quintefeuille d'azur ; au 2 de gueules, à deux lions affrontés d'argent, lampassés et armés de gueules.* Supports : un cerf et un lion.

BOURGOGNE. Un édit de Philippe, roi d'Aragon, duc de Bourgogne, du 23 septembre 1595, veut que nul

dans le duché de Bourgogne ne puisse prendre là qualité d'écuyer, ou des armoiries timbrées, s il n'est noble ;
celle de baron, s'il n'a fief décoré de ce titre ; ni se
nommer chevalier, s'il ne l'a été créé réellement.

La même ordonnance exige qu'il soit apposé et ajouté
aux armoiries des bâtards et de leurs descendants, une
barre, laquelle donne perpétuellement et à toujours à
connaître leur bâtardise et le défaut de leur sang légitime.

Une délibération de la chambre de la noblesse des
états de Bourgogne, du 18 août 1679, dit : que nul ne
pourra entrer dans ladite chambre des états, qu'il ne
soit gentilhomme, et non pas noble simplement, c'est-
à-dire qu'il fallait prouver cent ans de noblesse, faisant
au moins quatre générations nobles, y compris le pro-
posé. Ce dernier était également tenu de justifier de la
possession d'une terre ou d'un fief, qui ait au moins
moyenne ou basse justice, situés dans la province.

## NOMENCLATURE

*Des Gentilshommes admis aux États de Bourgogne,
depuis 1682 jusqu'en 1757.*

---

### Le Prince de Condé présidait les États.

---

#### BAILLIAGE DE DIJON.
##### Année 1682.

Messieurs

Damas, marquis de Thianges, seigneurs de Quincey.
Le comte de Saulx.
Ténarre, seigneur de Montmain.
N. Bernard de Montessus, seigneur de Bellevesvres.
Pra-Balaysaux, seigneur de Bessey.
Brulart, commandeur d'Arbaut.
Saumaise, seigneur de Bouze.
D'Hugon, seigneur de Joursanvault.
Bataille, seigneur de Mandelot.
Pellissier, seigneur de Flavignerot.
De Riollet, seigneur de Morteuil.
Pellissier de Montpallier, seigneur de Ternans.

Richard, seigneur de Béligny.

Collin, seigneur de Flavignerot.

Antoine Collin, seigneur de Flavignerot.

Claude et Antoine Valon, seigneurs de Janly et de Vachey.

Morisot, seigneur de Tagniot.

Antoine Morisot, seigneur de Cheuge.

Jean-François Morisot, seigneur de Brosses.

Morlet, seigneur de Couchey.

Jean-Baptiste de Cirey de Gerland.

Bénigne de Cirey, seigneur du Magny.

Joly, seigneur d'Escutigny.

Saint-Martin d'Agentcourt, seigneur de Corabeuf.

Saint-Martin d'Agentcourt, commissaire.

Des Barres, seigneur de Cussigny.

Milletot, seigneur de Villy.

La Marre, seigneur d'Aluze.

Frasans, seigneur de Saint-Romain.

Bernard Maillard, seigneur de Rosières.

Prudent Tabourot, seigneur de Véronne.

Millotet, seigneur de Changey.

Blanot, seigneur de Bornay.

Mouchet, seigneur du Petit Taperay.

Berbis, seigneur de Longecourt.

Bretagne, seigneur de Marsilly.

Petit, seigneur de Bressey.

Millière, seigneur d'Aiseray.

Jean-Baptiste Massol, seigneur de Collonges.

Guillaume Massol, seigneur de Serville.

Richard, seigneur de Grammont.

Berbis, seigneur de Maillys et de la Serre.

Frasans, seigneur d'Orain.

Champagne de Lours, seigneur de Cussigny.

Jacuot, seigneur d'Aix.

Berbis des Barres.

Damas du Breuil, seigneur d'Antigny.

Tabourot, seigneur de la Tour Saint-Appollinaire.

Gaze de Rouvray, commissaire.

Cléron de Moissy, seigneur de Saffre, commissaire.

### Année 1685.

Nicolas Commeau, seigneur de Créancey et du Bassin.

Nicolas Folin, seigneur de Villecomte.

Jean-Baptiste Mellin, seigneur de Saint-Seine.

### Année 1688.

Mathieu de Berbisey, commandeur de Malte, seigneur de Varennes.
Pierre de la Verne, seigneur d'Avot.

### Année 1691.

Etienne Filzjan, seigneur de Marlian.

### Année 1697

Bernard Bernard, seigneur du Thorey et du Missery.
Joachim Boitouset d'Ormenans, seigneur de Poinson.
Louis de la Tour du Pin, marquis de la Charce, seigneur de Fontaine-Française.

### Année 1700.

Jacques Drouas, seigneur de Joursanvaux.
Henri des Barres, comte de Cussigny, seigneur de Moux.
Bénigne de Saumaise, seigneur de Bouze.
Clériadus-Antoine de Choiseul, seigneur de Montigny.
Philibert de Pra-Balaysaulx, seigneur de Vornes.

### Année 1703.

Jean-Claude du Bois, seigneur d'Orain.

### Année 1706.

Charles-Marie de Pra-Balaysaulx, comte de Pezeux, gouverneur de Langres, seigneur d'Argélière.

### Année 1709.

Jacques de Mochot, seigneur de Gémeaux.
Victor-Amédée de Choiseul, marquis de Lanques, barons de Fouvans.
André Fleutelot, seigneur de Marliens.

### Année 1712.

Léon de Madaillan de l'Esparre, comte de Lassé, colonel d'infanterie, chevalier des ordres du roi, seigneur de Layer.
Claude-François d'Amedor, baron de Molans, seigneur d'Oisilly.

III.

Le marquis de Pons, comte de Verdun.

Benigne Fevret, comte de Daix.

Charles de Clugny, chevalier de Malte, seigneur de Colombier.

Guillaume de Simony, seigneur de Varanges.

Claude-Benigne Lenet, seigneur de Larrey et de Courgengoux, lieutenant aux gardes-françaises.

### Année 1715.

Nicolas Folin, seigneur de Villecomte.

Pierre-Désiré Boistouset, seigneur de Poinson.

Joseph-Antoine de la Cley, seigneur de Saint-Cyr et du Seul.

Jacques Commeau, seigneur de Pont-de-Vaux et de Marly.

### Année 1718.

Marc-Antoine Valon, marquis de Montmain, seigneur de Janly.

Benigne-Charles-Claude Fevret, seigneur de Bligny et de Curtil.

Benigne le Gouz-Morain, grand-bailli de Dijon, seigneur de Magny et Gerlans.

Gabriel Berbis, seigneur des Maillys.

### Année 1721.

Benigne Bouhier, seigneur de Pouilly et de Fontaine, colonel d'infanterie.

Georges-Marie Massol, seigneur de Collonges et de Vergy.

Jean-Baptiste Mellin, seigneur de Sainte-Seine.

### Année 1724.

Charles-Henri de Saulx Tavannes, marquis de Saulx, enseigne de gendarmerie.

Jacques de Bretagne, seigneur d'Is-sur-Thil.

Jacques Espiard, seigneur de Vernot.

Jacques-Augustin-Philippe de la Tour du Pin, marquis de la Charce, seigneur de Fontaine - Française, colonel de dragons.

Antoine de Bretagne, seigneur d'Is-sur-Thil.

### Année 1727.

Jacques Berbis, seigneur de Courcelles, capitaine d'infanterie.

### Année 1730.

Mathurin Baillet, baron de Saint-Julien.

François Damas, marquis d'Antigny.

François Folin, seigneur de Bussières.

Charles Marie de Choiseul, baron de Meuvy, lieutenant-général de Champagne, mestre de camp de
cavalerie.

Louis-Henri de Saulx Tavannes, marquis de Mirebel,
seigneur de la Marche.

### Année 1733.

Joseph-Hyacinthe de Bereur, seigneur de Malain et de
Saint-Ilié, brigadier.

Germain Richard, seigneur de Montaugey et de Quemigny.

Jacques Richard, seigneur de Bligny et de Curtil.

Claude Berbis, seigneur de Courcelles.

Félix de Simony, seigneur de Varanges, capitaine d'infanterie.

César de Croonembourg, seigneur de Vougeot, capitaine
de dragons.

Philippe Durand, seigneur d'Auxy et de Saint-Vrain.

### Année 1736.

Henri de Riollet, seigneur de Morteuil.

Hector-Bernard Joly, seigneur de Drambon.

Nicolas Malpoy, seigneur de Beyre.

Henri de Saulx-Tavannes, seigneur de Véronne.

Michel-Gaspard, comte de Saulx-Tavannes, baron de
Lux, lieutenant-général.

Jean-Baptiste Fleutelot, seigneur de Chasans.

### Année 1739.

Jacques-Benigne de Bagnard, seigneur de Renesve.

François-Hubert Hudelot, baron de Pressigny.

Barthélemy Joly, seigneur de la Borde et de Drambon.

Jean-Joseph-Albert de Quesse, seigneur de Valcour.

Pierre Berbis, seigneur de Maillys.

Louis-Hector Massol, marquis de Collonges.

François-Benoit Millet, seigneur du Battu.

### Année 1742.

François Damoiseau, seigneur de Colombier et de
Chaudenay.

Philibert Petit, seigneur de Bressey.

Philippe de Croonembourg, seigneur de Vougeot, capitaine d'infanterie.

Aimé-Marie Gontier, comte d'Auvillars et du Perroux.

### Année 1745.

Louis-François Morisot, seigneur de Jancigny.

Marc-Antoine de Ricard, marquis de Montmain et de Courgy.

Jean-Guillaume Canablin, seigneur d'Ancey.

Gaspard le Compasseur-Créqui-Montfort, marquis de Courtivron, aide maréchal-général des logis de la cavalerie.

Jean-Claude du Bois, seigneur d'Orain.

### Année 1748.

Jean Fourneret, seigneur de Bligny et de Curtil.

Anselme-Michel de Migieux, marquis de Savigny et de Varenne.

André de Croonembourg, seigneur de Vougeot, capitaine d'infanterie.

### Année 1751.

Joseph Barbier, seigneur d'Entre-Deux-Monts.

Jacques-Henri Richard, seigneur de Curtil, capitaine d'infanterie.

Charles-Antoine de Spada, marquis d'Agentcourt et de Corabeuf.

Lazare-Guillaume de Ganay, seigneur de Luzigny et de Vesigneux.

Jean-Claude Bernard, seigneur de Saint-Aubin.

Jean-Marie Petit de Bressey.

Guillaume Baillet, baron de Saint-Julien.

### Année 1754.

Hubert-Thoussaint Guyard, seigneur de Changey.

Jean-Baptiste-Théodore Folin, seigneur d'Ogny.

Nicolas Bataille.

Jean-Baptiste Richard, seigneur de Curtil.

Alexandre de Moyria, seigneur de Taniot.

Edme-Jean-Baptiste de la Marre d'Aluze.

Louis-Claude, comte de Clermont-Montoison.

Jacques-Henri-Claude-Ange de Truchis, seigneur de Layé.

Claude-Guye de Labergement, seigneur de Bittey et Villers-Rotlain.

Jacques-Elisabeth Berbis de Courcelles.

Jacques-André de Bretagne, d'Is-sur-Thil.

Henri-Prosper Bauyn, seigneur de Quémigny et Poisot.

Gaspard-Constant-Hugues de Maron, seigneur de Pisanges.

### Année 1757.

Bouhier de Pouilly.

Fleutelot de Chasans.

Ricard de Montmain.

Berbis de Rancy, père.

Berbis de Rancy, fils.

Berbis des Maillys.

Frasans, père, commissaire des guerres.

Frasans, fils, commissaire des guerres du corps royal.

Jacuot de Neuilly.

N. Bernard de Saint-Aubin.

Montferrand.

Petit de Bressey.

Gonthier, comte d'Auvillars.

Le Compasseur-Créqui-Montfort, marquis de Courtivron.

Bauyn, seigneur de Quemigny et Poisot.

Canablin d'Ancey.

Le marquis Folin.

Moyria de Châtillon, seigneur de Taniot.

Morisot.

D'Estagny, seigneur de Champbœuf.

Saulx de Tavannes, marquis de Saulx, seigneur de Sepoy.

Simony, seigneur de Varanges.

De Riollet de Morteuil.

Thomas d'Ylans, seigneur de la Motte.

### BAILLIAGE D'AUTUN.

### Année 1682.

Nicolas de la Verne, seigneur de Chansigny et de Champeculon.

Louis de l'Isle du Gaz, seigneur d'Olon et de Conforgien.

Pierre Berbis, seigneur de Dracy et Grangy.

Maurice Berbis, seigneur de Cromey.

Jean-Claude Commeau, seigneur de Pont-de-Vaux.

Louis de Pernes, marquis d'Espinac, fils.

Louis de Pernes, marquis d'Espinac, père.

Bernardin de Ganay, seigneur des Champs.

François-Eléonore du Crest, seigneur de la Tour-du-Bois et de Vandenesse.

Claude de Saint-Ligier, seigneur de Mauregard et de Chercilly.

François Garnier de Toulongeon, bailli d'Autun, seigneur de Monthelon-à-Cosne.

Bourdeau, baron d'Huchon.

Pierre de Chargéres, baron du Breuil, chevalier de Saint-Lazare.

Philibert d'Anguy, seigneur de Patigny.

Philippe de Jaucourt, seigneur de Vaux et de Brazey.

Claude-Nicolas d'Arlay, seigneur de Vienniot.

Pierre Quarré, seigneur d'Aligny.

Gaspard-Jeannin de Castille, marquis de Montjeu.

René de Loriol, baron de Digoine.

Charles le Brun, comte du Breuil, seigneur de Champignolle.

### Année 1685.

Jean de Martigny, marquis d'Huchon, et de la Tour du Bourg.

Charles de Soret, seigneur de Grandechamp et de Mazenay.

Michel de Chaugy, comte de Roussillon, seigneur d'Anault.

René de Montgey, seigneur de Charancey.

Simon Buffot, seigneur de Millery.

### Année 1688.

Claude Chaugy, seigneur de Civry.

Philibert-François de Cussigny, seigneur de Viange.

François de Faubert, seigneur de la Perrière et de Crécy.

François Dormy, baron de Vincelle et de Beauchamp.

### Année 1691.

Antoine de la Tour de Paulot, seigneur de la Faye.

### Année 1700.

François de Chaugy, seigneur de Chazotte.

### Année 1709.

Henri de Truchy, seigneur du Molle et de Communi.
Roland de Foudras, comte de Châteautier et de Matoul.
Christophe de Foudras, chevalier de Malte.
Marc de Tenay, comte de Saint-Christophe, capitaine de gendarmerie.

### Année 1712

Humbert Humbelot, seigneur de Villiers.

### Année 1715.

Pierre de Faubert, seigneur de Crécy et de Mont-petit.
Jacques du Crest, seigneur de Villaine.
Jean-Bernard de la Marre, capitaine d'infanterie, seigneur de Vautandran.

### Année 1721,

Guillaume de la Valade, seigneur de Truffin et Patigny.

### Année 1724.

Gilbert le Brun, baron d'Huchon, seigneur de Champignolle.
Gabriel de Magnien, seigneur de Chailly.

### Année 1727.

Hector Saladin de Montmorillon, seigneur de Nouzelier et de Busserolle.

### Année 1730.

Nicolas de Ganay, seigneur de Vesignieux, capitaine d'infanterie.

### Année 1733.

Antoine de Thelis, baron de Chambaut, seigneur du Breuil.
Bernard de Fontette, seigneur de Sommery, chef d'escadre.
François de la Magdelaine, seigneur de Monnet.
Jacques de Sercey, comte du Jeu.

### Année 1736.

François du Crest, seigneur de Chancery.

Marie-François de la Magdelaine, marquis de Ragny, capitaine de cavalerie.

Gilbert Baudinot de la Salle, seigneur de l'Espinasse.

### Année 1739.

Alexandre Humbelot, seigneur de Villiers.

Nicolas de Chaugy, comte de Roussillon, brigadier.

### Année 1742.

Jean-Baptiste de Cugnac, marquis de Dampierre, mestre de camp.

Charles-François Boiveau, seigneur de Saint-Gervais.

### Année 1751.

Charles-Henri-Jules de Clermont-Tonnerre, marquis d'Espinac, mestre de camp de cavalerie et brigadier des armées du roi.

Charles-Antoine, comte de la Magdelaine.

### Année 1754.

Lazare Buffot, seigneur de Sivry-lès-Voudenay.

Pierre-César du Crest, seigneur de Saint-Aubin-sur-Loire.

Melchior Commeau de Pont-de-Vaux, seigneur de Marly.

Barthélemi, comte de Bart, seigneur de la Bouttière.

Barthélemi de Bart, chevalier de Malte.

Jacques-Anne-François de Ganay.

Claude Andrault, marquis de Langeron.

### Année 1757.

Le comte de Clermont-Tonnerre.

Humbelot de Villiers.

Ganay de Lusigny.

Fontette, seigneur de Sommery et Chavanche.

Le marquis de Fussey-Mmenessère.

Mac-Mahon, seigneur de Voudenay.

### BAILLIAGE DE CHALONS.

### Année 1682.

Jean Sirvinge, seigneur de la Charmée.

Pierre de Chamberan, seigneur de la Bretonnière.

François de Scorailles, seigneur de Saubertier et de la Balme.

Louis de Scorailles, seigneur de Reure.

Louis de la Rode, seigneur de Conde.

Claude de la Rode, seigneur de Charnay.

Philippe Bernard de Montessus, seigneur de Rully.

Louis de Grain, seigneur de Montjay.

Aimé de Chanteray, seigneur de Terrans.

Marchand, seigneur de Mauny et de Rosey.

Thiard, comte de Bissy, lieutenant-général des armées du roi.

Jean-Baptiste de Montrichard, seigneur de Flammerans.

Du Bled, marquis d'Uxelles, lieutenant-général du Châlonnais, seigneur de Cormartin, de Ténarre et Bussy.

De Choiseul, commandeur de Belle-Croix.

De Brancion, seigneur de Visargent.

Jacques-Philibert de Naturel, seigneur de Baleure

Damas, seigneur de Sassangy.

Royer de Saint-Micault, seigneur de Sersault.

D'Hennin-Lietard, seigneur de Vincelle.

D'Hennin-Lietard, comte de Roche et de Sames¹

Antoine de Folie de Belle-Epine, seigneur de la Brosse

Alexandre de Périeux, seigneur Duretal.

Baptiste de la Marre, seigneur d'Aluze.

Barthelemy d'Arlay, seigneur de la Boulaye.

Claude Bernard de Montessus, écuyer, seigneur de Bellefond.

Jean Berbis, seigneur de Molaisse-sur-Seille, chevalier d'honneur de la chambre des comptes.

Gaspard de Pra, seigneur du Perolet.

Jacques de Croonembourg, seigneur en partie de Vougeot.

Jean de Thiard, seigneur de Bragny, commissaire.

Louis de Foudras, seigneur de Demigny, commissaire.

### Année 1685.

Philippe Lantin, seigneur de Montcoys.

Joseph de Xaintrailles, commandeur de Malte, mestre de camp, seigneur des Moutots et de Navilly.

### Année 1688.

Gilbert de Chamberan, seigneur de Bretonnière.

III.                                                    13

Armand de Prisque, seigneur de la Tour-Serville.

Ponthus de Thiard, seigneur de Bragny et de Damerey, chevalier de Malte.

Charles de Thoisy, seigneur de Joude et de Villars.

### Année 1697.

Armand de Madaillan de l'Esparre, marquis de Lassé, lieutenant-général de Bresse, Bugey et Gex, seigneur de Sermesse.

### Année 1700.

Claude Millet, seigneur de Cercy.

Antoine-Gaspard, marquis de Courcelles, seigneur de Bousselange.

Claude de Grain, seigneur de l'Isle.

Michel de Las, seigneur de Valotte et de Bierry.

Alexandre de Thoisy, seigneur de Joude et Villars.

Philibert Arviset, seigneur de Montconis.

Naturel, seigneur de Baleure.

### Année 1703.

Louis Marlout, seigneur de Charnaille et de Jambe.

Jacques de Chamberan, seigneur de Bretonnière.

### Année 1706.

Joseph Tapin, seigneur de Serville.

Claude-Elisée Badoux, seigneur de Prombey.

### Année 1709.

Philippe de Croonembourg, seigneur de Vougeot et de Jambé.

François de Truchy, seigneur de Terrans.

### Année 1712.

Jean-François de Clermont, marquis de Montoison et de Chagny.

Philippe Bataille, seigneur de Mandelot.

### Année 1718.

Renaud-Constant, comte de Pons et de Verdun, seigneur de Sermesse.

Philippe de Laurencin, seigneur de Beaufort et de Flaccey.

Mathieu de Rochemont, seigneur de la Motte-sur-d'Heune.

Louis-Marie de Prisque, seigneur de la Tour-Serville.

### Année 1721.

Louis-Joseph, marquis de Rose, seigneur de Provenchères.

Jean Bernard, seigneur de Sassenay et du Tartre.

Louis Gonthier, comte du Perroux, seigneur d'Auvillers et de Saint-Bonnet.

Jean Jullien, seigneur de la Chaume, capitaine d'infanterie.

### Année 1724.

François de Truchy, seigneur du Molle et du Communi.

Remond de Saumaise, seigneur de Bouze.

Etienne de Chirat, seigneur de Fredière et de la Maison-Forte, mestre de camp de cavalerie.

Bernard Morisot, seigneur de Bousselange.

Jacques de Beaurepaire, marquis de Beaurepaire et de Varrey.

François Bataille, seigneur de Dampierre.

Philippe-Claude Fyot de la Marche, seigneur de Clémencey.

### Année 1733.

Jean-Baptiste de la Marre, seigneur d'Aluze, grand bailli de Dijon.

François-Marie de Scorailles, seigneur de Reure.

Antoine Damas, marquis de Thianges.

Henri-Louis Filzjan, seigneur de la Colombe.

Claude-Eléonor de Saint-Mauris, comte de Montbarrey.

### Année 1736.

Jacques, comte de Brancion, seigneur de Visargent.

Pierre-Louis d'Ailly, comte de Senecey.

Charles-Marguerite des Champs, baron de la Ville-Neuve.

François Bataille, seigneur de Dampierre.

### Année 1739.

Henri Bataille, seigneur de Dampierre et de Reure.

Louis-Gabriel de Batz de Castelmorre, comte d'Artagnan, baron de Sainte-Croix.

Louis de Cardevaque d'Havrincourt, comte de Gergy, colonel des cuirassiers.

### Année 1742,

François Bernard, seigneur de Montessus, marquis de Rully.

Antoine-Palatin de Beugre, seigneur de la Chapelle-Bragny.

### Année 1745.

Louis, sire de Pons, comte de Verdun.

Anne-Claude de Thiard, marquis de Bissy, lieutenant-général, gouverneur d'Auxonne, ambassadeur à Naples.

### Année 1748.

Jean-Marie Bernard, seigneur de Montessus, baron de Rully.

### Année 1752.

Jean-Baptiste Lantin, seigneur de Planche et de Damercy.

François-Emmanuel de Naturel de Baleure.

Henri-Nicolas de Truchy, seigneur de Terrans, capitaine d'infanterie.

Claude-Henri Filzjan, seigneur de Ponneau.

### Année 1754.

Étienne-Marie, marquis de Scorailles, seigneur de l'Isle.

Louis de Thesut, seigneur de Moroges.

Remond de Thesut.

Edme-Nicolas de Thesut.

Alexandre-Henri-François de Rochemont.

### Année 1757.

Le marquis de Scorailles.

Le marquis le Camus.

Beugre de la Chapelle.

Bataille de Dampierre.

Beaurepaire.

Rochemont, seigneur de la Platrière, demeurant à Couches.

### BAILLIAGE D'AUXOIS.

### Année 1682.

Erard du Chatelet, seigneur de Montachon, Villenotte et Ephrem.

Antoine de Clugny, seigneur de Dracy.

Marc de Briquemaut, seigneur de Ruère.

Simon de Villers la Faye, comte du Rousset.

Jean-François de Chaugy, seigneur de Massingy.

Philibert du Croisier, seigneur de Sainte-Segros.

François d'Haranguier, seigneur de Quincerot.

François Espiard de Saulx, seigneur de Notre-Dame d'Ye.

François Estiennot, seigneur de Vassy.

Claude d'Anstrude, seigneur de Bierry.

Jean Lagneau, seigneur de Bart.

Bernard de Sommièvre, seigneur de Juilly.

Artus Viard, seigneur de Montille.

Louis de Montsaulnin, seigneur de Venarré et de Courcelles.

Denis Brulard, commandeur de Crosmier et de Pont-Aubert.

Edmé-Antoine Boucher, seigneur de Milly.

Pierre Commeau, seigneur de Créancey.

Claude Couthier, seigneur de Souhey.

François de Damas, seigneur de Vellerot.

Joachim d'Haranguier, seigneur de Quincerot.

Antoine de Conighan, seigneur d'Arcenay.

Charles de la Beaume, seigneur d'Estaye.

Edme-Roger du Péron, seigneur de Courcelles, en Auxois.

Jacques de Thoisy, seigneur de Torey.

Edme-Bernard Filzjan, seigneur de Sainte-Colombe.

Antoine de Gand, seigneur de la Rochette.

Roger de Balatier, seigneur de Villargoix.

François de Choiseul, seigneur de Chevigny.

Louis de Clugny, seigneur de Grignon.

Barthélemi de Beaulieu, seigneur du Brouillard.

Jules-Pierre de Bretagne, seigneur de la Borde.

Gabriel de Cleron de Moisy, seigneur de Poussanges.

Antoine-Louis de Damas, seigneur de Soussey.

Antoine-Roland de Sercey, seigneur d'Arconcey.

René-Bernard Sayve, seigneur de la Motte.

François Bretagne, seigneur d'Orain.

François de Colombet, seigneur de Gissey.

Alexandre de Saint-Quentin de Blet, seigneur de Villeneuve.

Pibrac, comte de Marigny, commissaire.

Chaugy de Lantilly, commissaire.

Croisier de Sainte-Segros, commissaire.

### Année 1625.

Jacques Savot, seigneur d'Ogny et de Tharoisot.

Anselme Fyot, seigneur de Vaugimois, de Taroiseau et Menades.

Chrisante de Moyria, comte de Châtillon, seigneur de Marey.

Christophe, comte de la Beaume, seigneur d'Estaye.

Jean Cattin, seigneur de Richemont et de Railly.

Philibert Jarry, de la Jarrie, lieutenant-colonel, seigneur de Grandpré.

### Année 1668.

Charles Le Goux-Morin, seigneur de Godan.

Jean-Louis de Jaucourt, seigneur de Vaux.

Charles Fevret, seigneur de Verrey.

André d'Anstrude, seigneur de Bierry.

Claude-Joseph Damas, seigneur de Vellerot.

Claude Thibaut de Jussey, seigneur de Lonvoy.

### Année 1691.

Edme de Saulcières, baron de Tenance, seigneur de Serigny.

### Année 1697.

Nicolas, marquis de Villers-la-Faye, seigneur du Rousset.

### Année 1700.

François de Clugny, comte de Tenissey.

Elie de Jaucourt, comte de Chazelle.

Claude de Fussey, marquis de Menuessaire.

Pierre Damas, comte de Cormaillon.

François-Bernard Sayve, comte de Thil.

### Année 1703.

Etienne Thomas, seigneur d'Ylans.

Lazare-Benigne Porcherot, baron de Rigny, Thorey et la Chaleur.

### Année 1706.

Charles de Rommecourt, seigneur d'Hautoix, Villiers et Merville, lieutenant-colonel d'infanterie.

Jean-Baptiste Jarry, seigneur de la Jarrie et de Sessey.
Charles de Jaucourt, marquis de Saint-Andeux.

### Année 1709.

Henri de Balathier, comte de Lantage, Villargoix et Cormaillon.
Philippe de la Toison, baron de Bussy.
Hélie d'Hugon, seigneur de la Rochette et de Posanges.
Charles le Bascle du Moulin, seigneur de Sancy.

### Année 1712.

Jean de Fromagère, seigneur de Nogent.

### Année 1715.

Jean-François de la Loge, seigneur de Chatellenot et de Dione.
Hélie de Sercey, seigneur de Rully, frère de M. le comte d'Arconcey.
Jacques Valons, marquis de Mimeure, maréchal de camp.

### Année 1718.

Nicolas-Thomas, seigneur d'Ylans.
François-Antide Saulcières de Tenance, baron de Sévigny.
Claude-Chrisante de Moyria, comte de Châtillon, seigneur de Marey.
Claude Drouas, seigneur de Joursenvaux et de Notre-Dame-d'Hys.
Charles le Bascles de Moulin, seigneur de Saucy.

### Année 1721.

Claude-Charles Bernard, seigneur de Blancey.
Barthélemy-Bernard Maillard, seigneur de Marcilly.

### Année 1724.

Roger Damoiseau, seigneur de Provencey, Manecoy et Viserny.
Antoine de Clugny, comte de Tenissey, seigneur de Colombier.
Pierre Cœur-de-Roy, seigneur de Crépan.

### Année 1727.

Choiseul, comte d'Esquilly.

Florent-Claude du Chatelet, marquis de Lomont et de Cirey, gouverneur de Semur, colonel d'infanterie.

André Guyon, seigneur du fief de Gonighan, lieutenant-colonel d'infanterie.

Joachim d'Haranguier, seigneur de Quincerot.

Gabriel de Châtenay, seigneur de Rochefort.

Louis-Athanase de Pechpeirou de Comminges, marquis de Quitaut et d'Espoisses.

### Année 1730.

Richard Fyot, marquis de Mimeure, capitaine de cavalerie, seigneur de Vaugimois.

Charles-Henri de Croisier, baron de Sainte-Segros.

Louis-Henri, marquis de Jaucourt, seigneur de Vaux.

Charles-Louis de Montsaulnin, comte de Montal, seigneur de Tôte, maréchal de camp.

Claude-Henri-Palatin de Dyo, marquis de Montperroux, seigneur d'Yroir.

Pierre-François Joumard de Tison, seigneur d'Argence, capitaine de dragons.

### Année 1733.

Charles Fevret, seigneur de Fontette.

Joseph-André Bretagne, seigneur de Reure.

Joseph Jarry de la Jarrie, seigneur de Cessey.

François-Charles de Vichy, seigneur de Seigny.

François de Morot, seigneur de Gresigny, capitaine d'infanterie.

Georges de Blanot, seigneur de Champrenault, major du château de Dijon.

Guillaume-Antoine de Châtelux, vicomte d'Avalon, maréchal de camp.

### Année 1736.

Edme de Jaucourt, marquis de Chazelle.

Pierre-Louis de Villers-la-Faye, seigneur de Rousset.

Jean de Brachet, seigneur de Magny et de Saint-Andeux.

Alexandre de Saint-Quentin, comte de Blet.

### Année 1739.

Jean-Baptiste-Antoine Bretagne, seigneur d'Orain.

Louis de Montsaulnin du Montal, seigneur de Menestreux, mestre de camp de cavalerie.

Claude-Charles Damas, comte de Crux.

Claude-Guitard-Palatin de Dyo, comte de Montperroux.

Léopold-Charles de Fussey, marquis de Menessaire.

### Année 1742.

Claude-Robert d'Hugon, seigneur de la Rochette, capitaine d'infanterie.

Louis-François de la Coste, seigneur de Buis.

Frédéric de Fresne, seigneur de Fresnoy et de Cherisy.

Jean-Baptiste-Antide Fevret, seigneur de Fontette, capitaine d'infanterie.

Georges-Louis de Frasans, seigneur de Turcey.

François Thomas, seigneur d'Ylans.

### Année 1745.

Claude-Charles de Brosse, comte de Tournay, capitaine d'infanterie, grand bailli de Gex.

André-Jean-Bernard, seigneur de Blancey.

Gaspard-Ponthus de Thiard, comte de Bragny.

Hélie-Antoine de Balathier, comte de Lantage, seigneur de Villargoix, capitaine d'infanterie.

Louis-Antoine de Bourbon, comte de Busset, seigneur d'Athée.

### Année 1748.

Philibert Fourneret, seigneur de Champrenault.

Antoine-Nicolas Saulcières, seigneur de Tenance et de Sévigny.

Etienne Champion, seigneur de Nansouty.

Jacques Drouas, seigneur de Boussey.

### Année 1751.

Jean-Baptiste Brachet, seigneur de la Motte de Joux.

Jean-Victor de Lagneau, seigneur de Bart.

Jacques Jarry de la Jarrie, seigneur de Cessey, capitaine d'infanterie.

Gabriel de Brachet, seigneur de Magny.

Jean de Monteuf, seigneur de Verneuil et de Millery.

### Année 1754.

Jean Thevenin, marquis de Tanlay.

Etienne Bouillet, seigneur de Godan.

II. 14

Olympe-Philippe de Conighan, seigneur d'Arcenay.

François-Jacques Damas, comte de Ruffey.

Antoine-Alphonse Damoiseau, seigneur de la Tour-du-Prey.

Jean-Baptiste de Châtenay, baron de Lanty, seigneur du fief de Fouère.

Charles-Claude Bataille de Mandelot, seigneur du fief du Petit-Bois.

### Année 1757.

Drouas de Madilly.

Jarry de Jarrie de Cessey.

Brosse de Tournay.

Bernard de Chanteau.

Fourneret de Champrenault.

Le comte de Balathier Lantange.

Bouillet de Gaudane.

Du Bois, seigneur d'Aizy.

### *BAILLIAGE DE CHATILLON.*

### Année 1682.

Charles de Nogent, seigneur de Breuil.

François de Saint-Belin, chevalier de Malte, seigneur de Fontaine en Duémois.

Joseph de Saint-Belin, chevalier de Malthe, seigneur en partie de Fontaine.

Jean-Jacques de Ligneville, seigneur d'Autricourt.

Frençois de Chastenay, seigneur de Rochefort.

Gaspard le Gastelier, seigneur de Mosson.

Charles de Senevois, seigneur de Visserny.

François Regnier, seigneur de Bussières.

Alexandre Legrand, seigneur de Sainte-Colombe.

Alexandre Porcherot, seigneur de Mignot.

Gabriel de Saint-Belin, seigneur de Villeberny.

Bertrand Menard, seigneur de Villers-sur-Suize.

Felicien de Sommièvre, seigneur d'Ampilly.

Charles de Favier, Sausery, seigneur de Bavy-Roche-prise.

Roland de Messey, seigneur de Mauvilly.

Lazare-Benigne Fleutelot, seigneur de Larson et du Meix.

Philippe Bertrand de l'Hôtel Echot, seigneur en partie de Semontier.

Claude Viard , seigneur de Chalvosson.

Charles–Benigne d'Anchemant , seigneur de Verrey-sous-Saumaise.

François Chevalier, seigneur de Corcelles-les-Rangs.

Jules–César Cattin , seigneur de Villotte.

Louis d'Auvet , seigneur de Belan.

Pierre Martin , seigneur du Barjon.

Charles de Clugny d'Arcey , commissaire.

### Année 1688.

Nicolas de Frasans , seigneur de Turcey.

Nicolas de Chastenay, seigneur d'Echalot et de Lochères.

Nicolas Remond , seigneur de Rompré.

### Année 1694.

Charles de Clugny, seigneur d'Arcey.

Georges de Croisier , seigneur de Mugnois.

### Année 1700.

Jacques Guénebaut, seigneur d'Arbois et de Buncey.

Jacques de Lestrade de la Cousse , baron d'Arcelot.

Philibert Pitrequin , seigneur de Prangey.

Edme de Rabutin , comte de Bussy.

Alexandre Legrand , seigneur de Sainte-Colombe , bailli de la Montagne.

François du Ban , comte de la Feuillée et du Troslois.

### Année 1706.

Louis de Thesut , seigneur de Verrey.

### Année 1715.

Guillaume Cattin , seigneur de Richemont et de Villotté.

### Année 1718.

Charles-Henri de Saulx , vicomte de Tavannes, chevalier des ordres du Roi , colonel d'infanterie , seigneur de Vesvre.

### Année 1721.

Claude de Thesut , seigneur de Verrey.

Claude-Maurice de Chastenay , seigneur de Bricou.

Bernard de Massol , seigneur de Montmoyen.

Année 1724.

Nicolas Pictrequin, seigneur de Braban et de Plangey.

Année 1730.

François Viard, seigneur de Quemigny et de Chalvosson.

Année 1733.

François Elie de Chastenay, marquis de Lanty et de Rochefort, lieutenant-colonel.
François-Henri, marquis de Saint-Belin.
Jean-Baptiste Cattin, seigneur de Richemont et de Villotte.

Année 1736.

Armand-Jean, comte de Senevois, seigneur de Balot, chevalier d'honneur du parlement.
Daniel-François de Guenebault, seigneur de Buncey et d'Arbois.

Année 1742.

Guillaume de Thesut, seigneur de Verrey.

Année 1745.

Jules-César Cattin, seigneur de Richemont et de Villotte.

Année 1751.

Jacques-Joseph de la Cousse de Lestrade, seigneur de Boux.

Année 1754.

Charles-Abraham Millet, seigneur de la Grande-Dame Guie.
Joseph de Saint-Phal, seigneur de Mugnois.
François-Henri du Ban, marquis de la Feuillée, comte de Froslois.
Charles-Antoine-Marguerite Massol de Montmoyen.

Année 1757.

Viard de Quemigny et son fils.
Lacousse d'Arcelot.
Thesut.
Le comte de Chastenay de Gissey.

Millet de Guye.
Du Ban de la Feuillée.
Le marquis de Massol de Montmoyen.

## COMTÉ DU CHAROLAIS.

### Année 1682.

François Soret de Grandchamp, seigneur de Tagnerette.
Nicolas de la Guiche, comte de Sevignon, seigneur de Martingy.
Henri de Villars, seigneur de la Chapelle des Bois.
François Royer, seigneur de Saint-Micault.
Simon de Thesut, seigneur des Puis.
François de Bais-Damas, seigneur de Digoine.
François de Fautrière, seigneur de Courcheval.
Hugues Mathieu, seigneur d'Essertine et de Chanvigny.
Jean-Charles de Raguez des Fossés, seigneur de Liman.
Hugues du Bois de la Rochette, seigneur de Brèches.
Antoine de Vallerot Buxillon, seigneur de Massoncle.
Réné Marilain, seigneur d'Availly.
Ferdinand de la Guiche, commissaire.
Claude de Carbonnet, seigneur de la Motte-du-Bois, commissaire.
Henri-François de Busseul, seigneur de Moulin, la Renonce, Busseroles et commissaire.
Philibert du Crest, seigneur de Saint-Léger et de Lis.

### Année 1688.

Théophile de Thésut, seigneur d'Aumont.
Nicolas de Chaugy, seigneur de Fontenaille.

### Année 1691.

François Durand, capitaine d'infanterie, seigneur de Fontenay et de la Forest.

### Année 1700.

Philippe Thomassin, seigneur de Bourgueil.
Ponthus de Grandchamp, seigneur de la Tagnerette.
Nicolas de Bais, marquis de Digoine, maréchal de camp.

### Année 1712.

Paul de Loriol Chandieu, comte de Digoine.
François de Pouilly, seigneur de Nusilly.

### Année 1721.

Etienne de Thomassin, seigneur de Bourgueil.

### Année 1724.

Le marquis de la Guiche, comte de Sevignon.
Robert de Servinge, seigneur de Sevelinges.
Louis-Antoine de la Roche-Fontenille, marquis de Rambures, seigneur de la Cosne, colonel de Navarre.

### Année 1730.

Alexandre de Baglion, comte de la Salle, capitaine de cavalerie, seigneur de Saillans.

### Année 1733.

Paul-Charles du Crest, seigneur de Villaine et de la Tour du Bois.
Louis-Anne de la Garde, de Chambonas, marquis de Saint-Omé.

### Année 1736.

Etienne Quarré, seigneur d'Alligny, capitaine d'infanterie, grand-bailly du Charolais.

### Année 1739.

Camille de Baronat, seigneur de Theillière.

### Année 1742.

Marc-Antoine de Levy, comte de Ligny.

### Année 1754.

Alexandre-Henri-François de Rochemont.
Edme de Scorailles, seigneur de Puis.
Antoine de Scorailles, seigneur de Liman.
Henri-Bernard Royer de Saint-Micault, seigneur de Genouilly.
Anne-Jacques du Bois de la Rochette, seigneur de Massoncle.
Charles-François Maritain, seigneur d'Avilly.

### Année 1757.

Du Crest, seigneur de Chevrot.
Frasans de Saint-Romain.

## COMTÉ D'AUXERRE.

### Année 1682.

Charles de la Rivière, bailli et gouverneur d'Auxerre, seigneur de Quincy.

Hector-François d'Aulnay, seigneur d'Arcy, commissaire.

Charles de Boulainvilliers, seigneur de Bauchery et de Chateloup, commissaire.

Jean-Baptiste Colbert, marquis de Seignelay, secrétaire d'état.

Henri de Lambert, seigneur de Saint-Brice.

Henri Coignet, seigneur de la Thuillerie et de Courson.

Gabriel d'Esterling, seigneur de Sainte-Palais, Fontaine et Prégilbert.

Louis Cullon, seigneur de Sery.

Charles-Maurice Aubert, seigneur de la Ferrière et de Vincelle.

David de Loron, seigneur de Chastenay.

Jacques d'Assigny, seigneur de Petan.

### Année 1700.

Pierre-Paul Coignet de la Thuillerie, comte de Courson.

### Année 1706.

Gabriel-Hector Cullon, seigneur d'Arcy.

### Année 1709.

Louis de Boulainvilliers, seigneur de Fouronne.

### Année 1712.

Claude de Violaine, seigneur de la Cour des Maillys.

### Année 1727.

François, comte de la Tournelle, seigneur de Cussy.

### Année 1733.

François Damas, marquis d'Anlezy, colonel du régiment de Nice.

### Année 1736.

Jacques Coignet, seigneur de la Thuillerie, grand-bailli d'Auxerre.

Gabriel-Alphonse d'Estutt, seigneur d'Assey.

### Année 1742.

Dieudonné de Montcorps, seigneur de Cléry.
André de Bretagne, seigneur de Ruère.
Edme-Charles de la Villette, seigneur de Fontenaille.

### Année 1748.

Zacharie-Marie d'Avigneau, seigneur de Montot et de Crusil.
Isaac-Claude de Violaine, seigneur de la Cour des Maillys.

### Année 1751.

Gabriel-Hector Cullon, seigneur d'Arcy.
Louis Cullon, baron de Digoine, capitaine de cavalerie.
Alexis-Jean du Châtelet, seigneur de Vermanton.

### Année 1754.

Philippe-Louis de Beauvoir, comte de Châtelux.

### Année 1757.

Cullon, comte d'Arcy.
Rogres de Champignelles.
Zacharie-Marie d'Avigneau de Crusil.

### COMTÉ DU MACONNAIS.

### Année 1694.

Antoine des Bois, seigneur de Choiseau.

### Année 1700.

Jean-Joseph Berthet, seigneur de Gorce et Senecey.
Gilbert Damas, seigneur de Bernay et Vespré.

### Année 1703.

Bernard Noblet, comte de Chenelette, seigneur de Montgilson et Grandraux.

### Année 1706.

Victor-Amédée de la Fage, seigneur de Vaux-sous-Targe.

### Année 1709.

Jean-Claude de la Salle, seigneur de Vigousset et de Lavaux.

### Année 1715.

Philibert Bridet, seigneur des Miards et de Joursan-vaux.

François du Rousset, seigneur de Malfontaine.

Claude–Hyacinthe Berthet de Gorce, capitaine de dragons, seigneur de Chavannes.

### Année 1721.

Nicolas de Belleperche, seigneur de Chassignol, major d'infanterie.

### Année 1727.

Antoine-Ignace Lenet, seigneur de Selorre.

Lazare de Naturel, seigneur de Valetine.

Laurent Barthelot, seigneur d'Ozenay.

Nicolas Barthelot, seigneur de Mursaut.

Claude de Digoine, seigneur du Palais.

### Année 1733.

Philibert de la Fage, seigneur de Saint-Uruge.

Claude–Joseph Berthet, marquis de Gorce, capitaine de cavalerie.

Antoine-Marie du Crest, seigneur de Montréau.

### Année 1736.

Pierre-Salomon des Bois, seigneur de Choiseau, grand-bailli de Mâcon.

### Année 1742.

Alphonse Royer, seigneur de la Matrouille.

### Année 1748.

Louis-François Alamartine, seigneur de Moutreau.

Jean-Baptiste Alamartine, seigneur d'Harigny.

### Année 1751.

Jacques-Sébastien le Prêtre, comte de Vauban, maréchal de camp.

### Année 1754.

Louis-Gabriel le Prêtre, marquis de Vauban, seigneur de la Batie.

III.                                                          15

Gilbert, marquis de Drée.

Pierre-Marie de Naturel de Valtine, député du Mâconnais.

Philippe Bridel, seigneur de Miard.

### Année 1757.

Alamartine.

Barthelot, seigneur d'Ozenay.

Pérard Floriet, seigneur de Saint-Marcelin.

## COMTÉ DE BAR-SUR-SEINE.

### Année 1682.

Pierre de Longueville, seigneur de Ville-sur-Arce.

Antoine de Vienne, seigneur en partie de Clairanton.

Longueville Milois, commissaire.

Vienne Gevrolle, commissaire.

### Année 1715.

Jacques d'Aubeterre, seigneur d'Aubeterre et de Juilly.

### Année 1727.

Claude-Joseph de Frasans, seigneur d'Avirey.

### Année 1739.

Jean-Jacques d'Aubeterre, comte de Juilly.

### Année 1748.

Germain-Antoine de Conighan, seigneur d'Avirey et
  de Lingey, capitaine d'infanterie.

### Année 1751.

Philippe-Claude-Joseph de Frasans, seigneur d'Avirey.

---

DE BOURNONVILLE, illustre et jadis puissante
maison de chevalerie, qui a pris son nom d'une terre
située dans le Boulonnais, sur la rivière de Liane,
érigée en duché, par lettres de 1600, qui ne furent
point registrées. Gelic la fait descendre de Guillaume,
comte de Ponthieu, qui, vers l'an 964, s'empara des
comtés de Boulogne, de Saint-Pol et de Thérouenne,
sur Arnould, comte de Flandre. Le père Anselme,

dans son Histoire des grands officiers de la couronne, la fait descendre d'un second fils d'Eustache, comte de Guines, qui vivait en 1071, nommé Guillaume, seigneur de Bournonville. Quoiqu'il en soit, la maison de Bournonville établit sa filiation depuis Gérard de Bournonville, chevalier, vivant l'an 1035. Ses alliances illustres, ses services continuels dans des grades supérieurs depuis le onzième siècle, et ses nombreuses possessions, la placent au rang de la plus haute noblesse du royaume. Elle a donné un général des armées du roi Philippe de Valois, des écuyers, conseillers et chambellans de nos rois, du roi d'Espagne et de l'empereur, des gouverneurs de places, un général au service d'Espagne, deux généraux au service de l'Autriche, un capitaine général du duché de Limbourg, trois chevaliers de la Toison d'or, des grands d'Espagne de la première classe, etc., etc. Les branches de cette maison, la plupart éteintes, son⁺ : 1°. les seigneurs du Quesnoy, éteints ; 2°. les seigneurs de Ranguessent, éteints en 1504 ; 3°. les seigneurs de Houvrec, barons de Houllefort, princes et ducs de Bournonville ; 4°. les marquis de Bournonville et de Capres ; 5°. les marquis de Bournonville de Sars ; 6°. les seigneurs de la Vallée, éteints en 1509 ; 7°. les seigneurs de Château-Briçon, éteints en 1489 ; 8°. les seigneurs du Château-Bretêche, les barons d'Ylfort, en Angleterre, éteints au commencement du treizième siècle ; 10°. les seigneurs de la Haye, en Picardie (*branche bâtarde*). Les anciennes armes de cette maison étaient, *de sable, à trois cuillers d'argent.* Depuis environ l'an 1200, par suite d'une alliance contractée avec l'ancienne maison de Leaune, en Boulonnais, elle porte : *de sable, au lion d'argent, couronné d'or.*

**BOURRELIER**, comtes de Mantry, seigneurs de Gévry, famille de Franche-Comté, issue de Guillaume Bourrelier, seigneur de Gévry, maître des requêtes du duc Philippe, en 1430. Plus connue sous le nom du fief de Malpas elle fut reçue à Malte, au milieu du dix-septième siècle, et s'est distinguée par une longue suite de capitaines. *D'azur, à la fasce d'or, accompagnée de trois trèfles d'argent ; 2 et 1.*

**DE BOYAVAL**, en Picardie. Maximilien de Boyaval,

écuyer, sieur de Montsorel, épousa Jacqueline de Guiselin, dont il eut : 1°. Jacqueline de Boyaval, mariée, par contrat du 23 novembre 1646, avec Jean-Jacques de la Porte, écuyer, seigneur de Vaux et de la Mothe; 2°. Jeanne-Claude de Boyaval, mariée antérieurement, à Jean Lamoral de Villard, écuyer, sieur de Santefort. *D'argent, au chevron de gueules, accompagné de trois merlettes de sable.*

BOYTELET, famille d'origine bourgeoise de la ville de Bordeaux, dont était Marie Boytelet, mariée, le 14 juin 1680, avec Michel Langlois, écuyer, seigneur de Septenville, conseiller du roi, receveur des fermes, au bureau général de Reims. *D'azur, semé de billettes d'or.*

DE LA BRAYELLE, en Picardie. Antoinette de la Brayelle, épousa Jean de la Porte, écuyer, seigneur de Vaux et de Romeval, vivant en 1580; elle en était veuve le 28 juin 1608. *Coupé, au 1 d'or, à l'aigle de sable ; au 2 d'or, à trois pals d'azur.*

BRETENOIS, en Franche-Comté, famille éteinte, qui tire son origine de Pierre Bretenois, procureur à Dôle, qui fut réhabilité le 29 septembre 1592. *D'azur, à la bande d'or, chargée de trois étoiles de gueules.*

DE BRETTES, marquis du Cros, vicomtes de Brettes, maison d'origine chevaleresque, également distinguée par ses services militaires et ses alliances. Elle a été maintenue dans son ancienne extraction par M. d'Aguesseau, intendant en Limosin, l'an 1666 ; et a fait des preuves pour l'admission de quatre pages du roi, pour la maison royale de Saint-Cyr, pour le service militaire et pour l'ordre de Saint-Jean de Jérusalem. Ces diverses productions établissent sa filiation suivie depuis :

Jeannot *de Brettes*, écuyer, sieur du Cros, qui fit des acquisitions avec Perronne *de Neuville*, sa femme, les 28 octobre 1537 et 21 mai 1547. De ce mariage est issu :

François *de Brettes*, écuyer, seigneur du Cros, qui fut créé chevalier de l'ordre de Saint-Michel, le 6 janvier 1571, par le roi Charles IX. Il épousa Anne *du Vigier*, dont il eut :

Cybar *de Brettes*, écuyer, seigneur du Cros, qui, le 10 mai 1584, reçut une donation que lui firent ses père et mère. Il épousa Jeanne *de Salaignac*; fit son testament le 10 août 1610, et sa femme, le 12 décembre 1612, dans lesquels sont nommés, entr'autres enfants :

    1°. Gédéon de Brettes, seigneur du Cros, marié, le 19 avril 1612, avec Marguerite *de Douhet*;

    2°. Abel de Brettes, seigneur de Richebourg, marié, le 28 août 1634, avec Anne *Berger de Vaux*, et père de Jean de Brettes, seigneur de Richebourg, qui, le 20 février 1657, épousa Perronne *Surin*.

Pierre *de Brettes*, seigneur du Cros et de Cieux, page du roi, en la grande écurie, issu, par divers degrés, de Gédéon, était fils de Jacques-François, marquis de Brettes du Cros, qui, l'an 1694, commanda le dernier ban de la noblesse de Limosin. Pierre de Brettes épousa, le 20 août 1714, Suzanne *Petiot*, fille de Jacques Petiot, écuyer, seigneur de la Mothe, et de Catherine Roger. De ce mariage est issu :

Joseph-Martial *de Brettes*, Ier. du nom, marquis du Cros, né le 22 juin 1716, reçu page du roi, en sa grande écurie, le 15 décembre 1731. Il épousa, le 26 février 1734, Placide-Anne *de Cognac*. Leurs enfants furent :

    1°. Joseph-Martial, qui suit ;

    2°. Jean-Baptiste de Brettes, qui fut page du roi, en la grande écurie.

Joseph-Martial *de Brettes*, IIe. du nom, marquis du Cros, né le 21 mars 1750, épousa, le 22 février 1773, Louise-Léonarde *de la Celle*. De ce mariage sont issus :

    1°. Jean-Baptiste-Joseph, qui suit ;

    2°. Louis-François de Brettes, page du roi, en sa grande écurie, reçu chevalier de Saint-Jean de Jérusalem, en 1784.

Jean-Baptiste-Joseph, vicomte *de Brettes*, chevalier honoraire de l'ordre de Saint-Jean de Jérusalem, né le 24 mars 1776, a épousé, le 11 juillet 1809, Marie-

Henriette *Bruneau d'Ornac de Verfeuil*, dont il a un fils, Henri-Séverin *de Brettes*, né le 18 mai 1818.

*Armes* : d'argent, à trois vaches de gueules, accornées et clarinées d'azur, l'une au-dessus de l'autre.

DE BROSSE, grande et illustre maison de chevalerie, originaire de Bretagne, transplantée en Berry, puis en Beaujolais, et fixée, de nos jours, dans la Beauce et le Gâtinais. L'historien des grands officiers de la couronne en donne la filiation depuis Géraud, vicomte de Brosse, vivant en 1120 et 1136. Une tradition porte, qu'il descendait, en ligne directe, de Faucher, vicomte de Limoges, vivant en 881. La splendeur des vicomtes de Brosse, leurs possessions nombreuses et leurs alliances illustres, ont marqué le rang de cette maison parmi les plus considérables du royaume. Elle a donné des chevaliers bannerets et bacheliers, un maréchal de France, un lieutenant général et plusieurs autres officiers généraux, des conseillers et chambellans de nos rois, des chevaliers de l'ordre de Saint-Michel, avant l'institution de celui du Saint-Esprit, nombre d'officiers supérieurs, des gouverneurs de places; un archevêque de Sens, en 1258; un évêque du Puy, en 1317; de Meaux, en 1318, archevêque de Bourges, en 1321, et enfin, de Sens, en 1330, etc. La branche actuelle, de Malleval, dite des comtes de Brosse, a obtenu les honneurs de la cour, au mois de janvier 1790. (*Gazette de France du 26 janvier.*) Cette maison a possédé entr'autres terres titrées, la vicomté de Brosse, la baronnie de Boussac, la vicomté de Bridières; le comté de Penthièvre et le comté d'Etampes, érigé en duché non pairie pour Jean de Brosse, dit de Bretagne, et Anne de Pisseleu, sa femme, en 1536. Ses principales alliances sont, avec les maisons d'Angoulême, de Déols, de Sancerre, de la Tour d'Auvergne, de Blois, de Bourgogne-Nevers, de Savoie, de Montferrat, de Laval, de Bretagne-Avaugour, de Luxembourg, etc., etc. *D'azur, à trois gerbes ou brosses d'or, liées de gueules.* Supports : deux cerfs. Devise : *quò fata sequar.*

BRUN, barons de Brun, marquis de Roche, en Franche-Comté, famille qui remonte son origine à Claude Brun, conseiller au parlement de Dôle, en

1605. Ce fut après l'avoir entendu, que Henri IV dit, qu'il ne serait pas fâché que ses magistrats fussent teints en Brun. Antoine Brun, son fils, fut procureur général, en 1632, et fut employé dans la diplomatie. Ferdinand-Agatange, baron de Brun, maréchal de camp, n'a eu qu'une fille, non-mariée, qui a adopté Pierre-Anne-Ferdinand, comte de Scey, son parent, lequel a relevé le nom de Brun. *D'or, à trois grappes de raisins de pourpre.*

DE BRUNEL DE SERBONNES, famille noble et ancienne, originaire de Guienne, et fixée depuis trois siècles à Serbonnes, près de Sens. Elle remonte à André de Brunel, vivant en 1317, grand maître-d'hôtel de France, sous les rois Philippe le Long, Charles le Bel et Philippe VI. Cette famille a contracté des alliances avec les maisons les plus distinguées. Elle a donné des officiers connus par leur dévouement à la cause royale, à l'époque de la révolution. *D'argent, au chevron d'azur, chargé de trois fleurs de lys d'or.* Couronne de marquis.

BRUSSET, en Franche-Comté. Claude-Joseph-Lambert Brusset, chevalier de Saint-Louis, qui a fait les campagnes de l'armée de Condé, a été anobli le 22 juin 1816. *Contrebandé d'or et d'azur de huit pièces.*

BUGEY.

*Liste des Gentilshommes convoqués à l'Assemblée de la Noblesse du Bugey, pour l'élection des Députés aux états-généraux en 1789.*

Messieurs.

Le marquis de Montillet, président.
Guynet de Montvert, secrétaire.
De Bouvens-Châtillon.
De Seyssel-Sottonod.
Le marquis de Clermont-Mont-Saint-Jean.
Le marquis de Cremeaux-d'Entragues.
Murat de l'Estang.
Le comte de Montferrand.

De Quinson.
La Guette-Mornay.
Malivert, commissaires.
Compagnon de Leyman.
Louvat de Champollon.
Courtines de Montgonod.
Maurier de Pradon.
Le marquis de Balon.
Sauvage.
Gallien de la Chaux.
Dujat de Vareilles.
De Migieu.

De Maillan.

De Mont-Bérard.

Garin.

Le comte d'Angeville.

D'Ervieux de Vareix.

Du Chatellet.

De la Porte.

Le marquis du Gas.

De Tricot.

De Belmont.

Le chevalier de Cressieux.
Douglas

Le comte de Mont-Réal.

Le chevalier d'Argil.

D'Anglefort.

Des Forêts.

Le comte de Moyriac.

Seyssel de Beauretour.

Du Parc.

De Forcran.

De Reydellet.

Le comte de Mont-Faucon.

De Courtines.

D'Apvrieulx.

Le marquis d'Haraucourt.

De Groslée d'Oncin.

Le chevalier de Champol-
lon.

D'Arlos.

Drujon de Beaulieu.

Le baron de Silans.

---

**BURETEL**, seigneurs de Belmont, en Lorraine, et de Chassey et autres terres, en Franche-Comté. Un arrêt du conseil d'état de Lorraine, du 10 juillet 1757, un autre de la chambre des comptes de Lorraine, du 1er. juillet 1759, et un troisième arrêt du parlement de Besançon, du 16 janvier 1768, maintiennent cette famille dans sa noblesse, et la font remonter au père de Jean Buretel, qui testa à Vesoul, le 2 avril 1603 Elle a donné trois conseillers au parlement de Besançon, plusieurs officiers dans les troupes de France et de Lorraine. *D'azur, à deux fasces d'or, accompagnées de trois burettes d'argent, une en chef, la seconde entre les deux fasces et la troisième en pointe.*

**DE BUROSSE**, en Armagnac, maison très-ancienne du Béarn, qui a possédé, de tems immémorial, la terre de Burosse, dont elle a toujours porté le nom, située au diocèse de Lescar, intendance d'Auch et sénéchaussée de Morlas; son extraction noble de nom et d'armes, est prouvée par divers hommages; elle a l'avantage, plus précieux encore, d'être attachée au service militaire, depuis la création des régiments, et d'avoir toujours donné à nos rois les preuves du plus entier dévouement; elle a contracté des alliances avec les maisonss les plus distinguées du Béarn et de l'Armagnac, et reconnaît pour premier auteur :

I. Auger DE BUROSSE, seigneur de Burosse, en la vicomté de Béarn, terre dont il rendit hommage en 1391. Il eut entr'autres enfants :

II. Bernard DE BUROSSE, Ier. du nom, seigneur de Burosse et de la Grasse, en bas Armagnac, qui rendit hommage de cette terre en 1432. Il eut entr'autres enfants :

III. Bernard DE BUROSSE, IIe. du nom, seigneur de Burosse et de la Grasse, lequel était marié, l'an 1500, avec Jeanne d'Aydie, d'une maison des plus anciennes et des plus distinguées, dont était Odet d'Aydie, comte de Comminges, maréchal de Guienne, l'un des plus habiles capitaines et diplomates de son tems. De ce mariage sont issus :

1°. Bernard de Burosse, dont on ignore la lignée ;
2°. Autre Bernard de Burosse, dont on ne connaît que le nom ;.
3°. Jean, dont l'article suit ;
4e. Bernarde de Burosse, qui était mariée, en 1550, à Bernard de Benquet, commandant du pays d'Armagnac ;
5°. Paule de Burosse, mariée à Jean de Suriac, seigneur de Canet.

IV. Noble Jean DE BUROSSE, seigneur de Burosse et d'Huzin, épousa, vers 1550, Jeanne de Caubios, dont il eut :

V. Noble Julien DE BUROSSE, Ier. du nom, seigneur de Burosse, et d'Huzin, qui était capitaine au régiment de Navarre, en 1585 ; fut ensuite capitaine au régiment de Champagne, pendant la campagne de 1596 ; gouverneur, pour le roi, du château de Montigny, en 1605 ; syndic, de la noblesse du Béarn ; député par elle, la même année, à Henri IV. Il reçut une lettre de ce prince, au mois de février 1606, où l'on voit qu'il l'appèle auprès de lui, pour lui faire entendre toutes choses, qui tendent et regardent le bien de son service ; reçut une commission (où il est qualifié premier capitaine au régiment de Champagne), le 26 février 1606, pour la

III.                                                            16

levée de deux cents hommes de pied ; eut une autre
commission pour lever des troupes, les commander et
les porter partout où le bien du service l'exigera.
Henri IV lui écrivit une seconde lettre, pour se rendre
incontinent auprès de lui, et y recevoir ses ordres pour
une levée de troupes, en date du 22 décembre 1609 ;
il reçut une commission pour augmenter le nombre des
soldats de sa compagnie, le 26 février 1610 ; obtint du
roi Louis XIII et de la reine régente, une pension de
dix-huit cents livres, en récompense de ses services,
par brevet du mois de mars 1612 ; avait reçu un ordre
de cette princesse, le 22 juin 1610, pour procéder au
licenciement de certaines troupes, lui recommandant
d'entretenir le bon ordre, et d'empêcher le dommage
qu'elles pourraient causer ; il fut nommé capitaine
d'une compagnie des gardes du roi, par commission
du 2 mars 1613. Il avait épousé, en 1604, Hilaire *de
la Morre*, fille et héritière de Jean de la Morre, seigneur de la Barrère, et d'Anne de la Roche. Leurs
enfants furent :

1°. Jean, dont l'article suit ;
2°. Brandelis de Burosse, page du roi ;
3°. Jean de Burosse, seigneur de Mendoce, a été
   capitaine au régiment de Piémont, décédé en
   1641 ;
4°. Françoise de Burosse, mariée avec le seigneur
   de Sonpets, qui servait dans la maison du roi.

VI. Jean DE BUROSSE, II<sup>e</sup>. du nom, seigneur de
Burosse d'Uzenh, seigneur, baron d'Espas et Labory, a
été capitaine au régiment de Piémont, en 1630 ; commandant une compagnie de chevau-légers, en 1649 ;
capitaine d'une compagnie au régiment des gardes du roi,
en 1650. Il épousa, en 1638, Françoise *de Bourouillon*,
dame d'Espas et de Labory, fille de Louis de Bourouillon,
et d'Aymée de Forgues. Elle le rendit père de :

1°. Julien II., qui suit ;
2°. Anne de Burosse, mariée, en 1671, avec
   Bernard *de Polastron-la-Hillière*, seigneur de la
   Martignière ;
3°. Jeanne-Marie de Burosse, épouse de Michel
   *d'Armand*, baron de Pouidraguin.

VII. Julien DE BUROSSE, IIᵉ. du nom, seigneur de Burosse, d'Uzenh, baron d'Espas et Labory, capitaine des gardes du roi ; puis lieutenant colonel du régiment de Laonois, en 1692, avait épousé, en 1685, Marie *de Crotte*, fille de Jean de Crotte, seigneur du Tuconlet, et de Paule de Saint-Julien. Il périt dans les guerrres d'Espagne, avec deux de ses fils, qui servaient dans le même régiment ; le dernier fut Jacques, dont l'article suit :

VIII. Jacques DE BUROSSE, seigneur de Labory et du Tucoulet, servit dans le régiment de Gensac, qu'il quitta bientôt, étant resté seul de sa famille. Il épousa, en 1720 ou 1722, Marie-Anne de Saint-Aubain, et fut père de :

1º. Jean-Antoine de Burosse, dont l'article suit ;

2º. Pierre de Burosse, chevalier, qui servit dans le régiment de Bourbonnais, pendant plus de trente ans ; il reçut plusieurs blessures, et fut créé chevalier de l'ordre royal et militaire de Saint-Louis ; le 24 juin 1780, sa majesté Louis XVI le nomma lieutenant-colonel du régiment de Picardie, où il est resté jusqu'à sa mort ; et le 9 mars 1783, en lui accordant la permission de se marier, S. M. lui donna le titre de comte, et signa son contrat de mariage ;

3º. Plusieurs enfants, morts en bas âge ;

4º. Charles de Burosse, chevalier, qui servit dans les gardes du roi, et est mort à l'âge de vingt-huit ans.

5º. Jeanne-Marie de Burosse, mariée avec messire Michel d'Armand, baron de Pouidraguin ; famille distinguée et très-ancienne.

IX. Jean-Antoine DE BUROSSE, chevalier, entra au service à l'âge de neuf ans, dans le régiment de Bourbonnais, fut blessé d'une balle, qui lui traversa le genou, à l'affaire de l'Assiette ; a reçu plusieurs autres blessures considérables, pendant les campagnes du règne de Louis XV, qu'il a faites en entier. En considération de ses services, il a reçu la croix de Saint-Louis, dans un âge où il n'est pas d'usage de l'accorder ; et n'a quitté le service que quelques années après la paix ;

forcé d'abandonner cette carrière, à cause de ses blessures et de sa santé. Il a été appelé à assister à l'assemblée de la noblesse de la sénéchaussée d'Auch et à celle de Condom, lors de la convocation des états-généraux de 1789. Il épousa, en 1777, Anne Françoise *d'Audeard de Règnes*. De leur mariage sont issus :

1°. Georges-Marie de Burosse, qui suit ;
2°. Anne-Pierre de Burosse, chevalier ;
3°. Louis-Auguste de Burosse, chevalier ;
4°. Trois autres fils, morts en bas âge ;
5°. Marie-Joséphine de Burosse, mariée, en 1809, à M. le vicomte Henri *de Mauléon*, sous-lieutenant des gardes du corps du roi, dont deux enfants :

    *a*. Joseph-Alphonse de Mauléon ;
    *b*. Marie-Georges de Mauléon, demoiselle.

X. Georges-Marie DE BUROSSE, chevalier, a épousé, en 1809, dame Marie-Henriette *Caumia de Bailleux*. Il possède encore la ci-devant baronnie de la Graulet, dans l'arrondissement de Condom, canton de Montréal, et la terre de la Bory, même arrondissement, canton d'Eauze.

*Armes* : écartelé, aux 1 et 4 d'or, à la couronne d'épines de sable aux 2 et 3 d'azur, à trois besants d'or. Couronne de comte.

DE BUSQUET, famille ancienne, originaire du Languedoc, dont les branches se sont répandues successivement en Angoumois et en Bourgogne. Elle remonte par filiation à

Jean *de Busquet*, écuyer, avocat au parlement de Toulouse, en 1557, qui fit son testament en 1587. Son fils

Denis *de Busquet*, écuyer, avocat au parlement de Toulouse en 1604, seigneur de Monceau, épousa Bourguine de Saint-Etienne, le 27 juin 1607. L'an 1621, il fut choisi capitoul de Toulouse pour entrer en exercice en 1622. Voici l'extrait de l'acte de sa nomination prise au capitole, le 12 septembre 1787 :

« Denis de Busquet, écuyer, avocat au parlement,

» seigneur de Monceau, âgé de quarante ans, élu capi-
» toul de Toulouse par le roi Louis XIII<sup>e</sup>. du nom, et
» ce au siége de Monheur, l'année 1621 ; et de sa
» propre bouche, ledit de Busquet fut choisi, et le
» reste des capitouls à la nomination de son conseil y
» présent (1). »

Les capitouls de Toulouse avaient été élus dans l'ordre suivant :

Denis de Busquet et François Andrien, Pierre Vitel,
François de Bertrand, Thomas de Foucaud, Guillaume
Légier, Durand de Blandinières, Étienne de Resseguier.

Denis de Busquet est qualifié conseiller du roi et
maître particulier des eaux et forêts en la province de
Languedoc, dans un titre original du 24 octobre 1655.
Il testa, le 19 janvier 1659, dans un âge fort avancé.
Il eut, entr'autres enfants :

    1°. Jacques de Busquet, qui fut maintenu dans sa
       noblesse le 6 décembre 1668;

    2°. Claire de Busquet, mariée à François de Tour-
       nemire, seigneur de Rayssac, capitaine et major
       du régiment de la Molière en 1629.

Cette famille a donné, depuis le quinzième siècle,
des magistrats distingués, occupant les premiers emplois
dans les provinces de l'ouest et du midi de la France,
un lieutenant-général de province, un brigadier des
armées du roi, plusieurs officiers supérieurs et chevaliers
de l'ordre royal et militaire de Saint-Louis.

En 1788, plusieurs descendants de cette famille exis-
taient en Angoumois et en Bourgogne, l'un vivant dans
son château de Plisson.

Le chevalier de Busquet, attaché à la maison du roi,
gentilhomme ordinaire de la chambre, officier supérieur,
commandant un régiment de cavalerie, chevalier de
l'ordre royal et militaire de Saint-Louis, seigneur des
terres et baronnies de Fleury, Sermoise et du Petit-
Ponceau, a siégé aux assemblées du comté et bailliage
d'Auxerre, en 1789, représenté par M. le chevalier du
Serre, son fondé de procuration, avec ses titres et qua-

(1) Voyez les Annales de Toulouse, in-4°. par Durozoy,
tome IV, pp. 301 et 409.

lités : au mois de juillet de la même année 1789, commandant à Lyon deux escadrons du régiment de *Monsieur*, dragons, il parvint, par son courage et sa prudence, à dissiper une foule de séditieux, qui avaient déjà incendié les bureaux de perception et les barrières, et qui menaçaient encore du même fléau plusieurs autres établissements publics (*Moniteur*). Sa fermeté imposa aux rebelles, et préserva la ville des plus grands malheurs.

*Armes* : d'argent, à deux bisses de sinople, entrelacées en cordelière, accompagnées en pointe, et entre leurs queues, d'un lion d'azur.

BUSSIÈRE, en Dauphiné, famille éteinte depuis plusieurs siècles, qui portait : *Tranché de gueules et d'azur à la bande d'or, chargée d'un buis de sinople, brochante sur le tout.*

BYANS, en Franche-Comté, ancienne noblesse, éteinte. *De gueules, au sautoir d'or, accompagné de onze billettes du même.*

## ,C.

DE CABRE, seigneurs de Roquevaire, en Provence ; famille ancienne, originaire du royaume de Naples, ainsi qu'il est confirmé par une enquête de 1585, en suite des lettres patentes du roi. Trois frères, Pierre, Jacques et Rolet de Cabre, originaires d'Aubagne, ont formé toutes les branches qui ont existé dans Marseille. Pierre eut un fils appelé Balthasar, qui fut consul de Marseille, l'an 1560. La branche de Rolet Cabre a subsisté dans la personne du chevalier Louis de Cabre, premier chambellan de Monsieur, duc d'Orléans. La branche des seigneurs de Roquevaire et de Saint-Paul a tenu un rang considérable à Marseille ; Louis Cabre, son fils puîné, fut premier consul de Marseille, en 1602. Il avait épousé, en 1576, Claire de Sade. Cette famille a contracté les plus belles alliances, et a donné des premiers consuls à Marseille, des présidens et conseillers à la Chambre des comptes, etc. *De gueules, à une chèvre saillante d'argent, surmontée d'une fleur de lys d'or.*

DE CADENET, seigneurs de Tamerlet, de Lamanon et de Salon en Provence, famille ancienne, originaire de Salon. Elle forma trois branches, une à Lambesc, une à Salon, et l'autre à Aix. De la branche des seigneurs de Tamerlet est issu Charles de Cadenet, qui fit ses preuves, et fut reçu à Malte l'an 1629. Les deux autres branches des seigneurs de Lamanon, établies l'une à Aix et l'autre à Salon, occupèrent des emplois considérables, et contractèrent de belles alliances. Celle d'Aix a subsisté en la personne de François Rostaing de Cadenet, président aux enquêtes du Parlement; son fils a continué la postérité. La branche de Salon a subsisté en la personne des enfants de Jacques de Cadenet, marié en 1643.

Il y avait autrefois, en Provence, une ancienne maison du nom de Cadenet, à laquelle appartenait la terre du Cadenet dont elle avait tiré son nom. Elle descendait de Bertrand de Cadenet, l'un des gentilshommes présents à l'hommage que Guillaume, comte de Forcalquier, fit à Raymond, comte de Toulouse, en 1195. Un autre Bertrand de Cadenet, en 1225, obtint du comte de Forcalquier, l'érection de la terre de Cadenet en titre de vicomté, dont Agnès, vicomtesse de Cadenet, sa veuve, fit hommage en 1255. Cette maison avait formé diverses branches, sous le nom des seigneurs de Cadenet, d'Aiguières et en partie de Lambesc, lesquelles sont éteintes depuis long-tems. La principale de ces branches s'est fondue il y a plus de 400 ans dans la maison d'Oraison. *D'azur, à trois chaînes d'or, posées en bandes.*

DE **CALVIMONT**, en Périgord, en Bordelais et en Querci : famille noble et ancienne (1), dont le cosmographe Belleforêt fait l'éloge et retrace l'origine dans les termes suivans :....

---

(1) C'est par erreur que dans le Dictionnaire Véridique des familles nobles de France, tome I, page 123, on a fait descendre la maison de Calvimont d'un Bernard, anobli en 1352, pour ses services militaires. Ce Bernard appartenait à une famille de Chaumont, en latin, *de Calvomonte*, établie dans la paroisse de Champagne-de-Bourzac, laquelle n'avait rien de commun avec la maison de Calvimont.

« En ce pays Périgordin est le pays de la Double et
» conqueste, appartenant à la maison de Calvimont,
» race noble de sang, mais plus encore de vertu et sça-
» voir et intégrité, qui les a acheminéz aux Estats et
» grandeur en la Court de parlement de Bourdeaux. Je
» dis cette maison noble de sang, pour avoir veu des
» pièces escriptes en vieux parchemin, et datées de
» l'an 1307. Esquelles est faite mention d'un seigneur
» Pierre de Calvimont, chevalier, qu'on estime estre
» venu de Bassigny, et s'estre marié à Plessac (Plazac),
» en Périgort. Et cette pièce me monstra Guillaume de
» Calvimont (1), homme docte en droit, et plus ès
» sciences humaines, et heureux en poësie, qui me l'a
» communiquée pour honorer la mémoire de feu messire
» Jean de Calvimont, son père, et second président en
» la Court souveraine de Bourdeaux, et maistre des re-
» questes de la maison du Roy, qui accompaigna mes-
» sieurs les enfants de France en Espaigne pour ostages,
» afin de délivrer le roy François Ier. des prisons de Char-
» les cinquiesme. Ce président a esté docte et de grans
» affaires, comme aussi fut son père Jean de Calvimont,
» conseiller en la Court de parlement à Bourdeaux; et les
» enfants duquel n'ont aucunement dégénéré de la vertu
» de leurs ancestres » (2).

Pour ne pas répéter ce qui a été dit sur l'origine de
cette famille, dans le tome XI du nobiliaire universel,
on se contentera d'ajouter ici qu'elle était établie dès le
milieu du XVe. siècle, dans la paroisse de Plazac, en
Périgord (3), comme en font foi des actes des années
1461, 1466, 1468, etc.; et qu'elle était déjà partagée
en trois branches, avant la fin du même siècle. La première, connue sous le nom de l'Herm, s'est fondue en

---

(1) Ce Guillaume a été omis dans la généalogie imprimée dans le nobiliaire universel, tome XI, page 384.
Il est peut-être le même qu'un Guillaume de Calvimont, légitimé en 1556, qui était contemporain de
Belleforêt.

(2) Cosmographie universelle, Paris, 1575, in-fol.,
tom. I, page 206.

(3) La seigneurie de Plazac dépendait de l'évêché de
Périgueux.

1588, dans la maison d'Aubusson de Beauregard. La seconde, appelée de Chabans, devenue ensuite l'aînée, s'est éteinte en 1660, après avoir donné naissance aux branches de Saint-Martial et du Cros, ou des Tours de Montaigne qui subsistent encore; et dont la seconde a formé celles de Tayac et de la Mothe-Montravel. Enfin la troisième est celle du Cheylard, qui s'est éteinte en 1711, dans la maison de Lamberterie. Toutes ces branches tirent leur origine de Jean de Calvimont, Ier. du nom, marié à Marguerite de Prouilhac, et père de plusieurs enfans, dont l'aîné est Jean II, qui suit :

Jean de Calvimont, IIe. du nom, seigneur de l'Herm, de Tursac et de la maison noble de Calvimont, située à Plazac, licencié ez loix, et conseiller en la Cour du parlement de Bordeaux, acquit, par acte du 11 novembre 1490, dans lequel il prend la qualité de noble, le repaire', ou maison noble de la Malvinie, située dans la paroisse de Sainte-Marie de Vern, avec les rentes en dépendant, de Jean de Molhac, seigneur de la vigerie de Javersac, de la Gaillardie et de la Malvinie, pour le prix de 500 livres. Il rendit hommage, le 7 janvier 1499 ( v. st. ), à Alain d'Albret, comte de Périgord, pour la seigneurie de l'Herm, et fit son testament le 31 mars 1511. Il avait épousé, par contrat du 1er. mai 1489, demoiselle Anne, *dite* Annette Dupuy, fille de noble Hélie Dupuy, seigneur de la Jarte, et d'Hélis de Gasques, dont il eut huit enfans, six garçons et deux filles. Le troisième des fils, nommé Hélie, seigneur de Tursac, licencié ès droits, fut reçu conseiller-clerc au parlement de Paris, au lieu de Me. Claude le Roy, le 23 février 1533 (v. st.). Il épousa, le 10 février 1538 (v. st.), Catherine de Talleyrand, fille de François de Talleyrand, seigneur de Grignols, et prince de Chalais, et de Gabrielle de Salignac; le sixième, qui s'appelait Guy, et dont la naissance était postérieure au testament de son père, fut conseiller et premier avocat du roi en son grand conseil; il épousa Françoise de Rain, dont il eut une fille unique, Marguerite, mariée 1o. à Gaston de la Romagière, écuyer, seigneur de Laxion; 2o. le 18 septembre 1574, à Antoine Chapt de Rastignac, écuyer, seigneur de Brignac, etc. Les deux filles étaient Irlande ( ou Yolande ), et Philippe.

Jean de Calvimont, IIIe. du nom, fils aîné de Jean II,

III.                                              17

et d'Anne Dupuy, se qualifiait chevalier, seigneur de l'Herm, de la Double, de la maison noble de Plazac, vicomte de Roussille, etc. Il fut pourvu d'une des quatre charges de maître des requêtes, créées par édit du mois de juin 1523, et y fut reçu le 20 avril 1524. Miraumont, dans son traité des offices du palais, lui donne rang immédiatement après Matthieu de Longuejoue. L'année suivante 1525 et le 5 juillet, il fut nommé par Louise de Savoie, mère de François I<sup>er</sup>, régente en France, à la charge de second président au parlement de Bordeaux, vacante par la promotion de Jacques Muriel, à celle de premier président au parlement de Toulouse ; et un an après, le roi François I<sup>er</sup>. le nomma son ambassadeur auprès de Charles-Quint, avec ordre d'offrir 1,200,000 écus d'or, pour la rançon des enfans de France, qui étaient en otâge à Madrid. Il rendit hommage au roi de Navarre en 1551, et fit son testament le 31 janvier 1556. Il avait été marié deux fois, 1°. en 1522, à Marguerite de Talleyrand, fille de Jean de Talleyrand, seigneur de Grignols, prince de Chalais, et de Marguerite de la Tour d'Auvergne ; 2°. le 20 avril 1555, à Marguerite de Farges, fille du seigneur de la Chapelle-Faucher. Du premier lit naquit Jean de Calvimont, IV<sup>e</sup>. du nom, qui prit son alliance dans la maison d'Abzac de la Douze, et ne laissa qu'une fille nommée Marguerite, qui entra dans la maison d'Aubusson, en 1588.

A la mort de Jean IV, père de Marguerite, la branche de Calvimont de Chabans, devint l'aînée, et continua la descendance.

Cette famille a produit, outre l'ambassadeur dont il a été fait mention, un grand nombre d'officiers supérieurs de terre et de mer, et de chevaliers de Saint-Louis. Jean de Calvimont commandait, en 1574, une compagnie de 300 arquebusiers. Le baron de St-Martial (Jean VI de Calvimont), eut commission, le 8 juillet 1635, d'un régiment de gens de guerre à pied, composé de 12 enseignes de 100 hommes chacune. Gabriel fut reçu chevalier de Malte en 1605 ; suivant le procès-verbal, qui fut dressé par les commissaires André Martin Puylobier, commandeur de Condat et de Nice, et Bernard de Melinguan, commandeur de Bordeaux ; et dans lequel est cité le passage de Belleforêt.

Ses principales alliances sont avec les maisons d'Abzac de la Douze, d'Aubusson, de Beauroire-de-Vilbac, de Beynac, de Bonneguise, de Brachet, de Campniac, de Carbonnières, de Chantemerle, de Chapt-de-Ras-tignac, de Chasteigner, de Durfort-de-Civrac, de Saint-Exupery, de Farges, de Lamberterie, de Losse, de Loudat, de Montagnac, de Peyronenc-Saint-Chama-rand, de Rafin, de Reilhac, de Rigaud-de-Vaudreuil, de Salignac, de Ségur, de Souilhac, de Soyris-Saint-Gery, de Talleyrand, de Toucheboeuf-Beaumond, de la Tour, de Vielcastel, etc.

Armes : *Ecartelé, aux 1 et 4 de sable, au lion d'or ; aux 2 et 3 de gueules, à la tour d'or.*

DE CAMBARON, en Franche-Comté, famille éteinte. La noblesse de Louis de Cambaron a été reçue à Saint-Georges, en 1626, dans les lignes de Louis de Mai-sières.

*D'azur, à la fasce de gueules, chargée d'une coquille d'or, et accompagnée de trois têtes de griffons de sable.*

DE CAMBE, seigneurs d'Orves, en Provence, fa-mille originaire de Florence. Antoine de Cambe en est la souche ; Pierre de Cambe, son fils, se maria, en 1495, avec Honorade d'Embredun. Ses descendants ont conti-nué la postérité. Cette famille a contracté de fort belles alliances, et a donné des consuls, des viguiers et des con-seillers à la chambre des comptes. *D'argent, à trois che-vrons d'azur.*

DE CAMPNIAC, ou Campnhac, en Périgord : cette maison, l'une des plus nobles et des plus anciennes de cette province, paraît avoir pris son nom du château de Campniac, vulgairement *Caignac*, situé à l'une des ex-trémités de la cité de Périgueux (1). Ce château n'existe plus depuis long-tems, mais l'endroit où il était bâti, et où l'on passe la rivière en bateau, conserve encore le nom de port de *Caignac*.

(1) L'ancienne ville de Périgueux, connue aujour-d'hui sous le nom de la cité, était autrefois enclavée en-tre trois châteaux, placés à ses trois angles, savoir : le château de Barrière, ou la Douze, le château de Pé-

On trouve au commencement du XIV<sup>e</sup>. siècle, Guillaume de Campniac, qui rendit hommage, en 1312, à Archambaud IV, comte de Périgord, pour des biens fonds situés dans la châtellenie de Vern. Pierre de Campniac, chevalier, est nommé avec Ayrard Vigier, dans un arrêt du parlement de Paris, rendu en 1357, en faveur des bourgeois de Périgueux : il paraît, par cet arrêt, que Pierre de Campniac exerçait des droits de juridiction dans la cité de Périgueux. Il vivait encore le 17 février 1361 (v. st.), suivant un hommage qu'il rendit à Roger Bernard, comte de Périgord. On trouve après lui, Guillaume (W.) de Campniac, habitant de la ville de Périgueux, en 1382 et 1394. Il paraît que cette branche a fini bientôt après, dans la personne de Pierre de Campniac, chevalier, qui ne laissa de Marie de la Tour (ou la Tourblanche), sa femme, fille de Guy de la Tour, seigneur de l'Aiguillac, de Verteillac, et du Chapdeuil, qu'il avait épousée vers l'an 1400, qu'une fille unique, nommée Marguerite, *dite* Resplandine, mariée à Jean Vigier, écuyer.

Il existait dans le même tems, une autre branche de cette maison, qui était établie à Montclar, et sur laquelle on trouve des documens depuis l'an 1200. Grimoard de Campniac (*de Camnhac*), chevalier de Montclar, père d'un autre Grimoard, fit une donation, en cette année, à l'abbaye de Cadoin, et y prit l'habit religieux. Pierre de Campniac, chevalier, et Hugues de Campniac, damoiseau, épousèrent, avant l'an 1285, l'un, Pétronille, et l'autre Amalvine de Pons Saint-Maurice, filles d'Hélie de Pons, chevalier de Montclar. Cette branche subsistait encore en 1447, dans la personne d'Amanieu de Campniac, damoiseau, qui, la même année, de concert avec Hélie de Pons, seigneur de Clermont et de Saint Maurice, rendit à Amauri, seigneur d'Estissac et de Colonges, la terre et seigneurie de Montclar, dont ces deux seigneurs avaient joui pendant long-tems.

---

rigueux, ou Bourdeille, et le château de Campniac. L'emplacement de ce dernier était près de la rivière de l'Isle, et confinait, d'un côté, au port *dit* de Campniac, et de l'autre, aux dépendances de l'ancien couvent des religieuses de Sainte-Claire.

Une autre branche de cette maison était établie dès le XVᵉ siècle, à Marzac-sur-Vezère, et possédait, outre cette seigneurie, celles de l'Herm en partie, de Vieille-Serre, *del* Dugat, etc. Hélie de Campniac se qualifiait seigneur de l'Herm, en 1475, et 1488. Il laissa d'une sœur de Guy de Solminhac, qu'il avait épousée en 1442, 1°. Bardin de Campniac, écuyer; 2°. Hébrard, qui suit; 3° Guy; 4°. Marguerite, mariée vers l'an 1480, à François de la Cropte, ecuyer, seigneur de la Mothe Saint-Privat, Chassaignes, etc.

Hébrard de Campniac, damoiseau, seigneur des terres de Marzac, de Vieille-Serre *del* Dugat et de l'Herm, (en partie), le devint aussi de Romain, par le mariage qu'il contracta le 10 février 1496 (v. st.), avec Jeanne Hélie de Colonges, dame de Romain; il en eut, en-tr'autres enfans, 1°. François, qui suit; 2°. Marguerite, mariée le 14 mars 1527, à noble Bardin de Calvimont, seigneur du Cheylard; etc.

François de Campniac, seigneur de Marzac, etc., épousa, par contrat du 25 janvier 1525, demoiselle Anne de Comarque de Beyssac, dont il eut trois fils et une fille; 1°. Bardin, l'aîné, qui fut héritier, épousa, par contrat du 28 octobre 1567, Antoinette d'Abzac de Mayac, de laquelle il eut : Judith de Campniac, qui porta l'héritage de sa maison dans celle d'un seigneur de Montferrand, sénéchal d'épée de Bordeaux, avec qui elle fut mariée; 2°. Jean de Campniac, qui a continué la descendance, sous le nom de seigneurs de Romain, la Basserie, etc., qui subsiste encore; 3°. Jacques, mort sans postérité; 4°. Jeanne, mariée le 7 septembre 1545, à noble Gabriel de Beynac.

François de Campniac perdit, de son vivant, les terres de Marzac et de l'Herm, qui passèrent, par décret, dans la maison de M. de Rofignac, président à mortier, au parlement de Bordeaux.

En 1350, un seigneur de Campniac possédait la terre du Peuch; un cadet qui portait le nom de cette terre, s'établit, il y a plusieurs siècles, dans l'Albigeois, et y donna naissance à une branche, qui a porté, jusqu'à nos jours, le nom de *Peuch-de-la-Bastide de Campniac*, s'est alliée aux maisons de Lautrec, d'Arpajon, de Lescure, etc., et a fourni plusieurs chevaliers de Malte, un grand croix de l'ordre de Saint-Lazare, etc. Les autres branches ont produit plusieurs officiers supérieurs, un abbé de Brantôme, dans le XIV<sup>e</sup>. siècle, un archidiacre d'outre-Dordogne, dans l'église de Périgueux, vivant de 1355 à 1377, personnage très-renommé de son tems, etc.

Armes : *D'argent, à trois ancres d'azur.*

CANON, marquis de Ville, baron du Saint-Empire, famille de Lorraine, anoblie le 21 mars 1626, dans la personne de Pierre Canon, avocat à Mirecourt. Elle s'est établie en Franche-Comté, et a fait les preuves de Malte; elle a donné un premier président à la cour souveraine de Lorraine, un ministre plénipotentiaire et des officiers généraux : *D'azur, au chevron d'argent; au chef cousu de gueules, chargé d'un canon sur son affût d'or.*

DE CARBONEL, marquis de Canisy, par érection du mois de décembre 1619, maison d'origine chevaleresque de la province de Normandie, où elle florissait dès le milieu du treizième siècle. Elle prouve une filiation directe depuis Herbert de Carbonel, seigneur de Canisy, qui vivait en 1286. Elle a donné des officiers-généraux, des gentilshommes de la chambre; un chevalier du Saint-Esprit, nommé en 1604, mort sans avoir été reçu; des gouverneurs de places, des officiers supérieurs, des chevaliers de Saint-Louis, etc. Elle a obtenu les honneurs de la cour en 1753, 1770 et 1787, en vertu de preuves faites au cabinet des ordres du roi : *coupé de gueules et d'azur, à trois besants d'hermine, bien ordonnés.*

CARESMENTRANT, à Vesoul, en Franche-Comté, famille éteinte. Humbert Caresmentrant est nommé dans un rôle des écuyers du bailliage d'Aval, en 1351. Un autre Humbert, vivant en 1530, fut père de Claude Caresmentrant, lieutenant-général du grand bailliage d'Amont, tué au siège de Vesoul par Tremblecourt, en 1595. *D'azur, au chevron d'or, accompagné de trois grains d'orge du même.* Enregistré à l'armorial général, pour Etienne Caresmentrant, en 1696, registre coté Besançon, Vesoul; les armes de cette famille, gravées sur son ancienne maison sont : *de gueules, au chevron d'argent, accompagné de trois grains d'orge d'or.*

DE CASTELLANE, barons de Castellane, seigneurs de
Salerne, et de beaucoup d'autres terres en Provence, maison des plus illustres et des plus anciennes du royaume,
qui tire son nom de la seigneurie de Castellane, au diocèse de Senez, en Provence, qu'elle a possédée en souveraineté, dans les dixième et onzième siècles. Elle a
formé les branches des seigneurs d'Allemagne, éteints
vers le milieu du seizième siècle ; des marquis de Grimaud ; des seigneurs de Mazaugues, de Norante, de
Majastres, de Novejean et de Castellane-Adhémar, etc.,
qui se sont perpétués ; des seigneurs de la Verdière,
des comtes de Grignan, marquis d'Entrecasteaux, des
seigneurs de Pierrerue, d'Esparron, et plusieurs autres
branches éteintes. Elles descendent toutes de Boniface
de Castellane, qui vivait en 1089.

Le plus ancien seigneur de cette maison qui, outre
les qualifications dont elle a toujours été décorée,
paraisse avec un titre distinctif, est Boniface III, baron
de Castellane, qui, ayant dans sa directe un très-grand
nombre de fiefs, prétendait tenir sa terre en souveraineté. Sommé par Alfonse, roi d'Aragon, de lui rendre
hommage, ou plutôt à son fils, qui gouvernait le comté
de Provence, sous ses ordres, Boniface répondit que ses
ancêtres avaient conquis sa baronnie sur les sarrazins, et
que les empereurs, en qualité de rois d'Arles, leur en
avaient confirmé la possession, sans les assujettir à aucune autre dépendance, que de relever immédiatement
d'eux. Alfonse, nullement satisfait de cette réponse,
employa, pour la réfuter, la force des armes, contre
laquelle les droits ne sont rien. Après une guerre fatale,
Boniface fut obligé, l'an 1189, de faire hommage de
toutes ses terres au comte de Provence. Les comtes de
Forcalquier et les princes d'Orange eurent le même sort.
Tous devinrent vassaux de celui qu'ils traitaient d'égal
auparavant. ( *Art de vérifier les dates*, nouvelle édition
in 8°., tome X, page 405 ). Boniface de Castellane,
IVe. du nom, issu au quatrième degré de Boniface III,
est qualifié, dans les actes qu'on a de lui, prince de
Castellane. Il s'acquit une grande célébrité par ses poésies, qu'il dédia à Charles d'Anjou, comte de Provence.
Il accompagna ce prince à Naples, en 1264, et mourut
peu de tems après. La baronnie de Grimaud érigée en
marquisat, l'an 1617, en faveur d'Esprit Alard, grand

maréchal-des-logis de la maison du roi, entra dans la maison de Castellane, depuis François, baron de Saint-Juers, vivant en 1623.

L'ancienne baronnie de Grignan, en Provence, dont Geraud Adhémar fut investi, l'an 1164, par l'empereur Frédéric Barberousse, fut érigée en comté, par lettres du mois de juin 1557, registrées à Aix, le 12 octobre suivant, en faveur de Louis Adhémar de Monteil, baron de Grignan, chevalier de l'ordre du roi. Ce seigneur étant mort sans postérité, ce comté passa à son neveu Gaspard de Castellane, fils de sa sœur Blanche, lequel prit le nom et les armes d'Adhémar.

La baronnie d'Entrecasteaux, dont Boniface de Castellane fit hommage au comte de Provence, en 1226, fut érigée en marquisat, par lettres du mois d'avril 1676, registrées à Aix, le 7 décembre 1678, en faveur de François de Castellane Adhémar, comte de Grignan, chevalier des ordres du roi, son lieutenant-général, en Provence. Cette maison a donné des capitaines de cent et de cinquante hommes d'armes, des chevaliers de l'ordre du roi, des lieutenants-généraux, maréchaux-de-camp et brigadiers des armées, des chevaliers des ordres, des commandants et officiers supérieurs sur terre et sur mer, un évêque de Glandèves, des archevêques d'Arles, de Corinthe, etc., etc. Elle a eu les honneurs de la cour, en 1749, 1754, 1755, 1760, 1780, 1785, et 1787, en vertu de preuves faites au cabinet des ordres du roi. Le comte Boniface-Louis-André de Castellane Novejean, commandant de la Légion-d'Honneur chevalier de St-Louis, a été créé pair de France, au mois d'août 1815 : *de gueules, à la tour donjonnée de trois pièces d'or, maçonnée de sable, le donjon du milieu supérieur.*

DE CASTILLON, marquis de Beynes, seigneurs du Castelet etc., famille ancienne, originaire du royaume de Naples ; elle prend sa filiation depuis Luc de Castillon, secrétaire des commandements de Louis II d'Anjou, roi de Naples et comte de Provence, en 1351. Il était qualifié chevalier ; et fut un des ambassadeurs de ce roi, pour recevoir les hommages des seigneurs du royaume de Naples et pour traiter du mariage de Marie sa fille, avec le prince de Tarente, en 1409. Charles et Colas de Castillon, ses deux fils, reçurent en inféodation, pour les services rendus par leur père, les terres d'Antragues, de Borne et du Castelet. Charles de Castillon fut fait conseiller de Louis III, fils de Louis II ; il acquit la baronnie d'Aubagne. Ses deux frères formèrent deux bran- ches, l'une des seigneurs du Castelet, et l'autre des sei- gnenrs de Cucuron. Colas fut envoyé vers les princes d'I- talie pour les engager à s'allier avec le roi René, contre l'usurpateur de son royaume de Naples. Castillon, sei- gneur de Beynes, fut un des premiers à se déclarer, dans Arles, pour Henri IV, contre la Ligue. Pierre de Cas- tillon, marquis de Beynes, grand sénéchal du siége d'Arles fut élu premier consul d'Aix en 1680. Cette fa- mille a contracté les plus belles alliances, et a donné des officiers distingués, un page du roi, des premiers consuls, etc. *De gueules, à trois annelets d'argent.*

DE CATELIN, en Provence, famille originaire de la ville d'Aix, qui a pour auteur Toussaint Catelin, lequel fut pourvu d'un office de secrétaire du roi, audiencier, près la chancellerie du parlement d'Aix, le 18 dé- cembre 1733. *D'argent, au chevron d'azur, accompagné de trois têtes de lion, de gueules.*

CAULET DE TAYAC, famille originaire de Paris, qui a pour auteur Pierre-Jacques Caulet, écuyer, con- trôleur-général de la maison de madame la dauphine, en 1767, père de Pierre Caulet de Tayac, écuyer, ancien directeur des postes de Worms. Il a un fils et deux filles. *De gueules, au lion d'argent ; à la bande de gueules, chargée de trois étoiles d'argent, brochante sur le tout.*

DE CAYS, en Provence, famille d'ancienne cheva- lerie, originaire de Nice, issue de Jacques de Cays, amiral des mers, sous Charles Ier. d'Anjou. Il fut envoyé, en 1262, avec une armée navale, pour soumettre les Génois, qu'il obligea à prêter serment de fidélité à ce prince. Bertrand de Cays, fils de l'amiral, chevalier commandeur de Ste.-Luce ou du Temple, en 1340, avait amené trois de ses neveux en Provence, Jacques, François et autre François, avec lesquels il fit un don considérable à l'église de Saint-Trophime d'Arles, en ac- tion de grâces des victoires que l'amiral de Cays avaient remportées. Cette famille a contracté des alliances consi- dérables et a donné des officiers sur terre et sur mer, des premiers consuls, etc. *D'or, au lion d'azur, couronné, lampassé, armé et vilené de gueules.*

CÉCILE, à Salins, en Franche-Comté, famille qui a formé deux branches, anoblies, l'une le 6 septembre 1593, l'autre le 7 septembre 1596. *De gueules, à trois bandes ondées d'argent.*

DE CHAIGNON, en Bourgogne et en Franche-Comté ; famille ancienne, originaire du Périgord, qui a pour auteur Albert de Chaignon des Lans, sieur de Puibarbacy, qualifié écuyer dans son contrat de mariage du 14 mars 1522, avec Françoise d'Essaley, fille de noble Grimon d'Essaley, et d'Isabeau de la Romagère. Elle a donné des capitaines dans divers corps, des gouverneurs de places, un résident pour le roi près la république de Valais, etc. *D'azur, au lion d'or, lampassé et armé de sable, tenant une épée d'argent, garnie du second émail.*

CHAILLOT, marquis de Pin, en 1746. Les souverains de Franche-Comté voulant rétablir l'université de Dôle, appelèrent plusieurs professeurs étrangers ; de ce nombre fut Christophe Chaillot, docteur ès droits, d'une famille noble du Dauphiné, pourvu d'un office de conseiller au parlement de Dôle, en 1524. Cette famille a donné plusieurs personnages distingués dans la magistrature, et plusieurs officiers. *D'azur, au chevron d'or, accompagné de trois trefles du même.*

DE CHALONS, princes d'Orange, branche des anciens souverains de Franche-Comté, fondue dans la maison de Nassau. Elle est connue dans l'histoire par des illustrations sans nombre et des richesses immenses. On disait anciennement : nobles de Vienne, preux de Vergy, riches de Châlons et les bons barons de Bauffremont. Ces quatre maisons étaient chacune très-noble, valeureuse et riche. La souche de la maison de Châlons, est Jean de Bourgogne, fils d'Étienne, comte de Bourgogne, descendant d'Otton-Guillaume, fils d'Adélbert, roi d'Italie et de Gerberge de Mâcon, fille de Létalde de Narbonne, comte de Mâcon et de Bourgogne. *De gueules, à la bande d'or.*

CHALONS, *voyez* BOURGOGNE.

DE CHALOT, seigneurs du Bouchet, en Provence ;
famille ancienne, originaire de la province de Bretagne.
Pierre Chalot, qui en est la tige, vivait en 1403. Georges
Chalot, l'un de ses descendants, la transplanta à Arles,
où il vint s'établir en 1525. Il eut pour fils Jean Chalot
marié avec Claire de Piquet, de laquelle vint Gaspard
Chalot, père de Frosine Chalot, qui obtint des lettres
de relief de noblesse de l'an 1645. *D'or, à la croix patée
de gueules, cantonnée de quatre lionceaux couronnés de sable.*

DE CHAMBERLHAC, en Périgord. Cette maison,
issue de la plus ancienne chevalerie, est originaire du
bourg d'Agonac, à deux lieues de Périgueux, où elle
possédait, dès les tems les plus reculés, un fief et un
château de son nom, qui relevaient de l'évêché de Périgueux. L'abbaye de Chancelade, située dans le voisinage
d'Agonac, comptait les seigneurs de Chamberlhac parmi
ses bienfaiteurs, dès les XIIe. et XIIIe. siècles, et il est
fait mention de ces seigneurs en plusieurs endroits de
son cartulaire. Aimeric de Chamberlhac et Raimond,
son frère, firent donation à cette abbaye, vers l'an 1200,
du droit qu'ils avaient dans le bois ou forêt d'Ancinade;
donation qui fut confirmée vers le même tems, par
Gérald et Hélie de Chamberlhac, fils d'Aimeric. Guy
de Chamberlhac est mis au nombre des co-seigneurs de
la ville de l'Isle-sur-Drône, dans une charte de l'an 1211.
Bozon de Chamberlhac, donzel, vivait avant le milieu du XIIIe. siècle; il vendit, le 14 des calendes de
septembre 1247, à Hélie de Monsac, donzel de Ségonzac, tout le droit et domaine qu'il avait sur la tenance de *Lalbertaria* (aujourd'hui l'Eyberterie), dans la
paroisse de St.-Astier, etc. Il est probable que ce Bozon
fut père d'Aimeric de Chamberlhac, qualifié donzel
d'Agonac, connu par un acte du mois de décembre 1257.
Pierre de Chamberlhac, fils d'un autre Aimeric,
chevalier, était seigneur du château de Sauzet à Montagrier, et se qualifiait *chevalier, conseiller et chambellan
du roi.* Il est le premier qu'on trouve pourvu de la
charge éminente de Général des galères de France (*Voy.*
*l'Hist. des Gr. Off. de la Cour. Tom.* 7, *pag.* 922). Le roi
Charles VI le nomma sénéchal de Périgord en 1400, et
lui fit don, en 1404, de la forteresse et châtellenie de
Montagrier, en paiement de la somme de 5000 livres qui

lui étaient dues, pour récompense de ses bons services, et l'établit capitaine-général des galères et autres vaisseaux ordonnés pour faire la guerre aux Génois, en 1410. Il avait pour oncle, Philippe de Chamberlhac, recteur du patrimoine de Saint-Pierre, en Toscane, et archevêque de Nicosie, dans l'île de Chypre; et pour grand oncle, Guy de Chamberlhac, marié à Comtesse de Biron. Le dernier rejeton de cette ancienne maison étant mort sans laisser d'enfants mâles, ses biens passèrent dans la maison de Bourdeille, par le mariage de Jeanne de Chamberlhac avec Arnaud, seigneur et baron de Bourdeille (1).

Armes : *Écartelé*, *aux 1 et 4*, *un lion*, *et aux 2 et 3*, *quatre fasces*; sur le tout, *une bande*.

CHAMBLEY, ancienne baronnie de Lorraine, qui a donné son nom à une maison d'ancienne chevalerie, connue depuis Thierry de Chambley, lequel souscrivit, l'an 1208, un traité de paix conclu entre Frédéric I^er., duc de Lorraine, et Thiebaut, comte de Bar. Blanchefleur de Chambley, héritière de cette ancienne et illustre maison, en porta les biens, vers le milieu du quinzième siècle, à Perrin, seigneur de Haraucourt. *De sable, à la croix d'argent, cantonnée de quatre fleurs de lys d'or.*

CHAMBLY, petite ville et châtellenie, dans le Beauvaisis, à une demi-lieue de Beaumont-sur-Oise, a donné son nom à une illustre et ancienne maison de chevalerie, qui s'est successivement répandue en Normandie, en Vermandois et en Picardie. Une branche subsistait déjà l'an 1200, dans la première de ces provinces en la personne de Pierre de Chambly.

Adam de Chambly fut évêque de Senlis après l'an 1223, et, avant 1230, Pierre de Chambly, chevalier, fut conseiller et chambellan du roi Philippe-le-Bel. Jean de Chambly, chevalier, fut conseiller et maître d'hôtel du roi Jean II. Il fut commis par ce monarque, en 1370,

---

(1) Il existe encore en Velay et en Vivarais, une ancienne maison de Chambarlhac, originaire de la province de Languedoc, qui peut avoir eu la même origine que la précédente.

pour aller, avec l'abbé de Fécamp, vers le pape, pour le fait de 10 galères armées que le roi envoyait au St.-Père pour son retour par deçà les monts. Il n'était encore qu'écuyer, en 1350, lorsqu'il contribuait à la défense de la ville de Chartres, sous M. de Beaumont, chevalier, capitaine de cette ville.

Gilles de Chambly, chevalier, chambellan du roi, vivait en 1397 et 1401.

Dans les montres, on voit une foule de seigneurs de ce nom, servir en qualité de chevaliers, et commander des compagnies d'écuyers et d'hommes d'armes. Cette maison s'est fondue, au 18e. siècle, dans celle de la Tour-du-Pin, branche de la Charce. Les véritables armoiries des seigneurs de Chambly que l'on vient de rapporter, prises sur leurs anciens sceaux, et sur des quittances originales émanées d'eux, sont : *De gueules, à trois coquilles d'or.* Dans des tems postérieurs, leurs descendants prirent pour armoiries : *D'argent, à la croix denchée d'azur, chargée de cinq fleurs de lys d'or; le premier canton chargé d'un écu de gueules, à trois coquilles d'or.* Cette croix paraît avoir été prise par cette famille sur sa prétendue communauté d'origine avec celle de Chambley, en Lorraine. Ce sont deux races d'ancienne chevalerie absolument distinctes quant à l'origine, au nom et aux armoiries.

## CHAMBLY.

Liste des gentilshommes convoqués à l'assemblée de la châtellenie de Chambly, pour l'élection des députés aux états-généraux en 1789.

Monsieur, frère du Roi, comme seigneur de Chambly, représenté par M. le grand-bailli, fondé de sa procuration.

M. François-Henri de Florans l'aîné, seigneur du fief de Notre-Dame, à Chambly.

Madame Marie-Madeleine le Boullanger du Tilleul, veuve de M. de Belloy, et la demoiselle de Belloy, leur fille majeure, propriétaire de la terre et seigneurie de Vosseaux, etc., représentées par M. Perrot.

CHAMBON. Huet de Chambon, écuyer, servit avec ses gens d'armes pour le roi et monseigneur le

Dauphin. Il donna une quittance, le 12 décembre 1414, où son sceau représente 6 *annelets*.

DE CHAMBON DE MARCILLAC, noblesse ancienne de la province de Bourbonnais; elle remonte à Antoine de Chambon, écuyer, seigneur de Mimorin, qui épousa, le 27 mai 1523, Gabrielle de Chaumejan, fille de Louis de Chaumejan, écuyer, seigneur de Chaumejan, en Bourbonnais, et de Bienvenue, de Beaucaire. Cette famille a produit un maréchal-de-camp et des officiers de tous grades. *Coupé au 1 d'or, à la fasce de gueules, sommée de deux merlettes de sable; au 2 de sable, à trois chevrons d'hermine.*

DE CHAMBRE, barons d'Urgons, au pays des Landes, famille dont la tradition est d'être originaire d'Ecosse. Elle établit sa filiation depuis Job de Chambre, qualifié homme d'armes dans une donation de plusieurs parties de terre que lui fit, le 30 mai 1461, Charles d'Albret, vicomte de Tartas. Cette famille a servi dans la robe et dans l'épée; et a donné des chevaliers de St.-Louis. *D'or, à la fasce d'azur, sommée d'un lion issant de gueules, et accompagnée en pointe d'une fleur de lys du même.*

DE LA CHAMBRE DU VAUBOREL, famille d'origine chevaleresque de la province de Normandie, qui a produit plusieurs officiers et des chevaliers de St.-Louis. Elle a obtenu les honneurs de la cour au mois de juin 1781, en vertu de preuves faites au cabinet des ordres du roi. *De sable, à la fasce d'or, frettée de gueules et accompagnée de trois roses d'or.*

CHAMPVANS, terre du bailliage de Dôle, en Franche-Comté, qui a donné son nom à une maison éteinte dans celle de Reculot. *De sable, à trois jumelles d'argent.*

CHANCEREL, famille originaire de la Flèche. Charles Chancerel, seigneur de la Haye, d'Ardaine et du Coudray, vint s'établir à Nantes vers le milieu du 16e. siècle; il y épousa Catherine Chatain dont il eut deux fils.

L'aîné, Charles Chancerel, IIe. du nom, écuyer, seigneur d'Ardaine, capitaine garde-côte, fut pourvu, le 6 avril 1770, d'un office de secrétaire du roi. Il avait épousé Marie-Marguerite le Meilleur dont il a eu deux filles. L'aînée, mariée à Pierre Colas, écuyer, seigneur de Brouville-Malmusse; la cadette, à René-Julien Ballan, écuyer, général des finances en la chambre des comptes de Bretagne.

François Chancerel, écuyer, seigneur de la Haye, et du Coudray, fut, comme son frère ainé, secrétaire du roi, et se maria à Marie-Madeleine Sarrebourse. Les enfants nés de ce mariage, pendant les troubles de St.-Domingue, où ils sont propriétaires, se sont retirés aux États-Unis d'Amérique où ils ont laissé postérité. *De gueules, au chevron d'or, accompagné de trois abeilles du même.*

DE CHANTRANS, en Franche-Comté, noblesse chevaleresque éteinte, dont le nom a été relevé en suite de lettres patentes, de l'an 1769, par Jean Sugnet de Grangeberne, écuyer, ancien officier d'artillerie, du chef de sa bisaïeule paternelle. La terre de Chantrans a été vendue au sieur Girod qui en porte le nom. Les armes de Chantrans sont : *De gueules, à trois chevrons d'argent.*

DE CHAPUISET, en Touraine, famille ancienne, originaire du Vendômois, qui remonte, par filiation, à Christophe de Chapuiset, écuyer, seigneur des Granges, de Fontaines, de la Richardière et autres lieux, vivant en 1503. Elle a donné des hommes d'armes des ordonnances, et plusieurs officiers de marine. *D'azur, à l'écusson de sable ( à enquerre ), chargé d'une étoile d'or en abîme, et accompagné de trois quintefeuilles d'argent.*

CHAROLAIS, *voyez* BOURGOGNE.

DE LA CHASTRE *ou* DE LA CHATRE, en Berry. La maison de la Châtre, l'une des plus distinguées du royaume, par les grands hommes qu'elle a produits, n'est pas moins illustre par la grandeur et l'antiquité de son origine. Elle est issue, selon la Thaumassière, historien du Berry, et plusieurs auteurs anciens et modernes, des princes souverains de Déols, ou du Bas-Berry, dont le premier connu dans l'histoire, est Laune, qui possédait, l'an 898, la terre Déolaise en principauté, et fonda l'abbaye de Déols en 917, avant le règne de Hugues-Capet. Ebbes de Déols, IIe. du nom, issu de lui au quatrième degré, sixième fils de Raoul II, dit le

*Chauve et le Grand*, prince de Déols, eut en apanage la terre de la Châtre, dont il transmit le nom à ses descendants. Cette maison a donné deux maréchaux et deux grands-fauconniers de France ; cinq capitaines des gardes-du-corps, un colonel-général des Suisses et Grisons, plusieurs chevaliers des ordres, deux maîtres des cérémonies de France, deux prévots de l'ordre de Saint-Michel, deux gouverneurs de la province du Berry, jusqu'à l'époque de la révolution ; des capitaines de places fortes, des capitaines de gens d'armes, un gouverneur des enfants de France, des conseillers, chambellans et gentilshommes de nos rois ; des chevaliers de l'ordre, des lieutenants-généraux et maréchaux-de-camp des armées, etc. ; elle a joui des honneurs de la cour de 1738 à 1787, en vertu de preuves faites au cabinet des ordres du roi.

Claude-Louis de la Châtre, des princes de Déols, duc et pair de France, premier gentilhomme de la chambre du Roi, lieutenant-général de ses armées, commandeur de l'ordre de Saint-Lazare, et ci-devant ambassadeur de S. M. à la cour de Londres, a été créé duc en janvier 1816 (pair le 17 août 1815).

Emery de la Châtre était cardinal et chancelier de l'église romaine en 1140. Pierre de la Châtre fut élu archevêque de Bourges vers l'an 1141, et sacré à Rome par l'intervention d'Emery de la Châtre, son oncle, dont il est parlé ci-dessus. Cette promotion, que le roi Louis VII ne reconnut que long-tems après s'y être opposé par tous les moyens, pensa causer un schisme dans l'église. Claude de la Châtre, grand-vicaire de Tours, abbé de Tréport en 1717, fut nommé à l'archevêché d'Agde, le 17 octobre 1726, et sacré le 26 octobre 1727.

Louis-Silvestre de la Châtre (frère du duc de la Châtre), ancien grand-vicaire de Nevers, aumônier ordinaire du roi, a été nommé par S. M. à l'évêché de Beauvais. *De gueules à la croix ancrée de vair.* Supports : Deux lions. Couronne fermée. Cimier : Le lion royal d'Angleterre, qui est d'or, ayant le poitrail ceint d'une couronne de laurier de sinople, et portant l'étendard du régiment de Loyal-Emigrant, où sont écrits ces mots : *L. E. fac et espera.* Devise : *at avis et armis.*

*Nota.* Outre la branche ducale, il existe encore deux autres branches de la maison de la Châtre.

On a, de la maison de la Châtre, nombre de monuments qui constatent sa munificence envers les établissements religieux de la province de Berry. Des dotations fréquentes, des fondations considérables et réitérées, sont les témoignages de sa splendeur dès les dixième, onzième et douzième siècles. La terre de la Châtre a été vendue pour une rançon, sous le règne du roi Saint-Louis.

Françoise de la Châtre, épouse de Henri de la Grange, marquis d'Arquien, fût mère de Casimire de la Grange d'Arquien, épouse, en 1665, de Jean Sobieski élu roi de Pologne en 1674. Cette alliance donne à la maison de la Châtre des affinités avec plusieurs têtes couronnées et principalement avec la maison d'Autriche.

DE CHATEAUNEUF, seigneurs de Molegès, en Provence, maison d'origine chevaleresque, dont Pierre de Châteauneuf, qui illustra son nom dans le treizième siècle par ses poésies provençales, est la tige; il vécut dans la familiarité de tous les princes de son tems. Connaissant les faiblesses et les vices de toutes les cours, il en fut le censeur sévère; il fit des satires contre les princes, et n'épargna pas même ses amis; il composa cependant un poëme à la louange de Béatrix, fille et héritière de Raymond-Bérenger, dernier comte de Provence de ce nom, épouse de Charles Ier. d'Anjou, qui par ce moyen devint comte de Provence. ( Le moine des Iles d'or a fait l'histoire de ce fameux poëte.) Guignonnet de Châteauneuf, son petit fils, fit hommage aux députés de la reine Jeanne, l'an 1350. Richard de Châteauneuf, fut de l'hommage général rendu par la noblesse de Provence, assemblée pour la réception de Marie de Blois, mère de Louis II d'Anjou, en 1395. N...... de Châteauneuf entra dans la conspiration faite par les principaux gentilshommes de Provence contre l'empereur Charles-Quint, lors de son irruption dans ce pays. Cette famille a formé trois branches, celle de Molegès, celle de Gasin et celle d'Antraigues. Il n'existe plus que celle de Molegès. *D'azur, au château d'argent, fermé et maçonné de sable et flanqué d'une grosse tour carrée à dextre aussi d'argent maçonnée de sable; le tout sur une terrasse du second émail.*

CHATEAUROUX, *voyez* BERRY.

CHAUDET, à Besançon, famille anoblie par le duc Charles en 1471, et éteinte. Les Malarmé, qui en descendent, par femmes, en ont pris les armoiries. *D'azur, à l'escarboucle à huit rais, pommeté et fleuronné d'or.*

CHAUDEY, en Franche-Comté, famille éteinte, qui avait été anoblie le 12 juin 1662, par Philippe IV, pour acquérir une petite partie de la seigneurie de Vallay, en Franche-Comté. *D'azur, à la croix d'or, cantonnée de quatre croisettes d'argent.*

DE CHAUVERON, en Périgord, en Angoumois, en Touraine, etc. Cette maison, distinguée particulièrement par de nombreux services et de grandes alliances, tire son origine du Limousin (1), où elle possédait, dès le XIVᵉ. siècle, la seigneurie de Laurière, qui a passé depuis dans la maison de Pompadour. Son premier auteur connu est Guillaume de Chauveron, sur lequel on trouve des lettres du roi Philippe de Valois, datées du mois de décembre 1338, et conservées dans un registre du trésor des chartes (2). Il est très-probable que ce Guillaume fut père d'Audoin et de Jean de Chauveron frères, qui vont suivre, dont les père et mère n'ont été, jusqu'à présent, connus d'aucun généalogiste (3).

Audoin, qui était l'aîné, se qualifiait dans ses actes, *noble et puissant*, chevalier et seigneur du Dognon, de Laurière, de Ris, d'Azérable et de La Mothe-sur-Indre, appelée depuis *La Mothe-Chauveron.* Il fut successivement, depuis l'année 1376 jusqu'en 1380, bailli de

---

(1) Il y en a qui supposent, mais sans fondement que cette famille est originaire de la Touraine. Quant à son ancienneté, le Feron assure avoir vu un titre justificatif de sa noblesse, daté du 6 novembre 701. Mais cette assertion est insoutenable, et se détruit d'elle-même.

(2) *Rég.* 71. *Fol.* 179. *N°.* 265.

(3) *Voy.* La Thaumassière, *hist. de Berry*, *page* 868, 870. — *Généalogie de Chauveron*, *dressée par M.* de Clairambault, *en* 1759, *et supplémentée par M.* Chérin, *en* 1777, *etc.*

Coténtin et d'Amiens, et prévôt de Paris; capitaine en 1388, d'une compagnie de 100 hommes d'armes, pour la garde du corps de la reine Isabeau de Bavière, femme du roi Charles VI, et pour la sûreté de Paris. Son sceau, apposé à un acte de l'an 1380, représente *un pal bandé de six pièces;* supports, *deux sauvages;* cimier, *une tête humaine.* Les titres de la maison justifient qu'il acheta, le 14 mai 1388, de messire Jean de Château-neuf, et de Jeanne de Charenton, sa femme, la châ-tellenie de la Mothe-sur-Indre, pour le prix de 2600 livres. Il était chevalier bachelier, l'an 1395, et mourut avant l'an 1400, laissant de Galienne Vigier, sa femme, dame en partie de l'hôtel des Vigiers, à Exideuil, en Pé-rigord, et des terres de Dussac et de Panthenie en Li-mousin, une fille unique, nommée Marguerite de Chau-veron, dame du Doguon, du Breuil, la Barbette, etc. mariée, l'an 1394, à Jean d'Aubusson, seigneur de la Borne (1).

Jean de Chauveron, frère du précédent, se trouve aussi qualifié *noble et puissant chevalier;* il devint sei-gneur de Ris, de la Mothe-sur-Indre et de Laurière en Limousin, par la donation que lui en avait faite Audoin, son frère. Il commandait cinq écuyers, dans une com-pagnie d'hommes d'armes, sous Hutin d'Aumont, l'an 1379; il fut fait bailli de Macon et sénéchal de Lyon, en 1388, et chevalier bachelier, l'an 1405. Son sceau de l'an 1384, représente *un pal bandé de trois pièces* seu-lement; supports: *deux lions;* cimier: *une tête de griffon.* Il fit son testament le 4 décembre 1421, par lequel il choisit sa sépulture dans l'église de Grandmont, près du tombeau d'Audoin, son frère. Il avait épousé Marie Vigier, sœur de Galienne, femme de son frère; ces deux dames avaient pour père, messire Geoffroi Vigier,

_____

(1) M. Secousse a publié, sur Audoin de Chauveron, un mémoire curieux, qui se trouve parmi ceux de l'Aca-démie des Inscriptions et Belles-Lettres, tome 20, page 490 et suivantes; il y parle du procès criminel qui lui fut fait, des chefs d'accusation intentés contre lui, et de ses réponses; et il y rapporte un extrait des lettres de rémission que le roi Charles VI lui accorda au mois de janvier 1389 (v. st.).

d'Exideuil, dont elles héritèrent de l'hôtel des Vigiers, en la châtellenie d'Exideuil, de Dussac et de Panthenie, assis à Saint-Yrier, et de plusieurs biens situés au village de Bolhonie, paroisse de Sarlande.

Jean de Chauveron eut entr'autres enfants, 1°. Louis, aussi qualifié *noble et puissant* chevalier, seigneur de Laurière et de Ris, qui épousa Marie de Tranchelion, laquelle étant veuve, se remaria, par contrat du 16 mai 1443, à noble et puissant homme Charles de Talleyrand, seigneur de Grignols, et testa le 2 juin 1476. Elle avait eu de son premier mariage, une fille unique nommée Marguerite de Chauveron, qui fut mariée, par contrat du 3 juin 1453, à Jean, seigneur de Pompadour et de Cromières, auquel elle apporta les terres de Laurière et de Ris, restées depuis dans la maison de Pompadour; 2°. Pierre I. de Chauveron, qui suit ; 3°. Jean, *dit* Antoine de Chauveron, a fait la branche des seigneurs de la Mothe-Chauveron, existante en Touraine, qui a donné plusieurs chevaliers de Malte ; il épousa, en 1436, Françoise Dubois, dont il eut Louis de Chauveron, chevalier, seigneur de la Mothe, la Prugne, etc., enfant d'honneur de la reine, femme de Charles VII, en 1460, échanson du duc de Berry, et de Guienne, en 1472, chevalier en 1477, marié en 1475, à Jeanne de Lentilhac; et père de Déode, qui a continué la descendance de cette branche. 4°. Jean de Chauveron, chevalier de l'ordre de Saint-Jean de Jerusalem, *dit* alors de Rhodes.

Pierre de Chauveron, Ier. du nom, damoiseau, seigneur de Dussac, et de Panthenie, fait chevalier de l'ordre du Camail, l'an 1439, épousa, l'an 1440, Isabelle de Pierrebuffière, qui le rendit père de :

Robert de Chauveron, qualifié *noble et puissant*, et seigneur de Dussac, de Mandresac et de Panthenie ; fit son testament l'an 1499. Il avait épousé, l'an 1476, Marguerite de Gontaut-de-Biron, dont il eut entr'autres enfants :

Pierre de Chauveron, IIe. du nom, aussi qualifié *noble et puissant*, et seigneur de Dussac, etc., épousa, en 1533, Isabeau de Ségur-de-Pardaillan, dont vint un fils unique,

Bernard de Chauveron, chevalier, seigneur de Dussac, de Poussac et des Foulherons, mestre de camp d'un régiment, gouverneur de Bergerac et puis de Périgord et de la vicomté de Limoges, pour le roi de Navarre, gouverneur de la Réole pour le roi de France, gentilhomme ordinaire de sa chambre, et chevalier de son ordre; il reçut plusieurs lettres des rois Henri III et Henri IV, qui font connaître la confiance qu'ils avaient en lui; la plupart sont ainsi souscrites: *votre bon ami*, *Henri*. Il avait épousé, en 1558, Jacquette d'Abzac-de-Bellegarde, dont il eut:

Samuel de Chauveron, seigneur de Dussac, gentilhomme ordinaire de la chambre du roi Henri IV, l'an 1599. Il avait épousé, l'an 1592, Anne de la Barde, dame de Jaure, sa parente, fille de feus Arnaud de la Barde, seigneur de Jaure, et de Françoise de Talleyrand-de-Grignols. Il laissa pour fils unique:

Philippe de Chauveron, chevalier, seigneur de Dussac, de Jaure et de Saint-Maime, qui se maria, en 1616, avec Anne de Jaubert-de-la-Bastide-de-Châteaumorand, et était mort dès l'année 1647, laissant deux fils, dont l'aîné, nommé Annet de Chauveron, seigneur de Dussac, n'eut qu'une fille, Anne, mariée en 1661, à Geoffroi d'Aubusson, seigneur de Castelnouvel, *dit* le marquis de Saint-Paul; le second fut:

François de Chauveron, chevalier, seigneur de Saint-Maime et de la Peyronnie, aux Génébrières, dans la paroisse de Manzac, qui épousa, en 1647, Isabeau du Mas-de-la-Génébre; dont vinrent, 1°. Annet, qui suit; 2°. Alain, marié en 1687, à Catherine Noël, demoiselle de la Combe, fut auteur de la branche de la Combe, qui subsiste encore, dans la paroisse de Bruc de Grignols.

Annet de Chauveron, chevalier, seigneur de Dussac et de la Peyronnie, fut marié en 1686, avec Catherine de Bodin de la Guilhaumie, qui le rendit père de:

François comte de Chauveron, II<sup>e</sup>. du nom, chevalier, seigneur de Dussac, etc., capitaine de cavalerie et chevalier de Saint-Louis, marié en 1724, avec Marguerite-Louise de Taillefer de Mauriac, dont la sœur épousa Gabriel de Talleyrand, comte de Grignols. Il fut père de M. le marquis de Chauveron, qui a laissé des enfants de son alliance avec demoiselle N..... de Re-gnault-de-la-Soudière, d'une ancienne famille du Poitou.

Les principales alliances de la maison de Chauveron, outre celles ci-dessus, sont avec les maisons de Dur-fort-de-Goujonnac, de Guenant-de-la-Roche-aux-Au-biers, de Lascouts, de Lentilhac, de Tranchelion, de Villelongue et autres. Elle a donné un prévôt de Paris, un chambellan du roi, un échanson du duc de Guienne, un sénéchal de la basse marche, un conseiller au parle-ment de Paris, plusieurs gentilshommes de la chambre, officiers supérieurs, chevaliers de l'ordre du roi, de St.-Louis, etc.

*Armes : d'argent, au pal bandé d'or et de sable.*

CHEVANNEY, *dit* DANIEL, ancienne famille de Be-sançon, éteinte au dernier siècle dans la personne de Charlotte Chevanney, baronne de la Roche, qui fit don de cent mille livres pour aider à la reconstruction de l'église de la Madelaine. *D'azur, semé d'étoiles d'argent ; au compas d'or, ouvert sur le tout.*

DE CHIAVARI, en Provence, famille ancienne, ori-ginaire de Gênes. Elle remonte à Jean de Chiavari, no-ble génois, qui, pour s'être rendu trop partisan des intérêts de la France, fut obligé de passer d'Italie en Provence, vers l'an 1490. Jacques de Chiavari, son fils unique, ayant résolu de demeurer en France, et voulant assurer sa noblesse, obtint des lettres du roi Louis XII, données au mois de novembre 1514, par lesquelles S. M. voulut que lui et sa postérité jouissent de tous les avan-tages des gentilshommes de son royaume. Il fut reçu au rang des nobles, à Arles, en 1515; fut élu capitaine du guet en 1521, et consul du rang des nobles, aux années 1534 et 1539. Cette famille écartèle, *aux 1 et au 4 d'or, à deux colonnes de gueules ; aux 2 et 3 aussi d'or, au lion couronné de sable, lampassé et armé de gueules.*

CHIFLET, à Besançon, famille anoblie en 1552, fé-conde en savants historiens, magistrats distingués, et habiles écrivains. Elle a donné quatre conseillers et un premier président au parlement. *De gueules, au sautoir d'argent, accompagné en chef d'un serpent annelé d'or.*

DE CIPRIANI, seigneurs de Saint-Savournin, famille

ancienne, originaire de Florence, où elle subsistait avec distinction dès l'an 1280, et où elle remplit les premières charges de la république ; elle passa en Corse, vers 1457, et ensuite elle vint s'établir à Marseille. Les branches de Provence descendent de Ciprien de Cipriani, qui eut deux fils, Orso-Sancto et Fomelio de Cipriani ; Orso-Sancto épousa Claire de Séguier : il acquit les terres de Cabriez et de Trébillane, assura sa noblesse par des lettres qu'il obtint du roi Henri IV, en 1599, et fut élu premier consul de Marseille, la même année. Ses enfants ont continué la postérité. *D'azur, à trois triangles d'or.*

CLAIRVAUX-LES-VAUX-D'AIN, grande baronnie de Franche-Comté, qui a donné son nom à une maison éteinte depuis long-tems. *D..... à trois chevrons d....*

DE CLEMENS, seigneurs de Ventabren et du Castelet, en Provence, famille des plus anciennes de la ville de Tarascon, dans laquelle vivaient, il y a plus de 400 ans, Raimond et Léonard de Clemens, frères ; Léonard fut père d'Honoré de Clemens qui, en 1411, était écuyer de Louis II, roi de Sicile, comte de Provence, mais qui n'a point laissé de postérité. Raimond eut trois enfants. Louis, l'un d'eux, fut secrétaire du roi René, et pourvu d'un office de maître rational, en 1453. Cette famille a contracté de belles alliances. *D'argent, à trois pals de gueules.*

CLEMENT, en Franche-Comté. Il y a eu trois familles nobles de ce nom, qui sont éteintes. Jean Clément fut anobli le 20 mars 1590. Guillaume Clément fut anobli en 1592. Jacques Clément, anobli par sa charge d'avocat-général au parlement de Dôle, en 1587, n'eut que deux filles. Il portait de *gueules au vol d'argent.*

CLERVAUX ou CLERVAL, famille de Besançon, qualifiée noble depuis le tems des ducs de Bourgogne : éteinte depuis plusieurs générations. *D'or, au chevron de sable, accompagné de trois trèfles du même.*

COLARD, famille éteinte, anoblie dans la personne de Jean Colard, par ses fonctions de conseiller au parlement de Dôle, en 1570 *D'argent, à trois croissants versés de gueules en chef, une flamme de même en pointe.*

COLAS, famille distinguée de la ville d'Orléans. La noblesse de son origine, une ancienneté bien reconnue de près de cinq siècles, des emplois honorables, des services importants rendus à nos rois et à l'état, lui assurent à jamais la considération dont elle a toujours joui de la part de ses concitoyens. Sans chercher son origine dans des tems obscurs, nous ne remonterons pas plus haut qu'à Nicolas, ou Nicoles Colas, qu'une filiation établie sur des titres authentiques, donne pour chef à cette ancienne maison. Il naquit à Paris, et vint s'établir à Orléans. Il fut conseiller de Philippe de France, duc d'Orléans. Il vivait en 1360 et 1370, et possédait plusieurs terres et seigneuries dans la Beauce. Ses descendants ont formé plusieurs branches, éteintes, de nos jours, pour la plupart. Celles des Colas de Brouville et des Colas des Francs, sont les seules qui subsistent aujourd'hui avec la ligne directe. Confirmée dans *la noblesse d'extraction, race et lignée*, par plusieurs arrêts, cette famille a donné des conseillers d'état, des conseillers au parlement, à la cour des aides, à la chambre des comptes ; et à l'armée, des officiers-généraux et de tous grades. Elle a mérité, dans l'exercice de ces différents emplois, l'estime et la confiance de ses rois, et elle conserve précieusement les témoignages que lui en ont donnés Henri II et Henri IV, dans les lettres pleines de bonté que ces princes lui firent l'honneur de lui adresser. *D'or, au chêne de sinople, au sanglier passant de sable sur une terrasse du même.* Devise : *ulterius ardet.*

DE COLLA, seigneurs de Pradine, de Limans, de la Madelaine, etc. en Provence, famille très-honorable, qui prouve une filiation suivie depuis Antoine de Colla, fils de Benoît et neveu de Sauveur de Colla, évêque de Chieusi, qui assista au concile de Trente ; Antoine fut premier président au parlement d'Orange, en 1587, et eut ensuite le gouvernement de cette principauté, sous Philippe et Guillaume de Nassau. Samson de Colla, l'un de ses descendants, fut gentilhomme du prince de Nassau, capitaine de ses gardes. Cette famille, dont les alliances sont illustres, a donné des officiers distingués, des gouverneurs de provinces et de places, et un évêque. *Écartelé, aux 1 et 4 contre-écartelés d'argent et de sable, qui est de* COLLA ; *aux 2 et 3 d'argent, à trois bandes de gueules, chargées chacune d'une étoile d'or ; au chef d'azur, chargé d'un lion issant d'or ; adextré d'une étoile du même,* qui est de PRADINE.

Pithon-Curt ( *Histoire du comté Venaissin* , tom. IV, p. 440), donne à cette famille, qu'il nomme *Colas* , des armes différentes à l'occasion du mariage de Jeanne–Élisabeth Colas, fille d'Antoine Colas, président du parlement d'Orange , avec François Fournier de Carles, sieur de Pradine. *De sable, au lion d'or ; au chef d'azur , chargé d'une colombe essorante et contournée d'argent.*

DE COLLARDIN ou COLARDIN, seigneurs de Bois-Olivier, en Normandie. Cette famille portait originairement le nom de *le Large* , l'un des plus anciens de la province de Bretagne. Evrance le Large, fils de Raoul ou Rodulphe le Large , fut, vers 1065, un des barons signataires d'une charte de Conan, comte de Bretagne. Bardoul ou Bardouf le Large fut , en 1172 , un des seigneurs bretons qui se croisèrent pour la Terre-Sainte.

Jean le Large, successivement écuyer et chevalier, servit long-tems le roi Charles VII , sur terre et sur mer. Attaché par l'amitié et par la valeur à un brave capitaine de marine , nommé *Collardin* , il se fit son frère d'armes et prit son nom. Cette commutation n'ayant point été confirmée par lettres-patentes , pensa nuire à sa postérité, surtout quand s'y joignirent des revers de fortune et l'exercice de quelques charges municipales ou judiciaires, qui, sans emporter dérogance, n'étaient néanmoins exercées, le plus communément , que par la simple bourgeoisie. Cette famille, ayant été inquiétée dans sa noblesse , sous ces deux prétextes , elle y fut maintenue par jugement des maîtres des requêtes de l'hotel du roi, du 23 avril 1636, sur preuves remontées à l'an 1430 ; et par arrêt de la cour des aides de Rouen, du 8 mars 1672 , qui remonte les preuves de cette famille jusqu'à l'an 1392. Antérieurement , elle avait été maintenue dans sa noblesse de race, par M. de Boissy, l'an 1598 *D'azur, à la fasce d'or, accompagnée en chef à dextre d'une fleur de lys, et à senestre d'un besant , le tout du même.*

III. 20

DE COMARQUE , en Périgord. Cette maison , qui est
d'origine chevaleresque, et l'une des plus anciennes de
cette province, est connue depuis le milieu du XII<sup>e</sup>. siècle. Suivant l'opinion la plus commune, elle a pris son
nom du château de Comarque (1) qui appartenait à la
maison de Beynac, dès le XIII<sup>e</sup>. siècle, et qui, suivant
quelques généalogistes, lui avait été porté en mariage, dès
le siècle précédent, par l'héritière de la branche ainée de
la maison de Comarque. D'autres prétendent, au contraire, qu'elle a la même origine que l'illustre maison
de Beynac , et qu'elle en est une branche séparée depuis
plus de 600 ans. Quoi qu'il en soit de cette origine, que
l'éloignement des tems et le manque de monuments ne
permettent pas d'éclaircir, il est certain, comme il a été
dit, qu'il se trouve des preuves de l'existence de cette
maison , dès le XII<sup>e</sup>. siècle ; et il est constaté d'ailleurs
que sa filiation suivie remonte au milieu du XIII<sup>e</sup>. siècle.
On trouve un Hélie de Comarque, abbé de Tourtoirac,
qui transigea avec l'abbé d'Uzerche, en 1154. Le même
ou un autre de même nom, vivait en 1190. Géraud de
Comarque, chevalier, assista, comme témoin, à une
donation que Mainard de Beynac, chevalier, fit vers l'an
1250, à Guillaume des Estres. Un autre Gérard de Comarque, damoiseau, ( peut-être fils du précédent), fut
garant d'un accord fait en 1289, entre Gaillard de Beynac, chevalier, et Guillaume de Sendrieux, damoiseau.
Adémar de Comarque, chevalier, vivait en 1295, 1296
et 1299. Hélie de Comarque, damoiseau, son frère, vivait
aux mêmes époques (2).

La filiation est suivie et prouvée littéralement, depuis
Aimery de Comarque, damoiseau, marié avant l'an 1300,

---

(1) Il y en a qui écrivent Commarque.

(2) On lit dans l'histoire des Troubadours, que Marie
de Brabant, épouse, en 1274, du roi Philippe le Hardi,
aimait les poëtes et cultivait la poésie ; elle aida elle-
même un fameux barde, nommé *Ly Roix Adenez*, à
mettre en ordre le roman de Cléomadez. Le même poëte
avait mis en rithme les beaux faits des anciens chevaliers, entr'autres, d'Ogier le Danois, de Bertrand du
Bois, et de *Buénon de Commarchis*.

avec demoiselle Bertrande de Lavergne, qui le rendit père de Raoul ou Radulphe, dont la postérité subsiste encore de nos jours.

Cette maison a formé plusieurs branches, dont les principales sont : 1° celles de Beyssac et Laussel, éteintes; 2°. d'Alas, nommée ensuite Sinhac et Monsac, et aujourd'hui la Bourgonie ; 3°. la Génébre ; 4°. Sigonhac et Pechgaudou, etc. Elle a produit un capitaine de Turenne, dans le quinzième siècle ; un chevalier de l'ordre du Roi, dans le siècle suivant, un gentilhomme de la chambre de Stanislas, Roi de Pologne, un chevalier de Malte et un grand nombre d'officiers supérieurs et autres, et plusieurs chevaliers de Saint-Louis ; elle a pris ses alliances dans les maisons d'Abzac, d'Apremont, de Beaupoil-Saint-Aulaire, de Bermond, de Bosredon, de Campnhac, de Carbonnières, de Chaumont, de Cugnac, d'Escodeca-de-Boisse, de Saint-Exupéry, de Faucher-Sainte-Fortunade, de Foucauld-Lardimalie, de Gontaut-Saint-Geniès, de Guerre, de Guischard, de Jaubert, de Larmandie, de Laurière-de-Lanmary, de Machat, de Montalembert, de Montardit, de Montesquiou, de Roquefeuil, de Touchebœuf, de Vassal, etc.

*Armes* : d'or, à l'arche d'alliance d'argent.

LE COMPASSEUR DE COURTIVRON, en Bourgogne ; très-ancienne noblesse originaire du Roussillon, qui s'est établie en Champagne, et de-là en Bourgogne, depuis plus de trois siècles. Ses membres ont été reçus à la chambre de la noblesse de cette province, en 1577 et années suivantes. ( *Voyez l'Armorial général de Bourgogne.* )

La noblesse de cette famille et sa filiation jusqu'à ce jour, remontent, par titres authentiques, vérifiés en la chambre de comptes de Bourgogne, à Bernard *le Compasseur*, qualifié *Miles* dans un acte de 1390.

*La Roque*, dans son Traité de la Noblesse, page 143, à l'article des Maisons de Champagne, qui avaient conservé le privilège d'anoblir par le ventre, rapporte une sentence de bailliage de Troyes, du 25 février 1481, qui déclare Pierre *Lebey*, noble du côté de *Simonne le Compasseur*, son aïeule maternelle. Simonne le Com-

III.                                                    20 * passeur avait épousé, le 12 juillet 1393, *Jean Frottier*, sénéchal de Barres.

Cette famille s'est constamment distinguée dans la magistrature et dans les armes, où ceux de ce nom ont occupé des charges de conseillers d'état, présidents à mortier, et compte dans l'armée plusieurs colonels, officiers supérieurs et chevaliers de Saint-Louis.

*Gaspard le Compasseur, marquis de Courtivron*, aide-maréchal-général des logis de la cavalerie des armées du Roi, mestre-de-camp et chevalier de Saint-Louis, servait en Bohême, sous les ordres du maréchal de Saxe, en 1742. Chargé par le maréchal d'investir le château de Frauenfeld, avec 400 hommes, il rendit compte au maréchal que la garnison était très-nombreuse, et qu'il avait exécuté ses ordres. Le maréchal lui écrivit ce billet mémorable : *A gens de cœur, courtes paroles ; qu'on se batte ; j'arrive, mon cher Courtivron.* (*Maurice de Saxe.*) Le marquis de Courtivron répondit énergiquement à ce billet ; le maréchal trouva, à son arrivée, la garnison composée de 4000 Croates, qui capitulait. (*Voy. hist. du maréch. de Saxe, par d'Espagac.*)

Le marquis de Courtivron, blessé grièvement dans la campagne suivante, se retira du service, et fut reçu membre de l'académie des sciences de Paris, en 1744.

Les terres et seigneuries de Courtivron, de Tarsul et dépendances, au bailllage de Dijon, furent érigées en *baronnies* par lettres de *Henri IV*, données au camp devant Dijon, le 20 juillet 1595, en faveur de *Claude-François le Compasseur* de Crequi-Montfort, baron de Ventoux, etc., en récompense des services qu'il avait rendus, nommément à la réduction de la ville et du château d'Auxonne. Les mêmes seigneuries furent érigées en *marquisat*, par lettres de 1698, registrées au parlement, la même année, et le 1er. juillet à la chambre des comptes de Bourgogne, en faveur de *Jean le Compasseur* de Courtivron, président à mortier, au parlement de Dijon, qui avait épousé *Charlotte de Clermont-Tonnerre*, sœur du *maréchal*, duc de *Clermont-Tonnerre*.

Cette famille compte plusieurs chevaliers de l'ordre de Malte, depuis 1660. Elle a également fait ses preuves dans les chapitres de Château-Châlon, et d'Alix.

*Armes :* d'azur, à trois compas d'or ouverts.

DE CULLON, ou DE CULON, seigneurs de Villar-son, de Clerfond, de Sevry de la Chevalerie, de Lan-connière, de Chambon, etc. etc., en Berry, famille des plus anciennes et des plus distinguées de cette province, où elle est connue depuis le milieu du douzième tems, auquel vivaient ( en 1147 ) Jean de Cullon et demoiselle Tristan, son épouse. Selon l'expédition du 4 février 1790, des preuves qu'elle a faites pardevant M. Chérin, généalogiste des ordres du Roi, elle établit, par titres, sa filiation depuis Jean de Cullon, écuyer, qui, conjointement avec Louis de Culon, son fils, acquit, l'an 1364, de Philippe de Villelume, une dîme située dans la paroisse de Marcilly. Leurs descendants ont successivement suivi le parti des armes, soit dans les bans et arrières bans, soit dans les compagnies d'ordonnance, soit, enfin, dans les régimens, depuis leur formation, où plusieurs sont parvenus à des grades supérieurs, et ont été décorés de la croix de Saint-Louis. Ils ont formé des alliances directes avec les maisons d'Anjoran Damazy, Bar-Buranlure, du Bois, de Châtelus, Cossigny, Courtenay, Cresancy, Damoiseau, Estampes, la Ferté, Nabert, Matignon, la Rivière-la-Garde, le Tellier, Tizard de Belliers, Vaux du Breuil, Villelume, etc.

XI. Jean-Armand de Cullon, chevalier, seigneur de Brandy, Villarson, Clerfond, et autres lieux, issu au onzième degré de Jean de Cullon, vivant en 1364, fut aide-de-camp des armées du Roi, en 1697, et fut maintenu dans son ancienne extraction, par ordonnances du 8 décembre 1708, et du 8 février 1715. Il avait épousé, en 1698, Marguerite le Sellier, dame de Lauconnière. Il en eut entr'autres enfants :

1°. Louis, qui suit :
2°. Alexandre de Cullon, auteur du Rameau de Clerfond, rapporté ci-après.
3°. Georges de Cullon, capitaine au régiment d'Orléans, chevalier de Saint-Louis, tué à la bataille de Lawfeld, en 1747.
4°. Louis Albert, auteur de Rameau de Villars rapporté plus loin ;
5°. Plusieurs filles, élevées à Saint-Cyr.

XII. Louis *de Cullon*, chevalier, seigneur de Brandy et de Lauconnière, épousa Marie-Anne-Samuelle-Charlotte-Guillemettre de Rancher de la Ferrière, dont il eut :

XIII. Louis-Antoine *de Cullon de Blandy*, marquis de Lauconnière, né le 26 mai 1744, capitaine au régiment de Montecler, dragons, le 29 décembre 1766. Il s'est marié.

### Rameau de Clerfond.

XII. Alexandre *de Cullon*, chevalier, seigneur de Clerfond, enseigne au régiment des gardes françaises, puis capitaine au régiment des Hayes, infanterie, épousa Marie-Anne de Quintin, dont sont issus :

1°. Jean-Jérôme, qui suit ;
2°. Alexandre de Cullon, mort sans enfans.

XIII. Jean-Jérôme *de Cullon*, chevalier, seigneur de Clerfond, officier au régiment d'Eu, a épousé Marie le Teinturier, de laquelle il a eu

XIV. Pierre-Alexandre *Cullon de Clerfond*, existant à la Châtre.

### Rameau de Villarson.

XII. Louis-Albert *de Cullon*, chevalier, seigneur de Pallas et de Villarson, colonel d'artillerie, chevalier de Saint-Louis en 1747, épousa Marie-Jeanne de la Vernée dont il eut :

XIII. Jean-Baptiste-Pierre-Paul, comte *de Cullon Villarson*, officier d'artillerie, chevalier de Saint-Louis. Il a émigré, s'est offert pour otage de Louis XVI, en 1791, et a servi dans les armées alliées. Il a épousé Anne-Elisabeth-Lucienne de Saint-Martin. De ce mariage sont nés :

1°. Louis-Albert de Cullon Villarson ;
2°. Jean-Jacques de Cullon Villarson.

*Armes* : de gueules, au chef cousu d'azur, chargé de trois targes ou boucliers antiques d'argent.

*Nota.* En 1774, une branche, séparée depuis plusieurs siècles de la tige commune, subsistait en Bourgogne sous le nom de *Culon d'Arcy.*

DE CONAN, en Périgord : maison noble et ancienne, originaire de Bretagne (1), où elle est connue par d'anciens rôles de montres, et des quittances de gages militaires, depuis le XIV<sup>e</sup>. siècle ; elle remonte en filiation suivie et prouvée littéralement, à

Thibaud de Conan, I<sup>er</sup>. du nom, damoiseau, seigneur de Conezac, capitaine du château de Nontron en Limousin, vivant dans le XV<sup>e</sup>. siècle. Il paraît qu'il était attaché à la personne de Jean de Bretagne, comte de Penthièvre, et qu'il l'accompagna dans ses expéditions, puisque dans une donation que ce prince lui fit le 18 janvier 1422, (v. st.), il lui donne le titre de *son écuyer*. Le même prince l'attira, et l'engagea à se fixer dans quelqu'une des seigneuries de sa domination, en lui donnant laca pitainerie de Nontron, et lui procurant un mariage très-avantageux ; car il épousa avant l'an 1438, Agnès de Maumont, fille de Jean, seigneur de Maumont, riche héritière, qui lui apporta plusieurs seigneuries considérables, telles que Conezac, Hautefaye, Montbrun, etc., qui ont passé à ses descendants. Cette dame rendit hommage, étant veuve, pour la première de ces terres, le 24 avril 1464, à Alain d'Albret, comte de Périgord, et vicomte de Limoges. Elle fit donation de la terre d'Hautefaye, le 5 septembre 1467, à Hélie de Conan, son fils, pour l'aider à continuer ses études en l'université de Paris ; et testa le dernier d'avril 1476. Elle avait eu plusieurs enfants de son mariage, entr'autres Guillaume et Jean de Conan, mariés en 1481, à Jeanne et Anthonie Vigier, sœurs, demoiselles de Saint-Mathieu. Le premier mourut sans postérité, et Jean fut père de Simon de Conan, qui a continué la descendance.

Cette maison a produit un capitaine de Nontron, et un autre du château du Hà, à Bordeaux, tous deux dans le XV<sup>e</sup>. siècle ; plusieurs hommes d'armes, nombre d'officiers de tout grade, et des chevaliers de Saint-Louis, etc. ; et s'est alliée aux maisons et familles d'Aimery-du-Chastaing, de Beaupoil-de-Saint-Aulaire, du

_____

(1) La prétention de cette maison est de tirer son origine des anciens ducs de Bretagne.

Breuil-de-Théon, de Brie, de Campniac, de Dexmier, de Feydit, de Laporte, de Maumont, de Paute, de Pindray, de Raymond-de-Narbonne, de la Romagère, de Véra, de Vigier, etc.

Les seigneurs de Conan étaient titrés *marquis de Conezac* et barons de Montbrun, et prenaient depuis près de deux siècles, la qualité de *hauts et puissants seigneurs.*

Armes : *d'argent à trois roses de gueules, posées deux en chef et une en pointe.*

**CONCRESSAULT.** *Voyez* BERRY.

**COQUELEY** : famille de Bar-sur-Seine, anoblie par la charge de conseiller au parlement de Paris, que Lazare et Jean Coqueley, père et fils, ont obtenue par la faveur de la maison de Guise ; le père fut un ligueur forcené, qui fut député du parlement de Paris près la cour de Rome, en 1589. Voyez l'histoire de la ligue, par le père Maimbourg, tome II, livre III, page 186 de la troisième édition. *Écartelé aux 1 et 4 de sable, à la croix engrêlée d'argent ; aux 2 et 3 d'azur, à un chevron d'or, accompagné de trois besants du même.*

**COQUELIN**, à Besançon : famille anoblie en 1592, autorisée par lettres-patentes de l'an 1633, à quitter son nom de Coquelin pour prendre celui du village de Germigney, dont elle avait acheté la seigneurie. Elle a été reçue à Malte, en 1705, et à Saint-Georges en 1738. Elle a été décorée du titre de marquis, par lettres du mois de décembre 1717, et a donné plusieurs capitaines au service du roi. *D'azur à deux licornes d'or, affrontées, armées d'argent, les cornes passées en sautoir.*

**DE COQUEREL**, seigneurs de Béverennes, en Provence, famille ancienne originaire de Picardie, qui descend de César Coquerel, gouverneur du château de Péronne, auquel le roi François Ier. écrivit le 1er. avril 1523, une lettre par laquelle Sa Majesté lui marquait de remettre son gouvernement au sieur de Villecourt, pour y commander en son absence, et de se rendre auprès de sa personne, parce qu'elle voulait se servir de lui dans l'expédition qu'elle projetait contre l'Italie ; ce prince lui permit, par lettres données au camp devant Pavie, le 22 novembre 1524, de porter la fleur de lys dans ses armes, en considération des services qu'il lui avait rendus. Il eut de Marianne de Grand-Moulin, sa femme, Claude Coquerel, qui fut porte-manteau du roi. Ce dernier eut deux fils, Charles et Jean de Coquerel ; Charles a fait tige dans le Boulonnais, et Jean fut gentilhomme ordinaire de la maison du roi, et son porte-manteau. Il a servi en cette qualité sous trois rois, savoir : Henri III, Henri IV et Louis XIII. Il se retira à Toulon, en Provence, où il se maria avec Victoire de Marin, en 1603. Ses enfants continuèrent la descendance. *De sinople, à un coq d'argent, crêté, becqué, barbé et membré de gueules, surmonté d'une fleur-de-lys d'or.*

DE CORIOLIS, barons de Limaye, seigneurs de la Bastide, en Provence, famille très-ancienne, originaire de la ville d'Aix, qui prouve sa descendance depuis Jean de Coriolis, assesseur de cette ville en 1487 et 1494, dans un tems où ces magistrats précédaient les premiers consuls. Il avait été désigné pour avoir un office de conseiller au parlement ; mais, ayant supplié le roi de le dispenser de cet emploi à cause de son grand âge, Sa Majesté en pourvut Toussaint de Coriolis, l'un de ses enfants. Il eut de Marguerite de Villeneuve, sa femme, Toussaint, Honoré, Louis, Antoine et Jean de Coriolis, qui ont fait plusieurs branches ; Louis de Coriolis, président au parlement en 1568, exerça cette charge avec autorité, et s'acquitta avec vigueur des commissions qu'il eut pour pacifier une infinité de désordres mus, à l'occasion de la ligue, dans les villes d'Aix, d'Arles, de Draguignan, de Brignole, d'Hières et autres. Lors de la ligue, il se retira à Pertuis, avec une partie des officiers du parlement, qui y composèrent une chambre où il présidait, tandis que l'autre partie tenait pour la ligue ; et là, conformément à la loi salique, il fit proclamer Henri IV légitime successeur à la couronne de France, ensuite il fit prêter le serment au gouverneur de la province, aux évêques, aux gentilshommes et aux corps des communautés qui se trouvèrent assemblés en *corps d'état*. Ces mêmes états, en reconnaissance de ses importants services, délibérèrent de supplier le roi de lui donner la charge de premier président ; mais Sa Majesté avait déjà disposé de cette charge. Louis de Coriolis qui, par ses grands services, croyait l'avoir mérité, préférablement à tout autre, ne voulut plus entrer au parlement, et se retira à Avignon, où il mourut en 1600. Il fut marié quatre fois, et n'eut d'enfants mâles que de Marguerite Roland sa troisième femme. Cette famille s'est illustrée par ses emplois et par ses alliances, et elle a donné quatre présidents à mortier et trois conseillers au parlement, etc. *D'azur, à deux chevrons d'or, accompagnés en pointe d'une rose d'argent.*

DE COSSON, en Périgord : famille noble et ancienne, qui tire son origine de la Saintonge, et dont la filiation remonte à :

Pierre de Cosson, écuyer, seigneur de la Plante et de l'Estang, mort avant l'an 1541 ; lequel avait eu de son mariage avec Marie d'Arnaud, trois fils ; 1°. Foucaud, qui suit ; 2°. Laurent, colonel d'un régiment de gens de pied, mort avant l'an 1588, sans laisser d'enfants de Jeanne de la Roche, sa femme, fille de Jean de la Rochebeaucourt, seigneur de Soubran, en Saintonge, chevalier de l'ordre du roi, etc., et 3°. Jérôme de Cosson.

Foucaud de Cosson, écuyer, seigneur de l'Estang, épousa en 1541, Louise Texier, fille de Gédéon, écuyer, seigneur de Saint-Sulpice ; dont il eut entr'autres enfants :

Claude de Cosson, écuyer, seigneur de l'Isle, commandant pour le roi dans le château et ville de Mussidan, qui se maria deux fois ; 1°. à Anne Milon ; 2°. en 1596, à Isabeau d'Andraut-du-Petit-Val, et testa le 26 avril 1619.

Jacques de Cosson, écuyer, seigneur de l'Isle, fils et héritier du précédent, habitait ordinairement la maison noble des Léches, près de Mussidan. Il entra jeune au service, et servait encore en 1639 ; fut maintenu dans sa noblesse, par M. de Verthamont, intendant de Guienne, en 1635 ; et laissa de Marie de Chaussade, sa femme, fille d'Hélie de Chaussade, seigneur de Beausoleil et de Jeanne de Barraud, qu'il avait épousée le 14 mai 1626, 1°. Hélie, qui suit ; 2°. Pierre, écuyer, seigneur de la Caze, marié en 1655, à Judith du Rieu, dont na-

quirent deux fils, Salomon et Pierre : le premier est
mort sans postérité ; et le second, qui épousa N........
Muisson, passa en Hollande, où il parvint au grade de
lieutenant - colonel, au service des États-Généraux ;
3°. Jean, auteur de la branche de la Sudrie.

Hélie de Cosson, écuyer, seigneur de l'Isle, du Claux,
et de la Mothe-des-Léches, épousa en 1653, Judith
du Reclus, dont il eut entr'autres enfants :

Jean de Cosson, écuyer, seigneur de la Chapelle, de
l'Isle et des Léches, qui, de Claire de Masparault, sa
femme, fille de Godefroi de Masparault, seigneur de
Longa et de Saint-Louis, et de Marguerite de Boissières,
qu'il avait épousée en 1689, laissa un fils unique, Godefroi de Cosson, titré marquis de l'Isle, seigneur de
Saint-Louis, gentilhomme de la chambre de l'électeur
de Bavière, mort sans postérité.

La branche de la Sudrie, qui subsiste encore, a été
formée par Jean de Cosson, écuyer, seigneur du Claux,
troisième fils de Jacques de Cosson, seigneur de l'Isle ;
il forma deux alliances : la première en 1655, avec
Jeanne du Rieu ; et la seconde avec N..... de Chantemerle, dame de Montsec. Il laissa de cette dernière :

Salomon de Cosson, écuyer, seigneur de la Sudrie,
marié à N...... demoiselle de Gamanson ; il est aïeul de
MM. de Cosson de la Sudrie et du Châtenet.

Armes : *d'azur, à une colombe d'argent, posée sur un
croissant du même, et surmontée de deux étoiles d'or.*

DE COTTEBRUNE, maison chevaleresque de Franche-Comté, éteinte depuis plusieurs siècles. Elle tirait
son nom d'une terre située dans le diocèse de Besançon,
qui lors de l'extinction de cette famille est passée dans
celle de Nardin. *De gueules, au sautoir d'or.*

DU COUÉDIC DE KERGOUALER ET DE KERBLEIZEC,
comtes et vicomtes du Couédic, maison d'ancienne chevalerie de Bretagne, qui réunit aux caractères de la plus
haute antiquité, l'avantage bien plus précieux de cons-
tater son origine et sa noblesse depuis le douzième
siècle, par une longue continuité de services militaires,
et d'avoir scellé de son sang son dévouement à l'auguste
maison de Bourbon. Ses nombreux services, soit sur

terre ; soit dans la marine, ses alliances avec les familles les plus recommandables, et les possessions considérables qu'elle a eues en Bretagne, lui assignent un rang distingué parmi les illustres maisons de cette province. Elle a obtenu les honneurs de la cour en 1789, en vertu de preuves faites au cabinet des ordres du roi, remontées par filiation à l'an 1370. L'ancienneté de cette maison date de l'an 1185, époque depuis laquelle elle a possédé la terre de Kergoualer.

Charles-Louis, chevalier du Couëdic, chevalier de Saint-Louis, né au mois de juin 1740, officier distingué par ses services dans l'Inde, a immortalisé son nom par le combat mémorable qu'il soutint avec *la Surveillante*, frégate française sous son commandement, contre la frégate anglaise *le Québec*, de même force, capitaine Farmer. Ce combat eut lieu à la hauteur d'Ouessant, le 6 octobre 1779. Il commença à onze heures du matin ; à cinq heures le *Québec* sauta en l'air avec son brave capitaine, qui avait refusé le secours d'une chaloupe où il fit embarquer ce qu'il put de son équipage. Quatre-vingt-huit anglais seulement échappèrent, et cent quatre-vingt-neuf périrent. La perte des Français fut à-peu-près égale : et sans le secours des Anglais qu'on avait pu sauver, ou qui arrivaient successivement à la nage, la *Surveillante* eût coulé bas par les nombreuses voies d'eau que le canon y avait pratiquées. Le chevalier du Couëdic obtint du roi que ces Anglais ne seraient point considérés comme prisonniers de guerre, mais comme des naufragés à qui l'on doit assistance et protection. En effet, ils furent renvoyés dans leur patrie, comblés de toutes les marques de bienveillance qu'ils devaient attendre d'un ennemi généreux. Ce combat, admiré de toute l'Europe, fit époque dans les fastes de la marine. Louis XVI nomma le chevalier du Couëdic capitaine de vaisseau, et le combla de témoignages de satisfaction ; mais cet officier survécut peu de tems aux blessures graves qu'il avait reçues dans ce combat, et mourut à Brest, le 7 janvier 1780, emportant l'estime et les regrets de la patrie. Le roi ordonna l'érection d'un monument funèbre où ses cendres furent déposées. On y grava, par son ordre, ces paroles du monarque lui-même. *Jeunes élèves de la marine, admirez, imitez l'exemple du brave du Couëdic, premier lieutenant des gardes de la marine.* S. M. accorda un pension de 2000 livres à sa veuve, reversible à ses enfants, et à ceux-ci, au nombre de trois, un fils et deux filles, une pension de 500 livres pour chacun. Le fils, actuellement lieutenant-colonel du régiment des dragons de la Saône, a fait les campagnes de l'armée de Condé, en qualité d'officier d'ordonnance du duc d'Enghien. Deux neveux du capitaine du Couëdic combattirent vaillamment sous ses yeux. L'un fut tué en 1780, en sautant à l'abordage de la frégate anglaise *la Flora*; l'autre a péri à l'affaire d'Auray, en 1815, combattant pour la cause royale. Chárles-Louis, vicomte du Couëdic, fils du commandant de *la Surveillante*, fit les campagnes de l'armée de Condé. Il est aujourd'hui lieutenant-colonel des dragons de la Saône. Cette famille respectable compte encore plusieurs autres officiers supérieurs. On peut en consulter la généalogie détaillée dans le tome XVII, du nobiliaire universel de France.

Les éditeurs de la Biographie des hommes vivants ont avancé que l'auteur du tableau géographique de la puissance civile et militaire de la nation française (1791), Pierre du Couëdic, était de cette famille. On croit devoir ici démentir cette erreur, et prévenir que la famille du Couëdic de Kergoualer et de Kerbleizec, est la seule noble, de ce nom, en Bretagne. *D'argent, à une branche de chéne de trois feuilles d'azur en fasce.*

COURTOT DE SAINT-GAND, en Franche-Comté, famille anoblie au commencement du siècle dernier, par une charge de conseiller à la chambre des comptes; il n'en reste qu'une postérité feminine. *Coupé d'or et de sable, au lion de l'un à l'autre, au chef d'or, à l'aigle éployée de sable.*

Ces armoiries sont ainsi blasonnées dans les lettres de noblesse accordées par Charles-Quint, le 12 août 1530, à Pierre Courtot, dont le sieur de Saint-Gand prétendait descendre.

DE COUSSOL, famille issue d'ancienne chevalerie de l'Armagnac, où elle réside encore de nos jours. Les preuves qu'elle a faites en 1783, au cabinet des ordres du roi, pour le service militaire, en remontent la filiation à Armand de Coussol, seigneur de Marsan, d'Esparsac et de la Pailhère, vivant en 1317. Elle a produit des officiers distingués, la plupart décorés de l'ordre royal et militaire de Saint-Louis. *D'or, à la vache de sable ; au chef d'azur, chargé de trois étoiles d'argent.*

DE COUTRAY DE PRADEL, famille noble et ancienne, originaire de Gascogne, qui de tout tems s'est fait remarquer par son dévouement au service de nos rois. Elle a pour auteur noble Jean de Coutray, seigneur de Pradel, vivant en 1530. Ses descendants ont servi dans les ordonnances ; et depuis la formation des régiments, ils ont donné des officiers de tous grades, la plupart décorés de l'ordre royal et militaire de Saint-Louis. *D'or au chevron d'azur, accompagné de trois faucons essorants de sable.* Couronne de comte. Supports. Deux griffons.

DE CRAMANT, à Permes, en Franche-Comté, famille maintenue dans sa noblesse par arrêt de la chambre des comptes de Dôle, le 14 mai 1699. *De gueules à la fasce d'or, pliée en chevron renversé au centre, accompagnée en chef des deux étoiles du même.*

DE CRESTIN, famille noble de Franche-Comté, où elle réside encore de nos jours.

I. Claude CRESTIN D'ARGELET, servit, en 1535, l'empereur Charles-Quint au siége de Turin. Ses enfants furent :

    1°. Abraham, qui suit ;
    2°. Jeanne, alliée avec noble Gilbert Courdier de Nozeroi ;

II. Abraham DE CRESTIN, qualifié noble et écuyer, était, en 1582, gouverneur de la justice et prévôté d'Orgelet ; et de 1585 à 1593, il fut maire de la même ville. Il épousa Jacqueline, fille de noble Claude *des-Bordes*, écuyer de l'écurie du roi, seigneur du Châtelet, en Bresse, et de Barbe de Bussy. De ce mariage vint :

III. Philibert DE CRESTIN, seigneur de la Ferté dans la terre de Saint-Claude. Il s'allia avec Loïsa *Meynier*, fille de noble Jean Meynier, seigneur de la Salla, et de Victoire-Claudine de Millet. De ce mariage vinrent :

1°. Ferdinand, seigneur de la Ferté, allié avec Jeanne Pariset, fille de noble Claude Pariset et de Jeanne Vuillot. Il eut pour fils Otherin, seigneur de la Ferté, qui fut assassiné le 23 décembre 1640, il avait fondé les Carmes de Saint-Claude, qui héritèrent de lui ;

2°. Claude, dont l'article suivra ;

3°. Christienne, qui s'allia avec noble Sébastien de Charnage.

IV. Claude DE CRESTIN fut lieutenant des troupes des ville et terre de Saint-Claude, par brevet du 14 septembre 1617. Il fut, pendant la guerre contre les Suédois, en 1636 et 1637, adjudant du comte de Watteville, qui commandait les troupes de la province. Il mourut en 1651 ; il avait épousé, le 11 octobre 1608, 1°. Anne *Maillet*; 2°. le 20 avril 1632, Pernette *Bunod*, fille noble de Jean Bunod, procureur du roi à Orgelet, et secrétaire de leurs altesses sérénissimes. Ses enfants furent :

*Du premier lit :*

1°. Jean-Baptiste, qui fut un officier au service d'Espagne, et mourut à Naples sans alliance ;

2°. Africain, qui fut officier au service d'Espagne, et servit en Italie ; il épousa, en 1644, Philiberte Piard, dont il eut plusieurs enfants. Le dernier rejeton de cette branche est Marie-Josephe Crestin, alliée avec Claude-François-Gabriel Crestin, dont il sera parlé ci-après;

*Du second lit :*

3°. Jean, dont l'article viendra ;

4°. Sébastien, mort en bas âge ;

5°. Michel-Ange, mort sans alliance ;

6°. François, né le 17 mai 1640, mort diacre ;

7°. Antonia-Gasparde, morte en bas âge ;

8°. Henriette-Claudine, religieuse à Saint-Amour.

V. Jean DE CRESTIN, naquit à Orgelet, en 1634, et mourut à Saint-Claude le 29 novembre 1709. Il avait épousé, à Saint-Amour, le 28 octobre 1664, Gabrielle *de Branges*, fille de noble Claude de Branges, et de Louise Benoît. Leurs enfants furent :

1°. Alexis, dont l'article suivra ;
2°. Gaspard, qui a formé une branche rapportée
plus bas ;
3°. Claude-Joseph, prêtre.

VI. Alexis DE CRESTIN, naquit à Saint-Claude, le
29 mai 1679 ; il fut docteur ès-droits, et mourut le
22 janvier 1723. Il avait épousé, le 16 mai 1719, Marie-
Josephe *de Grivel*, fille de noble Christophe de Grivel,
de Lons-le-Saulnier. Les enfants ce mariage furent :

1°. Christophe, dont l'article viendra ;
2°. Joseph-Gabriel, docteur de Sorbonne, chanoine et grand-vicaire à Nanci et à Auch, et
prieur de Graville, mort en 1785.

VII. Christophe DE CRESTIN, naquit le 19 décembre
1720, et mourut le 4 août 1786. Il fut garde du corps
du roi, puis officier de cavalerie au régiment de Bour-
bon-Busset ; il fit toutes les campagne de Flandre, et
se trouva aux batailles de Fontenoy, Lawfeld, Rau-
coux, etc., etc. Il s'allia, le 9 mai 1757, avec Marie-
Françoise, fille d'Alexis *Buyard de la Ferté*, grand-juge
à Saint-Claude. Leurs enfants sont :

1°. Jean-Baptiste-Denis, docteur en Théologie,
chanoine de l'insigne église métropolitaine de
Besançon, qui a émigré en 1792 ;
2°. Jean-Joseph, dont l'article viendra ;
3°. Aléxis-Ignace, né le 19 décembre 1763 ; il
servit dans la marine royale, où il fut admis
le 10 février, 1780, comme aspirant-garde de
la marine ; le 11 juillet 1781, il fut employé en
qualité de garde de la marine et créé lieutenant
de vaisseau, par brevet du 25 octobre 1787 ;
il fit les campagnes de l'Inde et de la Chine,
sur la frégate la Résolution, commandée par
M. d'Entrecasteaux, qui, ayant été nommé au
gouvernement général des îles de France et de
Bourbon, le choisit pour son aide de camp. Il
partit de Brest, sur la frégate la Recherche,
pour aller à la découverte de M. de la Pérouse ;
et, après un voyage de près de trois ans, pendant
lequel il avait été créé chevalier de l'ordre royal

et militaire de Saint-Louis, il débarqua dans l'île de Java, et mourut à Batavia, en juillet 1794, au moment où il se disposait à revenir en Europe, pour rendre compte au roi de cette expédition; il était alors commandant en second de la Recherche, qui, après la mort de M. d'Entrecasteaux, était commandée par M. d'Auribeau.

VIII. Jean-Joseph DE CRESTIN, né le 5 mai 1762, était élève de l'école royale et militaire de Brienne; il fut admis, en 1779, dans le corps de l'artillerie; et créé capitaine au régiment d'Auxonne, le 1er. mai 1789; émigré en 1792, il a fait cinq campagnes dans les armées royales; le 20 mars 1816, il fut nommé commandant des gardes nationales de l'arrondissement de Saint-Claude, et le 3 janvier 1817, attaché à l'état-major-général de l'artillerie à Entrivaux (Basses-Alpes); il est chevalier de l'ordre royal et militaire de Saint-Louis.

### SECONDE BRANCHE.

VI. Gaspard DE CRESTIN, second fils de Jean et de Gabrielle de Branges, né le 1er. décembre 1682, fut licencié ès-lois. Il s'allia, en 1709, avec Anne-Catherine *Nicod de la Ferté*, dont il eut:

1°. Jean-Baptiste-Gabriel, qui suivra;
2°. Philippe-Joseph, mort sans alliance, en 1799; il était alors capitaine de cavalerie et chevalier de l'ordre royal et militaire de Saint-Louis.

VII. Jean-Baptiste-Gabriel DE CRESTIN, né le 26 août 1711, mourut en 1766; il fut maire à Saint-Claude, et épousa Anne-Thérèse *Cuttand*, dont il eut:

1°. Claude-François-Gabriel, qui suit;
2°. Marie-Josephe, morte en bas âge.

VIII. Claude-François-Gabriel DE CRESTIN, né le 23 février en 1743, s'est allié, en 1768, avec Marie-Josephe *de Crestin*, fille de messire Jean-Baptiste de Crestin, seigneur d'Amangé et garde du corps du roi; il est docteur ès-droits, ancien maire de Saint-Claude, et président du tribunal de cette ville. Il a de son mariage:

IX. Jean-Baptiste-Joseph DE CRESTIN, né à Saint-Claude, le 11 novembre 1769; qui fut maire de cette ville. Il a été nommé par le roi, en 1814, sous-préfet de son arrondissement, et a de son mariage avec Eugénie *Nicod*:

Anne-Léon, né le 21 novembre 1803.

*Armes*: de sable, au chevron d'or accompagné de trois larmes d'argent.

DE CROSE, seigneurs de Fos et de Lincel, en Provence, famille qui a pour auteur Esprit de Crose, conseiller au parlement en 1577. Marc-Antoine, son petit-fils, est mort conseiller en la chambre des comptes, et dans le même office que son père avait exercé. Cette famille a contracté de belles alliances, et a donné des conseillers au parlement et à la chambre des comptes, et des officiers supérieurs dans la marine. *D'azur, à trois pals d'or, sommés d'une trangle du même; à trois étoiles aussi d'or, rangées en chef.*

CROSEY, en Franche-Comté, maison chevaleresque, qui a conservé la terre de son nom jusqu'à l'époque de la révolution. Elle est connue depuis Valérius de Crosey, mentionné dans un titre de l'abbaye des Trois Rois de l'an 1133, et établit sa filiation depuis Valentin de Crosey, écuyer, vivant en 1200. *D'argent, à l'ours menaçant de sable.*

CUDEL, famille ancienne de Bourgogne, qui a fourni un grand nombre d'officiers de tous grades, et des chevaliers de l'ordre de Saint-Louis, et dont est issue Louise-Catherine Cudel de Villeneuve, laquelle, après avoir été reçue chanoinesse-comtesse du chapitre noble de Saint-Martin-de-Salles en Beaujolais, qui exigeait huit degrés de noblesse paternelle, et trois de noblesse maternelle, a épousé, en premières noces, Bernard-François-Bertrand, marquis de Picot; et en secondes, Mathurin-Jules-Anne Micault, chevalier de la Vieuville. Voyez *Picot*, dans la première série.

*Armes*: D'azur, à deux bandes d'argent, accompagnées en chef d'une étoile, et en pointe d'un croissant, le tout du même émail.

DE CUERS, seigneurs de Cogolin et de Brunet, en Provence, famille ancienne, originaire de Toulon, qui prouve sa filiation depuis Pierre de Cuers, secrétaire de la reine Jeanne, comtesse de Provence en 1435. Jacques de Cuers a servi plus de cinquante ans dans la marine, après avoir été capitaine d'infanterie et lieutenant de la citadelle de Saint-Tropès; il fut capitaine de vaisseau en 1642, et ensuite chef d'escadre des armées navales du roi; il se signala dans tous les combats, et sauva l'armée navale d'Angleterre par le secours qu'il lui porta contre l'amiral Ruyter, commandant la flotte hollandaise, dont il combattit lui-même le vaisseau amiral qu'il démâta. Cette famille a donné des officiers sur terre et sur mer de la plus haute distinction. *D'azur, à une fasce d'or, accompagnée de trois cœurs du même.* Le roi, en 1651, lui permit d'ajouter un écusson, *d'azur, chargé d'une fleur de lys d'or.*

CULZ, en Franche-Comté, noblesse chevaleresque teinte. *De gueules, à quatre pals d'argent.*

# D.

DAGIEU. Charles Dagieu, fils de Jacques Dagieu, inspecteur-général des milices de l'île de Ré, et petit-fils de Giraud Dagieu, vivant en 1674, fut capitaine au régiment d'Anjou, infanterie, et chevalier de St-Louis. En récompense de 33 années de services militaires et de plusieurs actions de valeur, il fut anobli par lettres-patentes du mois de novembre 1736. *D'azur, à la croix alésée d'argent.*

DE DAILLON, comtes du Lude, par érection du mois de mai 1545, maison d'origine chevaleresque du Poitou, éteinte à la fin du 17e. siècle. Elle a été connue plus particulièrement sous le nom *du Lude,* qui est celui d'une terre en Anjou, qu'elle a possédée pendant plus de trois cents ans; nom qu'elle a illustré par des personnages célèbres. Elle a donné des capitaines de cent hommes d'armes et de 50 et 100 lances; des lieutenants-généraux des armées, des sénéchaux et gouverneurs de provinces; des chevaliers des ordres du Saint-Esprit et de Saint-Michel; des chambellans de nos rois; des conseillers d'état; un grand-maître de l'artillerie de France, créé duc et pair le 31 juillet 1675, mort sans postérité en 1685 ; un évêque de Luçon, commandeur du Saint-Esprit en 1579, nommé ensuite à l'évêché de Bayeux, mort en 1600 ; un évêque d'Agen, puis d'Albi, en 1634, commandeur du St.-Esprit en 1661, mort le 24 juillet 1676. *D'azur, à la croix engrêlée d'argent.*

DALAMEL DE BOURNET, en Vivarais, famille ancienne, dont le chef a assisté à la dernière assemblée de la noblesse de cette province, à Villeneuve de Berg, en 1789. Elle prouve par titres authentiques une filiation suivie depuis noble Claude Dalamel, de la ville de l'Argentière, qui fit un achat de rentes et censives devant Archier, notaire à Joyeuse, le 15 mars 1529. Cette famille a donné un lieutenant-colonel de cavalerie, chevalier Saint-Louis retraité, et plusieurs officiers, dont deux ont payé de leur vie leur attachement à l'auguste maison de Bourbon, ayant été condamnés à mort par le tribunal révolutionnaire. *De gueules, à la bande d'argent, accompagnée en pointe d'un coq chantant sur un mont du même ; au chef cousu d'azur, chargé de trois étoiles d'argent, surmontées d'un croissant du même.*

DALMASSY, noble et ancienne famille, originaire de Piémont, alliée aux maisons de Grimaldi et de Lascaris-Vintimille, et qui s'est distinguée dans les armées et dans le sénat du roi de Sardaigne. Les décisions du président Dalmassy du Faraon sont citées comme autorité, dans les états de ce souverain. Plusieurs membres de cette famille ont été décorés des ordres de St-Maurice et de St-Lazare, et sont qualifiés d'*illustres* dans un acte de prestation de serment de fidélité au duc de Savoie, du 23 août 1497, et dans une transaction du 28 du même mois 1718. D'autres titres de sa noblesse sont déposés en l'étude de M. Marchoux, notaire à Paris. Le chef de la branche établie en France, depuis environ 70 ans, officier de la Légion-d'Honneur, ancien membre de la chambre des députés, a été fait baron, par ordonnance de S. M. Louis XVIII, du 15 août 1819, suivie de lettres-patentes, enregistrées à la cour royale de Paris, le 10 avril suivant. *D'azur, à l'oie d'argent, tenant en son bec une guivre du même, et accompagnée en chef de trois étoiles, posées une et deux.*

DAMEY, à Besançon, famille anoblie par une charge de conseiller à la chambre des comptes de Dôle, acquise en 1720. *Echiqueté d'or et de gueules.*

DAMPIERRE, seigneurs d'Imbleville, de Biville, de Molandin, noblesse d'origine chevaleresque de la province de Normandie, mentionnée dans la Roque, depuis Robert de Dampierre, chevalier, convoqué au ban de la noblesse de cette province, en 1272. *D'argent, à trois fusées de sable.*

DE DAMPIERRE, seigneurs de Millencourt et d'Isangremel, en Picardie, famille qui fut maintenue par arrêt du conseil d'état du roi du 21 mai 1667, sur preuves remontées à Adrien de Dampierre, écuyer, marié le dernier mai 1525 avec Isabeau Bernard. Elle a des alliances distinguées et des services militaires. On la croit une branche puînée de la famille précédente. *D'argent, à trois losanges de sable.*

DAMPIERRE sur Salon, en Franche-Comté, terre qui a donné son nom à une branche éteinte de l'illustre maison de Montbéliard. *De gueules, à deux bars adossés d'or.*

DANCHEL, maison d'origine chevaleresque du Cambrésis, qui a pris son nom d'une terre située à deux lieues de l'abbaye de Femy. Josse Danchel, chevalier, le plus ancien seigneur de cette maison que l'histoire fasse connaître, vivait en 1125. *D'azur, au daim ailé d'or ; à la cotice de sable, brochante sur le tout.*

DANEZEY. *Voyez* HENNEVEL.

DANIEL, seigneurs de Boisdenemetz, de Pernay et de Vauguion, noble et très-ancienne famille de Normandie, qui établit ses preuves filiatives depuis Michel Daniel, écuyer, sieur de Forêt et de Boisdenemetz, lequel comparut, à cause de ses fiefs, accompagné d'un archer et d'un page, à la montre des nobles des bailliages de Rouen, Caux et Gisors, ainsi qu'il appert d'un certificat de Jean de Hangest, chevalier, conseiller et chambellan du roi, commis pour recevoir les montres des nobles de ces bailliages. Cette maison a donné plusieurs officiers-généraux et supérieurs, décorés, et des magistrats distingués au parlement de Rouen. *De gueules ; à la bande d'argent, chargée de trois molettes d'éperon de sable, et accompagnée de deux lionceaux d'or.*

DE DANIEL, seigneurs de Levi-Marin, en Provence, famille dont est auteur Louis Daniel, pourvu d'un office de secrétaire en la chancellerie près le parlement de Provence, le 11 juin 1702. Melchior Daniel, de la ville de Toulon, fut anobli par lettres du mois de mai 1757, registrées le 30 juin 1758. *De gueules, au lion d'or, tenant une épée d'argent, garnie d'or ; au chef cousu d'azur, chargé de trois étoiles d'or.*

DANZEL DE BOISMONT, seigneurs de Lignières, de Breslecourt, en Picardie, famille issue de Nicolas Danzel, sieur de Saint-Marc, anobli, en considération tant de ses services militaires, que de la finance de sept cents écus d'or sol, par lui payés, en exécution de l'édit du mois de juin 1576, par lettres du roi Henri III, datées de Blois, au mois de décembre de la même année. Ce Nicolas Danzel fut homme d'armes des ordonnances du roi, sous M. de Saveuse, et s'allia avec Françoise *de Cahon*, dont il eut Nicolas, Jean, Hugues, Charles et Nicole Danzel. *D'azur, au daim ailé d'or.*

DANZEL DE BEAULIEU, seigneurs de Boffles, de Trionville, d'Auville, en Picardie, famille qui a fait preuve, lors de la recherche, depuis Jean Danzel, écuyer, sieur de Beaulieu, lequel testa le 10 juillet 1543, et fut père de Nicolas Danzel, écuyer, sieur de Beaulieu, guidon de la compagnie d'ordonnance du sieur de Rambures, en 1597, marié avec Jeanne *de Lignières*. Le traitant, ayant produit quelques actes de roture, attribués auxdits Jean et Nicolas Danzel, la famille dénia être issue de ceux qui avaient passé ces actes, et exhiba d'autres titres par production nouvelle. Elle fut maintenue dans son ancienne extraction, par arrêt du conseil d'état du roi, du 10 novembre 1671. *De gueules, au lion d'or.*

DARIE, seigneurs des Fanceaux, en Normandie, famille anoblie par la robe, et originaire du Valois. Un Jacques Darie était, en 1611, receveur de Crépy. Pierre Darie, écuyer, sieur des Fanceaux, receveur des tailles de Caudebec et de Montivilliers, fut maintenu le 6 juillet 1667. *De sable, à l'aigle d'or; au chef cousu d'azur, chargé d'un soleil du second émail.*

DAULÈDE DE PARDAILLAN, famille ancienne de la province de Guienne.; elle a formé deux branches, celle de Lestonac, éteinte en 1748, et celle de Pardaillan, qui subsiste. Sa filiation n'est remontée dans l'Armorial général, que jusqu'à Pierre Daulède, écuyer, seigneur du Cros et de Castelmoron, co–seigneur de Podensac, marié, le 22 novembre 1534, avec Jeanne *de Mailhac*. Cette famille a donné des officiers de divers grades et des magistrats distingués au parlement de Bordeaux. *D'argent, au lion de sable, lampassé, armé et couronné de gueules.* La branche de Lestonac ajoutait une *bordure de sable, chargée de onze besans d'or.*

DAUPHIN, en Auvergne, famille anoblie au mois de mars 1732, pour services militaires et de judicature, dans la personne de César Dauphin, conseiller du roi, président en l'élection de Clermont, et prévôt–général de la basse Auvergne, ci–devant capitaine–aide–major au régiment de Bouzols, cavalerie. *De gueules, au dauphin d'argent, peautré, lorré, crêté et barbé d'azur.*

DAVOUST, noblesse d'ancienne extraction de la province de Bourgogne, où elle est connue depuis le quatorzième siècle. Elle a été maintenue par ordonnance de M. Ferrand, maître des requêtes et commissaire départi en la généralité de Dijon, du 12 mars 1598. Louis–Nicolas. Davoust, pair et maréchal de France, duc d'Auerstaedt, prince d'Eckmühl, est de la même famille. Il porte pour armes : *d'or, à deux léopards lionnés adossés de gueules, tenant chacun une lance polonaise de sable, posés, l'un, au premier, l'autre. au dernier canton ; à la bordure componée d'or et de gueules.* Les armes primordiales de cette maison étaient : *De gueules ; à la croix d'or, chargée de cinq molettes d'éperon de sable.*

DAVY, marquis d'Amfreville, de l'Isle, de Rochefort, de Saint-Malo des Marets, de Freville, famille noble de Normandie, qui, lors de la recherche de 1666, a fait preuve de quatre degrés de noblesse, depuis Regnaud

Davy, sieur de Vierville et du Bois, lieutenant-général du Cotentin, au siége de Carentan. Françoise *du Mesnildot*, sa femme, était veuve de lui le 2 avril 1558. De cette famille est issu l'illustre cardinal Jacques Davy du Perron, grand aumônier de France, archevêque de Sens, commandeur du Saint-Esprit, mort le 5 septembre 1618. Jean Davy du Perron, son frère, lui succéda à l'archevêché de Sens, en ayant été fait coadjuteur dès le mois de décembre 1617; il mourut à Montauban le 24 octobre 1621. La branche des marquis d'Amfreville a donné plusieurs officiers de marque. *D'azur, au chevron d'or, accompagné de trois harpes du même, celles en chef adossées.*

**DAVY DE LA PAILLETERIE**, seigneurs de Touffiéville, de Renneville, etc., en Normandie. La filiation de cette famille est établie depuis Olivier Davy, écuyer, mort avant le 12 mars 1529; père d'un autre Olivier Davy, qui, l'an 1556, déclara qu'il avait pour auteur un anobli, suivant une attestation des commissaires des francs-fiefs, du 11 août 1471. Cette famille a donné des maîtres-d'hôtel de nos rois; des gentilshommes ordinaires de la chambre; un conseiller d'état, etc. *D'azur, à trois aiglettes au vol abaissé d'or, soutenant un annelet du même posé en cœur.*

**DAVY**, sieurs du Bourgueuil, de Vesille, de Bermisson, en Normandie. *D'azur, frété d'or; au chef cousu de gueules, chargé d'un lion léopardé du second émail.*

**DAX**, seigneurs d'Axat, en Languedoc, famille ancienne qui prouve une filiation suivie depuis Arnaud Dax, seigneur d'Axat, de la Serpent, etc., habitant de Carcassonne, anobli le 1er juillet 1457. Il testa le 14 mai 1478. Cette famille a donné deux chevaliers de l'ordre du roi et des officiers distingués; un grand chambellan et grand-prévôt des maréchaux du royaume de Sicile. Antoine Dax, évêque d'Aleth, fit son testament le 10 juin 1567. *D'azur, au chevron d'or, chargé d'une quintefeuille de gueules.*

**DE DÉLAY D'AGIER**, de Blancménil, de la Garde, famille ancienne, originaire du canton de Fribourg, qui paraît être une branche puînée de l'illustre et ancienne maison d'Estavayé. Elle a pour auteur, Guillaume, seigneur d'Assnens, de Portalban et de Délay, qui vivait en 1140. Ses descendants portèrent, pendant sept générations, le nom d'Assnens ; et ce fut Pierre, seigneur de Délay, qui abandonna, vers l'an 1400, le nom d'Assnens, pour adopter exclusivement celui de Délay. La branche de cette famille, qui subsiste en France, s'y est établie depuis le dix-septième siècle. Le comte de Délay d'Agier a été nommé pair de France, le 21 novembre 1819. *D'azur, au lion d'or ; à deux pals du même, brochants sur le tout.*

DE DESIDERY, en Provence, famille qui, selon l'abbé Robert de Briançon et Artefeuil, remonte à Pierre Desidery, qualifié damoiseau, ainsi qu'il appert aux archives du roi, en Provence, registre *Armorum,* fol. 295 ; il vivait vers la fin du quinzième siècle, et eut pour fils, Bertrand Desidery, qualifié noble dans un acte qu'il passa devant Tiranègre, notaire, en 1530. Maynier, p. 63 de son *nouvel État de Provence,* nous apprend que cette famille tire sa noblesse de Bertrand Desidery, conseiller au parlement de Provence, l'an 1569, et de Melchior Desidery, son fils, mort dans le même office. *D'azur, au paon d'or.*

DÉSIGNÉ DE MAIGNY, en Normandie. *D'azur, au faucon d'argent, empiétant une colombe du même.*

DESSOFFY, comtes de Cserneck et de Tarko, magnats de Hongie, noble, ancienne et illustre maison, originaire de Hongrie, où elle possède le comté de Cserneck, depuis le milieu du onzième siècle, et où elle subsiste encore en plusieurs branches. L'une de ses branches s'est établie en France, au dix-huitième siècle, et subsiste de nos jours, en Lorraine. Cette branche a donné un maréchal de camp et plusieurs officiers supérieurs de cavalerie, décorés de l'ordre royal et militaire de Saint-Louis. Charles, comte Dessoffy, né le 3 novembre 1784, chevalier de l'ordre royal et militaire de Saint-Louis, a été chef d'escadron du 10e. régiment de hussards. Il a eu la jambe droite emportée près de Bunzlau, en Silésie, le 19 août 1813 ; et malgré cette blessure grave, cet officier n'a d'autre désir, que d'obtenir l'honneur de servir activement dans les

III. 23

armées du roi. *D'azur, à l'aigle au vol abaissé d'argent, adextrée en chef d'un croissant du même, et senestrée d'une étoile d'or, et accompagnée en pointe d'un sénestrochère armé de toutes pièces, tenant un badelaire d'or.*

DE DESTRECH, en Provence, famille qui a pour auteur, Trofime de Destrech, gentilhomme servant de François, duc d'Alençon, frère unique du roi Henri III. Il obtint des lettres de noblesse du même roi, en 1581. Ses enfants continuèrent la postérité. Cette famille a donné des officiers distingués. *D'azur, à un chevron d'or, accompagné de trois casques d'argent tarés, profil, à la bordure componée d'orel de gueules.*

DEXMIER, maison d'ancienne chevalerie, originaire de l'Angoumois, qui compte pour son premier auteur Foucaud Dexmier, 1er. du nom, seigneur de l'Obroire, vivant en 1082. Elle s'est illustrée dans les armes et par ses alliances avec les principales maisons du Poitou, notamment par le mariage d'Eléonore Dexmier d'Olbreuze, contracté, en 1665, avec Georges Guillaume de Brunswick, duc de Zell et de Lunebourg. Son mari la fit dame de Harbourg, et l'empereur la créa princesse. Elle fut mère de Sophie-Dorothée de Brunswick, mariée à Georges-Louis, électeur d'Hanovre, couronné roi d'Angleterre, en 1714. La maison Dexmier a formé un grand nombre de branches, entr'autres, 1º. les seigneurs de Chenon et de la Coste, éteints en 1763; 2º. les seigneurs du Breuil, de Lavaur et de Chillac; 3º. les comtes d'Archiac, marquis de Saint-Simon; 4º. les seigneurs du Roch; 5º. les seigneurs d'Olbreuze; 6º. les seigneurs du Montet et de la Carlière. Les membres de ces différentes branches ont constamment suivi le parti des armes dans des grades supérieurs; ont donné des capitaines de cent et cinquante hommes d'armes, des gouverneurs de places, des chevaliers de l'ordre du roi, et plusieurs officiers généraux. *Ecartelé d'azur et d'argent; à quatre fleurs de lys de l'un en l'autre.* La branche d'Archiac ajoutait un contre-écartelé *de gueules à trois pals de vair, au chef d'or,* qui est d'ARCHIAC.

DIBOS DE LA GARDE, DE LEUBAYAC, famille connue dans l'ordre de la noblesse du Béarn, depuis le seizième siècle. *D'or, au pin de sinople, accosté de lions affrontés de gueules.*

DIO PALATIN de MONTPEYROUX, en Bourgogne, famille d'ancienne chevalerie, connue depuis l'an 1313, époque à laquelle Guyot de Dio, damoiseau, aux droits d'Alix *Palatine*, sa femme, fit hommage au chapitre de Saint-Jean de Lyon, entre les mains de M. le doyen. C'est depuis cette alliance, que cette maison ajouta à son nom celui de Palatin. Elle a long-tems possédé l'ancienne baronnie de Fléchères, dans la principauté de Dombes. Cette maison a donné des chevaliers de l'ordre du roi; des gentilshommes ordinaires de sa chambre; des officiers supérieurs et de tous grades; un lieutenant-général des armées, mestre de camp général de la cavalerie légère, etc., etc. Jacques de Dio, commandeur de Sainte-Anne et de Laumussa, fut ambassadeur de son ordre, à la cour de France, en 1729. *Fascé d'or et d'azur; à bordure de gueules.*

DODART. Denis Dodart, docteur régent de la faculté de médecine de Paris, membre de l'Académie des Sciences, premier médecin du roi, né en 1634, mort le 5 novembre 1707, avec une grande réputation de savoir et d'humanité, fut père de Claude-Jean-Baptiste Dodart, conseiller du roi en ses conseils d'état et privé, premier médecin de S. M., anobli par lettres patentes du mois de mai 1720, mort le 25 novembre 1730, laissant d'Anne-Louise de *Denis Choisel*, sa seconde femme, Denis Dodart, successivement, conseiller au châtelet de Paris, conseiller au parlement et maître des requêtes, puis commissaire départi en la généralité de Bourges. *D'azur, au sautoir d'argent, cantonné de quatre besants d'or.*

DODUN. Cette famille, qui a donné des conseillers au parlement, descend de Gaspard Dodun, secrétaire du roi, mort le 24 mai 1701. Il était originaire de la ville de Tonnerre, en Bourgogne. *D'azur, à une fasce d'or, chargée d'un lion naissant de gueules et accompagnée de trois grenades d'or, ouvertes de gueules.*

DOMET, à Besançon et à Arbois, en Franche-

Comté. Un arrêt de la chambre des comptes de Dôle, du 16 mai 1749, débouta cette famille de la qualité de noble; et un autre arrêt de la même chambre, en date du 14 août 1751, l'y réhabilita sur la preuve de la possession centenaire de la noblesse graduée par des avocats et des médecins de ce nom. Cette famille a donné plusieurs magistrats et plusieurs capitaines. *D'or, à l'arbre arraché de sinople.*

DE DONI DE BEAUCHAMP, au comtat Venaissin et à Paris, famille ancienne, originaire de Florence, où elle donna des gonfaloniers et des prieurs de la liberté à la république, et un cardinal à l'église. Elle s'est transplantée au comtat, vers l'an 1480. La terre de Beauchamp, dans la viguerie de Tarascon, fut érigée en marquisat, par lettres du mois de janvier 1658, registrées le 16 février 1669, en faveur de Jean-Baptiste de Doni, seigneur de la Verrière, viguier de Marseille. Louis de Doni d'Attichi, sacré évêque de Riez, en 1630, fut transféré à l'évêché d'Autun, où il mourut le 2 juillet 1664. Jean et Pierre de Doni, fils naturels de Pierre de Doni, de la ville d'Avignon, obtinrent des lettres de légitimation et d'annoblissement, au mois de mai 1617, avec permission de porter les armes de la famille de Doni : on ignore s'ils ont eu postérité. *D'azur, au lion d'or ; à la bande de gueules, chargée de trois croissants d'argent, brochante sur le tout.*

DONODEI, anciennement *Donnadieu*, au comtat Venaissin et en Provence, famille ancienne dont la filiation suivie remonte à Jacomet Donodeï, vivant à l'Ile, en 1470, avec Antoinette des *Isnards*, son épouse. Artefeuil, dans son Nobiliaire de Provence, lui donne, sans preuve, la qualité de *damoiseau*. La branche aînée, dite des seigneurs de Saint-Laurent, en Provence, ayant dérogé à la noblesse, obtint des lettres de réhabilitation, le 21 juin 1678. La branche de Campredon, au Comtat, a fourni plusieurs officiers de cavalerie. *D'argent, à trois chardons de sinople, fleuris de gueules.*

DE DONISSAN, marquis DE CITRAN, maison d'ancienne chevalerie, de la province de Guienne, qui prouve sa filiation depuis |Guilhem-Arnaud de Donissan, seigneur de Citran, duquel Simon de Gironde reconnut tenir en fief plusieurs héritages assis en la paroisse de Listrac, par acte du dimanche avant Noël 1303. Cette famille a donné un chevalier de l'ordre du roi, capitaine de cinquante hommes d'armes, l'an 1588, et nombre d'officiers de tous grades ; elle a obtenu les honneurs de la cour, au mois de septembre 1765 et en 1767, en vertu de preuves faites au cabinet des ordres du roi. *Ecartelé, aux 1 et 4 d'argent, à la bande d'azur ; aux 2 et 3 de gueules, au lion d'or.*

DE DORIA, en Provence, maison illustre, originaire de Gènes, l'une des quatre principales de cette république, qui vint s'établir en Provence, et former deux branches, l'une à Marseille et l'autre à Tarascon. Perceval Doria se trouve nommé parmi les hauts gentilshommes génois, dans un titre de l'an 1262. Ce fut aussi lui qui accompagna Charles Ier. d'Anjou, à la conquête du royaume de Naples, lorsque le pape lui en donna l'investiture, en 1264. On rapporte de lui, qu'il se rendit aussi illustre par les armes, qu'il était fameux par ses poésies. (Le Moine des Isles). *D'or, coupé d'argent, à l'aigle couronnée de sable, becquée et membrée de gueules, brochante sur le tout.*

DORIEU, noblesse municipale. Jean Dorieu fut fait quartinier de la ville de Paris, en 1685. *D'argent, au chevron de gueules, accompagné au chef de deux roses du même, et en pointe d'une aigle de sable ; au chef d'azur chargé d'un croissant d'argent, accosté de deux étoiles d'or.*

DORIEU, noblesse de robe. Nicolas Dorieu, seigneur de Grandpré, époux de Marie *le Bé*, fut père de Jean Dorieu, conseiller au grand conseil, en 1623, puis président en la cour des aides, en 1636, mort en 1679. Ce dernier eut pour fils, Nicolas Dorieu, conseiller au parlement de Paris, en 1653, maître des requêtes, en 1665 ; intendant de Limoges, puis de Soissons, en 1669, mort en 1670. *D'azur, à la bande d'or, chargée de trois molettes d'éperon de gueules.*

DE DOSTA, en Picardie. Alexandre de Dosta, écuyer, seigneur de Fontaine, épousa Catherine *de Macquerel*, dont il eut, entr'autres enfants, Anne-Henriette-Angélique de Dosta, mariée, par contrat du 23 janvier 1698, avec Jean-Baptiste du Plessier, chevalier, seigneur de Certemont et de Roizel en partie, capitaine au régiment de Vaillac, cavalerie. *Parti au 1er. d'azur, à trois coquilles d'argent en pal; au 2 d'or, à deux fasces de gueules.*

DOUAULT, seigneurs du Bois-d'Aunay, ancienne noblesse de Normandie. *De gueules, à trois besants d'argent.*

DE DOUAY, maison d'ancienne chevalerie, issue des anciens châtelains de Douay, qui florissaient dès le commencement du dixième siècle. Watier et Hugues de Douay souscrivirent la donation que fit le comte de Flandre aux chanoines de Saint-Pierre de Lille, l'an 1066. Cet Hugues, selon Gelic, passa à la Terre-Sainte, en 1097, et donna des biens aux chanoines de Saint-Amé de Douay. Dans les archives de l'abbaye de Saint-Aubert de Cambray, il est fait mention de cette ancienne maison, jusqu'à l'an 1478. *De sinople, au chef d'hermine.*

DE DOUAY, noblesse municipale, originaire de la ville d'Arras, qui a pour auteur, Nicolas de Douay, seigneur de Préhédré et du Bois-Hubert, ancien échevin de la ville d'Arras, mort en 1703, revêtu de la charge de secrétaire du roi, près le parlement de Tournay; de lui descendent les seigneurs de Baisne. *D'azur, au pal d'argent, chargé de trois tourteaux de sinople.*

DOUEZY, seigneurs d'Ollendon, en Normandie. Cette famille, d'abord condamnée lors de la recherche, fut maintenue par arrêt du 1er. septembre 1667. *De gueules, au chevron d'or, accompagné de trois besants d'argent.*

DOUEZY, en Normandie. Louis Douezy, sieur de Chaumont, et Jean Douezy, son frère, sieur d'Ardaine, furent maintenus dans leur noblesse, par arrêt des commissaires du conseil assemblés à Paris, en 1667, comme descendants de l'un des frères de la Pucelle d'Orléans.

*D'azur à l'épée couronnée à la royale, accostée de deux fleurs de lys, le tout d'or.*

## DOURDAN.

*Liste des Gentilshommes convoqués à l'assemblée du bail-liage de Dourdan, pour l'élection des députés aux Etats Généraux, en 1789.*

Messieurs

De Broglie, prince de Revel, grand-bailli d'épée du bailliage de Dourdan, président.

Pajot de Juvisi, secrétaire.

Le marquis de Saint-Germain-d'Apchon.

Pecou.

Le marquis de Cherville.

Le comte de Tilly.

Le baron de Gauville.

Liénard du Colombier.

Defroys du Roure.

Pajot de Juvisi, fils, secrétaire-adjoint.

**DOURLENS**, en Picardie. Pierre de Dourlens, seigneur de Serival, le Mesnil-lès-Fransleux, etc., conseiller du roi en ses conseils d'état et privé, ancien maïeur d'Abbeville, épousa Anne *Papin*, dont il eut, entr'autres enfants, Barbe de Dourlens, mariée, par contrat du 27 décembre 1659, avec Jean Vincent, écuyer, seigneur de Hantecourt, lieutenant-criminel en la sénéchaussée de Ponthieu. Pierre de Dourlens, anobli le 26 janvier 1701, fut maintenu moyennant finance de douze cents livres, le 11 février 1710. *D'azur, au chevron d'or, accompagné en chef de deux trèfles du même, et en pointe d'un lion d'argent, lampassé et armé d'or.*

**DE DREUILLE**, comtes de Dreuille, maison issue d'ancienne chevalerie du Bourbonnais, qui a pris son nom d'une terre située dans la paroisse de Cressange, qu'elle a conservée jusqu'à l'époque de la révolution. Cette famille a donné des officiers supérieurs et de divers grades, décorés de l'ordre royal et militaire de Saint-Louis. Quatre de ses membres ont émigré, deux ont payé de leur vie leur dévouement à la cause royale, l'un, à l'armée de Condé, et l'autre à l'armée du général Charette. *D'azur, au lion d'or, lampassé, armé et couronné de gueules.*

DRUDES, DE RUDES OU DRUDAS, seigneurs du Rocher, de Campagnolles, de la Mare, de la Tour, de la Berguetière, du Mesnil, de la Catherie, du Landey ou Landé, de la Chapelle-Saint-Clair et autres terres et fiefs, en basse Normandie, maison établie en cette province depuis le mariage contracté en 1577, entre noble homme Guillaume Drudes ou Drudas, écuyer, homme d'armes des ordonnances du roi, fils de noble Atton Drudas, écuyer, issu de la maison Drudes ou Drudas de Carbonnade, d'ancienne chevalerie d'Armagnac, et de demoiselle Isabelle *de Tallevende*, issue d'ancienne chevalerie normande. *D'or, à la tour de sable; au chef d'azur, chargé de trois roses d'or.*

LE DUC, seigneurs de Compertrix, en Champagne, famille maintenue par arrêt du conseil, rendu contradictoirement, le 17 juin 1723, comme issue d'ancienne extraction, en conséquence des titres qui établissent sa filiation depuis Jean le Duc, dont le fils, Pierre le Duc, écuyer, seigneur de Compertrix, fut marié avec Marie *Clément*, le 22 juillet 1550. *D'azur, au chevron d'or, accompagné en chef de deux roses, et en pointe d'une croix tréflée, le tout du même.*

DURAND, seigneurs de Fuveau, en Provence, famille ancienne, originaire de Marseille. Son premier auteur fut pourvu, l'an 1469, de l'office de maître stationnel de la grande cour royale de Provence. Il acheta, en partie, la terre du Castelet de Sausses, dont il prêta hommage au roi René, en 1480. De la branche des seigneurs de Sausses étaient Jean-Baptiste-Louis, officier dans le régiment de Maugiron, cavalerie; Jean-Joseph, chevalier de Saint-Louis, et capitaine au régiment d'Egmont, cavalerie; et Jean Durand de Sausses, enseigne de vaisseau, qui obtinrent, le 8 mai 1756, des lettres de relief de noblesse. *Parti d'or et de gueules; au lion couronné de sable, brochant sur le tout.*

DURAND, seigneurs de Sartoux, dans la même province. Cette famille porte les mêmes armes que la précédente, et paraît avoir la même origine, quoique le rattachement de ces deux familles ne soit pas encore connu. Elle prouve sa filiation depuis Honoré Durand, qui fit son testament en 1432. *Parti d'or et de gueules, au lion couronné de sable, brochant sur le tout.*

DURANTEL. Jean Durantel fut fait quartinier de la ville de Paris, en 1582. *De sable, au rocher d'argent, au milieu d'une mer du même, et accompagné en chef d'un croissant aussi d'argent, accosté de deux étoiles d'or.*

DE DURANTI, seigneurs de Saint-Louis et de la Calade, en Provence, famille noble de robe, dont l'ancienneté remonte au commencement du quatorzième siècle. Bertrand Duranti, deuxième syndic d'Aix, en 1326, fut père de Louis Duranti (1), archivaire ou greffier de la cour royale des comptes de Provence, en 1359; Laurent Duranti, son fils, fut second syndic d'Aix, en 1410. Jacques Duranti, fils de Laurent, était syndic, avocat du conseil de ville, en 1446; il eut pour fils, Bertrand qui suit. Bertrand Duranti est qualifié docteur en droit et jurisconsulte, dans le testament de Charles, duc du Maine, comte de Provence, de l'an 1481; Jean Duranti, son fils, fut élu dernier syndic en 1487. De lui descend toute cette famille, dont il ne reste, de trois branches qu'elle a formées, que celle des seigneurs de Saint-Louis et de la Calade. *D'argent, au cerisier de sinople, fruité de gueules; au chef du même, chargé d'une étoile à six rais d'or.*

DYEL, seigneur d'Esneval et de Graville, maison d'ancienne chevalerie de Normandie, connue par filiation depuis Robert Dyel, qui vivait en 1150. Cette

___

(1) Artefeuil le fait fils d'un Pierre Duranti, l'un des gentilshommes qui accompagnèrent Robert d'Anjou, comte de Provence (il ne dit pas en quelle année), dans une expédition que ce prince alla faire en Italie contre l'empereur Louis de Bavière; et ce Pierre était fils de Guillaume Duranti, qualifié damoiseau, lequel mourut en 1270. Il serait à souhaiter, pour cette famille, que l'autorité d'Artefeuil fut d'un plus grand poids.

maison a donné un grand nombre d'officiers distingués, principalement dans la marine, où elle compte plusieurs commandants de vaisseaux, un gouverneur de la Martinique, dès la première année que cette île fut habitée par les Français, et un lieutenant-général et gouverneur de la même île, en 1662, un major-général à la Guadeloupe, mort en 1764, etc., etc. *D'argent, au chevron de sable, accompagné de trois trefles d'azur.*

# E.

**EBAUDY** DE **ROCHETAILLÉ** ET DE **FRESNE**, en Franche-Comté. La noblesse de cette famille est assez récente. Charles-Antoine Ebaudy, ayant amassé de grands biens dans les fermes de Saint-Benigne et de Charlieu, s'anoblit par une charge de secrétaire du roi, en 1750. François Ebaudy, seigneur de Fresne, son fils, mort en 1815, avait épousé, en 1776, Marie-Geneviève *l'Arbalète.* Vincent Ebaudy de Rochetaillé, son cadet, avait épousé, en 1772, Adélaïde *Camusat.*

**ENGHIEN**, ancienne baronnie de Hainaut, qui a donné son nom à une illustre maison de chevalerie, issue, au sentiment de Gelie, des premiers comtes forestiers de Flandre. Elle a pour auteur, Hugues, sire d'Enghien, qui fit quelques donations à l'abbaye de Saint-Aubert, l'an 1112. Wattier V, sire d'Enghien, épousa Isabeau *de Brienne*, sœur de Wattier, duc d'Athènes et comte de Brienne, mort sans enfants mâles, à la funeste bataille de Poitiers, en 1356. Tous les biens de ce seigneur entrèrent, après sa mort, dans la maison d'Enghien, qui se fondit elle-même dans la maison de Bourbon-Condé, au quinzième siècle. *Gironné d'argent et de sable de dix pièces, chaque giron de sable chargé de cinq croisettes recroisettées d'or.*

**D'ENSKERQUE**, seigneurs d'Antorpe, ancienne famille de Flandre, dont une branche établie à Besançon, a été reçue à Saint-Georges, en 1664, et s'est éteinte peu de tems après. Elle a contracté des alliances avec les familles d'Espotots, de Grachaux, de Jouffroy, de Pra, etc., etc. *D'azur, à trois harengs couronnés d'or, posés l'un sur l'autre en fasce.*

D'EPENOI, noblesse d'ancienne chevalerie de Franche-Comté, qui a pris son nom d'un village situé au ressort d'Ornans. Elle a pour premier auteur connu, Léonard d'Epenoi, fils de Fromond d'Epenoi, damoiseau, mentionné dans le testament d'Ottenine d'Ornans, sa cousine, de l'an 1376. Cette famille s'est éteinte vers la fin du seizième siècle, dans la maison de Scey. *De ueu les, à trois croissants d'argent.*

D'ERNECOURT, maison d'origine chevaleresque du Barrois, dont une branche s'est établie en Champagne. Elle a pris son nom d'une seigneurie située près de Ligny, au diocèse de Toul. La branche établie en Champagne, a fait preuve, lors de la recherche, depuis Jean d'Ernecourt, seigneur de Remecourt et de Vaux-la-Grande, qui épousa, vers l'an 1500, Guyotte *de Treverry*, dont il eut Thierry d'Ernecourt, seigneur de Vaux-la-Grande, en Lorraine, vivant en 1535. On compte parmi ses descendants, des gentilshommes des ducs de Lorraine, et des gouverneurs de places de guerre. Cette branche s'est éteinte à la fin du dix-huitième siècle. *D'azur, à trois pals abaissés d'argent, surmontés de trois étoiles d'or.*

D'ESCAFFRES, une des plus anciennes maisons de chevalerie d'Auvergne, originaire du Languedoc, province où elle florissait dès la fin du dixième siècle, tems auquel vivait Hugues d'Escaffres, seigneur puissant, mentionné dans deux actes de 1010 et 1023.

Hugues d'Escaffres, et Pierre et Hugues, ses fils, sont nommés dans l'accord fait en 1071, entre Guillaume, comte de Toulouse, et Raymond, comte de Barcelonne, touchant leurs prétentions respectives sur le Lauraguais, que ce dernier avait acquis de la maison de Carcassone, et dont il faisait difficulté de rendre hommage au comte de Toulouse. Jourdain d'Escaffre, et Hugues, son frère, souscrivirent l'acte d'une donation faite l'an 1089, au monastère de Sainte-Cécile d'Albi, par Ermengarde vicomtesse de Bézières.

Pierre d'Escaffres vivait en 1125, et Bernard d'Escaffres, en 1132; ce dernier était de la milice du temple de Jérusalem, en 1170; Hugues, Aimeric et

Isarn d'Escaffres, frères, vivaient en 1139 et 1153 ; Raymond Trencavel, dans un plaid qu'il tint à Carcassonne, au mois de novembre 1163, termina le différent qui existait entre Hugues d'Escaffres et ses frères, d'une part, et Isarn-Jourdain de Saissac et ses parents, de l'autre, au sujet des châteaux de Saissac et de Montréal.

Bernard d'Escaffres de Curval, écuyer, servait, en cette qualité, l'évêque d'Albi, dans la guerre qu'il fit l'an 1260.

Nous allons donner la filiation de cette ancienne maison, sur les titres originaux qu'elle possède, sur la maintenue de noblesse, rendue en faveur de cette maison, par M. de Fortia, intendant d'Auvergne, le 31 mars 1668, et sur le certificat de M. du Coudray, commissaire du roi pour la recherche des usurpateurs de noblesse, du 5 avril 1668. Elle remonte à :

I. Guillaume D'ESCAFFRES, seigneur de Trioulou, qui vivait en 1274, et eut pour fils :

II. Raimond D'ESCAFFRES, chevalier, seigneur de Trioulou, rappelé au degré de son fils, qui suit :

III. Pierre D'ESCAFFRES, damoiseau. seigneur de Trioulou, qui, l'an 1308, fit une acquisition, dans l'acte de laquelle il prend la qualité de *domicellus* ; il est compris dans la montre des gens d'armes du comte de Foix, reçue, à Mont-de-Marsan, en 1339. Il eut deux fils :

    1°. Alrin, dont l'article suit ;
    2°. Jean d'Escaffres, bailli des montagnes d'Auvergne pour le roi, vivant en 1368.

IV. Alrin D'ESCAFFRES, écuyer, seigneur de Trioulou et de plusieurs autres terres, rendit hommage au seigneur de Castelnau, le 25 novembre 1373. Il eut pour fils :

V. Begon D'ESCAFFRES, Ier. du nom, écuyer, seigneur de Carègues de Trioulou, del Peyrou en Rouergue, et autres places, ainsi qualifié dans son contrat de mariage, du 27 janvier 1406 (v. st.), avec Bertrande *de Canis.* De ce mariage est issu :

VI. Astorg D'ESCAFFRES, damoiseau, seigneur de Trioulou, de Carègues et del Peyrou, marié, par contrat du 12 février 1444, avec Antoinette *de Montarnal*. Le 22 février 1421, noble Gaillard de Cessac avait passé une quittance au profit dudit Astorg d'Escaffres, dit de Carègues, où Begon, son père, est rappelé. Le même Astorg rendit hommage au seigneur de Castelnau, le 7 avril 1449, et ne vivait plus le 22 mars 1493. Il eut pour fils :

1°. François, dont l'article suit ;
2°. Jacques d'Escaffres, dit de Carègues, prêtre, qui testa le 8 juillet 1541, et institua son héritier universel, noble Gabriel d'Escaffres de Carègues, son neveu.

VII. François D'ESCAFFRES, dit *de Carègues*, écuyer, seigneur de Carègues, del Peyrou et de Trioulou, rendit hommage à Jacques de Castelnau, le 7 avril 1506; il avait fait une quittance le 22 mars 1493, et s'était allié, par contrat du 8 juin 1495, avec Anne *de Gousserand*. Il fit son testament le 19 août 1547. Il avait fait un premier testament en 1535, dans lequel on voit qu'il partait pour le service du roi. Il eut pour fils et héritier universel :

VIII. Gabriel D'ESCAFFRES, Ier. du nom, dit *de Carègues*, écuyer, seigneur de Carègues, de Trioulou, del Peyrou et de Casteldauze. Il rendit hommage au roi, à la baronnie de Castelnau, le 7 janvier 1534; épousa *Sainte de Beaufort*, dite *de Barras*, qui fit son testament le 16 juin 1573, et son mari, le 6 septembre 1579. Il fut institué héritier de Jacques d'Escaffres, son oncle, le 8 juillet 1541. Ses enfans furent :

1°. Jacques d'Escaffres, vivant en 1573, mort avant le 6 septembre 1579 ;
2°. Begon, qui continue la lignée.

IX. Begon D'ESCAFFRES, IIe. du nom, dit *de Carègues*, écuyer, seigneur de Trioulou, del Peyrou et de Casteldauze, porta long-tems les armes pour le service du roi. Il fut émancipé par son père au sujet du partage de la succession de Begon de Barras, prêtre, par acte du 17 décembre 1565. Il avait transigé, le 7 février 1554, avec Jacques de Castelnau de Clermont, évêque ae Saint-Pons, ledit Begon d'Escaffres agissant alors du nom de Gabriel, son père. Il épousa, le 23 avril 1558, Marguerite *de Clermont*, qui testa le 24 février 1611 ; et il fit son testament le 28 décembre 1579. Leurs enfants furent :

> 1°. Annet d'Escaffres, dit de Carègues, vivant en 1579, mort en 1611 ;
>
> 2°. Gabriel, dont l'article suit.

X. Gabriel D'ESCAFFRES, IIe. du nom, dit *de Carègues*, seigneur del Peyrou, de Casteldauze et de Trioulou, en Auvergne, épousa, par contrat du 8 août 1593, Jacquette *de Nadaillac*, et fit son testament le 27 octobre 1636, par lequel il institue son héritier universel, Marc-Antoine, son fils, qui suit :

XI. Marc-Antoine D'ESCAFFRES, chevalier, seigneur de Trioulou, del Peyrou et autres places, marié, par contrat du 1er. janvier 1622, avec Marguerite *de Lauzeral*, aliàs *del Bruel*, fille de feu Jean-Antoine de Lauzeral, sieur de Merlé et d'Hélène del Port. Il ne vivait plus le 19 juin 1650. Ses enfants furent :

> 1°. Jacques d'Escaffres, écuyer, seigneur de Trioulou, de Carigny et autres lieux, qui fut maintenu, dans sa noblesse, par jugement de M. de Fortia, intendant d'Auvergne, du 1er. mars 1668. Il épousa, par contrat du 23 octobre 1650, Marguerite *de Boutaric*, et fit son testament le 12 avril 1692, dans lequel il nomme ses enfants, savoir :
>
>> *a*. Guillaume d'Escaffres, auquel son père confirme une donation qu'il lui avait faite lors de son contrat de mariage avec Marguerite *de la Roque* ;
>>
>> *b*. Louis d'Escaffres, sieur de Lentyejoul ;
>>
>> *c*. Antoine d'Escaffres, sieur de la Bouviatte ;
>>
>> *d*. Hélène d'Escaffres,  } religieuses à Ste.-
>> *e*. Jeanne d'Escaffres,  } Claire du Mur de
>> *f*. Marguerite d'Escaffres, } Barres.
>>
>> *g*. Françoise d'Escaffres, religieuse ;
>>
>> *h*. Margot d'Escaffres, religieuse à Lissac ;
>>
>> *i*. Madeleine d'Escaffres ;

2°. Bertrand, qui continue la lignée ;

3°. François d'Escaffres, prêtre, curé de Trioulou.

XII. Bertrand d'Escaffres, Ier. du nom, écuyer, seigneur de Crouzols, épousa, par contrat du 24 octobre 1662, Marguerite *Chapt de Rastignac*, fille de messire Bertrand Chapt de Rastignac, chevalier, seigneur de Messillat. Jacques d'Escaffres, son frère, lui fit un legs par son testament du 12 avril 1692. Bertrand d'Escaffres eut pour fils :

XIII. Bertrand d'Escaffres, IIe. du nom, écuyer, seigneur de Ronesques et de Crouzols, né le 25 février 1662, qui épousa, par contrat du 7 septembre 1699, Thérèse *Damiquel*, fille de Joseph Damiquel, lieutenant civil en la prévôté royale de Vic, et de Suzanne-Marie de Boissieure. Bertrand d'Escaffres fit deux ventes, les 30 avril 1721 et 2 décembre 1724. Il vivait encore le 21 janvier 1736, date du contrat de mariage de son fils.

XIV. Joseph d'Escaffres, Ier. du nom, écuyer, seigneur de Crouzols, de Ronesques, du Cros et autres lieux, marié, le 21 janvier 1736, avec Jeanne-Marie *des Sales*, fille d'Antoine des Sales, écuyer, sieur de la Vernière, et de Gabrielle de Bru. De ce mariage est issu :

XV. Pierre d'Escaffres, écuyer, seigneur de Crouzols, de Ronesques, etc., marié, par contrat du 17 août 1762, avec Françoise *Chaumon*, et reçut acte de l'enregistrement de ses titres, à la cour des aides de Clermont-Ferrand, le 27 avril 1763. Il eut pour fils :

1°. Joseph, dont l'article suit ;

2°. Antoine d'Escaffres, qui fit ses preuves pour entrer à l'école militaire, pardevant M. d'Hozier de Sérigny.

XVI. Joseph d'Escaffres, IIe. du nom, vicomte de Ronesques, a été aide-major du régiment de la Sarre ; il émigra en 1792 ; passa à Saint-Domingue, en 1795, en qualité d'officier supérieur dans la maréchaussée et les guides de cette île ; puis, en qualité de major des chasseurs volontaires de des Sources, en 1796 ; et enfin, en qualité de lieutenant-colonel du

même corps, en 1797 ; il a été conservé dans le grade
de capitaine d'infanterie, à prendre rang du 1er. mars
1793, par lettre de Monsieur, frère du roi, lieutenant-
général du royaume, datée de Londres, le 30 mars 1800;
il avait été nommé chevalier de l'ordre royal et militaire de St.-Louis, le 23 mars précédent. Il avait épousé,
par contrat du 20 septembre 1791, Marie-Elisabeth
*de Mauclerc*, fille d'Honoré-Louis-Charles de Mauclerc,
capitaine de vaisseau, issu d'une ancienne famille de
l'Aunis, et de Marie-Anne de Saint-Ours. De ce mariage sont issus :

 1°. Pierre-Joseph-Adolphe, né le 17 juillet 1801 ;
 2°. Françoise-Fanny, née le 27 janvier 1804 ;
 3°. Eugène-Antoine, né le 8 octobre 1805 ;
 4°. Marthe-Aimée, née le 3 novembre 1806 ;
 5°. Marie-Honorée, née le 5 mars 1808 ;
 6°. Anne-Joséphine, née le 5 août 1810.

*Armes* : écartelé, aux 1 et 4 d'azur, à la tour d'argent ;
aux 2 et 3 coupés d'azur ; au lion d'argent, et d'or, au
bœuf de gueules.

D'ESCALIS, en Provence. Famille originaire de Marseille où elle florissoit au XIVe siècle, avec les qualifications de la haute-noblesse. Ce que Louvet et l'abbé
Robert disent sur l'origine de cette famille, en la faisant
venir, l'un d'Angleterre et l'autre d'Italie, n'a d'autres
fondements que dans leur imagination : les registres et
chartes de Marseille établissent que c'est de cette ville
qu'elle tire réellement son origine. Elle a formé diverses
branches dont les principales sont celles de Bras et
d'Ansouis. *D'or, au griffon de gueules, au bâton de sable,*
*brochant sur le tout.*

 On voit une autre famille de ce nom en Provence,
avec des armes différentes; savoir : *D'or, au chevron*
*d'azur, accompagné de trois roses de gueules; au chef d'a-*
*zur chargé de trois besants d'or.* De cette dernière famille,
sur laquelle on n'a rien de positif, était peut-être André
d'Escalis, que l'on voit compris au rôle de ceux qui ont
volontairement payé l'amende de cinq cent cinquante
livres, pour avoir pris indûement la qualité de noble.

ESMIET, en Lorraine. Cette famille a pour auteur
Jean Esmiet, intendant et secrétaire de la maison du

comte de Brionne, anobli par lettres de Charles, duc de Lorraine, le 20 mars 1627. Ses descendants ont particulièrement suivi la magistrature. Cette famille paraît s'être éteinte vers le commencement du 18e siècle. *D'or, au chevron d'azur, chargé d'une fleur de lys d'argent, et accompagné en chef de deux aiglettes de sable, et en pointe d'une croix ancrée de gueules.*

D'ESMIVI, seigneurs de Moissac et d'Auribeau, en Provence. L'auteur de la critique du Nobiliaire de Provence, de l'abbé Robert de Briançon, s'exprime ainsi sur l'origine de cette famille. « L'auteur du Nobiliaire met la famille » d'Esmivi au nombre des nobles, sans en avoir rapporté » aucune preuve ni titre. Je ne trouve, au contraire, » que roture de ce nom dans tous les actes de la ville de » Digne et des lieux circonvoisins. Une branche de cette » famille a acquis de nos jours la terre d'Auribeau, et » l'autre s'est établie dans Aix. Le sieur d'Esmivi a ac- » quis la charge de conseiller aux comptes ; il faut at- » tendre en celle-ci la continuation de la charge de père » en fils, et de l'autre qu'elle ait acquis la noblesse par » un titre primordial. Le fils de Louis d'Esmivi a acquis » une charge de conseiller au parlement, et la terre de » Moissac. » Artefeuil, d'après l'abbé Robert, en donne la filiation depuis depuis Antoine d'Esmivi, marié avec Favette d'Isoard de Chenérilles, vivant en 1544. *D'or, ou chevron d'azur, accompagné de trois roses de gueules ; au chef d'azur, chargé de trois besants d'or.*

D'ESPINCHAL, marquis et vicomtes d'Espinchal. Maison non moins distinguée par son origine d'ancienne chevalerie, que par une longue série de services militaires et de nombreuses et belles alliances. Elle tire son nom de la terre et baronnie d'Espinchal en Auvergne, située à 8 lieues d'Issoire.

Guillaume, seigneur d'Espinchal et de Ternes, écuyer, vivait en 1341 et 1357, ainsi que Bertrand d'Espinchal, son frère, aussi écuyer. Guillaume eut un fils, Albert d'Espinchal, écuyer, vivant en 1378, et une fille, Marquise d'Espinchal, mariée vers 1364, à Alzaly de Tourzel.

Cette maison a produit des lieutenants-généraux des armées de terre et de mer, des conseillers et chambellans

III.                                                          25

de nos rois, des chevaliers de l'ordre, des gouverneurs de places (1).

Bertrand d'Espinchal était chanoine, comte de Brioude, en 1266; Jean, en 1333; Pierre, en 1374; Jean, en 1448; Pierre en 1509; Albert, en 1531; Jean, vers 1552, et François d'Espinchal en 1688. *D'azur, au un grillon d'or, accompagné de trois épis de blé du même.*

DE L'ESPINE, au comtat Venaissin. Maison très-ancienne, originaire du Dauphiné, qui prouve une ascendance directe depuis Rican, seigneur de l'Espine, et d'Aullan, chevalier et pair du Dauphiné, vivant en 1300, ainsi qualifié dans le contrat de mariage de son fils aîné.

Cette famille a donné un gouverneur de Malaucène, au comtat Venaissin, pendant les troubles des guerres civiles. *D'argent, à la croix de gueules, accompagnée au premier canton d'un aubespin arraché de sinople.*

D'ESPRINGLES DE VARANGES, en Bourgogne. Cette famille a pour auteur Jean d'Espringles, procureur-général en la chambre des comptes de Dijon, anobli par le roi Henri III en 1578. *D'argent, à la bande d'azur, chargée de trois coquilles d'or.*

D'ESQUETOT, en Normandie. Nicolas d'Esquetot fut conseiller en la cour des aides en 1531. Lors de la recherche de la noblesse, Mathieu d'Esquetot, écuyer, sieur du Plessis, a été condamné à 1000 livres d'amende pour avoir pris indûment la qualité de noble, par arrêt du 1er septembre 1668.

*D'or, à 3 bandes écotées de sable, surmontées chacune d'une merlette du même.*

D'ESTISSAC, en Périgord. Cette illustre maison, issue de la plus haute chevalerie, et éteinte depuis plusieurs siècles, avait pris son nom d'une ancienne châtellenie ou baronnie, située à deux lieues de la ville de Mussidan en

---

(1) On peut consulter pour les services détaillés des généraux de cette maison, le Dictionnaire historique et biographique des généraux français.

Périgord, et près de la rivière de Crempse. Son château, dont il n'existe plus de vestiges, devait être très-fort, s'il en faut croire la tradition du pays, et les mémoires domestiques.

La maison d'Estissac a été dans l'usage, depuis le XII<sup>e</sup> siècle, d'ajouter à son nom celui de Fergand, qui ne paraît cependant employé que comme prénom, usage qu'elle a conservé jusques vers la fin du XV<sup>e</sup> siècle. Son premier auteur connu est :

Raimond d'Estissac, I<sup>er</sup> du nom, qui vivait dans les XI<sup>e</sup> et XII<sup>e</sup> siècles. Il avait pour femme Audenos, fille d'Ébrard de Gardonne, laquelle, se rendant religieuse à Notre-Dame de Saintes, fit don à cette abbaye vers l'an 1110, par le conseil de Rudel, comte de Périgord, d'un mas, situé à Pomporn, faisant partie de la dot que son père lui avait constituée.

Aimeric-D'Estissac, qui, d'après l'ordre des temps, doit avoir été petit-fils du précédent, assista comme témoin, avec Pierre Amblard, à la donation qu'Hélie V de Talleyrand, comte de Périgord, fit vers l'an 1180 à l'abbaye de Chancelade, d'une tenance, située près du Puy de Châlus, en Périgord. Vers le même temps vivait :

Fergand d'Estissac, I<sup>er</sup> du nom, qui pourrait avoir été d'une famille différente de la précédente; on trouve que Richard, alors comte de Poitou, frère du roi d'Angleterre, lui accorda des lettres de protection et de sauvegarde (sans date, mais certainement entre 1170 et 1183). On ignore la date de sa mort et le nom de sa femme; mais il est probable qu'il fut père de :

Fergand d'Estisssc, II<sup>e</sup> du nom, chevalier, assista en 1224 à une donation faite au prieuré de la Faye; et au mois de janvier 1245 (v. st.) à l'acte par lequel Hélie VII, comte de Périgord, confirma la donation de la seigneurie de Grignols, que le comte Archambaud II, son père, avait faite à Boson de Grignols. Il épousa Cécile de Talleyrand, fille de ce dernier, et sœur d'Hélie de Talleyrand, seigneur de Grignols.

Il avait pour contemporains, et probablement pour proches parens, Guy d'Estissac, chevalier, qui prit part, en qualité de parent, aux démêlés que le comte de Périgord, Hélie VII eut en 1246 avec les bourgeois de Périgueux

Raimond d'Estissac, II<sup>e</sup> du nom, damoiseau, vendit en 1259, à Hélie de Pons, chevalier, certains revenus qu'il avait au lieu nommé *Losaïas*, dans la paroisse de Saint-Maurice.

Fergand d'Estissac, III<sup>e</sup> du nom, Donzel, seigneur d'Estissac, présumé petit-fils de Fergand II, est connu par divers actes depuis l'an 1286 jusqu'en 1310. Il reçut en don, en 1286, de Marguerite de Turenne, dame de Bergerac et de Gensac, la terre de Saussignac, qu'il donna l'année suivante, 1287, à Gantonnet, son fils, en l'émancipant. En 1304, Renaud de Pons, seigneur de Bergerac, lui fit don de la justice de cette terre. Enfin il fit son testament en 1310, dans lequel il rappela défunt Fergand, seigneur d'Estissac, chevalier, son père, et nomma ses exécuteurs testamentaires, Hélie de Talleyrand, seigneur de Grignols, et Hélie de Valbéon, damoiseaux, ses oncles. Il laissa d'une alliance ignorée :

1° Fergand IV, qui suit;

2° Gantonnet-d'Estissac, émancipé par son père en 1286.

3° Hélie I<sup>er</sup>, autrement Fergand d'Estissac, seigneur d'Estissac (en partie), Saussignac, etc., fut au nombre des seigneurs qui donnèrent des coutumes aux habitants du lieu de Saussignac en 1319, et ne vivait plus en 1335, lors du mariage d'Hélie II, son fils.

Hélie II, autrement appelé Gantonnet d'Estissac, damoiseau, est nommé dans un rôle des assises tenues par le sénéchal de Périgord, au mois de février 1331 (v. st.). Il obtint, au mois de septembre 1336, des lettres de rémission du roi Philippe de Valois. Deux ans après (1338), Jean, roi de Bohême, fils et lieutenant du roi, lui fit don de la justice d'Estissac, et cette donation fut

---

(1) Il est incertain si Hélie I<sup>er</sup>, dit Fergand, était fils de Fergand III, ou seulement son petit-fils, par Gantonnet, son fils, émancipé, comme il a été dit, en 1286.

confirmée par lettres du même roi Philippe
de Valois, données au mois de décembre
1340. Enfin son nom se trouve dans une
multitude d'actes, depuis l'an 1341 jusqu'en
1368. Il avait formé deux alliances ; la première, avec Gaillarde de Mayrac ; et la seconde, avec dispense du pape pour le quatrième degré de parenté ; du jour des calendes de juillet 1335, avec Gencie ( ou
*Gensac*), de Montaut, fille de Raimond de
Montaut, seigneur de Mussidan. Il laissa de
l'une de ces deux femmes :

> Gantonnet-d'Estissac, qualifié chevalier,
> seigneur de Bellegarde, est connu par
> diverses quittances qu'il donna de ses
> gages militaires dans les années 1370,
> 1371, etc. Il pouvait avoir pour frère
> Hélie d'Estissac, capitaine de Biga-
> roque en 1374. On présume que Gan-
> tonnet-d'Estissac, n'ayant pas eu d'en-
> fants mâles, sa succession, notamment
> le château de Bellegarde, passa par une
> femme, ou autrement, à Gantonnet
> d'Abzac, frère d'Adémar, seigneur de
> la Douze.

4º Guy-d'Estissac reçut une reconnaissance en
1312, et donna, conjointement avec Hélie, *dit*
Fergand, son frère, et autres, des coutumes aux
habitans de Saussignac, en 1319.

5º Mative d'Estissac fut mariée à Pierre de Saint-
Astier, seigneur de Montancès ; et

6º Aylinde épousa, en 1317, Hélie fils de Gérald
de Jaubert de Saint-Astier.

Fergand d'Estissac, IVᵉ du nom, ne possédait, à
ce qu'il paraît, qu'une partie de la seigneurie d'Estissac.
Les registres de la chambre des Comptes de Paris,
des années 1337, 1338, 1339, 1340, 1341 et 1342,
font mention des services rendus à l'état, tant par lui
que par ceux de sa famille, qui avaient des emplois sous
Jean, duc de Normandie, depuis roi de France. Fergand IV était chevalier banneret et capitaine d'Estissac ;

il servait avec un autre chevalier, 34 écuyers et 80 sergents d'armes qui avaient été retenus par M. de Valentinois. Geoffroi-d'Estissac, chevalier, servait dans le même temps avec 7 écuyers et 216 sergents. Ces deux seigneurs avaient pour compagnons d'armes, et sans doute pour proches parens, Gérard d'Estissac, chevalier, Andrieu d'Estissac, écuyer, et Pierre-Vigier d'Estissac, écuyer banneret. La Roque, dans son *Histoire de la maison d'Harcourt*, assure que tous ces seigneurs servirent utilement en Périgord, Gascogne et Languedoc, et devant le château de Langon contre les anglais. On trouve ensuite :

Fergand d'Estissac ( probablement le même que Fergand IV ci-dessus ), Audoin d'Estissac et Hélie d'Estissac de Bergerac, qui firent hommage au roi d'Angleterre en la chapelle du château de Bergerac, le 4 août 1363.

Raimond, *dit* Mondot d'Estissac, damoiseau, fils d'autre Raimond, *dit* Fergand, seigneur d'Estissac, Saussignac, etc., chevalier, et frère de Cécile d'Estissac, femme avant 1370, de Bérard de Mouleydier, seigneur de Montclar, donna quittance de ses gages militaires au trésorier des guerres, le 10 avril 1380, et la scella de son secau, représentant *trois pals* ; l'écu penché, supports, 2 *lions*. Il assista à l'acte de ratification des coutumes de Grignols en 1390, passa des actes en 1391, 1396 et 1398, et ne vivait plus en 1402. Il avait été marié deux fois, 1° par contrat du jour de la fête de Saint-Martin d'hiver en 1357, à Marguerite de Talleyrand de Grignols, fille de Bos ou Boson de Talleyrand, seigneur de Grignols, qui lui constitua en dot la somme de 3000 deniers d'or, et de dame Barrane de Castelnau. On ne trouve pas qu'il ait laissé d'enfants de cette première femme. Il épousa en secondes noces Catherine de Barrière, fille d'Amauri, ou Amalric de Barrière, seigneur de Barrière, de Reilhac et de Sanilhac, et d'Huguète de Guerre, laquelle vivait encore en 1423, et le rendit père des deux enfants qui suivent :

1° Amauri ou Amalric, nommé aussi Malrigon d'Estissac, chevalier, seigneur d'Estissac, Montclar, Cahusac, Colonges-lès-Réaux, etc., premier chambellan de monseigneur le Dauphin, sénéchal de Saintonge, etc., passa un acte le pénultième d'avril 1409; signa deux alliances d'armes avec Jean, comte de Foix; la première, à la Châtre en Berri, le 12 septembre 1425; et la seconde, à Toulouse, le 7 juillet 1439, et fut créé sénéchal de Saintonge par lettres données à Marmande-sur-Garonne, le 24 septembre 1442. Il fut remis, en 1447, en possession du château et terre de Montclar, dont Hélie de Pons, seigneur de Saint-Maurice, et Amanieu de Campniac, damoiseaux, avaient joui pendant long-tems à son préjudice; et vivait encore en 1458. Il avait épousé demoiselle Marguerite de Harcourt, fille de Gérard de Harcourt, baron de Bonnestable, de Beauffou, et de Beuvron, et de Marie de Graville, dont n'ayant pas eu d'enfants, il fit donation de tous ses biens à Jean de Lesparre, son neveu, lequel était fils naturel de Lancelot de Lesparre, dont le vrai nom était Madaillan, qui, ayant fait des démarches pour remettre la Guienne entre les mains des anglais, fut fait prisonnier, et eut la tête tranchée en 1454, et ses biens furent confisqués.

2° Jeanne d'Estissac succéda à son frère, et fit donation, le 1er octobre 1462, des châteaux de Montclar, Cahuzac, Colonges-lès Réaux, etc., à Jean son fils, qui suit :

Jean de Madaillan, *dit* d'Estissac, fils naturel de Lancelot de Lesparre et de Jeanne d'Estissac, fut institué héritier par Amauri d'Estissac et sa femme, à la charge de porter les nom et armes d'Estissac; suivant les lettres qui en furent expédiées le 22 mars 1458. Il fut légitimé par lettres du roi Louis XI, datées du Plessis-lès-Parc, au mois de novembre 1478, et fit son testament au château de Lauzun, le 19 juillet 1482. Il

---

(1) Suivant des mémoires particuliers, Jeanne d'Estissac fut mariée deux fois : 1° avec le seigneur de Puyguillem, de la maison de Goth; 2° avec le seigneur de Lauzun; mais l'histoire des Grands Officiers de la Couronne ne fait mention d'aucune de ces alliances.

avait été marié deux fois; 1° avec Françoise de la Brousse;
2° avec Jeanne de Vivonne. Bertrand, son fils ainé et son
héritier, fut aïeul de Claude d'Estissac, principale héritière de son père qui porta la terre d'Estissac dans la
maison de la Rochefoucauld, par son mariage en 1587
avec François de la Rochefoucauld, prince de Marcillac.

Armes : *Pallé d'argent et d'azur de 6 pièces.*

D'ESTOURMEL. Maison d'ancienne chevalerie, qui a
pris ce nom d'une terre qu'elle possédait dès l'an 1024,
située à une lieue de Cambrai. Le nom primitif de cette
maison était *Creton*, qu'elle a conservé jusqu'en l'an
1500, époque où elle l'a quitté pour prendre celui
d'*Estourmel*.

Cette famille a fourni une longue série d'officiers supérieurs de terre et de mer, et plusieurs officiers-généraux.

Antoine d'Estourmel, baron de Massy, seigneur du
Plessis-Cacheleu, etc., capitaine de Péronne, s'est
illustré par son zèle pour la patrie. Le comte de Nassau,
l'un des généraux de Charles-Quint, menaçait Péronne
en 1536. Les habitants, voyant la place dépourvue de
tout, paraissaient résolus de l'abandonner. D'Estourmel prévit les suites funestes qu'entraînerait la
perte de cette ville ; il s'y transporta avec sa femme et
ses enfants, et ranima le courage de ses concitoyens par
ses discours et son exemple. Cet homme, aussi généreux
que brave, y fit conduire tous les grains qu'il avait chez
lui, y distribua son argent, et montra une valeur, une
activité, une intelligence qui rassuraient les plus timides.
Cette conduite déconcerta l'ennemi, et l'obligea de se
retirer après un mois de siége. Le roi, voulant récompenser d'Estourmel, le fit son maître-d'hôtel, et lui
donna une charge considérable dans les finances. Cette
maison a obtenu les honneurs de la cour en 1773 et 1779,
en vertu de preuves faites au cabinet des ordres du roi.
*De gueules, à la croix dénchée d'argent* ; quelques auteurs
disent *crételée*, par allusion au nom primitif de cette famille.

D'ESTRABONNE, en latin *de Strabona*, illustre et
ancienne maison de chevalerie de Franche-Comté, qui,

a pris son nom d'une baronnie située au diocèse de Besançon, à quatre lieues de Dôle, qu'elle a possédée jusqu'à son extinction au milieu du quinzième siècle, temps auquel la terre d'Estrabonne est passée par alliance dans la maison d'Aumont.

Le premier seigneur connu de ce nom est Guichard, sire d'Estrabonne, compris au nombre des barons du comté de Bourgogne dans une charte de l'abbaye de Baume de l'an 1123. *D'or, au lion d'azur.*

ESTIENNE, sieurs du Mesnil, en Normandie, famille qui tire sa noblesse de Jean et Guillaume Estienne, frères, anoblis moyennant finance, et maintenus comme tels lors de la recherche en 1668. *D'or, à 3 molettes d'éperon de gueules; à la bande d'azur, brochante sur le tout.*

ESTIENNE, au comtat Venaissin, famille noble et ancienne, originaire de Lambesc en Provence. Les seigneurs de Lions, branche aînée de cette famille, s'établirent dans la ville de Cavaillon.

Pierre Estienne, armé chevalier par Raimond de Porcellet, co-seigneur de la ville de Lambesc, fut confirmé dans ce titre militaire par Charles d'Anjou, II$^e$ du nom, roi de Naples et de Sicile, comte de Provence, en 1307.

Hugues Estienne, damoiseau, puis chevalier, co-seigneur de Lambesc, rendit foi et hommage, pour un quart de cette seigneurie, à Robert d'Anjou, roi de Naples et de Sicile, à cause de son comté de Provence, le 12 avril 1325. L'an 1328, Hugues et Raimond Estienne frères, furent du nombre des chevaliers provençaux qui accompagnèrent Charles d'Anjou, duc de Calabre au secours des florentins, alors en guerre avec l'empereur Louis de Bavière. Entre autres officiers supérieurs distingués, cette famille a fourni un capitaine d'une compagnie de gens de pied, dans la personne de Jean Estienne, seigneur de Mimet, ainsi que le constatent des passeports et lettres du roi Henri IV, des années 1584 et 1585, dans l'une desquelles ce monarque, en écrivant au sieur de Lesdiguières, s'exprime en ces termes: « Je vous dirai que, pour cette heure, j'ai plus de bonne volonté que de moyens pour reconnaître les services du sieur de Mimet, mais qu'il ne se présentera jamais d'occasion que je ne l'embrasse de façon qu'il en demeurera

III.                                          26

content...» Cette lettre est datée de Saint-Germain en-Laye, le 27 novembre. Une autre du 28 même mois, aussi datée de Saint-Germain, porte: « Monsieur, vous entendrez ce qui est de ma volonté et intention, par le sieur de Mimet, présent porteur, et vous croirez, comme de moi-même, ce qu'il vous dira. » Le zèle qu'il fit paraître pour les intérêts de ce prince lui attira la haine des ligueurs de Provence, qui pillèrent ses terres et brûlèrent son château. Son troisième fils, Honoré d'Estienne, seigneur de Lioux, connu sous le nom de sieur de Mimet, fut élevé par sa mère dans la religion protestante, et envoyé de bonne heure en Hollande pour y apprendre l'art militaire. Aussi appliqué à s'y perfectionner qu'attentif à mériter l'estime de ses généraux, il s'attacha au prince d'Orange qu'il servit utilement dans plusieurs circonstances, et notamment en 1626, époque où Walkembourg, gouverneur de la principauté d'Orange, traitait sourdement pour en livrer la capitale à l'ennemi. Le prince d'Orange, instruit de ce complot, choisit le sieur de Mimet, dont l'intelligence et la fidélité lui étaient connues, pour sauver la place. Mimet, ne cherchant partout que l'occasion d'obliger son prince, choisit 40 hommes des plus déterminés, se glisse dans la ville à la faveur de la nuit, et se cache dans un grenier jusqu'au lendemain, à l'heure où il savait que le gouverneur s'absentait de la citadelle pour dîner en ville chez le sieur Tarædel ; mais, ayant appris qu'il en était sorti pour se rendre chez le sieur la Pize, il partage sa troupe, en distribue adroitement une partie sur les avenues du château, court avec le reste chez la Pize, se rend maître de la porte, malgré la résistance des gardes, qui furent tous tués ou blessés, monte dans la salle où était le gouverneur, se saisit de sa personne, lui montre les ordres du prince, et le force d'écrire à son lieutenant de rendre la place. Le sieur de Mimet revint depuis en France où il obtint le commandement de 500 hommes de pied. *D'azur, à 3 bandes d'or.*

ETIENNE en Lorraine. Dominique Etienne, natif d'Epinal, avocat ès-siéges supérieurs de Nancy, issu de famille noble du côté de sa mère Catherine des Hazards, fut anobli par lettres de Henri, duc de Lorraine, données à Nancy, le 15 septembre 1620.

Mathias Etienne, son petit-fils, procureur au bailliage

d'Epinal, obtint des lettres de réhabilitation qui lui furent expédiées à Lunéville, le 17 décembre 1721. *D'azur, à la croix d'argent, cantonnée de 4 têtes de lion arrachées d'or, lampassées de gueules.*

EUZENOU DE KERSALAUN, en Bretagne. Les terres et seigneuries de Trevalot et de Kervegan furent unies et érigées en *marquisat* sous le nom d'*Euzenou*, par lettres données à Fontainebleau au mois d'octobre 1775, en faveur de messire *Jean-François Euzenou*, chevalier, seigneur de Kersalaun, conseiller au parlement de Bretagne, de ses hoirs héritiers et successeurs, seigneurs desdites terres, seigneuries et marquisat, en considération, disent les lettres, « de la haute et an-
» cienne noblesse qui a été transmise audit sieur Euze-
» nou de Kersalaun, par ses ancêtres qui en étaient en
» possession dans les tems les plus reculés, et qui l'ont
» toujours soutenu avec autant d'honneur que de dis-
» tinction, soit par leurs services, soit par leurs al-
» liances avec les plus grandes familles de Bretagne. »
Ces lettres furent enregistrées au parlement de Rennes, les chambres assemblées, le 2 avril 1776, d'après les conclusions de M. du Bourblanc, avocat général.

La famille d'Euzenou est en effet une des plus anciennes de la province de Bretagne. Guion Euzenou est nommé dans un plaid du 19 mai 1386. Le même Guion et Jehan Euzenou, son frère ou son parent, rendirent hommage au vicomte de Rohan, l'an 1396. *Ecartelé, aux 1 et 4 pleins d'azur; aux 2 et 3 d'argent, à la feuille de houx de sinople.*

## F.

DE FABERT DU MOULIN, marquis de Larrey, en Bourgogne, par érection du mois de mai 1650, famille originaire de la ville de Strasbourg, établie en Lorraine, vers la fin du quinzième siècle. Abraham Fabert, maître échevin de Metz, en 1613, et seigneur du Moulin, près cette ville, fut anobli en 1603, et nommé chevalier de l'ordre de Saint-Michel, au mois d'août 1630. Il est le rédacteur de la Coutume de Metz et l'auteur des Commentaires sur celle de Lorraine. Abraham Fabert, son

fils, marquis d'Esternay, de Viviers, de Beauvais, de
Sézanne, etc., naquit le 11 octobre 1599; il servit
sous le duc d'Epernon dans plusieurs occasions importantes; et se signala surtout en 1635. Il sauva l'armée
du roi, à la retraite de Mayence, comparée, par quelques écrivains, à celle des *dix mille de Xénophon*. Sa
valeur ne parut pas avec moins d'éclat en Italie, qu'en
Allemagne. En 1654, Fabert s'empara de Limbourg et
des états de Liége; de la ville de Stenay, où pour la
première fois on vit des parallèles et des cavaliers de
tranchée dont il fut l'inventeur: ses services furent
payés par le bâton de maréchal de France qui lui fut
conféré le 28 juin 1658. Le roi lui offrit le collier
de ses ordres en 1661; il le refusa, parce que, ne pou-
vant produire les titres nécessaires pour recevoir cet
honneur, il ne voulait pas, disait-il, que son manteau
fut décoré par une croix, et son âme déshonorée par
une imposture. Son mérite arma l'envie contre lui;
mais sa franchise et sa conduite irréprochable, le firent
triompher de ses ennemis. Il mourut à Sédan le 7 mai
1662. Son fils aîné, et le seul qu'il laissa en mourant,
comte de Sézanne, gouverneur de Sédan, fut tué par
les Turcs au siége de Candie, en 1669. La branche
subsistante de cette famille est établie en Franche-
Comté, et a pour auteur, François Fabert, frère aîné
du maréchal. *D'or, à la croix de gueules.*

DE FABRE, en Provence, famille originaire de Riez;
elle remonte à Gaspard Fabre, de Marseille, qui, en
récompense des services importants qu'il avait rendus
à l'état, fut fait chevalier de l'ordre du roi, par Henri II,
par lettres du mois de juillet 1555, dans lesquelles les
armes que lui et sa postérité doivent porter, sont dé-
signées par sa majesté. Ses descendants ont formé deux
branches, dont l'aînée s'est établie à Marseille. *D'azur,
au dextrochère d'or, mouvant d'une nuée d'argent, tenant
une épée du même, la pointe supportant une couronne
fleurdelysée d'or, accosté au flanc dextre d'un lion couronné d'or, lampassé et armé de gueules, tenant dans l'une
de ses pates une fleur de lys d'or, et accompagné en pointe
d'un casque du même, panaché d'argent.*

DE FABRE, seigneurs de Mazan, de Ponfrac et de

Vinay, en Provence. Honoré Fabre, auteur de cette famille, obtint du roi René, le 23 mai 1470, la permission de posséder la seigneurie de Riez et toutes autres terres et seigneuries, avec toute justice, ainsi que les autres nobles de Provence. Ces lettres n'expriment pas littéralement l'anoblissement d'Honoré Fabre; mais si ce dernier eût été noble d'origine ou de race, il n'aurait pas eu besoin de lettres du prince pour jouir noblement de ses fiefs, puisqu'originairement les nobles en avaient toujours joui. Le roi René donna permission à Honoré Fabre de jouir d'un fief pour l'anoblir d'une manière tacite; et il le qualifie noble pour ne point déroger à la loi qu'il avait faite lui-même, portant défense aux roturiers de tenir fiefs. C'est ainsi que les souverains anoblissent par plusieurs moyens, tacitement ou par lettres expresses. Cette famille a donné plusieurs officiers de marque, et notamment dans la marine, décorés de l'ordre royal et militaire de Saint-Louis. *De gueules, en rencontre de bœuf d'or.*

DE FABRI, marquis de Rians, seigneurs de Saint-Julien, en Provence, famille d'origine chevaleresque, qui prouve sa filiation depuis Hugues Fabri, gentilhomme pisan, lequel (selon la tradition domestique), suivit le roi Saint-Louis, lorsqu'il retourna à la Terre-Sainte, jusqu'à Hières, où ce prince débarqua le 3 de juillet de l'an 1254. Hugues Fabri étant tombé malade à son débarquement, ne put suivre le roi; il se maria à Hières, avec Marie *de Soliers*, fille d'Aicard, seigneur en partie de Soliers. Cette famille a formé plusieurs branches, a contracté des alliances considérables. Elle a donné des officiers distingués et des conseillers au parlement, etc. *D'or, à un lion de sable, lampassé et armé de gueules.* La branche de Rians, comme issue d'un cadet, *brisait en chef d'un lambel de gueules;* et l'autre branche, des seigneurs de Saint-Julien, *écartelait aux 1 et 4 d'or, au lion de sable, qui est de* FABRI; *aux 2 et 3 de gueules, au dextrochère d'argent tenant une épée du même.*

DE FABRI, seigneurs de Fabregues, en Provence. Cette famille a pour auteur Jacques Fabri, anobli par lettres du roi René, du 7 avril 1459, registrées aux archives en Provence, le 22 octobre 1472. Jean de Fabri, seigneur de Fabregues, fils du précédent, épousa, le 9 janvier 1501, par contrat passé devant Sequirani, notaire, Honorée Tenque. *D'argent, au pal d'azur ; au chef de gueules, chargé de trois écussons d'or.*

DE FABRON, en Provence, famille originaire de Marseille, qui doit sa noblesse à Jean-Baptiste Fabron, reçu conseiller-secrétaire du roi, en la chancellerie, le 23 mars 1724. Ses enfants continuèrent la postérité. *D'or, au lion de sable, surmonté d'un lambel de gueules.*

FAIVRE DU BONVOT, à Besançon, famille anoblie par une charge d'auditeur en la chambre des comptes, en 1730 ; elle a, en outre, donné un conseiller au parlement. *D'azur, à la colombe de Noë d'or.*

FALERANS, seigneurie de Franche-Comté, autrefois du diocèse de Besançon, a donné son nom à une maison d'ancienne chevalerie, éteinte dans celle de Visemal. Etienne de Falerans, reçu à Saint-Georges, en 1507, mort en 1532, portait *d'argent, à la bande de sable, accostée de deux bâtons du même.*

DE FALLETANS, marquis de Falletans, par érection du mois de mars 1712. Cette famille d'origine chevaleresque, qui a formé trois branches, tire son nom d'une terre située dans le ressort du bailliage de Dôle, possédée jusqu'au 15e. siècle, par la branche aînée de cette maison. Elle a pour auteur Renaud de Falletans, chevalier, seigneur de Falletans, de l'Etoile et de Saule, qui fit hommage, le jour de la fête de saint Vincent de l'an 1269, à Laure de Commercy, veuve de Jean, comte de Bourgogne, du bois de la Sale, et de ce qu'il avait depuis le château de Pymont, jusqu'à Saule. Etienne de Falletans, son fils, chevalier, seigneur de Falletans, contracta alliance avec Marguerite *Cornu*, mentionnée dans le testament de Perrenin, dit Cornu, de la Loye, damoiseau, son père, de l'an 1342, et dans celui d'Etienne, dit Cornu, son frère, damoiseau, de l'an 1355. Cette famille a donné un chevalier de Rhodes, un gouverneur et des chevaliers de Saint-Georges, un mestre-de camp et plusieurs autres officiers. *De gueules, à l'aigle éployée d'argent; l'écu timbré d'une tête d'aigle du même. Supports : deux griffons aussi d'argent.* Devise: *une fois Falletans.*

FALLON, en Franche-Comté, seigneurie qui était autrefois du diocèse de Besançon. Elle a donné son nom à une maison d'ancienne chevalerie, éteinte dans celle de Granmont. Hugues de Fallon fut père d'Henri, chevalier, nommé dans le testament de Jean de Saint-Loup, de l'an 1370. Cet Henri eut pour fille Marguerite, qui porta en mariage les terres de Fallon et de Roche-sur-Linotte, à Guillaume de Granmont. Leurs descendants ont porté le nom de Granmont-Fallon. La terre de Fallon a passé dans la maison de Raincourt. *D'azur, à trois besants d'or.*

DE FAUCHER, en Provence, famille originaire du duché de Bourgogne, illustre par le mérite de Denis Faucher, religieux de l'abbaye de Lerins, qui a fait un ouvrage intitulé les Annales du pays, et composé d'autres ouvrages en vers et en prose. Il vivait dans le seizième siècle, et avait pour frère André Faucher, marié, en 1538, avec Honorée de Bovis; il fit son testament en 1577. Cette famille a contracté de belles alliances, et a donné un mousquetaire du roi, et des lieutenants au siége d'Arles. *D'azur, à un chevron d'or, accompagné en chef de deux roses d'argent et en pointe d'une coquille d'or.*

DE FAUDRAN, seigneurs de Taillades, en Provence, famille d'ancienne chevalerie, originaire de la ville de Lambesc. Les Faudran, qualifiés chevaliers, et Guillaume et Bernard de Garnier, firent échange de quelques cens au territoire de Lambesc, par acte de 1226. Nicolas Faudran est qualifié damoiseau dans les actes de reconnaissance de ces mêmes cens, par les particuliers de Lambesc, de l'année 1419; il y est aussi fait mention d'Antoine Faudran, avec la qualité de noble et de magnifique. Les descendants de ce dernier ont formé trois branches : Jean Faudran a fait la branche de Marseille; Gaspard, celle de Salon; et Boniface a continué celle de Lambesc. Cette famille a contracté des alliances distinguées. *D'azur, à une pointe d'or.*

DE FAURIS, seigneurs de Saint-Vincent, en Pro-

vence. L'Histoire de la noblesse héroïque de Provence,
par Artefeuil, donne la filiation de cette famille, d'après
l'abbé Robert de Briançon, depuis Pierre de Fauris,
seigneur de Châteauneuf, qui jouissait des priviléges
accordés aux nobles, sur la fin du quinzième siècle. Il
fut père de François de Fauris, seigneur de Châteuneuf,
qui épousa, le 30 septembre 1532, Anne de Laidet.
Voici ce qu'on lit dans la critique du Nobiliaire de
Provence, sur cette famille, recommandable d'ailleurs
par les magistrats distingués qu'elle a produits.

« L'abbé Robert donne pour tige noble à la famille
» de Fauris, François Fauris, qui, dans tous les actes
» que j'ai trouvés de lui, à Manosque, des années 1540,
» 1545 et 1548, est qualifié sire François de Fauris,
» marchand de Manosque. N.... de Fauris, marié à Mar-
» seille, avec la nommée Estelle, possède encore la
» maison, à Manosque, acquise par François de Fauris,
» qualifié sire, marchand, par l'acte de l'année 1544,
» pardevant Ferrand, notaire de Manosque, etc., etc. »
Cette famille a été maintenue lors de la recherche,
en 1667. *Ecartelé, aux 1 et 4 d'argent, à la bisse de
sinople ; aux 2 et 3 d'azur, à la colombe d'argent.*

**FAUVEL** DE **DOUDEAUVILLE**, en Normandie,
famille d'origine chevaleresque, qui remonte à Michel
Fauvel, écuyer, compris au ban et arrière-ban de la
noblesse de l'an 1272. *D'or, à trois merlettes de sable ;
au chef du même.*

**FAVIÈRE**, en Franche-Comté, famille anoblie par
un office de conseiller au parlement, en 1674. *D'or,
à trois gousses de fève de sable.*

DE **FELZINS** DE **MONTMURAT**, maison ancienne,
originaire du Quercy, dans laquelle s'est fondue celle
de Montmurat, en Auvergne. Elle a pour auteur, noble
Gilbert de Felzins, chevalier, vivant en 1277. Ses descendants ont donné plusieurs chevaliers de l'ordre du
roi, des ordres du Temple et de Saint-Jean de Jérusalem ; et se sont alliés aux maisons d'Uzès, de Noailles,
d'Estrets, d'Arpajon, de Lentilhac, de Cardaillac,
d'Hébrard de Saint-Sulpice, de Saint-Gery, de
Reilhac, etc., etc. Cette famille s'est fondue dans la
maison de Turenne d'Aynac, par le mariage contracté

en 1646, entre Marie-Hélène de Felzins et Flotard de Turenne, marquis d'Aynac, et par le mariage de Cathe-rine de Felzins, sa sœur (toutes deux filles de Jean, baron de Felzins, marquis de Montmurat), contracté l'an 1671, avec Jean de Turenne, comte d'Aubepeyre, frère puîné du marquis d'Aynac. *Parti, au 1 d'argent, à trois jumelles de gueules en bande*, qui est DE FELZINS; *au 2 d'azur, au lion léopardé d'argent, soutenu d'or; à la vache passante de gueules*, qui est DE MONTMURAT.

DE FÉRIX, en Provence, famille originaire de Mar-seille, qui a pour auteur Jean de Férix, marié, dès l'an 1639, avec Marguerite *de Rebuti*, de laquelle il a eu des enfants. Il fut maintenu dans la qualité de noble et d'écuyer, par arrêt des commissaires députés par le roi, du 10 avril 1669. *D'azur, au phénix essorant d'or sur son immortalité de gueules.*

FERRIER, à Luxeuil, en Franche-Comté, famille qui provient d'un secrétaire du roi et qui a donné un maréchal de camp. *D'argent, à quatre fers de lance d'a-zur, appointés en sautoir.*

DE FERRIER, seigneurs de Saint-Julien et d'Auri-beau, en Provence, famille ancienne, originaire de la ville de Riez, qui descend de Jean Ferrier, anobli par lettres du roi René, données à Aix, le 18 de juin 1475, au bas desquelles ce prince voulut peindre en miniature les armes qu'il lui donna. Jean, marié deux fois, eut de sa première femme, dont on ignore le nom, Honoré de Ferrier, co-seigneur de Riez. Le testament de son père est du 19 octobre 1512, et le sien, du 7 mai 1520. Honoré eut plusieurs enfants, qui ont continué la pos-térité. Cette famille a contracté des alliances très-dis-tinguées. *D'or, à cinq écussons de gueules, posés deux, deux et un.*

DE FERRIER, en Provence. Cette famille, origi-naire de la ville d'Arles, et différente de la précédente, fut anoblie par lettres du roi Henri IV, accordées, au mois d'août de l'an 1596, à Antoine Ferrier, Ier. du nom, pour services rendus à ce prince dans ses guerres contre la ligue. Antoine eut pour fils Charles de Ferrier, marié à Istres, en 1613, avec Madelaine *de Foissard*, dont est issu

III. 27

Antoine de Ferrier, II^e. du nom, marié à Arles, et qui a continué la postérité. *De gueules, à un fer de cheval d'argent; au chef cousu d'azur, chargé d'une fleur de lys d'or.*

DE LA FERRIÈRE DE LA TREBOSNEDIÈRE, en Normandie, famille qui, lors de la recherche faite en 1666, a fait preuve de quatre degrés de noblesse. Elle a donné un gouverneur des ville et château de Granville. *D'or, à six fers de cheval d'azur.*

FERTANS, en Franche-Comté, noblesse chevaleresque, éteinte dans la maison de Scey. La maison de Fertans tirait son nom d'une seigneurie dépendante autrefois du diocèse de Besançon. *D'argent, à la fasce d'azur, chargée de trois étoiles d'or.*

DE FIGUIÈRES, en Provence. Cette famille, originaire de la ville de Manosque, vint s'établir à Aix; elle prouve sa filiation depuis Honoré de Figuières, qui fut reçu conseiller du roi et auditeur en la chambre des comptes, le 11 février 1658, et épousa Isabeau *de Cormis*, fille de noble Antoine de Cormis, et de Françoise du Perrier, de laquelle il eut Paul de Figuières, reçu conseiller en la cour des comptes, le 26 juin 1684. *D'or, au chêne arraché de sinople; au chef d'azur, chargé de trois étoiles d'argent.*

FLAMERANS, en Franche-Comté, noblesse chevaleresque, éteinte. La maison de Flamerans tirait son nom d'une seigneurie située à une lieue d'Auxonne, et dépendante autrefois du diocèse de Besançon. *D'azur, au sautoir engrêlé d'or, cantonné de quatre flammes de même.*

FLAYELLE DE BOURDONCHAMP, en Hainaut, famille ancienne, originaire de Lorraine, qui remonte par filiation, à :

I. Jean FLAYELLE, de Briey, anobli, le 7 janvier 1603. Il avait épousé N.... *de Xandrin*, dont est né :

II. Jean FLAYELLE, marié, en 1648, avec N... *Husson*, de Briey, dont il eut deux fils :

   1°. François, dont l'article suit ;

   2°. Nicolas Flayelle, juge consul à Valenciennes,

marié avec N.... *Valeaux*, de Landrecies, dont trois fils :

> *a.* Albert Flayelle, conseiller à la cour des monnaies de Paris ;
> *b.* Charles Flayelle, } morts sans postérité.
> *c.* Nicolas Flayelle, }

III. François FLAYELLE, I<sup>er</sup>. du nom, s'établit à Gorze, à quatre lieues de Metz, où il fut maire pendant plus de trente ans. Il y épousa Catherine *Genin*, dont il eut :

IV. Louis FLAYELLE, marié avec Jeanne-Elisabeth *de Bissardon de la Blanchonnière*, de Vendegies au Bois, près le Quesnoy. Il en eut deux fils :

> 1°. François II, qui suit ;
> 2°. Louis Flayelle, qui fut pendant dix-huit ans échevin de la ville du Cateau. Il épousa Elisabeth *Cousin*, dont il eut deux garçons :
>> *a.* Louis-Auguste Flayelle ;
>> *b.* Jean-Marie Flayelle.

V. François FLAYELLE, II<sup>e</sup>. du nom, épousa Marie-Philippine *d'Oison*, de Vendegies au Bois. De ce mariage sont issus :

> 1°. Auguste Flayelle, mort sans alliance ;
> 2°. Charles Flayelle ;
> 3°. Louis-François-Joseph, qui suit ;
> 4°. Alexandre Flayelle, mort sans alliance ;
> 5°. François Flayelle ;
> 6°. Fidèle Flayelle.

VI. Louis-François-Joseph FLAYELLE, baron de Bourdonchamp, colonel, directeur des fortifications des places de la direction de Mézières, commandeur de l'ordre royal de la Légion-d'Honneur, chevalier de l'ordre royal et militaire de Saint-Louis, et de l'ordre de Sainte-Anne de Russie de seconde classe, a épousé Thérèse *Courtin de Fay*, dont il a eu un fils :

> Henri Flayelle de Bourdonchamp, présentement élève à l'école spéciale, royale et militaire de Saint-Cyr.

*Armes* : d'azur, à la fasce d'or, accompagnée de trois roses d'argent.

FLEURS DE LYS. Elles étaient déjà employées pour ornement de la couronne des rois de France, du tems de la seconde race, et même de la première ; on en voyait la preuve dans l'abbaye de Saint-Germain-des-Prés, au tombeau de la reine Frédegonde, dont la couronne est terminée par de véritables *fleurs de lys*, et le sceptre par un lys champêtre. Ce tombeau, qui était de marqueterie, parsemé de filigrane de laiton, paraissait original, outre qu'il n'y a point d'apparence qu'on eût pensé à orner de la sorte le tombeau de cette reine long-tems après sa mort, puisqu'elle a si peu mérité cet honneur pendant sa vie. Pour ce qui est de la seconde race, on trouve plusieurs portraits de Charles-le-Chauve, dans les livres écrits de son vivant, avec de vraies *fleurs de lys* à sa couronne ; quelques-uns de ces manuscrits se gardent dans la bibliothèque du roi, et l'on en peut voir les figures dans le second tome des *Capitulaires* de M. Baluze. Le père Henschenius, savant jesuite, prétend, à l'occasion d'un ancien sceau où Dagobert est représenté tenant trois sceptres, que les fleurs de lys ont pris de là leur origine. Ces trois sceptres, que les successeurs de Dagobert prirent pour leurs armes, étant liés ensemble par le bas, ressemblent à la fleur de la plante appelée *Iris* ou flambe, que les Allemands nomment *Lisch-Blum*, c'est-à-dire fleurs de lys, et c'est de là, dit Henschenius, que ce nom leur est venu. On les fit d'or, ajoute-t-il, parce que cette fleur est jaune ; et comme elle naît ordinairement dans l'eau, dont la couleur paraît bleue, cela fut cause qu'on mit les fleurs de lys en champ d'azur ; on pourrait dire encore, suivant les principes d'Henschenius, que, parce que cette plante est appelée en latin *lilium cæleste*, on a cru en conséquence que les fleurs de lys étaient venues du Ciel. Mais la tradition de nos pères est fort contraire à cette ingénieuse conjecture : elle porte que le roi Clovis reçut à Joyenval les fleurs de lys des mains d'un saint ermite, qui lui dit qu'un ange les avait apportées du Ciel pour en orner l'écu de France. Comment se persuader que tous nos rois depuis Clovis aient porté pour armes des fleurs de lys, et que, cependant, il n'en soit pas parlé avant l'an 1179 ? Car le témoignage le plus ancien que nous ayons en leur faveur, est de cette année, et tiré des mémoires de la chambre des comptes, où il est marqué que Louis-le-Jeune fit parsemer de fleurs de lys les habits de Philippe-Auguste, son fils, lorsqu'il le fit sacrer à Reims. Ces mémoires de la chambre des comptes donnent lieu de croire que Louis-le-Jeune prit des fleurs pour sa devise, pour faire allusion à l'épithète de *Florus* ou *Fleurus*, que son père Louis le-Gros lui donnait par amitié et par caresse, et que c'est là la véritable origine des fleurs de lys que nous voyons depuis dans les armes de France. On pourrait dire aussi que Louis VII, dit le Jeune, prit le premier des fleurs de lys, sans nombre, par allusion à son nom de Loys, et parce qu'on le nommait d'abord, ainsi qu'il a été remarqué, *Ludovicus Florus*, Louis-le-Fleury; mais devant faire valoir cette épithète de *Fleury* et employer en conséquence des fleurs, on dut donner la préférence à la fleur qui faisait mieux allusion au nom Loys; et cette fleur fut le lys. Au reste, les auteurs sont très-partagés, non-seulement sur l'origine des fleurs de lys de France, mais encore sur les anciennes armes de nos rois; il en est de ces deux questions comme de celle qui concerne l'origine des Francs.

Philippe-Auguste est le premier de nos rois qui se soit servi d'une *fleur de lys* seule, au contre-scel de ses chartes : ensuite Louis VIII et saint Louis imitèrent son exemple; après eux, on mit dans l'écu des armes des rois de France, des *fleurs de lys* sans nombre ; et enfin elles ont été réduites à trois, sous le règne de Charles VI. Voilà le sentiment le plus vraisemblable sur l'époque à laquelle nos rois prirent les *fleurs de lys* dans leurs armes, et c'est l'opinion du P. Mabillon. M. de Sainte-Marthe pense que la *fleur de lys* a commencé d'être l'unique symbole de nos rois sous Louis VII, surnommé le *Jeune*. L'on voit que son époque n'est pas bien éloignée de celle du P. Mabillon. Quant à l'opinion de ceux qui veulent que nos *lys* aient été, dans leur origine, au bout d'une espèce de hache d'armes appelée *francisque*, à cause de quelques rapports qui se trouvent entre ces deux choses, elle n'est étayée d'aucune preuve solide. Nous pourrions citer plusieurs conjectures, qui ne sont pas mieux établies : mais nous nous arrêterons seulement à celle de Jacques Chifflet, à cause des partisans qu'elle s'est acquis.

Dans la découverte faite à Tournay, en 1653, du

tombeau de Childéric I<sup>er</sup>, on y trouva l'anneau de ce prince, environ cent médailles d'or des premiers empereurs romains, deux cents autres médailles d'argent toutes rouillées, un javelot, un *Grophium* avec son stilet, et des tablettes, le tout garni d'or : une figure en or d'une tête de bœuf avec un globe de cristal, et des abeilles aussi toutes d'or, au nombre de trois cents et plus. Cette riche dépouille fut donnée à l'archiduc Léopold, qui était pour lors gouverneur des Pays-Bas; et après sa mort, Jean-Philippe de Schonborn, électeur de Cologne, fit présent à Louis XIV, en 1665, de ces précieux restes du tombeau d'un de ses prédécesseurs : on les garde à la bibliothèque du roi.

M. Chifflet prétend donc prouver, par ce monument, que les premières armes de nos rois étaient des abeilles, et que des peintres et des sculpteurs mal habiles, ayant voulu les représenter, y avaient si mal réussi, qu'elles devinrent nos *fleurs de lys*, lorsque, dans le douzième siècle, la France et les autres états de la chrétienté prirent des armes blasonnées ; mais cette conjecture nous paraît plus imaginaire que fondée, parce que, suivant toute apparence, les abeilles de grandeur naturelle et d'or massif, trouvées dans le tombeau de Childéric I<sup>er</sup>, n'étaient qu'un symbole de ce prince, et non pas ses armes : ainsi dans la découverte qu'on a faite en 1646 du tombeau de Childéric II, en travaillant à l'église Saint-Germain-des-Prés, on trouva quantité de serpents à deux têtes, appelés par les Grecs *Amphisbene*, lesquelles figures étaient sans doute également le symbole de Childéric II, comme les abeilles l'étaient de Childéric I<sup>er</sup>.

Au surplus, Chifflet, dans son ouvrage à ce sujet, intitulé *Lilium Francicum*, a eu raison de se moquer des contes ridicules qu'il avait lus dans quelques-uns de nos historiens, sur les Fleurs de lys. En effet, les trois couronnes, les trois crapauds, changés en trois fleurs de lys par l'ange qui vint apporter à Clovis l'écusson chargé de trois *fleurs*, (ce qui a engagé les uns à imaginer que les rois de France portaient au commencement, de sable, et d'autres enfin, comme Trithème, d'azur, à trois grenouilles de sinople), tout cela ne peut passer que pour des fables puériles, qui ne méritent pas d'être réfutées sérieusement.

Il y a beaucoup de maisons et de familles qui portent des *fleurs de lys* dans leurs armoiries : l'auteur du Dictionnaire Héraldique, imprimé en 1757, en compte plus de mille en France. Les unes le sont par une succession héréditaire, d'autres par usurpation, et d'autres enfin par concession de nos rois. Dans ce dernier cas, elles sont ou doivent être la récompense de services signalés rendus à l'état ; c'est le sentiment des historiens et des jurisconsultes. Cette maxime fut suivie dans les premiers tems, et nos rois n'accordèrent cette distinction qu'à ceux de leurs sujets ou des étrangers qui avaient bien mérité de leur couronne : comme on le voit par les exemples des maisons d'Albert, de Stuart, d'Est-Ferrare, de Visconti-Milan, de Médicis, de Borgia-Valentinois, de Bentivoglio, de l'Hôpital-Vitry, etc., mais dans la suite et surtout depuis Louis XIII, on permit de porter des *fleurs de lys* à des familles nouvelles et dont les services n'avaient rien de distingué. On peut mettre de ce nombre celles de Lebreton de la Doyennerie en Touraine, de le Cointe à Paris, de Guerapin de Vauréal, d'Olivier, de Portail, Charbonneau, Remond, Gilles, Gencien ; la même distinction a été accordée aux familles des maris des nourrices des rois, des princes et princesses, et des accoucheurs des princesses de France ; telles que celles de Bocquet, Ancelin, Mercier, Moreau, Clément, etc., et à des artistes tels que le Brun, Coyrevox, etc.

Un arrêt du conseil du 19 mars 1697, enjoint aux commissaires généraux, dans la réception des armoiries, de n'admettre aucune fleur de lys d'or en champ d'azur, qu'il ne leur soit justifié de titres ou de permissions valables.

DE FLORANS, très-ancienne famille, originaire du lieu de Bédouin, dans l'ancien comtat Venaissin. Hugues de Florans fut, en 1203, choisi pour être l'un des arbitres entre Rambaud d'Orange et Guillaume de Baux, touchant leur différend au sujet de la monnaie, de la juridiction et de la propriété du château de Martignan ; il fut nommé évêque d'Orange, en 1211. L'histoire des évêques de Vaison, par le père Anselme Boyer, fait

mention du grand savoir et de l'habileté d'Hugues de
Florans. Esprit de Florans était, en 1260, grand sénéchal
des comtes de Toulouse. Antoine-Pierre de Florans dres-
sa, conjointement avec Rostain de Guibert, les statuts
de la communauté de Bédouin, le 12 septembre 1397.
Dans la grande salle de la maison de la famille de
Florans, à Bédouin, on a lu long-tems cette devise :
*florentius, floret, floruit, atque florebit,* 1572. Cette date
était celle où vivait Lœlio de Florans, homme d'un
grand mérite et fort estimé. Son fils aîné, Jacques de
Florans, était, en 1612, président de la chambre apostolique de Carpentras. En 1663, Emmanuel de Florans
fut le député que le corps de la noblesse de la province
du comtat Venaissin choisit par délibération du 29 mai,
pour envoyer à Louis XIV ; il fut encore employé par
le cardinal Bichy, pour *moyenner*, est-il dit, la paix
entre le duc de Toscane et les Vénitiens ; porteur des
articles, à Ferrare, il sut mériter par sa conduite les
honneurs dont on le combla et les présents qu'il reçut
à cette occasion.

Les deux fils d'Emmanuel de Florans entrèrent au
service de France, et furent successivement lieutenants
et capitaines dans le régiment de Quercy ; depuis, tous
leurs successeurs les ont imités et ont servi en France ;
comme eux, souvent ils s'y sont distingués par une
valeur et une présence d'esprit qui leur ont mérité
des récompenses, des décorations, quelquefois même
d'être cités.

La relation des guerres d'Allemagne, fait mention de
la mort glorieuse de Claude de Florans, capitaine dans
le régiment de Rouergue, tué en 1675, au combat
d'Altenheim, où la France perdit Turenne.

En 1750, une déclaration des plus honorables pour
la famille de Florans fut faite et consignée dans un acte
du 18 mars, pardevant Barcillon, notaire à Carpentras,
par les chefs d'une partie des premières maisons du comtat
Venaissin. Plus tard, Joseph-André de Florans, officier
dans le régiment de Royal-Artillerie, mérita, par d'importants services, que Louis XV fit placer à l'école militaire
ses quatre fils ; l'un d'eux, André-Louis de Florans,
chevalier de Saint-Louis, lieutenant-colonel du régiment de Royal-Auvergne, fut, ainsi que sa femme, du
nombre des victimes qui périrent à Bédouin, pays que

ses affreux malheurs, pendant la révolution, n'ont que
trop fait connaître. Deux branches de la famille de
Florans existent encore à Bédouin ; l'une, en la personne du marquis de Florans, chevalier de Saint-Louis,
ancien officier supérieur, marié à l'une des filles du
marquis de Lespine ; l'autre, dans la personne du chevalier de Florans, son neveu, lieutenant de cavalerie, qui
a épousé une des filles du marquis de Cordoue.

Les autres et précédentes alliances de la famille de
Florans sont avec les maisons de Camaret, de Boutin,
de Martine et de Bardassole, de Benedicti, de Blegier ;
d'Alleman, de Seguin, de Very, de Beauvois, de
Flotte, de Damian, de Guibert de Guillaumon, de
Geoffroy, d'Anjou, de Balbani, de Joannis, de Privat
de Mollières, de Teissandier et Claptien (1).

*Armes* : d'azur ; au sautoir d'or, cantonné de trois
étoiles du même, une en chef et deux en flancs, et d'une
fleur de lys d'or en pointe, soutenue d'un croissant d'argent.

DU FLOS, en Artois. Jean du Flos, demeurant à
Bernicourt, en Artois, fut anobli moyennant finance,
par lettres de juillet 1473, enregistrées à Lille. *Echiqueté d'or et de gueules ; au chef de vair.*

. FOILLENOT, à Besançon. Cette famille fut anoblie
par une charge de maître des comptes, au commencement du dix-huitième siècle. *De gueules, à trois quintefeuilles d'or.*

DE FOISSARD, seigneurs d'Istres, de Magnan et
d'Entressens, en Provence. Cette famille ancienne descend de Bertrand de Foissard, qui acheta, le 8 mai
de l'an 1476, les seigneuries d'Istres et de la Tour-
d'Entressens, de Charles d'Anjou, comte du Maine,
devenu depuis comte de Provence. Il laissa deux
fils, Bertrand II et Léonard de Foissard. Cette famille a
contracté les alliances les plus distinguées. *D'argent,
à trois fasces de gueules, et un lambel à trois pendants du
même, posé au côté dextre du chef.*

_____

(1) On peut consulter, sur cette famille, l'hist. du
Comtat Venaissin, tom. I, pag. 418.

DE FOISSY. Cette famille, qui descend de Jean de Foissy, maire à Dijon, en 1362, et anobli, au mois de janvier 1364, avec Douce, sa femme, a été maintenue par arrêt du conseil d'état, en date du 17 novembre 1667; elle a donné trois chevaliers de l'ordre du roi, des chevaliers de Malte, dont deux grands prieurs de Champagne; des chambellans des ducs de Bourgogne et deux chanoinesses de Remiremont. Cette famille existait encore à l'époque de la révolution. *D'azur, au cygne d'argent becqué et membré d'or.*

DE FONTANES, seigneurs d'Appenets, maison ancienne et distinguée du Languedoc, répandue successivement dans le Toulousain et dans les Cévennes. L'origine de cette maison, de nom et d'armes, remonte au-delà du douzième siècle; mais le peu de documents historiques et de titres originaux échappés aux guerres désastreuses de religion, qui ont si long-tems désolé le Languedoc, ne la font connaître, avec certitude, que depuis Bertrand de Fontanes, capitoul de Toulouse, en 1308. Parmi les seigneurs qui remplissaient cette charge avec lui, on remarque Pons et Pierre de Brignac, Bertrand du Puget, damoiseau, Bernard de Gaillac, Vital de Fargis et Pierre de Castelnau. La Faille, dans ses Annales de Toulouse, tom. 1, p. 39, rapporte qu'ils furent élus devant Philippe de Fontanes, viguier (châtelain ou gouverneur), le dimanche après la Sainte-Quitterie, qu'on célèbre à Toulouse, le 22 mai. Bernard de Fontanes fut capitoul de Toulouse, en 1314 et 1320; et Raimond de Fontanes, en 1309, 1314 et 1323 : cette charge était, dans ces tems reculés, exercée par les familles les plus distinguées de la ville. La maison de Fontanes possédait le fief d'Appenets, situé dans la paroisse de Sainte-Cécile de la Mélouse, au diocèse de Mende, depuis l'an 1549, époque du mariage de Jean de Fontanes, fils d'autre Jean, avec Gilette de Barjac, dame d'Appenets, d'une maison d'ancienne chevalerie du Languedoc. Ce fief d'Appenets avait donné son nom à une famille immémoriale, qui paraît s'être éteinte dans celle de Barjac, au quatorzième siècle. Le premier hommage en titre original qu'on en ait conservé est du 6 octobre 1346 : il est fait par Jean d'Appenets, damoiseau, seigneur dudit lieu, à Louis de Beaufort, chevalier, comte d'Alais, marquis de Canillac, et vicomte de la Mothe.

En 1500, le chef de cette maison rendit hommage au connétable de Montmorency. Le même, en 1501, fut maintenu dans son ancienne noblesse par la cour des aides de Toulouse; elle cassa le jugement des consuls de la Melouse, qui l'avaient imposé aux charges dont sa condition devait l'exempter; ayant prouvé que, de tems immémorial, ses ancêtres avaient servi aux bans et arrières-bans de la province. Les faits énoncés dans sa requête prouvent l'ancienneté de sa noblesse, avec les qualifications de *noble* et d'*écuyer*, jusqu'à l'année 1400 inclusivement.

Noble Jean de Fontanes rendit hommage au duc de Montmorency, le 25 août 1588, pour les fiefs nobles qu'il possédait dans la mouvance de son comté d'Alais.

Noble Jean de Fontanes, fils du précédent, rendit hommage de sa terre d'Appenets à Charles de Valois, le 20 janvier 1618; il souscrivit une obligation au profit de Hugues Vidal, en 1624.

Au mois d'avril 1698, la maison de Fontanes fit registrer ses armoiries à l'armorial général de la province de Languedoc.

Vers l'année 1700, le chef de cette maison, zélé calviniste, comme ses ancêtres, fut contraint de s'expatrier. L'un de ses fils revint en France, vers 1730, et le fils de ce dernier épousa, en Languedoc, la fille de Clément-Julien de Séde, baron de Lioux, nièce du marquis de Fourquevaux (1). De ce mariage est né Louis, marquis de Fontanes, membre de l'Institut, grand officier de la Légion-d'Honneur, créé pair de France, le 4 juin 1814.

*Armes :* de sable, à la fontaine d'argent, terrassée du même; au chef d'or, chargé de trois pommes de pin d'azur. *Ce chef, chargé de trois pommes de pin, a été ajouté par alliance.*

---

(1) Voyez Moréri et le Dict. de la Noblesse, in-4°., tom. II, p. 249, pour la maison de Beccarie de Pavie-Fourquevaux.

FONVENS, seigneurie de Franche-Comté ; elle a donné son nom à une maison d'ancienne chevalerie, qui florissait dans le dixième siècle, et dont les membres, dès ces tems reculés, étaient décorés du titre de comte. La branche aînée de cette maison s'est éteinte dans la maison de Vergy, par le mariage de Guillaume de Vergy, avec Clémence, comtesse de Fonvens, au treizième siècle. Cette dame a fait passer cette seigneurie dans la famille à laquelle elle s'est alliée ; elle n'était pas héritière de sa maison, mais seulement de la branche aînée. Après elle vivait Eudes de Fonvens, chevalier, qui acheta, en 1362, la terre de Saint-Loup : c'est de lui que prétend descendre une famille de médecins, qui, depuis plusieurs siècles, possède une maison féodale qu'elle habite à Gy, en Franche-Comté, et qui a des propriétés à Saint-Loup. Ce qu'il y a de certain, c'est qu'elle descend de Gérard de Fonvens, écuyer, vivant en 1442, et, qu'à ce titre, elle a toujours eu la collation d'un bénéfice dont il était patron. Les seigneurs de Fonvens brisaient leurs armes d'un croissant, à la différence de leurs aînés, qui portaient : *de gueules, à cinq trangles d'or, la seconde chargée d'un croissant d'azur.*

FORCALQUIER, *Forcalquerium, Forum Calcarium,* comté situé en Provence, sur le bord de la petite rivière de Laye, à deux lieues de la rive droite de la Durance, et à cent sept lieues de Paris. L'an 1054, il fut démembré par Geoffroi Ier., comte de Provence, en faveur de ses deux neveux, Bertrand et Geoffroi, qui possédèrent en commun ce comté. Ce dernier étant mort sans postérité, Adélaïde, fille de Bertrand, épousa Ermengaud IV, comte d'Urgel, à qui elle porta le comté de Forcalquier. Guillaume II, arrière-petit-fils d'Ermengaud IV, étant mort sans postérité, l'an 1209, le comté de Forcalquier fut réuni au comté de Provence. Cependant Guillaume, fils de Guiraud de Sabran et d'Alix, fille de Bertrand Ier., comte de Forcalquier, revendiqua ce comté, tant du chef de sa mère, qu'en vertu d'une donation du comte Bertrand II. Comme on était sur le point de décider ce différend par le sort des armes, le comte de Provence, pour le bien de la paix, consentit à un accommodement ; et par sentence d'ar-

bitres, du 29 juin 1220, on accorda à Guillaume de
Sabran, un certain nombre de terres dans le comté de
Forcalquier, et il continua de porter le titre de comte
de Forcalquier. Ses descendants retinrent seulement le
nom et les armes de Forcalquier, qui ont passé aux aînés
de la maison de Brancas, en vertu du testament de
Gaucher de Forcalquier, évêque de Gap, de l'an 1483.

Le terroir de la ville de Forcalquier était en franc-
aleu; les filles, une fois dotées, n'avaient rien à prétendre sur les biens des constituants. Les rois Louis XV
et Louis XVI ajoutaient à leurs titres celui de *comte de
Provence et de Forcalquier.*

*Armes* : de gueules, à la croix cléchée, vidée et
pommetée d'or.

DE **FORTIS**, seigneurs de Claps, en Provence,
famille ancienne, originaire d'Avignon, qui jouissait
des priviléges de la noblesse, dans le quatorzième siècle,
ainsi qu'il conste par un hommage que prêtèrent Fortis
de Fortis, et Raymond, son frère, d'une partie de la
terre de Montelar, à Robert, roi de Naples et comte de
Provence. Depuis eux, on n'a plus connaissance de cette
famille, qu'à partir de Bertrand Fortis, juge de la cour
temporelle du pape, à Avignon. Jean de Fortis, son
fils, vint s'établir à Aix, où il se maria, le 2 mai 1549,
à Jeanne *de Seguiran.* Il fut député à la cour, par délibération du corps de la noblesse, du 20 décembre 1557,
et n'eut qu'un fils, dont les enfants continuèrent la
postérité. Les alliances de cette famille, qui a donné des
premiers et seconds consuls à Aix, et des conseillers au
parlement, furent toujours recommandables. *D'azur,
au lion d'or, rampant contre une palme du même.*

DE **FORTON**, famille originaire des frontières d'Espagne, mais établie dans le bas Languedoc, depuis près
de quatre cents ans. Sa généalogie dressée par M. d'Hozier, juge d'armes de France, et qu'on trouve aussi dans
l'arrêt de maintenue rendu par la cour des aides de
Montpellier, le 11 janvier 1764, remonte, par titres,
à l'an 1475. Cette famille a fourni deux conseillers au
parlement, un président à la chambre des comptes,
plusieurs officiers de tous grades, soit sur terre, soit

sur mer et deux chevaliers de Saint-Louis. Enfin, par lettres-patentes du 8 mars 1817, Jean-Antoine de Forton, premier président à la cour royale de Mont-pellier, a obtenu le titre de marquis, héréditaire dans sa famille, de mâle en mâle et par ordre de primogé-niture. *D'azur, à deux colonnes d'argent*, l'écu timbré d'une couronne de marquis. Supports : deux colonnes. Devise : *fidelitas et justitia*.

FOURCAUD, à Pesme, en Franche-Comté, famille éteinte, anoblie par une charge d'auditeur à la chambre des comptes, en 1700. *D'azur, au sautoir engrêlé d'or.*

DE FOURNIER, en Provence, famille originaire de la Tour-d'Aigues, qui a pour auteur Etienne Fournier, reçu secrétaire en chancellerie, le 8 janvier 1735, lequel s'est marié avec la fille de N.... de Thoron, conseiller du roi en la cour des comptes, aides et finances de Pro-vence, dont il a eu des enfants qui ont continué la descendance. *D'azur, à la tour d'argent à dextre, ma-çonnée de sable, ouverte de gueules, à la mer du second émail.*

FOURRÉ DE BEAUPRÉ, DU BOURG, etc., en Nor-mandie, famille anoblie, en 1494, dans la personne d'Abraham Fourré. *De gueules, à trois chevrons renversés d'argent.*

DE FRANC, seigneurs, en partie, de Maillane, en Provence, famille originaire de la ville d'Aix, qui a pour auteur Grégoire Franc, pourvu, en 1664, de la charge de greffier en chef au parlement de Provence. Arnaud Franc, son fils, fut médecin ordinaire du roi et professeur en l'université d'Aix ; il épousa, par contrat du 2 septembre 1652, Félicité *d'Orsin*, dont il eut François de Franc, conseiller au parlement, le 13 mai 1687, lequel a continué la postérité. *D'azur, à deux tours d'or, maçonnées de sable et ouvertes de gueules ; au chef du second émail, chargé d'une croix recroisetée de gueules.*

DE FRANCE, en Lorraine, famille anoblie dans la personne de Gaspard-François de France, qui obtint des lettres d'anoblissement, datées de Lunéville, le

10 septembre 1725. *De sinople, au lion d'or, la queue passée en sautoir et tenant une fleur de lys d'argent. Pour cimier : le lion de l'écu.*

FRANCHET, à Besançon, marquis de Rans, famille anoblie en 1552, reçue à Saint-Georges, depuis l'an 1688, et dans tous les chapitres nobles. Elle a donné un maréchal de camp, un évêque, et plusieurs conseillers au parlement. *D'azur, au buste de cheval d'argent, lampassé de gueules.*

LE FRANÇOIS DES MANOIRS, de la Chesnaye, en Normandie, famille ancienne qui fut d'abord condamnée comme ayant pris induement la qualité de noble, pour n'avoir pu donner raison d'un arrêt rendu contre elle à la cour des aides de Rouen, en 1527; mais qui, ayant depuis produit de très-bons titres, obtint un arrêt de la cour en sa faveur, qui annulla le premier et la maintint dans sa noblesse. *D'azur, à trois bécasses d'argent.*

FRÈRE DE VILLEFRANCON, à Besançon, famille anoblie par une charge de conseiller à la chambre des comptes de Dôle, en 1717. Elle a donné deux conseillers au parlement.

FRERET, en Normandie, famille qui tire sa noblesse de Guillaume et Gilles Freret, anoblis en 1597. *D'or, à une colonne d'azur; au chef du même, chargé de trois étoiles du champ.*

DE FRESSIS ou FRESSE, seigneurs de Monval, en Provence, famille ancienne, originaire du Valensole, où elle tenait déjà un rang honorable dans le quatorzième siècle, ainsi qu'il est prouvé par deux états des chefs de famille, domiciliés dans la même ville, lesquels états se trouvaient aux archives de sa majesté, en Provence. Balthazar de Fresse, fils de François, et d'Elisabeth de Giraud, s'établit à Aix, où il fut reçu dans l'office de conseiller du roi, auditeur en la chambre des comptes, le 16 juin 1684. Cette famille a donné des auditeurs aux comptes et des conseillers au parlement. *De gueules, à la fasce d'argent, surmontée de trois étoiles d'or et accompagnée en pointe de trois croissants du second émail, posés deux et un.*

FRIAND, en Franche - Comté, ancienne famille éteinte, reçue à Saint-Georges, en 1449. *D'azur, à la bande engrêlée d'argent.*

FROISSARD, marquis de Broissia et de Bersaillin, par érection des mois d'octobre 1691, décembre 1697 et août 1748; créés comtes sous la dénomination de Broissia-Velle, par lettres du mois de mai 1739. Cette maison d'ancienne chevalerie du comté de Bourgogne, est connue depuis Antoine Froissard, écuyer, seigneur de Beauport, près de Saint-Amour, vivant en 1279. Philibert de Froissard, écuyer, vivait en 1388 ; il est peut-être le père de Huguenin Froissard, écuyer, seigneur de Largelois, vivant en 1400, et premier auteur connu par titres filiatifs de toutes les branches de cette maison. Elle compte plusieurs généraux, un grand nombre d'officiers supérieurs au service des rois d'Espagne et de France ; des magistrats distingués aux parlements de Bourgogne et de Franche - Comté, des conseillers d'état, d'épée et des chevaliers et commandeurs de Malte. *D'azur, au cerf d'or.*

FROLOIS ou FRELOIS, famille d'origine chevaleresque de Franche-Comté, qui a tenu l'un des premiers rangs parmi les maisons nobles des deux Bourgognes. Miles de Frolois, qu'on dit fils puîné de la maison de Bourgogne, fut témoin de la fondation de l'abbaye de Citeaux, faite par Eudes Ier., duc de Bourgogne, en 1098. Cette famille a formé plusieurs branches, qui toutes se sont alliées aux maisons les plus distinguées, et ont donné un ambassadeur de l'empereur Charles-Quint, auprès de l'empereur Ferdinand, son frère ; des mestres de camp d'infanterie, des lieutenants de roi et autres officiers. Hugues de Frolois, IIe. du nom, vivant en 1339, adopta le nom de sa mère, Alix de Portier, fille de Pierre de Portier, chevalier, descendant des anciens sires de Bresse et de Beaugé, qui ont tenu un rang considérable en Savoie. Deux membres de la maison de Frolois furent qualifiés de cousins par les ducs de Bourgogne, en 1339, 1420 et 1434. Claude-Philibert de Portier, dit de Frolois, fut l'ami de cœur de Charles de Lorraine, duc de Guise, en 1591. Enfin, toutes les branches de cette famille ont joui de la plus grande faveur et de la plus grande considération dans les deux Bourgognes, où elles ont possédé de grands biens. *Bandé d'or et d'azur ; à la bordure engrêlée de gueules.*

FROMENT, en Franche-Comté, famille éteinte, qui avait été anoblie dans la personne d'un savant juris-consulte, conseiller au parlement de Dôle, en 1614. *De gueules, à la gerbe d'or.*

DE FRONTENAY, en Franche-Comté, noblesse chevaleresque, éteinte. La maison de ce nom paraissait devoir son origine aux vicomtes de Frontenay. Il est fait mention de Frédéric, comte de Frontenay, en l'an 1132, dans une charte d'Anseric, archevêque de Besançon. Humbert, chevalier, fils de Lambert, vicomte de Frontenay, traita, en 1188, avec les religieux de Rosières. *D'argent, à quatre points équipollés de gueules.*

DE FULCONIS, seigneurs en partie du Puget, en Provence, famille qui a pour auteur Louis Fulconis, conseiller en la cour des comptes, le 18 novembre 1675. Ses descendants continuèrent la postérité. Cette famille a fait quelques alliances honorables, et a donné des capitaines de cavalerie, un capitaine de vaisseau et des conseillers aux comptes. *De gueules, au faucon d'or perché d'argent.*

DE FULQUE, marquis d'Oraison, seigneurs d'En-trevenes, du Castelet, du petit Taillas et de Saint-Etienne, famille originaire du Valensole, qui a pour auteur Esprit Fulque, pourvu d'un office de secrétaire du roi, contrôleur près la chancellerie de la cour des comptes de Provence, le 12 décembre 1714. Mathieu Fulque, son fils, obtint des lettres de confirmation pour le marquisat d'Oraison, enregistrées dans les différentes cours du pays. Cette famille a donné des conseillers aux comptes, un capitaine aide-major au régiment de Pen-thièvre et un général sous le gouvernement républicain. *De gueules, au faucon essorant d'argent, sur une colonne du même ; au chef cousu d'azur, chargé de trois étoiles d'or.*

III.                                                                29

# G.

DE GAILLARD, seigneurs de Bellafaire, en Provence, famille des plus anciennes de cette province. La possession des fiefs de Bellafaire, de Gigorre et de Bayars, dont elle jouissait dès le quatorzième siècle, tems auquel les nobles seuls pouvaient tenir fiefs, lui donne un titre primordial. Elle s'est soutenue toujours noblement. Pierre de Gaillard, qui en était le chef, fut père de Gaillard de Gaillard, vivant en 1369. Cette famille paraît s'être éteinte dans la personne de Jean de Gaillard, IIIe. du nom, qui n'eut de son alliance avec la fille de Pompée *de Virail*, que quelques filles et un fils, mort sans postérité. *D'azur, à trois fasces d'or; au chef cousu de gueules, chargé de trois roses d'argent.*

DE GAILLARD, barons de Baccarat, comtes de Denœuvre, famille originaire de Lorraine, dont le chef, Claude de Gaillard, seigneur engagiste du comté de Denœuvre, et voué de Baccarat, conseiller d'honneur au bailliage de l'évêché de Metz, avocat au parlement de Paris, émigré en 1791, fut dépouillé de ses biens, et mourut le 25 août 1809, laissant de son mariage avec Caroline-Séraphine *de Fumel*, quatre fils et une fille. *Écartelé, au 1 de gueules, à trois taux d'or; aux 2 et 3 d'argent, à deux colombes au naturel, se becquetant; au 4 de gueules, à trois trèfles d'or.* Supports: *deux lions.* Couronne de comte. Devise : *Deus et honor.*

*Nota.* Cet article rectifie celui qui se trouve au t. 1er. de la première série de cet ouvrage, p. 267.

GAILLARD DE LONGJUMEAU, de Ventabren, en Provence, famille distinguée, originaire de Blois. Elle remonte à Mathurin Gaillard, qui partagea, en 1453, avec Guillaume Gaillard, son frère, et acquit la terre de Villemorand. Il eut, entr'autres enfants, Michel Gaillard, général des finances du roi Louis XI, qui lui porta une affection particulière et le fit chevalier de l'ordre du Camail. Avant le règne de ce prince, Michel

Gaillard était payeur des cent gentilshommes de la maison du roi, et de la garde française et écossaise. Il eut plusieurs enfants, entr'autres Michel Gaillard, IIe. du nom, seigneur de Longjumeau, de Chailly et du Fay, chevalier et panetier ordinaire du roi François Ier., qui lui fit épouser, en 1512, sa sœur naturelle, souveraine d'Angoulême, légitimée à Dijon, en 1521. Dans un ancien registre des fiefs de Montlhery, au chapitre intitulé Chailly, on lit ce qui suit : « Le Chastel, seigneurie » et châtellenie de Chailly et Longjumeau, qui jadis fut » au roi de Sicile, depuis au comte du Maine, depuis » au duc de Guise, depuis à Michel Gaillard, fils » bâtard du duc de Lorraine, qui avait épousé Souve- » raine *d'Angoulême*, sœur bâtarde du roi François Ier., » depuis à ses enfants, depuis à M. Martin Ruzé, » secrétaire des commandements de sa majesté ». Cette famille a donné des magistrats au parlement de Provence, des officiers de marque et un évêque d'Apt, de 1673 à 1735. *D'argent, semé de trèfles de sinople; à deux taux de gueules en chef, surmontant deux perroquets de sinople.*

DE GAJOT, seigneurs de Montfleuri et du Salet, famille originaire de Lambesc, qui a pour auteur Martin Gajot, compté parmi les nobles de cette ville, en 1529, lequel eut pour fils, Jean Gajot, marié, le 13 avril 1574, avec Jeanne *d'Arquier*, qui le rendit père d'Etienne, conseiller et médecin ordinaire du roi. Cette famille a été maintenue par les commissaires députés en Provence par sa majesté, pour la vérification des titres de noblesse, le 8 avril 1669. *D'argent, au citronier de sinople, fruité de trois citrons d'or; au chef d'azur, chargé de trois étoiles d'or.*

DE GALAUP, seigneurs de Chasteuil, en Provence, famille originaire du Languedoc, qui fut illustrée en la personne de Louis de Galaup, doué d'une grande érudition, et qui tenait une place distinguée parmi les historiens et les poëtes. On a trouvé parmi ses ouvrages, une version des pseaumes en vers français. Il avait entrepris d'écrire l'histoire de Provence; mais il mourut avant d'exécuter ce dessein, âgé seulement de quarante-trois ans, l'an 1598. Son grand-père avait transplanté

sa famille de Languedoc en Provence ; il en continua
la postérité, laissant, entr'autres enfants, Jean et
François de Galaup, qui furent célèbres par leur savoir.
Cette famille, qui a contracté de belles alliances, a
donné des avocats et procureurs-généraux, tant au
parlement qu'à la cour des comptes. *D'azur, coupé
par un pan de muraille à trois créneaux d'argent, maçonné de sable, et surmonté de trois étoiles d'or.*

DE GALICE D'AUMONT, en Provence. Cette famille,
dit Maynier, tire sa noblesse de cinq générations de
conseillers au parlement et à la chambre des comptes.
Le premier qui fut pourvu d'une charge de conseiller
aux comptes, fut Nicolas de Galice, en 1572. *De gueules,
au coq d'argent, crêté, barbé, becqué et membré d'or ; au
chef cousu d'azur, chargé de trois étoiles d'or.*

L'abbé Robert de Briançon rapporte une autre famille
de ce nom, dont descendent les seigneurs de Châteauneuf, qu'il dit issus de Bernardin de Galice, vivant en
1523. Cette famille, qu'il fait venir des Galluci, d'Italie,
est une branche de la précédente, qui, n'ayant exercé
aucune charge privilégiée et n'ayant aucun titre de
noblesse, dit la critique du Nobiliaire de Provence,
n'a pu avoir acquis ce caractère que l'abbé Robert veut
lui attribuer. *D'azur, au coq d'argent, crêté, barbé,
becqué et membré de gueules ; au chef cousu de gueules,
chargé de trois étoiles d'or.*

DE GALLOIS, vicomtes de Glené, chevaliers et
seigneurs de la Tour, en Forêt. Cette famille est établie
en Provence, depuis Jean-Baptiste de Gallois, fils de
Pierre et de dame Anne le Gendre de Saint-Aubin, qui
fut nommé premier président et intendant de Paris,
en 1734, et mourut à Aix, le 7 mars 1747. Il eut pour
fils Charles-Jean-Baptiste de Gallois, né le 12 mars
1715, qui a succédé à tous ses emplois ; il épousa,
le 26 février 1748, dame Marie-Madelaine *d'Aligre*,
dont la maison a donné deux chanceliers de France,
et de laquelle il a eu des enfants, qui ont continué la
postérité. *De sable, chevronné d'or.*

DE GANTÉS, en Provence et en Artois. Cette famille
est très-ancienne ; la Chenaye des Bois, qui la fait ori-

ginaire de Naples, en donne une filiation suivie depuis
Bertrand de Gantés, chevalier, marié, au royaume de
Naples, avec Béatrix *d'Alagonia*, qu'il amena en Provence, en 1250, lequel suivit, en 1264, Charles
d'Anjou, à la conquête de ce royaume. Ce Bertrand
fut le cinquième aïeul de Pierre de Gantés, par lequel l'abbé Robert commence l'existence noble de
cette famille. Cet auteur qualifie *noble et égrège Pierre
Gantés, licencié ès-lois.* Il est à remarquer que le
père que lui donne la Chenaye, et les cinq degrés
qui précèdent, portent tous, dans son dictionnaire,
la qualité de *chevaliers*; et qu'aux titres de noble
et égrège, il ajoute celui de *seigneur*, de plus que
l'abbé Robert de Briançon, qui s'est pourtant fait une
assez grande réputation par ses petites complaisances.
Cette famille a exercé pendant plusieurs générations,
la charge de procureur-général au parlement de Provence; elle a donné des conseillers d'état, des officiers
supérieurs de terre et de mer, entr'autres, un lieutenant-général des armées du roi, commandeur de
Saint-Louis et plusieurs capitaines de vaisseaux, etc.
*D'azur, à l'émanche de quatre pièces d'or, mouvante
du chef.*

DE GARNIER, seigneurs de Gapenois, de Montfuron, de Rousset, etc., etc., en Provence, famille
d'origine chevaleresque. L'auteur du Nobiliaire de
cette province donne trois familles du nom de Garnier, de trois branches venues du même tronc. L'igno-
rance où il était des anciens titres, et le peu de recherches qu'il a faites des anciennes chartes, l'ont
fait tomber dans des bévues continuelles. Celui qui
compose le Nobiliaire d'un pays, doit connaître parfaitement l'histoire des familles, avoir vu les anciens actes déposés dans les archives du roi, et celles
des villes, les chartes des églises, des communautés et
des chapitres; il ne doit parler qu'avec certitude; il
ne doit pas s'en rapporter aux simples traditions, et
encore moins aux mémoires que lui fournissent les
familles, à moins qu'ils ne soient fondés sur de bons
et valables titres. L'on voit dans les chartes de Gapenois,
les Garnier, qualifiés chevaliers, depuis 1320. Guillaume Garnier est, dans cette même année, qualifié de

chevalier dans une transaction passée entre l'évêque de Gap et les habitants. *Guillelmus Garnerius, miles, unus in baronibus Diœcesis.* Jacques Garnier est qualifié noble et chevalier dans un acte du même évêché, de 1359. On trouve également qu'en l'an 1410, Pierre Garnier commandait une compagnie de cent hommes d'armes pour le service d'Iolande, mère de Louis III d'Anjou. Raymond Garnier fut pourvu de la charge de juge royal du palais de la ville de Marseille; ses descendants ont exercé successivement l'office de procureur du roi, à l'amirauté. Les cadets de cette branche ont servi dans la marine et sur les galères. Jules de Garnier, lieutenant d'une des galères du roi, est chef de cette branche; elle porte pour armes : *d'azur, au chevron d'or, accompagné de trois molettes d'éperon du même; au chef cousu de sinople, chargé de deux bandes d'argent, accompagné de neuf besants du même, posés 3 à 3 alternativement avec les bandes.* Louis Garnier a fait à Aix les branches des seigneurs de Montfuron et de Rousset; son fils fut président en la chambre des comptes, en 1561; Charles Garnier, fils puîné de Louis, a fait la branche des seigneurs de Rousset et de Saint-Antoine, aux environs d'Aix. *D'argent, à trois chevrons de gueules, au chef cousu d'or.* Jacques Garnier, ayant eu commission du roi René, en 1449, pour le commandement d'une compagnie de cent hommes d'armes à Toulon, a fait la branche des seigneurs de Julienne; Balthasar a fait celle des seigneurs de Fonblanque, dont l'auteur du Nobiliaire a décrit la filiation d'une manière inexacte, puisque les Garnier sortent tous du diocèse de Gap, et ont une souche commune. La différence des armes adoptées par les diverses branches de cette famille Garnier, ne doit point les faire considérer comme étrangères l'une à l'autre. Ces branches se sont divisées dans un siècle où les armoiries n'étaient pas bien fixées dans les maisons. Celles des seigneurs de Julienne et de Fonblanque, sont : *de gueules, à une tour carrée d'argent, posée sur un rocher du même, ouverte et maçonnée de sable, sommée d'une tourelle, comblée d'un toit en dos d'âne aussi d'argent, maçonné de sable.* Cette famille a contracté des alliances recommandables, et a donné des officiers de terre et de mer, et des magistrats du plus rare mérite.

GARNIER DE FALETANS, à Dôle, en Franche-Comté, famille reçue à Malte et à Lons-le-Saulnier ; elle a fourni deux vice-présidents au parlement de Dôle et plusieurs capitaines au service du roi. Le 15 avril 1551, Charles-Quint créa chevalier, Antoine Garnier. Dans les lettres qui lui furent expédiées, est rappelé Hugues Garnier, frère d'Antoine, soit pour l'anoblir, soit pour le reconnaître noble : les généalogistes francs-comtois ne sont pas d'accord sur ce point. Ceux de la seconde opinion disent que l'empereur approuva les anciennes armoiries de cette famille et les enrichit d'un chef de l'empire ; que la branche établie à Vesoul, était noble et possédait, sans permission, des seigneuries, quoiqu'elle descendît d'un oncle de Antoine et Hugues Garnier. *D'azur, à l'agneau pascal d'argent, sa croix d'or, le panonceau d'argent croisé de gueules ; au chef d'or, chargé d'une aigle éployée de sable.*

GARNIER DU VOUCHOT, en Bourgogne. Cette famille remonte à Jehan Garnier, seigneur du Vouchot, qui vivait en 1486. De la même famille était peut-être Henri-François Garnier, reçu conseiller laïc au parlement de Bourgogne, le 3 décembre 1641. *D'azur, au cœur d'or ; à la vivre de sinople en fasce, brochante sur le tout.*

GASPARD DE TOULONGEON, en Franche-Comté, famille ancienne dans l'ordre de la noblesse, remontant à Louis Gaspard, dont le testament, de l'an 1513, commence ainsi : *Ego nobilis vir Ludovicus Gaspard de Toulongeon, etc.* Dans la suite, cette famille n'a retenu que le surnom de Toulongeon ; elle a contracté plusieurs alliances, notamment avec la maison de Clermont d'Amboise. *De gueules, à trois fasces ondées d'or* (1).

DE GASPARI, ou GASPARO, en Provence, famille originaire de l'île de Corse, établie à Marseille, depuis le commencement du seizième siècle ; elle est alliée aux maisons d'Agoult, d'Olières, de Riquety et de Rodulph. Cette famille s'est éteinte dans la personne de N.... de

_____

(1) Armoiries de la maison chevaleresque de Toulongeon, éteinte depuis long-tems.

Gaspari, qui épousa, à Marseille, N.... *Prudent*, avec laquelle il a vécu sans postérité. *D'azur, à trois molettes d'éperon d'or, posées 2 et 1, et en cœur d'une fleur de lys du même.*

DE GASPARI, en Provence, famille ancienne, originaire de l'île de Corse. Les titres produits lors de la recherche, devant les commissaires députés par le roi, en 1668, remontent la généalogie de cette famille jusqu'à Gaspard Gaspari, qui fit son testament dans la ville de Morsilia, en Corse, en 1541 ; il était fils de Jérôme Gaspari, et de Paudina d'Ornano ; il disposa de ses biens en faveur de ses quatre enfants, André Philippe, Mariano et François Gaspari. Philippe rendit de grands services à Philippe II, roi d'Espagne, qui l'envoya à Alger, et dans les royaumes de Maroc et de Fez. Ce monarque se servit encore de lui en diverses négociations importantes auprès des infidèles, qu'il ménagea si bien, qu'il en obtint tout ce qu'il voulut, et qu'ils le comblèrent de riches présents. Cette famille a contracté des alliances très-distinguées et a donné plusieurs officiers et un ambassadeur, etc. *D'azur, à la fleur de lys d'or, accompagnée de trois étoiles à huit rais du même.*

DE GASQUET DE VILLENEUVE, marquis de Clermont, en Provence et en Quercy. Cette famille est très-ancienne ; elle était très-distinguée dans la bourgeoisie de Marseille, dès le milieu du treizième siècle. Nostradamus, à la page 228 de son histoire de Provence, fait mention de B., sans doute, Bertrand ou Bernard Gasquet, au nombre des principaux et plus apparents citoyens de Marseille députés, l'an 1262, vers le roi Charles Ier., comte de Provence, pour traiter de la paix des habitants de Marseille (qui s'étaient révoltés), avec ce prince et ses ministres. Ses descendants ont constamment exercé les charges de judicature et municipales dans la vallée de Tourves. Honoré Gasquet fut pourvu, en 1626, des offices de lieutenant civil et criminel, en la judicature et seigneurie d'Arles. Il fut nommé par lettres de Louis XIV, du 8 avril 1647, commissaire pour faire des visites et connaître dans toute la province des malversations qui se commettaient, tant aux monnaies, qu'aux manufactures d'or et d'argent, et dans l'orfévrerie. Il fut pourvu de l'office d'avocat-général au parlement de Provence, par lettres du 15 décembre 1648. La noblesse de cette famille date des priviléges affectés à cette charge et à celle de conseiller-commissaire-enquêteur-général des évocations des procès civils et criminels, pendants aux cours souveraines de Provence, de viguier, etc., etc., exercées par les descendants d'Honoré Gasquet ou par ses collatéraux. On ne doit donc pas être étonné de ne trouver cette famille dans aucun Nobiliaire, fait pour la recherche de 1668 en Provence, puisqu'elle n'avait pas encore la noblesse suffisante pour justifier quatre degrés. Cette famille a donné plusieurs officiers de marque, entr'autres, un capitaine de vaisseau et un maréchal de camp, commandeur de l'ordre royal et militaire de Saint-Louis. *Ecartelé, aux 1 et 4 de sinople, au coq d'argent, becqué, crêté, barbé et membré d'or, au chef cousu d'azur, chargé d'un soleil levant du troisième émail, dissipant un nuage du second,* qui est de GASQUET; *aux 2 et 3 de gueules, frettés de lances d'or, semés d'écussons du même dans les clairs-voies, et en chef un écusson d'azur à la fleur de lys d'or,* qui est DE VILLENEUVE.

DE GASQUI, seigneurs de Breganson, en Provence, famille originaire de Manosque, l'une des plus distinguées de la cour des comtes de Forcalquier, qui tenaient leur résidence dans cette ville. On voit dans les chartes de ces princes, rapportées par le père Colomby, jésuite, dans son histoire de Manosque, que les Gasqui étaient présents dans tous les actes que les comtes de Forcalquier passaient dans les onzième et douzième siècles, et dans lesquels ils étaient qualifiés; par ces mêmes souverains, de barons du pays. Gasqui de Gasqui souscrivit, avec les autres gentilshommes de la ville, la donation que Bertrand, comte de Forcalquier, fit aux hospitaliers de la ville de Manosque; les descendants de Gasqui ont continué sa branche. On voit également des actes dans lesquels il a pris, tantôt le nom de Gasqui, tantôt celui de Gasc. Le roi René témoigna la considération qu'il avait pour Jean-Baptiste de Gasqui, lorsque le bailli de Manosque voulut l'obliger de payer les droits dont les nobles étaient exempts: Jean-

Baptiste de Gasqui en ayant porté plainte au roi René, ce souverain, par ses lettres-patentes de 1459, le déclara exempt des droits que le bailli ne pouvait prétendre que des roturiers ; il fut fait défense à ce magistrat de le comprendre dans ces droits, à peine d'une amende de trente marcs d'argent. Cette branche s'est éteinte à Manosque, par la mort de Jourdan de Gasqui ; celle de Bernard de Gasqui existait à Marseille en 1334. Cette famille a contracté des alliances considérables, et a donné des capitaines de terre et de mer de la plus grande distinction. *Écartelé en sautoir de gueules et d'or, à deux fleurs de lys d'or sur gueules, et deux roses de gueules sur or.*

DE GASSAUD, seigneurs de Beaurepaire, en Provence, famille originaire de Forcalquier. Elle a pour auteur Jean-Antoine Gassaud, homme versé dans les lettres, qui, par son éloquence, s'acquit une grande célébrité au parlement de Grenoble, où il fut employé en qualité d'avocat. Il obtint des lettres d'anoblissement l'an 1662. Louis Gassaud, son fils, acheta la terre de Beaurepaire, et fut marié avec N... *de Joannis de Châteauneuf.* Cette famille est éteinte. *D'azur, à la tour d'or, maçonnée de sable.*

DE GASSENDI, seigneurs de Tartonne, de Thorame, de la Peine et de Sigoyer, famille originaire de Provence, qui remonte à François de Gassendi. Gervais, son fils, obtint, en considération de ses services, des lettres de confirmation de noblesse et d'anoblissement en tant que de besoin, expédiées à Paris, le 16 novembre 1543. Cette famille a contracté de très-belles alliances, et a donné un brigadier des armées du roi, des conseillers en la cour des comptes et un président aux enquêtes du parlement. *D'azur, au dauphin d'argent ; au chef d'or, chargé de trois pates de griffon de sable.*

DE GASTAUD, en Provence, famille qui remonte à Jean Gastaud, reçu auditeur en la chambre des comptes, aides et finances de Provence, en 1673, et conseiller en la même cour, l'an 1692 ; il épousa N.... *de Richery-Labeaume*, de laquelle il eut Ignace de Gastaud. Cette famille a formé de belles alliances et a donné des conseillers et auditeurs en la chambre des comptes. *D'argent, à la fasce d'azur, au lion d'or lampassé et couronné de gueules, surmonté de trois étoiles du même.*

GAUTHIER DE ROUGEMONT, ET DE BRECY, famille qui tire son origine d'une des plus anciennes bourgeoisies du comté de Tonnerre, et dont les différentes branches ont été successivement admises dans l'ordre de la noblesse. La branche actuelle de Gauthier de Brécy, ci-devant Rougemont, fut, sinon réhabilitée, au moins anoblie en 1764 par la prestation de serment de feu Jean-Charles-Alexis Gauthierde Rougemont, entre les mains de Louis XV, en qualité d'échevin de la ville de Paris; magistrature à laquelle il fut élu comme notable, le 16 août 1764.

Jean-Charles-Alexis Gauthier avait acquis en propriété la baronnie de Brécy, seigneurie dont il prit le nom en le faisant succéder à celui de Rougemont porté par ses pères. On sait que l'échevinage de Paris donnait la noblesse au premier chef, et que plusieurs maisons titrées de la cour doivent l'origine de leur noblesse à cette magistrature aussi honorable qu'ancienne.

Cette famille a donné, soit par elle, soit par ses alliances, plusieurs échevins de Paris, des conseillers au parlement, des fermiers-généraux et receveurs-généraux des finances, des directeurs et contrôleurs-généraux des fermes et domaines du roi, plusieurs officiers supérieurs et de divers grades dans l'armée, des gardes-du-corps et mousquetaires, des chevaliers de S.-Louis, plusieurs officiers civils et commensaux des maisons du roi et de la reine, un académicien, un oratorien distingué (le P. Gauthier); enfin un lecteur du cabinet du roi, en la personne de Charles-Edme Gauthier de Brécy, historien véridique et impartial des événements royalistes de 1793 à Toulon : événements dans le cours desquels il fut lui-même un des principaux acteurs, et n'hésita pas, au milieu des plus grands dangers, à exposer sa vie et sa fortune pour le trône de ses rois. S. M. Louis XVIII a daigné lui en donner la plus honorable récompense en le nommant lecteur de son cabinet, place distinguée qui donne la présentation à la cour et les entrées du cabinet.

En mémoire et récompense de ses services et sacri-

fices en 1793, les rois de Naples et de Sardaigne, dont
les troupes faisaient partie de l'armée royale au siége de
Toulon, ont daigné accorder à Charles-Edme Gauthier
de Brécy les titres et croix de chevalier des ordres royaux
et militaires de Constantinien des Deux-Siciles, et de
Saint-Maurice et Saint-Lazare de Sardaigne, dont ces
deux souverains sont grands-maîtres. S. M. Louis XVIII a
confirmé ces deux honorables concessions, émanées de
la munificence de deux souverains, ses alliés. *D'azur,
au chevron d'argent, accompagné en chef de deux étoiles
du même, et en pointe d'une grappe de raisin d'or.* (Armorial de la ville de Paris, page 87.)

GAUTHIER DESPRÉAUX. Cette famille est originaire du comté de Tonnerre, comme celle des Gauthier
de Rougemont et de Brécy, dont elle est une branche
collatérale. Elle a été sinon réhabilitée, au moins anoblie
sous le règne de Louis XV ; elle a donné, soit par elle,
soit par ses alliances, des conseillers au parlement, un
maître des requêtes intendant des finances, des secrétaires
du roi, des fermiers-généraux et administrateurs des postes, des échevins de la ville de Paris, des gardes-du-corps
et mousquetaires, plusieurs officiers supérieurs et de divers grades dans l'armée, des chevaliers de S.-Louis et de
la Légion-d'Honneur, un ministre du roi, grand-croix de
la Légion-d'Honneur ; enfin un conseiller de préfecture,
membre du conseil général du département de la Seine,
en la personne d'Edme Gauthier Despréaux, l'un des
signataires de la courageuse protestation du conseil général, en 1814, contre toute mesure qui mettrait obstacle
à la restauration de la monarchie, en la personne de
Louis XVIII, protestation que S. M. a daigné récompenser en accordant à Edme Gauthier Despréaux, ainsi
qu'à ses honorables collègues, le droit de prendre et porter
dans ses armoiries une fleur de lys, comme un témoignage héréditaire du plus noble dévouement au trône
légitime.

Les armoiries de la famille Gauthier Despréaux sont
les mêmes que celles des Gauthier de Rougemont et de
Brécy. (Armorial de la ville de Paris, page 87.) On y a
seulement ajouté la fleur de lys accordée par Sa Majesté
à la branche Gauthier Despréaux. *D'azur, au chevron
d'argent, accompagné en chef de deux étoiles du même, et en*

*pointe d'une grappe de raisin d'or, le chef chargé d'une fleur de lys.* Lesdites armoiries consignées et enregistrées au grand sceau de France.

DE GAUTIER, en Provence, famille originaire de la ville de Marseille, qui a pour auteur Jean-Louis Gautier, pourvu, en 1711, du gouvernement de Marignane, et en 1714, de la charge de commissaire de la marine et des galères du roi. Il fit enregistrer ses provisions de cette dernière charge, qui a les mêmes priviléges que celles des secrétaires en chancellerie dans les cours du parlement et des comptes de Provence, au mois d'octobre 1714. Jérôme de Gautier fut consul de France à Tripoly. *D'azur, au coq d'or sur un mont d'argent.*

DE GAUTIER, barons de Senès, seigneur d'Aiguines, de Vachères, de Gaugners et de Clumaus, etc., famille ancienne, originaire de la ville de Senès. Louis Gautier obtint du roi François Ier. des lettres de sauve-garde, le 27 mai 1542. Il acquit, le 21 septembre 1556, du seigneur de Garcis, la baronnie de Senès, dont il prit investiture le 7 octobre de la même année. Il prêta hommage de cette terre au roi, le 18 juin 1560. Il fut pourvu du gouvernement de la ville, château et maison forte de Senès, pour le service de Sa Majesté, vers ce même tems. André Gautier son fils, acquit, le 21 juillet 1582, la terre, place et seigneurie d'Aiguires, et obtint du roi Henri IV, le 17 mars 1585, des lettres-patentes, par lesquelles ce prince, en considération des services qu'il avait rendus pendant les dernières guerres, lui fait don des droits de Lods et autres à lui appartenants. Ces lettres furent enregistrées en la chambre des comptes, par arrêt du 12 novembre de la même année. Cette famille, dont les alliances sont des plus recommandables, a donné des gouverneurs et commandants de places fortes, un chevalier de l'ordre du Roi, et des officiers de tous grades, de la plus grande distinction. *D'azur, au chevron d'or, accompagné en chef de deux étoiles du même, et en pointe d'une colombe d'argent.*

DE GAUTIER, seigneurs de Gardane, de Valabre et de St-Pierre, en Provence, famille ancienne qui prouve une filiation suivie depuis Jean Gautier, capitaine

de cent hommes d'armes, sous le règne de Louis II,
comte de Provence. Ce prince se servit de lui pour
envoyer un cartel à Charles de Duras, et en récompense
de sa diligence, il le fit chevalier de l'éperon, lui en
donna deux pour armes, et le mit au rang des nobles
de Provence. Jacques Gautier, l'un de ses desendants,
fut père de Suffren Gautier, seigneur de Saint-Pierre,
qui épousa Anne de Flotte de Roquevaire, le 16 mars
1540. Cette famille a contracté de fort belles alliances,
et a donné des officiers d'un rare mérite. *D'azur, à
deux éperons d'or; au chef d'argent, chargé de trois étoiles
de gueules.*

DE GAUTIER, seigneurs du Poët et de Vernègues, en
Provence, famille originaire de la ville d'Aix, dont
Henri Gautier est la souche. Il était trésorier général
des états de Provence, et obtint du roi Louis XV des
lettres d'anoblissement, enregistrées aux archives de
Sa Majesté, à Aix, le 24 avril 1724, registre *Misericor-
dia*, fol. 22, 8°. Cette famille a donné un conseiller
au parlement, etc. *D'azur, au chevron d'or, accompagné de trois roses du même, tigées et feuillées de
sinople.*

DE GAUTIER, seigneurs de Grambois, de Mont-
guers, de Rions, de Mille et autres lieux, famille ancienne de Provence, qui perdit tous ses titres de noblesse par le sac du château de Grambois, exécuté par
le duc de Savoie, en 1590, ainsi qu'il résulte d'une
enquête faite à la requête de noble Jean de Gautier, le
28 mars 1668. Honoré Gautier, écuyer, est connu par
le contrat de mariage de son fils, qui épousa, suivant
le même contrat, Éléonore de Fourbin. Jean Gautier
fut pourvu par le roi Charles IX, le 4 octobre 1561,
de la charge de viguier de Marseille ; le 7 décembre 1586,
il eut commission du duc d'Epernon, gouverneur de
Provence, de lever une compagnie de cent hommes à
pied pour sa garde, et d'en choisir les officiers. Le
roi Henri III lui écrivit plusieurs lettres obligeantes,
qui sont une preuve de l'affection dont ce prince l'ho-
norait, de son mérite et des services qu'il avait rendus
à la province. Cette famille a formé des alliances considérables, et a donné des officiers de terre et de mer,

ainsi que des magistrats distingués. *D'or, au cœur en-flammé de gueules, au chef d'azur chargé de trois étoiles d'or.*

**GAYANT.** Charles Gayant, gentilhomme ordinaire de la chambre du roi, guidon de la compagnie des chasses, grand-maître de Saint-Lazare, petit-fils de Jean Gayant, secrétaire du roi, maison et couronne de France, fut anobli par lettres du roi Henri IV, au mois de décembre 1599. *D'azur, au chevron d'or, accompagné en chef de deux croissants du même, et en pointe d'une aigle d'argent, surmontée d'une fleur de lys du second émail.*

**GAYNOT,** en Lorraine et en Champagne. Thibaut Gaynot, valet de chambre-barbier du duc Antoine de Lorraine, fut anobli par ce prince, le 10 juin 1531, pour services rendus. La famille qui est sortie de ce Thibaut est aujourd'hui éteinte; elle portait: *Coupé d'or et d'argent, à la fasce d'azur, bordée de gueules, brochante sur le coupé, accompagnée de deux léopards de gueules.*

**DE GELÉE,** seigneurs de Champagne-lez-Champigneulle, famille d'ancienne extraction et originaire de Champagne, qui prouve une filiation suivie depuis Noël de Gelée, seigneur du même lieu, vivant en 1459, lequel épousa Françoise le Hauthois. De leur mariage est issu Pierre de Gelée, seigneur de Champagne, marié avec Jacqueline de Stainville, fille de Jean de Stainville et d'Agnès de Mousson. *D'azur, au chevron d'or, surmonté en chef d'un os d'argent, posé en pal, soutenu de deux aiglettes du même; une étoile d'or en pointe.*

**GEMARES DE VALLERY,** en Normandie, famille anoblie en 1594 dans la personne de Nicolas de Gemares, et maintenue dans sa noblesse par M. de Chamillard, intendant à Caen. *D'azur, au chevron d'or, surmonté d'un cœur du même, et accompagné de trois étoiles d'argent.*

**GENARD.** Michel Genard fut élu quartinier de la ville de Paris, le 16 novembre 1731. *D'argent, au chevron d'azur, soutenu d'un geai au naturel, et accompagné en chef* *de deux tours donjonnées de trois pièces de gueules, et en pointe d'un renard de sable.*

DE GENAY, en Lyonnais, famille d'ancienne cheva-lerie, qui subsistait encore l'an 1511. *De gueules, à deux chevrons d'or, accompagnés de trois annelets du même.*

**GENEVREY.** Pierre Genevrey, dit de Montureux, de Besançon, fut anobli en 1531; il n'eut qu'une fille, qui épousa Laurent Chiflet. *D'argent, au genevrier de si-nople.*

DE GENOST du PARC, DE BANAINS DES BLAN-CHIÈRES, D'ESPEY, DE PIRON, DE LA FÉOLE, en Bresse, famille issue d'ancienne chevalerie, qui prouve une fi-liation suivie depuis Pierre de Genost, chevalier vivant en 1300. Elle s'est éteinte vers le milieu du 16e. siècle. *D'azur, au chevron d'argent.*

**GENOUD** DE GUIBEVILLE, famille originaire de la ville de Lyon. Elle descend de Philibert Genoud, bour-geois de Lyon, qui épousa Françoise de Basse, et fut père de Philibert Genoud, bourgeois de la même ville, marié avec Catherine de Toulongeon. Leur fils, Claude Genoud, sieur de Guibeville, acquit, en 1616, un office de secrétaire du roi, au moyen duquel il fit entrer la noblesse dans sa famille, qui s'est éteinte en 1736. *D'or, à trois bandes ondées d'azur.*

**GENSOUL**, famille originaire de la province du Dauphiné, établie en Languedoc depuis le 17e. siècle. Messire Joseph-Alexis, chevalier de Gensoul, né en Languedoc, en 1768, fils de M. Alexis Gensoul, viguier de Connaux et de Saint-Paul, seigneur des Fonts, et de dame Marie-Anne-Laurence de la Fabrègue, chevalier de l'ordre de l'Éperon-d'Or, fut aspirant de la marine royale au département de Toulon, ensuite nommé offi-cier, par le roi Louis XVI, au régiment de Champagne. Le souverain pontife le créa chevalier, et lui conféra le droit de porter le collier d'or, le 29 mars 1816. Le roi Louis XVIII l'autorisa à s'en décorer, par une ordon-nance en date du 16 mai de la même année. Pie VII le reconnut, dans son bref, issu d'une race noble : *Te, qui de nobili Genere procreatus existis.* Le chevalier de Gensoul a épousé à Paris, en 1817, Marie-Louise Mage, née en 1796. De ce mariage est issue noble Marie-Joséphine-Marguerite-Hélène-Augustine de Gensoul, née à Paris, le 29 avril 1818. *D'azur, au dextrochère d'argent, tenant une pensée au naturel ; au chef cousu de gueules, chargé de deux colombes essorantes d'argent, se becquetant.* Conronne de comte ; l'écu entouré du collier de l'ordre de l'Eperon-d'or. Devise : *Dieu, la justice et le roi.*

GENTOT, en Bourgogne. François Gentot fut anobli par lettres du roi Charles IX, du mois d'octobre 1572, en récompense de trente années de service. Sa descendance subsistait en 1680. *Un lion.*

GEOFFROY. Mathieu-François Geoffroy fut élu échevin de Paris en 1685.
Claude-Joseph fut pourvu du même office en 1731. *D'azur, à la tour donjonnée de trois pièces d'or.*

GEORGES DE CHAMPENOUX, DE LA GRANGE-AUX-ILES, DE MEILBOURG, en Lorraine, famille anoblie dans la personne de Philippe Georges, seigneur en partie de Champenoux, docteur ès-droits, et avocat ès-cours du bailliage de Nancy, fils de Pierre Georges et petit-fils d'un autre Georges, maître-échevin de la ville de Blâmont, qui obtint des lettres de noblesse de Charles IV, duc de Lorraine, données à Nancy, le 26 mai 1628, en considération des services que ledit Pierre Georges, son père, avait rendus dans la guerre de Strasbourg, au feu duc Henri, etc. François Georges, son petit-fils, écuyer, seigneur de la Grange-aux-Iles, de Meilbourg et de Maquenon, lieutenant-général d'épée au bailliage de Thionville, et ancien maire dudit lieu, fit hommage au roi en sa cour de parlement et chambre des comptes de Metz, le 24 mai 1717, à cause de la moitié de la seigneurie de Meilbourg, de la haute justice de Maquenon, des îles de Vertelop et de Sterzelop, mouvantes de la prévôté de Thionville. *Tiercé en fasces, au 1 d'azur, au lion issant d'or ; au 2 de gueules à deux croix alésées et ancrées d'argent ; au 3 bandé d'or et d'azur.*

GEORGES DES MARETS, DE MITOIS, DE SAINT-GILLES, etc., en Normandie, famille qui a été maintenue, le 7 janvier 1669, dans sa noblesse postérieure à la recherche de Montfaut, faite en 1463. *De gueules, à trois besants d'or.*

DE GERARD, en Provence, famille qui a pour auteur Gaspard Gerard, reçu conseiller-secrétaire du roi près la cour des comptes de Provence, le 1er avril 1698. Il mourut revêtu de sa charge, le 1er mars 1715. Jean-Pierre Gerard, son fils, épousa Madelaine de Loth, de laquelle il eut Joseph-Paul-François de Gerard, capitaine au régiment de Limousin, tué devant Berg-Op-zoom, en 1747, après avoir servi quinze années. Ses enfants ont continué la postérité. *De gueules, à la fasce d'or chevronée d'azur, accompagnée de trois roses du second émail.*

GÉRARD DE QUENTREY, en Franche-Comté, famille anoblie en 1619. *De gueules, à la levrette courante d'argent, accolée de sable, clouée et bordée d'or ; au chef d'or, chargé de trois mouchetures d'hermine de sable.*

GERARD, noblesse consacrée par la charte, avec le titre légal de comte, dans la personne de Maurice-Etienne Gerard, lieutenant-général, chevalier de Saint-Louis, grand-cordon de la Légion-d'Honneur. *Ecartelé, au 1 d'azur, à la tête de cheval d'or, bridée de gueules ; aux 2 et 3 de pourpre, au chevron d'or, sur lequel broche un sabre d'argent, surmonté de trois étoiles mal ordonnées du même émail ; au 4 d'azur, au lion d'or.*

DE GERENTE, barons de Senas, marquis par érection de l'an 1642, seigneurs de Bras, Saint-André, Varages et du Tholonet, etc, etc., en Provence, famille d'origine chevaleresque, dont il est fait mention dans les cartulaires des premières croisades, pendant lesquelles Gerente de Gerente commandait une compagnie de croisés. Guillaume de Gerente était à la tête d'une autre compagnie, et se distingua contre les infidèles. Depuis ces gentilshommes croisés, le nom de Gerente est connu en Provence par Gantelme de Gerente, d'où commence la filiation suivie de cette famille. Il était établi à Sisteron, et fut député, en 1352, vers la reine Jeanne, comtesse de Provence, pour la supplier de ne jamais aliéner ses états. Il se retira à Aix, où il fit bâtir une partie de l'église des Frères-Prêcheurs. Guigonet de Gerente, son fils, fut reçu secrétaire rational de la chambre des comptes, l'an 1366, avocat et procureur-général l'an 1378, et maître rational l'an 1380. Il fut gouverneur de Lyon, et lieutenant-général en Provence, et fit bâtir l'église paroissiale de Sainte-Madelaine à Aix, où reposent ses cendres. Balthazar de Gerente, l'un de ses descendants, chevalier de Saint-Michel, capitaine de douze compagnies d'infanterie, et chef des calvinistes de Provence, épousa, en 1546, Isabelle d'Agoult, dont il eut Balthazar II, tué avec lui devant Saint-Michel d'Ardèche, près le pont Saint-Esprit. Cette famille, qui s'est alliée à des maisons illustres, a donné des officiers de tous grades de la plus grande valeur et d'un mérite transcendant. *D'or, à un sautoir de gueules.*

GERY, en Artois. Nicolas Gery, conseiller au conseil d'Artois en 1663, est l'auteur de cette famille. *D'argent, à la fasce de sable, accompagnée de 3 aiglettes du même.*

GESTIN. Mathurin Gestin, auditeur des comptes, était conseiller de l'hôtel-de-ville de Paris, en 1613. *D'azur, au chevron d'or, accompagné de trois têtes de lion du même.*

DE GÉVIGNEY, ancienne maison de chevalerie de la province de Franche-Comté, qui tire son nom d'une seigneurie située près de Jussey, où l'on comptait cent quarante-neuf feux. Jean de Gévigney, damoiseau, testa en 1448. Guillaume de Gévigney fut reçu à la confrairie de Saint-Georges en 1461, et depuis, plusieurs autres membres de sa famille l'ont été aussi. *Fascé d'or et de gueules.* V. DE POINTES.

GEVRAISE, en Orléanais. Anne Gevraise épousa, vers l'an 1520, Jean Alleaume, sieur de Villiers, fils de Ferry Alleaume et d'Yolande Lambert. *D'azur, à l'épi de blé d'or.*

DE GIBERT, en Provence, famille originaire de la ville d'Aix, issue de conseillers-secrétaires du roi et contrôleurs en la chancellerie de Provence. Etienne Gibert fut pourvu d'un de ces offices en 1608. Joseph, son fils aîné, lui succéda en 1631. *D'or, à un lion de gueules, au chef d'azur chargé de trois étoiles du premier émail.*

**GIBERT.** Bernard Gibert fut reçu quartinier de la ville de Paris, le 6 octobre 1786. *D'azur, au caducée d'argent, accosté de deux lions affrontés d'or.*

## GIEN.

*Liste des gentilshommes convoqués à l'assemblée du bailliage de Gien, pour l'élection des députés aux états-généraux, en 1789.*

### Messieurs

Feydeau de Brou, président et grand-bailli d'Epée;
De Rancourt de Villiers, député;
De Rancourt, } frères du précédent;
De Rancourt, }
La Barre;
De Chasal;
Le Noir;
Le chevalier du Verne;
De Finance;
Chevalier du Faure;
De Chasseval;
De Palaiseau;
Le chevalier de la Fage.

**GIGAULT.** Pierre Gigault, maître des comptes, conseiller de la ville de Paris en 1687. *De sable, au chevron d'argent, accompagné de trois macles d'or.*

**DE GILLES,** en Provence, famille originaire de la ville de Marseille, qui prouve une filiation suivie depuis Laurent Gilles, lequel, en considération de son mérite personnel, et des services qu'il avait rendus au roi en divers emplois, fut anobli par lettres de 1662, confirmées par autres lettres de l'an 1667. Laurent de Gilles, son fils, lieutenant au régiment de la reine, se distingua dans les guerres de Hollande, de Flandre, au combat de Senef, à la prise de Limbourg, et ensuite au siège d'Aire, où il se signala, ayant, en plein jour, passé le fossé à la nage, suivi seulement de deux soldats, pendant que les autres allaient passer un petit pont à fleur d'eau, pour aller à l'attaque. Cette famille porte, par concession du roi, *d'azur, à une fleur de lys d'or.*

GILLABOZ, famille ancienne et distinguée, originaire d'Espagne, et établie à Arbois, au comté de Bourgogne, depuis la fin du douzième siècle. L'empereur Ferdinand II, par lettres du 7 octobre 1620, datées de Vienne, anoblit Claude Gillaboz, Pierre et Philippe Gillaboz, ses frères, et leur permit de jouir, eux et leurs descendants, de tous les priviléges dont jouissaient les autres nobles de l'empire, en considération des services importants que leurs ancêtres avaient rendus, comme premiers citoyens de la ville d'Arbois. Cette famille s'est constamment vouée à la carrière des armes; elle a compté aussi plusieurs de ses membres dans la magistrature. *Écartelé, aux 1 et 4 d'azur, à trois colombes d'argent, becquées et armées de gueules; aux 2 et 3 de gueules, au chêne arraché d'or.*

GILLEBERT, en Franche-Comté, famille éteinte, qui avait été anoblie en 1605. *D'azur, à deux fasces d'or, surmontées d'une étoile du même.*

GILLEY, barons de Franquemont et de Marnos, en Franche-Comté. Jean de Gilley fut anobli en 1494. Cette famille s'est éteinte dans la personne de Jean-Baptiste de Gilley, baron de Franquemont et de Marnos, reçu à Saint-Georges, en 1650. Il avait épousé Suzanne du Châtelet, fille d'Antoine, marquis de Trichâteau, et d'Élizabeth-Louise de Haraucourt. De ce mariage est issue une fille qui n'a point été mariée. *D'argent, à l'arbre, arraché de sinople.*

GILLON. Jean Gillon fut nommé quartinier de la ville de Paris en 1654. *Coupé, au 1 d'azur, au soleil d'or; au 2 d'une mer de sinople, à un rocher d'argent, mouvant du bas de l'écu.*

GILLON, aux Pays-Bas, maison issue, selon quelques auteurs, de celle des Cordes, qui florissait au milieu du onzième siècle.

Dans le Tournois d'Anchin, de l'an 1096, il est fait mention de Wascon des Cordes, et de Wasce, dit Gielon ou Gillon, son fils, nommé entre les chevaliers de l'Artois. Watier Gillon, chevalier, épousa, vers l'an 1169, Odille de Lombres, dont postérité.

Quelques branches de cette maison, (dit Carpentier, qui écrivait en 1664) s'efforcent de nos jours à se relever par le commerce des disgrâces qu'elles ont reçues durant les soulèvements des réformés. *De gueules, à deux lions adossés d'or.*

LE GILLON DE GROTIZON, en Picardie, famille d'ancienne extraction, qui prouve une filiation suivie, depuis Jean le Gillon, écuyer, seigneur de Grotizon, vivant en 1551. Cette famille a peut-être une origine identique avec la précédente. *D'azur, à deux lions adossés d'or, les queues entrelacées.*

DE GIOU DE MAMON, DE FALCIMAGNE, DE SAINT-ETIENNE, DE CAYLUS, etc., en Auvergne, maison illustre et d'ancienne chevalerie, connue depuis Hugues, seigneur de Giou et de Mamon, vivant en 1280. Cette maison a, de tous tems, rendu de grands services à l'état. Levi de Giou-de-Caylus, gouverneur de Calvinet, écuyer de la sœur de Henri IV, défit le duc de Joyeuse dans les plaines de Montautran, sur quoi le roi lui écrivit une lettre de remercîment. Depuis 1480, cette maison a fourni plusieurs dignitaires et commandeurs à l'ordre de Malte, entr'autres, Claude de Giou, commandeur de Garlat, tué au siége de Rhodes, et Pierre de Giou, général des galères, qui rendit à son ordre, lors du siége de Malte, de grands services, pour récompense desquels il fut fait maréchal de l'ordre, et nommé deux fois ambassadeur en France. *D'argent, à trois tourteaux de gueules.*

GIRARD du Perreux, en Lorraine, famille anoblie dans la personne de François Girard, natif de Ransières, par lettres données à Lunéville, le 24 mars 1724. *D'argent, à la bande échiquetée d'or et d'azur, de trois tires.*

GIRARD DE SAINTE-RADEGONDE et DE LA TOUR VIDAL, barons de Rochefort, en Auvergne, famille anoblie dans la personne de Pierre Girard, par lettres à lui accordées par le roi Henri IV, en février 1583, confirmées le 16 février 1598, en considération de ce qu'il avait servi en qualité de maître-d'hôtel sous quatre rois successivement. Cette famille a donné des chevaliers de l'ordre du roi. *Coupé, au 1 de gueules, à la fasce d'or,* accompagnée de 6 besants de même; au 2 d'or, au lion de sable.

DE GIRARD, DE TILLOYE, DE PEZENNES, DE CO-LONDRES, en l'Ile de France et en Languedoc, maison issue d'ancienne chevalerie, originaire de Saintonge, qui prouve son ascendance depuis Guillaume Girard, chevalier, sénéchal de Talmont, vivant en 1201. Cette maison a produit plusieurs officiers de marque, des maî-tres-d'hôtel et conseillers de nos rois, des conseillers-d'état, etc. Les baronnies de Pezennes, au diocèse de Beziers, et de Montesquieu, et les seigneuries de Vasmade, Pousset, la Brogne et de Roudanergue, furent unies et érigées en *marquisat*, sous le nom de *Pezennes*, par let-tres du mois d'août 1750, registrées au parlement de Toulouse, le 11 décembre de la même année, et en la chambre des comptes de Montpellier, le 9 janvier de l'année suivante.

La seigneurie de *Villetaneuse*, près de Saint-Denis, fut érigée en comté, par lettres du mois d'octobre 1658, en faveur de Jean-Baptiste Girard, cornette des che-vau-légers de la reine, en 1659. *Losangé d'argent et de gueules.*

GIRARDOT DE LA ROCHE, en Champagne. Cette famille remonte à Pierre Girardot, contrôleur des de-niers de l'élection de Langres, vers l'an 1480, père de Prudent Girardot, valet-de-chambre du roi, et gre-netier à Montsaujon, lequel eut pour fils Pierre Girar-dot, conseiller au parlement de Dijon, en 1537.

Le titre de *vicomté* fut confirmé à la seigneurie de *Li-gnon*, en faveur de François Girardot, vicomte de Li-gnon, par lettres du mois d'octobre 1685, registrées le 20 février 1686. *Écartelé, aux 1 et 4 de gueules, au che-vron d'argent; aux 2 et 3 d'argent, au lion de sable, sur le tout d'or plein.*

GIRARDOT, famille éteinte, qui tenait la noblesse de Jean Girardot, conseiller au parlement de Dôle, en 1629. *D'azur, au chevron d'or, accompagné de trois croi-settes d'argent.*

GIRAUD DES ÉCHEROLLES, famille originaire du Bourbonnais. Elle est connue depuis Louis Giraud, seigneur de la Bergerie, vivant en 1587 ; mais elle ne date, dans l'ordre de la noblesse, que depuis Etienne-François Giraud, seigneur des Echerolles, maréchal de camp des armées du roi, chevalier de Saint-Louis, anobli par lettres registrées le 28 novembre 1771. Il est mort en 1810. *De gueules, à une écritoire d'argent, où sont posées deux plumes en bande et en barre, du même métal ; au chef cousu d'azur, à la fleur de lys d'or, chargé d'un bâton de gueules, péri en bande.*

DE GIRAUD, seigneurs de Piosin et de Montauban, en Provence, famille ancienne, originaire de la ville d'Hières ; elle descend de Pons Giraud, militaire, qui, dès sa plus grande jeunesse, eut commission pour commander la milice d'Hières, par lettres de 1508, données par Louis de Fourbin, seigneur de Luc ; il eut pareille commission en 1542, de la part de Louis Ademar, lieutenant pour le roi, en Provence. Il épousa, en 1512, Honorée de Cambe, de laquelle il eut Jean Giraud, qui porta les armes comme son père, et reçut du roi Henri II, l'ordre de lever une compagnie de cent hommes, et de la conduire en Piémont, dans l'armée commandée par le duc de Guise. Cette famille a contracté des alliances très-distinguées, et a donné plusieurs officiers. *D'argent, à trois bandes d'azur, la deuxième chargée de trois têtes de loup d'or.*

DE GIRAUDON, en Provence. Cette famille tire son origine du Poitou, où elle était connue depuis quatre siècles, en la personne de Giraudon, dit le Roux, l'un des gentilshommes de la maison du comte de Poitou ; ce gentilhomme, qui depuis se retira en Provence, où il devint amoureux d'une demoiselle de la maison de Flotte, rendit son nom fameux par ses belles poésies, dans l'idiome provençal. Antoine de Giraudon épousa Jeanne de Cabanes ; il en eut six enfants, dont quatre mâles, qui continuèrent la postérité, et portèrent les armes pour le service de nos rois. Il existait à Marseille, dans l'église des Carmes-Déchaussés, une chapelle où étaient les armes de cette famille. *D'azur, au chevron d'or, accompagné en chef de deux étoiles du même, et en pointe d'un croissant d'argent.*

GIROD, barons de Noyillars, de Chantrans, de Vienney, famille de Franche-Comté, anoblie au milieu du dix-huitième siècle, par un office de secrétaire du roi.......

GIROD (de l'Ain), noblesse consacrée par la charte, avec le titre légal de *baron*, dans la personne de Jean-Louis Girod, ex-maire perpétuel de Gex. *Tiercé en bande d'or, d'azur et de sable, au chevron d'argent, brochant sur le tout.*

DE GISLAIN, seigneurs de Saint-Mars, etc., en Normandie, famille qui établit sa filiation depuis Jean Gislain, écuyer, sieur du Boisguillaume, et de Saint-Mars-de-Coulonge, vivant en 1490. Elle a été maintenue dans sa noblesse, 1°. par sentence des élus de Mortagne, du 2 août 1634; 2°. par jugement du 9 mai 1642; 3°. et par ordonnance de monsieur de Marle, du 7 juin 1666. *D'azur, au cerf d'or.*

DE GLANNES, en Franche-Comté. Cette famille fut anoblie en 1516, et reçue au chapitre de Mâcon, le 18 juin 1759. Charles-Gabriel de Glannes obtint, par lettres du mois de juin 1746, registrées à Besançon et à Dôle, l'érection de la seigneurie de Villers-Falay, au comté de Bourgogne, en comté, baronnie, avec pouvoir d'ajouter au nom de Glannes la particule *de*, que la princesse Marguerite avait accordée à Hugues Glannes, son huitième aïeul. *De gueules, au chevron d'or, accompagné de trois glannes de blé du même.*

GLÉ DE LA BESNERAYS, seigneurs du Boismenard, de Lesmée etc., en Bretagne, famille issue d'ancienne chevalerie, connue depuis Olivier Glé, dont il est fait mention dans l'assiette de deux cents livres de rente, faite par Gui de Bretagne, à Simon de Montbourcher, au mois d'août 1320. *D'or, à trois glés ou souris de gueules.*

GOBERT. Louis Gobert fut élu échevin de Paris en 1432. *D'azur, à la fasce d'or, accompagnée de bannelets du même.* Jacques et Jean Gobert furent anoblis le 28 février 1668. On ignore s'ils sont de la même famille.

GODARD, en Normandie, famille anoblie, en juillet

1594, dans la personne de Jacques Godard, de la ville de Gournay, président en l'élection de Léhons. *Coupé d'azur et de gueules ; à l'aigle éployée d'or, brochante sur le tout.*

GODERIE, ou GODRIE, noblesse d'ancienne chevalerie des Pays-Bas, où elle florissait dès l'an 1096. Carpentier prétend qu'elle est une branche de la maison de Groincourt ; mais on doit dire que cet écrivain n'a le plus souvent fondé ses jugements que sur de simples analogies d'armoiries ; quand des sobriquets pris par des seigneurs de grandes maisons, ont quelque rapport avec le nom d'une famille plus ou moins illustre, il ne manque pas l'occasion de les identifier. Quoi qu'il en soit, la famille Godrie est connue d'une manière authentique, depuis l'an 1145. Verric Godrie fit don, l'an 1204, de deux narcaudies de terre, situées à Beaurevoir, à l'abbaye du mont Saint-Martin, du consentement d'Émilie, sa femme, et de ses enfants, Albéric, Adam et Asson. Leur postérité paraît s'être éteinte au commencement du quatorzième siècle. *D'azur, à trois chevrons échiquetés d'argent et de gueules.*

GODESCART, en Normandie. Nicolas Godescart, échevin de la ville de Rouen, fut anobli au mois de mars 1650, et maintenu le 16 juillet 1666. *D'argent, au pal de sable ; au chef d'azur, chargé de trois besants d'or.*

GODET DE BAUGÉ, DE LA BOISSIÈRE, en Champagne, famille d'origine chevaleresque du Berri, qui remonte filiativement à Audebert Godet, qualifié de chevalier dans le testament d'Audebert III, seigneur de la Trémoille, de l'an 1260. Cette famille a formé plusieurs branches ; elle a donné des maréchaux de camp, des gouverneurs de places et nombre d'officiers distingués. Antoine-Théodoric Godet de Soude était grand-chevalier de Malte, et grand-prieur d'Aquitaine, en 1726. *D'azur, au chevron d'argent, accompagné de trois pommes de pin d'or.*

DE GOESBRIANT DE COSQUEROU, DE KERSAUSON, etc., en Bretagne, maison d'ancienne chevalerie, connue filiativement depuis Auffray de Goesbriant, capitaine de cinquante lances, aïeul d'Alain de Goesbriant, qui épousa, en janvier 1277, Denise *du Ponthou*. Cette famille a obtenu les honneurs de la cour en 1749 et 1767, en vertu de preuves faites au cabinet des ordres du roi, et avec le titre de *marquis*. Elle compte plusieurs officiers de marque, entr'autres, un lieutenant-général et un maréchal de camp des armées du roi; le premier, reçu chevalier des ordres à la promotion du 1er. janvier 1709. *D'azur, à la fasce d'or.*

GOESLARD DE LONGPREY, DE LA PILON-NIÈRE, etc., en Normandie, famille ancienne, maintenue dans sa noblesse lors de la recherche en 1666; elle est postérieure à la recherche de Montfaut, faite en 1463. *De gueules, au sautoir d'argent, cantonné de quatre maillets du même.*

GOGUÉ, en Normandie, famille originaire du Perche, de laquelle était Catherine-Angélique de Gogué, née le 3 mai 1675, reçue à Saint-Cyr, au mois de juin 1686, après avoir prouvé sa descendance de Vincent de Gogué, sieur de Menaut, qui vivait en 1511. *D'azur, au cygne d'argent, posé sur une rivière du même; au chef d'or, chargé de trois croisettes de gueules.*

GOGUET DE LA ROCHE-GRATON, en Poitou. Jean Goguet, écuyer, trésorier de France à Poitiers, fut élu maire de cette ville en 1604. *D'azur, à trois coquilles d'or, et un croissant d'argent en cœur.*

GOHIER DE LA TURCINIÈRE, en Normandie, famille anoblie en 1595, et maintenue dans sa noblesse en 1666. *D'argent, au chevron de gueules, surmonté d'un croissant du même, et accompagné en chef de deux trèfles de sinople, et en pointe d'un fer de lance du second émail, fretté d'argent.*

DE GOMBERT, seigneurs de Dromon, de Saint-Geniés et de Verdaches, en Provence, famille ancienne qu'une tradition fait originaire d'Espagne. On trouvait le nom de Gombert dans plusieurs chartes de l'évêché de Marseille et de l'abbaye de Saint-Victor. Guillaume Gombert fut présent à l'acte passé entre l'évêque et les habitants, pour les droits qu'il prétendait depuis le douzième siècle. On trouve également dans un acte de l'an 1220, aux registres de l'hôtel-de-ville, que Baldouin Gombert était un des chefs de la ville, qualifié dans ce registre, chevalier Gombert. Pierre Gombert fut procureur-général de Charles II, comte de Provence; il assista à la confirmation des priviléges de Marseille, accordés par le roi Robert, en 1312. Celui-ci est qualifié chevalier et jurisconsulte ; ses descendants ont acquis les terres de Dromon, de Saint-Geniés et de Verdaches. *Ecartelé ; aux 1 et 4 d'azur, au lion d'or ; aux 2 et 3 de gueules, au château sommé de trois tours d'or.*

GONARD DE LA CHASSAGNE et DE BIOLEY, en Bresse, famille originaire de Châtillon-lès-Dombes, prouvant une filiation suivie depuis Etienne Gonard, seigneur de la Chassagne et de Bioley, vivant en 1540 et 1560. *D'azur, à la bande d'or, chargée de trois étoiles de gueules, et accompagnée de deux croissants d'argent.*

GONSANS, terre appartenante à la maison de Jouffroy, en Franche-Comté; elle a donné son nom à une noblesse chevaleresque, éteinte depuis long-tems, et qui portait : *d'or, à la bande de gueules, chargée de trois roses d'argent.*

DE GOTH, ou DU GOUT (1), grande, illustre et jadis puissante maison de chevalerie de Guienne, dont la branche aînée a possédé en souveraineté les pays de Lomagne et d'Auvillars pendant plusieurs siècles. Elle est connue depuis Rostaing de Goth, qui souscrivit une charte de Raimond, comte de Tripoli, de l'an 1142, et remonte, par filiation, à Raimond de Goth, qui fut témoin de l'hommage rendu à Henri III, roi d'Angleterre et duc de Guienne, par Geraud V, comte d'Armagnac et de Fezensac, le 10 octobre 1254.
— Deux branches de cette maison, inconnues au P. Anselme, subsistent en Gascogne : celle des sieurs de

_____

(1) L'orthographe de ce nom varie ainsi, Got, Goth, Gout, Gouth et même Guot. *Voyez* l'histoire des Grands-Officiers de la Couronne, t. II, p. 170.

Lassaigne, dont les descendants résident encore à Auvillars, et celle des seigneurs du Bouzet et de la Chapelle,
au diocèse de Lectoure. La généalogie de la maison de
Fandoas, p. 197, établit l'identité de cette dernière
branche. Celle des sieurs de Lassaigne est constatée
par des possessions non interrompues dans les vicomtés
de Lomagne et d'Auvillars, et par un arrêt du conseil
d'état du roi, du 5 novembre 1783, rendu en faveur
du chef de cette branche, pour l'admission de Marie-
Gabrielle du Gout de Lassaigne dans la maison royale
de Saint-Cyr.

La maison de Goth a donné un évêque d'Agen,
puis évêque et duc de Langres, pair de France, en
1306 ; un archevêque de Lyon en 1290; un cardinal et
évêque d'Albane en 1244, ambassadeur en France, pour
négocier la paix entre cette puissance et l'Angleterre,
mort en 1297 ; un évêque de Comminges en 1295,
archevêque de Bordeaux en 1293, élu pape, sous le
nom de Clément V, en 1305; un cardinal diacre,
nommé, la même année, par Clément V, son oncle;
et plusieurs personnages distingués dans les armées, aux
treizième et quatorzième siècles; un vice-amiral, et un
maréchal de camp, mort en 1690, et un lieutenant-général sur les mers du levant, mort en 1662. Elle a contracté
des alliances avec les maisons d'Armagnac, de Barrès,
de la Barthe, de Béon, de Bezolles, de Blanquefort,
de Budos, de Comminges, de Durfort, d'Espagne, de
l'Espinasse, de Fargis, de Grammont, de Grossoles,
d'Ilhac, de l'Isle-Saint-Aignan, de Lautrec, de Lomagne, de Lupé, de Manas, de Marestang, de Mauléon,
de Montaut, de Montbardon, de Montlezun, de la
Motte-Langon, de Nogaret, d'Ornesan, de Pons, de
Roquelaure, de Rupière, de Saintrailles, de Sedillac et
de Zamet.

*Armes :* d'or, à trois fasces de gueules.

GOUIN DE ROUX, en Provence, famille originaire
d'Arles, anoblie l'an 1615, par le roi Louis XIII, en la
personne d'Honoré Gouin Roux : ses lettres énoncent des
services rendus tant par lui que par André Gouin,
dans les armées des rois Henri IV et Louis XIII. *Tiercé et
fascé au 1 de gueules, à trois étoiles d'or; au 2 d'or,
au 3 d'or ondé d'azur.*

DE GRACHAUX, en Franche-Comté, noblesse chevaleresque éteinte dans la famille Gaspard de Toulongeon. Elle tirait son nom d'un village situé près de Gray. Dunod de Charnage la présume une branche de celle de la maison de Cicon. *D'or, à la fasce de sable.*

DE GRAMMONT, barons de Châtillon, par érection du 29 novembre 1626, comtes de Grammont en 1656, marquis de Viller-Sexel, par lettres du mois de décembre 1718; ancienne et illustre maison de Franche-Comté, issue d'un puîné des sires de Granges, que la tradition de toute une province, appuyée du témoignage de plusieurs savants critiques, fait descendre des anciens comtes de Bourgogne. La seigneurie de Granges, au bailliage d'Amont, était une baronnie composée de trente-trois villages. L'étendue de cette terre, dit M. Dunod, prouve que ses premiers seigneurs étaient de l'ancien baronnage de la Franche-Comté.

Gui, seigneur de Granges, contribua à la fondation de l'abbaye de Lieu-Croissant, suivant le titre de cette fondation de l'an 1134.

Guillaume, sire de *Granges*, son fils, est nommé avec la qualité de chevalier dans une donation qu'il fit au même monastère, du consentement d'Alix, sa femme, et de leurs enfants.

1°. Guy ou Guyot, chevalier, sire de Granges, dont la fille Alix, héritière de la baronnie de Granges, l'apporta en dot à Richard de Montfaucon, comte de Montbéliard;

2°. Henri de Granges;

3°. Hugues qui suit.

Hugues de Granges, chevalier, eut en partage, dans la succession de son père, la belle et riche seigneurie de Grammont, située près de Granges; obligé, comme cadet, de briser ses armoiries, il écartela de trois bustes au naturel, couronnés d'or à l'antique. C'étaient les trois têtes des rois mages, qui avaient été déposées au monastère de Lieu-Croissant, appelé ensuite l'*Abbaye des trois Rois*, dont Hugues de Granges avait la garde, et où les seigneurs de Granges et de Grammont avaient leur sépulture. C'est depuis cette époque, c'est-à-dire vers l'an 1230, que la maison de Grammont porte écarteté de ces trois bustes. Cette famille illustre à donné trois lieutenants-généraux des armées du roi, des maréchaux-de-camp, et d'autres officiers de marque, un archevêque de Besançon en 1662, et un autre en 1735; un évêque de Philadelphie, mort en 1715, et un évêque d'Aréthuse en 1717. *Écartelé, aux 1 et 4 de gueules, au sautoir d'or*, qui est de GRANGES(1); *aux 2 et 3 d'azur, à trois bustes de carnation, couronnés d'or à l'antique*; qui est de GRAMMONT.

GRANDJEAN, famille éteinte, qui tenait sa noblesse de Charles Grandjean, conseiller au parlement de Dôle en 1576. *D'azur, au chevron d'or, accompagné de trois rencontres de cerf du même.*

GRANDSON, grande et illustre maison de chevalerie de Franche Comté, éteinte depuis plusieurs siècles. Elle tirait son nom d'une ville à château située sur le lac de Neufchâtel. Ottenen de Grandson, chevalier, épousa, vers l'an 1300, Jeanne, héritière de la sirerie de Pesme, que Guillaume, chevalier, sire de Pesme, son père, lui legua par son testament de l'an 1327. On compte parmi leurs descendants des chevaliers bannerets d'une valeur éprouvée, qui tenaient le premier rang parmi la haute noblesse de Bourgogne. Les ducs les qualifiaient de cousins, sans doute par leurs alliances, qui, comme leurs services, étaient des plus considerables, s'étant alliés aux Montfaucon, aux Vergy, aux Pontailler de Salins. Jean de Grandson, chevalier, sire de Pesme, l'un des plus vaillants hommes de guerre de son tems, ayant excité quelque mouvement au comté de Bourgogne, fut disgracié par le duc, et condamné à mort l'an 1456. On rapporte que cet arrêt mécontenta toute la noblesse du pays, et brouilla le maréchal de Bourgogne avec le chancelier Baulen, qui avait déterminé le duc à cet exemple rigoureux, et irrita le comte de Charolais contre ce même chancelier. La terre de Pesme ayant été confisquée, fut donnée à Claude de la Baume, comte de Montrevel. Jean de Grandson ne laissa qu'une fille, nommée Henriette, femme de Philippe de Vienne. Elle fit son testament

---

(1) Ce sont aussi les armes des anciens comtes de Bourgogne.

l'an 1489, en faveur de son fils Gerard de Vienne. *Palé d'argent et d'azur : à la bande courbée d'argent, chargée de trois coquilles d'or, brochante sur le tout.*

DE GRATIAN, seigneurs de Seillans, famille ancienne, originaire de Marseille, dont la filiation remonte à Guillaume Gratian, qui fit échange de la juridiction de sa seigneurie avec le roi René, le 17 décembre 1472. Jean de Gratian, son fils, épousa Yolande de Martin, de laquelle il eut Guillaume, et de sa seconde femme, il eut François de Gratian, qu'il institua son héritier par testament du 9 octobre 1521. Ce dernier épousa, par contrat du 12 septembre 1541, Jeanne d'Esparron, qui le rendit père d'Antoine de Gratian. Jacques de Gratian, l'un de ses descendants, fut maintenu dans sa noblesse le 17 octobre 1667. Cette famille a contracté des alliances avec les maisons les plus distinguées de Provence, et a donné des officiers de terre et un capitaine de vaisseau. *D'argent, à cinq tourteaux de sable.*

DE GRATIAN, en Provence, famille qui, selon l'abbé Robert de Briançon, est originaire de la ville de Lucques, en Italie, où l'on trouve qu'elle eut toujours un rang entre les plus distinguées. Jean Gratian, qui, le premier, vint s'établir à Marseille, selon cet auteur, fut père de Jean II, lequel fit son testament le 21 novembre 1521. Il eut pour fils Pantaleon Gratian, lequel eut François et Antoine Gratian. Antoine, après avoir été longtems dans le service et avoir commandé une compagnie de cavalerie, se maria, en 1581, avec Anne de l'Orme, de laquelle il eut trois enfants qui continuèrent la postérité. D'une autre branche était Charles de Gratian, procureur du roi en la généralité d'Aix, fils de Balthazar de Gratian, pourvu d'une charge de trésorier de France en 1531. *D'azur, à un chevron d'or, accompagné en pointe d'un lion, couronné du même.*

GRÉGOIRE. Ferry et Jacques Grégoire, de Vesoul, seigneurs et maîtres de la forge de Vy-le-Ferroux, furent anoblis en 1531. Cette famille s'est éteinte en 1790. *Coupé au 1 d'or, à l'aigle éployée de sable; au 2 d'azur, à la bande d'or, accompagnée de six croisettes fichées d'argent.*

GRENIER, en Franche-Comté. Cette famille, éteinte

depuis le commencement du 16e. siècle. Henri Grenier, l'un de ses auteurs, reçut de Jean de la Rochetaillée, archevêque de Besançon et cardinal, l'investiture de l'office d'échanson de l'archevêché de cette ville, par acte du 6 octobre 1435. C'est peut-être en vertu de l'exercice de cette charge que ses descendants portaient pour armes : *d'argent, à trois chapeaux antiques de sable.*

DE GRIGNAN, seigneurie située en Provence, et ancienne baronnie de ce pays ; elle a donné son nom à une maison de chevalerie, connue depuis le 11e. siècle, et qui s'est perpétuée jusqu'à nos jours. Elle a pour auteur Grignan de Grignan, qu'on voit au nombre des seigneurs qui se croisèrent en 1096. L'an 1330, Raimond de Grignan ayant eu des démêlés avec les barons de Grignan, de la maison d'Adhémar, dans laquelle la terre de ce nom était passée, vers le milieu du onzième siècle, pour les droits qu'il possédait dans leur seigneurie, il quitta Grignan, et se transplanta à Montdragon, seigneurie dont il avait une portion. Aynard de Grignan son fils, fit hommage de cette co-seigneurie de Montdragon à Guillaume, patriarche de Jérusalem, le 9 janvier 1373. Cette famille a résidé à Montdragon jusqu'à Jean de Grignan, qui, s'étant marié à Salon, en 1572, y fixa sa résidence. *De gueules, au chevron d'or, accompagné en chef de deux croix de Jérusalem du même, et en pointe d'une rose d'argent.*

GRIGNET, à Pesmes, en Franche-Comté. La noblesse de cette famille, issue de docteurs ès-droits depuis plus de deux siècles, avec le titre de noble, a été reçue à Saint-Georges dans les lignes maternelles de M. d'Amandres, en 1773. Une charge de conseiller à la chambre des comptes au siècle dernier, a d'ailleurs assuré, d'une manière incontestable, la noblesse à la branche Grignet d'Eugny, qui a fourni plusieurs officiers. *De gueules au lion d'or, affrontant un mont d'argent, et tenant en sa pate une palme de sinople.*

GRIGNOLS, ou GRÉIGNOLS, noble et ancienne maison, qui paraît tirer son nom et son origine de la terre de Grignols, située en Bazadois, qu'elle possédait dès le 11e. siècle, laquelle n'a rien de commun que le nom, avec l'ancienne châtellenie, aujourd'hui comté de Gri-gnols, en Périgord, possédée de tems immémorial par la maison de Talleyrand. Il est fait mention, pour la première fois, de la maison de Grignols, en Bazadois, dans une bulle de l'an 1098, obtenue au sujet des dîmes inféodées dont elle jouissait. La filiation suivie com-mence à :

Arnaud de Grignols, I<sup>er</sup>. du nom, chevalier, sei-gneur de Grignols, qui est connu par un acte de l'an 1243. On lui donne pour fils :

Arnaud de Grignols, II<sup>e</sup> du nom, chevalier ( *cavoir* ) vivait en 1270. On croit qu'il fut père de :

Arnaud de Grignols, III<sup>e</sup> du nom, seigneur de Gri-gnols, vivait en 1290, père, à ce qu'on présume, de

Raimond, ou Ramond de Grignols, seigneur du lieu de ce nom, est nommé avec Bienfeyte de la Roque, sa femme, dans divers actes, depuis l'année 1326, jus-qu'en 1340 ; il laissa de son mariage :

Hélie de Grignols, chevalier, vivant en 1340 et 1361, fut père de :

Auger, ou Augier de Grignols et de Coculmont, mourut l'an 1430, laissant :

Gilbert de Grignols, seigneur des mêmes terres, et chevalier, fut institué héritier de son père en 1430 ; et eut pour fils :

Jean de Grignols, I<sup>er</sup>. du nom, seigneur des mêmes lieux, succéda à Gilbert, en 1461, et mourut en 1475, laissant d'une alliance inconnue :

1°. Pierre, dont l'article suit :
2°. Estevemine, mariée à Jean de Taris, seigneur de la Barthe, en 1482 ;
3°. Jeanne, femme de Jacques Chaussade, procureur-général en la cour du parlement de Bordeaux, en l'an 1477.

Pierre de Grignols, *dit* Peyroton, seigneur de Gri-gnols, baron de Coculmont, Razès ( ou Razens ), et Calonges, en Agenois, succéda à son père, en 1475, et mourut en 1491, laissant :

Jean de Grignols, II<sup>e</sup>. du nom, seigneur des susdites places (1), succéda à son père en 1491, et mourut en 1499. Il avait épousé Antoinette de Beaupoil de la Force, fille d'Hélie de Beaupoil, *dit* Prévôt, seigneur de la Force et de Masduran, et d'Odette de la Baume, dont il eut un fils posthume qui suit :

Jean de Grignols, III<sup>e</sup>. du nom, baron de Grignols, de Coculmont et autres places en Bazadois, servit avec distinction dans les armées du roi François I<sup>er</sup>, au-delà des monts. Il épousa, par contrat du 4 mars 1513, Marie de la Marthonie, fille de Robert de la Marthonie, gouverneur de Touraine, seigneur de Bonnes, Montmalan et Laborie ; lesquelles seigneuries ont été possédées depuis par les seigneurs de Grignols (2). De ce mariage sortirent :

(1) L'auteur de l'histoire des grands officiers de la couronne, *tome VIII*, *page* 594, a confondu mal à propos Jean II, de Grignols, avec le seigneur de Grignols, en Périgord, qui était alors François II de Talleyrand, prince de Chalais ; ces deux seigneurs n'avaient rien de commun entr'eux.

(2) La terre de Bonnes, en Angoumois, a été possédée par un grand nombre de familles, avant de passer à celle de Grignols. Voici la liste de ces familles qu'on a placées dans leur ordre chronologique.

Guillaume de Lambert d'Aubeterre, I<sup>er</sup>. du nom, chevalier, seigneur de Bonnes, et en partie de la terre et seigneurie de Montballan, et de plusieurs fiefs et autres biens situés en la châtellenie d'Aubeterre, pour lesquels il lui était dû plusieurs hommages et autres devoirs seigneuriaux ; il fut père de :

Guillaume de Lambert, II<sup>e</sup>. du nom, chevalier et seigneur des mêmes terres, fit son testament le jour des calendes de mai 1266, par lequel il nomma dame Pétronille......, sa femme, tutrice de ses enfants, qui suivent :

1.º Pierre de Lambert, seigneur de Bonnes, rendit hommage deux fois, pour la terre de Bonnes, 1º. le 7 des calendes de mai 1284, à Pierre, vicomte de Castillon, seigneur d'Aubeterre, de qui elle relevait ; 2º. à

1º. Jean, dont l'article suit :

2º. et 3º. Jean et Odet , morts sans postérité ;

4º. Symphorien , marié dans la maison de Murat , en Auvergne , en 1555 ;

5º. Marguerite, mariée à Jeannot de Montferrand , seigneur d'Uzeste , de Portez et de Landiran , en 1535 ;

Et 6º. Françoise , femme de Jean de Gères, seigneur de Camarsac.

Jean de Grignols , IVᵉ. du nom , chevalier, seigneur baron de Grignols et de Coculmont, chevalier de l'ordre du roi, épousa, en 1539, Jacquette de Belcier, fille de

___

Marie de Castillon , dame d'Aubeterre , fille et héritière de ce dernier, le mardi avant la fête de Pâques 1300 ; et mourut sans postérité.

2º. Archambaud de Lambert, mort aussi sans postérité ;

3º. Pétronille de Lambert, mariée à Hélie de Malayoles, décédée sans hoirs ;

Et 4º. Eve de Lambert épousa Guy de la Roche, chevalier, dont naquit :

Aimery de la Roche, aussi chevalier et seigneur de Bonnes, par sa mère, épousa Marguerite Flamenc, dont provint :

Catherine de la Roche, dame de Bonnes, mariée à Penot Rudel , et mère de

Marie Rudel, autrement de la Roche, s'allia avec Aimery de Camblesac , chevalier. Les guerres qui régnaient de son tems, la forcèrent à se retirer dans ses biens paternels. Mais après la réduction de la Guienne et la retraite des Anglais, ayant voulu rentrer dans ses biens maternels, le seigneur d'Aubeterre, qui tenait le parti des Anglais, et qui occupait la plus grande partie de ces biens, refusa de les rendre. Du mariage de Marie Rudel naquirent :

1º. Clinet de Camblesac, marié à Louise de la Roche, fille de Guibert de la Roche , seigneur de Campagne, au diocèse de Sarlat , et décédé sans hoirs ;

Et 2º. Jean de Camblesac, qui épousa Jeanne Esmoin , ou Aimoin, fille d'Audoin Esmoin , seigneur de la Vaux-Blanche et de Dauphine de Luchapt, dont

François de Belcier, chevalier, seigneur de St-Germain et de Marguerite de Larmandie, dont naquit un fils unique, qui suit :

Antoine de Grignols, baron de Grignols, de Marcellus, Milhan, Beaulieu, en Bazadois, et de Bonnes, La Borie, Montmallan, en Angoumois, chevalier de l'ordre du roi, gouverneur du haut et bas pays de Poitou, etc., mourut dans un combat contre les protestants, au lieu de l'Isle, sur la rivière de Vienne, près de Châtellerault, après la levée du siége de la Guierche, au mois de février 1591 ; et son corps fut porté à Bonnes, où il fut enterré dans l'église. Il avait épousé, le 25 octobre 1571, demoiselle Jeanne de Saint-Astier, fille de Jacques de Saint-Astier, chevalier de l'ordre du roi, capitaine de 50 hommes d'armes, gouverneur de Périgord, seigneur des Bories, etc., et de dame Marguerite de Cauna, sortie des barons de Cauna, au pays de Marsan : de ce mariage provinrent :

1°. Jean V, dont l'article suit ;

2°. et 3°. François et Gabriel, morts jeunes et sans postérité.

---

naquirent deux filles, 1°. Marie de Camblesac, femme d'Arnaud de Gombault, seigneur de Montagut, en Agenois ; 2° Jeanne de Camblesac, mariée à Robert de la Marthonie, chevalier, gouverneur de Touraine, fils d'Etienne de la Marthonie, chevalier, et de dame Isabeau de Pompadour. De ce mariage naquit Marie de la Marthonie, qui épousa, comme il a été dit, Jean, baron de Grignols et de Coculmont, et lui porta la terre de Bonnes.

Après le décès de Jeanne de Camblesac, Robert de la Marthonie se remaria avec Catherine de la Fayette, sortie de la maison des comtes de Revey, en Auvergne. De ce mariage provint Claude de la Marthonie, qui mourut sans hoirs.

Catherine de la Fayette avait été premièrement mariée avec François de la Platière, seigneur des Bordes en Bourgogne, et de ce mariage était issu Humbert de la Platière, seigneur de Bordillon, chevalier de l'ordre du roi, et maréchal de France, frère utérin de Claude de la Marthonie.

Jean de Grignols, IIe. du nom, chevalier, marquis
de Grignols, et seigneur des autres terres nommées ci-
dessus, mourut en la ville de Sainte-Baseille, pendant
le siége de Tonneins, le 13 mai 1622, laissant de dame
Antoinette d'Esparbès de Lussan, sa femme, Henri,
marquis de Grignols, qui a continué la descendance, et
plusieurs autres enfants. La branche des seigneurs de la
Porte est sortie de la même maison. Armes : *d'azur, à
trois épis de froment d'or.*

DE GRILLE, marquis d'Estoublon, en Provence,
famille ancienne qui paraît originaire de Genève, où
il existe une branche des mêmes nom et armes. Elle y
est connue depuis Pierre Grille, l'un des cent nobles
qui gouvernaient cette république en 1100. La terre
d'Estoublon fut érigée en marquisat par lettres du mois
d'avril 1664, registrées le 25 juin 1703, ou, selon l'histoire héroïque de la noblesse de Provence, par lettres
du 4 août 1674, en faveur de Jacques de Grille, IIe du
nom, seigneur de Roubias, conseiller d'état. Cette
famille a obtenu les honneurs de la cour, le 23 février
1787, en vertu de preuves faites au cabinet des ordres
du roi. Elle a donné un lieutenant-général des armées,
et plusieurs autres officiers-généraux. *De gueules, à la
bande d'argent, chargée d'un grillon de sable.*

DE GRIMALDI. Venasque de Ferriol, historien de la
maison de Grimaldi, la fait descendre de Grimoald, fils
de Pepin-le-Gros, maire du palais de France, et frère
de Charles Martel, qui fut père de Pepin-le-Bref, premier roi de France de la seconde race, et aïeul de Charlemagne. Sans admettre l'opinion de cet historien, on
ne peut s'empêcher de reconnaître dans cette illustre et
puissante maison, le caractère de la plus haute antiquité.
Ou voit en effet dans les archives d'Arles, sous l'an 980,
que Guillaume Ier, fils de Bozon, roi d'Arles, assisté
d'Adèle sa femme et de Guillaume, son fils, qui lui
succéda, fit don à Gibelin Grimaldi de la côte de la
mer de Saint-Tropez, où est aujourd'hui Gagnes, que
possédait encore cette maison avant la révolution, en
récompense, dit la charte, des services que Grimaldi
avait rendus en chassant les Sarrasins de la côte, et en
assistant le prince dans la guerre qu'il leur fit pour les

expulser de tout son pays. Ce Gibelin Grimaldi, qualifié dans la charte *vir magni condit et egregiæ magnificentiæ, nostris in omnibus Sarasenos et Mauros egressionibus assistens*, est l'auteur le plus certain des Grimaldi de Provence, de Gênes, de Piémont et de Naples.

Les principales branches de cette maison, en France, sont celles des seigneurs d'Antibes et de Corbons, marquis de Cagnes; des princes de Monaco, ducs de Valentinois, pairs de France, qui se sont fondus, en 1734, dans la maison de Goyon de Matignon, dont la branche aînée, en héritant des biens immenses des princes de Monaco et des ducs de Valentinois, fut substituée aux nom et armes de Grimaldi. Les autres branches sont celles des comtes de Bueil, connues sous le nom de Grimaud; des seigneurs de Levant, et des marquis de Regusse, au Comtat. Cette dernière branche n'est point mentionnée dans l'histoire des grands officiers de la couronne. L'auteur de la critique du Nobiliaire de Provence dit « qu'elle est
» originaire de la Ciotat; que son commerce lui acquit
» de si grands biens, que de-là était venu le dicton,
» lorsqu'il se présentait une occasion de faire une grande
» dépense, qu'il faudrait avoir la bourse du marquis
» de Regusse. Il maria sa fille, continue le même auteur,
» avec N.... Honoré Grimaldi, marquis de Corbons.
» Cette alliance, ses grandes richesses, son marquisat,
» son office de président à mortier et son mérite per-
» sonnel le firent reconnaître par les Grimaldi pour être
» de leur famille. Il pourrait être arrivé que le voisi-
» nage de Gênes, d'où il n'y a qu'un petit trajet de mer
» jusqu'à la Ciotat, ait donné lieu à quelqu'infortuné de
» la famille de Grimaldi de Gênes de se transporter dans
» cette ville. Néanmoins, je n'ai trouvé, ni dans les
» mémoires de mon père, ni dans ceux de mon aïeul,
» qu'ils aient jamais vu aucun acte qui puisse faire juger
» ou même présumer que les marquis de Regusse fussent
» une branche de l'illustre maison de Grimaldi, etc. »
Cette maison compte un capitaine-général des arbalétriers, un amiral de France, trois chevaliers du Saint-Esprit, des chevaliers de l'ordre du Roi, de l'Annonciade, d'Alcantara; nombre de lieutenants-généraux et maréchaux-de-camp des armées, des chambellans et gentilshommes de nos rois, des gouverneurs de places, des ambassadeurs, des conseillers-d'état d'épée, etc., etc.

Le comté de Valentinois, qui a pour capitale Valence, l'une des plus anciennes villes des Gaules, située sur le bord oriental du Rhône, entre Vienne et Viviers, fut érigé en duché l'an 1498, en faveur de César Borgia, fils naturel du pape Alexandre VI. L'an 1548, le roi Henri II fit don à Diane de Poitiers, sa maîtresse, de l'usufruit du duché de Valentinois, avec le titre de duchesse. Honoré Grimaldi, prince de Monaco, s'étant mis, l'an 1641, sous la protection de la France, pour se soustraire aux exactions des Espagnols, reçut du roi Louis XIII, en pleine propriété, pour lui et ses descendants, le duché de Valentinois, qui fut érigé en pairie par lettres du mois de mai 1642, puis déclaré duché Funelle par lettres du 26 janvier 1643, registrées le 6 février suivant. Louise-Hippolyte de Grimaldi, fille aînée d'Antoine, prince de Monaco, ayant été mariée en 1715 à François-Léonor Goyon de Matignon, le duché-pairie de Valentinois lui fut cédé pour sa dot; et ce seigneur, au mois de décembre de la même année, obtint des lettres-patentes qui lui permettaient de se faire recevoir pair de France au parlement de Paris, où il prêta serment le 14 décembre 1716.

Les titres de cette famille sont : 1° la principauté de Monaco, située entre Nice et l'état de Gênes, qui renferme trois villes: Monaco, que l'on croit être le *Portus Monœci* de Ptolémée, Roquebrune et Mento. Elle est, depuis l'an 1641, sous la protection de la France, par le traité dit de Péronne, arrêté entre le roi Louis XIII et Honoré II, prince de Monaco, traité en exécution duquel le roi de France fournissait et entretenait dans cette place une garnison française, sous le commandement du prince de Monaco. La maison de Grimaldi paraît avoir possédé cette principauté depuis son origine; mais les chronologistes et les historiens ne remontent la filiation de ces princes que depuis Grimaldus IV, fils d'Obert, prince de Monaco. Ce Grimaldus fut, selon Venasque, amiral de la flotte des croisés qui emportèrent le port de Damiette, le 25 août 1218, et la ville le 5 novembre de l'année suivante; 2° l'ancienne baronnie des Baux, en Provence, qui fut érigée en marquisat, par lettres du mois de mai 1642, registrées au parlement de Paris, le 18 juillet suivant, et à Aix, le 30 avril 1643, en faveur d'Honoré Grimaldi, prince de Monaco; 3° la

seigneurie de Corbons, au diocèse de Digne, qui fut
érigée en marquisat par lettres du mois de mars 1646,
registrées à Aix le 12 septembre suivant, en faveur de
Jean-Henri Grimaldi ; 4°. la terre de Regusse, près
d'Aulps, qui fut érigée en marquisat par lettres du mois
de novembre 1649, registrées à Aix en 1650, en faveur
de Gaspard de Grimaldi : 5°. la baronnie de Calvinet, en
Auvergne, unie aux seigneuries de Carlat et de Vic,
qui fut érigée en comté, sous le nom de Carladez, par
lettres du mois de mai 1642, registrées au parlement le
18 juillet suivant, en la chambre des comptes, le 27 mars
1643, en faveur d'Honoré Grimaldi, prince de Monaco;
6°. la seigneurie de Cagnes, près d'Antibes, qui fut érigée
en baronnie par lettres du mois de mars 1646, registrées
à Aix le 12 septembre suivant, en faveur de Jean-Henri
Grimaldi d'Antibes, lieutenant-général et gouverneur
de Monaco. Cette baronnie fut érigée en marquisat, par
lettres du mois de mars 1677, en faveur d'Honoré Grimaldi, marquis de Corbons. Jean-André Grimaldi,
d'Antibes, baron de Prats, évêque de Grasse le 27 juin
1483, destiné au cardinalat, mourut le 1er juillet 1505.
Charles Grimaldi de Cagnes, aumônier du roi, sacré
évêque de Rhodez le 22 janvier 1747, est mort en 1770.
Louis-André Grimaldi de Cagnes fut sacré évêque du
Mans au mois d'avril 1667. Augustin Grimaldi-Monaco,
évêque de Grasse en 1505, s'étant jeté dans le parti de
Charles Quint, devint évêque de Majorque, puis archevêque d'Oristagni. Il fut privé de tous ses biens et béné-
fices en France, mais ils lui furent rendus à la paix de
Madrid. Il est mort le 12 avril 1532, ayant été désigné
cardinal. Honoré de Grimaldi-Monaco, sacré archevêque
de Besançon le 4 février 1725, se démit au mois de décembre 1731, et mourut subitement à Paris, le 18 février
1748. Louis Grimaldi de Bueil, évêque de Vence, chancelier de l'ordre de l'Annonciade, grand-prieur des
ordres de Saint-Maurice et de Saint-Lazare-de-Savoie,
assista au colloque de Poissy et au concile de Trente. Il
se démit de son évêché en 1576. *Fuselé d'argent et de
gueules.*

DE GRISOLLE, en Provence, famille originaire de
la ville de Brignolle, qui a pour auteur Jean-Baptiste
Grisolle, reçu secrétaire du roi, par lettres du 25 juin

1751. *De gueules, à la tour d'argent ; au chef du même,
chargé de trois roses du premier émail.*

GRIVEL, comtes de Grivel, en Franche-Comté, famille reçue à Saint-Georges, et dans tous les chapitres.
Elle était noble avant Jean Grivel, conseiller au parlement de Dôle, en 1599, puisque Christophe Grivel,
neveu de Jean Grivel, fut réhabilité, en 1630, contre la
dérogeance de son père, dans sa noblesse, par l'exercice
de la charge de procureur. Cette maison a donné un
maréchal de camp et plusieurs officiers. *D'azur, à trois
croix potencées d'or.*

GROSPAIN, famille noble de Franche-Comté,
éteinte. *D'azur, à la fasce d'or, accompagné de trois besants du même.*

DE GROSPARMY, en Normandie, famille ancienne,
originaire du diocèse de Bayeux. Raoul de Grosparmy,
trésorier de l'église de Saint-Frambold, de Senlis, puis
doyen de l'église collégiale de Saint-Martin, de Tours,
garde du scel du roi Saint Louis, après le retour de ce
prince, de son premier voyage à la Terre-Sainte, en
1258, fut sacré évêque d'Evreux, le 19 octobre 1259,
et créé depuis cardinal, et légat du saint-siége, outre
mer, où il mourut, en accompagnant Saint-Louis, en
1270. — Colin Grosparmy, écuyer, fit montre avec sept
écuyers de sa compagnie, à Saint-Lô, le 26 août 1388.
On trouve des traces de cette famille jusqu'en l'an 1471,
époque où vivait Jean de Grosparmy, écuyer, seigneur
de Beusville, capitaine des francs-archers du bailliage de
Caen. *De gueules, à deux jumelles d'hermine, sommées d'un
lion léopardé du même.*

GUIBOURG, famille de Besançon, éteinte, dont
la noblesse a été jurée dans les lignes de plusieurs chapitres nobles. *D'azur, à la fasce, accompagnée en chef
de deux quintefeuilles, et en pointe d'un soleil, le tout
d'or.*

DE GUICHARD, seigneurs de Montgners, en Provence, famille originaire de la ville d'Apt, qui fut maintenue dans sa noblesse, par arrêt du conseil d'état du roi,
du 17 août 1671. *D'or, au chêne, arraché de sinople ; au
chef d'azur, chargé de trois étoiles d'or.*

LE GUICHOUX DE KERAULT, DE KERANGOUET, DE KERJAN, en Bretagne, famille ancienne, connue depuis Olivier Guichoux, qui est au nombre des écuyers qui figurent dans la revue de messire Robert de Montauban, du 1er septembre 1421. *D'argent, au cor de chasse d'azur, lié de gueules, accompagné de trois étoiles de gueules.*

GUILLEMIN DE VAIVRE, à Besançon, famille anoblie par un office de conseiller au parlement, en 1760, dans la personne de M. Guillemin de Vaivre, intendant de Saint-Domingue.

DE GUIRARD DE LA GANE ET DE SENEZERGUES, en Auvergne, famille ancienne, qui prouve une filiation suivie, depuis Jean de Guirard, écuyer, seigneur des mêmes lieux, vivant en 1535. *D'azur, au lion d'argent.*

DE GUITARD DE LA BORIE, DES RIVIÈRES, en Limozin et en Angoumois, famille qui, lors de la recherche, a fait preuve depuis le milieu du 16e siècle. *D'azur, au mouton d'argent.*

GUIVREAU DES MARCHAIS (Pierre), lieutenant des eaux et forêts, fut élu maire de Poitiers en 1487. *De sable, au chevron d'or, accompagné de trois têtes de guivre de gueules.*

DE GUMERY, en Champagne, famille qui remonte à Edme de Gumery, écuyer, sieur de Chemin, archer des gardes du corps du roi, lequel obtint des lettres patentes de vétérance, le 3 février 1623, registrées en la cour des aides. *D'azur, au chevron d'or, accompagné en chef de deux étoiles, et en pointe d'une gerbe du même.*

GUYOT DE MALSEIGNE, marquis de Maiche, famille de Franche-Comté, reçue à Saint-Georges, et jouissant du titre de noble, depuis Jean Guyot, capitaine châtelain de Maiche, en 1574. Elle a fourni plusieurs officiers distingués. *D'azur, au chevron, accompagné en chef de deux roses, le tout d'or, et en pointe d'une étoile du même, soutenue d'un croissant d'argent.*

GUYOT, en Lorraine, famille anoblie en la personne de Léopold Guyot, avocat en la cour souveraine de Lorraine et Barrois, par lettres datées de Lunéville, le 15 août

1723. *D'or, au lion de gueules, tenant une épée d'argent garnie d'or.*

GUYOT, seigneurs de la Garde de Luisandres, de la Franchise et de Chaillouvres, en Bresse, famille d'origine chevaleresque, connue filiativement depuis Etienne Guyot, damoiseau, qui vivait en 1300. Cet Etienne eut pour fils Geoffroy Guyot, seigneur de la Garde, qui fit hommage de cette terre au comte de Savoie, en 1323. Cette maison, qui a formé plusieurs branches, a contracté de belles alliances, et a donné un chambellan de Philibert, duc de Savoie, en 1502. *De gueules, à la bande d'argent, accompagnée de six besants du même.*

# H.

HABART ou HABARC, maison illustre et d'ancienne chevalerie, originaire des Pays-Bas, où elle florissait dès le douzième siècle. Elle a pris son nom d'une terre située en Artois, sur la rivière de Scarpe, à une lieue d'Avesnes. Elle a contracté des parentés directes avec les maisons de Boufflers, Bouhier, Boulogne, Bourbon, Bournonville, Estourmel, Gouy, Josne-Contay, Lalain, Lannoy, Lens, Longueval, Markais, Moncheaux, Nedonchel, Ricamez, Rosimbos, Wasqueshal, Wastines, Wavrin, Wazières, etc., etc. *Fascé d'or et d'azur de huit pièces.*

DE HAC, famille ancienne, originaire de Paris. Hamon de Hac était notaire et secrétaire du roi en 1370. François Hac, conseiller du roi, contrôleur général en la cour des monnaies, fut pourvu d'un même office le 22 septembre 1607. Il descendait de Nicolas Hac, quartinier de Paris en 1536, et échevin en 1560. *D'argent, à trois perroquets de sinople, colletés et perchés de gueules.*

HACQUEVILLE, famille originaire de l'Artois, établie à Paris dans le quatorzième siècle. Jean de Haqueville fut l'un des députés que la ville de Paris envoya à Louis XI, en 1463. Il avait épousé, en 1416, Marie Viole, qui le rendit père de Jacques Hacqueville, marié avec Gillette Hennequin. Cette famille, anoblie et illustrée par les charges du parlement, où elle a donné des magistrats célèbres, a contracté des alliances directes avec les maisons les plus distinguées de Paris et de l'île de France. *D'argent, au chevron de sable, chargé de cinq aiglons d'or, et accompagné de trois têtes de paon d'azur.*

DU HAGET, en Gascogne, famille noble et ancienne de cette province, dispensée comme telle, en 1336, par un des anciens princes du pays de Magnoac, où elle était établie, de payer certaines charges, comme issue d'ancienne extraction. Sa filiation est établie depuis noble Bertrand du Haget, qui assista au contrat de mariage de Sibille, sa fille, le 3 août 1399. Les divers membres de cette famille ont presque tous suivi le parti des armes. Jacques du Haget, chevalier, seigneur du Haget et autres lieux, épousa Isabeau de Durfort de Castelbajac, de la branche de Durfort-Civrac. Il eut deux fils, tous deux capitaines, l'un de cavalerie et l'autre d'infanterie. Cette maison, qui a formé plusieurs branches, s'est alliée à des familles très-distinguées ; elle a donné des officiers supérieurs et un grand nombre de capitaines, parmi lesquels on distingue des chevaliers de l'ordre royal et militaire de Saint-Louis. *D'or, à l'arbre de sinople, accompagné de quatre épées, rangées de gueules, garnies d'or.*

HALLÉ. Jean Hallé, échevin de la ville de Paris en 1699, et nommé conseiller de l'hôtel-de-ville la même année, était payeur des gages du parlement, lorsque par lettres du 16 janvier 1716, on lui donna l'office de héraut roi d'armes des ordres du roi. Il prêta serment pour cette charge le 17 du même mois. *D'argent, au phénix de sable, sur son immortalité de gueules ; au chef d'azur, chargé d'un soleil d'or.*

HALLOUIN, en Bretagne. Pierre Hallouin, sieur de la Morinière, Jean et Julien Hallouin, ses fils, ont été maintenus, le 2 juin 1670, dans la qualité de nobles, en conséquence des priviléges affectés à l'échevinage de la ville de Nantes, en payant mille livres. *D'or, à l'ancre de sable, soutenue d'un cœur ailé de gueules ; au chef d'azur, chargé de trois étoiles d'argent.*

DE LA HAMAÏDE, illustre et ancienne maison de chevalerie, originaire du comté de Hainaut, où est située la terre de la Hamaïde, dont elle tire son nom. Une branche s'est établie en Cambresis, au milieu du quatorzième siècle, et subsistait encore au commencement du dix-septième. Ses alliances directes sont avec les maisons de d'Assonville de Baissy, Beauffremez, Bethencourt, Blondel, Cisoing, Croix, Esclaibes, Harchies, Hénin, Lalain, Lambersart, Landas, Lille, van der Meere, Namur, Pellicorne, la Porte-Vellaines, Quarmont, Quiévy, Reumont, Tabart, Tenremonde, de Ville, Vlieghe, Wingles, etc., etc. *D'or, à la Hamaïde de gueules.*

**HAMOUIN.** Robert Hamouin fut élu quartinier de la ville de Paris en 1646, et échevin en 1665. *De gueules, au chevron d'argent, accompagné en chef de deux étoiles, et en pointe d'un croissant, le tout du même.*

**DU HAN,** seigneurs de Bertry et de Launoy, maison ancienne et distinguée de la province de Bretagne, qui, lors de la recherche, fut maintenue le 27 octobre 1668, sur preuves remontées à Robert du Han, écuyer, qui servait en cette qualité, l'an 1380, dans la compagnie d'Olivier de Mauny, chevalier banneret, capitaine-gouverneur de Dôle. Les alliances de cette famille sont avec celles de le Bouteiller, de Vaurozé, de Vitré, de Talansac, de la Bentinaye, de Montbourcher, de Champagné, de Goulaines, de Marbeuf, de Coetlogon, de la Porte, etc. *D'argent, à la bande fuselée de sable, accompagnée en chef d'un lion morné de gueules.*

**LE HANYVEL** ou **LE HANNIVEL,** en Normandie, comtes de Mannevillette, par érection du mois de décembre 1676, et marquis de Crèvecœur par lettres de juillet 1696. Cette famille est connue depuis Robert le Hanyvel, échevin à Rouen l'an 1547. Il eut pour fils Robert le Hanyvel, deuxième du nom, annobli au mois de juillet 1580, qui fut père de Robert le Hanyvel, troisième du nom, seigneur de Saint-Etienne, trésorier de France à Rouen. Ce dernier eut pour femme Marie Aubry, fille de Claude Aubry, secrétaire du roi et maître ordinaire en la chambre des comptes. Les enfants qu'il eut de sa première femme, Marie Palluau, ont continué sa descendance jusqu'à nos jours. *De gueules, au saumon d'argent; au chef cousu d'azur, chargé de trois étoiles d'or.*

HAPIOT, en Artois. Jean Hapiot, licencié ès-lois, fut annobli le 9 septembre 1592. *D'azur, à la bande d'or, accompagnée de six trèfles du même.*

HARDENTUN, famille d'origine chevaleresque, dont le nom était anciennement Danvin. Elle remonte filiativement à Philippe Danvin, chevalier, seigneur de Hardentun, maître fauconnier du roi, de 1338 à 1353. Il épousa Jeanne de Heuchin, dame du Tour en Vimeu. Pierre Danvin, leur fils, seigneur de Hardentun, épousa Marie de Sainte-Aldegonde, dont il eut des enfants qui ont continué la descendance de cette famille, dans laquelle on distingue plusieurs officiers, dont un fut tué à la bataille d'Azincourt. *De sable, à la bande d'or, chargée d'une molette de sable, et accompagnée de huit billettes d'or mises en orle.*

HARDOUIN, comtes de la Girouardière. Cette famille est très-ancienne en Anjou et au Maine. La Chenaye en fait mention depuis Geoffroy Hardouin, écuyer, seigneur de la Girouardière, qui vivait en 1360, et il en donne la filiation depuis Marie Hardouin, écuyer, vivant en 1397, père de Jean Hardouin, seigneur de la Girouardière. A la même époque ont vécu Pierre Hardouin de Loudun, en Poitou, annobli au mois de juin 1388, et Jean Hardouin, de la ville de Tours, qui obtint la même faveur, en récompense de ses services, en 1437. La famille Hardouin de la Girouardière est une des mieux alliées de la province du Maine. Elle a donné des capitaines de deux cents et trois cents hommes de guerre à pied, en 1585 et 1604, un grand nombre de capitaines et d'officiers de divers corps, un capitaine de vaisseau et un brigadier des armées du roi. *D'argent, à la fasce de gueules, accompagnée en chef d'un lion léopardé de sable, lampassé de gueules, et en pointes de deux quintefeuilles du troisième émail.*

LE HARDY, famille ancienne, originaire de la généralité d'Alençon, établie vers l'an 1600 dans celle de Caën. Elle remonte par titres filiatifs à Philippe le Hardy, vivant en 1470. Nicolas et François le Hardy furent confirmés dans leur noblesse par arrêt de la cour des aides de Rouen, du 2 mars 1581. Louis et Philibert, arrière-petits-fils de François, le furent également par arrêts de la même cour, des 21 avril 1517 et 26 juin 1568. Cette famille a occupé avec distinction des emplois dans l'épée et la magistrature. *De gueules, au chevron rompu d'or, accompagné de quatre lions affrontés d'argent, deux en chef et deux en pointe.* Devise : *Nec leporem feroces procreant imbellem leones.*

HAREL, *voyez* LESNÉ-HAREL.

HARISPE, noblesse consacrée par la Charte, avec titre légal de comte, dans la personne de Jean - Isidore Harispe, lieutenant-général des armées du roi, grand-officier de la Légion-d'Honneur, et chevalier de St.-Louis. *D'azur, au cheval d'or sur une terrasse de sable, accompagné en chef de trois étoiles d'argent.*

DE HARLAY, comtes de Beaumont et de Cély, marquis de Maule et de Montglas, à Paris. Blanchard, dans ses présidents à mortier au parlement de Paris, a donné une généalogie de la maison de Harlay, depuis l'an 1250, et la dit originaire de Franche-Comté. Mais il a tronqué les noms des titres dont il se sert, pour appuyer cette extraction, et d'*Arlay* il a fait *Harlay.* Il est constant que cette illustre famille descend de Jean de Harlay, chevalier du guet de Paris en 1461, échevin de la même ville en 1464, 1469 et 1485. Son fils, Louis de Harlay, fut aussi échevin de la ville de Paris en 1498, et conseiller de ville en 1500; et enfin Christophe de Harlay, fils de Louis, sieur de Beaumont, fut conseiller de la même ville en 1532. (*Armorial de la ville de Paris,* gravé par Beaumont, planches 19, 24, 28, 89, 91.) Christophe de Harlay fut président à mortier au parlement de Paris en 1555. Achille de Harlay, son fils, fut premier président au même parlement. Il montra dans cette charge l'intrépidité et la fermeté des anciens magistrats romains. Le duc de Guise, chef de la ligue, voyant que de Harlay était inébranlable au milieu de la multitude que la fureur des partis entraînait, lui en fit le reproche. « C'est une honte, Monsieur, lui répondit ce magistrat, que le valet mette le maître hors de la maison. Au reste, mon âme est à Dieu, mon cœur est au Roi, et mon corps, je l'abandonne, s'il le faut, aux méchants qui désolent ce royaume ». Henri le Grand ayant rendu la paix à son royaume, de Harlay profita de ces heureux moments pour rétablir la justice et faire fleurir les lois. On a de lui la coutume d'Orléans, imprimée en 1583, in-4°. Il mourut le 23 octobre 1616. Nicolas de Harlay, seigneur de Sancy, né l'an 1546, maître des requêtes, fut ambassadeur en Angleterre et en Allemagne, colonel-général des Cent-Suisses, premier maître-d'hôtel et surintendant des finances. Il rendit, dans l'exercice de ces différents emplois, des services bien importants aux rois Henri III et Henri IV. Il mourut le 13 octobre 1629, dans la religion catholique qu'il avait embrassée après la conversion de Henri IV, parce que, disait-il, il faut être de la même religion que son prince. François de Harlay, de la branche de Champ-Valon, archevêque de Rouen, puis de Paris, naquit dans cette ville, en 1625 ; ce fut un prélat distingué par ses mœurs, son talent, son goût pour les sciences et les lettres, et son éloquence persuasive ; toutes les matières lui étaient propres, et il parlait de tout avec une grande facilité. Louis XIV lui préparait un chapeau de cardinal, lorsque la mort l'enleva le 6 août 1695. *D'argent, à deux pals de sable.*

HARVILLE, seigneurs de Harville, Palaiseau, etc., marquis de Trainel, famille issue d'ancienne chevalerie, qui tire son nom de la terre de Harville, située près de Janville, en Beauce. Elle est connue, par filiation, depuis Pierre, seigneur de Harville, vivant en 1325, lequel eut, entr'autres enfants, Guillaume de Harville, Ier. du nom, seigneur de Chauhaudry, des Bordes et de l'Hérable, marié avec Jeanne, dame de Voise. Cette maison a formé la branche des seigneurs de Harville, souche des branches des seigneurs de la Selle et de la Grange-du-Bois, et s'est alliée avec les familles les plus distinguées. Elle a produit des chevaliers de l'ordre du Roi, et un chevalier du Saint-Esprit, en 1597, ce dernier, vice-amiral de France, mort en 1636 ; des brigadiers, des maréchaux des camps et lieutenants-généraux des armées ; des gouverneurs de villes et châteaux forts ; des officiers supérieurs, des capitaines et autres officiers distingués, dont plusieurs ont été tués sur le champ de bataille. Les principales alliances de cette maison sont avec celles d'Arnaud de Pompone, de Béthune, de Blondel-Joigny, de Bellebrune, de Briqueville, le Brun-Palai-

seau, de la Châtre, de Montpeiroux, Goyon de Matignon, Graville, Jouvenel-des-Ursins, Lévis, Luxembourg, Montmorency, Montmorin, Pontbriant, Rou-
velle, Vernon, etc. *De gueules, à la croix d'argent,
chargée de cinq coquilles de sable.*

HAUCOURT, village situé à deux lieues de Cambray,
qui a donné son nom à un puîné de l'ancienne et illustre
maison de Wallaincourt. Elle est connue depuis Titeslin
de Haucourt, chevalier, qui signa l'an 1025, la charte
de la fondation de l'abbaye de Saint-Gangoulf de Flo-
rines, faite par Gérard, évêque de Cambray. Sa descendance s'est éteinte au milieu du quinzième siècle. *D'argent semé de billettes de gueules ; au lion du même, brochant
sur le tout.*

DE HAUTEFORT, comtes de Vandre, marquis de
Bruzac et de Bouteville, barons de Marquessac, maison
des plus anciennes et des plus illustres du Périgord, qui
a pris son nom d'une terre située dans le diocèse de
Périgueux, autrefois une des plus puissantes baronnies de
Guienne, comme on le voit par un catalogue des barons
du royaume, compris dans le cartulaire de Philippe-
Auguste. Cette terre, après avoir joui long-tems du titre
de châtellenie et même de vicomté, fut érigée en marquisat en 1614. Elle a toujours passé pour une des plus
considérables du pays, non-seulement à cause de son
étendue et de son nombreux vasselage, mais encore par
la situation avantageuse de son château et des forteresses
qui l'environnaient, et qui ont souvent servi de rempart
contre les incursions des ennemis, notamment dans les
14 et 15e. siècles. Elle a été successivement possédée,
1º. par les seigneurs de Lastours ; 2º. par les seigneurs
de Laron, substitués aux nom et armes de Lastours dans
le onzième siècle ; 3º. par les seigneurs de Born, substitués aux seigneurs de Laron-Lastours ; 4º. par les seigneurs de la Faye de Thénon, substitués aux de Born ;
5º. par les seigneurs de Gontaut Badefol, qui, depuis
environ 400 ans, portent les nom et armes de Hautefort,
et que l'on a prétendus, sur la foi de mémoires infidèles,
issus des seigneurs de Born, mais qui tirent leur origine
de la maison de Laron-Lastours, seconde race des seigneurs de Hautefort. Elle a pour auteur Guy de Laron,

dit de *Lastours*, troisième fils de Golfier de Lastours, dit le *Grand*, seigneur de Hautefort, et d'Agnès d'Aubusson. Il fut le premier de la race qui prit pour armes *trois forces*, que ses descendants portent encore de nos jours. Depuis ce seigneur, qui se croisa pour la Terre-Sainte, l'an 1147, jusqu'à présent, la maison de Hautefort compte une longue continuité de services militaires distingués. Ses principales alliances sont avec les maisons d'Andaux, d'Aubusson, de la Baume-Forsac, de Beauroire, de la Berthon de Beynac, de Boisseuil, de Chapt de Rastignac, de la Chassagne, de Grailly, de Guiton-Maulevrier, de Larmandie, de Lubersac, du Luc, de Maillé, de Montferrant, de la Roque de Mons, de Roux de Campagnac, du Saillant de Pompadour, de Sédière, de Solmignac, etc. Elle subsiste dans la personne de Jean-Louis-Gustave, comte de Hautefort, officier supérieur des gardes-du-corps du Roi. *D'or, à trois forces de sable.* Devise : *Alti et fortis.*

DE HAUTEFORT, en Provence, famille originaire de la ville de Caen en Normandie, où vivait, sur la fin du quinzième siècle, Jean Hautefort, capitaine des vaisseaux du roi, et père de François de Hautefort, qui épousa, le 8 février 1555, demoiselle Venture de Colinet, mère de François Hautefort, II du nom, capitaine de vaisseaux, marié, le 10 juin 1590, avec demoiselle de Cambes. Une affaire d'honneur l'obligea de quitter son pays au commencement du dix-septième siècle. Il vint s'établir à Marseille où il jouit d'une grande considération. Les corsaires d'Alger, faisant beaucoup de ravages sur nos côtes, il eut commission d'aller brûler leurs vaisseaux dans le port de la Goulette, où ils s'étaient retirés. Il arma pour cette expédition un vaisseau, et M. de Valbelle, qui était alors lieutenant-général en l'amirauté de Marseille, conjointement avec les consuls de la même ville et députés du commerce, lui donnèrent deux autres navires. Son voyage réussit parfaitement : il brûla vingt-trois bâtiments de ces pirates sous la forteresse de la Goulette, et une galère qui n'en était que peu éloignée. Il reçut à cette occasion des lettres de la cour fort obligeantes. Les consuls de Marseille, satisfaits de cette expédition, se hâtèrent, à son retour, de lui témoigner leur reconnaissance, et lui donnèrent une gratification, par délibération du 10 septembre 1610. Ce fait est consigné *dans la deuxième édition de l'Histoire de Marseille, p. 449.* Il fit son testament le 1er. janvier 1604; ses enfants continuèrent la postérité. Cette famille, qui a contracté de belles alliances, a donné un grand nombre d'officiers de terre et de mer très-distingués. *D'or, à trois forces de sable.*

DE HAUTPOUL, marquis d'Hautpoul, par érection du mois de mai 1734, maison d'ancienne chevalerie de Languedoc, et l'une des plus illustres et des plus considérables de cette province, où elle florissait dès le milieu du onzième siècle. Elle possédait dès-lors un château considérable de son nom, dont relevait un grand nombre de terres seigneuriales, connues encore aujourd'hui sous la dénomination de pays *Hautpoulois.* Ce château, assiégé, l'an 1212, par Simon de Montfort, fut pris et incendié par ce prince en représailles de la vigoureuse résistance que les seigneurs d'Hautpoul avaient opposée à ses armes. L'an 1084, Pierre Raymond de Hautpoul, chevalier, signa avec le comte Raymond de Toulouse, la vicomtesse Hermangarde et plusieurs autres seigneurs, l'acte de réunion de l'abbaye de Saint-Bazeille de Nismes à l'abbaye de la Chaise-Dieu. Ce Pierre Raymond de Hautpoul fut l'un des chefs qui s'illustrèrent le plus dans la première croisade. Il eut le commandement d'une partie des croisés qui, l'an 1097, investirent Antioche, et s'en emparèrent en 1098. L'histoire rapporte un fait d'armes prodigieux de ce seigneur, qui, avec Pierre, vicomte de Castillon, Raymond, vicomte de Turenne, Guillaume Montpellier et Guillaume de Sabran, commandant un corps de cinq cents croisés, chargés de la défense d'un fort devant Antioche, soutinrent le choc de sept mille Sarrasins, sans que leur supériorité, ni l'affaiblissement des chrétiens, réduits à soixante combattants, put ébranler un moment leur courage. Un renfort étant survenu à ces chevaliers intrépides, ils repoussèrent les infidèles et demeurèrent maîtres du champ de bataille.

Plusieurs autres personnages de cette famille ont porté les armes avec distinction. Elle a donné un général de division de cavalerie, mort des suites des blessures qu'il reçut à la sanglante bataille d'Eylau, où, à la tête de la cavalerie, il culbuta 20,000 ennemis, et décida la victoire. Le gouvernement avait ordonné qu'il lui serait érigé une statue avec les canons pris dans cette journée mémorable. Plusieurs parents de ce général servent encore dans des grades supérieurs.

La maison d'Hautpoul s'est alliée en ligne directe à celles de Bermond, Brassac, Brettes, Astrics, Chambert, Graves, Montlaur, Montredon, Pelfort, Poitiers, Poudenx, Rabastens, Roux, Sainte-Colombe, Dusaix, la Tour d'Ondes, du Vivier, de Voisins, etc., etc. *D'or, à deux fasces de gueules, accompagnées de 6 coqs de sable, crétés et barbés de gueules, 3, 2 et 1.*

DE HAUTVILAR, famille ancienne du Languedoc, qui, lors de la recherche, fut maintenue le 14 janvier 1669, sur preuves filiatives remontées à Claude de Hautvilar, seigneur dudit lieu dans le haut Vivarais, vivant vers 1490, dont le fils, François de Hautvilar, épousa, le 26 août 1520, Marguerite de Vesc. *D'azur, à trois roses d'argent ; au chef cousu de gueules, chargé d'un lion issant d'or.*

HAVART, seigneurs de Vrainville, Thuilay, Senantes, Faverolles, etc. Cette famille, originaire d'Angleterre, et établie en France dans la province de Picardie au commencement du quatorzième siècle, est ancienne et illustre. Sa filiation est établie, par titres authentiques, depuis Guillaume de Havart, chevalier, seigneur de Vrainville, qui épousa, l'an 1367, Nicole de Premont. Pierre de Havart, chevalier, issu de ce mariage, était seigneur de Thuilay et de Senantes ; il avait épousé Marguerite d'Escrones, fille de Jean d'Escrones, chevalier, seigneur de Boigneville, et de Marguerite de Verdun ou de Saltun. Les alliances que les descendants de Guillaume Havart ont contractées, sont toutes recommandables. Leurs services dans la carrière militaire, qu'ils ont presque tous parcourue, sont très-distingués. On remarque dans cette maison des officiers supérieurs et autres au service de France, un lieutenant-général des armées du duc de Savoie, capitaine des gardes du corps de madame la duchesse douairière du même duché, et gouverneur de la Tour dans les vallées de Lucerne et de Verceil. *De gueules, à la bande d'or, frettée de sable, et accompagnée de six coquilles d'argent posées en orle, trois en chef, et trois en pointe.*

HAVART, famille de Picardie, fondue dans les maisons de Briqueville de Boulainvilliers, et de Laval-la-Faigne, dans le quinzième siècle, par le mariage de Jeanne, Catherine et Antoinette Havart, filles et héritières de Georges Havart, chevalier, seigneur de Gesnages, de la Rozière, de Fresnay-le-Samson, etc., etc., vicomte de Dreux, sénéchal héréditaire du Perche, et maître des requêtes ordinaires de l'hôtel du roi, et d'Antoinette d'Estouteville, dame d'Ansbosc, de Montigny et de Cernon. La vicomté de Dreux échut à Georges Havart par la succession de Marguerite de Prulay, sa mère, petite-fille d'Alix, vicomtesse de Dreux, princesse du sang royal, dont le père était issu, par les mâles, de Louis VI, dit le Gros, roi de France. *De gueules, à la bande d'or, chargée de six fusées de sable, et accompagnées de six coquilles d'argent mises en orle.*

HAXO, noblesse consacrée par la charte, avec le titre légal de baron, dans la personne de François-Nicolas, baron Haxo, lieutenant-général des armées du Roi, inspecteur général du génie, chevalier de Saint-Louis, et commandeur de l'ordre royal de la Légion-d'Honneur. *D'azur, à la tour d'or, crénelée de cinq pièces, ébréchée et ouverte de sable, accolée d'une bisse de sinople, languée de gueules ; la tour sommée d'un lys d'argent, et accostée à dextre d'une grenade d'or, et à sénestre d'un compas du même ; au chef parti, au 1 de gueules, au ceinturon d'argent en fasce, ayant sa boucle au centre d'or ; au 2 d'azur, au croissant d'argent, surmonté d'une étoile à six rais d'or.*

HAY, seigneurs de Saint-Barthélemi de Renneville, etc., au pays de Caux en Normandie. Cette famille remonte à Nicolas Hay, écuyer, seigneur de Saint-Barthélemi, mort en 1523. Il avait épousé en premières noces Jeanne Payen, et en secondes Marguerite de Fourmentin. Il eut de sa première femme Guillaume Hay, mari de Marthe de Lieuray. *D'argent, à trois têtes de maure de sable.*

DE LA HAYE DE VENTELAY, en Champagne, famille qui a pour auteur Charles de la Haye, anobli par lettres du roi Henri III, du mois de novembre 1588, confirmées le 22 août 1598. Elle s'est éteinte au milieu du dix-huitième siècle, après avoir contracté des alliances avec les familles de Midorge, de Doujot, de Palluca, de Montholon, de Biencourt, de l'Escolle, de Montesson. Louis Denis de la Haye, seigneur de Ventelay, fut ambassadeur de France près de la Porte ottomane, puis de la république de Venise; son père, Jean de la Haye, conseiller au grand conseil, avait été aussi ambassadeur à Constantinople. *Parti de trois traits, contre-chevronné d'or et de gueules.*

DE LA HAYE, en Artois, famille anoblie en décembre 1475, moyennant finance, dans la personne de Jean de la Haye.

HAYNIN, maison ancienne et illustre du Hainault, qui ne subsiste plus que dans la branche aînée des seigneurs de Wambrechies et dans la branche cadette des seigneurs du Cornet. Elle prétend tirer son nom de la Hayne, rivière qui est aux environs de Mons, et être la branche cadette des anciens seigneurs de Denen, bourg dont le nom s'écrit aujourd'hui Denain. Pour donner l'origine de cette maison, il est essentiel de remonter à Baudouin, comte de Flandre, dit de Mons, père, par Richilde, comtesse de Flandre, de Baudouin, dit de Jérusalem, comte de Hainault, mort en 1101, allié à Ide, sœur du duc de Louvain. Étienne de Denain, vivant en 1205, et depuis lequel s'établit la filiation de cette maison, fut le premier qui prit le nom de Haynin; mais il conserva les armes de Denain. Il eut pour femme Rose de Mons, qui le rendit père de Gossvin de Laynin. On trouve parmi leurs descendants, qui ont tous contracté les plus belles alliances, des grands baillis du Hainault, des officiers supérieurs et autres au service du roi d'Espagne, et un évêque de Bruges, mort le 10 décembre 1668. *D'or, à la croix engrêlée de gueules.*

HAYS, en Normandie et en Artois, famille issue d'ancienne chevalerie, connue dans la généralité d'Alençon depuis la fin du quatorzième siècle, et dont une branche s'est établie en Artois vers le milieu du siècle dernier. Elle prouve sa filiation par titres depuis messire Guillaume Hays, chevalier, seigneur du Plessis, vivant en 1387. Elle a donné un grand nombre d'hommes d'armes et d'officiers distingués. *De sable, à trois épieux d'argent.*

HÉBERT, seigneurs du Bosc, élection de Bayeux, famille ancienne de Normandie. *D'argent, au lion de gueules.*

HEBERT, seigneurs de Rully, élection de Bayeux, en Normandie, famille ancienne, qui a été maintenue lors de la recherche de Montfaut, en 1463. *D'azur, au chevron d'or, accompagné de trois molettes d'éperon du même.*

HEBERT, famille issue d'un trésorier des menus-plaisirs du Roi. *D'azur, au chevron d'or, sommé d'un croissant d'argent, et accompagné en chef de deux étoiles d'or, et en pointe de deux chevrons l'un sur l'autre du même.*

HEBERT, généralité de Rouen, en Normandie, famille qui a pour auteur Claude Hébert, ancien conseiller, échevin de la ville de Rouen, anobli au mois de mars 1650, et confirmé le 16 juillet 1666. *D'argent, à la bande de sable, chargée de trois ducs ou chouettes du champ.*

HEBERT, seigneurs de Saint-Segrez, en Picardie. *D'azur, à deux chevrons d'argent, accompagnés de deux étoiles d'or ; la première entre les deux chevrons, la seconde en pointe.*

HEBERT, seigneurs d'Orval, des Vaux-Dorés, en Normandie, famille ancienne de cette province, qui a donné plusieurs officiers de tous grades. *D'argent, au lion de sable, lampassé et armé de gueules.*

HEBERT, en Lorraine. Michel Hébert reçut du grand-duc Charles, le 14 avril 1571, des lettres-patentes portant confirmation de noblesse. *D'argent, au lion de sinople, accompagné de trois croissants de gueules.*

HEBERT ou HESBERT, seigneurs des Angles, du Hamel et de Rouillé, élection d'Arques, en Normandie, famille qui fut renvoyée au conseil le 16 février 1667. *D'azur, au chevron d'argent, chargé d'une coquille de sable, et accompagné de trois molettes d'éperon du même.*

HECTOR DE MARLE. Cette famille a pour auteur Robert Hector, avocat au parlement, époux de Marguerite de Reuil, dame de Pereuse, fille de Jean de Reuil, sieur de Vaux, auditeur au Châtelet de Paris, et de Jeanne Piédefer. Il mourut le 24 octobre 1551. René Hector, leur fils, seigneur de Pereuse, avocat au parlement de Paris, épousa, le 20 novembre 1520. Nicole du Marle, fille de Jean du Marle, seigneur de Versigny. Il en eut Nicolas Hector, seigneur de Pereuse, conseiller de l'hôtel-de-ville de Paris en 1580, prévôt des marchands de la même ville en 1586. Christophe Hector de Marle, seigneur de Versigny et de Beaubourg, maître des requêtes, frère de Nicolas, fut institué héritier par son oncle maternel, Christophe de Marle, à condition de porter le nom et les armes de sa famille. Christophe Hector épousa en premières noces Antoinette Briçonnet, dont il n'eut qu'une fille mariée à Claude Baillon, sieur des Forges, maître des comptes. Il eut pour seconde femme Madeleine-Barthélemi de Beauverger, qui le rendit père de Jacques-Hector de Marle, seigneur de Beaubourg et de Clos-Omont, reçu conseiller au grand conseil, le 12 décembre 1612, puis président le 27 novembre 1631, et mort le 10 octobre 1651. *Écartelé, aux 1 et 4 d'azur, à trois tours*, qui est D'HECTOR; *aux 2 et 3 d'argent, à la bande de sable chargée de trois molettes d'argent*, qui est DE MARLE.

HEDELIN, famille originaire de Souabe, établie à Nemours. Claude Hedelin, conseiller au trésor royal, s'établit à Nemours en 1610, où il fut lieutenant-général. Il excellait dans les poésies latine et française. Catherine Paré, sa femme, était fille d'Ambroise Paré, premier chirurgien du Roi. Il en eut, entr'autres enfants, Henri Hedelin, commandant d'un bataillon du régiment de Saulx, mort en 1704. Cette famille a donné des sujets distingués à l'état militaire et à la magistrature. *D'azur, au chevron brisé d'or et un rossignol du même en pointe.*

DE HEDOUVILLE, famille ancienne du Laonnais, qui jouit du titre légal de comte, consacré par la charte. Elle a été maintenue lors de la recherche, en 1666, en justifiant sa filiation, depuis l'an 1553. Cette famille paraît être originaire de Normandie et tirer son nom d'une seigneurie située près de Chambly-sur-Oise. Louis de

Hédouville, chevalier, seigneur de Sandricourt, était bailli de Caux, en 1503. Gabriel-Marie-Théodore-Joseph, comte de Hédouville, chevalier de Saint-Louis, grand officier de la Légion-d'Honneur, a été créé pair de France le 4 juin 1814. Le général de Hédouville, mort en 1818, était d'une branche de la même famille. *D'or, au chef d'azur, chargé d'un lion léopardé d'argent, lampassé de gueules.*

HEILLY, seigneurie située en Picardie, à trois lieues d'Amiens, où l'on comptait quatre-vingt-huit feux, a donné son nom à une illustre maison de chevalerie, dont était Lambert de Heilly, seigneur de Rougeval et d'Ennevelin, qui fit une vente aux chanoines de l'abbaye de Saint-Aubert, de Cambray, l'an 1150. La Morlière fait mention d'Eustache, seigneur de Heilly, vivant vers l'an 1136, marié avec la fille de Baudouin d'Encre. On trouve des traces de cette maison jusqu'à Mathieu de Heilly, gouverneur de Guise et de Baurevoir, vivant l'an 1340. La terre de Heilly fut portée par Hélis, dame de Heilly et de Ramilly, à Baudouin IV, sire de Créquy. Jacques, IIIe du nom, seigneur de Heilly, l'un des principaux chefs de l'armée du duc de Bourgogne qui, l'an 1408, marcha contre les Liégeois pour rétablir leur évêque, était maréchal du duc de Garenne, en 1411, et maréchal de France en 1412. Ayant été fait prisonnier à la bataille d'Azincourt, en 1415, il fut tué par les Anglais, sous prétexte que, contre sa parole, il s'était échappé deux ans auparavant de sa prison. Le duc de Bourgogne regretta beaucoup ce seigneur, dont il connaissait la capacité, la prudence et la valeur. *De gueules, à cinq fusées d'or en bande.*

HELIGUEN, seigneurs des Salles, en Bretagne. Bertrand Heliguen est le premier sujet de cette famille que les titres fassent connaître. Il servait en qualité d'écuyer dans la compagnie de Lancelot Gouyon, écuyer banneret, qui fit montre à Gien, le 6 mars 1418. Thibaut Heliguen est compris au nombre des hommes d'armes du sire de Rieux, lorsque ce seigneur arma la noblesse bretonne pour recouvrer la liberté du duc, pris par trahison par Olivier de Blois, comte de Penthièvre, l'an 1420. Guillaume Heliguen prêta serment de fidélité au

duc de Bretagne, conjointement avec tous les nobles de
la châtellenie de Lamballe, l'an 1437. Cette famille a
été maintenue le 7 mai 1670, dans sa noblesse d'ancienne
extraction, sur preuves remontées à Jean Heliguen,
mentionné dans la réformation de 1484. *De gueules, à
quatre burelles d'argent ; au franc canton écartelé d'or et
d'azur.*

HELLANDE, maison d'ancienne chevalerie de Normandie, au pays de Caux. Elle tire son nom d'une terre
située dans cette province, près le bourg de Tostes. Cette
maison est connue depuis le commencement du 14ᵉ siècle, dans la personne de Jean de Hellande, compris dans
le rôle des seigneurs normands qui furent à la conquête
de Jérusalem. Un autre Jean, seigneur de Hellande,
dans le pays de Caux, obtint une rémission, qui se trouve
dans les registres des chartes du roi, depuis l'année 1331,
jusqu'en 1349. Levide Hellande, ou un autre du même
nom, chevalier, servait sous messire Colart d'Estouteville,
en 1369, et était employé à la garde du château de Monti-
villers, en 1371. Cette maison, qui s'est alliée à celle de
Montmorency, a donné beaucoup d'officiers distingués,
et un évêque et comte de Beauvais, pair de France, le 13
avril 1444. *D'argent, à la bande de gueules, chargée de trois
marteaux d'or.*

D'HENIN DE CUVILLIERS, à Paris, famille ancienne, qui remonte à Adrien, seigneur de Montclin, de
Vauxelles, etc., puîné de la maison de Henin de Cuvilliers, établie, en 1410, dans le Réthelois, en Champagne.
Cet Adrien, enseigne de cinquante légionnaires de Champagne et de Brie, se trouve mentionné dans la maintenue
de la noblesse de la province de Champagne, en 1667
et 1668. Il était le troisième fils d'Antoine de Henin
de Cuvilliers, écuyer, seigneur de Roches et de Semide.
Philippe, troisième fils d'Adrien, né en 1570, épousa,
le 28 janvier 1600, Antoinette Raullin, arrière-petite-
fille, au sixième degré, de Nicolas Raullin, chevalier,
chancelier, garde-des-sceaux et chef des conseils du duc
de Bourgogne. Le même Philippe, seigneur de Vauxelles
et du Clauzeau, fut conseiller du Roi, et son procureur au
bailliage et élection du Réthelois. Son deuxième fils, Nicolas, seigneur de Vauxelles et du Clauzeau, épousa

Marie-Catherine de Cuignières, et vint s'établir à Paris. Sa postérité s'est distinguée dans la robe et l'épée. Elle a donné quatre conseillers au parlement, un conseiller au grand conseil, cinq maîtres ordinaires en la chambre des comptes, un conseiller en la cour royale de Paris, un sous-préfet, un député au corps-législatif, deux gentilshommes et deux maîtres d'hôtel ordinaires du Roi, un grand-maître des eaux et forêts des départements d'Aunis, du Poitou et de Saintonge; trois conseillers d'état, trois mousquetaires de la garde du Roi, plusieurs capitaines d'infanterie, de cavalerie et d'artillerie, un colonel d'état-major, un maréchal de camp, auquel le titre de baron fut confirmé par lettres patentes du Roi, le 30 décembre 1814, enregistrées en la cour royale, le 2 février 1815; quatre chevaliers de l'ordre royal et militaire de Saint-Louis, un officier et quatre chevaliers de l'ordre royal de la Légion-d'Honneur. *De gueules, à la bande d'or, chargée en chef d'un lion d'azur.* Couronne de comte. Cimier : *un griffon issant.* Suports : *deux lions.* Devise : *Nihil agere pœnitendum.* Cette famille a été autorisée à joindre à ses armoiries, celles : *d'azur, au lion d'or, armé et lampassé de gueules*, ainsi qu'il est justifié par l'armorial manuscrit de la chambre des comptes de Paris, au registre du 27 mai 1652, ainsi que par l'ordonnance du 28 juin 1677, des commissaires généraux, députés sur le fait des armoiries, expédiée et signée les 16 et 24 juillet de la même année, par Charles d'Hozier, conseiller du roi, juge d'armes et garde de l'armorial général de France.

HENNEQUIN D'ECQUEVILLY, famille des plus anciennes et des plus honorables de la province de Champagne, originaire de Flandre; elle remonte à Pierre Hennequin, qui, l'an 1319, fit don d'une verrerie à l'église de Troyes. Il vivait en 1352, avec Jeanne de Raisy, sa femme, dont il eut deux fils, Oudinot, qui va suivre, et Guillaume Hennequin, fourrier du Roi, en 1367. Oudinot Hennequin fut anobli par Charles de France, duc de Normandie, pour lors régent du royaume pendant la captivité du roi Jean, son père, en Angleterre. Les lettres d'anoblissement sont datées de Melun, le 23 juillet 1359, à raison de plusieurs services signalés, rendus à l'état par le même Oudinot Hennequin, et particulièrement au camp devant Breteuil. Cette maison a possédé plusieurs terres titrées, telles que le marquisat d'Ecquevilly, près de Meulan, érigé en faveur d'André Hennequin, capitaine général des toiles des chasses, tentes et pavillons du Roi, et de l'équipage du sanglier, appelé vulgairement le vautrait; charge qui, jusqu'à la révolution, fut héréditaire dans cette famille. La baronnie de Hez, en Artois, celles de Fresnes, de Cury et des Salles, furent érigées en comté, par lettres du 10 décembre 1718, en faveur de Nicolas-François, baron de Hennequin et du Saint-Empire, chambellan du duc Léopold, et grand louvetier de Lorraine et de Barrois, mort en 1740, laissant trois fils et une fille. Cette maison a produit des lieutenants-généraux, maréchaux de camp et brigadiers des armées du Roi, et nombre de magistrats célèbres au parlement de Paris, dont le dévouement et l'intégrité sont encore des modèles. Aimar Hennequin, évêque de Rennes, en 1575, nommé à l'archevêché de Reims, dont il prêta serment au parlement, en qualité de duc et pair de France, le 2 avril 1594, mourut en 1596, sans avoir pris possession. Jérôme Hennequin, frère d'Aimar, fut évêque de Soissons, et mourut en 1619. Armand-François Hennequin, comte d'Ecquevilly, lieutenant-général des armées du Roi, commandeur des ordres de Saint-Louis et de Saint-Jean de Jérusalem, a été nommé pair de France par sa majesté Louis XVIII, le 17 août 1815. *Vairé d'or et d'azur, au chef de gueules, chargé d'un lion léopardé d'argent.*

HENNEQUIN, en Lorraine. Jean Hennequin, dit la Vallée, originaire de Brabant, capitaine au régiment de Mestre-de-Camp du sieur d'Esne, fut anobli par lettres du duc Charles, données à Nancy, le 25 août 1594, en considération de ses services, et notamment de l'assaut donné à la forteresse de Coiffy, où, à deux diverses fois et malgré l'effort de l'ennemi, il avait donné jusqu'au-dessus de la brèche, et contraint l'ennemi de la quitter. *D'azur, à la fasce d'or, sommée d'un lion issant du même, tenant une épée d'argent, garnie du second émail.*

HENNEQUIN, en Lorraine. Jost Hennequin, ci-devant assesseur en la prévôté bailliagère de Bougon-ville, fut anobli par lettres expédiées à Lunéville, le 28 juin 1719. *De gueules, à la fasce d'argent, accom-pagnée en chef de trois étoiles, et en pointe d'une rose, le tout du même.*

DE HENNEZEL, comtes de Beaulieu, par érection de 1716.

Dans la première série de cet ouvrage, nous avons confondu cette famille avec l'ancienne et illustre maison de Hennezel, en Lorraine. Le premier nom des seigneurs de Beaulieu était *Danezey.* Pierre Danezey, écuyer, capitaine du château d'Oiselet, en 1662, épousa Mar-guerite *Grignet,* dont il eut Antoine Danezey, qui s'allia avec Marie *Boudret.* Ce dernier eut pour fils, Jean-Claude Danezey, comte de Beaulieu, mort en 1747. (*Preuves faites à Saint-Georges, par M. d'Amandres.*) Cette famille est éteinte. *D'azur, à trois glands d'or, et un croissant du même en cœur.*

D'HÉRAIL, seigneurs de Brésis, du Mashugon, de Valescure, de la Blachère et du Buisson, en Languedoc; maison d'origine chevaleresque, connue dans cette pro-vince depuis l'an 1100, et par filiation, depuis Jean d'Hérail, seigneur du château et mandement de Brésis, qui fit son testament le 18 avril 1200. On ne voit pas sur quel fondement Badier, continuateur de la Chenaye des Bois, a donné à une famille d'Héral, seigneurs de la Ga-renne, en Agénois, une origine commune avec la maison d'Hérail de Brésis. Cette dernière s'est alliée en ligne di-recte avec les maisons de Budos, d'Anduze, de Sabran, du Merle, de Beauvoir du Roure, de Bruèis, d'Altier, de la Tour du Pin, de Joyeuse, etc., etc. *D'azur, au na-vire d'or, équipé d'argent, voguant sur une mer du même.*

HÉRAUT, subst. masc., officier d'un prince ou d'un état, auquel on commettait autrefois les défis publics, les dénonciations de guerre. Il était jadis en grande considération et avait de beaux droits et privi-léges. Ses attributions se réduisent aujourd'hui à publier la paix, et à paraître dans les grandes cérémonies.

Du Cange dérive ce mot de l'anglais *here*, ou de l'allemand *heer-ald*, qui signifie *gendarme*, sergent d'ar-mes ou de camp.

Borel tire le mot héraut du latin *herus*, maître, ou de la part du maître. D'autres le dérivent de *haron* ou *haro*, qui, en gaulois, signifiait un bruit de guerre, une semonce publique, où le peuple accourait, parce que les hérauts étaient chargés de publier partout les batailles et victoires les plus mémorables.

Au reste, quelque étimologie qu'on donne au mot *héraut*, il est certain que c'était le nom d'un officier public chez les anciens, dont les fonctions étaient de déclarer la guerre, de proclamer, dans les jeux athlétiques, les statuts, le nom des combattants et des vainqueurs ; fonctions que remplissaient aussi nos hérauts dans les ruptures de paix et les cérémonies publiques, depuis l'institution des tournois.

Les hérauts étaient surintendants des armoiries, et conservateurs des honneurs de la guerre. Ils recevaient les *preuves* des nobles chevaliers, et faisaient peindre leurs *armes* dans leurs registres.

Ils avaient droit de corriger tous les abus et usurpations des couronnes, casques, timbres, tenants, supports, etc. ; connaissaient les différends entre les *nobles* pour leurs *blasons*, pour l'ancienneté de leurs races et prééminences : la cour les a même quelquefois mandés pour avoir leur avis sur des différends de cette nature.

Ils allaient dans les provinces faire des enquêtes sur les *nobles* et *gentilshommes*, et avaient droit de faire des recherches dans les archives.

Les hérauts publiaient les cérémonies des ordres de chevalerie, et s'y trouvaient décorés des marques de l'ordre. Ils réglaient les cérémonies aux mariages des rois, de même qu'aux baptêmes des enfants de France.

Il était aussi de leur charge de publier les joûtes et tournois, d'inviter à s'y rendre, de signifier les cartels, de marquer le champ, les lices, ou le lieu du duel, d'appeler tant l'assaillant que le tenant, et de partager également le soleil aux combattants à outrance.

Le jour d'une bataille, ils assistaient devant l'étendart, faisaient le dénombrement des morts, redemandaient les prisonniers, sommaient les places de se rendre, et marchaient, dans les capitulations, devant le gouverneur de la ville ; ils publiaient les victoires, et en portaient les nouvelles dans les cours étrangères alliées.

Aux pompes funèbres des Rois et des princes du sang, les *hérauts* étaient revêtus, par-dessus leurs cottes d'armes, d'une longue robe de deuil traînante, et tenaient un bâton, dit *caducée*, couvert de velours violet et semé de fleurs de lys d'or en broderie; ils portaient aussi la médaille du Roi, pendue au cou, et le roi d'armes, une croix pectorale pendue à un ruban violet-cramoisi, liséré d'or.

Aux obsèques des Rois, dans la chambre du lit de parade, sur lequel le corps du défunt était déposé, il y avait toujours deux *hérauts*, qui se tenaient jour et nuit au pied du lit, et qui présentaient le goupillon aux princes, prélats et autres de la qualité requise, qui venaient jeter de l'eau bénite aux funérailles du monarque; ils enfermaient, dans le tombeau, la couronne, le sceptre, la main de justice, et autres marques d'honneur.

Il y avait en France, avant la révolution, trente *hérauts*; ils servaient dans les cérémonies les plus pompeuses; le plus ancien était *le roi d'armes* et se nommait *Mont-Joie-Saint-Denis*, les autres étaient connus sous les noms *de Bourgogne, Normandie, Dauphiné, Bretagne, Alençon, Orléans, Anjou, Valois, Berry, Angoulême, Guienne, Champagne, Languedoc, Toulouse, Auvergne, Lyonnais, Bresse, Navarre, Périgord, Saintonge, Touraine, Alsace, Charolais, Roussillon, Picardie, Bourbon, Poitou, Artois et Provence.*

*Les hérauts*, lors de leurs fonctions, étaient revêtus de leurs cottes d'armes de velours cramoisi, ayant devant et derrière trois fleurs de lys d'or, et autant *sur chaque* manche, où le nom de leur province était écrit; ils portaient une toque de velours noir, ornée d'un cordon d'or, et avaient des brodequins pour les cérémonies de paix, et des bottes pour celles de guerre.

Quant aux fonctions des *hérauts* à l'armée, c'est en partie les trompettes et les tambours qui les remplissent aujourd'hui.

On peut consulter, pour plus de détail, du Cange, au mot *heraldus*; le *Glossar. Archæolog.* de Spelman; Jacob Spencer, *de Arte. heraldicâ*, Francof. 2 vol. *in-fol.*; *la Science héraldique* de Vulson de la Colombière; Faucher, *Traité des chevaliers*; André Torin, *Théâtre d'honneur;* et enfin le livre intitulé, *Traité du héraut d'armes*, Paris, 1610, *in-12.*

DE HERCÉ, maison originaire de la province du Maine. Robert de Hercé, son premier auteur connu, vivait en 1277. Il reçut, par acte de cette date, de sa nièce, Jeanne de Hercé, épouse de messire Ory de Benest, le partage à lui accordé par messire Julien de Hercé, son frère aîné. Ladite Jeanne de Hercé, fille unique de Julien, se réserva, dans cet acte de partage, la seigneurie de la paroisse de Hercé, qui appartenait à son père, comme aîné de Robert. Cette réserve n'empêcha pas deux des descendants de Robert de Hercé, l'un en 1406, l'autre en 1484, d'élever, touchant cette seigneurie, des contestations contre messire Samson des Vaulx et Guyon des Vaulx, auxquels elle était passée par alliances. Ces contestations furent suivies de deux sentences : l'une de la cour du Pontmain et l'autre du Bourgnonvel, sous les dates ci-dessus ; et les deux descendants de Robert, auxquels on opposa le partage de 1277, obtinrent seulement par elles, pour eux et leurs successeurs, leur enterrage à trois pas du marchepied de l'autel de l'église paroissiale de Hercé, le droit d'avoir leurs armoiries sur leurs tombeaux, et les recommandations aux prières, après les seigneurs de cette paroisse. La dernière sentence en forme de transaction fut rendue au nom de messire Jean de Hercé, père de François de Hercé. Ce dernier, veuf sans enfants, épousa, en 1529, Catherine *de Rabinard*, et c'est lui qui a été, en 1732 et 1775, le point du départ de cette maison, pour les preuves de Saint-Cyr, et les pages du Roi. C'est de cette famille que sont nés Urbain-René de Hercé, évêque et comte de Dol, et son frère, François de Hercé, son vicaire-général et abbé commandataire, tous les deux du nombre des victimes de Quiberon. L'aîné actuel de cette maison, fondé sur son ancienneté de noblesse et sur sa présentation à la cour, par anticipation de preuves, prend la qualité de comte, que S. M. le Roi de France a daigné lui maintenir dans ses différents brevets militaires. *D'azur, à trois herses d'or.*

DE HÉRICOURT, seigneurs de Wazigny, de Beaurepas, etc., en Picardie, maison d'ancienne chevalerie, originaire d'Artois, qui a pris son nom d'une terre située à une demi-lieue d'Hauteclocque et à une lieue de Saint-Pol. Elle remonte, par filiation, à Baudouin de Héricourt, seigneur de Héricourt et de Blingel, vivant en 1380. Jean de Héricourt, issu de Baudouin par divers degrés, fut reçu chevalier de Saint-Jean de Jérusalem, en 1536, tué à l'entreprise de Zoara, l'an 1552 (Bosio le nomme, par erreur, François), avec son cousin-germain, Antoine de Héricourt, chevalier du même ordre. Les alliances de cette maison sont avec celles d'Anglure de Boffles, Conte de Bucamp, Créquy, des Croisettes, de l'Étoile de Fay, Ococh, du Puy de la Rozière, de Sept-Fontaines, de Vaux, etc. *D'argent, à la croix de gueules, chargée de cinq coquilles du champ.*

DE HÉRICOURT, illustre et ancienne maison du Cambresis, connue depuis le treizième siècle. Vers l'an 1230, Huette de Héricourt épousa Dracon *de Riencourt*, fille de Raoul, seigneur de Riencourt ; et Jeanne de Héricourt, épouse de Simon *de Davre*, chevalier, gouverneur d'Oisy, en 1323, fut inhumée en l'abbaye du Verger, l'an 1330. Cette maison fut alliée à celles de Fieffez et de Mancicourt. *D'or, au chef d'hermine.*

L'HERMITE, seigneurs de Saint-Denis-sur-Huygne, en Normandie, famille éteinte dont était le trop fameux Tristan l'Hermite, chevalier, seigneur de Moulins et du Bouchet, conseiller et chambellan du roi Louis XI, prévôt des maréchaux de France, puis maître de l'artillerie de France. *Ecartelé, aux 1 et 4 d'azur; à trois gerbes d'or, liées de gueules ; aux 2 et 3 d'argent, au rencontre de cerf de sable.*

D'HERMITE, seigneurs de Belcodene, en Provence, famille ancienne, originaire de la ville de Toulon, qui remonte à Jacques Hermite, fils de Guillaume, vivant en 1464. Elzéas, son fils, habita à Ollioules, où il fit son testament l'an 1517, et institua son héritier François Hermite, son fils, qui se maria, l'an 1537, avec Jeanne de Mathei, de la ville de Pertuis, dont les descendants continuèrent la postérité. Cette famille a contracté des alliances avec les plus anciennes maisons de Provence, et a donné des officiers distingués de terre et de mer et un gentilhomme ordinaire de la chambre du Roi. *D'azur, à un pélican dans son aire avec sa pitié d'argent.*

HERPIN du COUDRAY, en Berri, famille ancienne qui remonte à Guillaume Herpin, écuyer, seigneur de la Herpinière et du Coudray, lequel donna procuration à ses enfants le 29 mai 1443, pour rendre hommage de cette dernière terre. Sa descendance s'est éteinte à la troisième génération. Les alliances de cette ancienne famille sont avec les maisons du Plessis-Richelieu, de la Forest, de la Berthonière, de Bounay, des Roches, de Bressolles, du Genest, de la Chapelle du Boucheroux, etc., etc. *D'argent, à deux manches mal taillés de gueules, plissés d'or.*

HERSANT des TOUCHES, noblesse qui jouit du titre légal de baron, consacré par la charte, dans la personne d'Alexandre-Etienne-Guillaume Hersant des Touches, ancien préfet du département du Jura. *Coupé, au 1 d'azur, semé d'étoiles d'or, à la rose tigée et feuillée d'argent en cœur; au 2 de gueules à deux flèches d'argent en sautoir, les pointes en bas empoignées d'or; à la bordure componée d'or et de sable.*

On trouve Laurent Hersant, anobli de 1599 à 1602, et Gaspard Hersant, gentilhomme de la chambre du roi d'Espagne, anobli le 16 mars 1705.

HERSENT, famille dont était Marie-Anne Hersent, mariée, le 5 mai 1733, à Jacques de la Fons, chevalier, seigneur des Essarts. *D'azur, au chevron d'or, chargé de trois croissants de sable, et accompagné de trois têtes de lion d'or.*

HERSENT. Jean Hersent, sa femme et leurs enfants, des deux sexes, furent anoblis par lettres du mois de mars 1424, registrées à la chambre des comptes de Lille. *D'or, à trois hures de sanglier de sable.*

DE HERTES, en Picardie. Jean de Hertes, sieur de la Montoye, trésorier de France, à Amiens, fut anobli par lettres du mois d'octobre 1594, vérifiées dans toutes les cours. Sa postérité subsiste encore en cette ville. *D'azur, à trois fleurs de souci d'or.*

HERWYN DE NEVÈLE, noblesse consacrée par la charte, avec le titre légal de comte, dans la personne de Pierre Antoine, comte Herwyn de Nevèle, grand-officier de la Légion-d'Honneur, créé pair de France, le 4 juin 1814. *Écartelé, au 1 d'or, au lion léopardé de sable, lampassé et armé de gueules; au 2 d'argent, à la croix de gueules, accompagnée au premier canton d'une merlette de sable; au 3 de sable, à trois molettes d'éperon d'or; au 4 d'azur, à la fasce d'or, accompagnée en chef de deux colombes affrontées d'argent, et en pointe d'une bisse d'or.*

HESSELIN DE GACOURT, en Picardie. Cette famille, lors de la recherche, a fait preuve depuis le 18 octobre 1477. Elle remonte à Denis Hesselin, conseiller et maître-d'hôtel du Roi, son panetier ordinaire, capitaine du château de la Bastille, qui fut élu prévôt des marchands de la ville de Paris, en 1470. *D'or, à deux fasces d'azur, semé de croisettes, fleuronnées de l'un en l'autre.*

DE LA HEUSE, maison d'ancienne chevalerie, qui tirait son nom d'une terre située dans le pays de Caux; elle est connue depuis Jean de la Heuse, chevalier, seigneur de la Heuse, mentionné dans un catalogue de seigneurs renommés de Normandie, en 1012. Jacques, dit Baudran, sire de Heuse, fut amiral de France en 1368. Robert de la Heuse, son frère, fut conseiller et chambellan du Roi, et prévôt de Paris en 1415. Cette ancienne maison s'est éteinte vers le milieu du 15e. siècle. *D'or, à trois housseaux de sable.*

HINDRET. Claude Hindret, quartinier de la ville de Paris, en 1638, portait : *bandé d'or et de gueules, chargé de douze trèfles alternés, posés sur les fasces 1, 2, 3, 3, 2 et 1; au chef échiqueté d'argent et de sinople de deux tires.*

HINNISDAEL, famille très-ancienne, originaire du pays de Liége; elle avait obtenu le titre de comte du saint empire romain, qui lui fut depuis confirmé par

lettres patentes de l'empereur Charles VI, en 1723. Elle
est divisée en deux branches, dont l'aînée prend le titre
de comte d'Hinnisdael de Fumal, et la seconde, celui
de comte d'Hinnisdael de Cranhem ; celle-ci habite encore le pays de Liége ; la première s'est fixée en France
depuis l'année 1657. Cette famille a donné des mestres
de camp de cavalerie, un lieutenant-général au gouvernement de la ville de Namur, des brigadiers et maréchaux-de-camp, et un gouverneur-général de Saint-
Domingue. Elle a joui des honneurs de la cour en
1776, en vertu de preuves faites au cabinet des ordres
du Roi.

Les alliances de cette maison sont avec celles d'Awer-
weys, de Berchin, de Bournel-Monchy, de Carnin, de
Cruys, de Fumal, de Gustchoven, de Hoensbroeck,
de Kerbeck, de Longhen, de Loos-Corswaren, de
Mières, d'Ostrel-de-Lierres, d'Ulst, de Rickel, de
Vander Gracht, de Wallenrodt, etc., etc. *De sable,
au chef d'argent, chargé de trois merlettes de sable.*

HOCART ou HOCQUART (1), famille ancienne et
distinguée, originaire du Réthelois, répandue successivement en Champagne, à Paris, en Bretagne et en
Bourgogne, qui, d'après les diverses preuves qu'elle a
faites, soit au cabinet des ordres du Roi, soit à Malte,
soit enfin pour les écoles militaires, remonte par filiation
suivie et par titres originaux à Philippe Hocart ou Hocquart, mort vers l'an 1509.

Ses descendans ont formé plusieurs branches, savoir :
1°, les seigneurs de Vaux et du Bois-de-Lor ; 2° les
seigneurs de Felcourt et du Pavillon ; 3°. les seigneurs
de Saint-Lusnier, du Fresne et de Renneville, rameau
des seigneurs de Felcourt ; 4°. les seigneurs de Montfermeil, de Coubron, de Loisail, et de Gagny ; 5°.
les seigneurs de la Motte, en Bretagne, descendant,
ainsi que les seigneurs de Montfermeil, de la première
branche.

Ces diverses branches ont donné des magistrats recom-

_____

(1) Dans les anciens titres, on trouve encore le nom
de cette famille orthographié *Hocar, Hocard, Hoccard,
Hoccart, Hocquard* et *Hoquart.*

mandables, entr'autres, deux premiers présidents, à l'époque qui a précédé la révolution ; un grand nombre d'officiers distingués, dont un a été tué au siége d'É-pernay, en 1592, à la tête d'une compagnie de soixante-dix hommes de guerre, un autre à la bataille de Parme, en 1734, un brigadier des armées du Roi, mestre de camp d'un régiment de son nom, et un chef d'escadre, remarquable par le combat qu'il soutint, le 10 juin 1755, contre l'amiral Boscawen, et dans lequel il perdit un neveu de son nom, emporté par un boulet de canon, à bord de l'Alcide, sur lequel il servait en qualité d'ensei-gne. Elles comptent, en outre, des gouverneurs de place, des intendants de la marine, des conseillers d'état et des grands baillis d'épée.

Elles ont contracté des alliances avec les maisons d'Aspremont, de Béchameil-Nointel, de Colbert, de Cossé-Brissac, de la Lande de Calan, de Montesquiou, d'Origny, d'Ossun, de Pinteville, de Pleures, de Pra-dines, etc., etc.

Cette famille a été maintenue dans sa noblesse par une sentence des élus du Réthelois, du 4 janvier 1536, ob-tenue par Nicolas et Jean Hocart ou Hocquart, fils de Philippe, premier auteur connu de toutes les branches de cette maison, et dans laquelle ils sont déclarés *nobles nés et extraits de noble lignée*, par jugement des commis-saires de francs-fiefs, du 16 août 1641 ; enfin, par un arrêt de la cour des aides de Paris, du 6 août 1760.

La généalogie de cette famille est rapportée dans le cinquième registre de l'armorial général de France, par MM. d'Hozier, et dans le Dictionnaire de la noblesse, de la Chenaye-des-Bois. Il en est aussi fait mention dans les suppléments au Nobiliaire de Champagne, dans l'Histoire généalogique de la maison de France, et des grands officiers de la couronne, du P. Anselme, dans le Dictionnaire héraldique de Chevillard, dans le Tableau généalogique de la noblesse, par Waroquier, et enfin dans le Catalogue des gentilshommes, reçus aux états de Bourgogne.

La branche des seigneurs de Vaux et du Bois-de-Lor, éteinte en Champagne, depuis près de deux cents ans, se continue par celle des seigneurs de Montfermeil, de Coubron, etc., qui en sont issus. Il ne reste de celle des seigneurs de Felcourt et du Pavillon, que M. Hocquart, ancien officier au régiment royal infanterie, dont la fille unique a été mariée, par contrat signé par sa majesté, les princes et princesses de la famille royale, le 5 juillet 1818, à M. le vicomte de Froissard-Broissia, chef d'escadron, capitaine commandant aux dragons de la garde royale, chevalier de l'ordre de Saint-Georges de Franche-Comté. Enfin, la branche des seigneurs de Saint-Lusnier et du Fresne, a fini par la mort, sans enfants mâles, de MM. Hocart, dont l'un était président à Mortier, au parlement de Metz, et l'autre, officier aux gardes françaises. Ce dernier a laissé deux filles, dont l'une a épousé M. le comte Amable de Quelen.

Armes : *de gueules, à trois roses d'argent, pointées de sinople, posées deux et une.*

D'HONORAT, seigneurs de Pourcioux, en Provence, famille éteinte, qui avait pour auteur Gaspard Honorat, receveur général en Provence. Marc-Antoine, son fils, épousa, en 1586, Anne de Bompar, ou Boniparis. Pierre d'Honorat, issu de ce mariage, eut de N. de Thorou, Gaspard, Honoré et Louis d'Honorat. Gaspard, conseiller au parlement, en 1643, n'a point été marié. Honoré, son frère, prit le nom de Boniparis, en conséquence de ce qu'un de ses oncles le fit son héritier, à la charge de porter son nom et ses armes ; il fut avocat général au parlement, office qu'il exerça d'une manière distinguée. *D'azur, à un croissant d'argent, surmonté d'une étoile d'or.*

HONORATI, maison ancienne, originaire de Florence, qui a formé plusieurs branches, établies en Italie, et une autre à Avignon, depuis le commencement du seizième siècle. Elle a pour auteur Giovanni di Gianiculo Honorati, seigneur de Calenzano, qui vivait en 1100. L'abbé de Gevigney, généalogiste de Monsieur, frère du Roi ( aujourd'hui S. M. Louis XVIII) et de M. le comte d'Artois, a dressé la généalogie de cette maison au mois d'octobre 1775. La branche du Comtat s'est alliée aux familles de Bermond, de Pezet, de Dalmas, de Dorcet, de Laurent de Brue, de Raousset, de Perrin de Ver, etc., etc. Elle subsiste dans la personne de Pierre-François-Ignace-Victor d'Honorati, qui fut page

de madame la comtesse d'Artois, en 1776; entra en
1780 dans le régiment des gardes françaises, où il resta
jusqu'à la défection de ce corps; émigré en 1791, il re-
joignit les princes français à Coblentz, fit la campagne
de 1792, dans son ancien régiment, sous le nom des
hommes d'armes à pied; y fut fait lieutenant, avec rang
de lieutenant-colonel. En 1794 il passa en Angleterre,
et fut fait capitaine dans un régiment britannique.
Monsieur, comte d'Artois, lui donna de la part du Roi,
la croix de Saint-Louis, en 1796. Il est rentré en France,
en 1803, et a été fait colonel par S. M. Louis XVIII en
1815. Il a un fils, né en 1806. *Écartelé, aux 1 et 4 d'azur,
à la bande d'or, remplie de gueules*, qui est D'HONORATI;
*aux 2 et 3 d'azur, à la voile de vaisseau d'argent*, qui
marque l'émigration de cette branche de Florence.

L'HOPITAL, famille de robe, originaire de Toulouse, issue de Jean l'Hopital, conseiller clerc au parlement de cette ville; office qu'il résigna à Jean l'Hopital, son fils, le 13 juin 1551. *Écartelé, aux 1 et 4 d'or,
à deux griffons affrontés d'or, perchés sur un arbrisseau
de sinople; aux 2 et 3 d'azur, à la tour d'argent, sur un
rocher du même, maçonnée de sable.*

D'HOSTUN, en Dauphiné, maison illustre et d'origine chevaleresque, qui a pris son nom d'une terre
érigée en duché-pairie, avec réunion de plusieurs autres
seigneuries, le 9 mars 1713. Le P. Anselme en donne
la descendance depuis Guillaume, seigneur d'Hostun,
qui fit son testament en 1311. Ses descendants ont formé
plusieurs branches : 1°. les seigneurs de Claveson et de
Mercural, éteints au commencement du dix-septième
siècle; 2°. les seigneurs, puis marquis, de la Baume
d'Hostun, comtes de Verdun, barons de Bothéon, etc.,
éteints le 5 février 1732; 3°. les ducs d'Hostun, pairs
de France, comtes de Tallart, seigneurs du duché de
Lesdiguières, éteints le 9 septembre 1755. Cette maison
a toujours occupé des emplois distingués à la cour des
dauphins ou à celle des rois de France. Dès l'an 1334,
Jean I, seigneur d'Hostun, était maître des machines (1)

_____

(1) Cette charge équivalait alors à celle de maître ou
grand-maître de l'artillerie.

de Guigues VIII, dauphin de Viennois. Elle a donné un gentilhomme de la chambre de Louis II d'Anjou, roi de Naples et de Sicile, en 1380, que ce prince employa dans plusieurs occasions importantes; un capitaine de cinquante arbalétriers, sous le maréchal de Boucicaut; un capitaine de cent chevaux, au royaume de Naples, en 1440; un maréchal de l'ordre de Saint-Jean de Jérusalem, dans le siècle suivant; des chevaliers de l'ordre du roi, des gouverneurs de places et de provinces, un grand nombre d'officiers supérieurs, et de gentilshommes ordinaires de la chambre, des conseillers d'état, un capitaine du vaisseau du roi *la Thérèse*, mort au siége de Candie, en 1669; un maréchal de France, en 1703, qui gagna la bataille de Spire la même année, et perdit celle d'Hochstedt, en 1704; deux maréchaux de camp, deux brigadiers des armées, et trois chevaliers des ordres du roi, dont un est décédé avant d'avoir été reçu. Elle a contracté des alliances directes avec les maisons d'Albon, Alleman, Apchon, de Bauffremont, Billy, Bolomier, Bonne d'Auriac, de Chaste, Claveson, Clermont-Tonnerre, de Gadagne, Ginestoux la Tourette, Grammont-Vachères, Grolée-Viriville, de Montchenu, Montaynard, de Nagu-Varennes, de Peloux, Pons, Prie, de Quincieu, de Rohan, de Sassenage, du Terrail, Tournon, etc. *De gueules, à la croix en grêlée d'or.*

D'HOURDET, en Provence, famille originaire de Normandie, dont François Hourdet est la tige. Il naquit en 1561. A peine eut-il atteint l'âge de seize ans, qu'il commença à porter les armes. Il fut capitaine d'arquebusiers à cheval, et ne se retira du service qu'à l'âge de soixante-dix ans. Il se distingua dans plusieurs occasions; et le roi Louis XIII, en considération de ses bons services, lui donna, en 1623, des lettres d'exemption de tailles. Il fut père d'Olivier et de François Hourdet, lesquels ayant continué les services de leur père, méritèrent des lettres de noblesse, qui leur furent accordées au mois de décembre 1642, et furent enregistrées en la chambre des comptes de Normandie, le 24 février 1644, et confirmées aux années 1665 et 1667. Olivier d'Hourdet fut pourvu de la charge de capitaine entretenu sur les galères de sa majesté, à Marseille, en 1643, et testa, l'an

1645 , en faveur de nobles Antoine, Jean et François
d'Hourdet ses fils. Le seul mâle qui restait de cette famille s'est retiré en Picardie. *D'or, à un lion de gueules,
accompagné de trois trèfles d'azur.*

DU HOUX, maison d'ancienne chevalerie, de la
province de Lorraine, qui a fait ses preuves au cabinet du Saint-Esprit, par-devant M. Cherin, en
1784, pour l'obtention des honneurs de la cour. Elle
remonte, par filiation suivie, à Jean du Houx, chevalier, ainsi qualifié dans des lettres patentes de Raoul,
duc de Lorraine, du 25 novembre 1341. Elle a donné
un maréchal de France, un maréchal de camp, et plusieurs officiers de marque. Elle a formé les branches de
Dombasle, de Vioménil, baronnie qu'elle a possédé dès
1400, de Gorhey et de Hénnecourt. Le marquis de
Vioménil, pair et maréchal de France, est le chef
actuel de la branche aînée. Le comte du Houx de
Gorhey, maréchal de camp, a été reconnu comte,
par lettres patentes de S. M. Louis XVIII, du 2 décembre 1814, registrées le même mois à la commission du sceau. Les alliances de la maison du Houx sont
avec celles d'Anglebert, d'Arbois, de Chambley, du
Châtel, de Choiseul; de Finance, de Fléville, Gémit,
de Luscan, la Guiche, Hennezel-Ligéville, Mouson,
Moranville, Mussey, Norroy, Ollonne, des Pilliers, du
Puy-d'Avrainville, Raincourt, Saint-Privé-Lauville,
Savigny, la Tour-du-Pin, du Trousset, la Vallée,
Wisse, etc. *D'azur, à 3 bandes d'argent, accostées de 4
billettes d'or.*

D'HOZIER, seigneurs de la Garde, en Provence,
famille ancienne, originaire de la ville de Salon, qui
prouve une filiation suivie, depuis Etienne d'Hozier,
1er. du nom, qualifié noble dans le second contrat de
mariage d'Etienne d'Hozier, son fils, auquel deux auteurs, ses contemporains et compatriotes, donnent la
qualité de gentilhomme Salonnais. Il épousa, en 1528,
demoiselle Catherine Humbert, cousine germaine de la
femme de Michel Nostradamus, et mourut en 1555. Il
laissa six enfants; 1º. Jean d'Hozier, écuyer, viguier de
la ville de Salon; 2º. Etienne; 3º. Antoine; 4º. Barthele-
mienne; 5º Louise, et 6º Magdeleine. Etienne d'Hozier,
IIe. du nom, écuyer, fut fait capitaine de la ville de Sa-

lon, le 24 mai 1595. Pendant qu'il exerçait cette charge, il mit en ordre les archives de l'hôtel-de-ville, et en inventoria les titres, qui étaient dans une grande confusion. Le goût de cette famille pour les anciennes chartes germait déjà, et commençait à se développer. On a de lui quelques petites pièces de vers, imprimées de son tems, tant en français qu'en provençal. Il avait accompagné, en 1589, Christine de Lorraine, lorsque cette princesse alla épouser Ferdinand de Médicis, grand-duc de Toscane ; et il ne fut de retour en Provence, qu'après avoir pleinement satisfait le désir qu'il avait de s'instruire par lui-même de tout ce qu'il y avait de beau dans les villes les plus considérables de l'Italie. Son journal prouve que, depuis 1572, jusques et compris l'an 1607, il fit dix-neuf voyages, tant à Paris qu'à la cour. En 1587 il fut pris par les Huguenots, qui lui demandèrent deux mille écus de rançon. Dans cette occasion il courut risque de perdre la vie. Il mourut à Aix, en 1611, âgé de soixante-trois ans, après avoir été marié deux fois. Il eut seulement du second lit, Modelon d'Hozier et Pierre d'Hozier. Modelon d'Hozier, major du château de Lichtemberg, précédemment aide-major et capitaine des portes de Strasbourg, fut maintenu dans sa noblesse, en 1720. Il avait été blessé d'un coup de feu, à l'attaque de Castel-Foltit ; s'était trouvé à la prise d'Ostalric, ainsi qu'au siége de Valence, en Italie. Marie-Charlotte d'Hozier, sa fille unique, fut reçue à Saint-Cyr, sur les preuves de sa noblesse, certifiées au roi, en 1521, par M. de Clairambault. Pierre d'Hozier, juge d'armes de France, conseiller d'état, chevalier de l'ordre du roi, gentilhomme ordinaire de sa maison, l'un de ses maîtres d'hôtel, et gentilhomme à la suite de Gaston, duc d'Orléans, frère de Louis XIII, naquit à Marseille, le 10 juillet 1592. On le trouve employé dès l'année 1616, dans un rôle de la compagnie des chevau-légers de M. de Créqui ; il fut fait, en 1620, l'un des cent gentilshommes de l'ancienne bande de la maison du roi. Le 2 janvier 1627, Gaston de France le chargea d'aller notifier, à son parlement de Dombes, la naissance de la princesse sa fille, connue depuis sous le nom de mademoiselle de Montpensier. Le roi lui accorda une pension de 1200 fr. en 1629, pour lui donner plus de moyens de vaquer aux recherches, et à la connaissance des maisons illustres de ce royaume. Pierre d'Hozier a transmis sa charge de juge d'armes à ses descendants, qui l'ont toujours possedée depuis. *D'azur, à une bande d'or, accompagnée de six étoiles du même.*

**HUCHET DE LA BEDOYÈRE**, famille ancienne et distinguée de la province de Bretagne, où elle est connue par filiation depuis la fin du quatorzième siècle. Elle possède le titre de comte de la Bédoyère dans les actes et brevets depuis un siècle. Les honneurs de la cour lui ont été accordés, le 27 mai 1784, en vertu de preuves faites au cabinet des ordres du Roi. Elle a donné des chevaliers de l'ordre de sa majesté, des officiers supérieurs et des magistrats distingués. *D'azur à six billettes percées d'argent.*

**HUGON**, à Besançon ; famille anoblie en 1530. Elle a donné un évêque et plusieurs conseillers au parlement. *De gueules, à la bande ondée d'or, accompagnée de deux aiglettes éployées d'argent.*

**HUGON DU PRAT DE MASGONTHIÈRE**, maison d'ancienne chevalerie, originaire du Périgord et du Limosin, connue depuis le commencement du douzième siècle, et prouvant une filiation suivie depuis Bertrand Hugon, chevalier, vivant en 1366. Elle a fait, en 1768 et en 1784, ses preuves au cabinet des ordres du roi, dont le résultat constate ce qui vient d'être dit sur cette maison. Elle a donné des chevaliers, des écuyers, et des hommes d'armes, des ordonnances, des gentilshommes ordinaires de la chambre du roi, et des capitaines de diverses compagnies, décorés de l'ordre royal et militaire de Saint-Louis. *D'azur, à deux lions d'or, l'un sur l'autre, lampassés et armés de gueules.*

**HUGUET DE SEMONVILLE.** Le nom de Huguet est fort ancien. Badier, continuateur de la Chenaye-des-Bois, fait mention d'un personnage de ce nom, qui, au commencement du treizième siècle, était secrétaire d'Archambault VII, sire de Bourbon, et d'un Guillaume Huguet, marié en 1322, avec Béatrix Bégnas. On trouve encore un Joachim Huguet, qui était valet de chambre de Marguerite de France, fille du roi François Ier., de 1549 à 1559. La famille Huguet de Semonville a pour auteur Bertrand-François Huguet de Semonville, pourvu d'un office de secrétaire du Roi, maison, couronne de France et de ses finances, le 26 novembre 1655 ; il obtint, le 15 décembre 1675, des lettres de secrétaire-honoraire, qui furent registrées le même jour à l'audience de France. Simon Huguet, sieur de Bacquencourt, fut anobli le 8 septembre 1669 : c'est peut-être le même qu'on voit pourvu d'un office de secrétaire du Roi, le 19 décembre 1675, par la résignation de Bernard de Cotteblanche. Cette famille a donné plusieurs personnages distingués dans la magistrature, dans les armées et dans la diplomatie. Charles-Louis-Huguet, marquis de Semonville a été nommé pair de France, le 4 juin 1814 ; Il est grand-référendaire de la chambre des pairs, et officier de la Légion-d'Honneur. *Ecartelé aux 1 et 4 d'azur, au cygne d'argent ; aux 2 et 3 d'or, au chêne de sinople, fruité du champ.* Devise : *candor et robur.*

HULOT D'OZERY, noblesse consacrée par la charte, avec le titre légal de comte, dans la personne du comte Hulot d'Ozery, maréchal de camp, commandeur de l'ordre royal de la Légion-d'Honneur. *Coupé au 1 de sable, au dextrochère d'argent, mouvant du flanc dextre ; au 2 d'or, au griffon d'argent couché sur une terrasse d'or, la dextre posée sur un boulet du même émail.*

HUMBERT DE TONNOY, barons et comtes du Saint-Empire. Cette famille est issue de Joseph Humbert, surnommé de Tonnoy, qui fut reconnu pour noble par lettres-patentes du duc Léopold, du 21 janvier 1702, aux reprises, foi et hommage du fief de Manoncourt. Le 21 mars 1715, il obtint un arrêt du parlement de Metz, en conséquence duquel il fut admis à prendre séance, en qualité de gentilhomme, au rang de la noblesse, dans les assemblées des trois ordres du pays Messin. Cette famille a donné des officiers supérieurs au service des ducs de Lorraine et de l'empereur d'Allemagne, entr'autres un chambellan de ce dernier prince, quatre capitaines au service de France, un lieutenant-colonel d'infanterie, et un chef d'escadron de la gendarmerie royale, tous chevaliers de l'ordre royal et militaire de Saint-Louis. *D'or, à la fasce d'azur, chargée d'un pignon du champ, et accompagnée de trois tourteaux du second émail.*

D'HUMIÈRES. L'ancienne et illustre maison d'Hu-mières, éteinte à la fin du seizième siècle, tirait son nom d'une terre située en Artois. Elle a pour auteur Jean, seigneur d'Humières et d'Humercuil, qui vivait en 1150. Elle a donné des gouverneurs de l'Artois, des chevaliers de l'ordre du roi, des capitaines de cinquante et cent hommes d'armes, un gouverneur du dauphin en 1535, et de ses enfants en 1546, un lieutenant-général, un chevalier du Saint-Esprit, etc. Charles d'Humières, évêque de Bayeux, fut pourvu de la charge de grand-aumônier de France, le 17 juillet 1559, et l'exerça jusqu'au 6 décembre 1560 ; il mourut à Bayeux, le 5 décembre 1571. Cette maison avait contracté des al-liances directes avec celles d'Averton, de Blois-Trelon, Housie, Commines, Coutay, Crevant, Falvy, Fos-seux, Hangest, Melun, Nedonchel, Ongnies, Renty, Rubempré, Sainte-Maure, Torcy et Willerval. *D'argent, fretté de sable.*

HUOT, seigneurs d'Ambre et de Charmoille, en Franche-Comté.

M. de la Chenaye-des-Bois dit cette famille origi-naire de Flandre ; il a consacré des erreurs graves sur les premiers degrés, en faisant le roi d'Espagne sou-verain des Pays-Bas, en 1400, en citant un président de cette famille, à l'âge de dix-neuf ans, et un chevalier de Saint-Georges, qui n'exista jamais. La branche d'Am-bre est éteinte ; il n'existe que celle de Charmoille, qui fut maintenue dans sa noblesse, le 29 mars 1727. *De sable, à trois têtes de levrier d'argent, lampassées et colletées de gueules ; les colliers annelés et cloués d'or.*

DE HUOT, seigneurs de la Heraude, famille origi-naire de Champagne, dont la filiation remonte à Jean Huot, écuyer, vivant en 1482, lequel prêta foi et hom-mage tant en son nom, qu'en celui de damoiselle Mar-guerite Forget, son épouse, au seigneur de Villebretain et au comte de Rhetel, les 4 septembre 1482 et 9 oc-tobre 1487. Il eut pour enfants François, Nicolas, Pierre et Jacques Huot. François épousa en 1491, Philiberte, fille de Claude de Loze et de Clémence de Germigny, de laquelle il eut Edme et Jean Huot, marié avec Catherine de Pampelune, dont les descendants continuèrent la postérité. Cette famille a contracté de bonnes alliances, et a servi dans les bans et arrières-bans. *De gueules, à quatre cotices d'or; au chef du même, chargés de trois roses du champ.*

HURAULT, en Lorraine, marquis de Manoncourt, par lettres du 15 mars 1703. Jean Hurault de Gondrecourt, demeurant à Ligny, obtint du duc René, le 22 février 1503, des lettres-patentes portant permission de continuer la noblesse de sa mère (Isabelle de Montginot); François Hurault de Manoncourt, l'un de ses descendants, obtint des lettres de gentilhomme du duc Léopold, datées de Lunéville, le 18 mars 1703, avec permission à l'impétrant d'écarteler ses armes de celles de sa terre de Ville-sur-Illon. *Écartelé, aux 1 et 4 d'argent; au lion de sable, lampassé et armé d'or, chargé d'une croisette potencée du même; aux 2 et 3 d'or à la croix de gueules, l'écu bordé et engrêlé du même, et chargé de treize billettes d'argent.*

HURAULT, comtes de Cheverny, par erection du mois de janvier 1577, et de Limours en 1606, et marquis de Vibraye, par autre du mois d'avril 1625; maison distinguée dans la magistrature, dans la diplomatie et dans l'épée. Elle est ancienne et originaire de la ville de Blois. On voit dans le Cartulaire de l'abbaye de Bourgmoyen, un Reynaud Hurault, qui vivait en 1281; il a pu être père de Philippe Hurault de Blois, qui fit l'acquisition d'un fief noble, vers l'an 1338. C'est par ce Philippe que le P. Anselme commence la filiation de cette maison. Il plaidait avant 1352, contre Ingerger, seigneur d'Amboise. Il avait été anobli avant 1349, par Philippe de Valois, au service duquel il était attaché. Marie de Villebresme le rendit père de Philippe Hurault, seigneur de Saint-Denis-sur-Loire et de la Grange, mort en 1374, sans postérité. Jean Hurault a continué la descendance de cette maison qui a produit un chancelier garde des sceaux de France, chevalier du Saint-Esprit, un grand maître des eaux et forêts, des capitaines de cinquante hommes d'armes, des gentilshommes ordinaires de la chambre du Roi, des conseillers d'état, des chevaliers de Saint-Michel et des ordres du Roi, des lieutenants-généraux, maréchaux de camp et brigadiers des armées, un chef d'escadre, des gouverneurs de provinces et de places ; des ambassadeurs, un évêque d'Autun en 1504, un évêque d'Orléans en 1585, un évêque de Chartres en 1605 et un archevêque d'Aix en 1618. Le marquis de Vibraye a été nommé pair de France, le 17 août 1815. Les honneurs de la cour ont été accordés à cette même maison en 1754, 1755, 1771, 1784 et 1788. *D'or, à la croix d'azur, cantonnée de quatre ombres de soleil du même.*

HUREL, à Paris. Jean-Baptiste Hurel, notaire au châtelet, fut fait quartinier de Paris, le 10 décembre 1720, et échevin en 1742. *D'azur, au chevron d'or, accompagné en chef de deux ailes affrontées d'argent, et en pointe d'une hure de sanglier du même.*

HUYN, en Lorraine et en Allemagne, comtes du Saint-Empire, par diplôme de 1697. La Chenaye-des-Bois donne la filiation de cette famille depuis Bouvin de Huyn, seigneur (dit-il) de Bloux, vivant à Etain, en 1340 ; mais il le fait père de Jean de Huyn, gouverneur des salines de Marsal, en 1447 ; et l'on sait d'ailleurs que ce Jean vivait encore en 1456. Le rapprochement de ces dates suffit pour démontrer l'impossibilité de cette filiation. Cette famille a pour auteur Nicolas Huyn, panetier de Nicolas de Lorraine, comte de Vaudemont, lequel fut anobli le 26 avril 1547 ; Claude Huyn, son frère (et non son fils) fut anobli par lettres du 25 avril 1556 ; son petit-fils obtint de nouvelles lettres de noblesse, le 14 janvier 1590. Cette famille a donné un maréchal des armées impériales, des officiers supérieurs, des conseillers d'état, et un procureur-général de Lorraine : on peut lui attribuer un Guillaume Huyn, créé cardinal en 1444, mort à Rome en 1456. *Écartelé, aux 1 et 4 d'or, à trois fasces ondées d'azur ; aux 2 et 3 de sable, à six billettes d'or, 3 et 3 ; au chef du même.* La branche d'Allemagne ajoute, *sur le tout de gueules, à une porte de ville d'or ;* l'écu timbré d'une couronne de marquis, ayant pour cimier une tour de mosquée d'or.

## I.

D'ICHER DE VILLEFORT, en Rouergue, noble et ancienne famille d'origine chevaleresque, connue depuis César d'Icher, à qui Catherine Goyssière, veuve de noble Jean-Pierre de Trémolet, fit une donation le 9 juillet 1100, acte dans lequel elle le qualifie son filleul. Sicard d'Icher, écuyer, servit en cette qualité dans la compagnie de Thomas Fortin, qui fit montre à Paris le 1er mai 1416. *Coupé, au 1 de gueules, au lion issant d'argent; au 2 d'or, à l'aigle de sable.*

D'ILLAN, seigneurs de Bornival, en Brabant, famille noble dont était Ferdinand d'Illan, en faveur duquel la seigneurie de Bornival fut érigée en baronnie, par lettres du mois de janvier 1675. Cette famille est ancienne, et originaire d'Espagne. *D'or, à trois fasces de gueules; à la bordure échiquetée d'or et d'azur de deux tires.*

D'ILLIERS, maison d'ancienne chevalerie, qui tirait son nom d'une ville située dans la Beauce, décorée des titres de sirerie et de baronnie dès le milieu du dixième siècle. Avesgard, sire d'Illiers, vivant en 948, est le premier sujet de cette maison que l'histoire fasse connaître. Les chartes de l'église cathédrale de Chartres, font mention de la donation que lui fit Ledegarde, veuve de Thibaut, comte de Chartres, des dîmes et droits de patronage de l'église d'Illiers. Bodart d'Illiers vivait en 1090, et Yves, sire d'Illiers, en 1128; mais la filiation n'est établie que depuis l'an 1229. Miles d'Illiers fut évêque de Chartres en 1431. Réné d'Illiers, son neveu, lui succéda sur ce siége épiscopal. Cette maison s'est éteinte en 1701 dans la personne de Léon-Pélage d'Illiers, marquis d'Entragues et de Gié, qui ne laissa qu'une héritière, vivante sans alliance en 1734. *D'or, à six annelets de gueules.*

IMBERT DU MOLARD, famille noble, existant en Vivarais dans les 14e et 15e siècles. *D'argent, à la barre de gueules, accompagnée en chef d'un croissant et en pointe de trois étoiles du même.* Louise Imbert du Molard est rappelée avec noble Bernard de Barrès du Pouzin, son mari, dans le contrat de mariage, du 6 mars 1486, de Guil-

laume de Barrès, écuyer, seigneur du Molard, leur fils,
avec Gabrielle de Merles. La réunion des nom et armes
*du Molard* à ceux *de Barrès*, a dû s'opérer en même
tems ; et nous fixons par conséquent à cette époque la
différence qui s'est introduite dans les armoiries des deux
branches de la maison de Barrès du Vivarais. ( *Voyez*
Barrès, baronnie, et de Barrès du Molard, tom. 1, pp. 76
et 78 ).

**IMBERT** DE VALCROSE, en Languedoc. Gaillard
Imbert, anobli par lettres du mois d'août 1611, est l'auteur de cette famille, alliée à celles de Villemont et de
Meinier. *D'argent, au mouton de sable : au chef denché
d'azur, chargé d'un lion léopardé d'or.*

**D'IMBERT** en la même province. Badier, continuateur
du Dict. de la Chenaye des Bois, dit cette famille originaire du Nivernais, et issue d'Alexis d'Imbert de la Platière, lieutenant des toiles du Roi, et neveu du maréchal
de Bourdillon. Elle a des services militaires distingués.
*Écartelé, au 1 et 4 d'argent, au chevron de gueules, ac-
compagné de trois anilles du même ; aux 2 et 3 de gueules,
à trois molettes d'éperon d'or.*

**D'INGUIMBERT**, barons de Theze, famille originaire
de Vienne, en Autriche, dont un des membres, Jean Inguimbert, chevalier, qualifié noble et puissant, *nobilis et
potens*, vint s'établir en Provence vers l'an 1470. Il se
dit fils de Frédéric d'Inguimbert dans son testament du
19 décembre 1475. Gabrielle de Baux son épouse, était
d'une des plus illustres familles de Provence. Il eut pour
fils Etienne, qui épousa Antoinette de Materon, fille de
noble Pierre de Materon, citoyen d'Aix, et testa le 3 octobre 1509. Cette famille, qui s'est alliée aux maisons les
plus distinguées de Provence, a formé plusieurs branches,
et a donné des officiers supérieurs et autres d'une grande
intrépidité, la plupart décorés de l'ordre royal et militaire de Saint-Louis. *D'azur, à quatre colonnes rangées
d'or, surmontées de deux étoiles du même, la première placée au-dessus, entre la première et seconde colonne, la deuxième entre la troisième et la quatrième.* Couronne de marquis. Supports: *Deux lions.* Cimier : *un lion issant et tenant
cette légende* : Firmantur ab astris.

D'IRLANDE, famille ancienne de Normandie. Elle a pour auteur Jean d'Irlande, procureur-général de la cour des aides de Rouen, l'an 1533, dont le fils, Guillaume d'Irlande, fut anobli par lettres patentes du 7 janvier 1534, confirmées au mois de septembre 1543. Cette famille compte plusieurs officiers au service ; elle s'est alliée aux Croismare, la Saussaye des Champs, Piperay, le Prevost, des Hayes de Ferval, le Vellain, la Vigne de la Fremondière, etc., *D'azur, au chevron d'or, accompagné en chef de deux merlettes d'argent, et en pointe d'une coquille du même.*

DE L'ISLE, en Provence, famille originaire de la petite ville de St. Geniès, en Rouergue, qui remonte à Jean-Victor de l'Isle, pourvu en 1704, d'un office de secrétaire du Roi, dans l'exercice duquel il mourut en 1724, laissant dix garçons, qui formèrent plusieurs branches à Marseille. *D'azur, à trois lys d'argent, tigés et feuillés de sinople.*

D'ISOARD, en Provence. Il y a trois familles de ce nom, dans cette province, portant les mêmes armes sans avoir la même origine. Celles des seigneurs de Foutienne et de Fozame, furent maintenues dans leur noblesse par les commissaires députés par sa majesté, pour la vérification des titres ; la première le 5 mars 1668, et la dernière le 21 juillet 1669 ; ce qui marque qu'elles jouissaient avant ce tems-là des priviléges accordés aux nobles. Celle des seigneurs de Chenerilles prouve sa descendance depuis Antoine d'Isoard, seigneur de Clémeusane et d'Esparron, qui acquit la terre de Chenerilles pour le prix de 400 florins, le 11 mai 1427 ; il fut marié avec Marguerite de Glandevés, de laquelle il eut Jacques d'Isoard, qui continua la descendance. Cette famille, dont les alliances sont des plus considérables, a donné des officiers de la plus haute distinction, un maître-d'hôtel du Roi, et plusieurs conseillers au parlement. *D'or, à la fasce de gueules, accompagnée de trois loups naissants de sable, lampassés et armés de gueules.*

D'ISQUE, maison issue d'ancienne chevalerie, originaire du Boulonnais, où est située la terre d'Isque, qui lui a donné son nom, et qui fut érigée en vicomté, au mois d'août 1675, en faveur de François d'Isque. Lors de la recherche, cette famille a été maintenue en 1697, sur preuves remontées à Jean d'Isque, écuyer, vivant en 1459. Elle est connue depuis Water d'Isque, chevalier, gouverneur de la milice de Cambray en 1160. Catherine d'Isque, dame d'Audinghem, Maquinghem, Rosty, le Mesnil et Rodinghem, porta ces terres en mariage à Collenet de Sempy, chevalier, seigneur de Poutrinevart, vivant en 1396. Cette famille s'est directement alliée à celles de Blaisel, de Bouvènes, la Buissière, de Camoisson, la Caurie, Châtellon, Courteville, Lonsart, Ococh, la Varenne, Warnewyck, etc. *D'or, à la croix ancrée de gueules.*

IVETTE ou YVETTE, famille originaire de Bretagne, qui a pour auteur Pierre Ivette, sieur de la Garenne, secrétaire du duc Jean, qui, le 18 février 1410, fit avec ce prince l'échange d'une rente qu'il devait pour cette terre et quelques autres héritages. Il fut sans doute père de Pierre Ivette, sieur de Boishamon, anobli le 6 mars 1460. François Ivette, écuyer, sieur de Boishamon et de la Garenne, épousa, le 29 août 1484, Jeanne de Champagne, fille de Jean, chevalier, seigneur de la Montagne, et de Jeanne de Pontrouault. *D'argent, au chevron de gueules, accompagné de trois trèfles du même.*

D'IWY, maison d'ancienne chevalerie du pays de Flandre, issue des seigneurs d'Escaillon, qui florissaient dès l'an 1096. Crumaury d'Iwy, seigneur d'Iwy-lès-Cambray, chevalier, vivait en 1217 ; sa descendance fut éteinte au commencement du quinzième siècle, après s'être alliée aux maisons de Bournonville, de Briastre, de Clacy, de la Fontaine-Wicard, de Lalain, de Molambaix, de Robersart, etc. etc. *D'argent, à la croix engrêlée de sable, au lambel de cinq pendants de gueules.*

D'IZARN, comtes de Villefort (1), maison d'origine chevaleresque de Languedoc, qui remonte, par titres filiatifs, à Pierre Izarn, damoiseau, qui, l'an 1333, rendit hommage à Jean, comte d'Armagnac, pour di-

---

(1) Il existe une branche des seigneurs de Cornas, au diocèse de Castres, dont l'origine, présumée commune avec celle des seigneurs de Villefort, n'est pas littéralement prouvée.

vérs héritages situés dans la juridiction de Nérac, en Rouergue, qu'il tenait en fief franc et libre de ce prince, à cause de son comté de Rodez. Ses descendants ont servi avec distinction, la plupart dans des grades supérieurs. Barthélemi d'Izarn, seigneur de Sarragosse, issu d'une branche puînée, éteinte vers la fin du dix-septième siècle, s'acquit, dans les guerres de son tems, une grande réputation de valeur. Envoyé par le Roi en 1646, avec une troupe d'élite, au service de Jean IV, roi de Portugal, nouvellement remonté sur le trône de ses ancêtres, il se signala dans toutes les guerres que ce prince eut à soutenir contre les Espagnols ; et, dans une action, à la tête de vingt maîtres, il tua leur général de sa propre main. Jean IV, en reconnaissance de ce service, lui envoya une chaîne d'or avec le collier de son ordre. Avant l'institution des régiments, plusieurs seigneurs de cette maison ont commandé des compagnies d'hommes d'armes, d'arquebusiers, etc.; d'autres ont commandé des places de guerre, et plusieurs sont parvenus au grade d'officiers-généraux. Les alliances de cette maison sont avec celles de Bellan, de Vinsobres, Billouart de Kervezegan, Brun de Castans, Cambis, Cardaillac, la Croix, la Garde-Chambones, Hérail-Brésis, Molette-Morangiès, Montjeu, Planchamp, Portanier, Romier, Libert, Valicourt, etc. Elle a obtenu les honneurs de la cour en 1762, 1781 et 1786, en vertu de preuves faites au cabinet des ordres du Roi. *D'azur, à la fasce d'argent, accompagnée en chef de deux besants du même, et en pointe d'un croissant d'or.*

D'IZARN, seigneurs de Beaufort et d'Asilhanet, en Languedoc. Cette famille, lors de la recherche, a fait preuve depuis Bernard Izarn, seigneur de Beaufort et de Sainte-Colombe, l'un des cent gentilshommes de la maison du Roi, par provisions du 11 janvier 1501. Cette famille a formé des alliances directes dans les maisons d'Arnal, d'Astorg, de Beaufort, Delgny de la Redoute, de Sainte-Colombe, etc. *Ecartelé, aux 1 et 4 d'azur, au lion d'or ; aux 2 et 3 de gueules, au lion d'argent.*

Pierre Izarn de Laurière, licencié ès-lois, grand-juge de Carcassone, fut anobli au mois de novembre 1377.

D'IZARN DE FRAISSINET, marquis de Valady, sei-

gneurs de Neyrac; maison d'ancienne chevalerie, originaire de Rouergue, connue depuis Ogon Izarn, qui vivait en 1102. Elle a obtenu les honneurs de la cour
le 21 mai 1785, sur preuves remontées par filiation à
Pierre Izarn, damoiseau, vivant en 1315 et 1337. Elle a
donné des capitaines d'hommes d'armes, des ordonnances et des chevau-légers, des gouverneurs de places,
des chevaliers de l'ordre de Saint-Michel, avant l'institution de celui du Saint-Esprit, des pages de la grande
et de la petite écurie du Roi, des mousquetaires de la
garde de S.M., etc., etc. Le chef de la branche aînée, Jac-
ques-Godefroy-Charles-Sébastien-François-Xavier-Jean-
Joseph d'Izarn, marquis de Valady, député du département
ment de l'Aveyron à la convention nationale de 1792,
y combattit les jacobins avec la dernière fermeté. Mis
hors la loi, le 28 juillet 1793, comme fédéraliste, il fut
arrêté à Périgueux et condamné à mort, par le tribunal
révolutionnaire, le 5 décembre suivant.

La seconde branche est représentée, 1º. par Charles-
Casimir, vicomte d'Izarn de Fraissinet Valady, né le 20
octobre 1785; 2º. par Louis, comte d'Izarn de Fraissinet
Valady, né le 16 mai 1787, chevalier de Malte, mousque-
taire de la première compagnie ordinaire du Roi, marié,
le 2 janvier 1810, avec Jeanne-Victoire-Honorine de
Viguier de Grun, dont il a plusieurs enfants. Les alliances
de cette maison, sont avec celles de Bressoles, Clary,
Corbier, Corneillan, Escorailles, Gontaut, Guilhem de
Clermont, Hérail, Loubeirac, Montvallat, Pestels, Pujols,
Rigaud-Vaudreuil, Roquefeuil, Séguy, Thezan, etc., etc.
*D'azur, au lévrier d'argent; au chef du même, chargé de
trois étoiles de gueules.* Couronne de marquis. Supports :
*Deux lions.*

# J.

JABIN, famille originaire de l'Ile-de-France. Elle
remonte à Philippe Jabin, sieur de la Couarde, reçu
conseiller au parlement, le 4 février 1567. Plusieurs de ses
descendants ont exercé avec distinction la même charge.
Leur noblesse a été jurée à Malte dans les preuves de
Claude-Louis de Saisseval, reçu chevalier de Saint-Jean-
de-Jérusalem, le 3 octobre 1667. *D'or, à 3 lions d'azur.*

LE JACOBIN, seigneurs de Kéremprat,.en Bretagne. Cette famille a été maintenue dans son ancienne ex-traction, et sous la qualité de chevalier, par arrêt de la chambre de la réformation de la noblesse de Bretagne, du 28 novembre 1668, sur preuves remontées à Jean le Jacobin, sieur de Keremprat, vivant vers 1450. Il avait sans doute pour père ou proche parent, Hervé le Jacobin, l'un des douze écuyers de la compagnie de Jean de Rousserf, chevalier-bachelier, qui fit montre à Paris le 15 novembre 1415. Il servait en la même qualité sous Jean du Penhaet, amiral de Bretagne, au mois de juin 1420, avec Guillaume le Jacobin. Dom Hervé le Jacobin de Léon plaidait le 16 février 1452, contre Henri le Coq. Depuis le commencement du quinzième siècle, les membres de cette famille ont constamment porté les armes dans les compagnies d'ordonnance, ou dans les bans et arrières-bans. Plusieurs ont été conseillers en la cour du parlement de Bretagne. Cette famille est alliée à celles de Kerascoet, Lerouge, Kerouséré, Kerlean, Kersauson, Mesguen, Tournemouche, Kergu, de Bourblanc, de Bragelongne, Derval, etc. *D'argent, à l'écusson d'azur, accompagné de cannelets de gueules, trois en chef, deux en flancs et l'autre en pointe.*

JACOMEL, famille originaire de Picardie. Antoine Jacomel, seigneur de Bien–Assise, et Nicolas Jacomel, seigneur de Froyette, justifièrent leur noblesse en 1693, depuis le 5 août 1523, époque à laquelle vivait François Jacomel, écuyer, seigneur de Villers-Fouchart, leur bisaïeul. *D'argent, à 3 feuilles de vigne de sinople ; au chef d'azur, chargé de trois étoiles d'or.*

JACQUAIR, en Lorraine. Jean Jacquair fut anobli par lettres de Charles III, duc de Lorraine, du 14 août 1568. Il avait épousé N... Jacquinez, fille de Gérard Jacquinez et de Lucie de Morien. Il en eut trois fils, Nicolas, Philippe et Jacques Jacquair, qui vivaient en 1582. *D'azur, à la fasce d'argent, chargée de trois quinte-feuilles de gueules.*

JACQUEMAR, au comté de Salin. Cette famille a pour auteur Nicolas Jacquemar, écuyer, marié avec Anne *Martin*, laquelle épousa, en secondes noces, le

10 décembre 1595, Jean *Danus*, écuyer, seigneur de la Cour-Sauvage. Elle eut du premier lit :

1°. Jean, qui suit ;

2°. Anne, mariée à Philippe *de Choiseul*, seigneur de Précigny ;

3°. Marie, morte en 1616, après avoir été mariée ; 1°. en 1603, à Etienne *Piétrequin*, écuyer, seigneur du Mont, mort en 1610 ; 2°. en 1611, à Abraham *du Puis*, écuyer.

Jean JACQUEMART, seigneur de Brazey, de Joisel et de Tournay, vivant en 1640, avait épousé Marie *Tardif*, dont il eut une fille unique, Marie Jacquemart de Tournay, mariée à Guillaume *Yonnet*, chevalier, seigneur de Brathey, Alal, Assize, etc.

*Armes* : d'azur, au croissant d'argent, accompagné de trois gerbes.

JACQUEMET DE SAINT-GEORGES, en Dauphiné, famille ancienne, originaire du comté de Bourgogne, où elle existait dès l'an 1400. Jean-Baptiste Jacquemet, seigneur de Saint-Georges, capitaine au régiment de Listenois, ayant été envoyé en Dauphiné pour le service du Roi, se fixa dans cette province, par suite de son mariage contracté, l'an 1676, avec demoiselle Madeleine *de Loulle*, de la ville de Romans. A l'occasion de ce changement de province, Jean-Baptiste Jacquemet de Saint-Georges s'adressa à la chambre des comptes de Grenoble, pour requérir le dépôt de ses titres de noblesse, au greffe de cette chambre. L'arrêt qui en ordonne l'enregistrement, est du 3 décembre 1683. Jean-Baptiste Jacquemet de Saint-Georges, IVe. du nom, arrière-petit-fils du précédent, fut seigneur de Margès, d'abord officier de dragons et ensuite conseiller au parlement de Grenoble. Il épousa, le 1er. novembre 1775, Marie-Anne-Antoinette *de Chabrière*, fille de Charles de Chabrière, comte de Charmes, et de Pierrette de Corbeau. De ce mariage sont issus :

1°. Marie-Anne-Julie-Victoire-Caroline Jacquemet de Saint-Georges, héritière de sa maison, mariée, en 1799, à Louis-André-Jean-Raphaël, marquis *de Cordoue*, colonel de cavalerie, dont est né ;

entr'autres enfants, Georges-Joseph-Michel de Cordoue, qui, par ordonnance du roi, du 8 février 1815, a été autorisé à ajouter à son nom celui de Jacquemet de Saint-Georges;

2°. Françoise Jacquemet de Saint-Georges, morte sans enfants.

Cette famille, éteinte de nos jours dans la maison de Cordoue, s'était alliée à celles de Febvrier, Guillet, Pellissonnier, Courvoisier, Paternay, du Tillot, de la Fond, de la Coste; elle a donné des magistrats distingués au parlement de Dauphiné, et plusieurs capitaines, décorés de l'ordre royal et militaire de Saint-Louis.

*Armes* : D'or, au lion d'azur, lampassé et armé de gueules, ayant la queue du même, fourchée et passée en sautoir. L'écu timbré d'un casque taré de profil, orné de ses lambrequins. Cimier : un lion issant aux émaux de l'écu.

JACQUEMIN, en Lorraine et en Bassigny, famille qui a pour auteur Dominique Jacquemin, avocat au change de Nancy, anobli à la requête de madame de Vaudémont, par lettres de Charles, duc de Lorraine, du 15 juillet 1581. Dominique Jacquemin fut conseiller du prince de Vaudémont, et mourut le 15 avril 1598. Il avait épousé Barbe *Jacquot*, dont il eut François Jacquemin, avocat, puis conseiller secrétaire des ducs Henri II et Charles IV. Il épousa Marguerite-Clément *de Trelle*, dont postérité. Clément-Antoine Jacquemin, descendu de lui par plusieurs degrés, capitaine de cavalerie, gendarme de la garde ordinaire du roi, officier des chasses de M. le duc d'Orléans, vivait en 1764, ayant alors quatre garçons et trois filles. *D'or, à la fusce d'azur, accompagnée de trois croisettes de gueules.*

JACQUEMIN, en Lorraine. Nicolas Jacquemin, procureur du duc Léopold Ier de Lorraine, au bailliage de Sarguemines, et Henri Jacquemin, son frère, furent anoblis par lettres de ce prince, du 15 janvier 1711, en récompense des services rendus par ce même Nicolas, en plusieurs négociations pour les frontières. Il fût depuis conseiller d'état, envoyé extraordinaire à Vienne, près de l'empereur Charles VI, qui le créa baron du Saint-Empire, par diplôme du 11 septembre 1724. Il mourut à Vienne, le 14 mars 1748, étant seigneur de Wattringen, Dieblingen, Warsbourg, etc., conseiller intime actuel d'état de leurs majestés impériales. Il avait épousé Anne-Marie-Marguerite *Staadt*, dont il eut une fille, mariée à Jean-Charles *Joly*, seigneur de Morey, conseiller en la cour souveraine de Lorraine et Barrois. *Ecartelé, aux 1 et 4 d'azur, à la fasce d'or; aux 2 et 3 d'or, à la grue au naturel.*

JACQUEMIN. Didier Jacquemin, sommelier des princesses de Lorraine, fut anobli par lettres du duc Charles III, du 12 février 1578. Il fut depuis contrôleur en l'état du prince de Vaudémont, et épousa Barbe *Maimbourg*, fille de noble Nicolas Maimbourg, échevin de la justice de Nancy, et de Barbe Robert, sa seconde femme, dont il eut, entr'autres enfants, François, Jacques et Antoinette Jacquemin. Georges Jacquemin, probablement proche parent de Didier, fut anobli par le même duc de Lorraine, à la requête des duc et duchesse de Baviere, dont il était brodeur, le 13 mai 1579. Le 30 du même mois, ce prince expédia des lettres portant mandement aux gens de ses comptes, d'enregistrer, sans finances, les lettres-patentes d'anoblissement dudit Georges Jacquemin. *D'azur, à trois quintefeuilles d'or, au chef d'argent.*

JACQUERON. Odinet Jacqueron, président en la chambre des comptes de Dijon, eut pour fille Etiennette Jacqueron, mariée avec François de Saumaise, seigneur de Chazaux et de Chambœuf, maître des comptes à Dijon. La noblesse de cette famille fut jurée dans les preuves de Malte de Jean et Louis de Clermont-Tonnerre, reçus chevaliers de cet ordre, le 11 février 1643. *D'azur, à la fasce d'or, chargée d'une fasce de gueules, surchargée d'un croissant d'argent, et accompagnée de trois roses d'or; à la bordure d'argent, chargée de six roses de gueules.*

JACQUES, seigneurs de la Chassagne, en Limosin. Aymar Jacques, auteur de cette famille, vivait en 1497; il fit son testament le 4 août 1523, en faveur de Jean-Jacques, son fils, seigneur de la Chassagne, époux de

Claude de la Roche. *D'azur, à deux étoiles d'or en chef, et un croissant d'argent en pointe.*

JACQUES, famille de Franche-Comté, qui remonte son origine à Quentin Jacques, conseiller au parlement de Dôle, en 1595. Cette famille a possédé la terre de Nant, en Franche-Comté. Sa postérité masculine est éteinte. *De gueules, à une étoile d'or enclôsée dans un annelet.*

JACQUIER, seigneurs d'Hémécourt, de Fontenay, de Bobigny, de Ville-Blevin, de Vielsmaisons, en Champagne et au pays Messin, famille ancienne, originaire de Bourgogne; elle a pour auteur Nicolas Jacquier, commissaire des guerres dans cette province, en 1580. Ses descendants ont acquis la noblesse par l'exercice des charges du parlement de Paris, et se sont alliés dans les maisons de Châtillon, de Rochereau de Hauteville, de Robert de Septeuil, d'Espinay-Saint-Luc, d'Hérinx, de Sainte-Marie-d'Agneau, de Laubanie et de Laval-Montmorency. *Écartelé, aux 1 et 4 d'argent, au chevron de gueules, accompagné en chef de deux merlettes de sable, et en pointe d'une tête de bélier du même,* qui est de JACQUIER; *aux 2 et 3 d'azur, à trois moulinets d'or,* qui est de CHATILLON, en Champagne.

JACQUIER, famille noble de Lorraine, issue de Pierre Jacquier, de la ville de Saint-Mihiel, anobli le 6 juillet 1624. Nicolas-François, son arrière-petit-fils, avocat, puis conseiller en la cour des comptes de Lorraine, vivant en 1719, épousa Apronne *des Noyers*, fille de Charles des Noyers, seigneur de Brochainville, capitaine d'infanterie au service de France, et de Françoise Floriot. *D'azur, à la voile tendue d'or; au chef cousu de gueules. chargé d'une étoile d'or, accostée de deux fleurs de souci du même, tigées et feuillées de sinople.*

JACQUINET, en Lorraine. Cette famille a pour auteur Pierre Jacquinet, contrôleur et clerc-juré de la Marche, qui épousa Madelaine *Côté*, dont il eut François Jacquinet, qui fut pourvu de la charge de son père, le 26 juin 1551; il en eut, entr'autres enfants, Claude Jacquinet, procureur-général au bailliage de Bassigny, et Pierre Jacquinet, contrôleur et clerc-

juré en la prévôté de la Marche, lesquels furent anoblis-
par lettres de Henri, duc de Lorraine, du 29 juillet
1610. *D'azur, à trois glands d'or.*

JACQUINOT, en Franche-Comté. Claude Jacquinot, seigneur de Goux, conseiller au parlement de
Dôle, fut élu président au mois de janvier 1598, et
mourut le 14 septembre suivant. Cette famille est
éteinte. *De gueules, à trois étoiles d'or en chef, et en
pointe une main au naturel.*

JACQUOT DE NEUILLY, en Bourgogne. Benigne,
Jacquot, écuyer, seigneur de Neuilly et d'Ayx, premier
président en la chambre des comptes de Bourgogne,
épousa Lucrèce *Bourgeois*, fille de Jean Bourgeois, seigneur de Molleron, conseiller au parlement de Dijon,
et de Barbe Gauthier ; il en eut, entr'autres enfants,
Elisabeth Jacquot, mariée à Claude de *Sayve*, chevalier,
comte de la Motte, seigneur de Chevanney, conseiller
au grand conseil, premier président en la chambre des
comptes de Bourgogne, et conseiller d'état. Elle fut
l'aïeule maternelle de Henri de Sayve de la Motte,
reçu chevalier de Malte, le 25 août 1679. *D'azur, à la
fasce d'or, accompagnée de trois étoiles du même.*

JADOT. Jean-Nicolas Jadot, inspecteur et contrôleur-général des bâtiments de l'impératrice-reine et
directeur-général des bâtiments de l'empereur François Ier, fut confirmé dans la noblesse et anobli en tant
que de besoin, par lettres du 29 décembre 1751. *D'argent, à la tour donjonnée de gueules.*

JAILLARD, seigneurs de la Maronnière, en Poitou,
famille noble et ancienne, qui remonte à Jean Jaillard,
écuyer, seigneur de la Maronnière, vivant le 6 mars
1391. Ses descendants ont constamment porté les armes,
soit dans les bans et arrières-bans, soit dans les compagnies d'ordonnances. Jean Jaillard, IIIe. du nom,
chevalier de l'ordre du roi, gouverneur du château de
Talmont, rendit des services importants au roi Henri IV,
et reçut plusieurs lettres honorables de ce prince. Paul
Jaillard, issu de lui par plusieurs degrés, fut reçu chevalier de Malte en 1688. Les alliances de cette famille
sont avec les maisons d'Aymon-de-Belleville, de Ba-

rillon , Ferron-de-la-Ferronays , Launay , la Mer-
mande, Morin-de-Loudon , du Puy-du-Fou , Saligné ,
la Touche , etc. *D'azur, à trois tours d'or.* Supports :
deux lions.

DE LA JAILLE , illustre et ancienne maison de chevalerie, originaire de l'Anjou, qui tirait son nom d'un
bourg situé sur la rive droite de la Mayenne, à deux
lieues un tiers de Château-Gontier, où l'on comptait
cent vingt feux. Yves de la Jaille, chevalier, fut présent
à une donation faite au prieuré de Lehon , par Alain
de Dinan. Il fit lui-même une donation à l'église de
Saint-Sauveur et de Sainte-Marie de la Vieuville, vers
l'an 1179; est nommé dans une lettre du duc Geoffroi
de Bretagne , pour l'abbaye de Savigné , en Anjou , en
1185; dans une donation faite à l'hôpital d'Angers, par
la duchesse Constance, en 1189, et dans l'établissement
d'un marché à Saint-Malo, par la même princesse, en
1192, et vivait encore en 1199. Il fut père de Foulques
de la Jaille, chevalier, qui, l'an 1212, fut présent à
une donation faite par Guillaume de Thouars, à Cho-
tard de Verèz. Ce Foulques ne vivait plus en 1234,
époque d'un accord fait entre Nicolas de la Jaille,
chevalier, son frère, avec Guillaume Griffier, chevalier, en présence de Guillaume, seigneur de Candé,
accord dans lequel est rappelée Pétronille de Chazè,
veuve dudit Foulques et épouse en secondes noces de
Guillaume Griffier. Yvon de la Jaille , fils de Nicolas,
et de Marguerite de Châteaubriant , épousa Isabeau *de
Coesmes*, dont il eut plusieurs enfants, entr'autres Yvon
de la Jaille. Elle transigea avec Geoffroi , sire de Châteaubriant, l'an 1300, pour la succession de Marguerite
de Châteaubriant , tante dudit Geoffroi et bisaïeule
dudit Yvon de la Jaille. Ce dernier, seigneur de la
Jaille et de Pordic, fut un vaillant et renommé chevalier; il accompagna, l'an 1336, Jean, comte d'Anjou,
fils aîné du roi Philippe de Valois, à l'expédition qu'il
fit dans le Vermandois, pour en expulser les Anglais.
Sa descendance s'est éteinte l'an 1521, dans la personne
de François de la Jaille, baron de Mathefelon et de
Duretale, mort sans enfants d'Anne Bourré, dame de
Marannes, du Coudray et de Corze. Marguerite de la
Jaille, sa sœur, épousa 1°. René *du Maz*, seigneur de

la Vaisousière et de Bouère ; 2° René de Scépeaux, chevalier seigneur de Vieilleville. Elle eut des enfants des deux lits, et entr'autres, du second, François de Scépeaux, seigneur de Vieilleville, maréchal de France. Cette illustre maison s'était alliée à celles de la Chapelle, de Guignen, de Husson, de Mastas, de Montalais, de la Porte-Vezins, etc. *D'or, au léopard lionné de gueules, accompagné de cinq coquilles d'azur en orle.*

DE LA JAILLE, maison ancienne et distinguée, du Poitou, qui pourrait avoir une souche commune avec la précédente maison, mais dont on ne trouve point la jonction. De cette maison alliée à celles de la Barre-des-Marais, de la Baudinière, de Bourré-du-Plessis, de Chazé, de Chergé, de Clermont, le Cornu-de-la-Courbe, de Crevant, Jousdurg, du Reynier, du Rivau, des Roches, le Roux-de-la-Roche-des-Aubiers, de Saint-Jouin, Saint-Pierre, etc., etc., était René de la Jaille, du diocèse de Loudun, reçu chevalier de Saint-Jean de Jérusalem, en 1599. *D'argent, à la bande fuselée de gueules.*

JAILLON, famille originaire d'Arbois, dont était Pierre Jaillon, conseiller au parlement de Dôle, en 1508. Cette famille est éteinte. *De gueules, à deux fasces d'argent, entre lesquelles sont posés trois besants du même.*

JALLAN, en Barrois. Didier Jallan, dit la Croix, demeurant à Noyers, fut anobli par lettres de Charles, duc de Lorraine, du 3 mai 1577. *Ecartelé en sautoir, aux 1 et 4 d'argent, à la tête de léopard de gueules, allumée d'or, lampassée d'azur ; aux 2 et 3 d'azur, à la croisette patée d'or.*

DE JALLAYS DE LA BARRE, famille ancienne, originaire du Poitou, dont était Simon de Jallays, conseiller au présidial de Poitiers, en 1559. Elle subsiste dans la personne de Joseph-François de Jallays, nommé chef d'escadron le 25 septembre 1816, né à Rochetrejou, département de la Vendée, le 11 octobre 1751. Il a servi avec distinction pendant quarante-neuf ans ; a fait les campagnes de l'émigration jusqu'en 1801, époque du licenciement. Il a été décoré de la croix de l'ordre royal et militaire de Saint-Louis, au camp de Steinstadt, au mois d'août 1795. Sept de ses frères ont péri les armes à la main pour la cause de l'auguste maison de Bourbon, tant à Quiberon, que dans les Pays-Bas. *D'azur, au soleil d'or.*

JAMART. Martin Jamart fut élu quartinier de la ville de Paris, l'an 1571. *D'argent, à l'écrevisse de gueules.*

DE JAMES, seigneurs de Quirielle et de la Tour, en Bourbonnais, famille connue depuis Pierre James, écuyer, seigneur de Quirielle, père de François de James, homme d'armes de la compagnie du maréchal de Saint-André, marié en 1528, avec Perronelle *de Montcorbier.* Cette famille a été maintenue dans sa noblesse, en 1669. *De gueules, au dauphin d'or, pâmé et couché.*

JAMES, seigneurs de la Meilleraye, famille noble de Normandie, qui remonte à Jacques James, anobli en 1596. Son petit-fils, Nicolas James, écuyer, sieur de la Meilleraye, fut maintenu dans sa noblesse, le 27 août 1666. *De sable, à la bande d'or, accompagnée de six coquilles du même.*

DE JANAILHAC, famille ancienne, dont était Jean de Janailhac, procureur des fiefs en Poitou, conservateur du quart du sel pour le Roi, et lieutenant des eaux et forêts. Il fut élu maire de la ville de Poitiers, en 1469. *D'azur, à la fasce d'or, accompagnée de six étoiles du même.*

JANART, seigneurs de l'Huy, en Picardie, famille de robe, qui remonte à Jean Janart, avocat du Roi à Château-Thierri, vivant en 1510, avec Gilette Hennequin, son épouse. Jean-Jacques Janart, seigneur de l'Huy, fils de Jacques, substitut du procureur-général du parlement, fut reçu conseiller au Châtelet de Paris, le 30 avril 1661, puis au grand conseil, le 18 octobre 1665, et maintenu dans sa noblesse par arrêt du 2 décembre 1669. Il mourut sans enfants le 16 janvier 1712, ayant épousé, 1°. Marie-Anne-Françoise-Radegonde *le Challux*, fille de Jacques le Challux, auditeur des comptes; 2°. Hélène-Catherine *de Gaumont*, morte le

16 octobre 1715, fille d'André de Gaumont, seigneur de Saussay et de Vaurichard, et de Catherine du Chesne de Grandmaison. *De gueules, à deux cors de chasse d'or, adossés et suspendus, accompagnés en pointe d'une molette d'éperon du même.* Haudiquer de Blancourt, dans son Nobiliaire de Picardie, donne pour armes à cette famille: *d'azur, au chevron d'or, accompagné de trois cors de chasse du même.*

DE JANILHAC, seigneurs de Guitrancourt, en Normandie, famille dont était Guillaume de Janilhac, seigneur de Guitrancourt, époux de Perrette *de Sailly*, et père de Marie de Janilhac, mariée à Jean *de Vion*, écuyer, seigneur de Bécheville et de Huanville, mort le 27 octobre 1537, fils de Pierre de Vion, et de Colette de Mauguarret. N... de Janilhac, seigneur de Montigny, près Pontoise, épousa, vers 1560, N... *des Essarts*, fille de Louis des Essarts, seigneur de Meigneux, et de Catherine du Crocq. Cette famille, éteinte depuis long-tems, paraît être originaire du Limosin. *D'azur, à la fasce d'argent, chargée d'un lion d'azur, et accompagnée de six molettes d'éperon d'or.*

DE JANLEY, en Bourgogne. Jean de Janley, seigneur de Montilles, fut reçu conseiller laïc au parlement de Dijon, le 9 avril 1646. *D'azur, à la fasce d'argent, accompagnée de trois quintefeuilles du même.*

DE JANNEL DE BELVAL, famille ancienne et illustre de Bourgogne, qui a pour auteur Guiot de Jannel, commandant des châteaux de Richecourt, Luy, Rochefort et Rigny, aux duché et comté de Bourgogne, sous Othe, palatin de Bourgogne, vivant en 1290. Gui de Jannel, issu de lui au sixième degré, fut seigneur de la Tour, et s'attacha au service de Charles-Quint, l'an 1508, en qualité d'ingénieur de ses armées. Strada rapporte qu'il fut l'Archimède de son siècle. Il porta l'art du mécanisme jusqu'à faire voler des oiseaux de bois. On rapporte des faits très-surprenants de son génie inventif; ils étaient tels que le supérieur du monastère de Saint-Just le croyait sorcier. Rollin de Jannel, l'un de ses fils, rentra en France avec l'amiral Chabot. On compte, parmi ses descendants, une foule de personnages recommandables dans la robe et dans l'épée. On peut citer, entr'autres, le dévouement patriotique de Jacques de Jannel, seigneur de Billey, Villers, Rotain, lieutenant général et criminel au bailliage de Saint-Jean-de-Lône, qui, lors du siége de cette place par les impériaux, commandés par Galas, fit jurer à la faible garnison chargée de la défendre, de mourir plutôt que de se rendre. Il donna lui-même, à la tête des habitants, l'exemple de la plus rare intrépidité, et, par son zèle infatigable et sa fermeté, sut conserver cette ville à la France, et immortaliser son nom. Cette belle défense fut jugée digne d'un drame intitulé *les Héros Français*, représenté en 1774 à Reims et à Dijon. En mémoire de ce glorieux évé-nement, le grand Condé écrivit à Jacques de Jannel pour l'autoriser, de la part du roi, à ajouter à ses armes qui sont : *D'azur, au chevron brisé d'or, accompagné de trois jennettes d'argent*, telles que les portent encore ses descendants, une tour en cimier, d'où sort un dextrochère armé d'une épée flamboyante, avec ce cri d'armes : *J'ai en elle confiance*, et cette légende : *Galas suorum strage fugatur.*

JAQUARD, seigneurs d'Annoires, en Franche-Comté, famille éteinte ; elle avait été anoblie dans la personne de Jean-Baptiste Jaquard, seigneur d'Annoires, conseiller au parlement de Dôle en 1642. *D'azur, à la croix fleuronnée d'or.*

JAQUELIN, en Bourgogne. Jean Jaquelin, chevalier, seigneur d'Espernay, maître-d'hôtel du roi et gouverneur en la chancellerie, puis maître des requêtes de l'hôtel du duc de Bourgogne, fut nommé premier président au parlement de Dijon, le 6 juillet 1577. *De gueules, au chevron d'or, accompagné de trois étoiles de même.*

JAQUELIN, en Franche-Comté, famille éteinte. Elle avait été reçue à Saint-Georges et à Malte, et remontait à Jean Jaquelin, président du parlement, en 1464. *D'azur, à trois étoiles d'or.*

JAQUOTOT, en Bourgogne. Nicolas Jaquotot, seigneur de Thorey et du Buisson-sur-Ouche, fut pourvu de la charge de conseiller au parlement de Dijon, le 30 octobre 1607. Il fut père de Jean Jaquotot, seigneur des mêmes terres, reçu dans la même charge, le 22 février

1635. Il mourut de la peste en 1637. On ignore s'il a eu des enfants d'Élisabeth de la Mare, sa femme. *D'azur, à trois pates de griffon d'or.*

DES JARDINS, seigneurs de Saint-Remy et de la Raye, vicomté de Lohins en Normandie, famille qui fut maintenue dans sa noblesse, le 18 juillet 1668. *De gueules, à un écot de six branches d'or en pal, chaque branche sommée d'une merlette de sable.*

DES JARDINS, seigneurs de Girauvilliers et de Badonvilliers en Lorraine. Cette famille a pour auteur Jean des Jardins, ancien capitaine de cavalerie, anobli en récompense de ses services, par lettres de Charles IV, duc de Lorraine, du 27 septembre 1664. Il épousa Anne de Circourt, fille de Jean de Circourt, seigneur de la Neufville et d'Isier, capitaine d'une compagnie de cent chevau-légers de la garde du duc Charles IV, et de Françoise des Jobards. Jean des Jardins, leur fils, seigneur de Girauvilliers et de Badonvilliers, capitaine de cavalerie au régiment de la Valette, puis lieutenant-commandant des chevau-légers de la garde du duc Léopold, épousa, l'an 1686, Françoise Thiballier, fille de Claude Thiballier, seigneur de la Motte lès Triconville, maréchal-des-logis de la maison du Roi, et de Barbe d'Escrute. Il en eut 1°. Claude des Jardins, seigneur des mêmes lieux, en partie, capitaine de cavalerie au régiment du prince de Lambesc, marié en 1710 avec Thérèse du Parpe ; 2°. Jean des Jardins, chanoine de la Madelaine de Verdun. *D'azur, à la face d'argent, accompagnée de trois rencontres de cerf d'or.*

DES JARDINS. Jacques des Jardins, sieur du Marchais, conseiller au châtelet, fut élu échevin de Paris en 1600. *D'azur, à trois lys de jardin d'argent.*

DE JASNEY, maison d'origine chevaleresque, qui tirait son nom d'un château et seigneurie considérables du comté de Bourgogne, situés aux confins de la Lorraine. Cette maison s'est éteinte vers l'an 1400, dans celle de Saint-Mauris, en Montagne, (qui conserve beaucoup de ses titres des douzième, treizième et quatorzième siècles), par Jeanne de Jasney, mariée à Jean de Saint-

Mauris, damoiseau, écuyer de Thiébaud de Neufchâtel, maréchal de Bourgogne. On trouve encore une série remarquable de chartes originales, de donations et fondations importantes de cette maison, aux archives des abbayes de Tannley, Morimont et Clairefontaine, qui remontent aux années 1119, 1133, 1159, 1165, 1183, et dans lesquelles tous les seigneurs de ce nom sont qualifiés de chevaliers ou damoiseaux, sires de Jasney, et seigneurs de Cort, Beuvrant, la Maisonfort, Velfans, Valonnes, Huanne, etc., depuis Ulric, chevalier, Létard, damoiseau, son fils, Ulric et Jean, ses petits-fils, chevaliers sires de Jasney. *D'or, fretté de sable.*

JAULIN, seigneurs de Jaulin en Armagnac, noble et antique race d'origine chevaleresque, fondue dans celle des barons de Castillon d'Eauzan, vicomtes du Boulonnais. Noble et puissant seigneur Aymery ou Mérigon de Castillon, chevalier de l'ordre du Camail, seigneur de Castillon de Laborère, est aussi nommé seigneur de Jaulin, le 9 décembre 1470, dans une grosse en parchemin, signée par Séguinelli, notaire. Il était fils du noble baron Bernard de Castillon, damoiseau, seigneur de Castillon, vicomte du Boulonnais, et de noble dame Marguerite de Jaulin, au nom de laquelle il rendit hommage de la terre de Jaulin au comte d'Armagnac, le 25 mai 1401. Noble et puissant seigneur Gérard de Jaulin, chevalier, seigneur de Jaulin, fit son testament le 8 mars 1379. Ses exécuteurs testamentaires sont, les nobles et puissants seigneurs Odon de Lomagne, seigneur de Fimarcon, chevalier, et Bernard de Castillon, damoiseau, seigneur de Castillon, vicomte du Boulonnais. Jean de Castillon, fils de Bernard, et frère d'Aymery, y est nommé légataire particulier de la somme de 5o florins, *boni et recti ponderis.*

*Armes :* parti d'or et de gueules.

JAVELLE, à Dôle, famille de docteurs en droit, qui prend le titre de noble, depuis un acte public, daté du 10 novembre 155o. Elle a donné un conseiller à la chambre des comptes en 1697, et plusieurs officiers décorés de l'ordre royal et militaire de Saint-Louis. *D'azur à trois javelles de bled d'or.*

LE JAY. Jean le Jay, fut élu quartinier de Paris en 1536 : il était sans doute fils de Jean le Jay, échevin de la même ville en 1494, et ce dernier fils de Guillaume, qui exerçait la même charge en 1474. Jean le Jay en fut pourvu lui-même en 1550 et en 1573. Il était alors seigneur de Ducy. Il fut auteur des branches de Ducy et de Revilly, la dernière éteinte en 1567. Nicolas le Jay, son frère, seigneur de Bevilliers, secrétaire du Roi, fonda la branche des barons de la Maison Rouge et de Tilly, qui ont donné des maîtres des requêtes et plusieurs officiers supérieurs, et se sont éteints en 1735. Le rameau de la Neuville sorti de la branche aînée, a fini au commencement du dix-septième siècle. *D'or à trois jeais de sable ; au chef d'azur.* Ce sont les armes primitives de cette famille, que la branche de la Maison Rouge a changées ainsi : *d'azur à une aigle cantonnée de quatre aiglettes, regardant un soleil au canton dextre, le tout d'or.*

JEANNIN, en Bourgogne. Cette famille doit sa noblesse et son illustration à Pierre Jeannin, connu sous le nom de président Jeannin, que ses talents oratoires et diplomatiques, et ses vertus, élevèrent successivement aux premiers emplois de la magistrature. Il rendit les services les plus importants aux rois Henri III et Henri IV, dont il eut toute la confiance ; fut chargé de diverses négociations d'un haut intérêt, qu'il remplit toutes avec une habileté qu'on a jugée supérieure à celle de Sully, avec lequel il rivalisait aussi en franchise et en droiture. Après la retraite de ce ministre, Marie de Médicis, veuve de Henri IV, se reposa sur Jeannin des plus grandes affaires de son royaume, et lui donna l'administration générale des finances. Il mourut à Paris, le 31 octobre 1622, avec une grande réputation de savoir et d'intégrité, n'ayant qu'une fille unique. *D'azur, au croissant d'argent, surmonté d'une flamme d'or.*

JEANNOT, seigneurs de Courchatton, en Franche-Comté, famille anoblie par un office de conseiller à la chambre des comptes de Dôle en 1760.

JEHANNIN, famille de robe, originaire de la ville de Louhans, en Bresse. Philibert Jehannin fut reçu conseiller au parlement de Bourgogne, le 14 septembre 1670, et résigna cette charge après vingt ans d'exercice. Le Roi lui accorda des lettres de conseiller honoraire ; il mourut à Dijon, le 24 juin 1718. Son frère, Jean Jehannin, seigneur de Chamblan et Monconis, fut pourvu de la même charge le 14 mai 1689, et mourut après trente ans d'exercice le 22 octobre 1719. Philibert Jehannin, fils du précédent, fut reçu conseiller au parlement de Dijon, le 28 juillet 1717. Antoine Jehannin-Arviset, seigneur de Chamblan, frère du précédent, y fut reçu le 1er. décembre 1719, et Jean Baptiste-François Jehannin-Arviset, sur la démission, d'Antoine, son père, le 21 novembre 1741. *Écartelé, aux 1 et 4 d'azur, à trois bandes d'or ; au chef du même, chargé de deux étoiles de gueules ; qui est* DE JEHANNIN, *aux 2 et 3 de gueules, au chevron d'or, accompagné en chef de deux larmes d'argent, et en pointe d'un croissant du même, surmonté d'une étoile d'or, qui est* D'ARVISET.

JEHANNOT, marquis de Bartillat, barons d'Huriel, en Bourbonnais et à Paris, maison ancienne et distinguée, dont la filiation, aux termes d'une sentence rendue sur titres par M. de Tubeuf, commissaire départi par le roi dans les généralités de Moulins et de Bourges, du 20 février 1669, qui déclare cette maison issue d'ancienne extraction de chevalerie, remonte à Guillaume Jehannot, damoiseau, vivant l'an 1328. Ses descendants ont donné des magistrats distingués, des conseillers d'état, deux lieutenants-généraux des armées ; un maréchal de camp et plusieurs colonels et mestres de camp d'infanterie et de cavalerie ; un commandeur de Saint-Louis, et plusieurs chevaliers de cet ordre royal et militaire. Le marquis d'Huriel-Bartillat, chef actuel de cette maison, colonel de cavalerie, sous-lieutenant des gardes-du-corps du Roi, chevalier de Saint-Louis, et des ordres de saint Charles d'Espagne, et Constantinien de Saint-Georges de Naples, né le 23 novembre 1776, a épousé, le 30 juin 1807, Joséphine-Marie-Caroline de Béthune Hesdigneul, fille de messire Adrien-Maximilien-Guislain, baron de Béthune, colonel de cavalerie, et d'Alexandrine-Marie-Elisabeth-Charlotte le Vavasseur de Villiers. Il n'a, de ce mariage, qu'un fils, né le 14 janvier 1812, et une fille, née le 2 avril 1808. Son oncle, Louis-Paul-

Augustin, baron de Bartillat, lieutenant-général des armées du roi, commandeur de Saint-Louis, n'a point d'enfants. *D'azur au chevron d'or, au chef du même, chargé d'un lion, léopardé de gueules.* Couronne de marquis. Supports : *Deux lions.* Cimier : *Un lion issant de gueules.* Devise : *Transit fama, ni renoventur labores.*

JEHANNOT. Guillaume Jehannot, anobli en 1441, est l'auteur des seigneurs de Penguer et de Kerfenten, en Bretagne, maintenus dans leur noblesse le 26 août 1669. *D'argent à croix, fleurdelysée de sable, soutenue de deux lions affrontés du même.*

DE JERPHANION, en Champagne, famille noble, originaire du Velay. Marcellin Jerphanion, marié, en 1569, avec Anne du Verdier, fut père de Jean de Jerphanion, qui épousa, par contrat du 10 juillet 1604, Marie Claude de Fay, fille de messire Hector de Fay, baron de la Tour-Maubourg, sénéchal du Puy. Il en eut, entr'autres enfants, Hector de Jerphanion, époux de Marie de Brossier, et père d'Antoine de Jerphanion, seigneur de Saint-Julien, syndic du pays de Velay, secrétaire du Roi, mort en 1719. Il avait épousé, le 28 octobre 1665, Anne de Pollalion, fille de Claude Pollalion, baron de Glavenas, et de Jeanne de Saignard.

Les autres alliances directes de cette famille, sont avec celles de Briges, de Saignard, de Cambacérès, de Pons des Ollières, du Mas des Ribes, etc.

Louis de Jerphanion, dit le chevalier de Beauvalon, fut fait capitaine au régiment de la Roque, par brevet du 15 août 1711. Jean de Jerphanion, seigneur du Cluzel et de Saint-Julien, syndic de Velay, rendit des services très-utiles dans le temps où la contagion affligeait le Languedoc ; ce qui est prouvé par des certificats en date des 13 et 15 janvier 1724, signés du duc de Roquelaure, commandant en chef cette province, et de M. Bernage intendant.

Par lettres-patentes du 18 novembre 1815, registrées à la cour royale de Paris, le 6 janvier 1816, S. M. Louis XVIII, conféra le titre héréditaire de baron, à Gabriel-Joseph de Jerphanion, officier de la légion-d'honneur, chevalier de l'ordre de Sainte Anne de Russie de deuxième classe, et ancien préfet de la Haute Marne.

*D'azur, au chevron d'or, accompagné en pointe d'un lys d'argent, tigé et feuillé de sinople ; au chef denché du second émail, chargé d'un lion, léopardé du champ.*

LE JEUNE. Charles le Jeune fut élu quartinier de la ville de Paris en 1649. *D'azur, au chevron d'argent, chargé de trois étoiles du champ, et accompagné en chef de deux trèfles du second émail, et en pointe d'une foi du même.*

LE JEUNE. Noël le Jeune, sieur du Rocher, dans l'élection de Falaise, secrétaire du Roi, fut maintenu, en conséquence des privilèges de sa charge, le 1er. janvier 1668. *D'azur, à la montagne alésée d'argent, surmontée de deux étoiles du même.*

DE JEUNES D'EPINOLES, en Languedoc. Jean de Jeunes, auteur de cette famille, éteinte avant la dernière recherche, reçut du receveur de Toulouse, 13778 liv., 16 sous, 8 d., à Paris le dernier mai 1339. Son sceau représente *une aigle, chargée sur l'estomac d'un écusson à une fasce échiquetée de trois tires, surmontée d'une épine.*

DE JOANNIS, seigneurs de Châteauneuf et de la Brillane en Provence, famille ancienne, originaire de la ville d'Aix, qui est issue de Jean Joannis, secrétaire des commandements du Roi Louis III d'Anjou, comte de Provence, en 1433. Il avait épousé à Marseille Douce de Fournier, de laquelle il laissa Jean de Joannis II du nom, secrétaire du Roi René et avocat pour les pauvres. Il fit son testament le 12 janvier 1467, et laissa de Jeanne de la Terre, Jean III et Odile de Joannis. Jean III était viguier royal de Marseille en 1501. Pierre son fils, fut lieutenant-général de l'amirauté de Provence, et fit une donation dans l'église de N. Dame de la *Seds* à Aix, l'an 1522. Cette famille, qui a formé deux branches, a contracté de belles alliances, et a donné un avocat général et des conseillers aux comptes etc. *D'or, au lion de sable, armé et lampassé d'argent ; au chef d'azur, chargé de trois étoiles d'or.*

JOBART. Pierre-Jobart, originaire de Sillery, près de Reims en Champagne, fut anobli par lettres, expédiées à Nancy le 2 mars 1561. *D'azur, à la bande d'or, chargée de trois langues fendues et flamboyantes de gueules.*

**JOBART.** Dominique Jobart, dont le père avait été capitaine des bourgeois, et échevin de la ville de Marsal, fut anobli par lettres du duc Charles de Lorraine, du 8 janvier 1628. *D'or, à trois têtes de lion arrachées de sable.*

**JOBELOT** DE **MONTUREUX**, en Franche-Comté, famille éteinte, dont la noblesse remontait à Jean-Ferdinand Jobelot, premier président du parlement de Besançon, en 1675, l'un des magistrats les plus célèbres de son tems, qui mourut en 1702, âgé de 82 ans. *De sable, à la salamandre couronnée d'or, sur un bûcher ardent de gueules, ayant la tête contournée.*

**JOBERT.** Jean Jobert fut élu quartinier de la ville de Paris, en 1610. *D'azur, au chevron d'or, accompagné en chef de deux étoiles, et en pointe d'un croissant, le tout du même.*

**JOCET**, seigneurs de Kervillart et de la Ville-Neuve, en Bretagne; famille qui a pour auteur Éon Jocet, maître d'hôtel de Jeanne de Navarre, duchesse de Bretagne, vivant en 1400. Ses descendants se sont alliés aux maisons de Maubec, de Vitré, de Héchard, du Bot, de Francheville, de Coetlogon, de Rohan, de la Roë, etc. *D'azur, à l'écureuil rampant d'or.*

**JOCET**, seigneurs de l'Escoublière et de la Charquélière, en la même province. Cette famille a été maintenue sur preuves de 9 degrés, le 6 avril 1669. *D'argent, à deux haches d'armes de gueules, accompagnées de cinq mouchetures d'hermine de sable, posées 3 et 2 entre les haches.*

**JOFFRON.** Etienne Joffron, conseiller au parlement de Bourgogne, vivait en 1574. *D'or, au chef d'azur, chargé d'un œil d'argent.*

**JOINVILLE**, petite ville en Champagne, érigée en principauté, en 1552, pour la branche de Lorraine de Guise, et possédée depuis par la maison d'Orléans, a donné son nom à une illustre et ancienne maison, éteinte en 1374. Selon quelques auteurs, Eustache de Boulogne donna la sirerie de Joinville à Guillaume, son troisième fils. Celui-ci fut père d'Etienne, dit de Vaux, qui épousa Marie, comtesse de Joigny. Geoffroy le Vieux, leur fils, comte de Joigny, et sire de Joinville, fut père de Geoffroy le Jeune, comte de Joigny, et sire de Joinville, mort vers l'an 1104. Celui-ci eut, entr'autres enfants, Renaud, tige des comtes de Joigny, et Roger, souche des sires de Joinville. Cette maison possédait héréditairement la charge de sénéchal de Champagne. Elle a donné un maréchal de France, un archevêque et duc de Reims, pair de France, etc., etc.

*Armes* : d'azur, à trois broyes d'or, l'une sur l'autre en fasce; au chef d'argent, chargé d'un lion issant de gueules. Ces armes, à l'exception du chef, qui paraît une brisure, sont les mêmes que celles des anciens seigneurs de Broyes en Brie. Il pourrait être qu'Etienne de Vaux, comte de Joigny, par sa femme, avant l'an 1055, et dont l'origine n'est pas bien connue, fût un puîné de cette ancienne et illustre maison.

**JOLIVET DE VANNES.** Jacques-Jérôme Jolivet de Vannes, procureur et avocat du Roi, et de la ville de Paris, fut reçu dans cette dernière charge, attributive de noblesse, le 4 février 1755. *D'argent, au chevron de gueules; au chef d'azur, chargé d'une vivre du champ.*

**JOLY DE FLEURY.** Cette famille établie à Paris, est originaire de Bourgogne. Elle tire sa noblesse des offices de judicature. Elle a pour auteur, Henri Joly, habitant de la ville de Nuits, en Bourgogne, en 1450, dont le fils, Barthélemy Joly, avocat en la ville de Beaune, fut père d'un fils aussi avocat en la même ville, et de Barthélemy Joly, greffier criminel au parlement de Dijon. Son fils aîné, Antoine Joly, baron de Blaisy, fut greffier en chef au même parlement, et François Joly, son second fils, fut avocat au parlement de Paris, et s'allia avec Charlotte Boudon, avec laquelle il fonda la branche de Joly de Fleury. Cette famille a produit des hommes célèbres dans le barreau; elle compte des maîtres des requêtes, des conseillers d'état, des avocats généraux, etc., etc. La seigneurie de Blaisy, dans le bailliage de Châtillon, fut érigée en marquisat, par lettres du mois de juin 1695, registrées le 2 août suivant, en faveur d'Antoine Joly, président au grand conseil. Cette branche est éteinte. Le titre de comte, consacré par la charte, existe dans la branche de Joly de Fleury. *Écartelé, aux 1 et 4 d'azur, au lys d'argent ; au chef d'or, chargé d'une croisette patée de sable ; aux 2 et 3 d'azur, au léopard d'or, lampassé et armé de gueules.* Ces deux derniers quartiers ont été autorisés par lettres-patentes du mois de décembre 1648.

JOLY. Charles Joly, anobli en 1624, fut père de Henri Joly, sieur d'Escaravel, en Normandie, maintenu dans sa noblesse, en 1666. *D'azur, à l'arbre arraché d'or, chargé sur la cîme d'une canette du même.*

JOLY DE MANTOCHE, à Besançon. Cette famille a donné au dix-huitième siècle un conseiller-maître à la chambre des comptes de Dôle, et un conseiller au parlement de Besançon.

LA JONCHÈRE, ancienne noblesse de Franche-Comté, qui fut reçue à Saint-Georges en 1575. *De gueules, à la fasce d'argent.*

JONGHERYCX, famille noble et ancienne, originaire des Pays-Bas, dont était Martin Jongherycx, écuyer, fils de Jean et de Marguerite de Schodt. Il épousa, 1°. Marie de Wavrans ; 2°. Barbe Lauwereyns, d'une très-ancienne maison de la Flandre maritime. Il eut de ce dernier mariage cinq enfants, savoir : un fils, Pierre Jongherycx, mort sans alliance à Dunkerque au mois de novembre 1672 ; et quatre filles, trois mortes jeunes, et Louise Jongherycx, héritière de sa maison, mariée avec Louis Lambrecht, d'une ancienne famille patricienne des Pays-Bas. Ils furent inhumés à Dunkerque, dans l'église des Recolets ; leur mort est marquée sur leur tombe, savoir, Louise Jongherycx au 30 octobre 1641, et Louis Lambrecht au 26 juillet 1655. L'écusson de leurs armes, sculpté sur la pierre sépulcrale, représente un *écartelé, les premier et troisième quartiers contre-écartelés d'azur à l'agneau d'argent, et de gueules à deux épées d'argent en sautoir ; une fleur de lys d'or au centre de ce contre-écartelé,* qui est de LAMBRECHT ; *le deuxième quartier aussi contre-écartelé à deux fasces bastillées, et au chevron accompagné de trois cors de chasse,* qui est de JONGHERYCX ; *le quatrième quartier d'argent, au*

*laurier de sinople ; au chef de gueules, chargé de trois mer-
lettes d'argent*, qui est de LAUWEREYNS. Louis Lambrecht eut de Louise Jongherycx deux fils et une fille.
Louis Lambrecht, II du nom, fils aîné de Louis I$^{er}$., devint seigneur de Coudekerque aux droits de sa mère,
Louise de Jongherycx, qui avait hérité de son frère,
Louis de Jongherycx, lequel tenait cette seigneurie de
sa cousine maternelle, dame Marie-Martiane de Buretta,
décédée sans enfants à Dunkerque, le 21 novembre 1647,
épouse de Pierre de Jallet, écuyer, mestre de camp au
service de S. M. Catholique, et gouverneur de la ville
de Dixmude.

LE JOSNE CONTAY, en Artois. La Roque, dans
son traité de la noblesse, chapitre de *la noblesse par chevalerie*, donne l'article suivant sur cette famille.

« Monstrelet fait mention de Robert le Josne, en
» Artois, de très-bas lieu, qui fut d'abord licencié ès
» lois, avocat au parlement l'an 1418 ; puis du conseil
» de Henri V, roi d'Angleterre, qui le fit chevalier pour
» l'anoblir, et devint enfin bailli d'Amiens et gouver-
» neur d'Arras, par le choix de Philippe-le-Bon, duc
» de Bourgogne. Il eut deux fils, Guillaume le Josne,
« qui acheta la terre de Contay, dont il prit le nom, et
» Jean, cardinal du saint-siége, évêque d'Amiens ».

La terre et seigneurie de Lesvaques fut érigée en marquisat, par lettres du mois de février 1695, en faveur
de Maximilien-Martin le Josne-Contay, chevalier, seigneur de la Ferté. *Écartelé, aux 1 et 4 de gueules, frettés
d'argent, semés de fleurs de lys du même dans les claires
voies ; aux 2 et 3 fascés d'argent et de gueules ; sur le tout
de gueules, au crequier d'argent.*

DE JOSSAUD, en Provence. Cette famille, originaire du Languedoc, tire son origine de Jean Jossaud,
conseiller au parlement de Turin en 1558. Elle fut
maintenue dans sa noblesse par les commissaires du Roi
députés pour la vérification des titres de noblesse, le 12
octobre 1668. *D'azur, à un croissant d'argent; au chef d'or,
chargé de trois étoiles de sable.*

JOSSE. Claude Josse, conseiller du Roi, receveur-
général des bois, fut reçu échevin de Paris en 1596.
*D'azur, à trois couronnes ducales d'or.*

JOSSET. Claude-Augustin Josset, avocat au parlement, conseiller du Roi, expéditionnaire en la cour de Rome, fut élu échevin de Paris en 1733. *D'azur, à neuf besants d'or.*

DE JOSSOUIN DE VALGORGE, en bas Vivarais, noblesse ancienne et d'épée, distinguée par une longue série de services militaires. Elle s'est divisée en plusieurs branches, dont quelques-unes se sont éteintes dans les maisons d'Agrain des Hubas, de Colonne, de Haut-Villard et de Soulages. Elles ont toutes pour auteur commun :

I. Noble Eustache DE JOSSOUIN, rapporté dans des actes des années 1615, 1621 et 1650. Il épousa Françoise *du Roure*, dont il eut François, qui suit :

II. François DE JOSSOUIN, seigneur de la Tour, fut pourvu de la charge de gentilhomme auprès de Mgr. Gaston, duc d'Orléans, régent de France, par brevet du 10 janvier 1631. Il eut pour fils,

> 1°. François de Jossouin, qui servit d'abord dans les cadets nobles de Brissac, et fut ensuite capitaine au régiment de Normandie ;
> 2°. Joseph, dont l'article suit ;
> 3°. Jean de Jossouin, capitaine au régiment de Castries ;
> 4°. Jean-Baptiste de Jossouin, capitaine au régiment de Chabrillant.

III. Joseph DE JOSSOUIN DE LA TOUR, écuyer, né le 25 juillet 1650, capitaine au régiment de Tournaisis, demanda et obtint un certificat signé d'Hozier, juge d'armes de France, qui l'autorise à mettre une tour dans l'écusson de ses armes, au lieu d'un croissant, qui y était empreint, à cause du surnom qu'il portait, ainsi que ses enfants. Il épousa, par contrat du 9 mai 1672, Madelaine *de Tourette*, et mourut avant le 26 avril 1703, laissant, entr'autres enfants :

> 1°. Jean de Jossouin de la Tour, né le 1er août 1681, marié, par contrat du 26 août 1703, avec Gabrielle *de Martinent*, fille de Louis de Marti-

nent, sieur de la Vernade, qui le rendit père de plusieurs enfants :

2°. Basile de Jossouin, capitaine au régiment d'Albigeois ;

3°. Joseph de Jossouin, officier au régiment de Gatinais, tué dans un choc, en Piémont, le 29 juillet 1708 ;

4°. Guillaume de Jossouin, officier au régiment de Gatinais. Il servit au ban de la noblesse de Languedoc, ainsi qu'il appert de son certificat du 6 septembre 1697 ;

5°. François II, dont l'article suit :

6°. Marianne de Jossouin, mariée le 3 septembre 1706, avec Louis de Vissac, seigneur de Blazère.

IV. François DE JOSSOUIN DE LA TOUR, écuyer, servit dans les cadets gentilshommes du corps de Brissac, passa officier au régiment de Rohan-Rochefort, puis capitaine à celui de Gatinais, après Joseph, son frère aîné. Il épousa Louise de Rochier. De ce mariage sont issus :

1°. Jean Balthasard, dont l'article suit ;

2°. François de Jossouin de la Tour, officier au régiment de Forez, puis ecclésiastique ;

3°. Guillaume de Jossouin, officier au régiment du Roi, cavalerie, fait chevalier de Saint-Louis, le 29 mai 1740.

V. Jean-Balthazard DE JOSSOUIN, seigneur de Planzolles, co-seigneur de Saint-André-Lechamp, bailli des états du Vivarais, épousa Marie de Jossouin, dont il eut :

1°. Jean-Roch, dont l'article suit ;

2°. Jean-Baptiste de Jossouin de la Tour, capitaine au régiment de Poitou, chevalier de Saint-Louis, mort sans enfants,

3°. François-Balthazard de Jossouin de la Val, capitaine au régiment de Bresse, chevalier de Saint-Louis, mort sans enfants ;

4°. François de Jossouin, chanoine à Alby.

VI. Jean-Roch DE JOSSOUIN, Ier. du nom, seigneur

de Valgorge, de Planzolles, de Loubaresse, Saint-Martin, Laugère et la Boule, fut bailli d'épée des états du Vivarais. Il était ancien capitaine de cavalerie et chevalier de Saint-Louis. Il fut appelé comme noble, à l'assemblée du bailliage de Villeneuve, de Berg, lors de la convocation des états-généraux, en 1789. Il épousa, en 1764, Marie-Christine *de Peyret de Malerive*. De ce mariage sont issus :

1º. Jean-Balthazard de Jossouin de Valgorge, ancien garde de la porte du Roi, puis officier dans le génie militaire, mort en émigration ;

2º. Jean-Roch II, qui suit.

VII. Jean-Roch DE JOSSOUIN, IIe. du nom, chevalier de Valgorge, officier supérieur, chevalier de l'ordre royal et militaire de Saint-Louis et de l'ordre royal de la Légion-d'Honneur, a émigré et fait les campagnes de l'armée des princes. Le titre de chevalier lui a été donné par le Roi, d'après ses brevets d'officier supérieur, de chevalier de Saint-Louis et de la Légion d'Honneur, en date des 24 août et 4 décembre 1814, et 3 septembre 1816. Il a épousé Madelaine - Charlotte *de Laulanhier*. De ce mariage sont issus :

1º. Marie-Jean-Charles-Ovide, qui suit ;

2º. Marguerite-Victoire de Jossouin de Valgorge, mariée le 6 septembre 1796, avec Joseph-Alexandre de Vissac.

VIII. Marie-Jean-Charles-Ovide DE JOSSOUIN, chechevalier de Valgorge, était surnuméraire dans les gardes de la porte du Roi, en 1814. *D'azur, au chevron d'or, accompagné en chef d'une tour d'argent ; au chef du même, chargé de trois roses de gueules.*

JOUARD, en Bourgogne. Jean Jouard, chevalier, seigneur d'Echevannes, premier président au parlement de Dijon, en 1569, fut assassiné dans cette ville, le 27 mars 1577, étant alors président du parlement de Beaune, de Saint-Laurent et de Dôle. *D'azur, à la fasce d'or, accompagnée de trois choux pommés du même.*

JOUENNE D'ESGRIGNY, famille originaire de Compiègne, qui a pour auteur René Jouenne, sieur d'Esgrigny, anobli le 21 août 1698, en conséquence de l'édit du mois de mars 1696. Cette famille a donné un brigadier d'infanterie et plusieurs officiers supérieurs décorés de l'ordre royal et militaire de Saint-Louis. *D'azur, à trois croisettes potencées d'argent.* Couronne de marquis. Tenants : *Deux anges.* Cimier : *un monde croisé d'argent.* Devise : *In hoc signo vinces.* Légende : *Pius et fidelis.*

JOUENNE ou JOUANNE, seigneurs de la Bonne-terre, en Normandie. Jean Jouenne, sieur de la Bonne-terre, et Jean, son fils, sieur de la Drovière, président en l'élection de Falaise, anoblis en 1654, furent maintenus en 1666. *D'azur, au cœur d'argent, accompagné de trois croisettes d'or.*

DE JOUFFREI, seigneurs de Sainte-Cécile et des Ambiers, en Provence ; famille ancienne, originaire de la ville de Briançon, en Dauphiné, qui prouve sa filiation suivie depuis Jean Jouffrei, chevalier, conseiller et chambellan du Roi et gouverneur de Briançon et de Château-Dauphin, vivant en 1313 ; mais, attendu que quelques-uns de ses descendants firent des actes de dérogeance, Antoine Jouffrei, conseiller du Roi et lieutenant particulier à Briançon, obtint des lettres de réhabilitation données par le Roi Henri IV, le 12 février 1596. Il fit son testament l'an 1601. Antoine Jouffrei s'établit en Provence, par le mariage qu'il contracta à Sisteron, le 12 janvier 1602, avec Marguerite de Garret. De ce mariage sortirent Pierre Jouffrei et Paul Jouffrei, qui furent maintenus dans leur noblesse, le 16 mars 1668. *D'azur, à un croissant d'argent ; au chef d'or, chargé de trois étoiles de sable.*

JOUFFROY, comtes et marquis de Jouffroy, en Franche-Comté. On n'est pas d'accord sur l'origine de Jean Jouffroi, abbé de Luxeuil, au comté de Bourgogne, évêque d'Arras, cardinal en 1461. Ce qui est certain, c'est que ses frères tenaient un rang dans la bonne noblesse du pays, et que, comme tous leurs descendants, ils ont contracté de bonnes alliances. Il y a eu les branches d'Abbans, de Gosuans, d'Uxelles et de Novillars, reçues à Saint-Georges, en 1625, et vingt-deux fois, depuis cette époque. Les branches d'Abbans et de Gousans, qui subsistent, possèdent les terres de ce nom, depuis plus de trois cents ans. *Fascé d'or et de sable de six pièces ; la première fasce d'or, chargée de deux croisettes d'argent.*

DU JOUR. Charles du Jour, conseiller au châtelet, fut élu échevin de Paris en 1659. *Ecartelé, aux 1 et 4 de gueules, à deux pals d'or ; aux 2 et 3 de gueules, au soleil d'or.*

JOURDAIN, seigneurs du Couedo et de Keurien, en Bretagne ; maison issue d'ancienne chevalerie, qui a pour auteur Michel Jourdain, servant en 1371, sous le connétable Bertrand du Guesclin. Depuis cette époque, le nom de cette famille ne cesse de figurer dans les rôles militaires. Elle s'est alliée aux maisons de Hautbois, le Pauvre, Bizien, Chef du Bois, Lopnac, Kermoguer, Talhouet, de la Saudraye, etc. *D'azur, au cor d'argent, accompagné de trois molettes d'éperon du même.*

DES JOURS, comtes de Mazille, en Nivernais ; famille ancienne et distinguée par de nombreux services et de belles alliances. Elle remonte par filiation suivie, à Guillaume des Jours, écuyer, seigneur du Monceau, de Villette et autres lieux, marié en 1533, avec Catherine de Grandin. Les autres alliances de ses descendants, parmi lesquels on compte plusieurs capitaines de cavalerie, un mestre de camp, et des officiers supérieurs dans la même arme, la plupart décorés de l'ordre royal et militaire de Saint-Louis, sont avec les maisons de Troussebois, de la Vernée, de Montconis, de Damas d'Antigny, de Ballard, le Ganay, le Prestle de Vauban, de Siry, de Roume Saint-Laurent, de Chargères. Tous les membres de cette famille, constamment dévouée à l'auguste maison de Bourbon, ont émigré en 1791, et fait les campagnes de l'armée des princes et de celle de Condé. *D'or, au lion d'azur ; au chef échiqueté d'azur et d'or de trois tires.* Couronne de comte. Supports : *deux lions en barroque.*

DE JOUX, maison chevaleresque de Franche-Comté, éteinte dans les maisons de Monteaugeon, de Jouffroy, et de Grammont. *D'or, fretté de sable.*

Elle possédait des terres considérables, dont dépendaient les châteaux de Joux, de la Cluse, de Mireval et d'Osies. Les deux premiers de ces châteaux étaient extrêmement importants par leur force et leur situation, et passèrent vers la fin du quatorzième siècle dans la maison de Vienne.

DE JOUY. Jean de Jouy était conseiller au parlemen de Paris en 1315. *D'argent, à trois merlettes de sable.*

DE JOUY. Jean de Jouy, praticien demeurant à Bar, fut anobli sans finance, par lettres du 18 septembre 1527. *De vair, au chef de gueules, chargé d'un lion issant d'or, armé de sable.*

DE JOUY. Mathurin de Jouy, commis-général des maisons et finances de la reine de France, natif de Fortet en Touraine, fut anobli par lettres de Charles IV, duc de Lorraine, du 20 juin 1664. *D'or, au lion de gueules, tenant une palme de sinople.*

DE JOUY. François de Jouy, l'un des écuyers du duc de Lorraine, fut anobli le 2 décembre 1713, avec permission de prendre les armoiries de Jacques Clausse, son bisaïeul maternel, lequel avait été anobli le 27 mars 1573. *D'azur, au chevron d'or, accompagné de trois têtes de léopard du même, bouclées d'argent.*

JUBERT DE BOUVILLE, marquis du Thil, par érection du mois de mars 1655; famille ancienne et distinguée, originaire de Normandie, qui a pour auteur Philippe Jubert, sommelier de la chambre du roi Charles V, anobli en 1369. On compte parmi ses descendants une foule de personnages recommandables dans la robe et dans l'épée, entr'autres, des conseillers d'état, des maîtres des requêtes, deux maréchaux de camp et un brigadier, un chef d'escadre, commandeur de Saint-Louis, et un commandeur de Saint-Lazare. Les principales alliances de cette maison, sont avec celles de Bellehache, Blancbaton, Brinon, Carvoisin, Chastelus, Croismare, du Fay, la Ferté, Fumechon, Giverville, Goujon-Gasville, Gouville, du Hamel, l'Hôpital, des Marêts-Maillebois, Maupeou, Mesmes, Monceaux, Moncrif, Montholon, Roquigny, la Rozière, Thiboutot etc. *Écartelé, aux 1 et 4 d'azur, à la croix alésée d'or; aux 2 et 3 d'azur*, *à cinq fers de pique d'argent*, *2 et 3*. La branche du Thil portait cinq rocs d'échiquier au lieu de fers de pique.

DE LA JUGIE, en Limosin. Cette famille a pour auteur Jacques de la Jugie, fils de Géraud ou Géraldon, vivant en 1313, lequel fut anobli par lettres du mois de mars 1338. Ses descendants ont donné des capitaines de 50 hommes d'armes, des officiers généraux, des gouverneurs de places, des conseillers d'état, et un chevalier des ordres du Roi en 1585. *Écartelé, aux 1 et 4 d'azur, à deux lions affrontés d'or; aux 2 et 3 d'argent, à la bande d'or, accompagnée de 6 roses de gueules : parti d'azur, à la fasce d'or ; sur le tout d'or au lys à trois branches de gueules.*

JUIÉ, famille ancienne du Limosin, alliée au seizième siècle, à celle de Guillon de l'Étang, qui a donné un évêque de Carcassonne, chevalier du Saint-Esprit en 1618. *De sable, au rocher d'or.*

JUIF, famille ancienne, originaire de Bourgogne, éteinte depuis plus de deux siècles, et dont était Antoine Juif, official d'Autun, conseiller au parlement de Bourgogne en 1538, et Richard Juif, maître en la chambre aux deniers du duc Philippe Le Bon. *D'argent, à trois hures de sanglier de sable.*

JUILLART. Claude Juillart fut fait quartinier de la ville de Paris l'an 1579. *D'azur, au soleil d'or.*

JULIOTTE, en Normandie. Léon Juliotte, anobli en 1597, est l'auteur de cette famille; son petit-fils Tanneguy Juliotte, sieur de Réveillon, fut maintenu dans sa noblesse, le 31 janvier 1667. *D'azur, au chevron d'or, accompagné de trois étoiles du même.*

JUNET, famille originaire de la Rivière, et établie à Salins, en Franche-Comté. Elle fut anoblie par le roi d'Espagne Philippe II, par lettres datées de Madrid, le 27 avril 1598, en récompense des services de Jean Junet-de-la-Rivière, procureur-général des terres de la maison de Châlons, au comté de Bourgogne, de ceux de Pierre et de Philibert ses fils, et de ceux de Gratian Junet son père. La postérité de Jean Junet de la Rivière s'est continuée dans la personne de Pierre-François-Joseph Junet, écuyer, seigneur d'Aiglepierre et Bouverans, ancien capitaine dans les milices de Bourgogne, et substitué au nom de la maison de Courbessein, lequel a épousé, le 20 mai 1745, Marie-Anne-Désirée Portier. *D'hermine, à la fasce de gueules, chargée d'une quintefeuille d'or.*

DE JUSSEY, maison d'ancienne chevalerie du comté de Bourgogne, éteinte, qui tirait son nom de la ville de Jussey, dont elle tenait, de toute ancienneté, les fiefs principaux et le château fort. Elle a figuré avec éclat à la cour et à la tête des armées, en Bourgogne et en Lorraine, depuis Olivier de Jussey, Ier du nom, chevalier, mari de Cécile de Traves, qui fit, en 1158 et 1160, des dons à l'abbaye de Clairfontaine, et depuis lequel on trouve une suite de titres successifs sur Olivier II, Odon, Etienne, Hales, Jean, tous chevaliers, bienfaiteurs de cette abbaye. Regnaud de Jussey, chevalier, fut cité pour un seigneur de la cour d'Eudes IV, et son favori, en 1320. Il est peut-être le même que Regnaud de Jussey, que l'on voit lieutenant-général et gouverneur du comté, en 1354, et que l'on croit frère d'Olivier III de Jussey, chevalier, qui fut chambellan du roi Philippe-le-Hardi, en 1359, puis son ambassadeur en Autriche, en 1378, pour traiter du mariage de sa fille avec l'archiduc. Le même Olivier fut encore conseiller du conseil secret du duc de Nevers, et enfin maréchal de Bourgogne. L'histoire rapporte aussi Pierre et Philippe de Jussey, qui marchèrent au secours du duc Philippe de Rouvre, sous la bannière de Bourgogne, en 1358. On trouve un grand nombre de chevaliers et d'écuyers du nom de Jussey, dans les rôles d'hommes d'armes des quatorzième et quinzième siècles. Une branche de cette maison était également florissante en Lorraine, où elle s'était établie dans ce dernier siècle; elle y contracta, ainsi que la branche aînée, les plus hautes alliances, et prit rang à la cour et aux assises des états, dans le corps illustre de l'ancienne chevalerie de ce pays. Elle y donna plusieurs grands baillis et gouverneurs du comté de Vaudémont et conseillers d'état, des maîtres d'hôtel et chambellans des ducs de Lorraine, des chanoinesses de

Remiremont et de Château-Chalon, et autres chapitres. de Lorraine et du comté de Bourgogne; et, depuis l'an 1200, plusieurs chanoines de la métropole. Elle posséda nombre de grandes seigneuries et terres titrées, notamment les baronnies de Rochefort, Urbachers, Coucy, etc., etc. Cette maison s'est éteinte vers le seizième siècle, dans les maisons de Raigecourt et de Norroy. *De sable, au lion d'or couronné ; à la bordure du même.*

DE JUYÉ. Isaac de Juyé, seigneur de Moric, conseiller au grand conseil, fut élu échevin de Paris en 1615. Il était fils de Pierre de Juyé, seigneur de Forges, président à la Rochelle. Il fut maître des requêtes, le 16 juillet 1616, intendant en Tourraine, Poitou, Berry et Guienne., conseiller d'état, en 1632, et mourut doyen, le 25 septembre 1651. Il avait épousé 1º Magdeleine de Champrond, fille de Jacques de Champrond, président aux enquêtes, et de Magdeleine de Montmirail ; 2º. Françoise Giroult, fille de Claude Giroult, trésorier de France à Soissons, et de Marie Targas. Il eut du premier lit une fille morte jeune, et Catherine de Juyé, mariée avec René de Carbonnel, marquis de Canisy, maréchal de camp et gouverneur d'Avranches. *D'azur, au rocher d'or, surmonté d'une épée en fasce d'argent, garnie du second émail.*

DE JUYÉ, seigneurs de Seilhac, en Limosin. Cette famille a pour auteur Libéral de la Forestie, écuyer, ainsi qualifié dans des actes des 12 et 13 août 1558. Il avait épousé Sébastienne de Juyé, dont il eut Jean de la Forestie, en faveur duquel Jean Juyé, bourgeois de Tulle, et père de sa mère, fit son testament, le 18 juin 1546, à la condition de porter son nom et ses armes. Ce Jean de la Forestie épousa, sous le nom de Jean de Juyé, que ses descendants ont conservé, Marguerite de Thermes, par contrat du 2 février 1549. *D'argent, à trois fasces de gueules ; au lion couronné du même, lampassé et armé de sable, brochant sur le tout.*

# K.

DE KARNAZET (1), barons de Saint-Vrain, seigneurs de Broussy, de Grand-Fontaine, en Beauce ; famille ancienne, originaire de Bretagne, qui tire son nom d'une terre située dans l'évêché de Léon. Elle s'est divisée en plusieurs branches. L'aînée, dite des seigneurs de Karnazet, ne subsistait plus en Bretagne lors de la recherche de 1669. Une seconde s'établit en Beauce dès le commencement du quinzième siècle. Elles ont toutes, pour auteur commun, Salomon, seigneur de Karnazet, vivant en 1355. La branche des barons de Saint-Vrain, en Beauce, a donné des gouverneurs de places de guerre ; des chevaliers de l'ordre du Roi ; un maître-d'hôtel de Sa Majesté, en 1544 ; un maître-d'hôtel du duc d'Anjou, mort en 1588 ; un chambellan du duc d'Alençon, mort en 1584 ; un capitaine de cent hommes d'armes, mort en 1568, et des officiers dans les compagnies d'ordonnances et dans nos régiments, depuis l'époque de leur création. Les alliances de cette branche sont avec les maisons d'Anglebermer, Aumale, Auquoy, Avy, Beaumotte, Bombelles, Brillac, Bureau, Campremy, Cappo, en Italie, Champgirault, Clinchamp, Estoré, Gouffier, l'Isle-Marivaux, Lannière, Mezange, Mornay, Moustiers, du Noyer, Prunelé, Suze, Thienne, Villereau, etc.

ARMES :

*Branche de Bretagne* : burelé d'argent et de gueules ; à deux bisses, (nommées improprement guivres) affrontées d'azur, entrelacées dans les fasces.

*Branche de Beauce* : burelé d'argent et de gueules ; à la bisse (2) de sinople brochante sur le tout, accompagnée de trois herses d'or ; à la bordure contre-componée d'argent et de gueules de dix pièces.

---

(1) Orthographié aussi *Kerazret* et *Kernazret*.

(2) Lachenaye a mis *Grive* pour *Guivre*, qu'il voulait dire : c'est une double erreur. Ce qu'on nomme guivre en blason, est une bisse ou serpent qui avale un enfant.

DE KELLERMANN, famille anoblie sous Louis XIV.
François - Christophe de Kellermann, duc de Valmy,
maréchal de France, grand'croix de l'ordre royal et
militaire de Saint - Louis, créé pair de France, le
4 juin 1814, est décédé au mois d'octobre 1820. Le
comte de Kellermann, son fils, lieutenant-général des
armées du Roi, lui a succédé dans les dignités de duc
de Valmy et de pair de France.

*Armes* : coupé, au 1 de gueules au croissant versé
d'argent ; au 2 d'argent, au rocher de trois monts rangés
sur la même ligne de sinople, chaque mont surmonté
d'une étoile de gueules.

DE KÉRATRY, sieurs de Kératry, de Kéridiern, de
Kerbiguet, de Mezaler, en Bretagne ; famille ancienne,
connue dans cette province, dès avant l'an 1500, et qui
a pour auteur Christophe de Kératry, écuyer, sieur
de Kératry et de Kéralgen, mentionné dans un accord
du 1er. septembre 1505. Elle a été maintenue dans sa
noblesse d'extraction, par arrêt de la chambre de la
réformation du 23 juillet 1670. Anne-Louise-Aimée de
Kératry, fille de Jean-François, comte de Kératry,
président de la noblesse de Bretagne, fut reçue cha-
noinesse comtesse de Largentière, en Lyonnais, au mois
de janvier 1785. *D'azur, au corps de chasse d'argent,*
*surmonté d'une lance du même en fasce.*

DE KERCKHOVE, seigneurs de Crayéncourt et de
Fal, aux Pays-Bas.

Guillaume *de Kerckhove*, seigneur de Crayenhof, terre
connue depuis sous le nom de Crayencourt, épousa
Joachime de Cornehuse, dont :

Nicolas *de Kerckhove*, seigneur de Crayencourt, marié
avec Marie de Bailles, qui le fit père de :

François *de Kerckhove*, seigneur de Crayencourt, époux
de Marguerite de Zweène, fille de Jean de Zweène, et
de Léonore de Malegher. De ce mariage sont issus :

1º. Jean de Kerckhove, seigneur de Crayencourt,
lieutenant de Hesdin, marié avec Marie de Colomby ;

2º. François de Kerckhove, chevalier, seigneur de

Fal, créé chevalier le 20 octobre 1632, mort le 13 décembre 1654, ayant épousé Marie Vander-Gracht, morte le 28 octobre 1648.

*Armes* : d'argent, à trois griffons de sable.

DE KERCKHOVE. Charles Vanden Kerckhove, bailli de la ville, keure et franchise d'Eecloo, fut anobli le 8 juin 1676.

DE KERCKHOVE, seigneurs de Termandèle. Jean Vanden Kerckhove, dit Vander Varent, bourgmestre d'Alost, fut honoré du titre de chevalier, par lettres de l'an 1664.

Joachim *de Kerckhove*, dit *Vander Varent*, seigneur de Termandèle et de Venne, fut père d'Isabelle de Kerckhove, mariée à Guillaume Meynaert, souverain bailli de la chambre légale de S. M. le roi d'Espagne.

Marguerite-Jeanne *Vander Kerckhove*, dite *Vander Varent*, veuve de Michel le Feburc, sergent-major de la ville d'Oudenarde, obtint, pour ses enfants, confirmation de noblesse et d'armoiries, par lettres de l'empereur Charles VI, du 14 septembre 1740.

*Armes* : d'argent, à six losanges de sable accolées en bande.

KERCKHOVE, famille ancienne des Pays-Bas. Josse *Vander Kerckhove*, épousa Adrienne de Berch, dont il eut :

Guillaume *de Kerckhove*, marié avec Isabeau de l'Espinoy, fille d'Etienne, seigneur de Lignes, laquelle le rendit père de :

Josse *Kerckhove*, seigneur de Vaux, mort le 11 mai 1624. Il avait épousé Jeanne de Heurne, morte le 19 juillet 1637, fille de Jacques Heurne, et de Jeanne de Moore. Leurs enfants furent :

1°. Jean, qui suit ;
2°. Philippine de Kerckhove, morte à Bruges, le 12 avril 1668, femme de Louis le Poivre, seigneur de Maux, décédé à Liège, le 2 août 1645.

Jean *de Kerckhove*, seigneur de Vaux et de Champagne, échevin de la ville de Gand, fut créé chevalier par lettres du 23 octobre 1640. Il épousa Jacqueline de la Deuse, dame d'Etichove, fille de François de la Deuse, seigneur d'Etichove, et d'Agnès de la Hamaïde, dont :

1°. Josse, qui suit ;

2°. Jeanne de Kerckhove, mariée avec Henri Gage, colonel d'un régiment écossais au service d'Espagne, et colonel d'infanterie au service de Jacques II, roi d'Angleterre, mort à Tournay, en 1702.

Josse *de Kerckhove*, seigneur de Vaulx, épousa Jeanne-Marie Dellafaille, dont il eut, entr'autres enfants :

Jean-François *de Kerckhove*, seigneur de Vaulx, d'Etichove, de la Deuse, mort le 29 juillet 1733, ayant été marié avec Anne-Isabelle Lanchal, baronne d'Exaërde, dame d'Olsène, d'Oesselghem, Gotthem et de Straeten. De ce mariage sont provenus :

1°. Engelbert-Joseph-Martin de Kerckhove, héritier de la baronnie d'Exaërde, seigneur d'Olsène, Etichove, la Deuse, etc., marié avec Marie-Isabelle, née baronne de Zinzerling, décédés, lui, le 21 février 1748, et elle, le 24 novembre 1756, père d'Albert-Desiré-Xavier de Kerckhove, baron d'Exaërde, marié à Gand, le 29 septembre 1761, avec Camille-Josephe-Guilaine de Lens, dont postérité ;

2°. Gérard-Joseph de Kerckhove, seigneur d'Oesselghem, Gotthem, Elst, Mullem, etc., homme de fief de la châtellenie du Vieuxbourg de Gand, en 1754, 1755, 1756, 1757 et 1758.

*Armes* : échiqueté d'azur et d'argent ; au chef d'or, chargé d'une colombe au naturel, volante en bande, et portant en son bec un rameau d'olivier de sinople.

DE KERGORLAY (1). Cette maison est comptée pour une des plus illustres de l'ancienne chevalerie de Bre-

---

(1) Le nom de cette maison s'est aussi écrit *Guergorlé*, *Guergorlay*, *Kergorlé* et quelquefois, mais rarement *Quergorlay*.

tagne. Elle a pris son nom d'une terre qualifiée depuis
baronnie, située dans l'évêché de Léon, que l'héritière
de la branche aînée a portée, vers la fin du quatorzième
siècle, dans la maison de Montfort. Les seigneurs de
Kergorlay ont constamment tenu un rang distingué à la
cour des comtes et ducs de Bretagne, et ont occupé des
grades éminents dans leurs armées.

Pierre *de Kergorlay*, Ier. du nom, chevalier, seigneur
de Kergorlay suivit, en 1270, le duc de Bretagne à la
Terre-Sainte. Il était alors sénéchal du pays de Cor-
nouaille. Dès le mois de mars 1263, il s'était rendu
caution d'une obligation contractée par Alain Nuz, fils
de Jean, chevalier, envers Hervé de Léon. Il avait
pour frères Geoffroy de Kergorlay, mentionné dans un
compte rendu au duc Jean le Roux, l'an 1268; et Roland
de Kergorlay, qui, dans un jugement rendu à Paris,
l'an 1296, par Jean, duc de Bretagne et comte de
Richemont, touchant le meurtre commis sur la personne d'Alain Nuz, chevalier, est nommé au nombre
des amis et parents de ce seigneur auxquels on interdit
toutes poursuites et duels pour venger cet attentat. Son
sceau, apposé à un acte des archives de Blain, de
l'an 1300, *représente un écu vairé avec une bande*, comme
cadet. Pierre Ier. de Kergorlay est nommé dans la vente
des biens délaissés par Geoffroy de Lanvaux, chevalier,
sis en la vicomté de Rohan, faite au nom du duc Jean,
l'an 1274 : c'est le dernier acte qu'on ait de lui.

Pierre *de Kergorlay*, son fils, chevalier, sire de Kergorlay, est porté dans la reconnaissance faite l'an 1294,
par les seigneurs de Bretagne, du nombre des chevaliers,
écuyers et archers, qu'ils devaient, selon l'étendue de
leurs possessions féodales, pour l'armée du duc, comme
devant deux chevaliers pour sa terre de Poher, en Cor-
nouaille. Il fit un accord, l'an 1306, et un échange,
l'an 1318, avec Hervé de Léon, seigneur de Noyon. Il
avait épousé Jeanne de Rohan, fille d'Alain VI, vicomte
de Rohan, et de Thomasse de la Roche-Bernard, sa
seconde femme. L'an 1312, du consentement de Roland
de Kergorlay, son curateur, il transigea avec Alain,
vicomte de Rohan, son beau-frère, touchant les droits
dotaux de ladite Jeanne de Rohan, son épouse.

Jean *de Kergorlay*, Ier. du nom, chevalier, seigneur de
III. 44

Kergorlay, leur fils, ratifia, au mois d'avril 1312, le partage donné à sa mère, qui scella cet acte de son sceau, parti des armes de Rohan et de Kergorlay. Jean I<sup>er</sup>. mourut en 1335, et fut inhumé au couvent des religieux de la Trinité à Rieux. Il avait épousé Jeanne de Rieux, fille de Guillaume, sire de Rieux, et de Louise de Machecoul. Il en eut Jean *de Kergorlay*, II<sup>e</sup>. du nom, chevalier, seigneur de Kergorlay, qui, l'an 1351, servait en qualité d'écuyer dans la compagnie de Jean, sire de Beaumanoir, avec Yvon de Kergorlay, son frère, ou son parent (1); il commanda une compagnie de deux chevaliers, cinq écuyers et dix archers, sous Gui de Nesle, seigneur d'Offemont, maréchal de France, au mois d'août 1352. Ce seigneur ayant embrassé le parti de Charles de Blois, contre Jean de Montfort, son compétiteur au duché de Bretagne, fut tué à la bataille d'Auray, où la victoire fut remportée par le dernier, le 29 septembre 1364. Jean de Kergorlay avait épousé Marie de Léon, fille d'Hervé, vicomte de Léon, et de Marguerite d'Avaugour. Elle se remaria à Jean Malet, sire de Graville, de Seèz et de Bernay ; elle eut de son premier mari :

1°. Jeanne de Kergorlay, dame de Kergorlay, mariée à Raoul IX, sire de Montfort, de Lohéac et de la Roche-Bernard. Elle fut l'aïeule d'André de Laval-Montfort, seigneur de Lohéac, maréchal de France ;

2°. Aliénor de Kergorlay, mariée à Jean de Beaumanoir, chevalier, seigneur du Bois de la Motte.

La seconde branche de cette maison (2) s'est perpétuée jusqu'à nos jours ; elle remonte à Jean de Kergorlay, qui, vers l'an 1360, épousa Alix de Buzic, dame

---

(1) Ce dernier commanda une compagnie de neuf écuyers et de dix-sept archers à cheval, au nombre desquels était Eonnet de Kergorlay, suivant la montre qui fut faite de cette compagnie à Dinan, le 8 janvier 1356.

(2) Voyez l'Armorial breton, par Guy le Borgne, page 103.

du Cleuzdon., du Breil et de Kerjavelly. Les nombreux
et honorables services de cette branche, sont consacrés
dans presque toutes les pages de l'histoire deBretagne, et
ses alliances ont été contractées dans les plus illustres familles de cette province. *Vairé d'or et de gueules.* L'ancienne devise de cette maison, était : *Ayde·toy Kergorlay,
et Dieu t'aydera.*

DE KERGOURNADECH, illustre et ancienne maison
de chevalerie de Bretagne, qui à pris son nom d'une
terre située dans le diocèse de Léon (1). Olivier de
Kergournadech, chevalier, seigneur de Kergournadech,
fut présent à un accord passé, en 1288, entre Alain,
vicomte de Rohan et Hervé de Léon. Le 11 décembre
1357 Charles de Blois, duc de Bretagne, accorda au sire
de Kergournadech, la permission de lever une aide sur
sés vassaux. Il paraît que ce seigneur embrassa la cause
de ce prince dans ses démêlés avec Jean de Montfort,
qui lui disputait le duché de Bretagne ; car la plupart de
ses terres furent saisies par Hervé de Lesquelen, qui lui
avait fourni de grosses sommes pour payer sa rançon.
Il obtint des lettres de main-levée pour lesdites terres,
moyennant le remboursement solidaire, de Jean, duc
de Bretagne, successeur de Charles de Blois, le 9 novembre 1365. Cette maison s'est fondue à la fin du quinzième siècle, dans la maison de Kerhoent, par l'alliance

---

(1) L'ancienneté de cette grande maison était tellement immémoriale, qu'on a prétendu que le droit
qu'avaient les seigneurs de Kergournadech d'entrer dans
l'église de Léon, *bottés et éperonnés,* et l'épée au côté,
avait été accordé par saint Paul Aurélien, premier évêque
de Léon, vers l'an 600, à un chevalier de la paroisse
de Cleder, qui était demeuré auprès de ce saint, lorsque
toute la noblesse et le peuple l'avaient abandonné à la
vue d'un serpent qui désolait le pays, et que ce chevalier, seigneur de Kergournadech, s'offrit de tuer ce
monstrueux animal. Cette tradition fabuleuse fait sans
doute allusion à quelque service éminent rendu par ce
seigneur à l'évêque de Léon, mais elle n'en constate
pas moins l'opinion de toute la Bretagne sur la haute
antiquité de cette maison.

de Jeanne, dame de Kergournadech (fille de François, seigneur de Kergournadech, et de Françoise de Kersauson), avec Alain de Kerhoent, seigneur de Coetquelfen, dont les descendants ajoutèrent à leurs nom et armes ceux de Kergournadech, qui sont : *échiqueté d'or et de gueules.*

DE KERGUELEN, famille ancienne et distinguée de la province de Bretagne. Elle a prouvé, lors de la recherche, depuis Guillaume de Kerguelen, vivant en 1413. Elle est divisée en plusieurs branches, qui subsistaient en 1670, sous les noms de Penunrum, de Kerbi, de Guermeur, et de Kersaint. Les alliances directes de cette famille, sont entr'autres, avec les maisons de la Bouexière, Cluzion, Doncquer – Tserroeloffs, Kerakoven, Kerault, Kerniher, Kermeur, Launay, Pennanrum, Pentroff, la Roche du Rusquet, etc. *D'argent, à trois fasces de gueules, surmontées de quatre mouchetures de sable.* Devise : *vert en tout temps.*

DE KERGUELEN DE MENDIC, famille de la même province, qui lors de la recherche, a été maintenue dans son ancienne extraction, par arrêt de la chambre de la réformation, le 7 mars 1671. Elle s'est alliée aux maisons de Geslin, Kerangar, Bohier, Mendic, etc. *Écartelé, aux 1 et 4 d'or, au houx arraché de sinople ; aux 2 et 3 échiquetés d'argent et de gueules.*

DE KESSEL, famille ancienne, originaire des Pays-Bas. Susanne Van-Kessel, fut mariée, 1°., vers 1560, avec Louis Malapert ; 2°., vers 1580, avec Jacques Godin, seigneur de Bréaugies, dont elle fut la seconde femme.

André-Melchior Van-Kessel, premier secrétaire, et second conseiller pensionnaire de la ville d'Anvers, obtint des lettres de réhabilitation de noblesse, le 7 août 1725.

*Armes :* D'argent, à cinq losanges de gueules.

DE KESSEL. Pierre-Jacques Van-Kessel, franc-maître héréditaire de la monnaie d'Anvers, fut anobli par lettres du 26 octobre 1735. Armes : *D'argent, à trois* cailles au naturel, posées chacune sur un petit monticule de sinople.

DE KESSEL. *Voyez* LESNÉ-HAREL.

DE LA KETULLE, maison des plus anciennes des Pays-Bas, où elle subsistait dès la fin du douzième siècle, au rang des familles chevaleresques. Elle a formé plusieurs branches, entr'autres, celles des seigneurs de Haverie, et d'Assche, qui ont rendu d'importants services aux ducs de Bourgogne. Elle a contracté des alliances avec les maisons de Bauwens, Damman, Ghellinck de Nu¹ère, Vanden Houte, Madoets, Mesdagh de Cuerne, la Motte-Hekel, Récourt-Licques, Saint-Omer, Wielant, etc. Artus de la Kethulle, écuyer, seigneur de Noort-Assche, issu de cette noble et ancienne famille de Flandre, fut créé chevalier, par lettres du 10 avril 1646, registrées en la chambre des comptes de Lille. *De sable, au pal-fasce d'argent, accompagné de trois étoiles d'or, une dans chaque canton du chef, et l'autre en pointe.*

KLEIN, noblesse consacrée par la charte, avec le titre légal de *comte*, dans la personne de Louis Klein, lieutenant-général des armées du Roi, grand officier de la Légion-d'Honneur, créé pair de France, le 4 juin 1814. *De gueules, au dextrochère d'argent, tenant une épée du même; au pal d'or, chargé de trois chevrons de sable, brochant sur le tout.*

KLOPSTEIN DE RÉCOURT, famille originaire de Mayence, transplantée en Lorraine, vers le milieu du seizième siècle.

Mathias Klopstein, qui en est la souche dans ce dernier pays, fut père d'Alexandre Klopstein, anobli pour services, par lettres du 12 mars 1609. Cette famille a servi avec distinction la maison de Lorraine, et a donné postérieurement, plusieurs officiers au service des rois de France. Elle s'est alliée aux familles d'Esberad de la Neuville, Gérard, Gonnevoux, Henzelin, Leviston, Marais, Maugean de Brécourt, etc.

*Armes :* D'or, à la fasce d'azur, surmontée de deux lionceaux issants, affrontés de sable, et accompagnés en pointe de deux dextrochères affrontés de carnation, parés de gueules, tenant chacun un caillou qu'ils frappent, et dont il sort de la flamme de gueules.

# L.

**LABASSÉE**, noblesse consacrée par la charte, avec le titre légal de baron, dans la personne du baron Labassée, maréchal-de-camp, chevalier de Saint-Louis. *D'azur, au chevron d'argent, accompagné de trois têtes de loup du même.*

**LABAT d'AUTIGNAC**, barons de Caudeval, famille anoblie par le capitoulat de la ville de Toulouse, dans la personne d'Hector Labat, seigneur d'Autignac. capitoul en 1569. Son fils Jean Labat, épousa N. de Villeneuve, dont il eut Jean-Pierre Labat, seigneur de Caudeval, gentilhomme ordinaire de la chambre du Roi, père de Pierre Labat d'Autignac, baron de Caudeval, maintenu par M. de Bezons, intendant en Languedoc, en 1670, en vertu du capitoulat exercé par son bisaïeul. L'histoire néanmoins, fait mention d'un Guillebert de Labat, qui, l'an 1219, fut chargé conjointement avec Bernard de Montant, de la défense de la porte del Pontvielh, à Toulouse. On trouve aussi un Benoît Labat, anobli pour services en 1480. *Parti, au 1 de gueules à la fasce d'argent, accompagnée de 6 roses du même, les trois en pointe, posées 2 et 1; au 2 pal d'or et d'azur; au chef de gueules, chargé de trois besants d'argent.*

**DE LABAY DE VIELA**, en Armagnac, maison d'origine chevaleresque, de la province de Béarn, également distinguée par son ancienneté, ses services militaires, et les belles alliances qu'elle a contractées avec les maisons d'Albret, de Béarn, de Boisse, de Caupène, de Gassion, de Gramont-d'Aster, de Hitton, de Mauléon, de Miossens, de Ney de Candau, de Noë, de Rochefort-Théobon, etc. *D'or, à deux sangliers de sable.*

**LABBÉ**, seigneur de la Trochardais, et de Meurtel, maison distinguée et des plus anciennes de la province de Bretagne, où elle est connue depuis le milieu du douzième siècle, dans la personne de Geoffroy Labbé, mentionné dans une charte de Raoul, seigneur de Fougères, de l'an 1163, pour l'abbaye de Rillé. Guillaume Labbé est mentionné dans une lettre de Jean, évêque de Dol, de l'an 1200. Geoffroy Labbé, écuyer, vivant en 1276, pouvait être fils du précédent, et père de Guillaume Labbé, vivant en 1320. Les services de cette maison, jusques vers la fin du quinzième siècle, sont nombreux. Elle a rempli des emplois distingués à la cour, et dans les armées des ducs de Bretagne; et plusieurs de ses membres ont été chargés de missions importantes par ces souverains. Elle compte dans le service militaire, Eon, Jean, et Denis Labbé, sous Hue de Kerautret, chevalier, Jean de Tournemine, écuyer, et sous Guy de Rochefort, chevalier, en 1356: Brissot Labbé, sous Jean, sire de Beaumanoir, chevalier banneret en 1369, et sous Bertrand de Dinan, maréchal de Bretagne, en 1424; Lucas Labbé en 1380; Hamon et Jean Labbé, en 1384; Nicolas et Thomas Labbé, en 1396; Jean Labbé en 1412, 1417, et 1424; et autre Jean, son fils, en 1463, 1464, 1466, 1475; Charles Labbé en 1418, et 1427; Guillaume Labbé en 1422, et 1437; Pierre Labbé en 1433; Alain Labbé en 1427, 1430, et 1451; Richard Labbé en 1428, 1458, et Guillaume Labbé en 1488, et 1491. Cette famille a été maintenue dans son ancienne extraction, le 22 décembre 1666. *De gueules, à quatre fusées d'argent, accolées en bande.*

LABBEY, famille de Vésoul, en Franche-Comté, maintenue dans la possession, plus que centenaire, du titre de noble, par arrêt de la chambre des comptes de Dôle, en 1769. Il n'en reste que deux frères, l'un officier, et l'autre chanoine, qui n'ont point de postérité. *D'argent, au sautoir de sinople.*

LABBEY, noble et ancienne famille de race et d'extraction, originaire de la province de Normandie, où elle subsiste encore de nos jours. Elle a formé plusieurs branches; l'aînée, éteinte depuis long-temps; les seigneurs de la Roque et de la Boissière, les seigneurs d'Ussy de Villerville et de Beaumonchel; les seigneurs de Punelay, et les seigneurs de Druval. Toutes ces branches ont pour auteur commun, Colin ou Nicolas Labbey, gentilhomme notable, qui fut écuyer de la compagnie du connétable du Guesclin, et fit les guerres de son temps sous ce général, ainsi que le rapporte un arrêt du 27 septembre 1470, qui confirme Nicolas ou Colin Labbey, son arrière-petit-fils, dans sa noblesse d'extraction. Cette famille compte de nombreux services. Elle a contracté de belles alliances, entr'autres, avec les maisons d'Auge, de Baignard de la Roque, Bigards, du Bosc, du Breuil d'Ussy, du Buchot de Guerponville, du Buisson du Busc, Cacheleu de Maisoncelle. Cordouan de Montbrey, Dandel, Emery de la Motte, Filleul de Saint-Martin, le Goueslier de Montcarel, le Gris d'Echauffour, Lambert de Janville, Lombeton des Essards, Lyée, Malfilâtre, Martinville, Mathan, du Mont, Neufville, Nocey, Oilliamson, Perceval, Querville, Vauborel, Vatier, Victot, etc., etc. Pierre-Elie Labbey de la Roque, chef de la branche aînée de cette famille, né à Rouen le 26 décembre 1753, ancien officier au régiment du Roi, infanterie, chevalier de l'ordre royal et militaire de Saint-Louis, député du département du Calvados, à la session de 1815, membre de l'Académie des Sciences, Arts et Belles-Lettres de Caen, a fait imprimer en 1818, la Recherche de Montfaut de l'année 1463. C'est la seule qu'on puisse consulter avec confiance pour l'exactitude des noms propres. *D'argent, au sautoir de sinople.*

**LABOREY**, barons de Salans, en Franche-Comté, famille anoblie en 1520, et dont était Léon Laborey, créé chevalier par lettres du roi d'Espagne de l'an 1663. *De gueules à la bande d'or, chargée d'un sautoir de gueules.*

**LABOULIE**, seigneurs d'Aigalades, en Provence, famille qui a pour auteur Libéral de Laboulie, secrétaire du Roi en la grande chancellerie, qui épousa en 1672, Marie-Anne de Souchon d'Espréaux, de la ville de Gap; de ce mariage naquirent Jean-François Laboulie, conseiller au parlement de Provence en 1709, marié en 1712 avec Hypolite de Pisani de St-Laurent, dont il y a postérité; et Pierre de Laboulie, lieutenant-colonel dans le régiment de Tallard, et commandant de la ville de Calais.

**DU LAC**, seigneurs de la Voulte, de Boutenac, de Prat-de-Bosc, de Montvert, du Vivier, barons de la Bruyère, maison d'ancienne chevalerie du Languedoc, où dès la fin du onzième siècle elle subsistait au rang de la haute noblesse. Elle a eu pour berceau une terre de son nom où jadis, et dès avant le treizième siècle, elle

avait fait élever un château. Cette seigneurie est située à
l'embouchure de la petite rivière de Berre, dans l'étang
de Sigean, à trois lieues de Narbonne. Roland et Berenger *du Lac* frères, sont les premiers seigneurs de
cette maison dont on trouve des traces dans les anciennes
chartes. L'an 1113, ils souscrivirent une donation faite
à l'abbaye de la Grasse par Amalric, vicomte de Narbonne, et Ermengarde, son epouse. De l'un d'eux sont
issus :

    1°. Bernard du Lac, qui, l'an 1177, était procureur
        des hospitaliers de Saint-Gilles, de l'ordre de
        Saint-Jean de Jérusalem, dans le Narbonnais et
        le Minervois. Il etait sans doute chevalier du
        même ordre ;

    2°. Pierre-Arnaud du Lac, qui assista aux assises
        tenues par Ermengarde, vicomtesse de Narbonne
        en 1188 ;

    3°. Raymond qui suit.

  Raymond DU LAC, premier du nom, est nommé avec
Pierre Arnaud, son frère, dans un acte de Pierre, vicomte
de Narbonne, du 4 des calendes de mars 1192. Raymond 1er eut deux fils :

    1°. Raymond II, qui suit ;

    2°. Amalric-Raymond du Lac, compris au nombre
        des seigneurs Narbonnais qui, avec leur comte,
        prêtèrent serment au Roi aux calendes du mois
        de juin 1229.

  Raymond DU LAC, IIe du nom, chevalier, fut nommé
chancelier de Raymond VII, comte de Toulouse, au mois
d'octobre 1222. Il souscrivit plusieurs chartes avec cette
qualité, et est nommé dans les coutumes des nobles de
la vicomté de Narbonne sous l'an 1232. Il fut père de
Raymond III, qui suit :

  Raymond DU LAC, IIIe. du nom, damoiseau, fut l'un
des seigneurs qui, l'an 1254, entrèrent dans la ligue
conclue entre Amalric, vicomte de Narbonne, et les habitants de Montpellier. C'est depuis ce seigneur que la
filiation de cette maison est établie dans les preuves que
ses diverses branches ont faites pardevant M. de Bezons,
intendant en Languedoc en 1668, 1669 et 1670 (1).

_____

  (1) Voyez les pièces fugitives pour servir à l'histoire

Il fut père de

Pierre DU LAC, qui rendit hommage au vicomte de Narbonne, l'an 1303, et continua la postérité.

Cette maison a fait les preuves pour les honneurs de la cour, qu'elle a obtenus en 1784, 1785 et 1788, sur filiation remontée à Pierre du Lac, qui précède, lequel fit hommage à l'église de Narbonne en 1273. Elle a donné un grand nombre d'officiers de tous grades, décorés de l'ordre royal et militaire de Saint-Louis. Ses alliances directes sont avec les maisons d'Almoyn, Aragon, Arpajon, la Barthe, Bénavent, Calmels, Dorlan, l'Escure, Fitous, Izarn-de-Villars, Montclar, Montesquiou, Montjuif-Muranon, le Noir, Pellepoul, Penia, Pogio, Pompadour, Saix, Villeneuve, Villette, etc. *De gueules, à l'écusson d'argent.*

*Nota.* Il existait au diocèse du Puy en Velay, une famille de du Lac, seigneurs de Gratuse et de Remigères, issue de François du Lac, seigneur de Remigères, vivant en 1533. On ne croit pas que cette famille ait une origine commune avec la précédente.

DU LAC, seigneurs de Chemerolles et de Montreau, maison d'ancienne chevalerie de l'Orléanais, où, l'an 1283, vivait Bernard du Lac, chevalier, servant alors avec deux autres chevaliers et deux écuyers de sa compagnie. La filiation de cette ancienne maison est prouvée depuis Bertrand du Lac, chevalier, seigneur de Neuville, qui acheta les terres de Chemerolles et de Chilleurs, en 1440. Ses descendants ont donné des chevaliers de l'ordre du Roi, un chambellan de S. M., bailli et gouverneur d'Orléans en 1504, et plusieurs officiers supérieurs. Leurs alliances directes sont avec les maisons d'Aumale, Auxy, Balzac, Braschoux, Coligny, Cugnac-Imonville, Estampes la Ferté-Imbault, Fleurigny, Juvigny, la Lande-Montjouillan, Patay, Pot, Prunelé, du Puy-du-Moulin, Mornay, Rotier du Mont-

___

de France, par le marquis d'Aubais ; jugements sur la noblesse de Languedoc, t. 2, pag. 111, où l'on a omis un degré, et t. 3, pag. 51, où la généalogie a été rétablie.

Saint-Sulpice, Sallazar, Souplainville, Villebrune, etc.
*D'azur, au chevron d'or, accompagné en chef de deux roses*
*d'argent, et en pointe d'une fleur de lys nourrie du même.*

DU LAC, seigneurs de la Vallée. Jacques du Lac, seigneur de la Vallée, fut père d'Antoine du Lac, écuyer,
sieur du même lieu, époux de Marie Bastonneau, fille
de François Bastonneau, sieur de la Beraudière. Antoine du Lac eut entr'autres enfants Madelaine du Lac,
mariée à Charles le Court, écuyer, substitut du procureur-général du parlement de Paris, laquelle fut
bisaïeule maternelle d'Antoine, et Louis le Tonnellier
de Breteuil, reçus chevaliers de Malte en 1650 et 1660.
*D'azur, à la fasce d'or, accompagnée d'une étoile du même*
*au premier canton.*

DU LAC, seigneurs de Puydenat, en Auvergne ; famille distinguée par de nombreux services militaires,
qui a pour auteur Jean du Lac, écuyer, seigneur de
Puydenat, marié avec Madelaine Papon, père de Gabriel du Lac, époux, par contrat du 2 juin 1540, de
Marie de la Barre. Il fut, pendant dix-neuf ans, contrôleur ordinaire des guerres, ainsi qu'on le voit par un
certificat de l'an 1549. Les alliances de cette famille,
maintenue par M. de Fortia, intendant d'Auvergne en
1666, sont avec celles de Boulier ou Bouillé du Chariol,
Terraules, du Floquet, de Combettes, etc., etc. *D'azur,*
*à la fasce d'or.*

DU LAC, seigneurs de Monteil, d'Enval, de la Garde,
maison d'ancienne chevalerie d'Auvergne, dont était
Béraud, seigneur du Lac et de Monteil, marié, vers
1400, avec Algaïc Motier de la Fayette, sœur de Gilbert III, maréchal de France, et fille de Guillaume
Motier, seigneur de la Fayette, et de Marguerite Brun
du Peschin. Leurs enfants transigèrent ensemble, le
4 mars 1439, de l'avis du maréchal de la Fayette, leur
oncle. Ces enfants étaient Gilbert, Jean et Louis du
Lac, qui vivaient encore en 1450. Leurs descendants
ont suivi le parti des armes, et donné deux chevaliers
de Malte en 1589 et 1625. Ils se sont alliés aux maisons
de la Chassagne, de la Roche-Aymon, de Gironde, de
Quinquempoix, de Laurie, de Roussouche, de la
Barge, de Maurières, de Terneyre, de Tournadre, etc

*D'or, au chevron de gueules, accompagné de trois fermaux sans ardillon d'azur.*

DU LAC. François du Lac, conseiller au Châtelet de Paris, fut reçu conseiller au parlement le 30 janvier 1586. *D'argent, à la fasce d'azur, chargée d'une étoile d'or.*

DU LAC, seigneurs de la Perrède, de Boissi, de Péricard, en Quercy. Cette famille, alliée aux maisons de Bezolles, du Maine du Bourg, de Salignac-Fénélon, de Tilhet d'Orgueil, est ancienne et distinguée. Elle a pour auteur Guillaume du Lac, du diocèse de Périgueux, qui fut anobli en récompense de ses services, au mois de mars 1365. Il fut père, entr'autres enfants, de Souveraine du Lac, mariée, avant le 16 mai 1401, à Jean d'Escairac, fils de Bernard IV d'Escairac, damoiseau. *De gueules, à la tour d'argent.*

DE LACELLE DE CHATEAUCLOS, famille d'origine chevaleresque, connue depuis le milieu du treizième siècle. Ses membres sont qualifiés des titres de marquis, de comté et de vicomte, dans divers actes publics et brevets de nos rois. Elle a donné un maréchal de Carcassonne, un gouverneur de la province de la Marche sous Charles-le-Bel, en 1326, et des officiers de tous grades dans les armées. Cette maison a fait le dépôt de ses titres par devant M. Cherin, généalogiste des ordres du Roi, pour les honneurs de la cour. *D'argent, à l'aigle éployée au vol abaissé de sable, becquée et membrée d'or.*

DES LACS OU DES LAX, illustre et ancienne maison originaire du Quercy, où, dès le milieu du treizième siècle, elle possédait les seigneuries du Bousquet et d'Arcambal. Elle s'est alliée aux maisons les plus distinguées du Quercy, de la Guienne et de l'Agénois ; a occupé des gouvernements militaires, et a donné plusieurs officiers supérieurs, et un maréchal-de-camp au service de nos Rois. Elle a fait au cabinet des ordres du Roi, les preuves de la cour, dont elle a eu les honneurs au mois d'août 1769, sur ces preuves remontées par filiation à noble Guillaume des Lacs, vivant en 1305. La Chenaye des Bois lui donne la qualité de chevalier, et le fait

petit fils de Thomas des Lacs, qualifié de noble, de
chevalier, et de seigneur du Bousquet et d'Arcambal dans
son contrat de mariage du 10 décembre 1256, avec N... de
Beauffort, d'une des plus anciennes maisons du Languedoc. Il est assez étrange que la Chenaye, qui cite plusieurs
passages de ce contrat en latin, n'ait pas au moins donné
le nom de baptême de la demoiselle de Beauffort, ni cité
son père ou sa mère. Au reste, ce contrat, aussi bien que
ceux de Bertrand des Lacs, du 9 janvier 1329, et de
Guillaume Ier. du 12 mai 1369, de même que le testament d'Eméric, fils de Thomas et père de Bertrand de
l'an 1318, n'ont point été produits au cabinet du Saint-
Esprit, ou du moins on n'en a pas fait usage. Il est au
moins certain que cette famille n'a possédé les terres du
Bousquet et d'Arcambal que par suite du mariage contracté, le 10 mai 1528, par Antoine des Lacs, seigneur
de Pern et de Poujoula avec Catherine du Bousquet,
dame du Bousquet et d'Arcambal, que la Chenaye dit
sans aucune preuve de la même famille que Bertrand du
Bousquet, créé cardinal par le pape Urbain V, en 1368.
Cette maison a formé plusieurs branches. 1°. Les seigneurs de Brettes éteints à la fin du dix-huitième siècle ;
2°. les seigneurs de Cadillac ; 3°. les seigneurs de Cas-
tanet et de la Bonandie, éteints peu avant la révolution ;
4°. les seigneurs et barons du Bousquet et d'Arcambal :
5°. les seigneurs de Pern et de Maraval, éteints dans la
maison de Pélagrue; 6°. les seigneurs de la Nauze et d'Au-
debran. Ces diverses branches se sont alliées aux maisons
d'Arigny, d'Ayrac-Chantemerle, Beaulieu, Beaumont,
Becays, Cayssac, Chevailles de Saint-Maurice, la Combe;
Dejean de Saint-Projet, Doumergue, Escairac, du Faur,
Folmont, la Garde, Gatignols, Gaulejac, Gautier de
Savignac, Goth de Rouillac, la Grange-la-Coste, Jougla,
Montratier, la Peyrière, Ramond d'Auty, Roquefeuil
du Rouzet, Rozières des Craux, Vignals, des Vignes de
Puy-la-Roque, etc. etc. *Ecartelé, aux 1 et 4 d'or, à trois
fasces de gueules; aux 2 et 3 de gueules, à la tour don-
jonnée d'argent ; à la bordure d'azur, chargée de 5 fleurs
de lys et de 5 besants d'or, alternés.*

LADVOCAT, seigneurs de la Crochays et de la Ba-
ronnays, en Bretagne; maison ancienne et distinguée,
qui, lors de la dernière réformation, a été déclarée et

maintenue noble d'ancienne extraction, par arrêt du 22 novembre 1668, sur titres remontés à Guillaume Ladvocat, sieur de la Crochays, sans doute fils de Jean ou Eon Ladvocat, écuyers, qui, en cette qualité, servaient en 1421 dans la compagnie d'Olivier de Méel, dont la montre fut faite à Montoire le 1er. septembre. Cette famille s'est alliée aux Bernier, Miée, Taillart, du Breil de Rais et de Pontbriand, Bréhen, du Dresnay, Lesquen, etc. etc. *D'azur, à la bande denchée d'argent, accompagnée de trois coquilles d'or.*

LADVOCAT, seigneurs de Sauveterre, famille anoblie par les charges municipales, de finance, et de judicature de la ville de Paris. Henri Ladvocat, son premier auteur connu, fut fait échevin de Paris en 1561. Nicolas Ladvocat, son petit-fils, maître des comptes en 1632, secrétaire du Roi en 1646, mourut en 1662, laissant Jean-Antoine Ladvocat, reçu conseiller au grand conseil le 6 juin 1653, et rapporteur du point d'honneur, charge qu'il exerça le premier; il mourut sans alliance, le 5 mai 1706, âgé de 77 ans, et fut inhumé à Saint-Eustache. Louis Ladvocat, seigneur de Sauveterre, fils de Louis-François, maître-d'hôtel du Roi, et de Madeleine-Dauphin, fut reçu conseiller au grand conseil, le 15 janvier 1668, et mourut en janvier 1710. Il avait épousé : 1º. Marguerite de *Risaucourt*, morte en août 1702, et 2º. Marie-Anne des *Croisettes*, morte le 21 juillet 1763, fille de Pierre des Croisettes, seigneur de Grandville, et de N. Witasse. Il a eu de ce second mariage Louis-François Ladvocat, seigneur de Sauveterre, né le 29 juillet 1710, reçu conseiller au grand conseil, le 18 février 1735, et honoraire le 14 juillet 1758. *D'azur, à la fasce d'argent, accompagnée en chef de trois croissants d'or, et en pointe d'un lion léopardé du même, armé et lampassé de gueules.*

DE LAGOILLE DE COURTAGNON, famille originaire de Champagne, qui a pour auteur, Jacques de Lagoille, écuyer, conseiller secrétaire du Roi près la cour de parlement de Paris, directeur particulier et trésorier de la monnaie de Reims, par provisions du 13 mai 1698, mort en la même ville le 20 décembre 1722, revêtu de l'office de conseiller secrétaire du Roi, dont il avait été pourvu le 28 août de la même année 1322.

Deux de ses petits-fils ont été capitaines ; l'un, au régiment de Soissonnais, et l'autre dans le régiment de Fouquet, cavalerie, tous deux chevaliers de l'ordre royal et militaire de Saint-Louis. Ce dernier épousa, le 28 septembre 1750, Madelaine-Benoît Baudouin, fille d'Augustin Baudouin, écuyer, seigneur de Saint-Remy, de la Croix, de Bouzy, d'Aulnay, lieutenant de Roi de Châlons. De ce mariage sont issus :

1°. Marie-Louis-Augustin Lagoille de Courtagnon, écuyer, né le 19 avril 1752, reçu cheveau-léger de la garde ordinaire du Roi, au mois d'août 1768, en conséquence du certificat de sa noblesse, délivré par M. de Beaujon, généalogiste du cabinet des ordres du Roi, du 29 octobre 1767 ;

2°. Zacharie-Louis de Lagoille, écuyer, né le 1er. décembre 1760 ;

3°. Madelaine-Josephe de Lagoille de Courtagnon, née le 26 juillet 1753 ;

4°. Marie-Catherine-Françoise de Lagoille, née le 26 septembre 1754 ;

5°. Marie-Benoîte de Lagoille de la Croix, née le 23 février 1756 ;

6°. Marie-Louise de Lagoille de Presles, née le 26 février 1763.

*Armes :* D'azur, au chevron d'or, accompagné de trois glands du même, la queue en haut.

DE LAIDET, marquis de Sigoyer, seigneurs de Montfort, du Bignose, de Merville, de Calissane, etc., en Provence ; famille illustre et d'origine chevaleresque de cette province, qui a pour auteur Guillaume Laidet, chevalier renommé dans le onzième siècle. Une ancienne tradition porte qu'on lui donna pour sobriquet le nom de Laidet qu'il a transmis à toute sa postérité pour nom patronymique. Il était de très-petite taille et très-laid, mais d'une très-grande valeur. Un poëte provençal de son siècle en a fait le portrait en vers. En même tems qu'il marque la laideur du corps de Guillaume, qui lui avait fait donner le sobriquet de Laidet, il vante aussi la bravoure qui lui mérita la qualité de chevalier. Le cartulaire de la croisade de l'église d'Embrun du douzième siècle, fait

connaître Bertrand Laidet comme chef d'une compagnie de
croisés. Pierre Laidet, au sujet de quelques contestations,
transigea en 1458, avec le chapitre de l'église d'Embrun. La
famille de Laidet demeura quelque tems comme ensevelie
dans ses ruines et ses adversités. Depuis le quinzième siècle,
elle fut obligée de négocier. Les seigneurs de Sigoyer, etc.,
du nom de Laidet, renouvelèrent l'éclat de leur famille ;
ils en reprirent les titres : la branche de Sigoyer n'avait
pu prendre le nom de Laidet que par les femmes à cause
des dérogeances. Cependant, suivant le Nobiliaire et
l'histoire héroïque de la noblesse de Provence, elle se
fait descendre en ligne paternelle de la maison de Fos,
tige des vicomtes de Marseille, et des seigneurs d'Hières.
Les descendants de la branche de Laidet-Sigoyer ont
à la vérité possédé la terre de Fos ; mais il n'en est
pas moins prouvé que la maison des vicomtes de Marseille est éteinte depuis long-tems. L'ancienneté de
celle de Laidet est incontestable, et cette ancienneté doit
lui suffire. Pierre Laidet était secrétaire-d'état de Louis II
d'Anjou ; comte de Provence en l'an 1415. Sa signature
était au bas de l'édit de ce comte, portant que la ville de
Sisteron ne se servirait d'autres poids et mesures que de
ceux dont toutes les autres villes de Provence se servi-
raient. Antoine de Laidet était un des commandants des
arbalétriers de Provence, sous le règne de Charles VIII,
lors de la bataille de Fornouë, pour la conquête du
royaume de Naples, en 1495. Ses descendants ont fait plusieurs branches, celles des seigneurs de Sigoyer, de Calissane, de Montfort de Jarjayes et de Vaumeil, toutes
décrites par l'auteur du Nobiliaire de Provence. Cette
famille a donné des chevaliers de l'ordre du Roi, des
officiers et des magistrats distingués. Ses alliances directes sont celles de Boniface Fombeton, Châteauneuf,
Cormis - Beaurecueil, Grimaldi, Grolée - Bressieux,
Guerin, Lombard, Châteauvieux, Matheron, Michélis,
Morel-Villeneuve, Porcellet, Raffelis-Tourtour, Rivier,
Rascas du Canet, Villeneuve-Trans, etc. *De gueules, à
la tour ronde, paoillonnée d'or.*

DE LAIGLE-LA-MONTAGNE, seigneurs de Changerbault, en Champagne ; famille ancienne, originaire de
Saintonge, dont la filiation remonte à Jacques de Laigle
de la Montagne, gouverneur des ville et château de

Tallan, en Bourgogne ; maître-d'hôtel de monseigneur
le duc d'Aumale ; il passa de la Saintonge en Champagne,
où il acquit, en 1549, la terre et seigneurie de Changerbault, et laissa de damoiselle Geneviève de la Mothe
son épouse, Nicolas de Laigle, qui succéda aux emplois
et qualités de son père, fut gentilhomme servant de la
reine d'Ecosse, et écuyer de la duchesse de Guise. De
damoiselle Diane de Poitiers, sa femme, dame d'Estez,
Mailly, et autres lieux, il eut Jacques de Laigle, décédé
sans enfants, et Jean de Laigle, seigneur de Petit-Pré,
gentilhomme servant de la reine, qui fonda la branche
des seigneurs de Petit-Pré. Antoine de Laigle, autre fils
de Jacques de Laigle de la Montagne, et de Geneviève
de la Mothe, fut gentilhomme servant du duc de Guise,
et épousa, en 1574, damoiselle Pérette de Marc, fille
de Michel de Marc, écuyer, seigneur de Bourseval, de
laquelle il eut Jacques, décédé célibataire, et Pierre de
Laigle, seigneur de Changerbault. Après son frère, il
fut gentilhomme ordinaire de *Monsieur*, et épousa, le 11
juillet 1638, damoiselle Marguerite de Beaudesson, dont
il eut Jacques, Pierre, Charles, Madelaine, Louise et
Rénée de Laigle-la-Montagne, qui continuèrent la postérité. Cette famille s'est alliée avec celles de Meu, d'An-
ton, de Congonsac, de Chatelart et de Chassaigne, etc.
Elle a donné des officiers de tous grades, et la plus
grande partie de ses descendants ont toujours occupé
différents emplois militaires, dans lesquels ils ont rendu
des services distingués. *De gueules, à l'aigle éployée d'argent.*

DE LAINCEL, seigneurs de Laincel et d'Aubenalle,
en Provence, famille d'ancienne chevalerie qui a formé
une branche à Manosque et à Forcalquier. Elle est
connue depuis Lambert de Laincel, qui vivait en 1150.
On remarque qu'elle a possédé la terre de Laincel,
depuis le douzième siècle, et qu'elle en a pris le nom.
Friburge de Laincel, et Pons, son frère, seigneurs de
Saint-Michel, assistèrent à l'assemblée générale de la
noblesse, tenue à Aix, en 1354, pour se maintenir dans
le privilége qu'il n'y eût que les gentilshommes qui pus-
sent être pourvus de la charge de grand sénéchal, et
pour en faire destituer Jean Barillis, Napolitain, qui
avait été pourvu de cette charge par la reine Jeanne.

Gaufridy et Louis de Laincel, frères, furent de l'hommage général que la noblesse de Provence prêta à Marie de Blois, mère de Louis II, à son entrée à Aix, en 1395. Cette maison a contracté de belles alliances, et a donné des officiers distingués, et deux évêques de Gap. *De gueules, à un fer de lance d'argent, posé en bande, la pointe en haut.*

DE LAIRE, seigneurs de Laire, de Glandage, de Bordeaux, de Cornillon, de Cuzieu, barons de Luc, maison d'ancienne chevalerie de Dauphiné, répandue en Forez et en Lyonnais, et l'une des plus anciennes et des plus distinguées de ces provinces où, dès le douzième siècle, elle existait avec les qualités chevaleresques. Elle s'est alliée directement aux maisons d'Albon, d'Alleman-Chattes, la Baume-Suze, Claret d'Esparron, Feugères, Guiffrey-Bouttières, Levis-Ventadour, Montagny, Mitte-Chévrières, Richard Saint-Priest, Salzat, Tholon de Sainte-Jalle, Tournon, Urre, Vaësc, Vincens de Mauléon, etc. Elle a donné des chevaliers de Malte, dès le milieu du quinzième siècle, des chevaliers de l'ordre du Roi, et plusieurs personnages de marque ; entr'autres Yves de Laire, seigneur de Cornillon, chambellan du Roi, et bailli de Graisivaudan, nommé commissaire pour ratifier au nom de Charles VI, roi de France et Dauphin de Viennois, le traité de partage fait entre ce prince et Dieudonné d'Estaing, évêque et seigneur de Saint-Paul-Trois-Châteaux, pour la seigneurie de cette ville, le 1er. avril 1408. Cette maison subsistait encore en 1700. *D'argent, au lion de gueules, lampassé et armé de sable.*

DE LAIRE, seigneurs du Vivart, de Lavort et de l'Isle, famille d'origine chevaleresque de la province d'Auvergne, dont étaient Gui de Laire, écuyer vivant en 1282, époux de Marguerite de Bousquet, veuve de lui, en 1311 ; Etienne de Laire vivant en 1285 ; et Guillaume de Laire, en 1340. Cette famille a donné un gentilhomme de la maison du Roi, vivant en 1601 ; des hommes d'armes et plusieurs officiers de cavalerie, depuis la formation des régiments ; elle s'est alliée aux maisons du Lac, de Saint-Pardon, de Deudy, et a été maintenue dans son ancienne extraction, l'an 1666, par

M. de Fortia, intendant d'Auvergne. *D'azur, à la bande d'or.*

DES LAIRES, seigneurs de Montgon et de Severicourt; famille ancienne, originaire de Champagne, qui a pour auteur Jeannet des Laires, seigneur de Montgon, dont il rendit hommage à Gobert de Bohan, le 2 novembre 1476. Il fut père d'Henri des Laires, de Nicolas, seigneur de Montgon, marié avec Marguerite *de Bièvres*, et de Jean des Laires, aussi seigneur de Montgon, par le partage fait entre lui et son frère Nicolas, au mois de mars 1506, lequel laissa de son mariage avec Marguerite *de Blond*, dame de Grigny, Louis, mort sans enfants de Guillemette *de Savigny*, sa femme, remariée à Antoine, seigneur de Rouvroy, et Pierre et Antoine des Laires. Antoine, homme d'armes des ordonnances et capitaine de Mouzon, épousa Rose *d'Alonville*, de laquelle il eut Christophe, Louis, Blanche, femme de Jean, seigneur de Chef, et Isabeau des Laires, femme de Roland de Castus, capitaine du château de Watefol. Christophe des Laires, seigneur de Montgon, capitaine de Mouzon, a continué la descendance de cette famille, qui s'est alliée avec celles de Grigny, de Beffroy, de Bohan et de Maillefeu; elle a donné des officiers très-distingués et un commandant en chef de l'armée du Roi, en Candie, etc. *D'azur, à l'aigle d'or, accompagnée en chef de deux croisettes patées et fichées d'argent.*

DE LAISTRE, seigneurs de Riocourt, la Rochette et Provenchères, famille ancienne, originaire de Champagne, dont la filiation est connue depuis François de Laistre, écuyer, seigneur de Riocourt, qui rendit foi, hommage et dénombrement devant le lieutenant-général du bailliage de Chaumont, le 5 février 1538, à cause du tiers au fief et des droits seigneuriaux qui lui venaient de la succession de feu Jacques de Laistre, son père, écuyer et co-seigneur de Riocourt. Il fut marié avec Guillemette *Gérard*, en 1558, et il en eut Hugues, qui prêta foi et hommage, le 5 février 1567, pour la terre de Riocourt. Ce dernier eut de damoiselle Raimonde *de Rose*, Gilles de Laistre, marié, en 1612, avec Marie *de Champagne*, qui le rendit père de Bernard de Laistre, écuyer, seigneur de Riocourt, de Provenchères et de la

Rochette, maintenu dans sa noblesse, au mois de juin 1667, ayant alors un fils et une fille d'Élisabeth *Lambert*, son épouse. Cette famille a formé des alliances distinguées, et porte : *d'azur, à deux aigles éployées d'or, surmontées d'un œil du même émail.*

**LALEMAN** et depuis **LALLEMAND**. Cette famille a pour auteur Jean Laleman, de la ville de Dôle, dont la maison fut vendue, en 1542, aux jésuites, pour bâtir \ la leur. Ayant été secrétaire de l'archiduchesse Marguerite (1), cette princesse le donna à l'empereur Charles-Quint, son neveu, comme un sujet de mérite et capable de le bien servir. Il devint successivement contrôleur-général d'Aragon, trésorier et secrétaire d'état, et conclut et signa la paix de Madrid, en qualité d'ambassadeur, avec Charles de Launoy et Hugues de Montade. Ses descendants ont, par la suite, orthographié leur nom Lallemand, en le faisant précéder de la particule *de*, et Lachenaye-des-Bois leur a fait remonter leur ascendance à Pons Lallemand, seigneur, en partie, de Gy, Choie et Chassaigne, père de Poncelin Lallemand, seigneur, en partie, des mêmes terres, vivant en 1332. Cette famille a donné un grand nombre d'officiers de tous grades, distingués par leurs services; et des chevaliers de la confrérie noble de Saint-Georges et de Malte. Elle a formé deux branches principales, les comtes de Waitte, et les seigneurs de Belmont. Elle a contracté des alliances avec les maisons d'Andelot, Aubanne-Thieffrans, Aubert-Rezie, Bressey, Chaffoy, Choiseul-Aigremont, Cicon, Darberg-Valengin, Dugny, Esterno, Falletans, Hennezey, Jouffroy, Mailly, Meligny, Montfort-Taillans, Montrichard, Oiselet, Orsans, Pierrefontaine, Pillot, Rennel, Rohan, Rosières, Saint-Mauris-Chastenois, etc., etc. *D'argent, à la fascé de sable, accompagnée de trois trèfles de gueules.*

**DE LALEU**, famille originaire de la ville de Paris, anoblie dans la personne de Jean de Laleu, échevin de Paris, en 1691, reçu conseiller de ville, en 1693; et

---

(1) Mémoires pour servir à l'histoire du comté de Bourgogne, par Dunod de Charnage, page 266.

de Guillaume de Laleu, écuyer, conseiller du Roi., notaire au Châtelet, fait échevin en 1714. *D'azur, à la lune en croissant d'argent en pointe ; deux étoiles du même en flancs, et en chef une couronne ducale d'or.*

DE LALEU, famille qui a pour auteurs Louis de Laleu et Simonette, sa femme, anoblis en 1395, moyennant quatre cents livres de finance. *D'azur, au lion couronné d'or, accompagné en chef de deux étoiles d'argent.*

DE LALEU. François de Laleu, écuyer, seigneur de Laleu, en Bourbonnais, fut père de Lancelot de Laleu, écuyer, seigneur de Laleu, qui épousa Bernarde *Moreau*, fille de Louis Moreau, écuyer, seigneur de Fermont, et de Bernarde de Saint-Clair. Il en eut, entr'autres enfants, Marie de Laleu, femme de Gilbert Chapelle, et tri-saïeule maternelle de Nicolas le Bigot de Gastines, reçu chevalier de Malte, le 12 juillet 1637. *D'argent, au chevron contrebretessé de sinople, accompagné de trois têtes de loup de sable, colletées de gueules.*

DE LALLEMANT, seigneurs de Lestrée, Athie, Bussy, Fontaine, Vézigneul, etc., en Champagne, famille noble, issue d'ancienne bourgeoisie de la ville de Châlons, dont la filiation remonte à Remy Lallemant, vivant en 1511, père de Colleson de Lallemant, écuyer, époux de Marguerite de Colet, laquelle, en cette qualité, donna, l'an 1535, une verrière, qui se voit encore dans l'église des Augustins de Châlons ; et Jean Lalle-mant, leur fils, laissa de son mariage, avec Anne de Chenu, fille de Claude de Chenu, élu pour le Roi en Champagne, Louis Lallemant, seigneur de Lestrée, Jean Lallemant, seigneur de Cormont, mort sans postérité, et Jacques, seigneur de Choisy, père de Hugues, sei-gneur de Montelon, trésorier de France, en Champa-gne, qui eut de sa femme Hélène Brachet de Portmo-rant, Antoinette Lallemant, mariée à Bernard de Cardonne, baron d'Auglure, et Marie Lallemant, qui épousa Nicolas de Cuisotte, seigneur de Bierges et de Gizaucourt. Cette famille s'est alliée avec celles des sei-gneurs de Braux, de Chenières, de Champagne et d'O-mey, etc. Elle a donné des officiers de divers grades, des conseillers du Roi en ses conseils, un procureur gé-néral de sa majesté, pour la réformation des eaux et forêts de Champagne et de Picardie, commissaire pour la même réformation aux duchés d'Orléans et de Valois. *De sable, au chevron d'or, accompagné de trois étoiles du même ; celle de la pointe, surmontée d'un besant aussi d'or.*

LALLEMANT, seigneurs de Pierrefite et de Passy ; famille de robe, originaire de la ville de Paris, issue de Philippe Lallemant, élu échevin de cette ville en 1455. Elle a donné un chevalier de l'ordre de Saint-Jean de Jérusalem dans la personne de Tanneguy Lallemant de Passy, reçu à Malte le 11 février 1643 ; des conseillers au parlement, un maître des requêtes ; et s'est alliée avec des familles distinguées dans la magistrature, entr'autres, avec celles des Friches, de Fontenay, Vigny, Bragelongne, Le Sieur, Monsoy, Sangüin, Morely, le Prestre, Bourlon, Loynes, Menisson, Glisson-Villebouzin, Pasquier, etc., etc. *D'argent, au chevron d'azur, chargé de trois étoiles d'or ; au chef de gueules, chargé de trois molettes d'éperon d'or.*

LALLEMANT, seigneurs de Vouzé, en Berry. Cette famille a pour auteur Etienne Lallemant, seigneur de Marmagne et de Vouzé, reçu conseiller-secrétaire du Roi le 16 avril 1543, office qu'il résigna au mois de décembre 1546 ; pourvu, le 13 du même mois, de la charge de maître des comptes, père d'Etienne Lallemant, IIe. du nom, seigneur de Vouzé, qui était secrétaire du cardinal de Guise, lorsqu'il fut pourvu, le 14 novembre 1548, d'un office de secrétaire du Roi, qu'il résigna au mois d'octobre 1551. Il fut reçu conseiller au grand conseil la même année ; maître des requêtes le 6 octobre 1553, office qu'il exerçait encore en 1585, et maire de la ville de Bourges en 1561. Il avait épousé Anne du Tillet, fille de Séraphin du Tillet, président en la chambre des comptes de Paris, et de Marie Pichon, dont il n'eut qu'une fille, Anne Lallemant, femme de Jacques Viole, seigneur d'Andrezel et d'Aigremont, conseiller au parlement, et président des requêtes du palais. *De gueules, au chevron d'or, accompagné de trois roses d'argent.*

LALLEMANT, seigneurs de Macqueline et de Betz, comtes de Levignem et de Nantouillet, famille ancienne, originaire de Châlons en Champagne. Elle a pour auteur Charles-Louis Lallemant, comte de Levignem, seigneur de Betz, Macqueline et Ormoy-le-Davion, receveur-général des finances du Soissonnais, conseiller du Roi, et fermier-général, pourvu d'un office de secrétaire du Roi, le 13 août 1695, mort le 18 février 1730, laissant de Catherine-Charlotte Trois-Dames, son épouse, morte le 2 septembre 1740 :

1°. Louis-François Lallemant, comte de Levignem, maître des requêtes, et intendant d'Alençon en 1726 ;

2°. Michel - Joseph - Hyacinthe Lallemant de Betz, marié avec Marie-Marguerite Maillet de Bétilly, dont :

a. Marie-Charlotte Lallemant, mariée, le 16 février 1736, à Charles-Philippe de Pons de Saint-Maurice, lieutenant-général des armées du Roi. Elle fut nommée par Sa Majesté, le 25 août 1744, l'une des dames pour accompagner madame la Dauphine, infante d'Espagne ; et depuis la mort de cette princesse, elle remplit la même place auprès de la princesse de Saxe, seconde Dauphine ;

b. Marie-Françoise Lallemant de Betz, mariée, le 10 février 1749, avec Marie-Gabriel-Florant de Choiseul-Aillecourt ;

3°. Jacques-Charles - Alexandre Lallemant, évêque de Séez, mort le 6 avril 1740 ;

4°. Etienne-Charles-Félix Lallemant de Nantouillet, fermier-général, et receveur-général des finances à Soissons, père, entr'autres enfants, d'Alexandre-Marie-Louis-Charles Lallemant, comte de Nantouillet, lieutenant-général, grand-croix de Saint-Louis en 1816, officier de la Légion-d'Honneur, premier écuyer de feu S. A. R. Mgr. le duc de Berri, et premier gentilhomme de la chambre de S. A. R. Mgr. le duc de Bordeaux ;

5°. Alexis Lallemant de Macqueline, écuyer ordinaire du Roi, marié, le 19 septembre 1743, avec Marie-Anne-Louise le Coq, fille du marquis de Goupillières, maître des requêtes ordinaire de l'hôtel du Roi ;

6°. N.... Lallemant, femme de Pierre-Paul Hébert du Buc, ancien maître des requêtes ;

7°. Charlotte-Marie Lallemant, mariée, le 6 novembre 1719, à Félix-Claude le Pelletier de la Houssaye, seigneur de Signy, intendant des finances, conseiller-d'état ;

8°. Deux autres demoiselles, religieuses à la Visitation.

*Armes :* De gueules, au lion d'or.

DE LALYE, famille noble de Salins, en Franche-Comté, dont étaient Nicolas et Charles de Lalye, qui parurent à l'arrière-ban des nobles du bailliage d'Aval, en 1562. Elle s'éteignit dans celles d'Udressier et de Patornay, par les mariages de Barbe de Lalye avec Philippe d'Udressier, écuyer ; et d'Anne de Lalye avec Nithier de Patornay, aussi écuyer. *D'argent, à trois aiglettes éployées de sable.*

LAMBERT ; maison ancienne, originaire de Normandie, dont la filiation remonte à 1467. ( Voyez dans la recherche des nobles de la généralité de Rouen, faite en 1666 et années suivantes, par monsieur de la Gallissonnière ) ; elle a donné un évêque de Nantes en 1400.

Guillaume Lambert, qualifié écuyer, vicomte et garde du scel de la vicomté d'Auge, dans un acte original du 7 janvier 1471, et fils de Pierre Lambert, écuyer, seigneur de la Motte, et de Jeanne de Coursery, épousa, le 13 mai 1483, Marie de la Chaulle. Guillaume Lambert, IIe du nom, son fils, seigneur de la Motte et vicomte d'Auge, épousa, par contrat du premier avril 1530, Jeanne Trinité, dont sont issus deux fils, qui ont formé deux branches principales, existantes de nos jours ; savoir : Pierre Lambert, seigneur de Formentin, dont sont descendus les seigneurs et marquis de Frondeville ; et Robert Lambert, seigneur d'Herbigny, dont sont issus les marquis de Thibouville. Il y a erreur par rapport à cette seconde branche, ( page 463, vol. 1, ) dans la première série du Dictionnaire Universel de la Noblesse de France, qui ne la fait remonter qu'à François Lambert, seigneur d'Herbigny en 1581, ce qui pourrait faire croire qu'elle a eu un anoblissement, tandis que ce François Lambert, seigneur d'Herbigny, fils de Robert, fut établi le 30 octobre 1593, tuteur principal de Robert, Pierre et Jean-Baptiste Lambert, ses cousins, issus de Pierre Lambert, seigneur de Formentin. Ces trois frères furent maintenus dans leur noblesse de race, et dans la qualité d'écuyers, par arrêt de la cour des aides, du 26 septembre 1616, où sont rappelés avec la même qualité, Pierre Lambert, seigneur de Formentin, et Robert Lambert, seigneur d'Herbigny, frères. Cette maison, maintenue lors de la recherche en Normandie, le 16 janvier 1668, a donné plusieurs évêques, des intendants de province, des conseillers d'état, des officiers généraux, et des gentilshommes ordinaires de la chambre de nos Rois. La branche d'Herbigny subsiste encore dans les environs d'Argentan.

Thomas-Louis-César Lambert, marquis de Frondeville, descendant de la branche de Formentin, pair de France, né le 15 novembre 1757, servit dans les gardes Françaises, jusqu'à l'époque où son oncle, président à mortier, au parlement de Rouen, lui légua cette charge, et son marquisat de Becthomas, qui fut érigé au nom de Frondeville. Il fut député de la noblesse aux états-généraux de 1789. A la rentrée du Roi, en 1814, il fut nommé préfet de l'Allier, et en 1815, conseiller d'état. Le 17 août de la même année, il fut créé pair de France, et décéda le 17 juin 1816. Il avait épousé à Bath, en Angleterre, le 3 décembre 1798, Catherine-Auguste-Antoinette Beckers de Westerstetten, comtesse de l'empire, dont est issue Marie-Xavière-Elisabeth-Joséphine-Louise Lambert de Frondeville, née le 13 décembre 1803. *D'azur, au lion d'or; au chef d'argent, chargé de trois étoiles de gueules.*

DE LAMBERT, Tome I de la première série du Dictionnaire Universel, page 459, ligne 13. Ajoutez :

Ce fut en sa faveur, ( Jean de Lambert, IIe du nom ), que l'érection en marquisat de l'ancienne baronnie de Saint-Bris, au comté d'Auxerre, qu'il avait acquise de la maison de Coligny-d'Andelot, « fut confirmée et « transmise en sa *personne et postérité* », par lettres-patentes données à Paris, au mois de février 1644, et dûment registrées au parlement de Paris, et en la chambre des comptes de Dijon, les 17 avril et 3 juin suivants.

Le marquis de Saint-Bris avait, entr'autres frères,

III.                                    47

Henri de Lambert, tenu sur les fonts baptismaux, le 10 mai 1586, par Henri IV lui-même, qui s'arrêta au château des *Ecuyers*, en allant en Saintonge. La marraine fut dame Marie de la *Rochefoucauld*, épouse de Jean du *Lau*, ( *le Grand-Capitaine.*), cousin-germain du père de l'enfant, qui devint dans la suite, conseiller-aumônier du Roi, et abbé commendataire de *Gros-Bos*, en Angoûmois, de *Saint-Pierre d'Auxerre*, et de *Haute-Fontaine* en Champagne. ( *Gallia Christiana*, tome II, page 1050 ).

LAMBOUC. Aubert Lambouc fut anobli le 10 octobre 1403, moyennant 800 livres.

DE LAMBOUL, très-ancienne famille de Bretagne. Huet de Lamboul, écuyer, servait en cette qualité dans la compagnie de messire Jean, sire de Landevy, chevalier-bachelier, dont la montre fut faite à Nantes le 5 septembre 1386. Guillaume de Lamboul épousa, en 1428, Guyonne de Champagné, fille de Pierre, seigneur de la Montagne. *D'azur, à trois étoiles d'or en pal.*

LAMBREY, en Franche-Comté; village qui a donné son nom à une famille chevaleresque éteinte. *D'azur, au chevron d'or, accompagné de trois fermaux du même.*

LAMESAN ou LAMEZAN (1), maison issue d'ancienne chevalerie, originaire du pays de Comminges, dont une branche établie au diocèse de Mirepoix, paraît s'être éteinte au commencement du dix-huitième siècle. Elle a pour auteur connu,

Bernard de *Lamesan*, seigneur de Lamesan, père de :

1°. Jean, qui suit :

2°. N... capitaine de Lamesan, qui se distingua,

---

(1). L'auteur des Pièces fugitives, pour servir à l'histoire du Languedoc, chapitre des Jugements sur la Noblesse, tome 3, page 80, a orthographié le nom de cette famille Laminssens. On doit prévenir ici, que cet ouvrage fourmille de fautes graves dans les noms, les dates et les filiations, et qu'on ne saurait apporter trop d'attention en le consultant.

l'an 1562, dans les guerres du Languedoc, contre les religionnaires, commandant 200 hommes d'armes, conjointement avec son fils.

3°. Marguerite de Lamesan, mariée le dernier avril 1550, avec Arnaud-Guilhem de Comminges, seigneur de Guitaut.

Jean de *Lamesan*, seigneur d'Auros, en Bazadois, épousa, le 27 janvier 1514, Catherine de Montferrant, dont il eut :

Thomas de *Lamesan*, seigneur et vicomte d'Auros, conseiller au parlement, le 11 mai 1554. Il épousa, 1°. le 28 juin 1556, Jeanne Maquignon, 2°. le 7 novembre 1560, Marie de Noë, fille de François de Noë, seigneur de Montesquieu, et de Lamesan. Il eut du premier lit.

Pierre de *Lamesan*, seigneur et vicomte d'Auros, époux de Françoise de la Bastide, et père de :

Jacques de *Lamesan*, vicomte d'Auros, nommé, le 15 juillet 1591, gouverneur de la ville de Saverdun. Il avait épousé, le 10 juin précédent, Catherine de Lordat de Cassagnet, de laquelle sont issus.

1°. Jean Claude de Lamesan, seigneur de la Louvière, et de Boutens, marié, le 26 août 1618, avec Anne de Cheveri ;

2°. Jacques de Lamesan, maintenu avec son frère par M. de Bezons, intendant en Languedoc, le 18 octobre 1668 ;

3°. Jeanne de Lamesan, mariée à Jacques de Buisson, seigneur de Bauteville.

*Armes :* Écartelé, aux 1 et 4 de gueules, à trois pals d'or ; aux 2 et 3 d'azur, à 3 loups de sable.

DE LAMESAN, en Lorraine. Famille ancienne, originaire du pays de Comminges, et qui pourrait avoir une origine commune avec la précédente, quoique ses armoiries soient différentes. Elle est connue par titres depuis 1297, et par filiation, depuis Mathieu de *Lamesan*, seigneur de Lamesan et d'Ambas au diocèse de Lombès, marié, l'an 1439, à Noble Agnès d'Arros; il testa le 2 avril 1485. Ses enfants furent :

1°. Bernard de Lamesan, qui épousa noble Jeanne d'Aulin;

2°. Isarn qui suit :

Isarn de *Lamesan* seigneur de Juncet, épousa, le 14 juillet 1483, Noble Cébélie de Benque; il testa le 24 novembre 1516. Ses enfants furent :

1°. Arnaud-Guillem qui suit :

2°. Jean et Bernard de Lamesan.

Arnaud-Guillem de *Lamesan*, seigneur de Juncet, épousa, le 27 juin 1520, noble Catherine de Signe. De ce mariage est issu :

Bernard de *Lamesan*, seigneur de Juncet, qui épousa, le 6 avril 1553, Françoise de Polastron, dont il eut :

1°. Bernard de Lamesan;

2°. Baptiste, qui suit :

Baptiste *de Lamesan*, seigneur de Juncet, marié le 15 janvier 1581, à Antoinette de Touges de Noailhan ; il eut pour enfants :

1°. Oger de Lamesan ;

2°. François de Lamesan ;

3°. Jean-Baptiste qui suit.

Jean-Baptiste de *Lamesan*, seigneur de Juncet, épousa Apolline de Simons, dont naquit :

François *de Lamesan*, écuyer, seigneur de Juncet, qui épousa Madelaine de Salin, et en eut Michel de Lamesan, né en 1666. *D'azur, à une main d'argent, mouvante du flanc dextre de l'écu, et tenant une fleur de lys d'or.*

DE LAMET. Cette famille tire sa noblesse et son origine, de Nicolas de Lamet, substitut du procureur-général au parlement de Paris, reçu conseiller-secrétaire du Roi, maison et couronne de France, et de ses finances, le 19 mars 1682; nommé trésorier du marc d'or de la compagnie, en 1690, enfin élu syndic, le 6 mai 1692. *D'argent, au chevron de gueules, chargé d'un croissant du champ, et accompagné de trois arbres de sinople.*

DE LAMETH, comtes de Bussy, et de Lameth, illustre et ancienne maison de chevalerie de Picardie, issue d'un puîné de la maison de Neuville (1), qui florissait aux Pays-Bas dès le dixième siècle. Ce puîné eut en apanage, la terre de Lameth, dont il transmit le nom à sa postérité. Ce fut sans doute ce cadet de la maison de Neuville, seigneur de Lameth, qui l'an 1096, se croisa contre les Infidèles, sous Godefroy de Bouillon. La filiation de cette maison est établie depuis;

I. Robert, seigneur DE LAMETH, chevalier, qui, l'an 1212, fut fait écuyer de Baudouin, comte de Flandre et de Hainault, empereur de Constantinople. Il eut pour femme, Jeanne de Bossut, qui le rendit père de :

II. Enguerrand, Ier du nom, seigneur DE LAMETH, mort en 1248, au siège de Damas, en Syrie. De son épouse, Marie de Gueret, fille de Heuchin de Gueret, chevalier, il laissa :

III. Ancelin, seigneur DE LAMETH, conseiller et chambellan de Guy, comte de Flandre. Ce seigneur épousa Françoise de Luxembourg, dont il eut :

IV. Enguerrand, IIe du nom, seigneur DE LAMETH, écuyer de Robert II, comte d'Artois, auprès duquel il combattit à Courtray, l'an 1302. Il épousa Marie de Saint-Omer, dont il eut, entr'autres enfants :

1º. Thibaut, seigneur de Lameth, et de Saint-Martin, tué à la bataille d'Azincourt, en 1415. Il avait épousé Jeanne d'Aspremont, dont il eut, entr'autres enfants, Pierre, seigneur de Lameth et de Saint-Martin, qui a continué la postérité;

2º. Geoffroy de Lameth, qui fut l'un des chevaliers qui, l'an 1346, défendirent la ville de Calais, contre le Roi d'Angleterre.

Cette maison s'est subdivisée en plusieurs branches. 1º. Les seigneurs de Hennencourt, dont la descendance s'est perpétuée jusqu'à nos jours; 2º. les vicomtes de Lameth, barons de Ressons, seigneurs de Presles; 3º. les

_____

(1). Voyez l'histoire du Cambrésis, tome II, page 192, et le Dictionnaire de Moréri, au mot Delamet. Tom. IV, édition de 1759.

comtes de Bussy, éteints; 4°. les barons de Blancfossé ; 5°. les seigneurs de Bouchevannes, éteints depuis long-temps.

Toutes ces branches se sont illustrées par des emplois considérables, et de nombreux services militaires et diplomatiques. Outre un grand nombre d'officiers supérieurs décorés, et de gouverneurs de places de guerre, elle compte six maréchaux de camp, et deux lieutenants-généraux des armées du Roi. L'un des maréchaux de camp a été tué au siége de la Capelle, en 1637; un autre a été nommé chevalier du Saint-Esprit en 1652, et mourut avant d'avoir été reçu; tous ont laissé une grande réputation de valeur et de talents militaires. Cette maison a obtenu les honneurs de la cour, en 1753, 1765, 1774, 1778, et 1786, en vertu de preuves faites au cabinet des ordres du Roi. Elle s'est alliée aux maisons de Bayencourt, Bethune, Bournonville, Broglie, du Châtelet, Leclerc-Cottier, Clermont-Thoury, Combault, Courtenay, Créquy, Duras, Estourmel, Faudoas, Gouffier-Hailly, Hennencourt, Lannoy, Linières, l'Isle-Marivaux, Maulde, Nicey-Romilly, du Plessis-Liancourt, Roncherolles, Roucy, Runes, le Sénéchal, Torcy, Waencourt, Wissocq, etc. etc. *De gueules, à la bande d'argent, accompagnée de 6 croisettes recroisettées, et fichées du même en orle.*

LAMIRÉ, seigneurs de Mouvion, de Bachimont, de Caumont, de Larrez, en Ponthieu, famille qui, lors de la recherche, a été maintenue par M. Bignon, intendant en Picardie, le 16 mai 1699, sur preuves remontées à Jean Lamiré, écuyer, sieur de Bachimont, vivant en 1557. Ses descendants ont occupé divers grades dans les armées de nos Rois, et se sont alliés aux familles d'Yver, de le Roy, Pingré de Sauchoy, de Farsy, le Charpentier de Wacongne, Gomer de Quevauvilliers, Flahault, Calonne Coquerel. *D'argent, à la bande de sable, accompagnée de six billettes du même.*

DE LAMOIGNON, seigneurs de Malesherbes, Blancménil, etc., marquis de Basville par érection du mois de décembre 1670, comtes de Launay-Courson, par lettres des mêmes mois et an, registrées les 8 et 20 janvier 1671. Blanchard et la Chenaye ont donné une gé-

néalogie de cette famille depuis l'an 1228; mais M. d'Hozier dit, en parlant de Chrétien de Lamoignon, premier
président au parlement de Paris, « que tout ce qu'il a
» vu d'actes où son nom est employé, ne lui donne
» aucun article (*le de*) et ne témoigne rien qui con-
» vienne aux ancêtres dont on le fait descendre. » Ce
Chrétien de Lamoignon, seigneur de Basville, auteur
de toutes les branches existantes de cette maison, avait
pour aïeul François de Lamoignon, qui fut, comme son
père, secrétaire et contrôleur de la dépense de Françoise
d'Albret, comtesse de Nevers; et qui s'allia, le 18 janvier 1509, avec Marie du Coing, fille d'un bourgeois de
Nevers. Ce François, ainsi que Jean Lamoignon, son
père, vivaient en effet en 1480, au nombre des bourgeois de cette ville. Guillaume de Lamoignon, marquis
de Basville, fils de Chrétien, né l'an 1617, acquit, sous
le célèbre Bignon, les talents et les vertus du citoyen et
du magistrat. Chrétien-François de Lamoignon, marquis
de Basville, fils aîné du précédent, maître des requêtes,
et enfin avocat général, hérita de toutes les vertus de
son père. Ses connaissances étaient aussi étendues en
littérature qu'en jurisprudence. Il fut père de Guillaume
de Lamoignon, seigneur de Blancménil, chancelier de
France, le 9 décembre 1750, père de M. de Lamoignon
de Malesherbes, qui réunissait en lui seul toutes les
vertus, tous les talents de ses prédécesseurs ; ce fut lui
qui, septuagénaire, vint défendre Louis XVI, lorsque
ce monarque fut mis en jugement. Il périt sur l'échafaud,
le 22 avril 1793, et montra, dans ses derniers moments,
la sérénité de Socrate, et la fermeté de Caton. Cette
maison est aujourd'hui en possession de la dignité de pair
de France, dans la personne de Chrétien, vicomte de
Lamoignon, et elle est alliée à celles d'Anlezy, d'Au-
roux, Anseau, Alabet, d'Aligre, de Broglie, de Besançon, du Broc, du Bois, de Bernard, Berryer, de la
Barre, de Bonin de Chalucet, Berthier, de Bullion
d'Argui, Castanier d'Auriat, du Coing, Collesson,
Cressonville, Chauvin, Châteauvieux, Collion, Chan-
puit, de Catinat, Dreux de Merri, du Deffand, Des-
champs, Davi de la Brulerie, de la Ferrière, de Fou-
geroi de Rivière, Fadelle, Furnault, Guesnault, de
Gourgue, Grimod de la Reynière, de Harlay, de la
Luzerne, Laveine de la Brosse, Leurault, de Lestang,

de Louviers, de Londes, Midorge de la Maillarde, de Mornay, de Maisonconte, de Maumigni de Mulor, Meilland, de Maupeou, de Nesmond, du Pont-Saint-Pierre, Potier, le Pelletier, de Pernay, de Preniey, de Poyseulx de Chancey, Spifame des Granges, de Sargines, de la Salle, de Senozan, Thévenet de Chazault, Troussebois, de Laleuf, Voisin, de Violaines de Vieuxbourg, de Veilhan, de Vaujoli, de la Villeneuve, etc., etc. *Losangé d'argent et de sable ; au franc canton d'hermine : une fleur de lys d'or, au centre de l'écu.*

LAMY, à Besançon, famille anoblie par une charge de secrétaire du Roi, en 1720 ; elle avait acheté le marquisat de la Perrière, qu'elle a revendu depuis long-tems, et dont elle continue de porter le nom. *D'azur à trois lézards d'argent en pal.*

LAMY, seigneurs de Villiers-Adam, famille de robe, originaire de la ville de Paris, dont était Guillaume Lamy, sieur de Villiers-Adam, contrôleur de la chancellerie, élu échevin de Paris, en 1620. Il avait été pourvu antérieurement de la charge de secrétaire du Roi, et, en 1605, de celle de conseiller de la ville de Paris. *D'azur, à la fasce d'or, accompagnée en chef d'un pélican, et en pointe de deux gerbes, le tout du même.*

LAMY. Laurent Lamy, notaire et secrétaire du Roi, fut anobli au mois d'octobre 1392. Guillaume Lamy exerçait la même charge en 1472. Ami Lamy fut pourvu, le 6 mai 1621, d'un office de secrétaire du Roi, qu'il résigna au mois d'avril 1623.

LAMY, barons de Tubœuf, seigneurs de St.-Michel de la Forest, en Normandie. La noblesse de cette famille est postérieure à la recherche de Montfaut de l'an 1463. *D'or, à trois étoiles de gueules.*

LAMY, (Louis), seigneur de Guilbermont, conseiller du Roi, et élu réservé en l'élection d'Arques, et Laurent Lamy, écuyer, sieur de Cuville; Guillaume, Gabriel, Jean-Vivien et Jean-Louis Lamy, ont été condamnés lors de la recherche, le 20 juillet 1667. On ignore s'ils se sont pourvus au conseil contre ce jugement. *De gueules, au chevron d'or, accompagné de trois étoiles du même.*

LAMY, seigneurs de Moulins, famille dont était Pierre Lamy, écuyer, seigneur de Moulins, gentilhomme de la maison du Roi, père de Florence Lamy, épouse de Christophe de Lancy, seigneur de Nouvion, et bisaïeule maternelle de Philippe de Mornay de Montchevreuil, reçu chevalier de Malte, le 5 avril 1632. *D'argent, à trois lévriers d'argent, colletés d'or, l'un sur l'autre.*

LAMY, noble et ancienne famille, originaire de Touraine, qui a pour auteur :

Philippe *Lamy*, chevalier, seigneur de Louri, qui, de sa femme, *Jeanne d'Albiac*, fille de *Pierre d'Albiac*, écuyer, seigneur dudit lieu, eut :

Charles *Lamy*, chevalier, seigneur de Louri et Bourneuf, marié avec *Jacqueline d'Arzac*, fille de *Louis d'Arzac*, écuyer, seigneur de la Boissellerie, Gré, et St.-Benoît, et de dame *Anne de Reaux*. Leurs enfants furent *Marc*, qui suit, et deux autres fils, l'un cornette de chevau-légers, et l'autre capitaine de gens de pied.

Marc *Lamy*, chevalier, seigneur de Louri, épousa *Anne Barathon*, dame d'Achères, fille de François, écuyer, seigneur de Mongogus, en Touraine, et de *Barbe de Mornay*, dame d'Achères, dont : 1°. N...... Lamy, qui eut le commandement d'une enseigne de cinquante hommes d'armes, sous la charge de M. le comte de Graville, dit de *Dunes*; 2°. et Susanne, mariée, par contrat du 26 novembre 1584, à *Charles du Mesnil-Simon*, chevalier, seigneur de Maupas, dont il y a eu postérité.

La noblesse de cette famille a été jurée dans les preuves de Nicolas de Paris de Boissy, reçu chevalier de Malte en 1602 ; de Jean de Fresnoy, reçu le 14 août 1626, et de Louis de Longueval, reçu le 23 décembre de la même année. *Écartelé, aux 1 et 4 de gueules, à la bande d'or ; à la bordure du même ; aux 2 et 3 d'azur, à la harpie d'or.*

DE LAMY, seigneurs de Cuc, en Languedoc. Cette famille a été maintenue par M. de Bezons, intendant de cette province, sur preuves remontées à :

I. Raimond de *Lamy*, écuyer, seigneur de Cuc, qui dénombra le 3 juin 1541 ; il eut pour enfants :

1°. Jean de *Lamy*, qui suit:

2°. Bernard de Lamy.

II. Jean *de Lamy*, donna quittance à son frère de sa

III.　　　　　　　　　　　　　　48

légitime sur les biens de Raimond, leur père, le 20 décembre 1550, et testa le 17 avril 1582 ; il fut père de :

III. Jacques *de Lamy*, épousa le 2 avril 1602, Renée de Vivien, et en eut :

IV. Maffre *de Lamy*, seigneur de Cuc, qui épousa, le 4 avril 1630, Rachel de Prechac, dont vinrent :

1°. Jean-Jacques de Lamy ;

2°. Henri de Lamy ;

3°. Marc-Antoine de Lamy.

*Armes :*

DE LAMY, seigneurs de Boisconteau, en Auvergne; famille qui, lors de la recherche en 1666, a fait preuve de quatre degrés de noblesse. *Ecartelé, aux 1 et 4 d'argent, au pin de sinople ; aux 2 et 3 d'azur, à la tour d'argent, ajourée de sable ; sur le tout de sinople, à l'étoile d'argent.*

LAMY. François Lamy, écuyer, lieutenant en la sénéchaussée de Limosin, épousa Françoise de la Peine, dont il eut, entr'autres enfants, Catherine Lamy, mariée à Guillaume de Verthamon, président en l'élection de Limoges. Elle fut l'aïeule de Michel de Verthamon, reçu chevalier de Malte au grand prieuré de France, le 5 avril 1671. *De gueules, au pigeon d'argent.*

LAMY DE BEZANGES, en Lorraine. N..... Lamy de Bezanges obtint du duc *Léopold*, pour récompense de ses services, des lettres-patentes portant brevet de *baron d'état*, tant pour lui que pour ses enfants, et postérité, nés et à naître en légitime mariage. L'ancienneté de sa noblesse est rappelée dans ces lettres-patentes, et on y lit que plusieurs de ses ancêtres ont successivement possédé, dès le quinzième siècle, les emplois de chambellan au service des princes de *Lorraine*. Ces lettres ont été confirmées par d'autres de sa majesté Louis XV, enregistrées et entérinées sur son mandement à la cour souveraine de Nancy, et à la chambre des comptes. *D'azur, à 2 épées d'argent en sautoir, entortillées de deux serpents d'or.*

DE LANANS, en Franche Comté, maison d'origine chevaleresque, éteinte dans celle d'Iselin. Elle tirait son nom d'une terre seigneuriale située près de Baume-les-Dames. *De gueules, au sautoir d'argent, à la bordure d'or.*

DE LANCIZE, seigneurs du Hamel et de la Jussi-
nière, en Normandie, famille anoblie, en 1587, et
maintenue dans sa noblesse, en conséquence de cet
anoblissement, en 1666. *D'argent, à trois canettes de
sable, becquées et membrées de gueules.*

DE LANDAIS, famille ancienne, originaire de Touraine, où elle est connue depuis le douzième siècle, et
établie en Bretagne. On trouve un Guillaume Landais,
valet-de-chambre du Roi, anobli en 1398.

Etienne de Landais, fils de François, seigneur de Cha-
teaubilly, en Bretagne, chevalier de Saint-Louis, et gouverneur du Fort St.-François, servait en qualité de lieutenant au régiment d'Orléans, lorsqu'il fut à l'assaut et
prise de Berg-Op-Zoom en 1747, à l'âge de vingt ans. Il
avait alors un frère puîné, qui entra depuis au service.
*D'azur, à la fasce alésée et échancrée, accompagnée en chef
d'un croissant accosté de deux étoiles, et en pointe d'une
rose, le tout d'or.*

DE LANDES D'HOUVILLE, en Beauce, famille
ancienne, originaire de Gênes, qui, vers le commencement du quatorzième siècle, vint s'établir en France,
dans la personne de Pierre, Nicolas et Lancelot de
Landes, frères, qualifiés changeurs et bourgeois de Paris,
en 1344 et 1357. Pierre de Landes acquit, le 16 juin 1354,
les seigneuries de Magnanville et de Beaurepaire, en la
châtellenie de Mantes. Il eut, entr'autres enfants, Liénard
et Berthault de Landes; le premier receveur des aides au
diocèse de Soissons, et des prêts faits au Roi, et le second
valet-de-chambre de Sa Majesté, et général-maître des monnaies de France, établi par l'ordonnance du Roi, du 9
février 1387; tous deux anoblis le 24 novembre 1375.
Berthault a continué la lignée, qui s'est divisée en deux
branches; 1°. les seigneurs de Sagy, de Magnanville et
Breuilpont, éteints le 20 mai 1630, par la mort de
Guillaume de Landes, doyen des conseillers de la grand-
chambre du parlement; 2°. les seigneurs de Beaurepaire
et d'Houville, au pays Chartrain, éteints le 28 septembre 1739, dans la personne de François de Landes,
seigneur d'Houville, Fontaine, Cinq-Ormes, Pannes, etc.
Cette famille a donné des magistrats distingués, et un
prévôt de Paris, en 1438. Elle a contracté des alliances

avec les familles de Barillon d'Amoncourt, Barbéry, du Bost, Bourdonné, Braque, Briçonnet, Bussy, le Chevalier Clery, Clutin, Culdoë, Flexelles, Fontlète, Gaudechard-Bachivilliers, Grimont, Lamoignon, le Lièvre Godreville, le Maire de Chartainvilliers. Malbranque, Mazis, Mesnard, Mouchy, Pavy, Pilliers, Raulin, Saint-Pol, Sansavoir, Stançon, Vaudetar, Vitry, etc. *D'argent, à la bande d'azur.*

Pierre de Landes, prevôt des marchands de Paris, le 23 juillet 1438, et Jean de Landes, échevin de la même ville, en 1495, *brisaient d'une merlette d'or, posée sur l'extrémité supérieure de la bande.*

LANDES, seigneurs de Saint-Palais, en Languedoc, famille qui a pour auteur Annibal Landes, seigneur de Saint-Palais et de la Gascarie, garde-du-corps du Roi, capitaine au régiment du Plessis-Praslin, cavalerie, anobli en récompense de ses services militaires, par lettres du mois de mars 1670, registrées en la chambre des comptes de Montpellier, le 28 janvier 1671. *D'azur, à la bande d'or, chargée de trois tourteaux du champ, et accompagnée en chef de trois croissants d'argent, et en pointe d'un cygne nageant sur une rivière du même.*

## LANDES. (SÉNÉCHAUSSÉE DES)

*État nominatif des gentilshommes qui ont comparu et qui ont été admis à voter à l'assemblée de l'ordre de la Noblesse de la sénéchaussée des Landes, convoquée à Dax, dans le mois de mars 1789.*

MM. De Bruxs, président; le comte de Barbotan; le baron de Spens; vicomte de Diusse; de la Borde-Lissalde; Darmana; le baron d'Ortés, maréchal de camp; Monval; chevalier de Prugne; de Laas; le chevalier de Melet; vicomte d'Aurice; de Reynal; Basquiat; le chevalier d'Arbo de Casaubon; de Spens-d'Estignols; le comte de Bailleux; de Marsan; chevalier de Basquiat-Mougriet; chevalier Dupuy; de Batz; le chevalier de Castaignos; Mesplès; chevalier d'Aren; Bouché; chevalier de Capdeville; le baron de Cazalis; de Saint-Martin; le comte de Beaufort; le baron de Lataulade; le chevalier de Vignes; Bachelier de Maupas; d'Artignes-d'Ossaux; de Pratferré de Mau; chevalier de Borda;

de Saint-Christau ; Bachelier-d'Agés ; chevalier de Bachelier ; Bachelier de Talamon , Saint-Paul , Ladoux ; Soustrar ; de Montlezun ; le vicomte d'Abbadie-Saint-Germain ; le baron de Fortisson-Habas ; le baron Decès-Caupenne ; Cabanes de Cauna ; Laurens-Hercular ; le chevalier de Borda-Labatut ; Basquiat de Toulouzette ; la Barrère ; le comte de Bezons ; Capdeville-d'Arricau ; la Lande ; baron de Hinx ; Guéhéneuc de Lano , aîné ; Guéhéneuc de Lano , cadet ; de la Borde-Saint-Loubouer ; Lalanne de Ciz ; Pemolié de Saint-Martin ; Borda-Josse ; le chevalier de Borda ; Borda-Labatut , le baron de Saint-Julien de Momuy ; de Cloche de Fargue ; le baron de Capdeville , secrétaire de l'ordre de la Noblesse.

LANDRES, seigneurie située en Champagne, à deux lieues de la rive gauche de la Meuse, où l'on comptait quatre-vingt-dix-sept feux, et qui a donné son nom à une maison d'ancienne chevalerie, dont était Jean de Landres, chevalier, seigneur de Taxey, conseiller, chambellan du roi de Sicile, qui épousa, sur la fin du quinzième siècle, ou au commencement du seizième, Alix *du Châtelet*, fille de Guillaume , seigneur de Saint-Amand , et d'Yolande de Haraucourt. *D'or, à trois pals de gueules.*

. DE LANGAULT , seigneurs de Breuvery, de Marson , de Mault-Jouy et Blesmes, en Champagne ; famille ancienne, qui a pour premier auteur connu, Colson de Langault , dont la succession fut partagée entre Pierre , Jacques et Louise de Langault, ses enfants, le 15 mai 1525. Pierre Langault, écuyer, épousa, le 5 juin 1530, damoiselle Jacquette *Gourlier* ; de leur mariage sont issus : Jacques, Nicolle et Guillemette de Langault. Par commission scellée du grand sceau, du 9 juin 1654, Sa Majesté commit et députa Pierre de Langault, fils de Jacques, pour avoir la direction de la province de Champagne ; et par lettres-patentes du 8 juin 1660, dans lesquelles il est qualifié chevalier, Sa Majesté le pourvut également du gouvernement de Vassy ; il fut encore fait conseiller du Roi en ses conseils d'état et privé, et trésorier de France en Champagne, sous la date du 11 mai 1651. *D'azur, à deux épées passées en sautoir d'or.*

LANGE, en Franche-Comté, famille anoblie, sur la

fin du siècle dernier, dans la personne de Charles Lange, substitut du procureur-général de la chambre des comptes de Dôle. Cette famille a donné un commandant de cavalerie, portant le surnom de Ferrières, à cause d'un fief dans le village de ce nom.

DE LANGE, famille noble du Lyonnais, de laquelle était Humbert de Lange, seigneur de l'Echeneau, marié, en 1500, avec Odille de Maugis. De lui descendait, par plusieurs degrés, Arnaud de Lange, seigneur de Villemenant, qui épousa, en 1621, Marie de la Grange, fille d'Antoine de la Grange, chevalier, seigneur d'Arquien, et de Marie de Cambray. Louise de Lange, petite-fille d'Arnaud, née le 5 septembre 1678, fut reçue à Saint-Cyr en septembre 1687. *D'azur, au croissant d'argent, surmonté d'une étoile du même.*

LANGHEAC ou LANGEAC (*de Laugiaco*), ville et ancienne baronnie, capitale du Langeadais, petit pays limitrophe du Gévaudan et de l'Auvergne, qui avait ses coutumes particulières. Cette baronnie, située à six lieues de Saint-Flour, et à quatre de Brioude, a donné son nom à une maison illustre et jadis puissante, qui paraît être issue des comtes de Gévaudan et de Forez. Pons, l'un de ces comtes, seigneur de Langheac, l'an 1010, donna cette seigneurie à l'église de Saint-Julien de Brioude, avec ses dîmes et appartenances, comme faisant partie de son patrimoine héréditaire. Les grandes alliances et les illustrations de cette maison, ne la mettent point au-dessous de cette origine. Le premier seigneur de ce nom, depuis lequel on ait une filiation non interrompue, est Guillaume, seigneur de Langheac, vivant en 1105. Ses descendants ont formé plusieurs branches, entr'autres 1°. les seigneurs de Langheac et de Bressac, vicomtes de la Motte, dont l'héritière, Françoise, dame de Langheac, porta cette terre en dot, le 31 août 1586, à Jacques de La Rochefoucauld, seigneur de Chaumont. Leur postérité a ajouté à leurs nom et armes ceux de Langheac ; 2°. les seigneurs, puis comtes de Dalet, marquis de Coligny et de Langheac, éteints par mâles en 1746 ; 3°. les barons du Crest et de Juillac, comtes et marquis de Langheac, qui ont donné plusieurs officiers généraux, et subsistaient avant

la révolution. Cette maison a donné dix-sept chanoines-
comtes du chapitre de Brioude ; savoir, Bompar de
Langheac, en 1236 ; autre Bompar, Bernard et Raymond, en 1256 ; Armand et Pons, prévôts de Brioude
en 1383 et 1426 ; Jean, en 1452 ; Étienne, de 1435 à
1452 ; Antoine Ier. et Antoine II, prévôts de Brioude
en 1461 et 1479 ; Jacques, en 1463 ; Jean, prévôt de
Brioude en 1530, évêque et ambassadeur ; Gilbert, en
1546 ; Tristan, en 1571 ; Pons, en 1577 ; Louis, en
1698 ; et Antoine, en 1772. *D'or, à trois pals de vair.*

LANGLOIS du BOUCHET, très-ancienne noblesse
de la province de Normandie. Jean Bertaud et Marie, sa
femme, délaissèrent à Thomas Langlois, en faveur de son
mariage avec leur fille, une maison et héritage au Val-
Meudon, par acte du mois de novembre 1254, par-devant l'officialité de la cour de Paris. D'après une information faite à Caudebec, pays de Caux, le mercredi 9 juillet 1399, dont l'original fut déposé au grand dépôt
de la chambre des comptes à Paris, carton 14, Jean
Langlois, écuyer, maria, en 1374, sa fille à Colin de
Caumont, et mourut le 4 juillet 1586. Dans le Dictionnaire chrono'ogique des actes d'hommages et aveux de
la province de Normandie, par M. Brussel, bibliothèque du Roi, n°. 708, on voit que grand nombre de terres
étaient autrefois possédées par cette maison, et entre
autres celle de Bleville, mouvante du comté d'Alençon, dont l'hommage a été fait en novembre 1373,
par Jean Langlois, tant en son nom que comme procureur de sa femme ; terre qui a passé à Robert et Jean Langlois, ses fils, et petit-fils qui la possédaient encore en 1422.
La Roque, dans son Traité de la Noblesse, page 117 des
rôles, mentionne un Jean Langlois, convoqué au ban de
la noblesse de Normandie en 1470, ainsi qu'un autre
Jéhan Langlois, page 119. Gabriel du Moulin, curé de
Maneval. dans son Catalogue de plusieurs familles illustres de Normandie, imprimé à Rouen en 1658, place,
page 450, celle de Langlois. Elle a produit des chevaliers de Saint-Louis, des officiers supérieurs distingués,
et un lieutenant-général des armées du Roi. Le titre de
marquis porté depuis plusieurs générations, dans des
actes publics et brevets du Roi, fut confirmé, le 27 décembre 1815, à Denis-Jean-Florimond Langlois du Bou-

chet, par lettres-patentes de Sa Majesté, enregistrées à la cour royale de Paris, le 27 avril 1816, « voulant, y dit » Sa Majesté, lui donner une marque de notre bienveil- » lance, récompenser son attachement à notre personne, » et les bons et anciens services rendus par lui à nos ar- » mées, où il est officier général, prenant aussi en con- » sidération son extraction d'une famille d'ancienne no- à blesse ». *D'azur, deux croix d'or, accompagnées de trois molettes d'éperon d'argent, deux en chef, une en pointe.*

LANGLOIS DE LA FORTELLE, famille de l'île de France. Nicole Langlois fut quartinier de la ville de Paris, en 1560. Martin Langlois, sieur de Beaurepaire, avocat, fut échevin de la même ville en 1590. Il était maître des requêtes en 1594, lorsqu'il fut nommé pré- vôt des marchands. Robert Langlois, chevalier, seigneur de la Fortelle, président des comptes, fut élu conseil- ler de la ville de Paris, en 1728. ( Armorial de Paris, gravé par Beaumont ; in-fol., planches 54, 56, 104, 108 ). *D'azur, au chevron d'or, accompagné de trois mo- lettes d'éperon du même.* Nicole et Robert Langlois écar- telaient leurs armes *d'azur, à l'aigle éployée d'or.*

DE LANGLOIS, seigneurs de Chevigny, en Cham- pagne, famille ancienne, originaire de la Rochelle, dont la filiation remonte à Colin Langlois, écuyer, marié à N..... de Brunestel, fille de messire Guillaume de Brunestel, seigneur du Bost. Un arrêt de la Cour des aides de Paris, du 7 août 1482, obtenu par Jean Lan- glois, son fils, contre les habitants de Plivost, porte, que Colin Langlois, son père, était écuyer, homme vivant noblement et attaché aux armées, etc. Cette fa- mille s'est alliée à celles des Vesins, de Boudil, de Ca- baret, de Coussy, etc. Elle a donné des officiers de divers grades, qui se sont distingués dans les armées de nos Rois. *D'azur, à trois roses tigées d'or, feuillées de gueules.*

LANGUET DE GERGY, famille ancienne, origi- naire de Bourgogne, anoblie par charte de Jean de Mon- tagu, seigneur de Sombernon, cadet de la maison des premiers ducs de Bourgogne, du 8 mars 1373. Cette famille a donné un homme célèbre dans la personne de Hubert Languet, si connu par les services qu'il a rendus aux lettres. Il fut employé avec succès en Allemagne et en France, dans diverses négociations importantes. Elle a donné en outre des magistrats et des officiers distingués, entr'autres un maréchal-de-camp, général de la cavalerie du duc de Wurtemberg, son envoyé en France en 1723; un gentilhomme ordinaire de la chambre du Roi Louis XIV, son envoyé extraordinaire et son ambassadeur de France à Venise. La seigneurie de Gergy, en Bourgogne, fut érigée en comté par lettres du mois d'août 1706, registrées au parlement de Dijon, en faveur de Jacques-Vincent Languet, ambassadeur de France à Venise. Cette famille a eu un évêque de Soissons, sacré le 23 juin 1715; reçu à l'académie française en 1721, nommé archevêque de Sens, en 1731, et mort le 11 mai 1753. Elle s'est alliée à celles de Bettot, Enot, Conthier de Souheys, Châlon de Montreuil, Pechpeyrou, de Cusance Monot, le Boiteux, de Bataille, d'Euchement, de Faletans, de Berbizy, de la Baulme Desvoyot, de la Chassanée, Gaillard, de Somment, Potel, de la Grange, Thibert, le Sage, Espiard, le Breton, Quarré, de Balay, Perigot, Du Breuil de Sainte-Croix, Pivert, Robelin de Saffre, Rigoley, Henry, de Cardevaque, etc. *D'azur, au triangle cléché et renversé d'or, chargé de trois molettes d'éperon de gueules, une à chaque extrémité du triangle.*

LANJUINAIS, noblesse consacrée par la Charte, avec le titre légal de comte, dans la personne du comte Jean-Denis Lanjuinais, commandeur de la Légion-d'Honneur, nommé pair de France le 4 juin 1814. *Coupé au 1 d'argent, à la croix potencée de sinople; au 2 parti d'argent, à trois mains de carnation en fasces, et d'azur au lion d'or, tenant une balance d'argent de la senestre, et de la dextre un frein du même émail.*

DE LANTAGE, seigneurs de Feligny, de Bannes et d'Aulnay, en Champagne; maison d'origine chevaleresque, qui a pris son nom d'une terre située au diocèse de Langres, à deux lieues de Bar-sur-Seine. Elle a pour premier auteur connu, Antoine de Lantage, vivant vers 1380, époux d'Alix de Charrecy, et bisaïeul de Guillaume de Lantage, marié, par contrat du 28 janvier 1486, avec Charlotte de Chardonnel, fille de noble homme Jean de Chardonnel, seigneur de Tyrgy, et de Jeanne de Gercy. Cette famille a donné un chevalier de l'ordre du Roi, des capitaines et gouverneurs

III.                                                              49

de places, et plusieurs officiers supérieurs d'infanterie et de cavalerie. Elle s'est éteinte en 1726. Un
François de Lantage, fils naturel de Jean de Lantage,
devint secrétaire de M. Pomponne de Bellièvre, premier président au parlement de Paris. Il le suivit dans
ses ambassades, et acheta une charge de secrétaire du
Roi. Il eut deux fils, qui eurent postérité, entr'autres,
Pomponne de Lantage, avocat général au bureau des
finances de Paris, père de M. de Lantage de Sélicourt,
fermier-général en 1726. Les alliances de la maison de
Lantage sont avec celles d'Achar de Bonvouloir, de
Brancion, Bretel, la Brosse-Polizy, Changy, Chau-
mont-Esquilly, Cicon, Dauvet des Marets, Davoust,
Drée, Feligny, Foissy, Fourquentier, Menardeau,
Merlo, Montbelliard, Mousseron, du Moustier, Pelasse,
Raguier, Ravenel, Riccy, Saint-Julien de Baleure,
Thoisy, Vignolles, etc., etc. *Écartelé, aux 1 et 4 de
gueules, à la croix d'or; aux 2 et 3 d'azur, au fer de
moulin d'argent.*

LANTENNE, en Franche-Comté, noblesse chevaleresque, éteinte dans la maison de Montrichard. *De
sable, à la croix d'argent.*

LANUSSE, noblesse consacrée par la Charte, avec
le titre légal de baron, dans la personne du baron Pierre-
Hubert Lanusse, lieutenant-général des armées du Roi,
chevalier de Saint-Louis, et commandeur de la Légion-
d'Honneur. *De gueules, à la pyramide d'or, soutenue d'un
levrier courant d'argent.*

DE LAPARRA DES FIEUX, en Auvergne, famille
noble, dont était Louis de Laparra des Fieux, lieutenant
général des armées du Roi, célèbre ingénieur, mort en
1706, des suites des blessures qu'il avait reçues au siége
de Montjouy, près Barcelonne. Il avait une sœur, Marguerite de Laparra, mariée, le 29 juin 1673, avec
Amable de Meallet, baron de Fargues, seigneur de Ro-
megoux et de Rouffiac. *D'argent, à la fasce d'azur, chargée
de trois lionceaux, léopardés d'or, et accompagnée en
pointe d'un pélican de gueules.*

LARALDE, en Lorraine. Jean de Laralde, exempt
des gardes-du-corps de Léopold I, se disant noble (1);

---

(1) Voy. *Larrard*, dans le second volume.

fut anobli par lettres de ce prince, du 10 mars 1708,
contenant : « Qu'après avoir servi, pendant près de
» deux ans, en qualité de garde-du-corps, dans la com-
» pagnie commandée par le comte de Stainville, il
» aurait mérité le bâton d'exempt dans la même com-
» pagnie, en laquelle qualité, il sert depuis quatre
» ans, et qu'il a acquis du marquis de Lenoncourt,
» grand chambellan, la terre de Gondrecourt en
» Voivre, etc. »

*Armes* : d'argent, au pal alaisé d'azur, chargé de
trois têtes de loup d'or, et accompagné de six levrettes
de gueules, mises en orle.

LARCHER. La famille des sieurs de la Tour-Bourdin
et de Triogat, en Bretagne, du nom de Larcher, est
ancienne et distinguée. Guillemot Larcher fut l'un des
archers de la compagnie du sire de Rouge et de Derval,
dont la montre fut faite, le 3 juillet 1351. Cossay Larcher, écuyer, servait en cette qualité sous Bertrand
du Guesclin, connétable de France, en 1371. La filiation de cette famille remonte à Jean Larcher, vivant en
1427. Lachenaye lui donne la qualité de chevalier, aussi-
bien qu'à Olivier, son petit-fils, à laquelle il ajoute celle
de *comte*, qui lui fut conférée par le Roi Louis XII, en
1500, pour des services qu'il en avait reçus, n'étant
que duc d'Orléans. Le même auteur fait mention d'un
Pierre Larcher, vivant en 1171, chevalier et capitaine
de *cent hommes d'armes*, sous le règne de Conan IV, duc
de Bretagne. Il y a dans toutes ces citations un tissu d'erreurs qu'il n'est pas nécessaire de faire remarquer ; mais
qui ne peuvent nuire à l'ancienneté de cette famille,
maintenue dans sa noblesse d'ancienne extraction, par
arrêt de la chambre de la réformation de Bretagne, du
7 janvier 1669. *De gueules, à trois flèches tombantes
d'argent.*

LARCHER, seigneurs de la Londe et de Launay,
en Normandie ; famille qui a pour auteur Mathieu
Larcher, seigneur de Launay, monnoyer ( c'est-à-dire
directeur de la monnaie ) à Saint-Lô, lequel fut aussi
capitaine et sergent major d'un régiment d'infanterie, et
servit sous les règnes des Rois Henri IV et Louis XIII.

Il fut père de Thomas Larcher, seigneur de Launay et
de la Londe, aussi directeur de la monnaie de Saint-Lô,
qui servit dans les gardes françaises, puis dans la cavalerie, et fut anobli en considération de ses services et de
ceux de son père, par lettres-patentes du mois d'octobre
1643, dûment registrées et confirmées par d'autres du
mois de mai 1667, aussi registrées en faveur de son fils,
Étienne Larcher, écuyer, seigneur de Launay et de la
Londe, aïeul d'Étienne Larcher, II⁰ du nom, écuyer,
seigneur de la Londe et de Longueville-Farcy, né en
1722, marié, en 1739, avec Anne-Thérèse de Saffray
d'Engranville. Il fit, en 1752, des preuves au cabinet
des ordres du Roi, pour être reçu écuyer de S. M. *De
gueules, au porc-épic d'argent; au chef cousu d'azur,
chargé de trois arcs armés de leurs flèches d'or.*

LARCHER D'ESTERNAY, famille ancienne, anoblie par les charges de judicature et municipales de
Paris. Elle a pour auteur, Pierre Larcher, Iᵉʳ. du
nom, général-maître des monnaies du Roi, créé par
lettres du 20 décembre 1380. Il eut pour fils: Jean
Larcher, Iᵉʳ. du nom, commis à la recette de certains
deniers, imposés sur les habitans d'entre Seine et Yonne,
en 1425. Ce Jean fut père de Jean Larcher, IIᵉ· du nom,
vivant en 1460, lequel eut pour enfants: 1°. Simon, qui
suit; 2°. Gervais Larcher, anobli en 1476. Simon Larcher, greffier et receveur de la ville de Paris, en 1502,
a continué la postérité. De lui descendent les marquis
d'Esternay et d'Arcy, et les seigneurs de Pocaney, les
seigneurs d'Olisy, et marquis d'Arcy, en Champagne.
Cette famille a donné des conseillers d'état, des maîtres
des requêtes, des présidents en la chambre des comptes,
etc. etc. La seigneurie d'Esternay, dans la Brie cham-
penoise, fut érigée en marquisat, par lettres du mois
d'août 1653, registrées au parlement et en la chambre
des comptes, les 12 et 29 janvier 1654, en faveur de
Michel Larcher, président en la chambre des comptes.
Les alliances directes de cette famille sont avec les maisons de Barrillon-Brenon, le comte de Montauglan
Courtin, Espinoy, Flexelles, Foulé de Prunevaux,
Gilbert-Velleron, Gourgues, Goursault, Hébert du Buc,
Loubert, Lyon, Mangeot, Mascrany, des Montiers
de Mérinville, le Picard-Villefaureuse, Rioult de

Douilly, Saint-Chamans, Texier de Grandvilliers, Thiroux-Villarcy, le Voyer de Paulmy d'Argenson, etc. *D'azur, au chevron d'or, accompagné en chef de deux roses d'argent, et en pointe d'une croix patriarcale du même.*

LARGENTIER, seigneurs de Chapelanier, barons de Vaucemin, marquis de Belval, de l'Eguillon et autres lieux; famille originaire de Champagne, dont l'origine et la noblesse remontent à Nicolas Largentier, conseiller, notaire et secrétaire du Roi, par lettres du 20 juillet 1602. Il testa, le 23 septembre 1610, et décéda la même année. Il avait épousé Marie le Mairat. Ses enfants furent Louis qui suit, Charles qui fut seigneur de Chamoy, Auxon, la Loge, Pons-Blin, et autres lieux, marié avec Joanne Meusnier, de laquelle il eut, avant mariage, Calixte Largentier, qui, depuis, et à la célébration de son mariage, fut reconnu et légitimé; Marie qui épousa messire Claude de la Croix, chevalier, baron de Plancy, et Anne, laquelle fut épouse de Georges de Vandray, chevalier, marquis de Saint-Phal. Louis Largentier, vice-amiral en Guienne, Saintonge, la Rochelle, et pays d'Aunis, bailli de Troyes, marié avec Marguerite d'Aloigny, eut pour enfants : 1°. Henri Largentier, qui succéda aux qualités et emplois de son père, et épousa Elisabeth, fille de messire Charles de Choiseul Praslin, conseiller du Roi en ses conseils, chevalier de ses ordres, gouverneur de Saintonge, et maréchal de France; de ce mariage est sorti Edme-Henri Largentier; 2°. Charles Largentier, marié à dame Angélique de Choiseul, et père de Georges Largentier, marquis de Belval, époux de Marie Anne-Eléonore de Beaujeu de Villers. Cette famille, maintenue dans sa noblesse au mois de mai 1670, a donné des officiers très-distingués dans nos armées de terre et de mer. *D'azur, à trois chandeliers d'église d'or en pal.*

DU LARGEZ, maison d'ancienne chevalerie de Bretagne, qui tirait son nom d'une baronnie, sise au diocèse de St.-Malo, connue, dès le dixième siècle, sous les noms de Gael ou Hael, qui, en langue armorique, signifie Largez. Les seigneurs de Largez étaient qualifiés hauts barons dès l'an 1027; et dans le treizième siècle, une branche s'établit en Angleterre où elle posséda des propriétés considérables. Les deux principales branches qui, lors de la recherche, en 1670, subsistaient en Bretagne, sont celles des seigneurs de Kermalhemautz et des seigneurs de Portzancoz et de Kerballennen. Elles ont toutes deux pour auteur commun Jehan, seigneur du Largez, qui, l'an 1420, se trouva aux montres générales en qualité d'archer en brigadine. Ses descendants ont occupé des emplois distingués dans la robe, dans l'épée et le sacerdoce, ayant donné un grand nombre d'officiers supérieurs, deux évêques de Vannes et un cardinal. Elle a contracté ses alliances directes dans les maisons de le Blonsart, la Bouessière de Kerouchant, du Cleuziou, de Coatvont, Coctrieux, Corantez, du Dresnay, de Fleschard, de Ferrand, Geslin la Villeneuve, Glevedez, Gonidec, la Haye de Kergomar, l'Isle de Penanprat, Keranrais, Kerentreff, Kerloaguen, Kermeno, Kerouallan, Kersaliou du Réchou, Larchiver, Lisquildry, Loz Kergouanton, Mignot de Kerlan, le Ny, le Paige de Kervastou, Quentin, Robin Maisonfort, Bosmar de Kergo, le Rouge de Goazru, Taillart de Restolles, Suasse Thuomelin, Trolong du Rumain et de Coatdelez, etc., etc. *D'argent, au lion de sinople, lampassé, armé et couronné de gueules.*

LARGIER, en Vivarais, famille qui remonte à :

I. Jean LARGIER, habitant de Saint-Agrève, anobli au mois de juillet 1500; il eut pour fils :

II. Antoine LARGIER, seigneur de Saint-Agrève, et Chalons, compris comme archer dans les montres du ban et arrière-ban, de la sénéchaussée de Beaucaire et Nîmes, en 1537, épousa le 15 mars 1552, Louise de Chalendar de la Mote, et il en eut :

III. Jean LARGIER testa le 16 décembre 1652. Il épousa le 23 juillet 1624, Gabrielle Bouchet, de laquelle il eut :

IV. Louis LARGIER, demeurant à l'Argentière, département de Viviers, maintenu dans sa noblesse le 18 septembre 1669.

*Armes :* d'azur, au chevron d'or, accompagné de deux roses d'argent en chef, et d'une tour du même en pointe.

DE LARLAN DE KERCADIO, marquis de la Badiais, comtes de Rochefort; maison ancienne et distinguée de Bretagne, qui a pour auteur Geoffroy de Larlan, qui rendit hommage au vicomte de Rohan, le 17 juillet 1396, conjointement avec Eonnet de Larlan son frère, ou son proche parent. Jehan de Larlan, fils de Geoffroy, fut exempté du service militaire par François, duc de Bretagne, le premier septembre 1449. Ce dernier, fut père de Guillaume de Larlan, marié vers 1450, avec Guillemette, dame de Kercadio, et de Jean de Larlan, sieur de Kerbouhis, qui fonda une seconde branche, maintenue dans son ancienne extraction, par arrêt du 9 juillet 1679. La branche de Kercadio l'avait été, par arrêt du 2 novembre 1668, qui maintient l'aîné de cette maison, dans la qualité de chevalier. Elle a donné des présidents à mortier, au parlement de Bretagne, et plusieurs officiers supérieurs. Elle a contracté ses alliances dans les maisons d'Acigné, de Bonnier la Coquerie, Boscher, du Botderu, Brancas-Céreste, Bréhan, Champion, Courtin des Menues, Derval de Vaucouleurs, Gouvello, Goyon de Vaudurant, Guido, la Haye, Kermeno, Kerouartz, Lambert de Saint-Bris, le Metayer, Mezuillac de Kerdrean, du Parc-Locmaria, Riou de Branbuant, Sorel de Salarun, Talhouet, etc., etc. *D'argent, à 9 macles de sable, en croix.*

DE LARRINVILLE, noble et ancienne famille de Beauce, dont était:

Pierre de Larrinville, écuyer, seigneur de Montguignard, paroisse de Pithiviers-le-Vieux en 1482, vivant encore en 1528. Il était petit-fils d'*Adam de Larrinville*, écuyer, seigneur de Baudreville, paroisse d'Arceville en Beauce, qui suivant un acte passé devant *Barbier*, notaire à Orléans, vivait en 1387. *Pierre* épousa *Catherine*, alias *Bertrande de Vallinière*, de laquelle vint:

Guillaume de Larrinville, écuyer, seigneur de Montguignard, qui, d'*Antoinette Deschelles*, sa femme, eut pour fille unique, *Claude de Larrinville*, dame de Montguignard, mariée, le 5 janvier 1531, à *Jean de Billy*, dont la postérité a possédé depuis la ferme de Montguignard. *D'azur, à la croix ancrée d'argent.*

LARSONNIER. Paul Larsonnier fut reçu conseiller

de la ville de Paris, le 20 septembre 1749. Il était avocat au parlement, lorsqu'il fut élu échevin de Paris, en 1765. *D'azur, au cœur de gueules, surmonté de trois croissants d'argent.*

DE LART DE RIGOULIÈRES, seigneurs de la Barthe, de Cazeaux, de Massey; famille ancienne, originaire du comté d'Armagnac, où une branche subsiste encore de nos jours, ainsi que deux autres en Agénois, connues sous les noms des seigneurs du Garoussel, et des seigneurs de Bordeneuve. Une troisième subsistait en Albret, en 1538, sous la dénomination des seigneurs de Birat d'Aubiac et de Baulens. Elle paraît s'être éteinte au commencement du 17e siècle, dans la maison de Narbonne. Elles ont toutes pour souche commune, Arnaud de Lart, seigneur de Rigoulières, vivant vers 1480, et dont les enfants partagèrent sa succession, le 25 avril 1506. Les branches actuelles de cette famille, ont donné plusieurs officiers supérieurs, décorés de la croix de Saint-Louis. Elles se sont alliées aux maisons d'Albert, Baratel, Beauger, Beaumont des Junies, Beaupuy, Collonges, Coquet, Cours, Lacassin, Larrendal, Lustrac, Marcellier de Gausac, Narbonne Noailles, Vardailles Gaudrin, Ruffin d'Autorme, Sacriste, Vilhères, etc. etc. *Écartelé, aux 1 et 4 de gueules, à trois bondes d'argent; au 2 d'azur, au lion d'or; au 3 d'argent, à trois épieux de sable.*

LE LART, seigneurs du Bos de Kerbadoul, de Saint-Edmont, famille ancienne de Bretagne, alliée à celles du Hallay, Lesmeur, Kerraoul, le Coniac, Boisgelin, Leclerc, etc, et qui, par arrêt de la chambre de la réformation de la noblesse de Bretagne, du 15 mai 1669, fut déclarée noble d'ancienne extraction, et les aînés maintenus dans la qualité de chevalier. On voit dès l'an 1396, un Perrot de Lart, rendre hommage au vicomte de Rohan. *De gueules, semé de billettes d'argent.*

LASNIER, seigneurs de Baubigné, et de Ferrières, barons de Sainte-Gemme sur Loire, famille noble, originaire de la ville d'Angers, qui a fondé le prieuré de la Papillaye, près de cette ville. Elle a pour auteur, Jean Lasnier, seigneur de Monternant, et de l'Effectière, qui fut maître-d'hôtel de la Reine Anne, et échevin d'Angers en 1505. Il épousa Marie Renaud, dame de Sainte-Gemme, dont il eut Guy Lasnier, 1er du nom, seigneur des mêmes terres, conseiller au présidial d'Angers, et maire de cette ville, en 1560, lequel a continué la descendance de cette famille, qui a donné des magistrats distingués, et plusieurs capitaines au service de nos Rois, et s'est alliée aux le Lièvre, la Brunetière, Louet de la Souche, Lefèvre de la Faluère, Davy de la Fautrière, Licquet de la Maison neuve, etc. *D'azur, au sautoir de losanges d'or, cantonné de 4 aiglettes ou lamiers du même.*

LASNIER. Christophe Lasnier fut élu échevin de Paris, en 1561. De cette famille était Réné Lasnier, avocat général au grand conseil, mort en 1609. Il avait épousé Marie Frubert, qui se remaria à François de Sainte Marthe, avocat au grand conseil, mort en 1641. Elle eut de son premier lit, Marie Lasnier, alliée, le 11 février 1625, avec François de Montholon, avocat au parlement, puis conseiller d'etat. Elle mourut à Écouis, le 2 février 1692. *D'azur, au chevron d'argent, chargé de cinq tourteaux de gueules, et accompagné de trois têtes de loup d'or.*

LE LASSEUR, seigneurs de la Coquardière, de la Mauvaisinière, la Baudrière; famille noble de Normandie, issue de Regnault le Lasseur, anobli l'an 1474. On doit présumer que ses descendants dérogèrent, puisqu'Adam le Lasseur demanda de nouvelles lettres de noblesse, qui lui furent expédiées en 1610.

Robert de Marguerie, écuyer, sieur du Mesnil Baclé, fit un transport à Jacques *le Lasseur*, écuyer, sieur de la Coquardière, suivant un acte signé le 10 septembre 1657, entre dame Marie de *Calmesnil*, veuve du dit le Lasseur, tutrice de ses enfants, et Charles et Jacques de Marguerie, écuyers, sieurs de Monpoinçon, enfants de Robert et de Catherine *Maillard*, sa femme.

*Armes :* de gueules, au chevron d'argent, accompagné de trois coqs d'or.

DE LATIER DE BAYANE, maison des plus anciennes du Dauphiné, établie en Valentinois. Elle est connue depuis Jacques de Latier, qui rendit hommage de diverses terres au dauphin, l'an 1290. Elle a donné des capitaines de compagnies de cinquante lances ; des gentilshommes ordinaires de la chambre du Roi ; des gouverneurs de places et un grand nombre d'officiers supérieurs. Elle a joui des honneurs de la cour le 24 février 1782, en vertu de preuves faites au cabinet des ordres du Roi, et sous le titre de marquis. Alphonse-Hubert, cardinal de Bayane, a été créé duc-pair de France, le 4 juin 1814. Cette maison a des alliances avec celles d'Arsac, d'Arvillars, Armuet, Bertrand, de Brottin de Souspierre, de Blain de-Marcel, de Blegier-de-Taulignan, du Claux, Du Puy-de-Montbrun, de Fassion, de Genton, de Murinais, de Morton-de-Chabrillant, de Montaigu-Fourmigères, du Maine-du-Bourg, de Pluvinel-de-Tertulle, de Rochepierre, de Saint-Vincent, de Salignon, de Sibeuf, de la Tourette, des Tourettes ; d'Upaïs d'Urre, de Vilheu, de Varre, de Vervins, de Vesc-de-Becone, de Viennois, de Villette, d'Yseran, etc. *D'azur, à trois frettes d'argent ; au chef du même.* Devise : *pour trois.* Ce n'est que depuis le dix-septième siècle, que cette maison a adopté ces armoiries ; elle portait antérieurement *trois lacs d'amour d'argent, en champ d'azur.*

DE LATIL, seigneurs d'Entraignes, de Villosc, etc., en Provence ; famille qui fut maintenue dans sa noblesse lors de la dernière recherche, par arrêt du 28 février 1668. Les titres produits prouvent sa descendance depuis Louis de Latil, qui vivait au commencement du quinzième siècle. André de Latil, son fils, testa l'an 1552. Ses descendants continuèrent la postérité. Cette famille a contracté de belles alliances, entr'autres avec les familles d'Albisse, de Bardel, de Gaillard-Bellafaire, de Roquefeuille-Convertis, de Royè, de Thomassin-la-Garde, de Villeneuve, etc. Un premier aumônier de S. A. R. Monsieur, frère du Roi, a été nommé à l'évêché de Chartres. *D'azur, à six losanges d'or.*

LATRECEY, bourg et ancienne vicomté de Bourgogne, au diocèse de Langres, à deux lieues de Château-villain, qui a donné son nom à une maison éteinte depuis plusieurs siècles, dont était Alix, vicomtesse de Latrecey, dame de Couchy, femme de Jean de Montigny.

sur-Aube, à laquelle le duc de Bourgogne fit don, l'an 1276, d'un fief, pour le tenir de la grande justice qu'il avait à Couchy.

Jacques *de Latrecey*, juge en droit, procureur du duc de Bourgogne, est mentionné comme tel dans une charte de 1377.

Simon *de Latrecey*, chevalier, fut l'un des exécuteurs du testament de Marie de Châteauvillain, dame de Montagu, et d'Arc en Barrois, femme de Jean de Bourgogne, seigneur de Montagu, lequel testament est du 22 octobre 1366.

Réric *de Latrecey* est mentionné avec Simon de Bricons, comme ayant approuvé la charte d'assignation de douaire, faite à Isabeau de Dreux, par Hugues III, seigneur de Broyes et de Châteauvillain.

*Armes :*

DE LATTAIGNANT, famille de robe, qui, selon l'auteur du Nobiliaire in-4°. de Picardie, a pour auteur Jean de Lattaignant, qui servait en qualité d'hommè d'armes des ordonnances du Roi, en 1342. Ses descendants ont donné des conseillers au parlement de Paris, et ont contracté des alliances avec les familles d'Acheu, Beauvarlet-d'Ailly, le Boissel, du Bourg-de-Closratel, Bragelongne, Carbonnier-de-la-Motte, Guillerault-des-Forges, Lolemant-de-Lestrée, Lattre-de-Scizes, Maupin-de-Bouvaque, Monet-de-la-Salle, Obry, Poncet-de-la-Rivière, Roussel-de-Miannay, le Vasseur, etc. Gabriel-Charles, dit l'abbé de Lattaignant, connu dans la république des lettres par ses poésies légères, mort à Paris le 10 janvier 1779, était de cette famille. *D'azur, à trois coqs d'or.*

DE LATTRE, seigneurs de Menegard, du Breuil et de la Chevalerie, en Picardie, famille ancienne, originaire du Boulonnais, qui fut maintenue par jugement de M. Bignon, le 28 décembre 1697, sur preuves remontées à Antoine de Lattre, écuyer, seigneur de Montquesnel et de la Chevalerie, vivant en 1552. Ses descendants ont servi aux bans et arrière-bans de la province, et ont donné des officiers lors de la formation des régiments. Ils ont contracté des parentés immédiates avec les familles de Camoisson, d'Isque, de Quesnoy, Willecocq, Tutel, Hesmon, Philippon, du Bois, de Crendalle, du Crocq, etc., etc. *D'argent, au lion de sable, lampassé et armé de gueules.*

DE LATTRE, comtes de Neuville, vicomtes d'Ayette, et de Sailly, en Artois, famille qui a pour auteur :

Jacques *de Lattre*, seigneur de Villerval et de Rollencourt, échevin de la ville d'Arras, fut reconnu d'ancienne famille de robe, et anobli en considération de ses services par lettres-patentes du Roi d'Espagne du 7 janvier 1589. Lui ou son fils, aussi nommé Jacques de Lattre, épousa Marie Moret de Langry, dont vint :

Adrien Ier. *de Lattre*, écuyer, seigneur d'Ayette, lieutenant de la gouvernance d'Arras et trésorier des chartes du pays d'Artois, marié avec Philippe de France de Noyelles, qui le rendit père de :

Adrien II *de Lattre*, écuyer, seigneur d'Ayette, Wallonvillers, premier élu d'Artois, qui épousa, en 1611, Yolande de Landas, duquel mariage naquit :

Jean-Philippe *de Lattre*, seigneur d'Ayette, de Neuville, etc., marié en 1658, avec Valentine-Marie-Madeleine de Boulogne de Flines, qui le rendit père de :

Christophe-François *de Lattre*, chevalier, comte de Neuville, par lettres d'érection de l'année 1719. Il épousa, en 1693, Marie-Anne-Françoise de Bryas, dont est issu :

Charles-Valentin *de Lattre*, comte de Neuville, marié avec Marie-Elisabeth Bochart de Champigny, fille de Jean-Charles, comte de Champigny, commandeur de Saint-Louis, gouverneur de la Martinique, qui le rendit père de :

1º. Théodore-Charles-Antoine, qui suit ;
2º. Valentine-Adrienne-Elisabeth de Lattre.

Théodore-Charles-Antoine *de Lattre*, comte de Neuville, fut mousquetaire du Roi dans la seconde compagnie.

*Armes :* D'or, à trois écussons d'azur ; au franc canton de gueules, chargé d'une molette d'éperon d'or.

DE LATTRE, maison d'ancienne chevalerie du

Cambresis, sortie de la maison de Quiévy, dans
la personne de Rasse de Quiévy, grand bailli du Cambresis, en 1266, père de Rasse, dit de Lattre,
chevalier, allié avec Ermengarde de Saussoy, dont il
eut Jean, Rasse, et Guy de Quiévy, dits de Lattre,
d'une terre située en Artois, à trois lieues de Saint-
Pol. Cette maison subsistait encore au dix-septième
siècle. *D'azur, au chevron d'argent, accompagné de trois
croisettes du même.*

DE LATTRE-DOBY, famille originaire de Dinant,
au pays de Liége.

Dominique-François *de Lattre-Doby*, contrôleur des
grande et petite chancelleries de France, épousa en
premières noces, Anne Vellète, dont il eut pour fils
unique :

Pierre-François *de Lattre-Doby*, né à Dinant, le
19 septembre 1696, substitut du procureur-général du
grand conseil, le 29 février 1720, reçu avocat-général
au même conseil, le 9 novembre 1722, et mort sans
alliance, le 10 mars 1729. *Coupé d'azur et d'or, à trois
écussons de l'un en l'autre.*

DU LAU D'ALLEMANS, maison issue d'ancienne
chevalerie, originaire de Béarn, et établie en Périgord,
depuis l'an 1429, dans la personne d'Amanieu du Lau,
damoiseau, seigneur de la Coste, de la Rousselelière et
de la Borie, parent du fameux Arnaud-Guilhem de
Barbazan. Cette maison a produit des capitaines d'hommes
d'armes, quatre gouverneurs de places, deux gentilshommes de la chambre du Roi, un lieutenant-général
des armées, des maréchaux-de-camp, des brigadiers, des
capitaines de vaisseaux, et autres officiers de marque,
un commandeur, et un grand'croix de Saint-Louis, et
plusieurs chevaliers de cet ordre royal et militaire. Jean
du Lau, co-seigneur des Écuyers, surnommé *le Grand
capitaine*, joignait à l'expérience militaire, le talent des
négociations. Il mérita l'estime dont le Roi Henri IV
l'honora. Les honneurs de la cour ont été accordés à
cette famille, en 1757, 1769, 1770, et 1773, en vertu
de preuves faites au cabinet des ordres du Roi. Elle a été
qualifiée des titres de marquis et de comte dans les actes
publics, et commissions de nos Rois, depuis deux siè-

cles. Elle a donné un évêque de Bayonne en 1470, un évêque de Digne en 1766, et un archevêque d'Arles en 1775. Elle a contracté les alliances les plus distinguées, entr'autres avec les maisons d'Aubusson, d'Abzac, Beauchamp Bassignac, de Beaupoil-de-Saint-Aulaire, de Blois, Cherisey, la Fillolie, la Giscardie, Goumart d'Agonay, Haulmont, Jaubert Saint-Gelais, Lambert, Lambertye, Livenne, Montalembert, Polignac, Pons-Mirambeau, la Porte, Prévôt de Sansac, la Roche-foucauld, la Royère, Salleton de la Borie, Saunier de la Coste, etc., etc. *D'or, au laurier à trois branches de sinople, au lion léopardé de gueules, brochant sur le fût de l'arbre; à la bordure d'azur, chargée de quinze besants d'argent.*

DE LAUBERIE, *aliàs* Miette, seigneurs du Mesnil-Raoul, en Normandie, famille anoblie en 1471. Jacques de Lauberie, confirmé dans sa noblesse aux francs-fiefs, obtint, en 1603, l'autorisation de changer son nom de *Miette* en celui de *Lauberie*. *De gueules, à trois moutons d'or.*

LAUDINOT, seigneurs de Boncourt et de Mandres, en Lorraine.

I. Jean LAUDINOT, auteur de cette famille, fut ano-bli par lettres-patentes du 7 septembre 1519, en consi-dération de son mariage avec Claude Raulet, fille de Gervais Raulet, échanson de René, Roi de Sicile, et d'Agnès de Sathenay. Il en eut :

II. Jean LAUDINOT, IIe. du nom, seigneur du petit Me-hairon, prévôt de Saint-Mihiel, qui épousa 1°. Barbe Gaillard ; 2°. Claude Colibet. Ses enfants furent ;

*Du premier lit :*

1°. Marie Laudinot, femme de Robert des Anche-rins de Bouligny, écuyer, seigneur de Landres ;

*Du second lit :*

2°. Charles, mort jeune ;

3°. Jean qui suit ;

4°. Anne, épouse de Jean de Bousmard de Billey ;

5°. Marie, épouse de Warin Maillet, capitaine d'une compagnie d'infanterie pour le service de S. A. ;

6°. Jeanne Laudinot, mariée, par contrat du 23 octobre 1566, avec Antoine de Rosières, seigneur de Sampigny, Vaudonville, etc., second conseiller en la cour de Saint-Mihiel.

III. Jean LAUDINOT, III<sup>e</sup>. du nom, seigneur de Boncourt, Mandres, etc., fit ses reprises en 1588; il les avait déjà faites le 13 février 1576, pour partie de la seigneurie de Boncourt, dans lesquels il est qualifié prévôt de Saint-Mihiel. Il épousa Marguerite Xaubourel, fille de Nicolas Xaubourel, contrôleur en l'hôtel de S. A. et de Françoise de Rosière, avec lequel il vivait en 1581. Il fut père, selon toutes apparences, de Françoise Laudinot, mariée 1°. à Honoré-Jacques Dardenet, seigneur de Vraincourt et de Lichecourt en partie; 2°. à Eustache de Blondeaux, seigneur de Bauval, qui donna son dénombrement, le 21 février 1630, à cause d'elle pour Boncourt, Mandres et Forbevoisin.

*Armes* : d'azur, à trois trèfles d'or.

LAUDUN, bourg situé en Languedoc, à une lieue de Bagnols, et à quatre d'Avignon et d'Uzès, à peu de distance de la rive droite du Rhône, où il y avait un château, jadis considérable, détruit en partie dans les guerres de religion. Il a donné son nom à une ancienne et puissante race de chevalerie, qui florissait dès le onzième siècle.

Bertrand *de Laudun*, chevalier, le premier dont l'histoire ait conservé le souvenir, souscrivit l'an 1088, une donation faite par Raymond de Saint Gilles, comte de Toulouse, à l'abbaye de Saint-André d'Avignon. Il fut père de :

Bertrand, seigneur *de Laudun*, chevalier, lequel fut l'un des seigneurs, qui, l'an 1156, se rendirent caution du traité fait par les seigneurs de Baux, avec Raymond Bérenger, comte de Barcelonne. Ce Bertrand de Laudun I<sup>er</sup> eut un fils de même nom, qui, avec Guillaume, son frère, fut du nombre des seize barons, vassaux du comte de Toulouse, qui, le 12 juin 1209, s'engagèrent par serment, entre les mains de Milon légat du pape, à observer la paix entr'eux et envers l'église, d'entretenir la sûreté des chemins publics, et de punir et poursuivre sévèrement, tous les fauteurs d'hérésie.

Bertrand et Guillaume de Laudun, pour garants de leur serment, affectèrent leurs châteaux de Grefeuille, de Roquefourquade, et de Clarensans. Ils avaient un troisième frère, Hugues de Laudun, archidiacre de Nîmes, nommé dans l'acte de divers priviléges accordés aux ecclésiastiques de cette ville, par le comte de Toulouse, au mois de juin 1197.

Guillaume I, seigneur de Laudun, fut père de ;

Guillaume II, seigneur de Laudun, qui souscrivit une charte du comte de Toulouse, de l'an 1236, en faveur des seigneurs de Caderousse, et de la ville d'Avignon. Le même était parvenu à la chevalerie, l'an 1256, et l'an 1293, il fut l'un des barons qui assistèrent à la prise de possession pour le Roi, d'une partie de la ville de Montpellier, que ce prince, par échange avec le Roi de Majorque, unissait à son domaine. Guillaume II eut pour fils :

1°. Rostaing, qui suit.

2°. Guillaume de Laudun, archevêque de Vienne en 1321, employé par le pape Jean XXII, dans diverses négociations importantes, nommé l'an 1327, à l'archevêché de Toulouse, dont il se démit en 1345, étant devenu aveugle. Il se retira alors à Avignon, dans le couvent des Frères Prêcheurs. L'an 1352, il fonda quatre chapelles dans l'église du château de Laudun, qu'il avait fait bâtir. Il en laissa la présentation à Raymond de Laudun, chevalier, son neveu, et à ses successeurs.

Rostaing de Laudun, seigneur de Laudun, était en 1328, l'un des nobles étudiants de l'université de Toulouse. Il eut pour fils :

1°. Raymond, seigneur de Laudun, chevalier, qui servit sous le comte d'Armagnac, en 1353, dans sa guerre contre le comte de Foix.

2°. Guillaume, qui suit :

Guillaume de Laudun, chevalier, sire de Montfaucon, qui en 1369 et 1374, servait sous le duc d'Anjou. Il fut père de

Hugues de Laudun, seigneur de Montfaucon, marié, l'an 1390, avec Blanche d'Uzès. Leurs descendants, l'an

1493, cédèrent leur part de la seigneurie d'Uzès, au Roi Charles VIII.

François *de Laudun*, l'un des petits-fils de Hugues, fut échanson du Dauphin, fils du Roi Charles VII. Il reçut ce prince, l'an 1437, dans son château de Laudun, lorsqu'il passa avec le Roi, son père, pour se rendre à Nîmes. Il avait pour frère:

Guillaume *de Laudun*, qui servit au ban de la sénéchaussée de Beaucaire, en 1424, 1432, et 1438. Il eut pour fils:

Jean *de Laudun*, qui servit au même ban, en 1454, 1472 et 1478 et fut père de

Jean II *de Laudun*, qui rendit hommage au Roi, le 4 juin 1499, et continua la descendance de cette famille, maintenue dans son ancienne extraction, par M. de Bezons, intendant de Languedoc, le 26 novembre 1668.

Parmi les belles alliances que cette maison a contractées, on en distingue trois, avec l'illustre et ancienne maison d'Adhemar, une avec la maison de Beaux, alors princière, et d'autres avec celles d'Astaaud, de Glandevez, de Montdragon, de Sade, etc. etc.

*Armes*: d'azur, au sautoir d'or; au lambel de gueules à sept pendants.

DE LAUGIER, illustre et ancienne maison de chevalerie de Provence. Elle a pour auteur Raymond de Laugier, mentionné au nombre des barons provençaux, qui, l'an 1114, suivirent le parti de Bérenger, comte de Provence, dans la guerre qu'il fit à la maison des Baux. Depuis cette époque, cette maison n'a cessé de remplir des emplois distingués à la cour, dans les conseils et dans les armées des comtes de Provence. Elle a donné des capitaines de compagnies d'hommes d'armes des ordonnances, et un grand nombre d'officiers supérieurs et généraux au service de nos Rois. Elle s'est divisée en plusieurs branches, 1°. les seigneurs de Villars, de Verdaches, d'Auzet et de Châteauredon, titrés barons de Laugier; 2°. les seigneurs de Beaucouse et de Thoard; 3°. les seigneurs du Puy; 4°. les comtés de Laugier en Lorraine. Ces diverses branches se sont alliées aux maisons d'Agoult, d'Arbaud, de Bardonnenche, Barras, Baschi, Berthet de la Clue, Bry d'Arcy, Castellane, Estelle Daren, Guiraman, Laurens, Lincel, du Mesnil, la Pierre de Châteauneuf, Pontevès, Pontis, du Puget Saint-Marc, Remusat, Rennel, Richier-Montjardin, Rians, Ripert, Roux de la Pérusse, Saporta, Servières, la Tour – du – Pin Gouvernet, Verdillon, Vero, etc., etc. *D'argent, au lion de gueules.* Supports : *Deux lions.* Devise : *Non fortior alter.*

LAUGIER, seigneurs de Saint-André ; famille de robe, anoblie par le collier de Saint-Michel, et qui néanmoins a obtenu, au mois de janvier 1728, des lettres de réhabilitation de noblesse, où elle est déclarée branche de la maison de Laugier qui précède. Cette famille s'est alliée à celles d'Archias, de Bonnaud la Galinière, de Bonnet-Costefred, de Mazenod, de Sauvaire et de Théric. *D'argent, au lion de gueules.*

LAUGIER, seigneurs de Monblanc et de la Garde. Cette troisième famille de Provence a pour auteur Charles Laugier, qui fut fait lieutenant au gouvernement de la ville des Baux, le 4 août 1570. Cette famille n'a eu d'autre principe de noblesse que ses alliances avec les maisons d'Achard, de Glandevès, de Barrème, de Meyran et de Cuys. La seule charge qui pouvait l'anoblir est celle de conseiller aux requêtes du parlement d'Aix, dont fut pourvu Charles de Laugier, seigneur de Monblanc en 1641 ; mais l'édit qui créait cette charge ayant été révoqué avant qu'il l'eût exercée, les privilèges qui y étaient affectés devinrent nuls pour sa famille. *D'argent, à la croix de Lorraine de sable.*

DE LAUGIER, seigneurs de Beaurecueil, de Rousset, de Roqueshautes, en Provence. Cette famille descend de Claude-Joachim de Laugier, trésorier-général des finances en la généralité de Provence. Ses descendants ont rempli des emplois distingués dans la magistrature, et des grades supérieurs dans les armées. Charles-Bernard Laugier, son fils, nommé à l'évêché de Bethléem, fut un prélat recommandable. Ce fut lui qui, pressé par les premières autorités de Paris, de prêter le serment, leur répondit, en découvrant sa tête : *Voyez ces cheveux blancs, vous pouvez les rougir, mais vous ne les souillerez point.* Cette famille a donné des conseillers au parlement de Provence, des officiers supérieurs et des gouverneurs de places, décorés de l'ordre royal et militaire de Saint-Louis. Elle s'est alliée aux maisons et familles d'Ailhaud, Albert de la Fagette, Allemagne de Simiane, Barlatier, Bourgerel de Fontienne, Clapiers de Collonges, Faudran de Taillades, Jouffrey de Châteaubon, Lamanon, Monginot, Orry de Fulvy, Viart des Frans, etc. Elle a fait des preuves pour l'admission de Françoise Hélène-Aurée de Laugier, au chapitre noble de Troarn, et pour celle de François-Joachim-Serge de Laugier de Beaurecueil, son père, dans l'assemblée de la noblesse de l'élection de Paris, convoquée, en 1789, pour l'élection des députés aux états-généraux. *Écartelé, au 1 d'argent, au lion de gueules,* qui est DE LAUGIER ; *au 2 d'or, à la bande d'azur, chargée de trois demi-vols d'argent* (1), qui est DE BEAURECUEIL ; *au 3 d'azur, au croissant d'argent; au chef d'or, chargé de trois étoiles de sable,* qui est DE JOUF-FREY ; *au 4 d'azur, à la croix d'argent,* qui est DE BOUZIES. Devise : *Vicit leo.*

DE LAUMOY, en Gâtinais, famille ancienne, connue filiativement depuis Guillaume de Laumoy, père d'Eustache de Laume, seigneur du fief de Lagny, vivant en 1512. Sa descendance s'est divisée en deux branches; 1°. les seigneurs de Gironville et de Fromarville ; 2°. les seigneurs de Larmières, barons de Molins. Elles ont donné plusieurs capitaines d'infanterie, et se sont alliées aux maisons de Berthe et de Nolongue, Berziau, Bizemont, Boursier, Cauchon-Condé, Champagne, Crevecœur, Estray de Marnay, Foyal, Gentils, Granchay, du Hamel de Denainvilliers, Hémart, Longueau de Saint-Michel, Martini de Brégançon, du Moustier, Neufville de la Motte du Muis, la Roque, Vidal d'Argeville, etc. *D'azur, à la bande d'argent, chargée de trois croissants de gueules.*

DE LAUNOY OU DE LANOY, famille ancienne, originaire de Normandie. Elle a pour premier auteur connu Benoît de Lanoy, écuyer, qui rendit aveu au

---

(1) Ce deuxième quartier formait les armes primitives de cette famille.

Roi, en 1452. Ses descendants ont été maintenus en 1540; et, lors de la dernière recherche, en 1668. Ils ont formé deux branches; 1°. les seigneurs de Criqueville, éteints en 1650, dans la personne de Tanneguy de Lanoy, président à mortier au parlement de Rouen. Il avait un oncle, Charles, seigneur de Pétiteville, qui eut un fils et une fille, dame de la Bardouillère, et d'une maîtresse quelques autres enfants qu'il fit légitimer; 2°. les seigneurs de Clermont, dont le dernier que l'on connaisse vivait en 1648. Ces deux branches se sont alliées immédiatement aux maisons de Betheville, Carbonnel, le Comte, Dieu Avant, Harcourt-Tilly, Parfouru, Richard de Héronvillette, Rupierre, Saffray, Vialart, Vieux, etc. *D'argent, à l'aigle de sable, becquée et membrée de gueules.*

DE LAUNOY, seigneurs de Launoy, Jendun et Wagnon, maison d'ancienne chevalerie, originaire de Champagne, qui a pris son nom d'une terre située à trois lieues et demie de Réthel. Elle a pour auteur Oudart de Launoy, maréchal de Champagne et du comté de Rethel, vivant en 1230. Guillaume de Launoy, chevalier, seigneur de Launoy et de Jendun, son fils, épousa Béatrice.... dont il eut Jean, seigneur de Launoy et Guyot ou Guy, vivant en 1260. Le premier a continué la postérité de cette ancienne maison, maintenue lors de la dernière recherche, en 1667. Elle a contracté des alliances avec celles d'Avaux, de Neufville, Deforges, de Noirfontaines, de Pavant, d'Ailly, de Rouvroy, des Aivelles, etc. Elle a donné des officiers de tous grades, distingués par de longs et honorables services. *De gueules, à quatre vergettes d'argent, chargées de quatorze mouchetures d'hermine de sable.* Devise : *In sanguine robur, in candore fides.*

DE LAUNOY, à Epinal, en Lorraine. Claude-Thomas de Launoy, écuyer, né le 18 décembre 1710, conseiller du Roi, maître particulier des eaux et forêts d'Epinal, fut maintenu dans sa noblesse, ainsi que son frère, Jean-Nicolas de Launoy, chevalier de Saint-Louis, capitaine de grenadiers au régiment de l'Ile-de-France, comme issus de Jean de Launoy, qualifié écuyer en 1495, sur la production de leurs titres, par arrêt du conseil-d'état de Stanislas, Roi de Pologne, duc de Lorraine et de Bar, rendu à Lunéville, le 7 janvier 1755, qui ordonne qu'eux et leurs enfants et postérité, nés et à naître en légitime mariage, jouiront de tous les honneurs, priviléges, franchises, exemptions, dont jouissent les anciens nobles de ses états, et les relève, en tant que de besoin, de l'omission de qualifications nobles commise par eux et leur père. Cette famille a constamment suivi le parti de la magistrature et des armes, et s'est alliée à celles de Thiaucourt, de Poiresson, de Moroge, Bresson, Ranfain, Raincourt, Vannesson, Calais, la Salle, Chambon, Ebaudy, etc., etc. *Parti, au 1 fascé de gueules et d'argent de 8 pièces; au 2 bandé de gueules et d'or de 8 pièces.*

DE LAUR DE LESCUN, maison d'origine chevaleresque de Béarn, qui paraît avoir pris son nom d'une terre située au bas Armagnac, titrée baronnie dès le milieu du seizième siècle. Elle est connue depuis Guillerm ou Guillaume de Laur, mentionné dans la nomenclature des seigneurs de Béarn, qui stipulèrent dans un traité de l'an 1286. Il est nommé dans le testament de Bernard de Guiscard, IIe du nom, chevalier, seigneur de la Coste et de Laurie, du 15 des calendes de juin 1323. Cette maison a des services militaires distingués, tant sur terre que dans la marine. Elle s'est alliée en ligne directe aux familles d'Arrac de Sault, Baradat, Faget, la Fargue-Souge, Gachissans, Lons, Momas, Mora, Moreuil, des Salles, Véhic, etc., etc. La filiation est prouvée par titres depuis Arnaud, 1er du nom, seigneur de Laur, qui testa en 1485. Pierre-Maxime de Laur, chef actuel de cette maison, issu d'Arnaud au onzième degré, baron de Lescun, (1) ancien capitaine de cavalerie, chevalier de

_____

(1) *Lescun* était l'une des douze premières baronnies de Béarn, possédée jusqu'au commencement du treizième siècle, par des seigneurs auxquels elle avait donné son nom. Elle passa depuis dans diverses maisons, entr'autres dans celle de Foix. Thomas de Foix en porta le nom, étant connu sous la dénomination de maréchal de Lescun. Cette baronnie, passée depuis dans la maison de Lons, et entrée par alliance, au milieu du dix-septième siècle, dans la maison de Laur, est située dans les Pyrénées, à une lieue et demie de la fron-

l'ordre royal et militaire de Saint-Louis, a émigré et a fait toutes les campagnes de l'armée des princes, où il a constamment donné des preuves de son dévouement au Roi et à la monarchie. Il a un frère, Alexandre de Laur, ecclésiastique, et deux sœurs non mariées. *Écartelé, au 1 d'argent, à la tour d'azur, accompagnée en chef d'un croissant de gueules; aux 2 et 3 d'argent, au pin de sinople, accosté à dextre d'une étoile d'azur, et à senestre d'une once de gueules* (espèce de panthère); *au 4 d'azur, semé de fleurs de lys d'or; au lion du même, brochant: sur le tout coupé, au 1 d'or, au rameau de laurier de sinople, mouvant du flanc senestre qui est* DE LAUR; *au 2 de gueules, au cœur d'or, qui est* DE LESCUN.

LAUR, seigneur de Marmoulières, de Caussade, de Folanger, de Mériges, en Languedoc, famille ancienne

tière d'Espagne, et à cinq lieues d'Oloron : on y comptait cent cinquante-six habitations. De l'illustre et ancienne maison de Lescun, de la première race, était Arnaud Guilhem, seigneur de Lescun, qui, d'Anne d'Armagnac, dite *de Termes*, eut deux fils naturels; 1°. Jean, bâtard d'Armagnac (du nom de sa mère) comte de Comminges et de Briançonnais, surnommé *de Lescun*, maréchal de France, en 1461, et Jean, bâtard d'Armagnac, dit *de Lescun*, archevêque d'Auch. Le maréchal, bâtard d'Armagnac, épousa Marguerite, fille de Louis, marquis de Saluces, dont il eut trois filles ; 1°. Catherine d'Armagnac, mariée à Gaston de Montferrand, chevalier ; 2°. Madelaine d'Armagnac, alliée à Hugues d'Amboise, seigneur d'Aubijoux, sénéchal de Beaucaire ; 3°. Antoinette d'Armagnac. Il eut aussi un fils naturel, Jeannot d'Armagnac, qu'il substitua aux terres de Mauléon et de Casaubon à Bertrand, seigneur de Luperoux, son neveu, et deux filles, Catherine et Jeanne d'Armagnac, légitimées par lettres du mois d'avril 1466. Les armes des anciens seigneurs de Lescun étaient *de gueules, au cœur d'or*. Une autre branche portait écartelé, *aux 1 et 4 d'argent, à trois bandes de gueules; aux 2 et 3 d'or, à neuf losanges d'azur*. Jean de Lescun, bâtard d'Armagnac, portait écartelé aux 1 et 4 D'ARMAGNAC; *aux 2 et 3* DE COMMINGES; *au filet de sable, ou barre brochante sur l'écartelé*.

et distinguée qui, lors de la recherche, a été maintenue par M. de Bezons, intendant en Languedoc, le 7 janvier 1669, sur preuves remontées à Raimond Laur, seigneur de Marmoulières, qui fit son testament le 7 novembre 1543. Ses descendants se sont alliés aux familles d'Aurons, Aurilhon, Bernon, Clermont, Alzon, Seguier, etc., etc.

LAURE, seigueurs de Brotel, en Dauphiné, maison d'origine chevaleresque qui remonte à Jacques *Laure*, chevalier, surnommé le *Buffe*, seigneur de Brotel et de Chapeau-Cornu, en Dauphiné, lequel vivait en 1303, et avait pour sœur, *Matheline Laure*, mariée le 7 des ides de novembre 1312, avec *Gilles d'Arlos*, seigneur de la Cerneste, fils de *Gilles d'Arlos*, chevalier.

Jacques *Laure*, seigneur de Brotel et de Chapeau-Cornu, probablement fils du précédent, vivant en 1383, avait épousé *Jeanne de la Poype*, fille de *Jean*, seigneur de Serrières, et d'*Eléonore de Saint-Priest*, sa troisième femme. De ce mariage vint : Jeanne *Laure*, dame de Brotel et de Chapeau-Cornu, femme, en 1415, de *Hubert de Grolée*, seigneur de Viriville, sénéchal et gouverneur de Lyon, maréchal de Dauphiné, bailli de Mâcon, mort en 1446. Il était fils d'*André de Grolée*, seigneur de Passin et de *Béatrix de Genève*.

Aimar *Laure*, seigneur de Brotel, vivant en 1455, épousa *Claudine de Buenc*, fille de Jean, seigneur de Mirigna et de *Gabriel d'Urfé*, dont il eut :

Gabriel *Laure*, seigneur de Brotel et de Chapeau-Cornu, chevalier, qui vivait, en 1482, avec *Louise de la Baulme*, son épouse, fille de Guillaume, seigneur de la Baulme, et de *Françoise de la Balme*, dame de Morterey. De cette alliance vint :

Louis *Laure*, seigneur de Brotel, qui vivait en 1529.

*Armes :* D'azur, au chef échiqueté de vair et de gueules de deux tires.

LAURE. Jacques Laure fut anobli au mois de mai 1364.

DE LA LAURENCIE, en Angoumois, en Poitou et en Saintonge, noblesse ancienne, qui prouve sa filiation depuis Louis de la Laurencie, écuyer, seigneur de la Laurencie, vivant en 1460. Cette famille a donné des capitaines de cent et de cinquante hommes de guerre, des gentilshommes ordinaires de la chambre du Roi, des capitaines d'infanterie et de cavalerie, et plusieurs chevaliers de St.-Louis. Elle est en possession des qualifications de comte, marquis et baron dans les actes publics et brevets de nos Rois depuis un siècle. Ses alliances sont avec les maisons d'Arnault-de-Méré, Aubert, d'Aligret d'Aulède, Audier, d'Authon, Bourlon de la Chambre, de Canquelin, Chesnel, de Castello, Cladier, Chullier, de Chazeau, des Doucets, Frottier de la Messelière, des Forges, Girault, de la Garde, du Laux, de Lérisse, de Montberon, Nourigier, de Plouer, Paulte. La branche aînée porte pour armes : *D'azur, à l'aigle éployée, au vol abaissé d'argent.* Les autres branches portent : *D'argent, à l'aigle éployée de sable, becquée et membrée de gueules.*

DE LAURENCIN DE CHANZÉ, DE PERSANGE, en Lyonnais. Cette famille est issue de la plus ancienne bourgeoisie de la ville de Lyon. Elle a obtenu un jugement de la cour souveraine établie par le Roi, sur le fait des francs-fiefs, nouveaux acquets et amortissements, en exécution de la déclaration du 29 décembre 1652. Elle compte parmi ses aïeux, noble homme Hugues de Laurencin, vivant en 1350, qui fit une donation à François, son fils, l'an 1394.

Voici ce qu'on lit dans le nouvel éloge de la ville de Lyon : Etienne Laurencin, fut échevin de Lyon aux années 1471, 1478, 1482, 1486, 1487, 1491, 1495; Claude Laurencin, en 1498, 1499 (1) 1504, 1508, 1512 et 1527; Barthélemi Laurencin, en 1510; Pierre Laurencin, en 1516, 1517, 1523; et Claude II Laurencin, en 1518, 1533, 1549, 1554, 1558 et en 1563. Pierre de Laurencin, baron de la Bussière, fut confirmé dans sa noblesse, et anobli en tant que de besoin, au mois de juin 1663. *Voyez* le registre des anoblissements, coté 698, à la bibliothèque de l'Arsenal. Il résulte de ces faits, que la famille de Laurencin est très ancienne, que sa noblesse peut remonter même au-delà de 1350, mais qu'elle n'est bien prouvée que depuis l'an 1499. Cette

___

(1) Ici le Catalogue (p. 53) porte expressément que tous les échevins qui suivent ( depuis 1499 ) ont joui des priviléges de noblesse accordés par lettres-patentes du Roi Charles VIII, du mois de décembre 1496.

famille a donné un brigadier des armées du Roi, des officiers supérieurs, des gouverneurs de place, des chevaliers de l'ordre royal et militaire de Saint-Louis, etc. Les seigneuries de Crevecœur et de Beaufort, en Bourgogne, furent unies et érigées en comté, sous le nom de Laurencin, par lettres du mois d'avril 1742, en faveur de Philippe de Laurencin, seigneur de Beaufort, de Flavy, etc. Cette famille a en outre possédé plusieurs terres titrées, comme les baronnies de Riverie et de la Bussière. Ses alliances sont avec les maisons d'Amboise, d'Arzy, de Beaurepaire, de Berton, du Blé-d'Uxelles, de Bothéon, Buatier, Charpin de Montrillier, Dassier de la Chassagne, de Fenouil, de Fondras, de Jouannes, de Lespinasse, de Meynier de la Salle, Mellier, de Mont-d'Or, de Neyrieu, de la Porte, Pally de la Bussière, de Plan de Sieys, de Paregaud de Roussel, Rochefort-d'Ailly de Saint-Point, de Remigny, de Saint-Léger de Saint-Germain, de Saligny, de la Tour, du Terrail de Virieu, etc. *De sable, au chevron d'or, accompagné de trois étoiles d'argent.* Supports : deux lions. Devise : *lux in tenebris et post tenebras spero lucem.*

DE LAURENS, marquis de Bruë et de Saint-Martin, par érection de 1665, en Provence. La Chenaye-des-Bois fait remonter la filiation de cette famille, qu'il dit originaire de Toscane, à noble Jean de Laurens, qui, l'an 1345, était juge à la cour royale de Draguignan. L'auteur du Nobiliaire de Provence fait deux familles nobles du nom de Laurens. Suivant ce Nobiliaire, l'une de ces familles, qui a formé deux branches, est originaire de la ville de Draguignan, et l'autre, de la ville d'Avignon ; et il annonce que cette dernière s'est établie à Arles. L'auteur de la Critique du même Nobiliaire prétend (mais sans preuve), que ces deux familles appartiennent à la même souche. Il s'appuie sur Nostradamus qui dit que de cette souche sont sorties trois branches, qui viennent toutes trois de Jean Laurens et de son fils, vivants en 1512. L'une de ces branches, suivant le même auteur, a passé à Paris, et s'y est éteinte ; l'autre a subsisté à Arles, et s'est rendue notable par l'élection de ses descendants à la charge de premier consul de cette ville. La branche dont on ne peut contester la noblesse est celle de Draguignan,

III. 52

établie à Aix, et dont était chef Joseph Laurens, marquis de Bruë, président à mortier au parlement de Provence. Pierre de Laurens fut reçu conseiller au parlement, en 1623. Henri, son fils, eut la survivance de son office. Cette branche en a formé trois autres : celle du président de Bruë ; celles des sieurs de Peirolles, et celle de Jacques Laurens, chevalier de Saint-Lazare et de Saint-Louis, prévôt de la maréchaussée de Provence. Cette famille a produit un chef d'escadre, plusieurs officiers de marque, des magistrats et des jurisconsultes distingués ; elle s'est alliée, en ligne directe, aux maisons et familles d'Agut, Albertas-Villecroze, Anjou, Benaud de Lubières, Bertatis, Cornier, Croze, Entrechaux-d'Arenne, Etienne - Chaussegros, Forbin - d'Oppède, Grasse - Saint - Tropèz, Griffeuil, Guidi, Laugier-Thoard, Melun, Michaëlis de Bignosc, Pontevès-Bargême, Robert--d'Escragnolles, la Roque, Séguiran de Bouc, etc., etc. *D'or, au laurier de sinople ; au chef d'azur, chargé de trois étoiles d'or.*

DE LAURENS, barons de Beaujeu, en Provence. Cette seconde famille, que l'auteur de la *Critique du Nobiliaire de Provence*, dit être une branche de la précédente, remonte à noble Barthélemi de Laurens, vivant en 1470, élu premier consul d'Avignon, en 1477. Ses descendants s'établirent à Arles, vers le milieu du dix-septième siècle. Marc-Antoine de Laurens, IIIe. du nom, acquit la baronnie de Beaujeu, le 11 novembre 1690. Les alliances de cette familles, sont avec celles de Blancheti, Claudian, Damian, du Long-de-Maris, de Maureilhan, Morelly, du Roure, etc., etc. *Parti, au 1 d'or, à la croix patée de gueules ; au 2 d'or, à trois bandes de gueules.*

DE LAURENS, seigneurs de Joreau, en Anjou. Cette famille remonte à Pierre de Laurens, seigneur de la Crillouère, marié dès 1518, avec Anne *Savary*. Son petit-fils, François de Laurens fut gentilhomme ordinaire de la chambre du Roi. Cette famille s'est alliée avec celles de Balue du Chemin, Boison de la Guerche, Gennes de la Rouillère, Gilles de la Grue, Miron de l'Hermitage, Rouxellé de la Treille, etc. *Coupé d'azur et d'argent, au lion de l'un-à-l'autre.*

LAURENS, seigneurs de Lézignac et de Darnac, en basse Marche ; famille issue de Guillaume Laurens, écuyer, sieur de Lézignac, qui vivait le 13 mars 1461. Elle s'est alliée, dans des tems postérieurs, aux maisons du Theil et de Montalembert. *D'argent, à la fasce de gueules, accompagnée en chef de deux étoiles, et en pointe d'un croissant, le tout du même.*

LAURENS, en latin *Laurencii*, famille des plus anciennes et des plus distinguées de la province de Languedoc, qui, dès le milieu du quatorzième siècle et jusqu'à la fin du quinzième, remplit les charges du capitoulat de la ville de Toulouse, exercées, dans ces tems reculés, par les plus illustres maisons de cette ville. Elle remonte, par filiation, à Raimond Laurens, seigneur de Soupets et co-seigneur de Puginier, vers 1230, terres que ses descendants ont possédées jusqu'au seizième siècle. Elle a formé deux branches principales, 1°. Les seigneurs de Soupets et de Puginier, éteints vers 1600 ; 2°. les seigneurs du Castelet-lès-Puginier, dont la descendance subsistait encore avant la révolution. Cette dernière branche compte de nombreux services militaires, soit dans les gardes du corps, soit dans les divers régiments d'infanterie et de cavalerie. Elles sont toutes deux alliées aux maisons les plus distinguées du Languedoc, entr'autres avec celles de Beauville, Bernon de Cruzi, Blanzac de Cambiac, Bonne de Marguerittes, Bonvillars de Sausens, Brassac, Capriol de Bellefontaine, des Casses, Couffin du Valès, Galard-de-l'Isle-du-Bosc, des Guillots-d'Auriac, Loubens de Verdalle, Mauléon de Narbonne, Nos de Montmaur, la Passe, Peytes, Plagnolle, Rapin, Rigaud-Vaudreuil, Roquefort, Rosières, Russon de Roquevias, Scargueil de Saint-Pons, Signan de Lartigue, Soubiran-d'Arifat, la Tour de Juges, Villeneuve-la-Crosille, Vital, etc., etc. *De gueules, à trois coquilles d'argent.* Tenants : deux sauvages, armés chacun d'un arc bandé.

DU LAURENS, seigneurs de Chivry, famille originaire de Savoie, qui subsistait à Arles, vers la fin du dix-septième siècle, et qui s'est éteinte peu-après.

Louis *du Laurens*, époux de Louise *de Castellane*, en eut :

1°. Honoré, d'abord avocat-général au parlement

d'Aix, marié avec Anne d'Ulme. Etant devenu
veuf, il embrassa le sacerdoce et fut nommé archevêque d'Embrun, en 1600. Ce prélat, modèle de
toutes les vertus épiscopales, prononça, à Paris,
l'an 1611, l'oraison funèbre de Marguerite d'Autriche, femme de Philippe III, roi d'Espagne ;
il mourut, en 1612, de la pierre ;

2°. Richard, qui suit ;

3°. André, premier médecin du Roi, seigneur de
Ferrières, époux d'Anne Sanguin de Livry, et
père, d'un fils, gentilhomme ordinaire de la
chambre du Roi, qui ne laissa point d'enfants :

4°. Jean, capucin, sous le nom de *P. Jérôme*, qui
fut trois fois provincial, refusa les archevêchés
donnés à ses frères, et s'est noyé dans la mer, en
revenant de sa visite de Martigues ;

5°. Julien, théologal de l'église Saint-Trophime
à Arles, où il mourut de la peste, s'étant exposé
pour secourir ceux qui étaient frappés de ce fleau ;

6°. Antoine, abbé de Saint-Pierre de Vienne, et
aumônier du Roi ;

7°. Gaspard, archevêque d'Arles, en 1603 ; il
assista aux états du royaume, en 1606, et à
l'assemblée des notables, tenue à Rouen en 1617 ;
il établit des conférences ecclésiastiques dans son
palais, et harangua Louis XIII dans sa cathédrale, lorsque ce prince vint à Arles, en 1622.
Il mourut le 12 juillet 1630.

Richard *du Laurens*, seigneur de Chivry, épousa la
fille d'Anne Robert, célèbre avocat au parlement de
Paris. Il en eut quatre fils et plusieurs filles ; trois des
fils ont été successivement conseillers au parlement de
Paris ; le quatrième, grand-prieur de Cluny, a été
nommé à l'évêché de Bellay ; une des filles, Louise du
Laurens, a épousé Jean Baltazard, conseiller au parlement de Paris, et ensuite maître des requêtes ; les autres
ont été religieuses à l'abbaye de Saint-Antoine de Paris
et à celle de Poissy.

*Armes* : d'argent, au laurier de sinople ; au chef
d'azur, chargé de trois étoiles d'or.

LAURENT, Etienne Laurent fut fait conseiller de

la ville de Paris, le 3 février 1713, et échevin en 1723. *D'azur, à la foi d'argent, accompagnée en pointe d'une pomme d'or; au chef d'argent, chargé d'une étoile d'azur, accostée de deux roses de gueules.*

LAURENT DE LA GROYE, famille ancienne du Berri, qui remonte à Jean Laurent, écuyer, seigneur de St.-Lesegnat et de Dornat, vivant en 1450, père d'Antoine Laurent, marié, le 19 janvier 1499, avec Perette *Esgrepée*. Ses descendants se sont alliés aux familles de Sechault, la Berlotière, Chassignolle, etc., et ont été maintenus dans leur noblesse, par sentence des commissaires départis pour le régalement des tailles en l'élection de Poitiers, du 25 novembre 1599. *D'azur, à trois aiglettes éployées d'argent, becquées et membrées de sable.*

DES LAURENTS DE BRANTES, DE MONTSEREIN, DE CHAMPFORT, au comtat Venaissin, famille, selon Pithon-Curt, originaire de Rome. Elle passa en Piémont en 1380, et s'établit à Avignon, sur la fin du quinzième siècle. Quoiqu'il en soit, cette famille paraît sans possessions et sans emplois marquants, jusqu'à la fin du siècle suivant. Elle a donné depuis ce dernier temps, un lieutenant-colonel et trois capitaines d'infanterie, dont l'un fut chevalier de Saint-Louis. La seigneurie de Brantes fut érigée en marquisat par bulle du pape Clément X, du 13 juillet 1674, en faveur de Georges-Dominique des Laurents, seigneur du Broc et de l'Olive, en Provence. Les alliances principales de cette famille, sont avec les maisons de Berenger, de Bellis, le Blanc d'Estrées, de Lauzières de Thémines, de Fresne, de Garcin, Lopès-de-Villanova, de Lauris, de Nains, de Polastron, de Quiqueran, de Rhodes, de Sabran, et de Serres. *D'or, à deux palmes adossées de sinople.*

DE LAURIÈRE, barons DE MONCAUT, famille établie en Agénois depuis plusieurs siècles. Bertrand de Laurière, seigneur d'Andas, fils puîné de Jean, baron de Laurière, et de Bertrande de Durfort, épousa 1°. Anne *de Lomagne*, dont il n'eut point d'enfants; 2°., en 1550, Antoinette *de Mondenard*, fille de François de Mondenard, seigneur et baron de Moncaut-Sainte-Colombe, et de Catherine de Foudras. Cette famille a

fourni un chevalier de l'ordre du Roi, un gentilhomme
de sa chambre, mestre-de-camp d'un régiment d'infanterie, gouverneur de la ville et citadelle de Layrac, tué
devant Marmande, à la tête des troupes qu'il commandait pour le roi de Navarre et en sa présence ; un capitaine de cinquante hommes d'armes de Sa Majesté,
maréchal de ses camps et armées ; plusieurs officiers
supérieurs et autres très-distingués, dont un décoré de
l'ordre royal et militaire de Saint-Louis. Ses principales
alliances sont avec les familles de Coutures, de Sar-
razin et de Saint-Loubers, de Fabas, de Lusignan, de
Boudon, de Sarrau-de-Bessière, etc. *D'azur, au lion
couronné d'or.*

DE LAURIÈRE, noblesse très-ancienne du Périgord
et du Limosin. Jean de Laurière, seigneur de Lanmary,
épousa, en 1525, Marguerite *de Saint-Chamans*, dont
il eut Catherine de Laurière, qui porta, en 1550, la
terre de Lanmary, dans la maison de Beaupoil-Saint-
Aulaire. Les armes de cette maison étaient de . . . . .
à trois lapins de . . . . . .

DE LAUTHIER (1) D'AUBENAS, en Languedoc,
famille ancienne, issue de Philippe de Lauthier, gentilhomme parisien, originaire de Dauphiné, général
en la cour des monnaies à Paris, sous les règnes de
François Ier et de Henri II, mort en 1550, étant
oncle d'Anne de Lauthier, dame de Champbaudouin,
veuve de Henri Grostot, écuyer, seigneur de Traureville,
conseiller du Roi (2). Cette dame, dit Moreri (t. VI,

---

(1) Ce nom s'est aussi quelquefois orthographié *Lau-
tier.*

(2) Elle était fille de Jean de Lauthier, écuyer, seigneur
de Fleury en Brie, procureur-général au parlement de
Rouen, et d'Antoinette Roger, fille de Guillaume Roger,
procureur-général au parlement de Paris, et de Jacqueline Fuzeau. Les armes de cette branche dont la noblesse
a été jurée dans les preuves de Pierre-Lazare de Selve de
Cromières, reçu chevalier de Malte le 2 août 1623, dont
Anne de Lauthier était la bisaïeule maternelle, sont :
*Ecartelé aux 1 et 4 coupés de gueules, à la bande d'or et
d'azur, à la croix potencée d'argent ; aux 2 et 3 d'azur, à
3 bandes d'argent.*

p. 208, édit. de 1759), mérite d'avoir place entre les personnes savantes de son siècle. Elle entendait le latin, écrivait agréablement en prose et en vers, et avait de la curiosité pour toutes les belles sciences, et particulièrement pour les mathématiques. Philippe de Lauthier, son oncle, a laissé un *recueil des monnaies de France*, imprimé après sa mort par les soins de M. Autin, conseiller au Châtelet de Paris, qui n'en fit tirer qu'une vingtaine d'exemplaires. Les descendants d'Étienne de Lauthier ont porté les armes avec distinction.

Charles de Lauthier, créé brigadier des armées du Roi le 1er février 1719, chevalier de l'ordre royal et militaire de Saint-Louis, mort en 1755, avait précédemment servi en Espagne où il fut fait vice-roi des îles de Majorque et Minorque, et colonel des gardes walonnes. Lorsque la guerre vint à éclater entre la France et l'Espagne, il quitta le service de cette dernière puissance, et rentra au service de Louis XV, ne voulant point porter les armes contre son prince et son pays. Il avait trois frères, qui sont morts au service dans des grades supérieurs, et décorés de la croix de Saint-Louis.

Cette famille subsiste dans deux frères :

1°. Victor, chevalier de Lauthier, lieutenant-colonel de cavalerie retraité, chevalier de l'ordre royal et militaire de Laint-Louis ;

2°. Joseph de Lauthier d'Aubenas, capitaine de cavalerie retraité, chevalier de Saint-Louis, qui a émigré avec son frère, et a eu trois fils :

a. N. . . . de Lauthier, mort au service ;

b. César de Lauthier, capitaine adjudant-major dans la légion des Basses-Alpes ;

c. Alexandre-François de Lauthier, retiré du service.

Cette famille a été maintenue dans sa noblesse par arrêt du parlement d'Aix du 22 août 1767.

*Armes* : De sinople, à l'otelle d'argent ; au chef du même, chargé de trois étoiles de gueules. Couronne de comte ; supports : deux lions, celui de sénestre léopardé, ayant tous deux la tête couronnée.

DE LAUZON, famille de robe établie à Paris, dont

était François *de Lauzon*, conseiller au parlement, qui eut d'*Isabelle Lottin*, son épouse, *Jean de Lauzon*, sieur de Livé, reçu conseiller au même parlement le 8 février 1613, maître des requêtes le 23 mai 1622, président au grand conseil, charge qu'il exerçait encore le 1er juillet 1628; intendant en Provence et en Guienne, gouverneur du Canada, puis conseiller d'état, et l'un des douze conseillers d'état ordinaires, réservés à la réforme du conseil en 1657. Il épousa *Marie Gaudart*, fille de *François*, conseiller au parlement de Paris, et de *Denise Canaye*. D'autres lui donnent pour femme *Colombe de Chabans*, veuve de *François le Blanc*, conseiller au parlement de Bordeaux. *D'azur, à 3 serpents arrondis d'argent, mordant leur queue.*

. DE LAUZON, seigneurs de la Poupardière, de la Chabossière, de la Roulière, famille ancienne du Poitou, qui a pour auteur James de Lauzon, avocat du Roi au siége présidial de Poitiers, élu maire de cette ville en 1541. Jean II de Lauzon, son arrière-petit-fils, conseiller d'état, fut nommé chevalier de Saint-Michel le 28 novembre 1651. Ce fut aussi en sa faveur, et en récompense de ses services, que le Roi, par lettres du dernier janvier 1652, érigea la terre de la Poupardière en baronnie. Cette famille s'est alliée à celles d'Aviau du Bois de Sanzay, de Boynet, Escoubleau de Sourdis, Guza, Guesdon, Jouslard d'Airon, de Lage, Mallebranche et St.-Gouar. *D'azur, à trois serpents arrondis d'argent, mordant leur queue ; à la bordure de gueules, chargée de 6 besants d'or.*

DE LAVAULX, maison d'ancienne chevalerie de Lorraine et de Barrois, originaire du duché de Luxembourg, laquelle, en 1416, occupait la troisième place aux assises de ce duché. Wasbourg en rapporte l'origine aux anciens comtes de Chiny. Elle subsiste présentement dans les environs de Château-Thierry, ayant perdu ses biens, situés en Lorraine, par suite de l'émigration. Sa noblesse a été jurée et admise dans tous les chapitres, et elle a fait les preuves de la cour en 1783. Elle a donné un grand veneur et un grand chambellan de Lorraine, et nombre d'officiers supérieurs au service de la France et de l'empire. Elle a possédé plusieurs terres considérables, entr'autres celle de Vrecourt, érigée en baronnie le 29 septembre 1612, et en comté, le 12 avril 1725. Elle a aussi obtenu le titre de comte, en 1734, du duc François de Lorraine, depuis empereur. Les alliances de cette illustre maison sont : avec celles de Bagary-Montaigu, Baillet, Bazentin, Christianstadt, Dampierre, Falletans, Greiche, Jolly de Morey, Lutzelbourg, la Marck, Montarby, Ourches, Pechpeyrou-Comminges, Rochefort-d'Ailly, le Roy de Seraucourt, Thiancourt, Viegenick, etc., etc. Elle est représentée aujourd'hui par :

Louis-Marie-Joseph, comte *de Lavaulx*, né à Poussay, en Lorraine, le 19 mars 1741, chevalier de Malte, capitaine au 4e. régiment de dragons de la Gironde, marié 1°., le 22 août 1809, à Agathe *de Villiers*, fille de Prudent de Villiers, écuyer, conseiller au parlement, et de Charlotte Boula de Mareuil ; elle est morte le 1er. juin 1814 ; 2°., le 9 mars 1818, Antoinette-Françoise-Renée-Célénie *Boileau de Maulaville*, fille d'Edme-François-Marie Boileau de Maulaville, écuyer, et d'Antoinette-Edmée-Marie-Victoire Tavernier-d'Heppe. Le comte de Lavaulx a pour enfants,

### Du premier lit :

1°. Joseph-Erard de Lavaulx, né le 22 août 1810 ;
2°. Louis-Ernest de Lavaulx, né le 21 mai 1814 ;

### Du second lit :

3°. Louis-Amédée de Lavaulx, né le 1er. décembre 1818.

*Armes* : Ecartelé, aux 1 et 4 d'azur, à deux bars adossés d'argent, cantonnés de quatre croisettes d'or, qui est DE CHINY ; aux 2 et 3 de gueules, à trois herses d'argent, qui est DE LAVAULX ; sur le tout de sable à trois tours d'argent ; ARMES DE RÉCOMPENSE (1). Couronne de comte, surmontée d'une couronne murale. Tenants : deux sauvages de carnation, armés de leurs massues. Devise : *Tout par amour.*

_____

(1) Ce sont les armes de la ville de Neufchâteau, que le duc René II de Lorraine avait accordées à François de Lavaulx, pour perpétuer la mémoire de la belle défense qu'il avait faite de cette ville, où il avait perdu

LAVEDAN (*Lavitanensis pagus*), vicomté qui faisait partie du pays de Bigorre, et qui consiste en une longue vallée, qui suit le cours du Gave et est située entre les Pyrénées, ayant environ neuf lieues de longueur sur six de large en quelques endroits. Cette vicomté, qui passa successivement, par alliances, dans les maisons de Bourbon, de Gontaut et de Montaut, en faveur de laquelle elle fut érigée en duché-pairie, l'an 1650, avait des seigneurs particuliers, dont l'existence est connue depuis Aneman et Ancelius, vicomtes de Lavedan, qui vivaient vers l'an 950. On voit, en 1171, un Raymond *de Lavedan* souscrire un acte de Bertrand, comte de Melgueil, pour l'abbaye de Villefranche.

Arnaud, douzième vicomte *de Lavedan* et de Vensan, chevalier, était, en 1406, sénéchal de Bigorre. Il rendit des services importants dans les guerres du Languedoc, contre les Anglais, et soumit, au mois de juillet 1427, le château de Montorcier, dont la garnison fut obligée de se rendre prisonnière de guerre. Il avait épousé Brunissende *de Gerderest*, dont il eut :

1º. Raymond-Garcias, qui suit ;

2º. Jean de Lavedan, époux de Marguerite de Foix, fille de Jean, seigneur de Rabat et de Léonore de Comminges ;

3º. Jeanne de Lavedan, seconde femme d'Arnault de Montaut, chevalier, baron de Benac, sans doute parente de Bernardine de Lavedan, femme de Jean de Montaut, fils du même Arnault, et de Brunissende de Coaraze, sa première femme.

Raymond-Garcias, treizième vicomte *de Lavedan*, épousa, l'an 1437, Bellegarde de Montesquiou, fille d'Arsinus, baron de Montesquiou et d'Angles, chambellan du Roi Charles VII, et de Catherine de Curton, sa première femme. Il en eut :

son fils unique du premier lit. Erard, fils du second lit de François de Lavaulx, obtint du duc Antoine les terres de Courcelles et d'Olaincourt, pour un fait d'armes semblable, ayant défendu avec valeur la ville de Châtel-sur-Moselle, en 1548, dont il avait le gouvernement.

Jeanne ; dame *de Lavedan*, mariée avec Gaston du Lion, seigneur de Malause, auquel elle porta la vicomté de Lavedan. De ce mariage vint Louise du Lion, dame de Lavedan et de Malause, mariée à Charles, bâtard de Bourbon, fils naturel de Jean II, duc de Bourbon. Cette ancienne et illustre maison s'était encore alliée avec celle de Balsac, Biron, Montferrant, Sadirac, etc.

Il existait en Albigeois une famille de même nom, qui fut maintenue par jugement de M. de Bezons, intendant en Languedoc, du 24 octobre 1668, sur preuves remontées à Jean de Lavedan, seigneur de Lesignan, lequel fit son testament le 22 juillet 1547. On ignore si cette famille est une branche de la précédente.

*Armes* : d'argent, à trois corbeaux de sable.

LAVIE, maison d'origine chevaleresque et des plus illustres des provinces de Béarn et de Guienne. Elle a fourni des magistrats célèbres, entr'autres, des présidents au parlement de Bordeaux, deux premiers présidents au parlement de Navarre, en 1623 et 1643; des conseillers d'état, etc. Jean-Marie de Lavie, président à mortier au parlement de Guienne, fut nommé député de la noblesse de cette province, aux états-généraux de 1789. Jacques de Lavie fut honoré de la pourpre romaine, sous le règne de Philippe-le-Long, auquel il avait rendu de grands services. Parmi les alliances de cette maison, on distingue celles de Clermont-Auvergne, de Castillon, de Harlay de Maniban. *D'azur, à deux tours d'argent en chef et une roue d'or en pointe.* Cimier : un phénix. Devise : *Post funera vivo.*

DE LAVONCOURT, en Franche-Comté ; noblesse d'ancienne chevalerie, fondue, en 1537, dans celle de Franquemont, par le mariage de Marguerite de Lavoncourt avec Georges-Anastase de Franquemont, seigneur d'Ambenois et de Tremoing, fille de Henri de Franquemont, et de Marguerite de Grachaux. La seigneurie de Lavoncourt, qui avait donné le nom à cette ancienne maison, est située à quatre lieues et demie de Gray. *D'azur, à sept coquilles d'argent.*

LAW DE LAURISTON, maison ancienne, originaire d'Ecosse, qui, depuis plus de cinq siècles, possédait de grandes terres seigneuriales dans la vicomté de Galloway. Alexandre Nisbet, dans le premier volume (p. 356) de son *Traité héraldique*, rapporte que cette illustre famille a donné naissance à plusieurs branches qui se sont rendues recommandables par les personnages qui en sont sortis, et dont plusieurs ont été honorés du titre de libres barons, savoir, les Law de Lawbridge, Law de Bogness, Law de Bogis, Law de Nethrour, Law-Burnton, Law de Neuton, Law de Burntwood, Law de Cameron, Law de Rumcois-Orientali, etc., qui adoptèrent chacun des armes propres.

On trouve dans les archives publiques du royaume d'Ecosse, que le Roi Robert III fit don, l'an 1398, des terres de Bogness, du bas Linkiwood, de Glass-Green et de Kingoussie, à Robert Law de Bogness, deuxième fils né du légitime mariage de Robert Law de Lawbrige. C'est de ce Robert Law de Bogness qu'est issu en ligne directe Georges Law de Lithrie, libre baron dans la vicomté de Fife, vivant en 1542, et auteur des barons de Lauriston, établis en France depuis le commencement du dix-huitième siècle. Ils ont donné aux armées de nos Rois plusieurs officiers généraux, un gouverneur de Pondichéry, un gouverneur général commandant les troupes du Roi dans l'Inde, maréchal-de-camp du 1er mars 1780, dont le fils Jacques-Bernard Law, marquis de Lauriston, lieutenant-général des armées du Roi, commandeur de l'ordre de Saint-Louis, grand cordon de la Légion-d'Honneur, l'un des généraux et des diplomates les plus distingués de ce siècle, a été nommé pair de France par l'ordonnance royale du 17 août 1815, et ministre secrétaire d'état au département de la maison du Roi, par autre ordonnance du 1er novembre 1820.

*Armes*: D'hermine, à la bande, accompagnée de deux coqs, le tout de gueules; à la bordure du même.

LAY. Marc-François Lay, fut élu quartinier, puis échevin de la ville de Paris en 1703. Il obtint des lettres d'anoblissement, qui furent registrées le 11 janvier 1721. *D'argent, au chevron d'azur, chargé de cinq billettes d'or; au chef du champ, chargé de trois tourteaux de sable.*

LE LAY, seigneurs de Kerghan, en Bretagne. Cette

famille est une des plus anciennes de cette province. Elle est connue dans les montres des nobles, depuis Hervé le Lay, écuyer, qui servait en 1356, dans la compagnie de Hue de Kerautret, chevalier. Il comparut à la revue faite à Paris, le 20 novembre de cette année, avec son porte targe.

Alain le Lay est mentionné au nombre des gentils-hommes bretons, qui, le 30 avril 1381, ratifièrent le traité de Guérande. Il servait, en 1416, dans la compagnie de Tanneguy du Châtel, chevalier banneret, dans le même temps que Salomon le Lay, servait dans celle de Jean de Rousserf, chevalier bachelier, qui accompagna le duc de Bretagne dans son voyage en France, en 1418.

Henri et Yvon le Lay, prêtèrent serment de fidélité au duc de Bretagne, en 1437. Il fut sans doute père de Charles le Lay, époux d'Anne du Quellenec, et père de Henri le Lay, qui de Marguerite de Nicholles, eut deux fils :

1°. Jean le Lay, auteur de la branche de Kerham, maintenue dans sa noblesse, le 31 octobre 1670.

2°. Olivier le Lay, auteur de la branche de Kermabon, et de Kerthomas, maintenue le 3 juillet 1670.

*Armes* : D'argent, à la fasce d'azur, accompagnée en chef de trois annelets de gueules, et en pointe d'une aigle éployée de sable, becquée et membrée de gueules.

DE LEAS, seigneurs de la Bastie et de la Tour en Bugey. Le premier de cette famille qui ait porté la qualité de gentilhomme, est :

I. Jean de *Léas*, vivant en 1590. Il épousa Antoinette Berlet, dont il eut :

II. Pierre de *Léas*, écuyer, seigneur de la Bastie, et de la Tour près de Belley, co-seigneur d'Escrivieux. Il fut capitaine d'infanterie, au régiment du seigneur de Loyssey, cornette de cavalerie, capitaine de 200 hommes de pied, dans la guerre de Genève, puis de cinquante arquebusiers à cheval, ensuite lieutenant de la compagnie de chevau-légers du comte de Montmayeur, gouverneur de Bresse. Il épousa, le 5 juillet 1612, Louise de la Môle de Chion, fille de Jean de la

Môle, écuyer, seigneur de la Môle en Dauphiné, et d'Antoinette d'Urré. Il eut de ce mariage :

1°. François, dont l'article suit :

2°. Diane de Léas, mariée, le 18 avril 1630, avec Pierre de Bourgeois, écuyer, seigneur de Billia, fils de Claude de Bourgeois, seigneur de Billia, conseiller et contrôleur-général des guerres en Savoie, et de Jeanne de Gerlais.

III. François de *Léas*, écuyer, seigneur de la Bastie et de la Tour, épousa Louise de Dortans, fille de François-Antoine de Dortans, écuyer, seigneur de Bonna, et d'Uffelle, et de Philiberte de Grolée. Ils vivaient sans enfants en 1650.

*Armes*: D'azur, à deux lions affrontés d'or, lampassés et armés de gueules.

DE LEAU, seigneurs du Fay, en Normandie. Cette famille fut renvoyée au conseil lors, de la recherche, en 1670. On trouve un Lucart, fils de Jean de Léau, anobli au mois de février 1391, et secrétaire du Roi. *D'or, à la fasce d'azur, accompagnée de trois roses de gueules, tigées et feuillées de sinople, et de trois molettes d'éperon mal ordonnées de sable ; une molette et deux roses en chef ; deux molettes, et une rose en pointe.*

DE LEAUE, seigneurs de Cambrin, illustre et ancienne maison de chevalerie, puînée des barons de Léaue, en Boulonnais, dont l'héritière de la branche aînée porta les biens et les armes au commencement du treizième siècle dans la maison de Bournonville.

Renaud de *Leaue*, frère de Cambrin, épousa Agnès de Heuchin dont il eut, entr'autres enfants :

Antoinette de *Leaue*, mariée, vers 1460, avec Jean sire de Rivery, fils d'autre Jean de Rivery, seigneur de Villers, et de Florence de Bousies, dame de Fremerville.

Louis de *Leaue*, seigneur de Cambrin, épousa, vers 1570, Gabrielle de Mailly, qui se remaria, en secondes noces, à René de Renty, seigneur de Bouligny. Elle était fille de Jean de Mailly, seigneur d'Auchy et de la Neufville-le-Roi, capitaine de mille hommes de pied de la légion de Picardie, et d'Antoinette de Moy. Cette famille subistait encore à la fin du seizième siècle.

*Armes* : De sable, au lion d'argent, couronné d'or. Cri : *Boulogne*..

LÉAULTÉ, sieurs de Grissey et de Vivey; famille originaire de Langres, qui a pour auteur :

1. Antoine *Léaulté*, sieur de Grissey, pourvu d'une charge de secrétaire du Roi, contrôleur près le parlement de Dijon, par provision du 23 août 1708, mort à Dijon le 12 avril 1723; revêtu de sa charge, étant alors âgé de 72 ans. Il avait épousé Anne Barbeat, dont il eut :

2°. Jean *Léaulté*, écuyer, seigneur de Grissey, né le 17 avril 1699, marié, par contrat du 4 octobre 1728, avec Rose-Gabrielle Seurot, fille de Jean Seurot, écuyer, seigneur de Curcy; de ce mariage, sont issus :

1°. N.... Léaulté de Grissey, écuyer.
2°. N.... Léaulté de Vivey, écuyer.
3°. N.... Léaulté de Lécour, chevalier de Saint-Louis, ancien officier du régiment de Lorraine.
4°. N.... Léaulté de Blondefonfaine, écuyer.
5°. N.... Léaulté, mariée à M. Girard de Chambrulard, écuyer, garde-du-corps du Roi, chevalier de Saint-Louis;
6°. Rose Léaulté, mariée à Jean-Baptiste Lallemant de Pradines, écuyer, lieutenant-criminel au bailliage de Langres, morte sans enfants;
7°. N.... Léaulté, mariée à M. de Froment, chevalier de Saint-Louis, lieutenant-colonel du régiment de Rohan.
8°. N.... Léaulté, mariée à M. de Lecey, chevalier de Saint-Louis, lieutenant des maréchaux de France.

Pierre Léaulté, seigneur en partie de Chassey, sans doute frère de Jean, sieur de Grissey; fut reçu conseiller au parlement de Bourgogne au mois de juillet 1720.

*Armes* : De gueules à la foi d'argent, accompagnée en chef d'un cœur, et en pointe d'un croissant du même.

LÉAULTÉ. Auguste-Robert Léaulté fut reçu, le 12 juillet 1724, conseiller en la cour des monnaies. *D'azur, au chevron d'argent, accompagné en chef de deux étoiles, et en pointe d'une foi ; le tout du même.*

DE LÉAUMONT, marquis de Léaumont, seigneurs de Gariès, barons de Puygaillard et de Montey, dans le pays de Lomagne, maison d'ancienne chevalerie de la province de Guienne, connue depuis Calbet de Léaumont, chevalier, vivant en 1204. Elle a donné des capitaines d'hommes d'armes, des maréchaux-de-camp, entr'autres, Jean, baron de Puygaillard, qui rendit son nom célèbre dans les guerres de la Ligue, en combattant contre le fameux Lanoue, gouverneur de La Rochelle ; des chevaliers de l'ordre de Saint-Michel, un chevalier des ordres du Roi, un cordon bleu, des chevaliers de Malte et un grand prieur de Toulouse.

Cette maison s'est alliée directement à celles d'Arsac, la Barthe-Montcorniel, Bezolles, du Bouset, Clermont, Combes, Comminges, Faudoas, Esparbès, Grossoles, Jaubert, Las de Tulle, Luppé-Garané, Maillé-Brézé, Malvin, Maniban, Mauléon, Montesquiou, Mun, Sarlabous, Patras, Polastron la Hillière, Preissac Esclignac, Puy du Fou, Roquelaure, Saint-Julien, Sariac, Sedillac, Touges-Noailhan, etc., etc. *D'azur, au faucon perché d'argent.*

DE LEBERON, maison d'ancienne chevalerie du Condomois, qui s'est fondue, vers le seizième siècle, dans la maison de Gélas. *D'azur, au lévrier d'argent.*

DE LEAUTAUD ou LEOTAUD DOMNINE, en Provence ; famille ancienne et distinguée, originaire de la ville de Tarascon, subsistait en trois branches, en 1750, outre celles qui se sont formées dans la ville d'Arles. Elles sont toutes issues d'Étienne Léautaud qui fit quelques acquisitions à Tarascon, en 1491. Il eut trois fils, qui partagèrent sa succession, le 12 août 1528, et dont les descendants ont continué la postérité. Ils ont donné plusieurs officiers de tous grades, décorés de l'ordre royal et militaire de Saint-Louis, et, de nos jours, un maréchal-de-camp ; et ont contracté des alliances avec les familles d'Aimini, d'Antonelle, de

Biord, Cognet, Davin, Domnine, Ferrier, Gautier, Gras, Jcard, Payan, Poitevin, Prise, Privat, Guigne-ran, Vincent, etc. *D'azur, à un anneau d'or, cramponné de quatre croisettes patriarcales du même, formant la croix.*

LEAUTOING ou LEOTHOING, terre située en Auvergne dans l'élection d'Issoire, qui a donné son nom à une illustre et ancienne maison de chevalerie, qui florissait dans cette province dès le commencement du treizième siècle. Elle a pour premier auteur connu :

I. Beraud *de Leautoing*, seigneur de Charmensac, vivant en 1249 et 1269. Il eut entr'autres enfants ;

II. Antoine *de Leautoing*, vivant en 1273, qui fut père de

III. Pierre *de Leautoing*, seigneur de Montgon et de Charmensac, connu par des actes de 1288. Il eut entr'autres enfants,

IV. Beraud *de Leautoing*, seigneur de Montgon, de Charmensac et du Bac, en 1344 et 1352, père de

V. Jean *de Leeautoing*, seigneur d'Arbiat et de Chaliers en 1428. Ce dernier eut deux fils :

    1°. Renaud de Leautoing, seigneur de Charmensac et de la Roche-Rousse en 1450 ;

    2°. Robert de Leautoing, seigneur de Montgon, l'an 1450.

De l'un d'eux sont descendus Robert de Leautoing, seigneur de Charmensac, et François de Leautoing, seigneur du Puy Brançon, qui comparurent au ban de la noblesse d'Auvergne en 1543, et enfin Robert de Leautoing, seigneur de Charmensac, maintenu dans sa noblesse par M. de Fortia, intendant d'Auvergne en 1668. Jacquette de Leautoing, fille d'Antoine de Leautoing, seigneur de Charmensac et de Zemeaux, et sœur de Robert de Leautoing, seigneur du même lieu, et de Léger de Leautoing, chanoine, comte de Brioude en 1519 (1), a épousé, le 7 décembre 1511, Yves de

_____

(1) Cette maison avait déjà donné treize chanoines comtes du même chapitre : 1°. Durand de Leautoing en

Guérin, seigneur de Pouzolz et de Chambarel, fils aîné d'Antoine de Guerin et d'Isabeau de Bullons. Elle testa en 1545. Cette famille, qui a donné un évêque de Saint-Flour, et s'est alliée aux maisons les plus considérables de sa province, a formé diverses branches qui paraissent avoir adopté chacune des armoiries particulières : on les donnera toutes afin de faire connaître ces différentes brisures ou écartelures.

1°. *D'or à trois fasces de vair : à la bardure de gueules ;*

2°. *D'or, à trois fasces de vair ; à la bordure de gueules, chargée de 4 bouts de bourdons d'or ;*

3°. *Bandé d'or et de gueules.*

4°. *Écartelé aux 1 et 4 de sable, à trois fasces d'or ; aux 2 et 3 échiquetés d'azur et d'argent ; au chef de gueules.*

DE LECEY, seigneurs de Changey, en Champagne ; famille qui a pour auteur Etienne de Lecey, seigneur de Changey, pourvu d'une charge de secrétaire du Roi près le parlement de Dijon, le 17 août 1710. *Écartelé, aux 1 et 4 d'azur, au chevron, accompagné en chef de deux coquilles, et en pointe d'un agneau pascal ; le tout d'or ; aux 2 et 3 d'azur au chevron d'or, accompagné de trois trefles du même.*

DE LEFFE, seigneurs de Noue, du Coudray et de Saint-Peurajon, en Berri. Cette famille établit sa filiation depuis Mathurin de Leffe, écuyer, seigneur de la Grange et de la Lande-Palotte, marié, vers 1430, avec Marguerite *de Ricoux*, fille de Guillaume de Ricoux, écuyer, sieur de la Sicardière et de Jeanne Gantelouve. Son petit-fils, Jean de Leffe, sieur de la Grange, l'un des deux cents Gentilshommes de la maison du Roi, fut père de Pierre de Leffe, seigneur de la Bernarderie,

---

1200 ; 2°. Antoine, en 1277 ; 3°. Ebrard, de 1280 à 1296 ; 4°. Bernard, en 1257 ; 5°. Antoine, de 1301 à 1340 ; 6°. Guillaume, de 1301 à 1330 ; 7°. Bernard, vers 1339 ; 8°. Armand, vers 1340 ; 9°. Antoine, en 1354 ; 10°. Beraud, vers 1402 ; 11°. Beaudoin, en 1415 ; 12°. Robert, en 1491 ; et Nicolas de Leautoing la même année.

gentilhomme ordinaire de la maison du duc d'Alençon, lieutenant au gouvernement de la Fère, et de la ville et du château de Clermont, en Beauvoisis. Louis de Leffe, II<sup>e</sup>. du nom, son petit-fils, fut capitaine au régiment d'Effiat, infanterie. Sa descendance s'est perpétuée jusqu'à nos jours, et a constamment suivi le parti des armes. Les alliances des sieurs de Leffe, sont : avec les familles de Fougères, Guérin-de-Presles, Lambert, la Loue, Louvigny, Pocquières, Vourvières, etc.

*Armes* : parti, au 1 d'argent, à trois merlettes de sable ; au 2 losangé d'or et d'azur.

LÉGER, en Franche-Comté. Jean Léger de Masson-d'Authume, fut reçu chevalier de Malte, le 30 septembre 1711. *D'azur, au chevron d'or, accompagné de trois glands du même.*

LÉGER, seigneurs de Blanque, famille noble, dont les armes sont : *parti, au 1 d'hermine ; au 2 d'azur, à trois croisettes patriarcales d'or.*

LÉGER. Richard Léger fut anobli en octobre 1481.

LÉGIER, seigneurs de Vounan, de la Salle et de Saint-Aubin, en Poitou ; famille ancienne, alliée à celle d'Anton-de-Culant, de Barbezières-Chencerault, de Beaussé, de Haton, de Partenay-du-Plantes-de-Rassenel, des Rosiers, etc. Sa noblesse a été jurée à Malte, le 1<sup>er</sup>. octobre 1650, dans les preuves de Charles du Plantis-de-Landrean. *D'argent, à la bande de gueules, luisée en chef d'une coquille d'argent, accompagnée de trois roses du même.*

LEGIER, seigneurs de la Tour. Jean-François Legier, fut reçu président en la cour des monnaies, le 28 septembre 1712. *D'azur, au chevron d'or, accompagné de trois yeux d'argent.*

LÉGIER DE JUSSEY, en Franche-Comté, famille anoblie par un office du parlement de Besançon, en 1750. *D'azur, au Pégase d'or.*

LEGIER. Jean Legier du Plessis, fut anobli avec sa femme, le 6 novembre 1385.

LÉGIER. Guillaume Légier, seigneur de la Borde, prévôt et commissaire de l'artillerie du Roi, fut anobli au mois d'avril 1502.

DE LEIGNIER, seigneurs d'Inaumont, de Berlise et d'Arnicourt, etc., en Champagne, famille ancienne, qui a pour auteur Jean de Leignier, père de Pierre, de Thomas et de Nicolas de Leignier, qu'il laissa de Michelle d'*Escannevelles*, sa femme, veuve en 1562. Thomas, homme d'armes de la légion de Champagne, fut père de Nicolas de Leignier, qui servit dans les ordonnances, sous le duc de Guise. Jean de Leignier, l'un de ses enfants, chevalier de l'ordre du Roi, gentilhomme ordinaire de sa chambre, écuyer de la grande écurie et chef du vol du héron de la grande fauconnerie de France, mourut sans postérité de Gabrielle de *Noir-fontaine*, sa femme; Gilles, son frère, fut père de Jean, II<sup>e</sup>. du nom, chevau-léger de la garde du Roi, mort en défendant la ville de Rethel. Thierry de Leignier fonda la branche des seigneurs de Berlisle; Jean, III<sup>e</sup>. du nom, celle des seigneurs d'Arnicourt, et Nicolas, II<sup>e</sup>. du nom, celle des seigneurs de Lestanne. Cette famille a contracté des alliances avec celles de Villelongue, de Sain, de Ferret, de Havet, du Lory, de Sandras, de Saint-Vincent, etc. *D'argent, à trois merlettes de sable.*

LEMARROIS, noblesse confirmée par la charte, avec le titre légal de comte, dans la personne de Jean-Léonard-François Lemarrois, lieutenant-général des armées du Roi, commandeur, de la Légion-d'Honneur, chevalier de Saint-Louis. *Ecartelé, aux 1 et 4 d'azur, à la croix alesée d'or; au 2 de sinople, au cheval courant d'argent; au 3 de sinople à la pensée au naturel.*

DE LENCHE, seigneurs de Moissac, en Provence, famille ancienne, originaire de Corse; elle a donné son nom à une place de la ville de Marseille, où elle avait plusieurs maisons. Naturalisée en France, elle s'est anoblie par ses emplois, et est éteinte par la mort, sans enfants, de Scipion de Lenche, major au régiment des Gardes-Françaises, puis cornette de la première compagnie des mousquetaires, mestre-de-camp de la même compagnie, tué à la bataille de Cassel, en 1667. *De gueules, à la tour crenelée de quatre pièces d'or, sur laquelle est un arbre de sinople, soutenus par deux lions affrontés d'argent.*

LENET, en Bourgogne. Claude Lenet, seigneur de Meix, gouverneur de la chancellerie du parlement de Bourgogne, au bailliage de Dijon, fut pourvu d'une charge de conseiller au même parlement, le 27 décembre 1607. Il résigna cette charge, en 1645, à son fils, Pierre Lenet, seigneur de Meix, Charette et Villotte, conseiller du Roi en ses conseils et procureur-général au parlement, et de la chambre des eaux et forêts, et siége de la table de marbre du palais à Dijon. Philibert-Bernard Lenet, seigneur de Courgengon et Mazerotte, fut reçu conseiller au parlement de Dijon, le 21 novembre 1663; enfin, Antoine-Jean Lenet fut pourvu de la même charge, le 17 juin 1697. *D'azur, à la fasce ondée d'argent, accompagnée de trois quintefeuilles d'or.*

LENFANT. Jean Lenfant, chauffe-cire de la chancellerie, est mentionné comme ayant résigné cet office avant le mois de février 1534. Michel Lenfant fut pourvu de l'office de secrétaire du Roi, le 29 septembre 1557; il était alors secrétaire du duc de Lorraine. Un autre Michel Lenfant fut échevin de la ville de Paris, en 1739. *Palé d'argent et d'azur; au chevron d'or, brochant sur le tout, ayant à la cîme un écusson de gueules, chargé d'une croisette d'argent.*

LENFANT, barons de Bormes, en Provence. Cette famille, que des généalogistes ont identifiée sans preuves avec les l'Enfant de la Patriou, en Anjou et au Maine, tire son origine des offices, soit du parlement de Provence, soit du bureau des finances des trésoriers-généraux de France; elle s'est illustrée par des emplois importants administratifs ou militaires et par des alliances distinguées, entr'autres avec les maisons de Boyer-d'Argens, de la Vrey, de Besieux-de-Valmousse, de Berner, de Brignolle, de Martin-de-Mayol, etc., etc. *D'or, à trois fasces de gueules; à la bordure componée de dix pièces d'or et de gueules.*

DE LENGLANTIER, seigneurs de Sainte-Eusoye et de Neureux, en Picardie; famille qui a pour auteur Erace *de Lenglantier*, seigneur de Sainte-Eusoye, mentionné dans des chartes de l'église de Beauvais, de l'an

1331. Il eut pour fils Bertault *de Lenglantier*, écuyer, seigneur du Plessis et de Sainte-Eusoye, lequel eut deux fils :

    1°. Jean, qui suit ;
    2°. Simon de Lenglantier, qui transigea avec son frère, le 23 avril 1476.

Jean *de Lenglantier*, seigneur du Plessis et de Sainte-Eusoye, fut le bisaïeul de :

Charles *de Lenglantier*, seigneur de Sainte-Eusoye, tué au siége de la ville d'Amiens, pour le service du Roi, en 1596. Il avait épousé Charlotte *du Rouvroy*, qui le rendit père de :

François *de Lenglantier*, seigneur de Sainte-Eusoye. Il eut d'Anne *Filion*, son épouse, deux fils :

    1°. Charles de Lenglantier, seigneur de Sainte-Eusoye, en la prévôté de Montdidier ;
    2°. Claude de Lenglantier, seigneur de Neureux, élection de Compiègne.

Ces deux frères furent déclarés nobles par arrêt du conseil, du mois de septembre 1667.

*Armes* : d'argent, à trois tourteaux de gueules.

DE LENHARRÉ, seigneurs de Monceaux, de Thiercelieu, de la Maison-Rouge, en Champagne, etc., famille ancienne, originaire de la Brie, dont la filiation suivie est connue depuis Edouard de Lenharré, vivant en 1420. Jean de Lenharré, son fils, épousa, le 24 novembre 1457, Claude *de Larne*, fille de noble homme, Pierre de Larne, écuyer, seigneur de Beaucourtois, lequel rendit hommage de la terre de Monceaux au duc d'Orléans. De cette famille était César de Lenharré de la Maison-Rouge, reçu chevalier de Malte au grand prieuré de France, en 1610 ; Claude Lenharré, son oncle, était chevalier du même ordre, en 1580. Cette famille a contracté des alliances avec celles de Chanteboc, d'Ager, de Bresne, de Soissons, de Verderest, de Dampierre, de Vaudrey, de Bonneval et de Haudouin. *D'argent, à deux bandes de sable.*

DE LENTRIN, seigneurs de la Rivière et de la Couronne, en Normandie, famille anoblie en 1470, et maintenue en 1666. *De gueules, au croissant d'or ; au lambel d'argent.*

LÉONARD, seigneurs de Letterie, en Beauvaisis. Adrien Léonard, seigneur dudit lieu, fut maintenu, lors de la recherche, sur titres de quatre races, remontant jusqu'à l'an 1530. *D'or, au lion de gueules, rempant contre un rocher de sable.*

LÉONARD, seigneurs d'Ourville, en Normandie, famille anoblie en 1582. *D'azur, au lion d'or, accompagné de trois flammes de gueules.*

DE LEOUZE, en Provence, famille ancienne, qui portait autrefois le nom d'Alix. Laurens Alix, vivait en 1550; il eut un fils appelé Giles Alix, lequel hérita d'Antoine de Leouze, son parent, par testament du 11 mai 1577, à la charge de porter son nom et ses armes. Il quitta le nom d'Alix, pour prendre celui de Leouze, qu'il transmit à ses descendants. *D'argent, à un chêne arraché de sinople.* (Armes parlantes : un chêne vert étant nommé éouze, en idiôme provençal).

DE LESCARNELOT, seigneurs de Noyers, de Remcourt de Breuvery et de Rapsécourt, en Champagne et en Barrois; famille qui a pour auteur Jean Lescarnelot, anobli par Antoine, duc de Lorraine et de Bar, le 22 septembre 1539. Il épousa damoiselle Nicole *de Millet*, dont est issu Claude Lescarnelot, Ier. du nom, père de Claude Lescarnelot, IIe. du nom, époux de damoiselle Madeleine *Lefebvre*. Ses descendants ont continué la postérité. Cette famille s'est alliée avec celles de Xaubourel, Couchon de Dampierre, Bainville, Fourault de Parroy, Mussay, la Pommeraye, Saint-Remy, etc., etc. *De gueules, à la molette d'éperon d'or; au chef d'azur, chargé de trois croisettes fichées, et croisetées d'or.*

LESCOT, en Franche-Comté, famille éteinte, anoblie le 12 janvier 1598. *De gueules, à deux bâtons, écolés d'argent passés en sautoir, une tête de bœuf accornée d'argent, posée en pointe.*

DE LESCOUET, seigneurs de la Moquelaye et de la Guerrande; maison d'ancienne chevalerie de la province de Bretagne, qui a pris son nom d'une terre située au diocèse de Vannes. Elle a pour auteur :

Eudon de Lescouet, chevalier, rappelé comme défunt dans une donation faite l'an 1263, à l'abbaye de Bonrepos, par Adèle de Lescouet, sa fille, du consentement de Jean de Mouteville, chevalier, son mari, et d'Havoise de l'Escouet sa sœur (1). Eudon fut aussi père de Bertrand de Lescouet qui a continué la lignée de cette illustre et ancienne famille. L'histoire de Bretagne a consacré les nombreux services militaires de ses descendants, qui se sont alliés aux maisons les plus distinguées de cette province, entr'autres avec celles de Bruges, Cadran, Cahideuc, du Cambout, du Chastel, la Forest, Goyon de Launay, Lanvaux, Madeuc, Malnoe, du Parc-de-Locmaria, du Pé, la Roche, Sesmaisons, Tanguy, le Vayer, la Villemarié, etc. Cette maison a donné des personnages distingués dans la haute magistrature et dans l'épée. Auffray de Lescouet, seigneur de Guerrande, conseiller d'état et premier président de la chambre des comptes de Bretagne, obtint que l'érection de la seigneurie *du Boschet*, avec réunion de celle de la Chalotais, fût érigée en vicomté, par lettres du mois de juillet 1608, registrées à Rennes et à Nantes, le 17 février et 27 mars 1609. Il avait pour fille Jeanne de Lescouet, dame de la Moquelaye, dame d'honneur de la reine, qui épousa Charles de Bruges, seigneur de Sevoy, en Lorraine. Leur fille, Philippe de Bruges, épousa Jean du Cambout, baron de Pont-Château, et fut mère du duc de Coislin.

*Armes* : de sable, à l'épervier d'argent, armé, becqué, longé et grilleté d'or ; accompagné de trois coquilles du second émail.

## DE LESCUN. *Voyez* LAUR.

LESNÉ-HAREL, famille ancienne et distinguée, originaire de la province de Bretagne. Les historiens de cette province, D. Morice et D. Lobineau, en font mention dès le onzième siècle. Etienne Harel fut entendu à la requête de l'évêque de Dôle, sur les violences

---

(1) *Mémoires pour servir de preuves à l'histoire de Bretagne*, tome, I, col. 988.

du duc Pierre de Dreux, dit Mauclerc, et ses officiers, pendant les deux trèves de 1231, 1234 et 1235. Georges Harel est compris dans la montre des six chevaliers et soixante écuyers de Jean, sire de Beaumanoir, faite à Saint Lô, le 1er. février 1369. Cette maison qui, lors de la recherche, était divisée en trois branches, établit sa filiation suivie depuis Even Lesné, vivant en 1462. Ces diverses branches se sont alliées aux familles de Lanloup, Barrabat, Launay, Bodin, Kernechriou, Quantrec, Kergouzon, Bourgblanc, Bahaly, Trolong, Nouvel, etc. Elles ont été maintenues dans leur ancienne extraction, par arrêts des 18 septembre et 3 décembre 1668 et 28 août 1669. De l'une de ces branches, descend M. le baron de Kessel, ancien colonel. *Écartelé : aux 1 et 4 d'argent, au lion couronné d'or, lampassé et armé de gueules, tenant, un éperon d'argent; au chef d'or, chargé d'une aigle issante de sable, languée de gueules, qui est* DE HAREL *; aux 2 et 3 d'argent, à la fleur de lys d'or, accompagnée de trois molettes d'éperon d'argent, qui est* DE LESNÉ.

DE LESPINASSE - LANGEAC, maison d'origine chevaleresque, l'une des plus anciennes et des plus considérables du royaume, qui tire son nom d'une terre située en Bourgogne, aux frontières du Forez, et qui s'est répandue dans les provinces d'Auvergne, du Nivernais, du Bourbonnais, de Champagne, etc. Elle joint à une ancienneté de plus de six cents ans, des possessions nombreuses, des services civils et militaires distingués, des alliances les plus illustres par lesquelles elle a l'honneur d'appartenir à une des branches de la maison royale de France. Elle était partagée dans le commencement du douzième siècle, en diverses branches connues sous les noms de Saint-André, de Saint-Léger et d'Artaize, de Chaugy, de Maulevrier, de Cévignon, des Terreaux, et répandues dans différentes provinces du royaume. Plusieurs se sont éteintes dans les maisons d'Albon, d'Aulgerolles-du-Vernet, de la Guiche et d'Andelot. Elle remonte par une filiation suivie à Raoul et Dalmas de l'Espinasse qui, en 1180, furent témoins de la charte d'abandon du prieuré d'Ambierle, près Lespinasse, à l'abbaye de Cluny, où cette maison avait sa sépulture. Tout ce qui est dit ici est littéralement

III.                                                  55

extrait des preuves que cette maison a faites au cabinet
des ordres du Roi, pour les honneurs de la cour, et de
celles faites pour l'ordre de Saint-Lazare et pour le chapitre de Brioude. Elle a donné un capitaine de gens
d'armes, en 1358, un capitaine de quatre chevaliers et
de soixante-cinq écuyers, en 1385; des conseillers d'état
d'épée; des chambellans, des ambassadeurs, des gouverneurs du dauphin et des enfants du duc de Bourgogne, l'un des douze gouverneurs du royaume, sous
Charles VI, en 1357; des gouverneurs de provinces et
de places; des commandants d'armée; des officiers-généraux d'artillerie, d'infanterie, de cavalerie et de troupes
légères; des échansons, grands-fauconniers et capitaines
des gardes de la porte; des commandeurs de l'ordre de
St.-Lazare, de Jérusalem et de Mont-Carmel, de l'ordre
de Jacques, en Espagne; des chevaliers de l'ordre royal et
militaire de St.-Louis; de grands-officiers et chevaliers de
l'ordre royal de la Légion-d'Honneur; elle s'est distinguée
dans les arts, les sciences exactes et les lettres depuis
1323 jusqu'à nos jours. Le comte de Lespinasse-Langeac
a obtenu les honneurs de la cour, le 4 mars 1771, en
vertu de preuves faites au cabinet des ordres du Roi,
par M. Chérin. Augustin, comte de Lespinasse, lieutenant-général d'artillerie des armées du Roi, chevalier
de l'ordre royal et militaire de Saint-Louis, grand-officier
de l'ordre royal de la Légion-d'Honneur et de celui de
la Couronne de Fer a été nommé membre de la chambre
des pairs, le 4 juin 1814. Cette maison a possédé l'ancienne baronnie de la Clayette, en Mâconnais, possédée en 1336, par Philibert de Lespinasse, chevalier,
dit le grand-conseiller de Charles V, seigneur de Lespinasse de la Clayette et de plusieurs autres terres considérables, érigées depuis en marquisat; la terre de Lespinasse, troisième baronnie du bailliage de Sémur, en
Brionnais: les seigneuries de Saint-André, Artaize,
Chaugi, Maulevrier, les Terreaux, le Fay, de Mainsac,
le Châtel, Cévignon, Jaligny, Auroize, Combronde,
le comté de Saint Ilpize, possédées par Blanche Dauphine, fille de Béraud II, comte de Clermont, dauphin
d'Auvergne, qui substitua son fils aux nom, armes et
biens de sa mère, la terre de Saint-Léger, le comté
d'Arlet et le marquisat de Langeac. Dans les brevets,
commissions, lettres-patentes, et arrêts, cette maison est

en possession des titres de marquis, comtes et vicomtes. Elle a fourni un grand nombre de chevaliers et commandeurs des Templiers, en 1241, de Rhodes, en 1456, et de Malte, jusqu'en 1818; et a produit un grand nombre de comtes de Lyon, depuis l'an 1341, ainsi qu'un très-grand nombre de chanoines, comtes de Brioude, depuis l'an 1200 jusqu'en 1773. Elle a contracté des alliances directes avec les maisons d'Albon-Saint-Forgeux, Amboise, Arcis, Aulgerolles, Balsac, de Boulenger, le Bouteiller-de-Senlis, Chambray, Chantemerle, Châtillon–la-Palice, Chazeron, le Clerc-de-la-Forêt–le-Roy, Clérins-Beauregard, Cusack, Damas-Dauphins – d'Auvergne, Faillons, Fricambault, la Garde-Chambonas, Goth-Rouillac, la Guiche, Mello, la Merville, Miolans, du Monceau, Montigny, Montmorin, de Morant, Nillart-de-Châteaubrun, Pitois-de-Monthelon et de Chandenay, Polignac, la Roche, Saint-Bury, Saint-Etienne, Saucières-Tenance, Séguier-Saint-Brisson, Senneterre, Sercey, Tinières, Toffailles, la Tour-d'Auvergne, Valory, Vaux-de-Chiseul, etc., etc.

*Armes* : écartelé, au 1 d'or, au dauphin pâmé d'azur, qui est des DAUPHINS – D'AUVERGNE ; au 2 d'or, au gonfalon de gueules, qui est d'AUVERGNE ; au 3 d'argent, semé de fleurs de lys d'or, à la tour d'argent brochante, qui est de LA TOUR-D'AUVERGNE ; au 4 d'or, à six fleurs de lys d'azur, qui est DE COMBRONDE ; sur le tout fascé d'argent et de gueules de huit pièces ; et en abîme de gueules, à la bande d'argent, au lambel du même, qui est DE L'ESPINASSE. Devise : *sans chimères et sans reproches*. La branche établie à Mortain, porte *fascé d'argent et de gueules*.

LESQUEVIN, seigneurs de Lannoy, de Baconval, en Picardie. Cette famille a été maintenue dans sa noblesse, le 30 janvier 1715, par M. de Bernages, intendant d'Amiens, sur preuves remontées à Charles Lesquevin, écuyer, sieur de Baconval, auquel le Roi Henri IV fit don de plusieurs sommes à prendre *sur des sujets rebelles*, par brevet du 7 novembre 1589. Ce Charles avait pour père Adrien Lesquevin, écuyer, sieur de Baconval, trésorier-général des finances de la maison de monseigneur le prince de Condé, ainsi qualifié dans son épi-

taphe de l'an 1548. Cette famille a eu depuis la prétention
de se faire descendre de l'illustre et ancienne maison *de
Crèvecœur*, et a obtenu, en 1755, un arrêt du conseil
d'état du Roi de Pologne, duc de Lorraine, qui la
maintient dans cette prétention, et en conséquence
duquel le chef de la famille porte le titre de marquis de
Crèvecœur. Depuis Adrien de Lesquevin (mot picard
que l'on traduit en français par Leschevin), cette famille
compte des services militaires distingués, et des alliances
avec celles de Biron, le comte de Tarteron, Forceville,
Gauthier-de-Biffontanie, Girault-d'Argenville, Lespée,
Martinprey, la Motte-d'Estalon, Seincalenfelds, Ter-
venus, etc.

*Armes* : Selon les titres produits lors de la recherche
officielle : de gueules, au lion d'or ; au chef échiqueté
d'argent et d'azur.

Selon l'arrêt du conseil d'état du Roi de Pologne :
*écartelé*, *aux 1 et 4 de gueules, semés de trèfles d'or : à
deux bars adossés du même, brochants ; aux 2 et 3 de
gueules, à trois chevrons d'or*, qui sont les armes DE
CRÈVECŒUR.

LEUGNEY, maison distinguée parmi celles de race
d'ancienne chevalerie du comté de Bourgogne, qui prit
son nom des château fort et seigneurie de Leugney,
bailliage de Baume, relevant de Montbéliard. On trouve
dans ses archives et celles de l'officialité de la chambre
des comptes et autres, une affluence de titres des treizième,
quatorzième et quinzième siècles : la plupart de ces titres
sont des reprises de fiefs des sires de Leugney, qualifiés
chevaliers, et de rôles d'hommes d'armes, où ils se
trouvent rappelés, et qui établissent leur filiation depuis
Renaud de Leugney, chevalier, capitaine gouverneur
du château de Passavant, en 1331, neveu de Pierre de
Leugney, qui donna, en 1286, des dîmes à l'abbaye
de Bellevaux. Josserans de Leugney, chevalier, sire de
Leugney, son fils, est rappelé pour un legs de 300 florins
d'or, et comme un des seigneurs élus exécuteurs testamentaires du testament du duc Philippe le Rouvre,
en 1361, et convoqué, avec grand nombre d'autres
chevaliers, par l'archevêque de Besançon, en 1366. Il
fut père de Renaud, chevalier, sire de Leugney et

Landresse, nommé avec Huart de Beauffremont, et Eudes de Vaudrey, arbitres entre les comtes de Montbéliard et de Neufchâtel, en 1381. Depuis cette origine, les sires de Leugney tinrent successivement des terres considérables à Châteaufort, et contractèrent constamment de nombreuses alliances avec la haute et ancienne noblesse, reçus dans l'ordre des chevaliers de St.-Georges, dès sa restauration de 1390; François de Leugney y fut admis en 1556, onzième chevalier de son nom, et fut, en 1578, élu chef et gouverneur de ce corps illustre. Depuis les treizième et quatorzième siècles, on voit également cette maison figurer à la tête de tous les corps de noblesse du pays, et donner des abbesses de Château-Chalon, Baume, Migette, et être reçue dans le quinzième siècle, dans le haut chapitre de Remiremont.

Les deux dernières branches s'éteignirent par deux filles, Etiennette, fille de François, seigneur de Leugney, gouverneur de l'ordre de Saint-Georges; et de Claudine de Saint-Mauris, en Montagne, mariée à Antoine d'Aubonne. *De gueules, au sautoir engrêlé d'argent.*

LEVERT, à Vesoul. Charles-François-Cerbonnet Levert, maire de Vesoul, petit-fils d'un secrétaire du Roi, a obtenu le titre de baron héréditaire, en 1817. *D'argent, au chevron d'azur, accompagné en chef de deux quintefeuilles de sinople, et en pointe d'un pic-vert aussi de sinople.*

LHUILLIER ou LUILLIER, illustre et considérable famille de robe, issue de la plus ancienne bourgeoisie de la ville de Paris. Elle a formé diverses branches, dont quelques-unes subsistent. Ces branches sont :

1°. Les seigneurs de Manicamp, éteints au commencement du seizième siècle ;

2°. Les seigneurs de Vé et de Saint-Mesmin, éteints en 1553;

3°. Les seigneurs de Boulencourt, éteints après 1580;

4°. Les seigneurs de la Malmaison, éteints le 25 avril 1671 :

5°. Les seigneurs d'Orville, éteints le 10 août 1708;

6°. Les seigneurs d'Ursines, éteints après 1543;

7°. Les seigneurs de Rouvenac.

Cette famille a donné un grand nombre de magistrats célèbres; elle compte plus de trente conseillers et avocats

généraux au parlement de Paris, depuis Jean Luillier ;
qui fut pourvu de cette charge en 1391. Elle compte
des maîtres et présidents des comptes et des requêtes ;
un chevalier de l'ordre du Roi ; un gentilhomme ordinaire de la chambre ; plusieurs chevaliers de l'ordre de
Saint-Jean de Jérusalem ; un évêque de Meaux en 1483 ;
trois prévôts des marchands de la ville de Paris, en 1530,
1576 et 1592. Le dernier, nommé Jean Lhuillier, seigneur d'Orville, maître des comptes, rendit d'importants
services à Henri IV, durant les guerres de la ligue. Son
dévouement lui fit braver de grands périls et sa vie fut
long-tems menacée par les rebelles. Ce fut lui qui contribua le plus à faire rentrer la ville de Paris au pouvoir
de ce monarque, en 1594, en faisant absenter, sous
divers prétextes, les troupes de la garnison, afin d'éviter
toute effusion de sang. L'intégrité de ce magistrat a fait
dire qu'il *rendit* et ne *vendit* pas Paris au Roi. Ce prince,
pour récompenser son zèle, créa pour lui une charge de
président en la chambre des comptes. Le parlement de
Paris, pour perpétuer le souvenir d'un service aussi
marquant, avait ordonné que tous les membres de cette
cour feraient une procession, le 22 mars de chaque
année, solennité qui s'observait encore au milieu du
dix-huitième siècle. L'évêque de Meaux, Jean Lhuillier,
confesseur de Louis XI, rendit aussi d'importants services à ce prince, notamment en contribuant à terminer
la guerre, dite du bien public. Le monastère des religieuses ursulines du faubourg Saint-Jacques, est du à la
piété de Madelaine Lhuillier, fille du président ; elle y
mourut en 1628. Cette famille s'est alliée en ligne directe
avec celle d'Allegrain, Alligret, Aubry-de Brevannes,
Avrillot, Ax, Balsac-d'Entragues, Bataille, le Beau-de-
Sancelle, Béthisy, Boissy, Boudet-de-Rodon, Brinon,
Briqueville, Cailly, Chambon-d'Arbouville, Chante-
prime, du Château-de-Malvesse, le Clerc-d'Aunay,
Cœur-de-la-Chaussée, le Cornier, Courtin, Dauvet,
Faucon-de-Ris, Fayet-de-Maugarny, le Fèvre-de-Cau-
martin, Flamberghe, Gentien, Garente-Senas, Guet-
teville, Hangest, Harlay, Hennequin, Lamoignon,
Lobigeois, Louviers, Mallaurens, Marseilles, Mesmes,
Montmirail, Morvilliers, Moussy-d'Iterville, Nanterre,
Nicolaï, O-Franconville, Ognies, l'Orphèvre, Pelletier-
de-Martainville, Philippe de Landréville, Picard-d'Es-

telan, Poncher de-Lésigny, Puymisson, Riantz, Rogres, le Roux-de-Sainte-Beuve, Ruby-de-Raba, Saint-André, Sallart, Stainville, Teste-d'Arigny, Thibault-de-Montagny, Thumery, Tudert, du Val-de-Vaugrigneuse, Villiers-de-l'Isle-Adam, Vitry, du Vivier, Wignacourt, etc., etc.

*Armes :* d'azur, à trois coquilles d'or.

DE LIBAUDIÈRE, seigneurs des Airets, de Brandonvillier et de Rougemont ; famille originaire de Champagne, dont la filiation commence à Claude de Libaudière, écuyer, vivant en 1510. Il épousa damoiselle Marguerite de la Mothe, de qui il eut Jacques marié, le 4 avril 1554, avec damoiselle Colombe de Brissart. Il fut père de Roch de Libaudière qui épousa Anne de Minette, le 18 juillet 1594. Ses biens furent partagés le 13 janvier 1634, entre Pierre et Louis de Libaudière ses enfants ; ces derniers ont continué la descendance par leurs mariages : le premier, avec Jeanne de Paulet, et le second, avec Antoinette du Verloing. Cette famille a donné un capitaine, gouverneur de la baronnie de Rameru, un chevau-léger et un mousquetaire du Roi, etc. *D'azur à trois cous et têtes d'aigle d'or.*

DE LIBERTAT, en Provence, famille qu'une tradition fait originaire de Calvi en Corse, où elle fut connue, jusqu'en 1445, sous le nom *de Bayon.* Elle doit son illustration et sa noblesse à Pierre de Libertat, homme plein de courage. Il suivit d'abord le parti de la ligue, et s'y fit remarquer par plusieurs exploits qui lui méritèrent la confiance de Charles Caseaux. Ce dernier, agent de la comtesse de Saulx, qui s'était unie au duc de Savoie pour attiser en Provence les feux de la discorde, avait usurpé le consulat à Marseille, où il exerçait le despotisme le plus absolu. Dès que le Roi Henri IV eut abjuré, Libertat se détacha du parti des ligueurs, et attendit une circonstance favorable pour se rallier à la cause légitime. Elle ne tarda point à se présenter. Caseaux avait appelé les Espagnols à Marseille, pour y soutenir les derniers efforts de la rébellion. Il confia le commandement de la porte Royale à Libertat. Le duc de Guise, qui s'avançait pour soumettre Marseille, eut une entrevue avec Libertat. Il y fut convenu que ce dernier ferait mettre Cazeaux à mort. et livrerait la ville aux troupes du Roi; 30,000 écus furent le prix qu'on mit à ce service Ces troupes s'étant avancées près des remparts, Cazeaux disposa les siennes pour une vigoureuse défense, et se porta lui-même à la porte Royale; mais en arrivant, Libertat le renverse d'un coup d'épée; et tandis que ses deux frères, Antoine et Barthélemi, achèvent ce tyran, Pierre de Libertat ouvre le passage au duc de Guise; cet évènement mémorable est du 17 février 1596. Henri IV en apprenant la reddition de Marseille, s'écria : *C'est maintenant que je suis Roi.* Il écrivit à Pierre de Libertat, pour lui témoigner sa reconnaissance, le nomma viguer perpétuel de Marseille, et l'anoblit avec ses frères ( qui ont continué la lignée ) par lettres de la même année. Parmi les autres récompenses qui lui furent accordées, on remarque le droit de 2 pour cent sur toutes les marchandises qui entraient ou sortaient de Marseille; mais comme ce droit nuisait au commerce, il l'abandonna, moyennant une somme de 36,000 livres.

*Armes* : Coupé, au 1 d'azur, à la tour d'argent, accompagnée aux flancs et en chef de trois fleurs de lys d'or; au 2 de gueules, au lion léopardé d'or.

LE LIEUR, seigneurs des Marchais, de Laval, de Chaats, de la Logette, du Fossay, Troncel, Belley et autres lieux, et vicomte de Pont-Audemer, en Champagne, en Picardie et en Normandie; famille très-ancienne, originaire de cette dernière province, et dont plusieurs branches ont subsisté pendant long-temps dans la haute bourgeoisie de Paris. Elle remonte filiativement à Jacques le Lieur, écuyer, capitaine et maire de Rouen, anobli par lettres du 18 janvier 1364, enregistrées en la chambre des comptes de Paris, pour lui, sa femme, ses enfants existants et à naître. Il laissa de damoiselle Agnès N...., Jean le Lieur, écuyer, vicomte de Pont-Audemer. Germain le Lieur, l'un de ses descendants, donna commencement à la branche des le Lieur, vicomtes de la Logette, dans la généralité de Soissons; et François le Lieur a formé celle des seigneurs de Laval et de Ste.-Euphrasie. Guillaume le Lieur, chevau-léger de la compagnie de Monsieur, fut maréchal-des-logis de l'escadron de la noblesse du bailliage de Troyes, à l'arrière-ban de 1635. Cette famille s'est alliée à celles d'Aligre, Bailly de Mainvilliers, Belleassise, Bochard de Champigny, Boisemont, Bonté, Bouville, Briconnet, Budé, Chevry, le Cornu, Cosne, Crécy, Créil, Duran de la Rivière, Flancourt, Gaillardbois, Gobelin, Gobillon, Gomer, Gorron, Houdelot, Jubert de Vally, Lailly, Lesguisé, Liandras, Longeville, Manessier, Mauroy, Mesangère, Nogentel, Palluau, Pardieu de Bouteville, Quièvremont de Heudreville, Fontavanne, Sanscavoir, Testu-Balincourt, Thou, le Vergeur, Villemort, Viole, etc. Elle a donné des conseillers au parlement de Paris, des maîtres des requêtes et des comptes, etc., etc. *D'or, à la croix denchée de gueules, cantonnée de quatre têtes de léopard d'azur.*

LE LIEUR, seigneurs du Verger et de la Voute, en Vendômois, famille qui, selon le Chenaye des Bois, remonte à François le Lieur, écuyer, seigneur du Verger, homme d'armes des ordonnances du Roi, vivant en 1533. Ses alliances sont avec les familles de Quilleson, Barville, Georgette, Ronsard; Tuvaux, Thuillier, etc. *De gueules, au cor de chasse d'or, lié de sable, au chef d'argent, chargé de trois mouchetures d'hermine de sable.*

DE LIEURON, en Provence, famille anoblie dans la personne de Jacques Lieuron, originaire de Saint-Chamas, fils d'Henri et de dame dauphine de Saxi, de la ville d'Arles; les lettres patentes de cet annoblissement furent données par Louis XIV, au mois d'octobre 1698, enregistrées aux archives de Sa Majesté à Aix, le 13 janvier 1699. Cette famille s'est alliée aux familles de Manson, de Boussicaud, de Perrier, de Roman de Gageron, de Serian et de Thomassin-Painier. *D'azur au chevron d'or, accompagné en chef de deux étoiles du même et en pointe d'une cordelière aussi d'or.*

DE LIGNIVILLE, illustre et jadis puissante maison de Lorraine, et la seconde des quatre de la haute chevalerie de cette province, d'où elle est originaire. Ces quatre races sont du *Châtelet, Ligniville, Haraucourt et Lenoncourt.* Il fallait en être issu par les femmes, pour avoir entrée dans les assises ou états de Lorraine, et le droit de pairie primitive leur a toujours été conservé. La maison de Ligniville a porté primitivement le nom de *Nancy,* son premier apanage; ensuite, jusques à la fin du quatorzième siècle, le nom de ROZIÈRES, qui est celui

III.

d'une ville considérable dont relevaient 32 communautés. Cet immense patrimoine fut cedé, l'an 1291, par Jean de Rosière, à Ferri, duc de Lorraine, qui lui donna en échange tout ce qui lui appartenait à Dom Julien sous Montfort et à Gerorvilliers, ainsi que ce qui lui était dû sur la ville de Vitel. Ce fut vers le commencement du quinzième siècle que cette maison quitta le nom de Rozieres, pour prendre celui de Ligniville, nom de la principale terre dont elle jouissait, située à 2 lieues de Darney au diocèse de Toul. Les historiens s'accordent presque tous sur l'extraction de cette maison, de Gérard d'Alsace, premier duc héréditaire de Lorraine, ou des anciens comtes de Metz, aussi de la même maison de Lorraine. Elle établit sa filiation depuis Théodoric de Rozières, seigneur de la ville de ce nom, qui, l'an 1172, comparut avec ses enfants à la donation que Mathieu II duc de Lorraine, fit à l'abbaye de Clairlieu. Depuis cette époque, cette maison n'a cessé de remplir les charges les plus éminentes de la cour de Lorraine ; elle a donné des conseillers et secrétaires-d'état, des chambellans et gentilshommes de la chambre, des gouverneurs de places ; un grand maître de l'artillerie et un grand veneur de Lorraine ; deux généraux de l'artillerie, un généralissime des armées de Charles IV, duc de Lorraine, un général major au service de l'empereur, tué à Colorno, en 1734 ; un maréchal des duchés de Lorraine et de Bard, un chevalier de l'ordre du Croissant, des chevaliers de l'ordre de Saint-Michel et de plusieurs ordres étrangers ; des conseillers-d'état, et des gentilshommes ordinaires de la chambre de nos rois ; plus de 30 officiers supérieurs et plus de cent officiers de divers grades, la plupart morts au champ d'honneur. Les différentes branches de cette maison, élevée à la dignité de comte du Saint-Empire, par diplôme du 3 février 1620, et qui a possédé plusieurs fiefs en toute souveraineté ; sont : 1°, les seigneurs de Ligniville et de Tantohville, éteints en 1640 ; 2°, les seigneurs de Tumus et de Gironcourt, barons de Rhimbourg ; 3°, les marquis d'Houécourt, et seigneurs de Lironcourt, éteints dans la personne d'Eugène de Ligniville, comte du Saint-Empire, marquis d'Houécourt, prince de Conca, au royaume de Naples, duc de Mugnano, grand-maître des postes de Toscane, 4°, les barons de Vannes, éteints au commencement du dix-huitième siècle ; 5º, les seigneurs et barons de Villars, comtes d'Autrecourt, etc. Les alliances de cette maison sont avec celles d'Allegaly, Anglure, des Armoises, Aulpe, Barisey, Baudoncourt, la Baume-Montrevel, Boyer-Boppar, Beauvau, Bonon, Bouchard de Lanoy, Boulach, Bouton-Chantemelle, Bouzey, Boyemer de Rhimbourg, Brisson, Brunckhort ; Capoue Venasco, du Châtelet, Chenu d'Autrey, Choiseul, Chorabell, Cratz-Scherfensten, Custine, Del-Conti, Demangé-ville, Epinal, Essey, Estouteville-Calabretto, Estrepy, Falleran, Ferrages, Fussey, Galéan, Giton-la-Ribellerie, Gourcy, Gournay, Graux ; Hans, Haraucourt, Haus-sonville, du Hauloy, Helvétius, Houécourt, Houlach ; Jauny, Jobal de Pagny, Joinville, Lambertie, Lé-noncourt, Lopès de Gallo, Lorraine, Ludres, Mail-lard de Landreville, Maisonvaux, Mérode, Messey, le Maine de la Tour, Nauroy, Neufchâtel, Neuviller, Nogent, Novian, Oiselet, Paroye, Paviot ; la Plaine, du Plessis Châtillon, Powiler, Puligny, Raigecourt, Rampont-sur-Ville, Rarécourt, Roybourt, Saint-Mau-ris Lambrey et Villeneuve ; des Salles, Salm-Blamont, Sandrecourt, Saulx-Favannes, Savigny, Serocourt, Si-miane, Soreau d'Houdemont, Thuillières, Verocourt, Wesse, etc., etc. *Losangé d'or et de sable.*

DE LIGOT, seigneur de la Boulaye et de Potin, en Champagne ; famille ancienne, originaire de Touraine, dont la filiation remonte à Antoine Ligot, vivant en 1542. De Marguerite Gresle, sa femme, il eut Perrine de Ligot et Blaise de Ligot, lieutenant des chasses et des eaux et forêts d'Amboise et de Montrichard, et exempt des gardes du corps du Roi, en 1618, qui épousa Marie du Buisson, veuve de Georges Savarre, président en l'élection d'Am-boise. Elle fut mère d'Elisabeth de Ligot, mariée le 25 octobre 1625, à Antoine de Marcelles, seigneur d'Assy-gny, et ensuite à René le Seillier, maître d'hôtel du Roi. Jean Baptiste et Charles de Ligot, ses frères continuè-rent la postérité. *D'azur à deux chevrons d'or, accompa-gnés de trois trefles d'argent.*

DE LINAGE, seigneurs de Nozay et de Loisye, en Champagne ; famille issue de très-ancienne bourgeoisie notable de la ville de Châlons, dont la filiation remonte à Guyot Linage, lieutenant des francs archers, et de la ville de Châlons, en 1440, issu de Jesson Linage qui fut député de la ville de Reims, avec Olivier d'Ausson, pour aller en Angleterre servir d'ôtage à la rançon du Roi Jean, le 23 janvier 1361 ; ce qui résulte des registres des comptes de cette ville, qui portent que, par le traité fait avec ces députés, le 9 du même mois, il fut arrêté qu'on leur paierait à chacun la somme de cinq cents réaux d'or, pour les entretenir tout le temps qu'ils resteraient en An-gleterre. Ce *Guyot Linage* épousa Jeanne de Châlons, et fut père d'Antoine, celui-ci de Nicolas et ce dernier d'Antoine, deuxième du nom, lieutenant-général de Vitry, l'an 1540. Antoine Linage, troisième du nom, forma la branche des seigneurs de Loisye, et servit sous le duc de Guise. Cette famille a contracté des al-liances avec celles de Châlons, de Morrillon, de Bas-sompierre, de Noue, de Braux, de Richebourg, de Paris, de Drouilly, etc. ; et elle a donné des officiers dis-tingués dans les armées de nos Rois. *De gueules au sautoir engrêlé d'or, cantonné de quatre fleurs de lys du même.*

LINGLOIS, seigneurs d'Aumont et de Nance, en Fran-che-Comté : famille anoblie, le 20 mai 1583. *D'azur à trois demie losanges d'or.*

DE LINIERS, maison d'ancienne chevalerie, qui a pris son nom d'une terre située près de Thouars en Poi-tou. Son premier auteur connu est Guillaume de Liniers, chevalier, qui eut pour fils Jean, aussi chevalier et père de plusieurs enfants qui ont continué sa descendance. Cette maison a contracté des alliances avec les familles de Châ-taigner de Saint-Georges, d'Emery de Herisson, Tancau de Mortemer, de la Rochefoucauld-Bayers, etc, etc. *D'argent, à la fasce de gueules, à la bordure de sable, se-mée de besants d'or.*

LIONS, seigneurs d'Espaux, en Champagne. Cette fa-mille prouve une filiation suivie depuis Jean de Lions, I<sup>er</sup>. du nom, qui épousa Jeanne de Ganne, dame d'Es-paux, avec laquelle il vivait en 1450. Il en eut Jean de Lions, II<sup>e</sup>. du nom, seigneur d'Espaux, marié avec Jeanne Davy, dont il eut des enfants. Cette famille s'est alliée avec la noblesse la plus distinguée des provinces de Champagne et Picardie. On remarque dans ses alliances celles qu'elle a contractées avec les familles de Louviers de Saint-Méry, de Pisseleu, des comtes de Vignory, de la Rivère, de Courvon, de Tusseau, des barons de Sautour. Elle a produit des chevaliers de l'ordre du Roi, dont un fut gentilhomme ordinaire de la chambre de Sa Majesté, gouverneur de Stenay, et son lieutenant-général au gouvernement de Champagne et de Brie, en 1561. *D'azur, à la tête de léopard d'or, lampassé de gueules.*

LIOUVILLE, *aliàs* LEOVILLE : terre située en Beauce, qui a donné son nom à une noble et ancienne famille de cette province, connue depuis Guillaume de Liouville, seigneur de ce lieu, dont il rendit aveu en 1394. Il mourut en 1400, laissant pour fils Guillaume de Liouville, IIe. du nom, écuyer, seigneur de cette terre et de celle d'Andouville et de Montvilliers, lequel reçut un aveu des chanoines de Saint-Aignan d'Orléans, pour leur terre de la Ferrière, en 1401, et mourut en 1415. Il avait été marié avec Marguerite de Boutevilliers, dont il eut deux enfants mâles. Cette famille a formé des alliances avec plusieurs maisons distinguées, et paraît s'être éteinte dans la personne de Philippe de Liouville, seigneur de cette terre, qu'il vendit conjointement avec sa sœur. Ce Philippe ne laissa que deux filles, Renée et Marguerite, dont on ignore les alliances. De cette famille était Perronelle de Liouville, *aliàs* Leoville, fille de N...., sire de Liouville, et de Jeanne de Prailly, femme de Hugues de Prunelé, 1er. du nom, sire de de la Porte. La famille de Liouville portait pour armes : *d'argent, à quatre burèles de gueules, la première chargée de trois billettes d'argent.*

DE LOCART, seigneurs de Trancault en Champagne, famille ancienne, originaire d'Ecosse, dont la filiation remonte à Guillaume Locart, homme d'armes des ordonnances du Roi, mort au service, en 1553. Il avait épousé Jeanne du Molin, fille d'André du Molin, seigneur du Motois et de la Tombe, de laquelle il eut François et Mathieu, morts sans postérité, et Nicolas Locart, qui épousa Edmée de la Mothe, et fut père de Nicolas, qui suit, et de Michel, mort sans postérité. Nicolas eut pour fils Charles qui servit sous les ordres du marquis de Choiseul-Francières, comme il est constaté par un certificat délivré le 11 novembre 1664, par lequel il déclare qu'il a fidèlement servi le Roi en Hongrie contre les Turcs. Ses deux fils Pierre et Charles-Hiérosme de Locart servirent et se distinguèrent sous le marquis de Créquy. *De sable, à deux éperons d'argent l'un sur l'autre, le dernier contreposé.*

DE LA LOGE DE LA BARRE ; famille du Bourbonnais, qui s'est établie en Bourgogne dans le 17e. siècle, et qui, lors de la grande recherche de la noblesse, sous Louis XIV, a prouvé la sienne depuis Humbert de la Loge, écuyer, fils de Gaspard et de damoiselle Madelaine de Champagny, lequel épousa Philiberte de la Cour des Poutits, par contrat du 15 décembre 1553.

Cette famille paraît s'être éteinte dans celle d'Arminot-du-Châtelet ; elle avait été maintenue par M. Ferrand, intendant de Bourgogne, le 24 août 1699. *Parti au 1 de gueules, au lion léopardé d'or ; au 2 d'azur à trois fasces d'or.*

LOMBARD, marquis de Montauroux, par érection de 1675, en Provence. Cette famille subsiste en trois branches connues sous les noms des seigneurs de Gourdon, du Castellet et de Montauroux. Elles sont toutes issues, selon Artefeuil, auteur du Nobiliaire de Provence, d'Arnoul de Lombard, seigneur de Saint-Benoît, du Castellet et autres lieux, président de la cour des maîtres rationaux de cette province, et selon la critique du Nobiliaire et l'abbé Robert, dans son état de la noblesse de la même province, la filiation de ces branches ne remonte qu'à Sauveur Lombard, seigneur de Cuebris, fils d'André Lombard et de Jeanne de Lascaris, qui fut fait gouverneur de Laval de Chanant. Il s'acquitta si bien de cet emploi, que le comte de Tende, gouverneur et lieutenant-général pour le Roi, en Provence, le confirma, par lettres du 28 mars 1568. La critique ajoute que ce fut par la faveur de ce gouverneur et lieutenant-général, que Sauveur Lombard obtint des lettres de noblesse, en considération de ses services. Il épousa, le 29 janvier 1545, Antoinette de Geoffroi, fille de noble François et de dame Brigitte de Chabaud, de la ville de Nice, et mourut, en

1601, dans une extrème vieillesse, laissant trois enfants qui ont continué sa descendance. Cette famille s'est
alliée aux maisons de Geoffroi, de Dole, d Orsière-
Gillette, de Castellanne Majastre, de Grasse, de Niel,
de Tressemanes, d'Albertas, de Foresta, de Gerard,
de Flotte, de Forbin Janson, etc. Elle a donné des
magistrats et des officiers distingués. *D'or, à trois sempervives tigées de sinople.*

LOMBARD, en Provence; famille différente de la
précédente, bien qu'elle porte les mêmes armes. Elle a
pour auteur, François Lombard, seigneur de Taradeau,
avocat au parlement. Il eut pour fils, Joseph Lombard,
de la ville de Draguignan, seigneur de Taradeau, conseiller du Roi, président, trésorier de France en la généralité de Provence. De son mariage avec Marguerite-
Madelaine-Honorée Aubert, qui eut lieu le 8 février
1746, sont issus, François-Joseph, et Joseph-Vincent
Lombard de Taradeau. *D'or, à trois sempervives tigées de
sinople.*

LONGEVILLE, village situé en Franche-Comté, à
deux lieues d'Ornans, où l'on comptait 29 feux. Ce village
a donné son nom à une maison d'ancienne chevalerie,
qui avait pour auteur, Gérard de Longeville, lequel fut
chargé de l'exécution du traité conclu l'an 1126, entre
Humbert de Salins, et le prieur de Romain-Moutier.
Sa descendance, éteinte depuis près de trois siècles,
compte encore plusieurs chevaliers, et a contracté des
alliances directes avec les maisons d'Amance, Bernaut
d'Amange, Brisardet, Broignon, Chauvirey, Cléron,
Domprel, Fermingue, Grozon, Leugney, Lods, Montjustin, Morel d Ecrilles, Nant, Ornans, des Papes,
Requesen, Rugney, Salins, Thoraize, Valdahon,
Vautravers, Vy, Willafans, etc. *De gueules, à la bande
d'or, chargée en chef d'un point d'échiquier d'azur.*

LONGEVILLE, seigneurie considérable en Franche-
Comté, située à quelque distance du Doubs, à deux lieues
et demie de Pontarlier, où l'on comptait 80 feux. Elle
a donné son nom à une illustre maison de chevalerie également éteinte, et qui portait : *D'argent, à l'aigle de
sable.*

LONGVY DE GIVRY, en Franche-Comté, grande et illustre maison de chevalerie éteinte. Elle a produit un cardinal évêque, duc de Langres, dans la personne de Claude de Longvy, dit le cardinal de Givry, lequel assista en qualité de cardinal aux obsèques du Roi François Ier, et comme pair de France au sacre de Henri II, en 1547; il mourut doyen des cardinaux le 9 août 1561, âgé de 80 ans. Cette maison a fini à Jean de Longvy, IV du nom, seigneur de Givry, qui avait épousé Jeanne Bâtard d'Angoulême, sœur naturelle de François Ier, qui lui donna le comté de Bar-sur-Seine, et à Christophe de Longvy, mari d'Anne de Neufchâtel, ces deux frères n'ayant eu que des filles. *D'azur, à la bande d'or.*

LONLAY DE VILLEPAILLE; famille de Normandie, maintenue dans ses titres et prérogatives de noblesse, le 22 avril 1667. Il est parlé dans l'histoire de la maison d'Harcourt, pages 893 et 1482, de Guillaume de Lonlay, écuyer, seigneur du Mesnil-Betour, sénéchal d'Ecouché, pour Bonaventure de Harcourt, seigneur d'Ecouché, qui suivait un procès au nom de Nicolas de Harcourt, archidiacre de Lisieux en 1528. Cette famille s'est alliée à celles de Gaune de Cazeau, de Chabrignac de Condé, etc. etc. *D'argent, à trois sangliers de sable, et à la fleur de lys de gueules en cœur.*

LOOS, comté du pays de Liége, composé d'une partie de la Hasbaie, que l'on nomme autrement le comté de Hasbain, et d'une partie de la Texandrie. Il tire son nom de la ville de Loos, située entre Saint-Tron et Tongres, et le donne à une maison d'ancienne chevalerie, revêtue du titre de comte dès le dixième siècle, et qui a formé plusieurs branches. L'une d'elles, celle des comtes de Duras, existe dans le pays de Liège.

Rodolphe, comte de Hasbain, est regardé comme la tige des comtes de Loos. Il est dit fils de Reynier III, comte de Hainault, qualifié souvent comte de Mons, à cause de sa résidence ordinaire dans les ville et château de ce nom. *Flodoard* fait mention de Rodolphe, dans sa chronique, sous l'an 944, et le nomme frère de Reynier, IVe du nom, comte de Mons. Le comte Rodolphe eût pour fils, Arnould, Ier du nom, comte de Loos, qui fût marié deux fois. Le nom de sa première femme est

ignoré; sa seconde femme se nommait Lutgarde, comtesse de Warem ou Warme, en Hasbaie. Il eût du premier lit plusieurs enfants, qui continuèrent la descendance de sa maison, laquelle s'est alliée avec la plus
haute noblesse, et même avec des souverains. On dis-
distingue dans ces alliances, celles des comtes de Gand,
de Namur, de Gueldre, de Laval-Montmorency, et de
Charles de France, duc de la basse Lorraine. Sophie,
fille d'Emmon, comte de Loos, fut mère d'un Roi de
Hongrie, et d'une duchesse de Huy; elle fut elle même
duchesse de Hongrie. Cette maison a produit nombre de
chevaliers, dont plusieurs se croisèrent et partirent pour
la terre sainte, dans les douzième et treizième siècles ;
elle a fondé plusieurs abbayes, et donné un évêque de
Liège en 1008, et un évêque et comte de Châlons, pair
de France, mort en 1273. *Burelé d'argent et de gueules.*

DE LOQUES, seigneurs de Puymichel en Provence ;
famille ancienne, originaire du comté de Nice, qui a
pour auteur Jean Loques, co-seigneur de Saint-Sauveur,
au diocèse de Nice en 1416. Il eut pour fils, Jacques de
Loques, co-seigneur de Saint-Sauveur, qui testa le 11
mars 1454, et institua héritiers ses deux fils, Antoine
et Michel de Loques.

Michel plaida contre la communauté de Saint-Sauveur, qui fut condamnée par sentence du 29 juillet
1457, et il fut déclaré exempt de payer la taille à cause
de sa qualité de noble, pour les biens roturiers qu'il
possédait dans son territoire de Saint-Sauveur. Philippe
de Loques, fils de ce dernier, fit hommage aux ducs de
Savoie, de la part qu'il avait dans la terre de Saint-
Sauveur, les 13 avril 1466, 27 septembre 1496, et 5
octobre 1500. Il eut plusieurs enfants de Marguerite
d'Achard sa femme, lesquels ont continué sa descendance. Cette maison a contracté des alliances avec les
familles de Roland, de Roy, d'Etienne du Bourguet, et
de Puget. *D'or, à l'ours arrêté de gueules, surmonté d'une
étoile du même.*

DE LOULLE, en Dauphiné. Cette famille a été anoblie par lettres du mois de septembre 1654, vérifiées
par arrêt de la cour des aides de Vienne, du 17 décembre 1655, confirmées par arrêt du conseil royal en 1668,

et par lettres de déclaration de la même année, pour
services rendus dans la magistrature, et notamment
pour ceux d'Arnould de Loulle, qui, sous le règne
d'Henri IV, en 1597, empêcha que le gouverneur de
la ville de Romans ne la livrât aux ennemis de l'état,
avec lesquels il était d'intelligence. On compte dans
cette famille, plusieurs magistrats qui se sont distingués
par leur mérite à Romans et à Marseille. *D'azur, à trois
colombes d'argent ; au chef cousu de gueules, chargé d'une
croix potencée d'or, et soutenu du même.*

DE LOUVAT, seigneurs de Rosset ; famille originaire
du Dauphiné, qui prouve sa filiation depuis Jean de
Louvat, anobli par lettres du 13 mars 1623, vérifiées,
par arrêt du parlement de Grenoble, le 20 mai de la
même année. Elle a donné un maréchal-de-camp,
lieutenant de Philisbourg, et un capitaine au gouvernement du fort de Barreaux. *D'argent au chevron de
gueules ; au chef d'azur, chargé de trois étoiles d'or.*

DU LOUVAT DE CHAMPOLON, seigneurs de Champolon, de Curtelet, du Poussey, etc., en Bugey ; mai-
son d'ancienne chevalerie, connue depuis Cirin du Louvat, damoiseau, vivant en 1340. Il eut pour fils, Jean
du Louvat, damoiseau, marié le 3 janvier 1361, avec
Jeannette de Coucy, fille de Jean de Coucy, seigneur
de Genissia, et de Marguerite de la Balme. Cette maison a fait des donations à la chartreuse de Polesins en
1390, et 1410. Elle a contracté des alliances avec les
maisons de Coucy, d'Arcieu de Germoles en Macon-
nais, de la Gelière de Cornaton, de la Beaume-Pérès,
d'Aro-de-Franquemont, de Vauchier, de Chabeu de
Colonge, de la Cons, etc. etc. *D'azur, au loup passant
d'or.*

DE LOUVENCOURT ; famille ancienne et illustre de
Picardie, qui tire son nom de la terre de Louvencourt, située
à trois lieues de Doulens. Colart de Louvencourt, écuyer,
vivait en 1375. Agnès de Louvencourt épousa en 1380
Simon le Mareschal, chevalier, fils de Guy le Mareschal,
franc fieffé de l'évêché de Cambrai et gouverneur du château de Thun et de Margotte de Maucourt. L'an 1403,
Colart Ausnin et J. Esofté, demeurants à Louvencourt,

firent relief de quatre fiefs sis audit lieu, tenus de la demoiselle de Louvencourt. La filiation de cette famille est établie par titres depuis Robert de Louvencourt, écuyer, seigneur de Thérouenne et de Châtillon, vivant en 1450. Ses descendants ont fourni plusieurs branches, dont deux subsistent encore ; l'une dans la personne de Jacques-Eustache de Louvencourt, ancien officier au troisième régiment de chevau-légers, père de deux fils, Jacques-Jules-Auguste de Louvencourt, et en 1783, capitaine au régiment des hussards de *Monsieur*, et Anne-François-Eugène de Louvencourt, chef d'escadron des cuirassiers d'Angoulême, officier de la Légion-d'Honneur ; et d'une fille Athalie-Anne-Marie de Louvencourt, mariée en 1813 à M. Edouard de Brios ; l'autre dans la personne de Marie-François-Joseph, marquis de Louvencourt (1), ancien officier des chevau-légers de la garde du Roi, dont l'épouse, madame la marquise de Louvencourt, a été présentée au Roi, à *Madame*, à *Monsieur*, et à toute la famille royale le 10 août 1818. Il a pour fils, Adolphe, comte de Louvencourt, sous-lieutenant dans les carabiniers de *Monsieur*, et une fille mariée en 1812, au comte de Révigliasc. Les autres alliances de cette famille sont avec les maisons de Béthisy-Mézières, Boufflers, Cacheleu, Cambray, Campagne d'Havricourt, Carvoisin, Conty, Dampierre, des Forges-Caulières, Fréancourt, du Gard, Romanet, Saint-Blimont, Saisseval, etc. *D'azur, à la fasce d'or, chargée de trois merlettes de sable, et accompagnée de trois croissants du second émail.*

DE LOUVEROT, maison d'ancienne chevalerie, connue depuis le treizième siècle, éteinte au dix-huitième. Elle tirait son nom d'un village situé en Franche-Comté dans une contrée montagneuse mais fertile.

---

(1) Sa tante, Marie-Joachim-Elisabeth de Louvencourt, élevée à l'abbaye de Panthemont, morte en odeur de sainteté à Amiens le 14 octobre 1778, avait fondé en cette ville une communauté, un hôpital des incurables, et l'adoration perpétuelle du Saint-Sacrement desservie par des sœurs qu'elle avait réunies à la communauté dite des *dames de Louvencourt*. Sa vie a été imprimée à Malines en 1788.

*D'argent au pal d'azur, croisé d'une fasce de gueules, char-*
*gée d'un lion issant d'or.*

DE LOVAT, sieurs de Barberon et de Lupé, en
Dauphiné; famille ancienne dont la filiation remonte
à Antoine Lovat, vivant en 1467, père de Humbert, de
qui vint Guillaume de Lovat, sieur de Barberon. *Palé*
*d'or et de gueules; à la bande d'argent, chargée de trois*
*louveteaux d'azur, brochant sur le tout.*

LUQUET, seigneurs de Perrenot, en Franche-
Comté. Par lettres-patentes de l'an 1769, Jean Luquet,
seigneur de Perrenot, ancien officier d'artillerie, a été
autorisé à relever le nom de la maison de Chantrans du
chef de sa grand'mère, en 1768; il avait été maintenu
dans la possession du titre d'écuyer, prouvée depuis
l'an 1550. *D'azur, à la croix engrêlée d'or.*

DE LUZIERS, noble et ancienne famille, qui paraît
avoir pris son nom du château de Luziers, situé près de
Limeuil, en Périgord. Les seigneurs de Luziers se sont
distingués de tous temps, mais particulièrement durant
les guerres contre les Anglais, aux quatorzième et
quinzième siècles, par des faits d'armes, dont les annales
consulaires des villes de Périgueux et de Sarlat nous
ont transmis le souvenir et les détails.

Gautier de Luziers, damoiseau, habitant de Limeuil,
vivait en 1405 et 1412. M. Tarde, annaliste de Sarlat,
qui l'appelle Gaubert, raconte sur lui le fait suivant.

« Le seigneur de Limeuil (Nicolas de Beaufort),
» ayant été fait prisonnier par les Anglais, le 19 sep-
» tembre 1412, ceux-ci le conduisirent à Castelnau-de-
» Berbiguières, et lui demandèrent pour rançon une de
» ses places. Pour obvier à cela, le seigneur de Limeuil
» donna charge à Luziers d'avertir tous les capitaines
» de ses terres de ne bailler aux Anglais aucune de ses
» places, quelque chose qu'il leur dise de bouche ou
» leur écrive, quand bien même ils verraient que les
» Anglais lui feraient trancher la tête devant la porte
» de l'une de ces places; d'autant qu'il préférait le bien
» du royaume à sa propre vie. Les Anglais ayant pres-
» senti cette résolution et le commandement fait à

» Luziers, menèrent celui-ci à Lavaur, pour empêcher
» qu'il n'exécutât cette commission. Mais il trouva
» moyen de la faire savoir aux consuls de Sarlat, par
» un habitant de leur ville ; lesquels firent partir, le 22
» septembre, deux religieux de Saint-François, pour
» aller avertir les capitaines de Limeuil et autres places,
» de la volonté de leur seigneur, etc. ».

Il est probable que Gautier de Luziers avait pour
frère, Bertrand de Luziers (*de Luserio*), chanoine du
prieuré conventuel de Saint-Cyprien, que le pape
Benoit XIII, nomma, par ses lettres du 1ᵉʳ août 1402,
nonce et collecteur des sommes de deniers, dues à la
chambre apostolique, dans les diocèses de Bordeaux,
Périgueux, Sarlat, etc.

Giraut de Luziers, *natif de Limeuil*, quitta le parti des
Anglais, et fit serment, le 18 mars 1436 (*v. st.*), d'être
bon et loyal français, et de ne causer aucun dommage
à la ville et aux habitans de Périgueux.

Il avait pour contemporain, et peut-être pour frère,
Gantonet de Luziers, damoiseau, nommé dans la charte
de confirmation des privilèges de Limeuil, datée du mois
de janvier 1438 ( v. st.).

On trouve ensuite nobles hommes Bernard de Luziers,
seigneur de Luziers et Arnaud, son fils, qui furent témoins du testament de Jean, seigneur d'Estissac, du 19
juillet 1482, et Jean de Luziers, damoiseau, qui assista,
comme témoin, au contrat de mariage de noble Jean
Cotel, seigneur du Peuch, avec Catherine de Montferrand, le pénultième de juin 1484.

Nobles hommes Raimond et Blaise de Luziers, frères,
habitants du noble repaire de Grimardenc, paroisse de
St.-Martin de Limeuil, et noble Antoine de Luziers,
fils dudit Raimond, passèrent un acte, le 19 août 1528,
avec Hélie de Beaupuy, autrement de Saint-Chamassy,
protonotaire du Saint-Siége apostolique, à raison d'une
rente que le même Raimond de Luziers avait vendue
à pacte de rachat, à feu noble Jean de Sireuil, recteur
de l'église de Saint-Martin de Limeuil.

Jean de Luziers servait en qualité d'homme d'armés,
dans la compagnie du prince de Navarre, en 1569. Jean-
Baptiste de Luziers, écuyer seigneur du Cluzeau et de
la Grange, dans les paroisses de Fleurac et de Plazac,
issu de la même famille, et, suivant toutes les appa-

rences, arrière-petit-fils d'Antoine de Luziers et petit-fils de Jean, épousa, par contrat du 27 avril 1651, demoiselle Catherine de Beynac, de l'une des plus anciennes et des plus illustres maisons du Périgord; laquelle fit son testament le 26 mai 1674. De ce mariage naquirent, 1°. Jean-François de Luziers, mort sans postérité; 2°. Jeanne de Luziers, mariée par contrat passé au château du Cluzeau, le 9 janvier 1690, avec Georges, chevalier de la Rocheaymon, deuxième fils d'Aubin de la Rocheaymon, chevalier, seigneur du Verdier-Prémilhac et d'Exandiéras, et de dame Françoise de Pasquet.

*Armes* : *De gueules, à 3 fasces, ondées d'or; au chef d'argent, chargé de 3 étoiles de gueules.*

LYAUTEZ, seigneurs de la Colombe et d'Essernai, en Franche-Comté, famille anoblie par un office de secrétaire du Roi, en 1730. *D'azur, à la foi d'argent.*

DU LYON, seigneurs de Ponisson et Poinssenot, en Champagne, famille originaire de Bourgogne, dont Benigne du Lyon, écuyer, est la souche. Il passa une transaction, le 3 juin 1556; et Claude du Lyon, son fils, fut marié, le 5 juillet 1593, avec Marie-Martin *de Choisey*, qui obtint un arrêt du parlement, du 5 juillet 1597, contre le comte de Grandcey. Claude du Lyon rendit foi et hommage, du 23 novembre 1604, fait au nom et comme mari de damoiselle Marie-Martin de Choisey, au grand-prieur de Champagne, pour la seigneurie de Poinssenot. On a une autre foi et hommage de René du Lyon, leur fils, pardevant le lieutenant-général au baillage de Grandcey, du 19 février 1626 et 21 janvier 1630, et deux jugements de M. Gremonville, intendant en Champagne, qui maintiennent Claire Sauvage, veuve de René du Lyon, tutrice de ses enfants mineurs, aux droits et priviléges de la noblesse, et la décharge de la taxe des droits de francfiefs. Claude-François du Lyon, fils de René, fut gouverneur pour le Roi, à la Guadeloupe. *D'or, semé de croisettes de sable; au lion du même, armé et lampassé de gueules, brochant sur le tout.*

DE LYONNET, en Dauphiné; famille ancienne, originaire du Puy-en-Velay, dont la filiation remonte à Jean Lyonnet, vivant en 1500. Jacques de Lyonnet, l'un de ses descendants, s'acquit une grande célébrité dans l'exercice de la médecine. *De sable, au lion d'argent, lampassé, armé, villené et couronné d'or, la queue fourchée et passée en sautoir; ayant sur l'épaule gauche une moucheture d'hermine de sable.*

LYONS, LIONS, LIHONS (DE ou DES); famille noble et ancienne qui existe en Artois et ailleurs, dont la branche des barons des Lyons est la principale et l'aînée.

Il y a plus d'un siècle que cette branche, membre de l'ancien ordre de la noblesse des états d'Artois, est décorée de la qualification de baron.

La terre, village et paroisse du Locon et leurs dépendances, tenus du Roi, à cause de son château de Béthune, furent érigées en baronnie, sous la dénomination des Lyons, en faveur de François-Ignace-Léonard des Lyons de Fontenelle, seigneur du Locon, capitaine au régiment de Solre, par lettres-patentes données à Marly, au mois de juillet 1714 et de ses descendants, hoirs et ayant-cause, en considération des services rendus par lui et ses ancêtres dans les armées et ailleurs, et de ce qu'il était issu d'une noble et ancienne famille, dont la branche aînée subsistait en Champagne, avec distinction, dans la personne du seigneur des Lyons, vicomte d'Espaux, la sienne ayant pour tige Miles des Lyons, écuyer, vivant à Arras, en 1424. Le baron des Lyons de Fontenelle, rendit hommage au Roi de cette baronnie, en 1722; il était fils aîné de Louis des Lyons, écuyer seigneur du Locon, maïeur de la ville d'Arras, et de Marie-Barbe, des Lyons sa parente, mariée, par contrat passé à Saint-Omer, le 28 août 1666. Il avait épousé, par contrat passé à Arras, le 24 février 1696, Anne-Elisabeth *Aveline de Saint-Val,* d'une illustre maison du royaume de Naples. Il en eut pour second fils, Edouard-Marie-Joseph, baron des Lyons de Moncheaux, lieutenant au régiment Dauphin, infanterie, blessé dans la tranchée devant Philisbourg, en 1734, qui rendit foi et hommage de la baronnie des Lyons, en 1768; et fut membre de l'ordre de la noblesse des états d'Artois. Celui-ci épousa, par contrat passé à Saint-Omer, le 9 août 1746, Elisabeth-Gertrude *des Lyons de Noircarmes;* sa parente, dont il eut, entr'autres

enfants, Ange-Joseph-Remi, baron des Lyons, qui
suit ; Miles-Vincent-Edouard, baron des Lyons de
Moncheaux, maréchal de camp, chevalier de Saint-
Louis, membre de la chambre des députés de 1815,
qui, de son mariage, n'a laissé que deux filles, Marie-
Élisabeth-Clémentine des Lyons, mariée à André-Louis
comte des Essars-Francières, fils aîné de Louis, marquis
des Essars, et de Henriette-Joséphine de Monchy
Senarpont-Wismes. Ange-Joseph-Remi, baron des
Lyons, capitaine d'infanterie, chevalier de Saint-Louis,
membre de l'état noble d'Artois, a épousé, par contrat
passé à Arras, le 20 novembre 1773, Marie-Françoise-
Josephe-Eléonore *de Godet-d'Aulnay*, vicomtesse d'Arcy,
dont il lui reste Auguste-Jérôme-Marie des Lyons,
chef de bataillon, en retraite, de l'artillerie royale, qui
n'est pas marié. François-de-Sales-Léonard-Maxime
des Lyons, né le 4 mars 1787, chevalier de Malte de
minorité, par bref de la même année, qui a épousé
Marie-Charlotte-Sophie *de Regnier-de-la-Motte-Rocan*,
dont trois fils et une fille en bas âge ; et Louise-Clémen-
tine-Eléonore des Lyons, mariée à Louis-Thomas-Joseph
Carelle de Pervisy, chevalier, ci-devant lieutenant dans
la légion des Ardennes.

*Nota.* Le baron des Lyons a rendu foi et hommage de
la baronnie des Lyons, à l'occasion du joyeux avénement
du roi Louis XVI.

*Armes* : d'argent, à quatre lions de sable, lampassés
et armés de gueules.

# M.

MAGNIN, famille de Poligny, en Franche-Comté,
anoblie en 1601 ; éteinte. *D'argent, à la bande de gueules,
chargée d'un lion d'argent ; lampassé d'or et accompagné
de deux flammes de gueules.*

MAILLOT, famille de Franche-Comté, anoblie en
1611. *D'azur, à deux bars adossés d'argent, couronnés
d'or.*

DE MAILLOT, en Normandie, famille éteinte au

dix-huitième siècle. Elle a pour auteur Denis le
Touzey, écuyer, seigneur de Maillot, dans la paroisse
de Sainte-Croix de Grantonne, entre Bayeux et Caen,
maintenu dans sa noblesse par Montfaut, en 1463. Il
était fils de Jean le Touzey de Sainte-Croix, anobli le
17 décembre 1410. Olivier de Maillot, l'un de ses descendants, obtint des lettres de commutation du nom
de le Touzey, en celui de Maillot. Les principales
alliances de cette famille, sont avec celles d'Auber,
Cairon, Cingal, Croisille-de-Breteville, Scelles-de-
Préval, etc. *De gueules, à la fasce d'or, accompagnée de
trois roses d'argent; au chef cousu d'azur, chargé de trois
fleurs de lys d'or.*

MAIRE DE BOULIGNEZ, à Besançon; famille anoblie
par un office de conseiller à la chambre des comptes de
Dôle, en 1730. *D'argent, au pélican de sable.*

LE MAIRE, en Franche-Comté; famille éteinte,
connue avec les qualifications nobles, depuis l'an 1524.
Elle a donné un conseiller au parlement de Besançon.
*D'azur, au chevron d'or, accompagné de trois étoiles d'ar-
gent, au chef du même, chargé de trois roses de gueules.*

MAIROT, en Franche-Comté, famille dont l'origine
remonte à Philippe Mairot, qualifié noble, dans un acte
judiciaire, et dont le fils Catherin Mairot, épousa, par
contrat du 13 février 1530, demoiselle Jeanne *le Moine*,
dame de Mutigney et autres terres. Des lettres de noblesse lui furent accordées en considération de l'ancienneté de sa famille, qui a donné un maréchal de camp,
général-major à l'armée de Condé, et plusieurs officiers
supérieurs et autres; elle a été reçue dans tous les chapitres nobles de la province. *De gueules, à la fasce ondée
d'argent.*

LE MAISTRE, sieurs du Mas; famille ancienne du
Dauphiné. Aimar, Guillaume, Guiffrey et Pierre le
Maistre sont compris, comme nobles, dans une révision
de feux de Fontaine, l'an 1339. Elle a donné un procureur-général du Roi, au parlement de Grenoble, en
1569, et plusieurs conseillers au même parlement. *D'argent, au tourteau de gueules; au chef d'azur, chargé d'un
lion léopardé d'or.*

III.                                                         58

LE MAISTRE ; famille anoblie par les charges consulaires de la ville de Lyon, depuis l'an 1413, jusqu'en
1652. Elle remonte à Girard le Maistre, qui fut pourvu
de la charge de juge des appeaux du bailliage de Forez,
l'an 1383. De lui descendait, par plusieurs degrés,
Théodore le Maistre, religieux de l'île Barbe, en 1550.
*D'azur, à trois besants d'or.*

DE LA MALADIÈRE, DE QUINCIEU, seigneurs de la Mai-
sonforte, de Quincieu, de Bonifon, etc., en Dauphiné;
famille qui prouve sa filiation depuis Barthélemi de la
Maladière, qui avait épousé avant l'an 1380, Babilonne
*de Bron*, fille de Jean, chevalier, seigneur de Bron, vivant
en l'an 1400; il testa l'an 1441. Antoine, son fils, est qualifié audit testament du titre de damoiseau, et est compris,
comme noble, dans une révision de feux de l'île de
Crémieu, l'an 1446. Cette famille s'est alliée aux de
Lyobard, Belle, du Pujet, de Rives, de Valin, Noir-
de-Quirieu, Pastourel, de Sevelinges, de Laube. *D'azur,
à la bande d'or, chargée d'un lion de gueules.*

MALARMEY DE ROUSSILLON, en Franche-Comté ;
famille connue depuis noble homme Pancrace Malarmey,
l'un des cent hommes d'armes de la compagnie de Jean,
seigneur de Rye, qui épousa, en 1460, Simone *d'Azuel*.
Elle a été anoblie par les archiducs, et fut maintenue
dans ses priviléges de noblesse, par suite d'un arrêt du
parlement de Dôle, du 7 avril 1606, et d'après une pro-
cédure que lui avait intentée le procureur-général pour
l'obliger à vendre ses fiefs. Elle a possédé, pendant quelques années, le comté de Roussillon, en Bresse ; et, après
l'avoir vendu, elle a continué d'en porter le nom. Cette
famille a donné plusieurs officiers supérieurs et autres
aux armées d'Autriche, de Savoie, d'Espagne et de
France, ainsi que des gouverneurs de places fortes. Elle
a contracté des alliances avec les maisons d'Azuel,
Bercin, d'Emskerke, Faivre, Hugon, Huot, de Jouffroy,
Nouillard, Maillard-de-Tournon, de Mandres, Petitot,
de Pourcheresse, de Toulongeon, etc. *De gueules, au
rai d'escarboucle pommeté et fleurdelisé d'argent.* Devise:
*Amor in honore.* Cri : *Sans peur.*

MALHEROT; famille de Franche-Comté, reçue au

chapitre de Montigny, anoblie par une charge de conseiller au parlement de Dôle, en 1611. *De gueules, au coq hardi d'or, la pate dextre levée, la senestre sur une boule du même.*

DE MANDRE ; noblesse chevaleresque de Franche-Comté, qu'il ne faut pas confondre avec la famille d'Amandre. Cette maison, éteinte, a fourni neuf chevaliers de Saint-Georges, et a contracté des alliances directes avec les maisons de Achey, Arlay, Cicon, Moroges, Orsans, Pina, Trestondam, Senailly, etc. *D'azur, à la bande d'or, accompagnée de sept billettes du même, 4 et 3.*

DE MANENT, sieurs de Montaux et du Laux, en Dauphiné. Jean de Manent, auteur de cette famille, s'illustra dans les guerres de son temps, et notamment au combat de Salbertrand, en 1593. Pour le récompenser de ses actions de valeur, le Roi lui accorda au mois de décembre 1604, des lettres de noblesse, qui furent vérifiées le 14 août 1618. Il épousa Hélène d'Urre de Molan, dont il eut plusieurs enfants, qui ont continué la lignée. *D'azur, au lion d'or, gravissant un roc de sinople ; au chef d'or, chargé d'un croissant d'azur à dextre, et d'une molette de sable à senestre.*

DE MANISSY, comtes de Ferrières, en Dauphiné, co-seigneurs de Venasque et de Saint-Didier, au comtat Venaissin ; famille originaire de Savoie, maintenue dans sa noblesse par M. du Gué, en 1668. Elle remonte, selon un acte de l'an 1613, émané du juge de Genève, à Humbert de Manissy, écuyer, habitant à Romans, le 20 juin 1393. Elle a donné plusieurs conseillers au parlement de Grenoble. La branche du comtat s'est éteinte au commencement du dix-septième siècle. Les alliances de cette famille, sont avec celles de Baroncelli-Javon, Baronnat, Bressac, Bugia, de Bus, Durand, Fleard de Plessins, Grillet de Brissac, Lyonne Saint-Quentin, Mollard, Mitalier, Raxis de Flassan, Robin de Grayezon, Vincens de Savoillans, etc., etc. *De gueules, à deux clefs d'argent, passées en sautoir, accompagnées en chef d'une étoile d'or.*

MARCHIER ; famille du Dauphiné, dont était

Emmond Marchier, avocat au parlement de Grenoble, anobli par lettres du mois de février de l'an 1605, vérifiées le 21 novembre 1606. Elle a donné un maréchal de camp des armées du Roi, en 1654, lieutenant au gouvernement du pont Saint Esprit, en 1660. *De sable, à la croix ancrée d'argent, à la bordure d'or.*

DE MARENCHES, à Dôle; famille reçue à Saint-Georges, en 1657. Philippe le Bon, duc de Bourgogne, voulant illustrer l'université de Dôle, appela d'Italie des professeurs du droit romain. Anselme de Marenches fut de ce nombre; l'opinion générale est qu'il était gentilhomme. *D'azur, au lion d'or, à la tierce de sable, brochante sur le tout.*

MARGAT DE CRÉCY; famille ancienne, originaire du Berri, province où elle est connue, par filiation, depuis noble homme François Margat, nommé, le 25 mars 1548, par Marguerite de France, Reine de Navarre, duchesse d'Alençon et de Berri, à l'office de lieutenant-général au siége et ressort de Concressault. Il en eut les provisions du Roi Hénri II, le 27 juin 1549. Son frère Jacques Margat, écuyer, sieur du Breuil, fut exempté, par sentence rendue au bailliage de Bourges, le 15 mars 1557, du service du ban et arrière-ban, comme servant dans la compagnie des gentilshommes d'armes du Roi de Navarre. Cette sentence est rapportée dans une ordonnance de maintenue, rendue en faveur de cette famille, par M. Foulé de Martangis, du 12 février 1716. Elle avait précédemment été déclarée noble et issue de noble extraction, par jugement des commissaires-généraux députés par le Roi, en Berri, pour le régallement des tailles, du 27 juillet 1641. On peut voir ce qu'on a déjà dit sur les services distingués de cette ancienne famille, dans la magistrature et le barreau, au tome II de cet ouvrage, pag. 12. Elle s'est alliée avec les maisons et familles d'Alix, d'Allemant-de-Concressault, de Bonin du Cluzeau, de Bonneval, la Chapelle du Plaix, Fouchier, Gascoing de Nantin, Petau, Robert-de-Pesselière, Ruelle, etc., etc.

Sa noblesse a été jurée dans les preuves faites le 17 septembre 1781, pardevant MM. de Champignelles et du Motet, commissaires pour la réception dans l'ordre de Saint-Jean de Jérusalem, dit de Malte, de M. Gabriel-Alphonse Destut-d'Assay, dans lesquelles preuves il est dit que la troisième ligne du présent, du nom de Margat, « est prouvée au-dessus de cent cinquante ans, tant pour » la filiation, que pour la noblesse, puisqu'en 1605, » cette ligne eut un maître des requêtes, et qu'elle fut » déchargée des tailles, comme ancien noble en 1641; » elle est soutenue de foi et hommages, et de plusieurs » arrêts et jugements de noblesse. »

*Armes :* De gueules, au chef d'argent, chargé de trois annelets de gueules.

DE MARGUERIT; seigneurs d'Eran, du Bu, etc., en Normandie, marquis de Marguerit, par lettres-patentes de 1731, registrées à Rouen, les 17 et 18 juin suivant. Cette famille s'est divisée en plusieurs branches, 1°. celle des seigneurs du Bu, d'Eran, Outrelaize, etc., qui est la branche aînée; 2°. celle des seigneurs de Saint-Pavin; 3°. celle des seigneurs d'Aizy et du Fresne; 4°. celle des seigneurs d'Eran et de Livet; 5°. celle des seigneurs de Rouvres et de Mallesvilles; 6°. celle des marquis de Marguerit, seigneurs de Guibray et de Versainville. Elle prouve sa filiation depuis Philippe de Marguerit, écuyer, seigneur d'Eran, d'Outrelaize, de Renemesnil, etc., qui fit, le mardi 17 mai 1533, un retrait féodal de plusieurs héritages situés à Eran. Cette maison se trouve alliée à celle du Merle, qui a produit un maréchal de France, et compte plusieurs magistrats distingués, tels qu'un avocat-général et trois conseillers au parlement de Caen; elle a fourni aux troupes un major et plusieurs capitaines. Ses alliances sont avec les familles d'Anzeray, de Bursy, Blanchard, Brasdefer, Baudouin, Cotart, de Cerceaux, de Chaumont, Edeline, d'Esson, Fortin, Faucon, Gislain, des Haies, du Hamel, le Herissy, Huel de Grainville, de Manoury, de Morel, des Mares (des Maires), du Merle, de la Mare, de Négrier, Osmont, de Picot, de la Perrelle, de la Rue, des Rotours, de Seran, de Sarcilly, de Sainte-Marie, de Saint-Germain, du Touchet, Thomson, Vauquelin, Viart-d'Ingreville, de Vigneral, etc. *D'or, à trois roses de gueules, tigées de sinople.*

DE MARIN. Cette famille, originaire de la ville de

Gênes, et tranplantée en Provence, est très-ancienne; mais elle ne prouve sa filiation que depuis noble Pierre Marini, ou de Marin, maître-d'hôtel du Roi, en 1496, premier consul de la ville de Toulon, en 1497, viguier et capitaine pour le Roi, en la même ville, en 1502, lequel fut marié, 1°. avec Marguerite *de Chautard*; 2°. avec Jeanne de *Rodeillat*, dont il eut noble Barnabé Marini, ou de Marin, écuyer, légataire de son père, en 1528. Ce dernier obtint du Roi François Ier., le 14 octobre 1534, des provisions de la charge de capitaine et gouverneur de la forteresse de Notre-Dame de la Garde-lez Marseille, en récompense des services signalés qu'il avait rendus à ce prince. Cette famille a donné un capitaine de cent hommes d'armes, trois capitaines des troupes de la marine, décorés de l'ordre royal et militaire de Saint-Louis, qui ont servi avec la plus grande distinction dans les guerres du Canada. *D'argent, à trois bandes nébulées de sable*

DE LA MARIOUSE, en Basse-Normandie; famille noble dont il est parlé dans l'Histoire de la maison de Harcourt.

Jean de la Mariouse, écuyer, seigneur de Berengueville, élu à Caen, était commissaire, pour les recherches sur la noblesse, en 1540. Noble homme Jean de la Mariouse, sieur de Sainte-Honorine, vivait en 1578. Marie de la Mariouse, était femme de François d'Orglandes, avec lequel elle vivait vers l'an 1600; ils moururent sans enfants.

Fabien de la Mariouse, un des enfants de Jean, écuyer, sieur de Berengueville, Sainte-Honorine et Lonnier, et de N.... Vanderue-Cœurs, son épouse, fut reçu, en 1602, en l'abbaye de Saint-Etienne de Caen; ne prit l'habit qu'en 1604, à cause de sa jeunesse et de sa petite taille, ce qui fit différer sa profession jusqu'en 1611. Il fut infirmier de cette abbaye.

Cette famille subsiste dans la personne de:

Jacques Constant *de la Mariouse*, écuyer, officier de gendarmerie en retraite, né à Caen, le 19 février 1767.

*Armes*: d'azur; à la fasce ondée d'or, accompagnée de trois losanges du même.

DU MAS, en Guienne; famille ancienne, originaire du Limosin, où est située la terre dont elle a pris son nom. Elle s'est divisée en deux principales branches;

1°. les marquis de Peysac, seigneurs de la Serre, maintenus dans leur ancienne extraction, par deux arrêts du parlement de Bordeaux, du 18 juillet 1685, et 4 et 11 avril 1772; 2°. les seigneurs de la Roque. Cette famille a donné plusieurs officiers-généraux, et a contracté de belles alliances. Le chef actuel de la seconde branche, Louis du Mas de la Roque, commissaire des guerres, a été nommé chevalier de l'ordre de la Légion-d'Honneur, le 17 janvier 1815.

*Armes*. Première branche : *écartelé, aux 1 et 4 de gueules, à la tour d'argent, maçonnée de suble; aux 2 et 3 de gueules, à la croix d'argent, cantonnée de quatre fleurs de lys du même*. Seconde branche : *de gueules, à trois têtes de lion, arrachées d'or*.

DE MATHAY ; maison d'ancienne chevalerie, illustre et puissante dès son origine, qui posséda la seigneurie et le château fort de Mathay, dont relevaient un grand nombre de villages. Ce château, situé dans une gorge et défendu par le Doubs, était, par cette position, la clef des montagnes du comté de Bourgogne, près Montbéliard. Il fut possédé, pendant plus de deux siècles, par la maison de Saint-Mauris-en-Montagne, qui le porta dans celle de Grammont, en 1683, qui, elle-même, le fit passer dans celle d'Arberg. Quoique les branches nombreuses, issues des anciens sires de Mathay, aient singulièrement disséminé leur fortune, on les vit néanmoins constamment s'allier aux maisons les plus distinguées et souvent les plus illustres de l'ancienne chevalerie du pays. La plupart des membres de cette maison étaient décorés du titre de chevalier, depuis le douzième siècle où l'on voit Theodoric de Mathay, chevalier, bienfaiteur de l'abbaye de Lieu Croissant. Dans le siècle suivant, Jean, sire de Mathay, chevalier, reprit de fief ; et dès lors on trouve nombre de titres de ce siècle et des suivants sur cette maison, qui s'éteignit au dix-septième, dans celles de Pouilly et de Charmoille. La maison de Mathay fut reçue dans les chapitres nobles du pays, notamment dans l'illustre corps des chevaliers de Saint-Georges, depuis 1556, et à Malte, depuis plusieurs siècles.

*Armes :* d'azur, à la melusine de carnation, couronnée d'or, issante d'une cuve du même.

DE MAUROY. Cette famille est une des plus anciennes et des plus respectables de Troyes, département de l'Aube, et sa noblesse, comme celle des meilleures maisons du royaume, se perd dans la nuit des temps.

Elle est originaire du comté de St.-Paul, en Artois; et, dès l'an 1200, elle y vivait dans la splendeur et la richesse: elle y possédait des fiefs et ses membres prenaient la qualité de chevalier: ce qui alors était une preuve non équivoque de la noblesse d'origine; on n'en connaissait pas d'autre.

Il y a des preuves qu'en 1272, Jean de Mauroy fut compris au nombre des seigneurs fieffés du bailliage de Vermandois, et qu'il prit le titre de chevalier, lors du ban et arrière-ban que fit convoquer Philippe-le-Hardy, fils de Saint-Louis, à l'effet de punir la révolte du comte de Foix. (Traité de la Noblesse, par M. de La Roque, pag. 85 et suiv.)

En 1370, le comte de Flandre exigea un cautionnement qu'il ne serait fait aucuns dommages à lui, ni à son fils et à madame d'Artois, pour avoir détenu prisonnier en Flandre messire Jean de St.-Paul: Olivier de Mauroy eut l'honneur d'être admis au nombre des seigneurs qui servirent de caution avec Henri, roi de Castille et de Léon, et le connétable du Guesclin: ce qui annonce une considération dont il ne pouvait être redevable qu'à l'éclat de sa naissance.

La branche aînée de la famille de Mauroy, dont cet Olivier fut le chef, demeura en Artois, jusqu'en 1547, qu'elle fut obligée, après le sac de la ville de Saint-Paul, par l'armée de Charles V, de se retirer en Flandre, et ensuite en Espagne, où ses descendants ont toujours occupé dans le militaire les places les plus distinguées. On a vu un membre de cette branche, qui, dans les guerres d'Italie en 1745, sous le règne de Louis XV, était lieutenant-général des armées de Sa Majesté Catholique.

Les puînés de cette famille se séparèrent dès 1296, et furent avec les Hennequin et plusieurs autres familles nobles d'Artois, s'établir dans la province de Champagne. L'un d'eux, Félizot de Mauroy, qualifié écuyer, sieur du Mesnil, qui vivait en 1330, fut celui qui forma la souche des Mauroy de Troyes. De cette souche, sortirent plusieurs branches qui s'établirent en différentes provinces; une s'est fixée en Anjou, une en Bourgogne, une autre à Paris, et la branche aînée s'est perpétuée à Troyes. Les renseignemens nous manquent pour établir la généalogie des deux premières branches : la troisième, qui demeurait à Paris, s'est éteinte, le 7 janvier 1818, par la mort de M. Denis-Jean, marquis de Mauroy, lieutenant-général des armées du Roi, ancien gouverneur de Tarascon, grand' croix de l'Ordre royal et militaire de St.-Louis. Il n'a laissé qu'une fille, nommée Denise-Jeanne-Catherine de Mauroy, épouse de M. Jean-Baptiste, baron de la Rochefoucauld, pair de France, lieutenant-général des armées du Roi.

Le marquis de Mauroy était fils de Denis-François, comte de Mauroy, lieutenant-général des armées du Roi, gouverneur de Tarascon, et petit-fils de Denis-Simon, comte de Mauroy, aussi lieutenant-général des armées du Roi, et gouverneur de Tarascon, lequel eut, pour père, Denis de Mauroy, chevalier, fils de Honoré de Mauroy, écuyer, que ses talents rendirent célèbre ; celui-ci fut fait conseiller d'état par lettres-patentes de 1615. Son père était Jacques de Mauroy, écuyer, fils de Pierre de Mauroy, écuyer, et petit-fils de Nicolas de Mauroy, écuyer, dont le père était Colinet ou Nicolas de Mauroy, écuyer, fils de Jacques de Mauroy, écuyer, lequel était fils de Félizot de Mauroy, écuyer, Ier. du nom, à Troyes, qui vivait sous le règne de Philippe de Valois, l'an 1330.

La branche aînée de cette maison, qui demeure encore à Troyes, s'y est toujours distinguée dans les charges et les places éminentes, que ses membres ont occupées dans l'état civil et dans le service militaire ; « plusieurs actes » publics et particuliers attestent la haute considération » dont elle jouit ; elle a fourni six maires à la ville de » Troyes, depuis François Ier., jusqu'à nos jours : par » le traité de paix, du 23 mars 1568, entre Charles IX » et le prince de Condé, soutenu du duc Casimir, fils » du comte Palatin du Rhin, le Roi s'était obligé de » payer 1,026,421 liv. 10 s. tournois au duc; mais celui-» ci ne voulut pas faire retirer ses reitres protestants de » la France, qu'il ne fût payé, ou qu'il n'eût au moins » des cautions solvables ; il ne se contenta pas de celle » du duc de Lorraine, ni de celle des banquiers allemands ; il exigea, en outre, celle des habitants de » Troyes. Le Roi la leur demanda, le 14 avril 1568, par

» la lettre qu'il écrivit à Pierre de Mauroy, écuyer, sei-
» gneur de Vauchassis, alors maire de la ville ; et le 21
» suivant, ledit de Mauroy et plusieurs autres habitants
» se constituèrent envers le duc Casimir, principaux dé-
» biteurs. Le Roi leur en témoigna sa satisfaction par une
» lettre de remercîment, datée du 29 avril 1568.

» La noblesse de la famille de Mauroy a été prouvée
» par plusieurs de ses membres : par Nicolas de Mau-
» roy, qui fut maintenu dans l'exemption des droits
» de francs-fiefs, par sentence en date du 24 novem-
» bre 1447, des commissaires royaux, députés sur
» les francs-fiefs au bailliage de Troyes ; par Antoine
» de Mauroy, qui, après avoir fait ses preuves, fut reçu
» chevalier de Rhodes, le mercredi après la Saint-
» Bernabé de l'an 1464, et un autre de Mauroy, reçu
» chevalier de Malte, en 1543 (Histoire de Malte, par
» l'abbé de Vertot, t. 7 ); par François de Mauroy, qui
» obtint, le 11 septembre 1658, arrêt en sa faveur de la
» chambre souveraine, établie par le Roi, pour la re-
» cherche et liquidation des droits de francs-fiefs, etc. »

La généalogie de la branche qui est à Troyes, a été établie authentiquement en 1776, par Louis de Mauroy,
écuyer, et alors échevin, ainsi qu'il suit : Félizot de Mauroy, écuyer, sieur du Mesnil, vivant en 1330, a eu
pour fils, de son mariage avec demoiselle Jeanne, Jacques de Mauroy, écuyer, sieur d'Origny, qui épousa
demoiselle Thévenette ; lequel était père de Colinet ou
Nicolas de Mauroy, écuyer, qui avait épousé Agnès Pé
ricard ; d'eux est issu Jacquinot de Mauroy, préfet de la
Monnaie, à Troyes, et frère de Nicolas de Mauroy, qui
fut successivement avocat du Roi, lieutenant-général au
bailliage de Troyes, et élu pour le Roi, place très-im-
portante, et la même que Gaulthier de Châtillon, connétable de France, avait alors dans la province de Picardie. Lequel Nicolas de Mauroy eut, entr'autres enfants,
Antoine de Mauroy, qui, après avoir fait ses preuves de
noblesse, fut reçu chevalier de Rhodes, le mercredi
après la Saint-Bernabé, de l'an 1464. De Jacquinot de
Mauroy et de Guillemette Hennequin, sa femme, tante
l'Oudard Hennequin, aumônier de François Ier., et évêque de Troyes, est issu Jean de Mauroy, écuyer, qui
épousa Jacquette le Peltrat, arrière-petite-nièce de

Pierre de Villiers, évêque de Troyes, confesseur de Charles V. Ce Jean était père de Sébastien de Mauroy, écuyer, sieur de Fyé, fondateur de la chapelle Saint-Sebastien, à Saint-Jean, où l'on voit encore sa tombe en marbre noir; Geoffroy Dollet, issu du chancelier de France, avait épousé sa sœur; de Sébastien et de Marguerite Pinot, sa femme, est issu Jean de Mauroy, écuyer, seigneur de Charlet et de Mesnil les-Granges; lequel de son mariage avec Madelaine Festuot, eut François de Mauroy, écuyer, qui épousa Jeanne Ludot; de leur mariage, est issu Nicolas de Mauroy, écuyer, seigneur de Dienville, qui épousa Marie Martin; desquels naquit Claude de Mauroy, écuyer, seigneur de Ville-moyenne; de son mariage avec Bonnaventure de Montmeau, est issu Joseph de Mauroy, écuyer, marié à Anne Camusat, et père dudit sieur Louis de Mauroy, écuyer, et échevin de la ville de Troyes, en 1776.

Ledit Louis de Mauroy, épousa Marie-Anne Vauthier, et eut pour fils Eustache-Louis de Mauroy, écuyer, conseiller du Roi, maître particulier des eaux et forêts, seigneur de Laroutelle, les Ombrois, etc.; lequel épousa Marie Angenoust, de laquelle il eut Nicolas de Mauroy, né le 11 mars 1784, officier de cavalerie, retiré du service après avoir perdu une jambe en 1809, à la bataille d'Eckmulh, chevalier de l'ordre royal de la Légion-d'Honneur, doté et pensionné du gouvernement; lequel Nicolas de Mauroy, chevalier, a épouse demoiselle Antoinette-Louise Leferon, fille de Charles-Philippe Leferon, chevalier de Saint-Louis, ancien sous-lieutenant des gardes de Monseigneur le comte d'Artois, et lieutenant-colonel de cavalerie. De ce mariage, il y a postérité masculine.

Cette famille était jadis très-opulente; les plus belles maisons de Troyes et les seigneuries les plus considérables des environs, lui ont appartenu; la terre de Vauchassis était un domaine royal, aliéné vers la fin du quinzième siècle en sa faveur. Elle s'est signalée par un grand nombre de dons faits aux diverses paroisses de Troyes, par des fondations d'hôpitaux, maisons de charité, érection de chapelles et monuments de toute espèce; les églises et les divers établissements publics de Troyes, revêtus d'inscriptions et des armoiries de cette famille, pouvaient, avant la révolution de 1793, l'attester à la postérité.

On voyait encore, à cette époque, dans l'église de Sainte-Madelaine, une grande croix de bois de cèdre, dans laquelle était une croix de cuivre, surmontant une tombe, sur laquelle était gravée l'épitaphe, datée de 1410, de Jacques de Mauroy, écuyer, fils de Félizot de Mauroy, et celle de Colinet ou Nicolas de Mauroy, fils dudit Jacques, et où étaient aussi gravées les armes de cette famille, qui sont les mêmes que celles de la branche qui est en Espagne. Elles sont d'*azur*, *au chevron d'or*, *accompagné de trois couronnes ducales du même*, avec cette devise : DAMPNÉ NES PAS SY NE LE CROYS ; *supports et cimier*, *trois griffons*.

DE MAUSSABRÉ, maison d'origine chevaleresque des plus illustres du Blaisois, et de la Touraine. Il y a une notice de cette ancienne noblesse militaire dans *l'Armorial de France*, Registre 1, Part. 1, P. 373. Elle est, autant qu'on a pu le connaître et découvrir par les titres, originaire du Blaisois ou de la province de Touraine, où elle a possédé, dès le XII⁰. siècle, les seigneuries de *Château-vieux*, près *Saint-Aignan en Blaisois*, dont elle relève ; *de la Sabardière*, qui relève *de Montrésor* ; et *d'Henignes*, qui relève *du comté de Buzançois* ; c'est ce qu'on voit par les anciens aveux rendus à ces seigneurs. On ne peut découvrir en quel tems ces seigneuries sont entrées dans cette famille, ni comment celle *d'Henignes* en est sortie, ainsi que celle de *Château-Vieux*. En 1380 il ne restait dans cette famille, de la seigneurie d'*Henignes*, que la terre *du Bois-Saint-Père*, qui en est un démembrement.

Dans le tems des guerres de religion, qui ont causé l'incendie des châteaux de cette maison, tems où plusieurs de ses branches ont embrassé la religion protestante, elle a perdu plusieurs de ses anciens titres, ce qui empêche de prouver son antiquité : cependant elle existait du tems des croisades, puisqu'on trouve dans cette histoire des gentilshommes du nom de *Maussabré* ; elle ne remonte par titres filiatifs qu'à *Guillaume de Maussabré*, chevalier, capitaine et gouverneur des château et ville de Loches, seigneur du Bois-Saint-Père, de la Sabardière, et de Château-vieux, vivant l'an 1380, dont le nom des père et mère est ignoré.

Cette maison s'est divisée en sept branches, dont cinq principales :

1°. Les seigneurs de la Sabardière et de Bussière ; 2°. Les seigneurs de Gatsouris ; 3°. Les seigneurs de Puibarbeau ; 4°. Les seigneurs de Villablin ; 5°. Les seigneurs du Bois-Saint-Père ; 6°. Les seigneurs de la Baratrie ; 7°. Et les seigneurs de la Croix.

Il y a une notice détaillée sur chacune de ces branches dans le *Dictionnaire de la Noblesse*, Par M. de la Chenaye-des-Bois, tome IX, pages 638 et suivantes. Une notice abrégée sur cette même maison se trouve aussi insérée dans cet ouvrage, première série, tome second, pages 17 et suivante.

*Branche des seigneurs de Puibarbeau, sortis des seigneurs de la Sabardière et de Bussière. (1).*

VIII. Gilbert DE MAUSSABRÉ, chevalier seigneur de Vignol, de Chilloué, et de l'Aubier, troisième fils de Gilbert, chevalier, seigneur de la Sabardière et de Bussière, et de Gilbert de Saintirier, eut pour son partage, fait entre ses frères et sœurs, le 11 septembre 1647, devant Helie, notaire royal à Châtillon-sur-Indre, les terres et seigneuries de Chilloué, paroisse de Trangé, coutume de Tourraine ; de l'Aubier, paroisse d'Aleret, province de la Marche, et de Vignol, près Lévroux en Berri. Il servit environ 30 ans dans le régiment du Gué-Sainte-Fline, où il a été capitaine, suivant un certificat du maréchal vicomte de Turenne, donné le 8 novembre 1674, qui marque qu'il avait servi et servait encore le

_____

(1) Je ne parlerai pas des autres branches, faute de renseignements. Plusieurs sont tombées en quenouille, par suite des orages révolutionnaires de 1793 : je ne prendrai même la filiation de la branche des seigneurs de *Puibarbeau*, qu'à la VIIIe. génération ; voyez l'ouvrage de M. *de la Chenaye-des-Bois*, énoncé ci-dessus, où la généalogie de cette famille est établie à compter de l'an 1380.

Roi avec distinction. Il épousa, le 31 juillet 1644, Jeanne Rousseau de l'Age, qui lui apporta la terre de Puibarbeau, paroisse de Lignerolles près la Châtre en Berri, terre dont cette branche a pris le nom. Il eut son mariage :

IX. Laurent-François DE MAUSSABRÉ, chevalier, seigneur de *Puibarbeau*, etc., gentilhomme de la garde du Roi, dans la compagnie de *Monsieur*, frère unique de S. M., tué à la bataille de Leuse, le 19 septembre 1691. Il avait épousé, par contrat passé devant Morel, notaire royal à Felletin, province de la Marche, le 16 juin 1663, Louise le Grouin, fille de Gaspard le Grouin, chevalier, seigneur de Saint-Sornin en Bourbonnais, et d'Anne de Saint-Julien. Leurs enfants furent :

1°. Gilbert, aussi gentilhomme de la garde du Roi, tué comme son père à la bataille de Leuse ;

2°. Joseph-Henri, qui suit :

3°. Laurent-François, capitaine de bombardiers, tué au service du Roi sans avoir été marié ;

4°. Jean, seigneur du Buisson, capitaine d'infanterie, chevalier de Saint-Louis, ensuite commandant des milices du Berri, avec brevet de lieutenant-colonel Il a épousé, par contrat passé devant Taison, notaire à la Châtre en Berri, le 29 avril 1723, Marie-Françoise de Bord, fille de Joseph, chevalier, seigneur de Montaigou en Limousin, dont est issue Marie-Anne de Maussabré, mariée, par contrat passé devant Durand, notaire royal à Sainte-Sévère, ressort d'Issoudun, le 10 janvier 1746, avec François de la Marche, seigneur de Péguillon, de Beauregard et de Pierre-Folle, terres situées aux environs d'Argenton en Berri. De ce mariage sont issus deux garçons et deux filles, savoir : Silvain de la Marche, reçu chevalier de Malte, et lieutenant dans le régiment de Bretagne, infanterie ; Jean-Pierre de la Marche, âgé de 9 ans ; Marguerite, mariée à Antoine de Saint-Maur, chevalier, seigneur de Vervi, lieutenant de carabiniers ; et Marie-Jeanne Gabrielle de la Marche, née le 30 mars 1751, femme de Philippe du Breuil, chevalier, seigneur de Souvolles ;

5°. Anne de Maussabré, mariée à François de Brassac, lieutenant pour le Roi de la haute et basse Marche ;

6°. Jeanne, femme de Guillaume de la Chapelle, chevalier, seigneur de la Chapelle et des Betouins;

7°. Et Anne de Maussabré, mariée à Jean du Pérou, chevalier, seigneur de l'Espouse.

X. Joseph-Henri DE MAUSSABRÉ, chevalier, seigneur de Puibarbeau, capitaine d'infanterie dans le régiment de Lestrange, blessé à la bataille de Nerwinde, et obligé de se retirer à cause de ses blessures, épousa, par contrat passé devant Estève, notaire royal à la Châtre en Berri, le 23 mai 1715, Marie-Judith de Comte, fille de Léonard de Comte, chevalier, seigneur de Bessac, et de Louise de la *Burre*, dont :

1°. Jean-Joseph, mort lieutenant d'infanterie, sans avoir été marié ;

2°. Denis-Joseph-Henri, qui suit :

3°. Gilbert, chanoine de Neuvi-Saint-Sépulcre ; au diocèse de Bourges ;

4°. Et Claude, officier dans le régiment de la Suze, dragons, tué, en 1744, dans les guerres de Westphalie.

XI. Dénis-Joseph-Henri de MAUSSABRÉ, vicomte de La Mothe-Feuilly, seigneur de Puibarbeau, etc., ancien garde du corps du Roi, dans la compagnie de Luxembourg, porte-étendart, cornette, de ladite compagnie et capitaine de cavalerie, s'est retiré après 35 ans de service. Il a épousé, par contrat passé le 23 février 1757, devant Audouin de la Reculée, notaire royal à Palluau en Berri, Marie-Anne de Coigne, fille de Claude, chevalier, seigneur de la Roche et des Touches près Châtillon-sur-Indre en Berri, et d'Anne de Crémilles, dont deux garçons ;

1°. Claude-Denis, qui suit, né le 26 novembre 1756;

2°. Et Jean Gilbert, né le 6 février 1758, mort en janvier 1815, sans avoir été marié.

XII. Claude-Denis de MAUSSABRÉ, vicomte de la Mothe-Feuilly, seigneur de Puibarbeau, etc., ancien garde du corps du Roi, dans la compagnie de Noailles.

Il a épousé, par contrat passé le 22 décembre 1784, devant Pelletier, notaire royal à Aigurande près la Châtre en Berri, Marie-Aimée de Bertrand de Saint-Paul de Tersillac, fille de Claude, marquis de Bertrand, seigneur de la Cellette, Tersillac, le Pui, etc., ancien capitaine de cavalerie, chevalier de Saint-Louis, et de Marie-Silvie-Hortense de Noblet ; de ce mariage sont issus deux garçons et une fille, savoir :

1°. Jean-Baptiste-Claude-André, qui suit, né le 30 novembre 1786 ;

2°. Gilbert-Paul, né le 11 novembre 1789. Il a épousé, par contrat passé le 6 avril 1813, devant Mᵉ. Goneau, notaire à Dun-sur-Auron, département du Cher, Sophie-Alexandrine-Marie-Madelaine de Bridiers, fille d'Auguste, vicomte de Bridiers de la Chaume, ancien capitaine d'infanterie, chevalier de Saint-Louis, mort jeune, et a laissé : Abel-Paul-Auguste, né le 25 janvier 1814 ; ce qui forme une branche cadette des seigneurs de Puibarbeau ;

3°. Et Henriette, née en l'an 1793 ; mariée en l'an 1811, à Claude-Amable de Beaufranchet Du Pui, chevalier, morte jeune et sans enfans.

XIII. Jean-Baptiste-Claude-André, vicomte de MAUS-SABRÉ DE PUIBARBEAU, ancien officier de cavalerie légère, et maintenant premier adjoint à la mairie de la ville de Châteauroux, chef-lieu du département de l'Indre, et commandant la garde nationale à cheval de l'arrondissement de cette dite ville. Il a épousé, par contrat passé le 1ᵉʳ. mars 1815, devant Mᵉ. Moreau, notaire royal à Châteauroux, en présence de leurs altesses royales, monseigneur Louis-Antoine, duc d'Angoulême, petit-fils de France, et madame Marie-Thérèse-Charlotte de France, duchesse d'Angoulême, qui ont daigné apposer leurs signatures audit contrat, Elisabeth-Delphine Moreau, fille de François-Philippe Moreau, ancien receveur général de l'Indre, avocat, conseiller de préfecture du même département, et maintenant président du tribunal civil de Châteauroux, dont sont issus :

1°. Philippe-Ferdinand, né le 3 février 1816 ;

2°. Et Victoire-Cécile, née le 23 décembre 1817.

*Services* : Les diverses branches de cette maison, qui se sont de tout tems adonnées aux armes, ont fourni plusieurs gentilshommes de la garde du Roi, un lieutenant de cent hommes d'armes, des gouverneurs de places, un grand nombre d'officiers supérieurs de terre et de mer, la plupart décorés de l'ordre royal et militaire de Saint-Louis.

*Titres* : Outre le titre de chevalier, la branche des seigneurs de *Puibarbeau*, possède le titre de vicomte, depuis le 10 septembre 1783, époque où Denis-Joseph-Henri de Maussabré est entré en possession de la vicomté de la Mothe-Feuilly, située près la Châtre en Berri, et jouit de ce titre dans les actes publics, brevets et commissions.

*Armes* : d'azur, au lambel d'or en chef à trois pendants. Couronne de marquis. Supports : Deux lions. Cimier : Un chevalier armé de toutes pièces, tenant un sabre à la main, ce qui fait allusion à leur nom, ainsi qu'on les voit sculptées et peintes dans plusieurs châteaux qui ont appartenu à ceux de ce nom, et dans plusieurs églises ou chapelles dont ils ont été seigneurs.

LE MEILLEUR, famille originaire de Bretagne, où elle était honorablement connue dès le douzième siècle. Elle a donné à l'église un cardinal camerlingue, sous le pontificat de Lucius III, et depuis, plusieurs membres au parlement de Rennes.

Jean le Meilleur fut annobli par lettres-patentes de 1655, enregistrées au parlement de Bretagne, en 1678.

Vincent le Meilleur, sieur de Kerhervé, son fils, fut maintenu dans sa noblesse, par jugement des commissaires nommés à la recherche des usurpateurs de la noblesse, le 9 juin 1702. *D'argent, à la fasce d'azur, chargée de trois losanges du champ, et accompagnée de trois maillets de gueules 2 et 1.*

DE MERCASTEL, comtes de Mercastel, en Picardie, maison d'ancienne chevalerie, originaire d'Angleterre, qui s'établit en France, vers le milieu du onzième siècle, et donna son nom à une terre seigneuriale, située au bailliage d'Amiens, vidamé de Gerberoy, et en la paroisse de Villers-Wermont, où elle fit élever un château fort.

L'ancienneté et les illustrations militaires de cette maison sont consignées dans plusieurs monuments historiques, notamment dans l'histoire de Gerberoy, p. 358, dans l'Histoire généalogique de la maison de Mailly, p. 71, et enfin dans le Nobiliaire in-4°. de Picardie, p. 344. Elle a contracté des parentés directes, avec les maisons et familles les plus distinguées, notamment avec celles d'Abancourt, d'Alexandre du Vivier, d'Alingen de Salvaing, d'Alléaume, d'Aubigné, Barberie de Reffuveille, de Bayeux, de Belleval, de Canesson, d'Esquesnes, Gallye de Calmont, d'Imbleval de la Frenaye, de Lombelon, de Luppé, de Mailly, du Mesniel, de Sommery, de Poisson du Mesnil, le Prévôt, Saint-Ouen, Saint-Remy, etc. La filiation est établie depuis :

· I. Antoine, sire DE MERCASTEL, chevalier, seigneur de Saint-Maurice, de Villers-Wermont et de Doudeauville, issu par divers degrés d'Antoine I<sup>er</sup>., sire *de Mercastel*, chevalier banneret, seigneur des mêmes terres, et de son épouse Marguerite *d'Alingue de Salvaing*, d'une très-ancienne race de chevalerie, dont les armes étaient : *D'or, à l'aigle éployée de sable, becquée, membrée et diadémée de gueules ; à la bordure d'azur, semée de fleurs de lys d'or.* Antoine I<sup>er</sup>., sire de Mercastel, avait accompagné Godefroi de Bouillon dans la première croisade, en 1096, et s'était distingué à toutes les conquêtes et expéditions qu'y firent les chrétiens. Antoine II, à l'exemple de ses prédécesseurs, conduisit ses vassaux à la Terre Sainte, l'an 1200, et les commanda dans plusieurs actions. Il vivait encore en 1219, date d'une donation qu'il fit à l'abbaye de Saint-Germer. Il fut père de Pierre, qui suit ;

II. Pierre, sire DE MERCASTEL, seigneur de Villers-Wermont, conduisit et commanda aussi ses vassaux aux croisades. Il épousa demoiselle Béatrix d'Esquesnes, issue des anciens comtes de Bréberat. C'est ce qui se voit par l'histoire de Gerberoy, et sur une tombe dans l'église de Villers-Wermont, sur laquelle il est écrit : *Ici jitte haut et puissant seigneur de Mercastel, de Villers-Vermont, Saint-Maurice, Doudeauville, décédé le* 1<sup>er</sup>. *avril* 1269, *et noble dame Béatrix d'Esquesnes, décédée le 4 octobre* 1296. Cette Béatrix portait pour armes : *D'argent, à la croix de gueules, frettée d'or.* De leur mariage, vint :

III. Wautier, sire DE MERCASTEL, capitaine d'hommes d'armes, qui accompagna Saint-Louis à la Terre-Sainte, et est qualifié dans un diplôme du samedi après l'Octave de Pâques, 1242, *de vaillant chevalier et hardi banneret.* Il fit l'acquisition, par contrat du mois de juin 1293, de la terre et seigneurie de Signy, qui fait encore partie de celle de Mercastel. De Wautier, est issu :

IV. Richard, sire DE MERCASTEL, qualifié *brave chevalier* et titré maître d'hôtel de Jean d'Artois, arrière-petit-fils de Robert d'Artois, frère de Saint-Louis. Il épousa, le jeudi, avant la fête de Noël (on ne dit pas en quelle année), une demoiselle de la maison d'Aubigné, dont fut madame de Maintenon. Il eut pour fils :

V. Robin, sire DE MERCASTEL, seigneur dudit lieu, tué à la bataille de Brigenais. Il avait épousé, en 1395, Marguerite de Bayeux, qui portait pour armes : *D'or, à trois écussons de gueules.* Il en eut :

VI. Robert, baron DE MERCASTEL, seigneur dudit lieu, vaillant capitaine, qui se trouva à la bataille d'Azincourt, en 1415, où il fut blessé. Il avait épousé, en 1404 ; très-haute et très-puissante demoiselle N.... de Milly, une des héritières de cette maison de Milly, l'une des plus anciennes du royaume, qui a donné un grand-maître de l'Ordre de Saint-Jean de Jérusalem, le 10 juin 1454, sous Charles VII. Les armes de Milly, sont : *De sable, au chevron d'argent.* Du mariage de Robert, naquit :

VII. Jean, baron DE MERCASTEL, seigneur de Villers-Wermont, capitaine d'hommes d'armes, qui épousa, en 1449, N.... de Belleval, dame de Bonville, ce qui se prouve par une sentence de la sénéchaussée de Ponthieu, de l'an 1449, qui prononce que ledit seigneur de Mercastel et ladite dame son épouse, étant très-nobles, ne doivent point payer d'impôts. Les armes de Belleval, sont : *De gueules, à la bande d'or, accompagnée de sept croix potencées de Jérusalem.* Il fut père de :

VIII. Jean, comte DE MERCASTEL, II^e. du nom, seigneur dudit lieu, capitaine d'hommes d'armes des ordonnances du Roi, qui rendit foi et hommage de sadite terre, en 1474, et reçut le dénombrement d'un fief qui en relève, où est encore le sceau entier de ses armes, représentant un écusson renversé d'argent, à trois croissants de gueules. Il avait épousé, en 1474, noble demoiselle N.... d'Abancourt, dont les armes sont : *D'argent à une aigle éployée de gueules.* Leurs enfants furent :

1°. Etienne, qui suit ;

2°. Adrien de Mercastel ;　⎫

3°. André de Mercastel.　⎭ chevaliers de Malte.

IX. Etienne, comte DE MERCASTEL, seigneur dudit lieu, Saint-Maurice, Villers-Wermont, de Doudeauville, grand prévôt des maréchaux, en l'Isle-de-France, épousa, le 21 avril 1500, haute et puissante demoiselle N.... de Cœurver, fille de François de Cœurver, chevalier, seigneur du Manoir-Denier, et de Marie de Pardieu. Les armes de Cœurver sont : *D'argent, à trois cœurs de sinople couronnés, 2 et 1.* De ce mariage, vinrent :

1°. Etienne, comte *de Mercastel*, lequel continua la branche aînée qui est éteinte. De cette branche était André de Mercastel, chevalier, seigneur de Doudeauville, Ravènés, Bellosane, etc., capitaine de cavalerie au régiment de Palaiseau, qui épousa Claude d'Alléaume, dont il eut entr'autres enfants ;

A. François *de Mercastel*, chevalier, seigneur de Villers-Wermont, Doudeauville, St.-Maurice, les isles Fontenay et autres lieux, tué en Allemagne, au service du Roi, marié, par contrat du mois de février 1708, avec dame Marie de Luppé, veuve de messire François Poisson, chevalier, marquis du Mesnil, lieutenant-général de la cavalerie du roi de Danemarck. Il fut père de François de Mercastel, époux de Marie-Jeanne Poisson du Mesnil. Il fut présent avec son épouse, en qualité de cousin, issu de germain paternel au contrat de mariage des 15 et 20 avril 1732, d'Augustin de Mailly, avec haute et puissante demoiselle Colbert de Torcy. De leur mariage, est issu entr'au-

très enfants, N.... de Mercastel, épouse
de M. de Barberie de Reffuveille, et mère
du marquis de Reffuveille, lieutenant-général, capitaine aux gardes, mort victime.
du tribunal révolutionnaire. De la même
branche étaient Adrien et André-Joseph,
reçus chevaliers de Malte, le 29 août 1666
et 4 mars 1690 ;

B. André *de Mercastel*, chevalier, seigneur
de Mercastel, marié, par contrat passé le 11
février 1705, devant Lefèvre, notaire à Abbeville, avec Marie-Elisabeth de Mailly ;

2°. Florent, qui suit ;

3°. Roland, auteur de la troisième branche, dite de
Mercastel-Montfort, laquelle subsistait en 1770,
dans la personne de N.... de Mercastel-Montfort, seigneur du Puchervain et de la Hetroye
( dont la mère était une l'Étendart ), ancien officier au régiment de Royal-Cravattes, et, chevalier de Saint-Louis, qui s'est distingué dans toutes
les occasions, où il s'est trouvé. Il n'était point
marié et résidait à la Hetroye, proche le bourg de
de Foucarmont. Il avait pour frère N.... de
Mercastel, capitaine de grenadiers, chevalier de
Saint-Louis, brave officier, qui, après avoir soutenu le siége de Berg-op-Zoom, en 1747, monta
à l'assaut et y perdit presque toute sa compagnie ;
en faisant ranger sa troupe sur la place, il fut
blessé d'un coup de feu à la jambe, et mourut peu
de jours après, à Malines, sans enfants, regretté
des officiers généraux ;

4° Jean, seigneur du Manoir-Denier, reçu chevalier de Malte, sur ses preuves faites en 1536 : il
fut blessé à la bataille de la Canée, où il reçut deux
coups de feu ;

5°. Denise de Mercastel, mariée au seigneur de St.-
Remy de Montigny ;

X. Florent, comte DE MERCASTEL, seigneur de La
Haye, de Courcelles, chevalier de Malte, en 1524, puis
major d'infanterie, blessé à la bataille donnée contre les
Impériaux, à Metz, en 1554, avait épousé, en 1547,

demoiselle Antoinette Alexandre, fille de Louis Alexandre, chevalier, seigneur du Vivier, d'une famille noble, dout les armes sont : *D'argent, à l'aigle éployée de sable, becquée et membrée de gueules.* Il eut pour fils :

XI. Roland, comte DE MERCASTEL, chevalier, seigneur de La Haye, lieutenant colonel d'infanterie, blessé à la cuisse, à la journée d'Arques, en 1589. Quoique vieux, il suivit Henri IV, et se distingua au siége de Paris. Il avait épousé noble demoiselle Barbe de Chauvelle, dont les armes sont : *D'argent, à l'arbre de sinople soutenu d'un vol de sable, accosté de deux croissants de gueules.* De ce mariage vinrent.

1°. Jean, qui suit ;
2°. Gabrielle de Mercastel, mariée vers 1655, avec Antoine de Canesson, écuyer, seigneur de Cany, de Bellefontaine et de Grandsart, dont la fille, Françoise de Canesson, épousa, le 6 février 1678, Antoine de Mailly, seigneur d'Haucourt.

XII. Jean, comte DE MERCASTEL, chevalier, seigneur de La Haye, mousquetaire de la garde ordinaire du Roi, épousa, le 27 mai 1645, Nicole de Lombelon, de la même famille que Guilbert de Lombelon, fait prisonnier par les infidèles, au voyage de la Terre-Sainte. Elle porte : *De gueules, au chevron d'or.*

XIII. Charles, comte DE MERCASTEL, leur fils, chevalier, seigneur de La Haye, officier d'infanterie, épousa, en 1685, noble demoiselle Agnès le Prevôt, dont les armes sont : *Écartelé, aux 1 et 4 de sable, à la bande d'argent, chargée de trois mouchetures d'hermine de sable ; aux 2 et 3 d'argent, à trois bandes d'azur, et sur le tout d'argent, au lion de gueules, à la bordure du même.* De ce mariage, sortit :

XIV. Charles, comte DE MERCASTEL, II°. du nom, chevalier, seigneur de La Haye, patron honoraire de Saint-Étienne de Crodalle, Alliermont, Valmeneray, terre et fief de Poirel, ancien capitaine d'infanterie au régiment du Prat. Il épousa Louise de Saint-Ouen, dame de Crodalle, d'une famille distinguée par nombre de chevaliers bannerets, connus dès le treizième siècle, et qui porte : *D'azur, au sautoir d'argent , cantonné de quatre aiglons du même.* De cette alliance , sont nés :

1°. Charles–Théodore, page , pendant quatre ans , de Monseigneur le duc d'Orléans, ensuite capi-taine-major dans le régiment de Chartres, infan-terie, tué au combat de Dettingen ;

2°. Bruno de Mercastel , retiré du service en 1780, mort en 1814 , chevalier de Saint-Louis , bri-gadier des gardes-du-corps, sans avoir été marié ;

3°. Aimar-Nicolas , qui suit ;

4°. Ferdinand de Mercastel ;

5°. Marie de Mercastel , morte à Saint-Cyr ;

6°. Félicité de Mercastel.

XV. Aimar-Nicolas, comte de *Mercastel*, chevalier, sei-gneur de la Haye, de St-Etienne , de Crodalle , capitaine au régiment d'Orléans, cavaler ` , chevalier de l'ordre royal et militaire de Saint-Louis, a épousé, le 28 juin 1754, noble Marie-Thérèse-Madeleine-Henriette *Gallye-de-Calmont*, fille de Jean-Baptiste Gallye , chevalier, seigneur de Calmont, ancien officier au régiment de Gèvres, cavalerie, neveu de Gabriel Gallye-d'Hybou-ville , conseiller du Roi en ses conseils , et grand-bailli de Caux, dont les armes sont : *d'argent , à la galère de sable ; à la bordure d'or , chargée de huit tourteaux de gueules.* De ce mariage sont issus :

1°. Charles-Etienne-Théodore de Mercastel , che-valier, seigneur et patron honoraire de Saint-Etienne de Crodalle , Alliermont, Valmeneray , terre et fief de Poirel , né à Envermeux, près Dieppe, le 28 mars 1755 , page de M. le duc d'Orléans , mort jeune ;

2°. Nicolas-Maximilien-Onésiphore , qui suit :

XVI. Nicolas – Maximilien – Onésiphore , comte *de Mercastel*, né à Envermeux le 18 février 1756, reçu chevalier de Malte de minorité, ensuite page, le 1er. mai 1771 , de *Madame* , comtesse de Provence , femme du roi régnant ; puis officier à la suite du régiment Royal-Champagne, cavalerie, en 1774; présenté par *Madame*, le 24 juin 1779, dans les gardes du corps ; retiré bri-gadier des gardes ; chevalier de l'ordre royal et militaire de Saint-Louis, et pensionné en 1814 ; a épousé, le

3o septembre 1779, Marie-Cécile-Josephe *d'Imbleval-de-la-Frenaye*, dont sont issus :

1°. Nicolas-Maximilien-Joseph-Victor, comte de Mercastel, élevé à l'école royale militaire. Ayant subi le sort, il fut enrôlé dans le deuxième régiment d'artillerie à pied; passa dans l'artillerie légère de la garde italienne, et est décédé à Wilna, capitaine titulaire, chevalier de la Légion-d'Honneur, avec rang de lieutenant-colonel;

2°. Hortense-Hyppolite, appelé le chevalier de Mercastel, décédé à dix-huit ans, à Venise, étant artificier au deuxième régiment d'artillerie, avec son frère;

3°. Appoline-Arsène de Mercastel, mariée à Messire François-Henri-Beuve d'Arandel, élevé à l'école royale militaire, qui s'est soustrait à la conscription, et n'a été qu'officier de la garde nationale. Il avait quatre frères dans le régiment de Soissonnais, dont deux sont morts à l'armée de Condé, chevaliers de Saint-Louis; le troisième réside à Metz, et est ancien capitaine du même régiment;

4°. Marie-Eléonore-Rosalie de Mercastel, qui devait entrer à Saint-Cyr, en 1790, mariée à Adrien de Baillard, qui a fait partie de l'association de Georges Cadoudal; il a été aussi officier de la garde nationale. Le père d'Adrien de Baillard s'était retiré officier au régiment de Noailles, dragons; sa mère, Félicité d'Haucourt, descendait du fameux Jean d'Haucourt, fait chevalier devant Oudenardé, en 1450. Le nom et la terre d'Haucourt sont passés dans la maison des comtes de Mailly. M. de Baillard, père, descend, par les femmes, des frères de la Pucelle d'Orléans, et porte le surnom de du Lys, et pour armes, comme elle : *un écu d'azur, à deux fleurs de lys d'or, et une épée d'argent, garnie d'or, la pointe en haut, supportant une couronne d'or.*

Armes DE MERCASTEL : *D'argent, à trois croissants de gueules.* Devise et cri : *Hongne qui vonra.* Pour attributs, d'un côté, une bannière, chargée de l'écu de cette maison, et de l'autre, une pique.

DE MÉREDIEU. Cette famille, originaire du Périgord, a joui de tous tems, dans cette province, d'une existence honorable ; elle a montré son zèle dans toutes les occasions, et particulièrement dans les guerres civiles du seizième siècle, où elle éprouva de grandes pertes ; ses maisons furent pillées et incendiées. M. de Méredieu fut fait prisonnier par les ennemis, et n'obtint sa liberté qu'en payant une grosse rançon.

Hélie de Méredieu, seigneur de la Mothe, fils du précédent, fut conseiller du Roi au siège présidial de la ville de Périgueux : ses ancêtres avaient, de père en fils, rempli des offices au même siège, depuis l'an 1570, qu'ils vivaient noblement, et avaient été maires de la même ville. Un d'eux ayant pris la qualité de noble, de même qu'Hélie ci-dessus, il fut anobli *avec ses enfants, et postérité, tant mâles que femelles, nés et à naître en loyal mariage*, par l'une des cinq cents lettres de noblesse de la création de l'édit du mois de mars 1696, suivant la quittance du garde du trésor royal, du 22 octobre 1699, enregistrée au contrôle-général des finances, le 14 novembre suivant ; les lettres furent données à Versailles, au mois de novembre 1699, signées par le Roi, et plus bas, Phélippeaux.

*Armes* : *d'azur, à un rocher d'or, sortant d'une mer d'argent, et surmonté de trois étoiles d'or, posées 2 et 1.*

METZ. *Liste des gentilshommes convoqués à l'assemblée du bailliage de Metz, pour l'élection des députés aux états généraux, en 1789.*

Messieurs

De Chérisey, *président.*
De Poutet.
De Rœderer.
Gouffaud de Montigny.
Le baron de Bock.
De Vaudouleurs.
Boudet de Puymaigre.
De Besfer.
Gouffaud d'Antilly, *commissaires.*

De Faultrier.
De Beaurepaire.
Crespin de la Woivre.
De Lambertye.
Mey de Valombre.
De Marionnele.
Le Goulon d'Hauconcourt.
Bry d'Arcy.
Bournac de Fercourt.
Goyon des Rochettes.

De Requin.

De Dosquet.

De Boulenne.

De Ladonchamps.

De Chièvres.

De Chaselles.

De Courren.

De Chaselles.

Le Duchat de Rurange.

De Seillons.

De Foucquet.

De Chaselles.

Le baron de Coüet.

De Faultrier.

De Fabert.

Saint-Blaise de Crepy.

Mamiel de Marieulle.

De Turmel.

De Geoffroi.

De Buzelet.

Goullet de Saint-Paul.

Du Moulin.

De Macklot.

De Belchamps.

De Chenicourt.

d'Ancillon.

De Midart.

De Rancé.

Gérard d'Hanoncelle.

D'Écosse.

Regnier d'Araincourt.

De Domgermain.

De Thirion.

De Franchessin.

Le baron de Cosne.

De Bournac.

De Barat de Boncourt.

Le comte d'Arros.

Pottier de Fresnois.

Gournay du Gallois.

La Chapelle de Bellegarde.

De Haussay.

Evrard de Longeville.

De Mardigny.

Le Bourgeois du Cheray.

De Guerrier.

De Comeau.

Corvisart de Fleury.

D'Evrard.

De Brazy.

Joly de Maizeroy.

De Marion de Glatigny.

Gaultier de Lamotte.

Le comte de La Tour-en-Woivre.

Le Duchat de Mancour.

De Saint-Blaise.

Le Duchat, comte de Rurange.

De Marion.

Le baron de Plunkett.

Du Balay.

De Beausire.

Le Bourgeois Ducheray.

Pacquin de Vauzlemont.

De Compagnot.

De Poutet.

De Crespin.

Le comte d'Allegrin.

Frey de Neuville.

De Ferrand.

Le baron de Guillemin.

De Serre.

De Tinseau.

De Luc.

Jobal de Pagny.

Eschalard de Bourguinière.

De Fabert.

De Cabouilly.

Le baron de Vissec.

D'Alnoncourt de Ville.

De Lambert de Rezicourt.

Des Brochers.

De Loyauté.

De Rancé.

Le baron de Blair.

De Vareilles.

Le vicomte d'Auger.

De la Roche Girault.

Le Duchat d'Aubigny.

De Blair.

De Faultrier.

De Cabannes.

De Louis.

Comte de Courten.

George-des-Aulnois.

De Barandiery.

Comte Dessville.

Barandiery Dessville.

Berteaux, *secrétaire*.

MEULH, seigneur de Frincstes, d'Espallengues, de Pasquet, de Rouzac, de Baillot, de Briscombielles et de Peilles, en Guyenne. Cette famille, dont le nom est écrit indifféremment dans les titres, Meuilh, de Meuilh, Meul, Meulh, de Meulh, et Mulh est connue pour anciennement noble dans la province de Guyenne, et prouve sa filiation depuis Imbert Meulh, conseiller-procureur du Roi des villes et juridictions de Nérac, de Lavardac, etc., vivant vers l'an 1530. *D'argent, au pin de sinople, fruitté d'or, à huit pommes de pin posées 1, 3 et 4, à l'écusson de gueules, brochant sur le tout, chargé d'un dragon d'or, tenant dans ses pates un serpent d'argent, et d'un soleil d'or mouvant du premier canton de l'écu.* Devise : Bénin sans vénin.

MILET DU MUREAU ( DESTOUF ), en Provence, famille ancienne et distinguée, originaire de Lorraine. Elle était une des trois maisons les plus considérables de Verdun, avec celles de la Porte et d'Ozanne. Ces trois familles, pour mettre fin à la guerre, avaient acheté, l'an 1236, de Guillaume de Grandpré, évêque de Verdun, la souveraineté de cette ville et vicomté. Tous ces faits sont articulés dans les preuves faites en 1760, par Jean-Baptiste Oryot d'Aspremont, pour sa réception au chapitre noble des chanoines -comtes de Brioude, ainsi que dans un arrêt de la chambre des comptes de Lorraine, où il est expressément dit que Nicolas Milet, qui vivait en 1420, était issu en ligne directe et masculine de la noble et ancienne famille Destouf de Verdun. Cette maison a pour chef actuel:

Louis-Marie-Antoine *Destouff*, baron Milet de Mureau, lieutenant-général des armées du Roi, commandeur des ordres royaux de Saint-Louis et de la Légion-d'Honneur. Il naquit à Toulon, le 26 juin 1751 ; entra dans le corps du génie, où servaient son père et son oncle, et y obtint le grade de capitaine, le 8 avril 1779. Il fut nommé syndic de la noblesse de la sénéchaussée de Toulon, en 1789, et député suppléant aux états-généraux, où il siégea et vota constamment avec le côté droit. Employé à l'armée du Var, en 1792, il y fut chargé dans l'état-major-général du commandement de l'artillerie et du génie. Il fit la campagne de 1793 en Italie, à l'issue de laquelle il obtint une mission pour Paris, où, dès son arrivée, il fut chargé de l'exécution d'un décret qu'il avait fait rendre, en 1791, à l'assemblée constituante, en faveur de la veuve de l'infortuné la Pérouse, c'est-à-dire, de la rédaction et de la publication des voyages de ce navigateur (1). Cette mission, qui lui occasiona d'immenses travaux et de nombreuses contrariétés pour le style que le gouvernement voulait assujétir aux formes et aux maximes du tems, le sauva de l'échafaud, où périt, treize jours avant le féroce Robespierre, son frère unique, membre du clergé, accusé de complicité dans le mouvement qui avait remis Toulon au pouvoir des Anglais, au nom du Roi de France. M. Milet de Mureau était rentré dans le génie; il fut promu au grade de général de brigade, le 7 janvier 1796. Lorsque le ministère fut organisé, il fut chargé d'une partie de celui de la guerre (l'artillerie, le génie et les transports), et fut appelé à ce ministère, le 21 février 1799, en remplacement du général Schérer. Mais, voyant que le directoire refusait de sévir contre les jacobins qui, chassés des Tuileries, s'étaient réfugiés rue Saint-Dominique, il fit accepter sa démission, le 2 juillet 1799, prétextant une maladie qui le mettait hors d'état de remplir plus longtems le ministère. Ce même jour, il fut promu au grade de général de division du génie, et reçut des nouveaux directeurs une lettre très-flatteuse sur son administration ministérielle. Le général Bernadotte, qui l'avait remplacé, ayant été appelé à un commandement, au mois de septembre, M. Milet de Mureau fut chargé du portefeuille par *interim*. Au mois de mai 1802, il fut nommé préfet du département de la Corrèze, qu'il administra jusqu'en

---

(1) Cet ouvrage parut en 1798, en 4 vol. in-4°. avec atlas, et fut traduit dans toutes les langues. Il y en eut une seconde édition en 4 vol. in-8°.

1810, époque à laquelle il fut remplacé, parce qu'il ne mettait pas assez de rigueur dans l'exécution des lois conscriptionnelles. Au retour de S. M. Louis XVIII, M. le baron Milet de Mureau fut nommé, au mois d'avril 1814, par MONSIEUR, directeur par *interim* du dépôt général de la guerre, et rétabli dans ses fonctions de lieutenant-général, et d'inspecteur-général des fortifications. Le Roi le nomma son commissaire extraordinaire dans la 23e. division militaire (île de Corse). Ayant rempli cette mission à la satisfaction de S. M., il fut nommé commandeur de la Légion-d'Honneur, le 10 septembre, et commandeur de Saint-Louis. Il avait été reçu chevalier de ce dernier ordre par M. de Sombreuil, en 1791. Le jour même, où le Roi quitta sa capitale, à l'approche de Bonaparte, M. le baron Milet de Mureau, retenu dans sa chambre par un accès de goutte, donna sa démission que le duc de Feltre, qui connaissait ses principes, voulut bien accepter. Au mois de juillet 1815, il rentra de droit dans ses fonctions : il ne les a quittées, et n'est rentré en retraite que par suite de l'ordonnance du Roi sur l'état-major de l'armée en 1816. S. M. ayant changé l'administration des Invalides, M. le baron Milet de Mureau fut nommé membre du conseil. Il a une fille unique, épouse de M. le vicomte de Caux, maréchal-de-camp, chef de division au ministère de la guerre.

*Armes*. Parti de gueules, semé de fleurs de lys d'or, et de sable, semé d'aiglettes couronnées d'or. Tenants deux anges portant cette légende : *Auspicium in terris hæc domus habet manet altera cœlis.* Cimier : un lion contourné issant de la couronne de comte, et tenant une étoile d'or.

DE MOLÈNES, famille ancienne, originaire de la ville de Domme près de Sarlat, en Périgord, et dont une branche puînée s'est transplantée à Paris vers le milieu du dernier siècle, dans la personne de M. de Molènes de Bar, écuyer (fils de noble Jacques de Molènes), d'abord admis dans les gendarmes de la garde du Roi, ensuite gouverneur des pages de la chambre de S. M. (1),

----

(1) Almanach de Versailles, année 1782, page 85.

jusqu'en 1784, époque de son mariage. Il a laissé plu-sieurs fils qui sont actuellement au service et dans la ma-gistrature. *D'azur, au cygne d'argent, s'essorant sur une rivière du même ; au chef cousu de gueules, chargé d'un croissant d'argent, accosté de deux étoiles d'or.*

DE MOLIÈRES, en Quercy, L'ancienneté de cette famille, distinguée dans la magistrature, remonte au 14ᵉ. siècle ; mais sa filiation prouvée ne s'établit que depuis noble Antoine de Molières, écuyer, seigneur de la Bas-tidette, qui donna son dénombrement au Roi, le 22 septembre 1540, des fiefs et arrière-fiefs nobles qu'il tenait de Sa Majesté en la sénéchaussée de Quercy. Cette maison, dont on trouve le nom dans les titres ortho-graphié Molhières ou de Moulières, a toujours contracté ses alliances avec des familles d'une noblesse reconnue dans la même province, telles que celles de Villars, d'Es-cariolles, de Garrich-d'Uzech, du Buisson-d'Aussonne, D'Estrades, etc. *D'azur, à trois besants d'or, écartelé de gueules à trois cloches d'argent, bataillées de sable.*

DE MONESTAY-CHAZERON, maison d'origine che-valeresque des plus anciennes du Bourbonnais, substituée aux nom, armes et titres de marquis de Chazeron, par le ma-riage de Gilbert de Monestay, baron Desforges, avec Clau-dine de Chazeron, fille de Gilbert de Chazeron, sénéchal et gouverneur du Lyonnais, maréchal des camps et ar-mées du Roi, conseiller d'état et chevalier de l'ordre du Saint-Esprit ; lequel ne laissa point de postérité mâle. La coutume d'Auvergne, par M. Chabrol, donne le dé-tail de toutes les grandes terres que possédait Gilbert de Chazeron, et du partage qu'il en fit entre ses quatre filles. Le marquisat de Chazeron, et la terre de Chars furent le lot de Claudine, épouse de Gilbert de Monestay.

La maison de Monestay était, dès avant ce mariage, très-ancienne et illustre. Elle avait eu un gouverneur du château de Gênes, et des capitaines de cinquante hom-mes d'armes. Gilbert de Monestay, gendre du dernier de la première maison de Chazeron, fut lieutenant des gardes-du-corps, lieutenant-général des armées du Roi, son lieutenant-général commandant en Roussillon, gouverneur de Brest, et chevalier de l'ordre du Saint-Esprit.

L'école de Mars cite une action valeureuse d'un Monestay-Chazeron, qui, commandant la cavalerie à l'armée du maréchal de Noailles, lors du passage du Ter, contribua beaucoup à la victoire remportée par ce maréchal. Il était septuagénaire et goutteux. Voyant le moment favorable pour charger l'ennemi de l'autre côté de la rivière, il se fit attacher sur la selle de son cheval, et la passa à la nage, à la tête de la cavalerie; il chargea vigoureusement la partie de l'armée qui lui était opposée, et la mit en déroute.

La maison de Monestay a fourni plusieurs officiers-généraux et onze officiers supérieurs des gardes-du-corps.

La branche aînée de Monestay-Chazeron a fini dans François de Monestay, marquis de Chazeron, lieutenant-général des armées du Roi, lieutenant des gardes-du-corps, commandant la maison du Roi dans la guerre de 1742, gouverneur de Verdun et pays verdunois. Il substitua le marquisat de Chazeron, et donna par testament d'autres terres au fils de son cousin issu de germain, le comte de Monestay de Chazeron, baron Desforges, lieutenant-colonel de dragons. Celui-ci fut colonel du régiment d'Austrasie, présenté à la cour, en 1772, avec le titre de vicomte. Il épousa N... de Baschi.

De ce mariage n'est restée qu'une fille; Pauline-Henriette de Chazeron, mariée à M. le duc de Céreste-Brancas, qui possède aujourd'hui le marquisat de Chazeron. Le frère du vicomte de Chazeron, d'abord chevalier de Malte, lieutenant de vaisseau, avait épousé Eléonore du Clerroi, maison ancienne du Nivernais. Il est mort sans postérité.

De sorte que la seconde maison de Chazeron est aussi éteinte. Il n'en reste que des filles; une mariée à M. d'Aluzet; une veuve du baron de Fontanges : toutes deux auparavant chanoinesses-comtesses de Neuville, et leur nièce madame la duchesse de Céreste. Il n'y a aujourd'hui de mâles descendants par les femmes des deux maisons de Chazeron, que le comte Dubuisson, ancien major du régiment de dragons du Roi; et ses neveux, fils et petits-fils d'Anne-Charlotte de Monestay-Chazeron, tante du vicomte de Chazeron. *Ecartelé, au 1 et 4 d'argent, à la bande de sable, chargée de deux étoiles d'or, qui est de* MONESTAY; *et aux 2 et 3 de gueules, au chef émanché d'or, qui est de* CHAZERON.

DE MONET DE LAMARCK, anciennement Lamarque, famille originaire du Béarn, divisée en plusieurs branches établies en Espagne, à Paris et en Champagne. Cette maison dont la généalogie authentique a été dressée par dom Caffiaux en 1757, paraît fort ancienne. Cependant sa filiation, suivie et établie d'une manière incontestable, ne commence qu'à Bernard de Monet, qualifié noble et capitaine du château de Lourdes en 1547. Il avait épousé Marie de Cassagnet; son petit fils. Pierre de Monet, seigneur de Lamarque et de Saint-Martin en Bigorre, fut guidon des gendarmes d'Henri IV, et tué à la bataille d'Ivry. Il avait épousé, en 1583, Jeanne de Caussade. Cette maison est également distinguée par ses nombreux services militaires et ses belles alliances, qui sont avec les maisons de Durfort-Castelbajac, de Caussade, de Béarn-Sacaze, de Mirepoix-Noailles, d'Armagnac, de Fontaines, de Hauteclocque, etc. M. le chevalier de Lamarck, membre de l'institut, auteur d'ouvrages d'histoire naturelle très-recherchés, est de cette maison. *Écartelé, aux 1 et 4 d'azur, au lion d'or; aux 2 et 3 d'or, à 3 colonnes ou tours de sable; au chef de gueules, chargé de 3 roses d'argent.*

DE MONT, ancienne famille de chevalerie du pays des Grisons, qui a possédé la charge héréditaire de sénéchaux du prince évêque de Coire. Elle remonte par titres à *Turischello de Monte*, damoiseau, vivant en 1340. Rodolphe Dumont, chevalier, son petit fils, fut la souche de diverses branches de cette famille, lesquelles subsistent encore. Depuis elles ont rempli sans interruption les premières charges du gouvernement de la ligue grise, fourni un grand nombre de colonels et autres officiers de divers grades, au service de France, et des grands dignitaires dans plusieurs hauts chapitres d'Allemagne.

Le lieutenant-général du Mont, pair de France, du 4 juin 1814, est le chef de la branche établie en France.

*Armes* : D'azur, à licorne issante d'or.

DU MONT, barons de Courset à Paris, à Saint-Quentin et à Boulogne sur mer. Cette famille originaire du Boulonais, a fourni deux branches et a prouvé le 9 mars 1574, qu'elle était issue d'ancienne race noble ; mais sa filiation, d'après le premier degré connu, ne remonte qu'à Jean du Mont Ecuyer, seigneur de la Pipennerie et d'Augermel, qui donna, le 1 mars 1538, son aveu et dénombrement du fief de la Pipennerie à Françoise de Luxembourg, comtesse d'Egmont, comme étant mouvant de la baronnie de Lianne. La branche des seigneurs barons de Courset, établie à Boulogne sur mer, eut pour auteur François du Mont, écuyer, seigneur de la Latinière, frère de Jean du Mont, auteur du premier degré de cette famille, qui a donné plusieurs officiers dont un major des troupes bolenoises. *D'azur, au chevron d'or, accompagné de trois serres ou pates d'aigle du même.*

MONTARGIS. *Liste des gentilshommes convoqués à l'assemblée du bailliage de Montargis, pour l'élection des députés, en* 1789.

Messieurs

Le comte de la Touche, *président.*
Rogres, marquis de Champignelles.
Le Mayre du Charmoy.
Le marquis de Montigny.
Fougeret.
Le comte de Mithon.
Gislain, baron de Bontin.
De Portelance, *commissaires.*
De Birague d'Apremont, *secrétaire.*
L. de Mousselard, père.
Le comte de Béthizy.
P. J. de la Haye.
D'Albizzi.
Birague l'aîné.
Le vicomte de Machault.
Birague de l'Ile-Don.
P. G. David.
Ravault de Mousseaux.

L. D. de Mousselard, père.
P. L. David de Montmartin.
C. N., chevalier de Noyrat.
De Prévost.
Le Petit.
J. B., chevalier de Mousselard.
L. V. de Mousselard.
Trezin de Lombreuil.
De la Perrière Desperreaux.
L. C. de Mousselard.
D. L. Chassain de Chabet.
Le comte de Sampigny.
Le baron de Villemor.
De la Garde.
De la Perrière.
Sainte-Marie Dessavoyer.
Le marquis Duquesne.
David de Conflans.
Le Mayre du Charmoy, fils.
Duchemin de Chasseval.
Bouvyer de la Motte.

III.

Le chevalier Bouvyer de Gondreville.

Le chevalier Crocquet de Montreuil.

De Masclary.

De Fontenay.

Le Coustellier.

De Fretat du Chassaing.

Crocquet de Béligny.

De Guerville.

Piochard de la Brulerie.

Noyrat de Platteville.

Le comte d'Autry.

Gislain de la Vieille Ferté.

Mousseray de la Pairrière.

Le vicomte Henry de Ségur.

Le chevalier de Birague.

Le marquis de Tombebœuf.

DE MONTMURAT, maison issue d'ancienne chevalerie d'Auvergne, qui, l'an 1312, a donné à l'église un cardinal, Raymond, abbé de Saint-Sevère, connu à Rome sous le nom de cardinal de Montemurato. Cette maison s'est fondue dans celle de Felzins, qui en a porté le nom et les armes. *D'azur, au lion léopardé d'argent, soutenu d'or, à la vache passante de gueules.*

MOREAU DE LA ROCHETTE, famille noble, originaire de Bourgogne, représentée de nos jours par Armand Bernard *Moreau*, baron *de la Rochette* (1), né le 12 avril 1787, à la Rochette, près Melun ( Seine et Marne), chevalier de l'ordre royal de la Légion-d'Honneur, préfet du département de la Vienne.

Son aïeul paternel, feu noble François-Thomas *Moreau de la Rochette* (2), inspecteur général des pépinières de France en 1757, fut créé chevalier de l'ordre de Saint-Michel en 1769, en récompense de plantations et défrichements considérables qu'il effectua, tant dans l'intérieur de la France que dans sa terre de la Rochette, où il fonda une école d'agriculture et de vastes pépinières.

Son aïeul maternel, feu noble Jean *Gauthier* (3), chi-

---

(1) Voir *la Biographie des hommes vivants*, quatrième volume, page 504.

(2) Voir *le Dictionnaire universel, historique, critique et bibliographique*, neuvième édition, d'après MM. Chaudon et Delandine, douzième vol., pages 210 et 211.

(3) Voir le supplément du même dictionnaire et *la Biographie universelle, ancienne et moderne*, volume 16, page 597.

rurgien du Roi, chirurgien ordinaire de Monsieur, chi-rurgien major en chef et inspecteur des départements de la guerre, de la marine, des affaires étrangères, etc., fut également décoré, en 1775, de l'ordre de Saint-Michel, pour prix des services qu'il rendit dans la campagne de 1761, et de la distinction particulière avec laquelle il exerça son art.

Le Roi, par ordonnance du 28 février 1819, et lettres-patentes du 29 mars suivant, a conféré à Armand Bernard *Moreau de la Rochette*, le titre personnel de *baron*, dont il est revêtu, et qu'il n'était appelé à re-cueillir, avec le majorat auquel il est attaché, qu'après la mort de son oncle, Jean-Baptiste-François *Moreau d'Olibon*, *baron de la Rochette* (1), chevalier de l'ordre royal de la Légion-d'Honneur, en 1778, maître d'hô-tel de la reine et lieutenant des chasses de la capitai-nerie de Fontainebleau.

Il a épousé, le 15 avril 1819, Marie-Antoinette-Emilie-Palmire *de Saint-Cricq-Casaux*, fille de Charles-Gaspard-Alexandre *de Saint-Cricq-Casaux* (2), chevalier de l'ordre royal militaire de Saint-Louis, de la Légion-d'Honneur, etc., et nièce de Pierre-Laurent-Bar-thelemy *comte de Saint-Cricq*, conseiller d'état, etc., descendant de la noble et très-ancienne famille béar-naise de ce nom.

*Armes :* écartelé, aux 1 et 4 d'argent, à trois têtes de maures de sable, ayant leur bandeau aussi d'argent, et posées deux et une; aux 2 et 3 coupés d'or sur azur, à trois roses posées deux et une, les deux premières de gueules sur l'or, et la troisième d'argent sur l'azur.

MOREL, *voyez* la généalogie détaillée de cette an-cienne maison dans le tome II de cet ouvrage. On croit devoir rétablir ici quelques fautes échappés à l'impréssion,

---

(1) Voir *le Nobiliaire universel de France*, publié par de MM. Saint-Allais et de la Chabeaussière, volume 2, page 81.

(2) Voir *l'Etat de la noblesse*, faisant suite à la col-lection des *Etrennes à la noblesse*, imprimé à Paris, en 1783, et *la Biographie des hommes vivants*, vol. 5, pages 278 et 279.

p. 64, ligne 2 ; au lieu de Jacques-Louis-Joseph Morel, tige des Morel de Puchevillers, *lisez* tige du rameau de Boncourt, et p. 65, *supprimez* branche des Morel de Puchevillers, en *substituant* rameau des Morel de Boncourt. Il faut ainsi rétablir le degré XVIII de cette même page 65, en rectifiant aussi l'erreur qui s'est glissée dans les noms de son second fils.

XVIII. Jacques-Louis-Joseph MOREL, *chevalier de Boncourt*, né à Amiens, le 28 octobre 1768, ancien capitaine commandant en second au régiment d'artillerie de Metz, a épousé, le 28 juillet 1799, Marie-Louise-Claire *Pochelle de Boves*. De ce mariage sont issus :

1°. Marie-Louis-François-de-Paule Morel de Boncourt, né à Amiens, le 31 mars 1800 ;

2°. Louis-Hilaire Eugène Morel de Boncourt, né à Amiens, le 4 mai 1801 ;

3°. Marie-Louise-Adelaïde-Sophie Morel de Boncourt, née à Amiens, le 14 janvier 1806.

DE LA MORTE, seigneurs de Charens, de Franconnière et co-seigneurs de Vercors, en Dauphiné ; noblesse militaire au sujet de laquelle Chorier, l'historien du Dauphiné, dit : « qu'il est peu de familles qui aient » donné tant de leur sang, en si peu de tems, au ser- » vice de leur prince et à la gloire de leur pays ». Elle prouve une filiation suivie depuis le 9 septembre 1598, et a fourni des officiers supérieurs, capitaines, chevaliers de Saint-Louis, et un officier émigré, M. Etienne de la Morte de Franconnière, chevalier de Saint-Louis, qui a fait la campagne de 1792, à l'armée des Princes, et celles du régiment de Mortemart, où il est entré en 1794, à la formation de ce corps, en qualité d'officier. C'est le chef de la branche établie à Valence, par son mariage du 6 mars 1806, avec demoiselle Adelaïde Bergeron. Son frère aîné, Jean-François de la Morte de Charens, est le chef de la branche établie à Grenoble.

*Armes* : d'hermine, à l'oranger de sinople, chargé de trois oranges d'or, et terrassé du second émail : couronne de comte.

Pour la filiation de cette famille, voyez le Nobiliaire universel de France, tom. 4, pag. 203.

DE MORTEAUX, en Languedoc, famille ancienne, établie avec filiation dans cette province dès la fin du quinzième siècle, et qui paraît originaire de Normandie. Elle a été maintenue dans sa noblesse d'extraction sur titres remontés à l'an 1509, par arrêt du conseil d'état du Roi, S. M. y étant, tenu à Fontainebleau le 18 octobre 1783. Elle subsiste dans les deux branches des sieurs de Bourdète et de Moncru. *De gueules, à trois chevrons d'argent, accompagnés en pointe d'un olifan ( espèce de hochet ), versé d'or ; au chef coussu d'azur, chargé d'un croissant d'argent, accosté de deux étoiles d'or.*

DE MORTEAUX, sieurs de Boisgirault et de Tillebon ; famille ancienne de la province de Normandie qui fut maintenue le 5 août 1667. *De gueules, à trois chevrons d'argent.*

DE MOULEYDIER, en Périgord (1). Cette maison, dont l'origine est illustre, puisqu'elle descend des anciens comtes de Périgord, a possédé héréditairement la seigneurie de Montclar, depuis le treizième siècle, époque de sa séparation d'avec les anciens sires de Bergerac, du surnom de Rudel, jusqu'à son extinction dans le quinzième siècle ( *Voyez* Rudel de Bergerac). L'auteur de cette branche est :

Bernard de Mouleydier, premier du nom, seigneur de Clermont, fils puîné d'Hélie Rudel, dit le Vieux, seigneur de Bergerac et de Gérault de Gensac, fut nommé l'un des conservateurs de la Trève, conclue le 7 avril 1243, entre le Roi Saint-Louis, et Henri III, Roi d'Angleterre, et Richard, son frère. Il prit part, comme

_____

(1) Le château de Mouleydier, dont les anciens seigneurs de Montclar ont pris le nom, était situé sur la Dordogne, à deux lieues de Bergerac ; il a été tellement dévasté pendant les guerres des quatorzième et seizième siècles, qu'à peine il en reste quelques vestiges. Il faisait autrefois partie de l'apanage des anciens seigneurs de Bergerac. Simon de Montfort s'en étant rendu maître dans la guerre des Albigeois, il en confia la garde à Hélie Rudel le Vieux, seigneur de Bergerac, par ses lettres datées de Toulouse, le 8 des ides de juin 1215.

parent, aux démêlés qu'Hélie VII, comte de Périgord, eut, en 1246, avec les bourgeois du Puy-Saint-
Front de Périgueux, et assista comme témoin, avec
Rudel, son fils, à la donation qu'Hélie Rudel, son
frère, seigneur de Bergerac, fit, l'année suivante 1247,
à l'abbaye de Cadoin, d'une grange, d'un oratoire,
appelé de Gamanèle, de la moitié des dîmes de la paroisse de Pomporn, etc.; il fut père de:

Rudel de Mouleydier, premier du nom, seigneur de
Clermont et de Montclar, assista avec Bernard, son père,
à la donation que le seigneur de Bergerac, son oncle,
fit, en 1247, à l'abbaye de Cadoin; et fut témoin du testament d'Hélie Rudel, seigneur de Bergerac, son cousin, daté du jeudi d'après la quinzaine de Pâques 1254.
Il était à Bordeaux, le vendredi après la fête de Saint-
Michel de la même année, suivant un acte, tiré de la
chambre des comptes de Paris, portant, qu'il avait
déclaré, avec serment, qu'il était à Bergerac, lorsque la
trève fut conclue, en cette ville, entre Gaston de *Boun-
toundia*, député du Roi d'Angleterre, et Geoffroi de Pons,
et les chevaliers et bourgeois de la même ville de Bergerac. Il mourut avant l'an 1272, laissant d'Agnès, sa
femme:

1°. Bernard II, dont l'article suit;
2°. Geoffroi Rudel de Montclar, sur lequel on
   trouve des lettres d'Édouard I, Roi d'Angleterre,
   datées du 8 juin 1276, par lesquelles ce prince
   confirme, en faveur d'Oger, ou Auger de Mothe,
   fils d'autre Oger, la cession des terres, cens
   et revenus qui avaient appartenu, est-il dit,
   à Geoffroi Rudel de Montclar, et qui étaient
   tombés ès mains du Roi par forfaiture et confiscation. Il fut père de Ricarde, ou Richarde, pro-
   mise en mariage au même Oger de Mothe.

Bernard, ou Bérard de Mouleydier, deuxième du nom,
seigneur de Montclar, damoiseau, autorisé de dame
Agnès, sa mère et tutrice, ordonnée par feu son père,
fit hommage-lige au Roi d'Angleterre, pour ses château
et châtellenie de Montclar; le 13, à l'issue de mars 1272,
il obtint des lettres du même souverain, datées du 15
octobre 1285, portant mandement au sénéchal de Périgord, de lui restituer *ses hommes questables*, qu'il récla-

mait, et·qui avaient été reçus dans les bastides de Beau-regard et de Molières. Il fit un échange, en 1288, avec Hélie de Pons de Saint-Maurice, donzel; reçut, en 1295, un hommage de Pierre de Fayolle, de Clarens; fit un accord, en 1298, avec Hélie de Fayolle, chevalier, Hélie de Pons et autres; et ne vivait plus en 1301. Il avait épousé Faës, ou Faïs, nommé aussi Pleytz de Balenx, dont naquit:

Rudel de Mouleydier, deuxième du nom, seigneur de Montclar, chevalier, qui fut un des seigneurs qui se rendirent pleiges des conventions matrimoniales entre Raimond de Monlaut, seigneur de Mussidan, et Faïs de Gontaut, en 1303; fit une donation à Arnaud de Pons, en 1315; obtint la remise de plusieurs héritages en 1321; et vivait encore en 1346, suivant les lettres par les-quelles le Roi Philippe de Valois lui donna la bastide de Beauregard, en récompense de ses services. Il avait épousé, avant l'an 1340, demoiselle Indie de Castillon, dont il eut:

Bernard, ou Bérard de Mouleydier, troisième du nom, seigneur de Montclar, etc., fit un acencement en 1364; transigea par ses fondés de procuration, en 1367, avec les habitants de la baronnie de Montclar; et fit son tes-tament en 1370, en faveur des enfants qu'il avait eus de dame Cécile d'Estissac, sa femme, et qui sont:

1°. Bernard, ou Bérard de Mouleydier, quatrième du nom, mort jeune et sans postérité;

2°. Jeanne de Mouleydier, dame de Montclar, suc-céda à son frère, et devint la principale héritière des biens de sa maison; elle épousa, 1°. par dis-pense du pape Clément VII, datée du mois de novembre 1382, noble Jean de Montaut, fils de Raimond de Montaut, seigneur de Mussidan; 2°. en 1387, noble Amanieu de Mussidan, sei-gneur de Moruscles; et 3°. Guillaume de Car-daillac; elle ne vivait plus en 1428;

3°. Marie de Mouleydier fut mariée avant l'an 1400, à Gaston de Caumont, fils d'Anissant de Cau-mont, seigneur de Lausun, et de Jeanne d'Al-bret; et mourut entre les années 1428 et 1438.

*Armes*: parti de Bergerac et de Montclar; le pre-mier, *à deux pates de griffons passants*, et le second, *de gueules à* 3 *tourteaux d'or.*

DE MUGNANS, maison distinguée parmi l'ancienne noblesse chevaleresque du comté de Bourgogne, éteinte au 16ᵉ siècle dans celles de la Tour-Saint-Quentin, de Vy, de Saint-Mauris-en-Montagne, et de Montrichier. Elle tirait son nom des villages, fiefs et château de Mugnans, au bailliage de Vesoul. Elle a donné plusieurs chevaliers et écuyers de marque dans les armées de Bourgogne. On trouve une série de chartes et titres nombreux sur cette maison, portant des donations et fondations pieuses multipliées, aux églises de Besançon et de Belvaux, par Henry, Renaud, et Hugues de Mugnans, tous chevaliers de 1224, 1245, 1303. Dom Plancher cite, tome II, pages 109 et 111, que le duc Robert, par son testament de l'an 1297, nomme pour exécuteurs de ses volontés, Liébaud de Baufremont, maréchal de Bourgogne, et Odai de Mugnans, son chambellan. Golut, page 1021, chevalier, histoire de Poligny et autres, avancent que les seigneurs de Lorges, issus d'aïeux bourguignons, sortaient de la maison de Mugnans.

Ces circonstances rapprochées des opinions de quelques auteurs et de ce que rapportent d'anciens manuscrits, sur les nombreuses fondations, les qualifications de chevalier, les grandes alliances et réceptions de cette maison, dès le quatorzième siècle, dans les anciens chapitres du corps de la noblesse, indiquent qu'elle fut plus puissante encore dans son origine qu'à l'époque de son extinction. *De gueules, à trois bandes d'or.*

MUGUET DE CHAMPALIER ET DE VARANGE, famille ancienne, originaire d'Italie, transplantée en France vers l'année 1559, anoblie en 1567, confirmée dans sa noblesse en 1768, et décorée du titre héréditaire de baron par lettres-patentes du 2 septembre 1810, pour services rendus à l'État. *D'azur, au phénix d'or, sur son immortalité de gueules, fixant un soleil du second émail.* L'écu timbré d'une couronne de baron. Supports : *deux léopards lionnés.* Devise : *Post fata superstes.*

MUSNIER (1) DE LA CONVERSERIE, famille

_____

(1) Ce nom est aussi, dans les anciens actes, alternativement précédé des particules *le* et *de*.

ancienne et distinguée de la province de Picardie, où
elle est connue depuis le milieu du treizième siècle,
tems auquel vivait Jean le Musnier, seigneur du Pré,
qui servait le Roi, en 1252, avec trois hommes d'armes
et trois archers de sa suite. On trouve ensuite un Noël
le Musnier, servant de même le Roi, en 1270; un
Jean, seigneur du Pré, et un Oudart, en 1339; un
Guillaume, en 1362; un Michel, seigneur du Pré,
servant aussi avec trois hommes d'armes et trois archers,
en 1404; un Jean Musnier, prieur de Saint-Eloi, à
Paris, ensuite évêque de Meaux en 1440; un Oudart
le Musnier, sieur du Pré, que l'on croit père de Jean,
qui suit, et depuis lequel la filiation est juridiquement
prouvée dans la maintenue de noblesse accordée à cette
famille, le 23 juin 1698, par M. Bignon, intendant
en Picardie.

I. Jean *Musnier*, écuyer, seigneur de Brumetz, époux
de damoiselle Marguerite *le Roy*, rappelée, comme dé-
funte, dans le contrat de mariage de leur fils, qui suit:

II. Claude *Musnier*, Ier. du nom, écuyer, sieur du
Pré, commissaire des munitions des camps et armées
du Roi, épousa, par contrat du 14 avril 1539, damoiselle Andriette *d'Espinefort*, dont il eut:

III. Claude *Musnier*, IIe. du nom, écuyer, sieur du
Pré, marié, le dernier juin 1581, avec Antoinette *de
Trion*, qui le rendit père de:

1°. Jacques, qui continue la lignée;
2°. Antoinette, ⎱religieuses au couvent de Sainte-
3°. Catherine, ⎰Catherine de Boulogne, après 1615.

IV. Jacques *Musnier*, écuyer, sieur du Pré, d'abord
destiné à l'état ecclésiastique en 1612, embrassa depuis
la carrière des armes et fut fait capitaine au régiment de
Clermont, infanterie, par commission du 16 avril 1616. Il
épousa, le 23 août suivant, Frise *du Chesne*, dont il eut:

V. Louis *Musnier*, chevalier, seigneur d'Espinefort,
qui reçut des lettres de tonsure, le 29 juillet 1629, et
épousa, par contrat du 26 septembre 1643, dans lequel il
est qualifié capitaine au régiment du Vidame (d'Amiens),
damoiselle Antoinette *Rohart*. Il était colonel d'un ré-

giment d'infanterie, en 1681 ; et époux, en secondes noces, de Madelaine *d'Isque*. Il eut pour enfants,

*Du premier lit* :

1°. Thimoléon, qui suit ;

*Du second lit* :

2°. Charles Musnier, chevalier, seigneur d'Espinefort, capitaine de chevau-légers au régiment de Barentin, en 1698, auteur de la branche d'Espinefort.

VI. Thimoléon *Musnier*, chevalier, seigneur de la Converserie, lieutenant au régiment de Champagne, infanterie, puis lieutenant-colonel des troupes boulonnaises, épousa, 1°. le 27 mai 1679, Marie *de Neufville* ; 2°. le 16 mai 1681, Anne *Monet*. Ses enfants, en 1698, étaient,

*Du premier lit* :

1°. Louis-Florent Musnier de la Converserie, né le 29 novembre 1678, qui a continué la branche aînée, représentée de nos jours par : Louis-François-Florent *Musnier*, comte de la Converserie, lieutenant-général des armées du Roi, grand-officier de la Légion-d'Honneur, chevalier de l'ordre royal et militaire de Saint-Louis, dont les services sont rapportés dans le Dictionnaire historique et biographique des Généraux français.

*Du second lit* :

2°. Silvestre-Thimoléon Musnier de la Converserie, né en 1683.

*Armes* : de sinople, au lion d'or, au chef d'argent, chargé de trois mouchetures d'hermine de sable.

MUSTEL, seigneurs de Bosc-Roger, de Gonneville, des Essarts, Depreval ; famille des plus anciennes de la province de Normandie, qui a pour auteur Jean Mustel, maire de la ville de Rouen, lequel fut donné en otage, l'an 1360, pour la délivrance du roi Jean, retenu prisonnier en Angleterre, où Jean Mustel est décédé en 1367. On trouve parmi ses descendants Roger Mustel seigneur de Panilleuse, mort avant l'an 1456, et Nicolas Mustel sieur de Castillon, qui fit preuve de sa noblesse à Rouen en 1486. Il est fait mention de cette ancienne famille dans le tome II de l'histoire de la maison d'Harcourt, pages 655, 656 et 793. Elle a été maintenue dans sa noblesse, lors de la dernière recherche, le 10 avril 1669.

· Le chevalier Mustel, ancien major de cavalerie retraité, chevalier de Saint-Louis, décédé, l'an 1804, à l'âge de quatre-vingts ans, fut le premier qui, à son retour des guerres de l'Allemagne, fit connaître en France, et notamment en Normandie, la culture de la pomme de terre. Son parent, Pierre Robert Mustel, seigneur Duquesnoy, les Trembley et autres lieux, conseiller au parlement de Normandie, a laissé entr'autres enfants :

1°. Pierre-Auguste Mustel, seigneur du Quesnoy et autres lieux, ancien conseiller au parlement de Normandie ;

2°. André-Robert Mustel-des-Essarts, chef d'escadron retraité, chevalier de Saint-Louis et de la Légion-d'Honneur ;

3°. Louis-Irénée Mustel-de-Préval, chef d'escadron retraité, chevalier de Saint-Louis et de la Légion-d'Honneur.

*Armes* : d'azur, semé de fleurs de lis d'argent ; à deux herses d'or en bande, posées aux premier et dernier cantons.

DE MUSY, sieurs de Véronin de Chastellar et de la Molette, en Dauphiné ; famille qui remonte filiativement à Simon de Musy, maître ordinaire en la chambre des comptes de Dauphiné, pourvu le 25 février 1588, et mort en exercice. Elle compte en outre plusieurs personnages distingués dans la haute magistrature ; elle a contracté ses alliances dans les maisons de la Baume, Clermont Thoury, de Ventes, etc. *De gueules, à l'aigle éployée d'or.*

## Meubles et Figures Héraldiques.

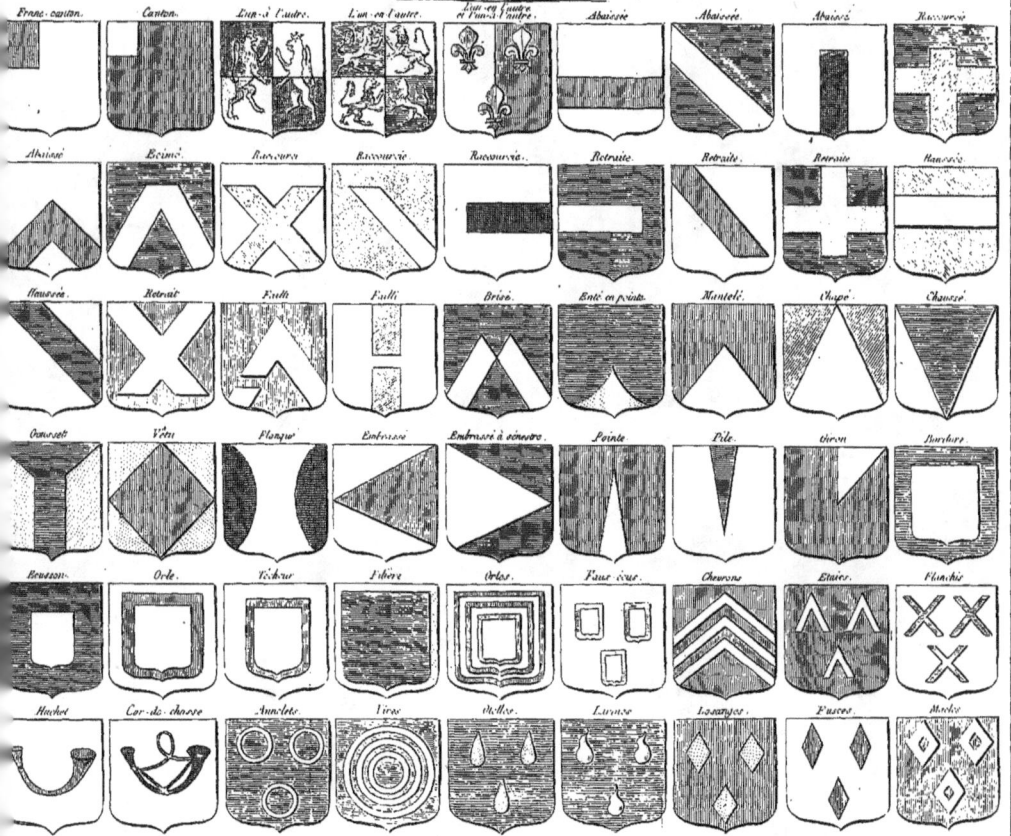

| Franc-canton. | Canton. | L'un à l'autre. | L'un en l'autre. | L'un en l'autre et l'un à l'autre. | Abaissée. | Abaissée. | Abaissés. | Raccourcie. |

| Abaissé. | Écimé. | Raccourci. | Raccourcie. | Raccourcie. | Retraite. | Retraite. | Retraite. | Haussée. |

| Haussée. | Retrait. | Failli. | Failli. | Brisé. | Enté en pointe. | Mantelé. | Chapé. | Chaussé. |

| Gousset. | Vêtu. | Flanqué. | Embrassé. | Embrassé à sénestre. | Pointe. | Pile. | thron. | Jarretier. |

| Brisson. | Orle. | Vêcheur. | Filière. | Orles. | Faux-écus. | Chevrons. | Étaies. | Flanchis. |

| Huchet. | Cor-de-chasse. | Annelets. | Vires. | Villes. | Larmes. | Losanges. | Fusées. | Macles. |

www.ingramcontent.com/pod-product-compliance
Lightning Source LLC
Chambersburg PA
CBHW050545270326
41926CB00012B/1921